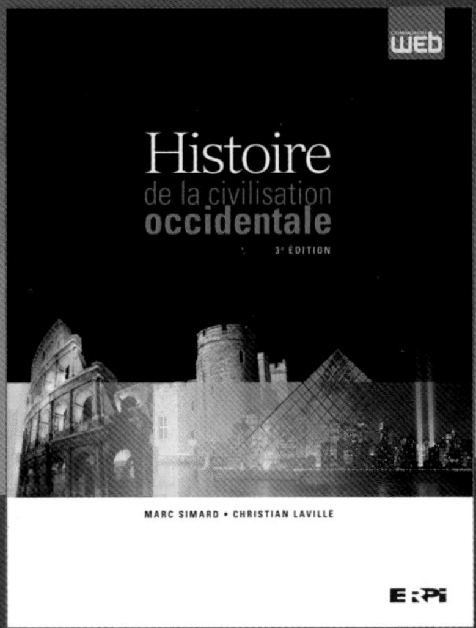

UN LIVRE *branché* SUR VOTRE RÉUSSITE !

Ce manuel est conçu dans le but de vous offrir une expérience d'apprentissage interactive et personnalisée. En profitant pleinement de ses possibilités pédagogiques, vous optimiserez votre temps d'étude et améliorerez vos résultats.

POUR APPROFONDIR ET TESTER VOS CONNAISSANCES.

Votre Compagnon web vous permet d'obtenir une rétroaction immédiate aux tests formatifs en ligne. Ainsi, vous pourrez mieux cibler les notions à étudier.

NOTE À L'ENSEIGNANT : Du matériel complémentaire à l'usage exclusif de l'enseignant est offert sur adoption de l'ouvrage. Certaines conditions s'appliquent. **Demandez votre code d'accès à information@erpi.com**

CODE D'ACCÈS DE L'ÉTUDIANT

1. Rendez-vous à l'adresse de connexion du Compagnon web : **http://cw.erpi.com/simard**
2. Cliquez sur « S'inscrire » et suivez les instructions à l'écran.
3. Vous pouvez retourner en tout temps à l'adresse de connexion pour consulter le Compagnon web.

Afin d'éviter une désactivation de votre code d'accès causée par une inscription incomplète ou erronée, consultez la capsule vidéo d'information « Première connexion » sur le site **http://assistance.pearsonerpi.com**

Code d'accès étudiant
COMPAGNON WEB ►

AVERTISS... **URNÉ**

Besoin d'aide ? : http://assistance.pearso...

L'accès est valide pendant 6 MOIS à compter de la date de votre inscription.

W20560 (A20560)

Histoire
de la civilisation
occidentale

3e ÉDITION

Histoire de la civilisation occidentale

3e ÉDITION

MARC SIMARD • CHRISTIAN LAVILLE

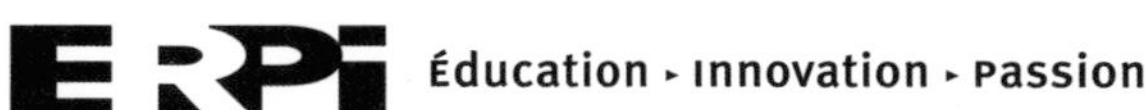

5757, rue Cypihot, Saint-Laurent (Québec) H4S 1R3 ▸ erpi.com
TÉLÉPHONE : 514 334-2690 TÉLÉCOPIEUR : 514 334-4720 ▸ erpidlm@erpi.com

Développement de produits
Pierre Desautels

Supervision éditoriale
Sylvie Chapleau

Révision linguistique
Emmanuel Dalmenesche (3e éd.)

Correction des épreuves
Hélène Lecaudey

Recherche iconographique
Chantal Bordeleau

Index
Monique Dumont

Direction artistique
Hélène Cousineau

Supervision de la production
Muriel Normand

Conception graphique de l'intérieur et de la couverture
Frédérique Bouvier

Édition électronique
Infoscan Collette

Réalisation cartographique
Carto-Média

Les auteurs

Titulaire d'un doctorat en histoire et d'un baccalauréat en droit, **Marc Simard** enseigne l'histoire au Collège François-Xavier-Garneau. **Christian Laville** détient un doctorat en didactique de l'histoire et est professeur-associé à l'Université Laval. Ils sont l'un et l'autre auteurs de nombreuses publications.

Dépôt légal : 2010
Bibliothèque et Archives nationales du Québec
Bibliothèque et Archives Canada

Imprimé au Canada
ISBN 978-2-7613-3251-4

34567890 NB 14 13 12
20560 ABCD SM9

Avant-propos

L'histoire est la discipline qui étudie le passé pour comprendre le présent; par son apprentissage, l'être humain peut s'outiller pour mieux maîtriser le présent et préparer l'avenir. Telle est la perspective qui a guidé la préparation de ce manuel.

Histoire de la civilisation occidentale est donc un outil d'apprentissage. Son contenu résulte d'une recherche d'équilibre entre l'information et la formation. Du côté du choix de l'information, nous avons privilégié les éléments nécessaires à l'alphabétisation historique dans une société comme la nôtre, notamment les connaissances qui permettent de comprendre l'époque actuelle. Pour ce qui est de la formation, nous avons visé principalement l'acquisition des savoir-faire intellectuels et méthodologiques dont on se sert pour connaître et comprendre la réalité sociale, et pour y participer.

NOUVEAUTÉS DE LA TROISIÈME ÉDITION

Cette troisième édition d'*Histoire de la civilisation occidentale* propose, comme les deux premières, un récit historique dont les principaux objectifs sont de favoriser la compréhension de l'histoire plutôt que la mémorisation des faits et des dates, et de faire ressortir les liens que cette civilisation a tissés, au fil des siècles, avec les autres civilisations qu'elle a côtoyées. À l'ère de la mondialisation et des communications, la pertinence de ces objectifs ne saurait faire de doute. Les changements qui ont été apportés dans cette édition visent à en faire un outil pédagogique encore plus efficace.

D'abord, le texte a été simplifié et allégé:

- quelques sections dont la pertinence paraissait faible à de nombreux enseignants (comme la préhistoire, la civilisation de l'Indus et celle du Huang He) ont été supprimées, tandis que d'autres, dans les derniers chapitres, ont été abrégées;
- le texte a été réécrit (phrases raccourcies; texte expurgé des termes et expressions «difficiles»; style épuré) pour en rendre la lecture plus facile aux étudiants;
- un grand nombre de sous-titres (de troisième niveau) ont été ajoutés pour rendre le texte plus clair et pour aider les étudiants dans le repérage des informations;
- les chapitres 2 à 4 ont été restructurés de façon à faciliter la compréhension, notamment par la séparation de la Grèce antique (chapitre 2) et de la civilisation romaine (chapitre 3) et par le recentrage du chapitre 4 sur les civilisations du pourtour de la Méditerranée après la chute de l'Empire romain d'Occident (royaumes germains; Byzance; monde musulman).

Le nombre de pages a légèrement augmenté malgré la réduction du contenu factuel d'environ 10 % parce que l'ensemble a été aéré, entre autres par l'agrandissement de plusieurs illustrations (dont un bon nombre ont en outre été changées ou rafraîchies).

Mais le changement le plus spectaculaire est certes la réorganisation des lignes du temps, désormais placées à l'horizontale et non plus à la verticale, et étendues sur deux pages plutôt que sur une seule. Les dates des événements et des phénomènes de longue durée y ont été ajoutées pour en faciliter la compréhension et les faits y ont été regroupés en thèmes (5 ou 6 par chapitre) identifiables grâce à l'utilisation de couleurs. Le résultat est un outil pédagogique facile d'accès, riche et précis que les enseignants pourront employer comme instrument de synthèse ou pour rafraîchir la mémoire de leurs étudiants. L'utilisation des lignes du temps est d'autant plus facile qu'elles sont accessibles par le Compagnon Web, de sorte qu'on peut les projeter sur un écran en classe.

Le Compagnon Web comporte une section pour les étudiants et une section pour les enseignants. La première contient : un résumé de chaque chapitre (sur Power Point) que les étudiants sont invités à compléter ; des questions de révision des connaissances factuelles ; des tests interactifs (vrai ou faux ; choix multiples ; associations ; compréhension de cartes, de tableaux et de graphiques) ; et les lignes du temps. Celle destinée à l'enseignant contient de plus une présentation de chaque chapitre ; les solutionnaires de tous les exercices destinés aux étudiants ; des laboratoires (avec solutionnaires) qu'ils peuvent modifier à volonté pour ainsi les adapter à leur enseignement ; et les solutionnaires des apprentissages proposés dans chaque chapitre du manuel.

La compréhension du texte demeure facilitée grâce à la définition en marge des concepts, des termes propres à l'histoire et des mots difficiles, tous repris dans le glossaire. On trouvera également un index complet et détaillé à la fin du livre.

La présentation du manuel a été améliorée tant sur le plan visuel que sur celui du contenu. Ainsi, on discerne très bien les deux types d'encadrés, soit les documents historiques et les explications supplémentaires, tous chapeautés d'un titre évocateur et dotés d'un fond de couleur spécifique. Créé pour faire connaître aux étudiants des cégeps l'histoire de leur civilisation et pour en faire des citoyens mieux informés et, par conséquent, plus aptes à faire valoir leurs droits et à exercer leurs responsabilités, le cours d'initiation à l'histoire de la civilisation occidentale dispose, avec ce manuel, d'un outil stimulant, approprié.

APPRIVOISER SON MANUEL

Avant de se mettre au travail, l'apprenti ouvrier doit se familiariser avec le contenu de son coffre à outils ; de même, l'étudiant a tout intérêt à apprivoiser la structure et le contenu d'un manuel avant de s'en servir. Prenons donc le temps de l'examiner.

La **TABLE DES MATIÈRES** annonce 11 chapitres, le premier qui rappelle à quoi il sert d'étudier l'histoire de la civilisation occidentale, les 10 autres qui retracent l'histoire du monde occidental, de ses origines à notre époque. Observons les divisions et subdivisions des chapitres; notons que les sous-titres à la forme active (en caractères turquoise dans le texte) résument le texte et qu'on peut en les parcourant entrevoir le contenu et l'enchaînement des parties du chapitre. Constatons enfin que le manuel se termine sur un **GLOSSAIRE** et un **INDEX**.

TABLE DES MATIÈRES XIX

Regardons maintenant la première page d'un chapitre, n'importe lequel.

CHAPITRE 3

Les civilisations classiques de la Méditerranée : Rome

Dans ce chapitre, nous verrons...

- En quoi la géographie physique du bassin méditerranéen a pesé sur le destin de la civilisation romaine.
- Comment les civilisations hellénique et étrusque ont influencé la civilisation romaine naissante.
- Comment Rome a conquis tout le bassin méditerranéen, et comment, en retour, ces conquêtes l'ont transformée.
- Comment les Romains sont passés d'un régime monarchique à une république, puis à un système impérial.
- Comment l'Empire romain, en proie à de graves crises, est divisé en deux et comment sa partie occidentale donne naissance à l'Europe après une grande vague migratoire de peuples germains.
- Quelles sont, dans une perspective occidentale, les grandes caractéristiques de la civilisation romaine.

LES PRINCIPAUX CONCEPTS UTILISÉS DANS CE CHAPITRE SONT LES SUIVANTS : **empire et royaume.**

NOUS VERRONS AUSSI CES AUTRES CONCEPTS : **fédération, affermage, famille étendue, prolétaire, *nobilitas*, débiteur, sécularisation, État de droit, bureaucratie, empire, syncrétisme, monothéisme, dogme, décret, droit civil, balance commerciale, colonat, autarcie, despotisme.**

La rubrique **DANS CE CHAPITRE, NOUS VERRONS** annonce l'essentiel du chapitre et énumère les principaux **CONCEPTS** employés (ceux-ci sont définis en marge ou dans le récit, et cette définition est reprise dans le glossaire).

Les deuxième et troisième pages d'un chapitre se présentent comme suit.

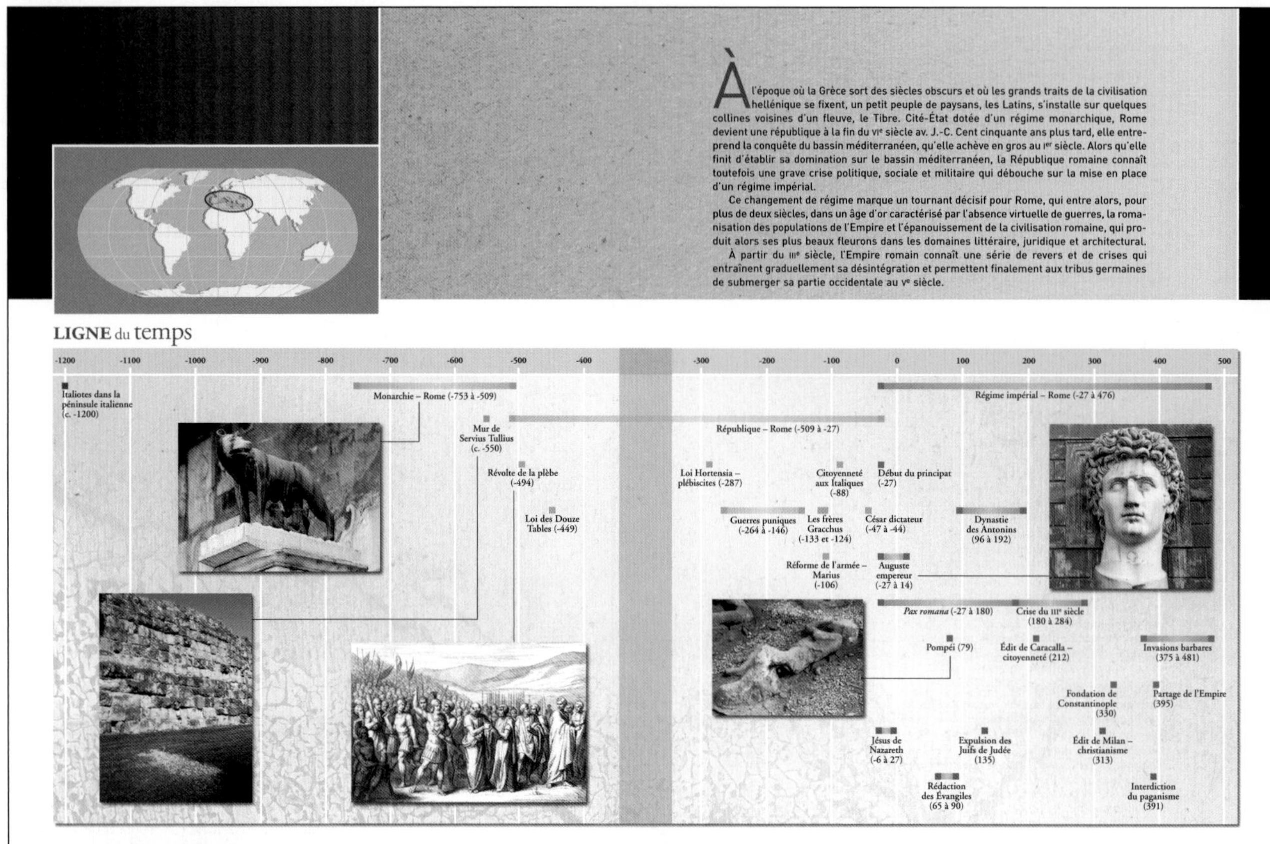

À l'époque où la Grèce sort des siècles obscurs et où les grands traits de la civilisation hellénique se fixent, un petit peuple de paysans, les Latins, s'installe sur quelques collines voisines d'un fleuve, le Tibre. Cité-État dotée d'un régime monarchique, Rome devient une république à la fin du VIe siècle av. J.-C. Cent cinquante ans plus tard, elle entreprend la conquête du bassin méditerranéen, qu'elle achève en gros au Ier siècle. Alors qu'elle finit d'établir sa domination sur le bassin méditerranéen, la République romaine connaît toutefois une grave crise politique, sociale et militaire qui débouche sur la mise en place d'un régime impérial.

Ce changement de régime marque un tournant décisif pour Rome, qui entre alors, pour plus de deux siècles, dans un âge d'or caractérisé par l'absence virtuelle de guerres, la romanisation des populations de l'Empire et l'épanouissement de la civilisation romaine, qui produit alors ses plus beaux fleurons dans les domaines littéraire, juridique et architectural.

À partir du IIIe siècle, l'Empire romain connaît une série de revers et de crises qui entraînent graduellement sa désintégration et permettent finalement aux tribus germaines de submerger sa partie occidentale au Ve siècle.

Sous un petit **PLANISPHÈRE** montrant dans sa partie ombrée l'espace géographique où se situe l'action, la **LIGNE DU TEMPS**, désormais placée à l'horizontale, offre une série de repères temporels sur la période couverte, signalant tant des événements ponctuels (des carrés) que des faits historiques d'une certaine durée (des lignes horizontales). Tous ces faits sont situés dans le temps au moyen de dates mises entre parenthèses et ils sont regroupés en thèmes (5 ou 6 par chapitre en moyenne) par l'utilisation de couleurs. Quelques illustrations agrémentent le tout.

Dans les pages suivantes, le corps du texte est constitué par le récit historique reliant toutes les parties, divisions et subdivisions de l'ouvrage, récit historique dont la trame s'alimente et s'enrichit de multiples éléments:

- des **DOCUMENTS FIGURÉS**, tous d'époque, parfois accompagnés de questions pour susciter la réflexion ou pour attirer l'attention sur un point précis;

FIGURE 9.24

La ruée sur la Chine

Cette caricature date de 1900. En observant bien, on peut reconnaître, notamment par les symboles qui les représentent, les puissances impérialistes qui se disputent alors la Chine. Quelles sont-elles?

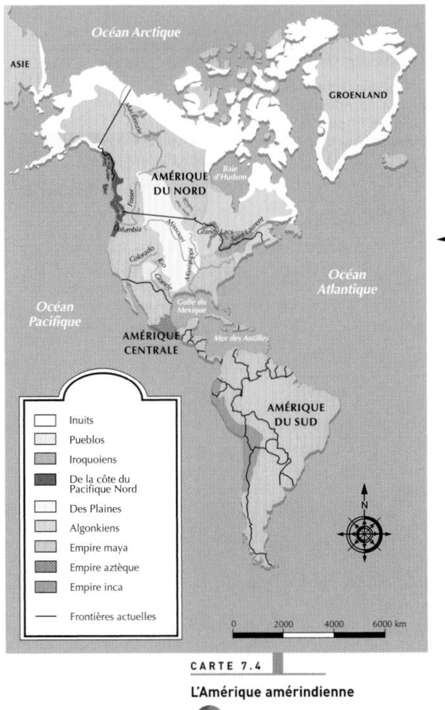

CARTE 7.4

L'Amérique amérindienne

questions – cartes

• des **CARTES**, nombreuses et préparées sur mesure pour compléter le récit et le situer dans l'espace; des **TABLEAUX ET DES GRAPHIQUES**, accompagnés parfois de questions;

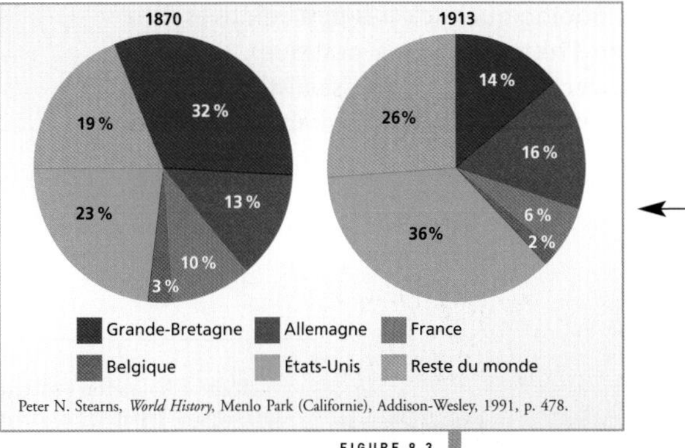

FIGURE 9.3

Répartition par pays de la production industrielle mondiale en 1870 et en 1913

questions – figures et tableaux

ROOSEVELT DÉFEND SON *NEW DEAL*

En regard des grands systèmes idéologiques de l'ère contemporaine (libéralisme, socialisme, social-démocratie, etc.), dans quelle mouvance peut-on classer ce discours du président Roosevelt? Quel qualificatif décrirait le mieux ce discours?

...

Notre plus grande tâche, la première, est de remettre le peuple au travail. Ce n'est pas un problème insoluble si nous l'affrontons avec sagesse et courage. Elle peut s'accomplir en partie par une embauche directe par le gouvernement, en agissant comme en cas de guerre, mais en même temps en réalisant par cette embauche les travaux les plus nécessaires pour stimuler et réorganiser l'usage de nos ressources naturelles. Parallèlement à cette action, nous devons avouer franchement que nos centres industriels sont surpeuplés, et en engageant à l'échelon national une nouvelle répartition, nous efforcer de faire mieux utiliser la terre par ceux qui y sont le plus aptes. On peut travailler à cette tâche par des efforts précis pour élever les prix des produits agricoles, et avec eux le pouvoir d'achat qui absorbera la production de nos cités. On peut y travailler en mettant un terme réel à la tragédie de la disparition croissante [...] de nos petites entreprises et de nos fermes.

On peut y travailler en insistant pour amener les administrations fédérales, d'États et locales, à réduire énergiquement leurs dépenses. On peut y travailler en unifiant les activités de secours qui souffrent souvent aujourd'hui de dispersion, de gaspillage et d'inégalité. On peut y travailler en établissant un plan national et une surveillance de toutes les formes de transports et de communications et d'autres activités qui présentent un caractère de service public. On peut y travailler de bien des manières, mais jamais seulement en paroles. Il nous faut agir et agir vite.

Franklin Delano Roosevelt, «Adresse inaugurale, 4 mars 1933», citée dans O. Voilliard, *et al.*, *Documents d'histoire contemporaine. Tome II: 1851-1963*, Paris, Armand Colin, 1964, p. 255-256.

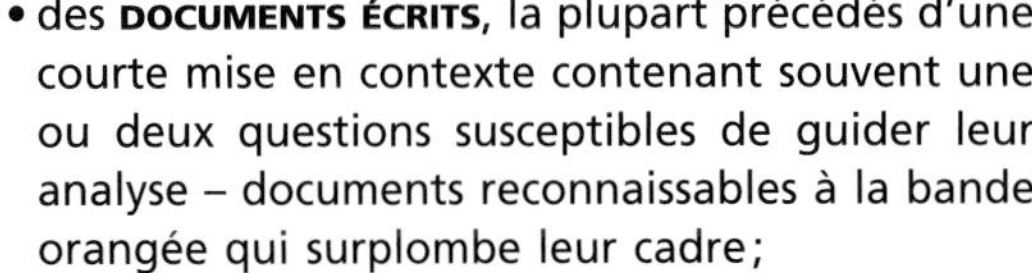

• des **DOCUMENTS ÉCRITS**, la plupart précédés d'une courte mise en contexte contenant souvent une ou deux questions susceptibles de guider leur analyse – documents reconnaissables à la bande orangée qui surplombe leur cadre;

LE DÉBUT D'UN TEMPS NOUVEAU?

Les effets des accords de Yalta ont pris fin en 1999.

• 12 mars 1999 •

leSoleil

LES ACCORDS DE YALTA OFFICIELLEMENT ENTERRÉS

Hongrie, Pologne et République tchèque enfin membres de l'OTAN

Washington – L'OTAN s'élargit aujourd'hui à la Pologne, la Hongrie et la République tchèque, tirant définitivement un trait sur les divisions de l'Europe imposées par Staline à Yalta, il y a plus de 50 ans.

• des **COUPURES DE PRESSE** rappelant que l'histoire n'est jamais achevée, que des faits du passé ont encore un écho dans le présent;

LES AMOURS IMPOSSIBLES DE ROMÉO ET JULIETTE

En Italie du Nord, les grandes familles se divisent et s'affrontent : les *guelfes* sont favorables au pape et les *gibelins*, à l'empereur. C'est sur cette toile de fond que Shakespeare a brossé les amours impossibles de Roméo et Juliette, leurs deux familles, les Capulet (guelfes) et les Montaigu (gi… une haine mortelle.

HUMANISME ET ÉDUCATION AU QUÉBEC

L'idéal éducatif de la Renaissance a influencé la pédagogie occidentale jusqu'au milieu du XXe siècle, comme en fait foi le programme du cours classique, en vigueur au Québec jusqu'à la fin des années 1960.

- des **ENCADRÉS** de diverse nature – suppléments d'information, considérations historiographiques ou méthodologiques (c'est-à-dire relatives à la nature de l'histoire et à sa pratique), mises en rapport avec le présent, etc. –, se distinguant par une bande turquoise qui surplombe leur cadre.

Cette colonisation s'effectue selon trois modes : la **colonie** proprement dite, que le pays impérialiste occupe et administre directement ; le **protectorat**, où le pays soumis conserve son dirigeant, à condition qu'il accepte de privilégier les intérêts du pays impérialiste ; et la **sphère d'influence**, où, par accord avec les autorités locales, les droits d'investir et de commercer sont réservés au pays impérialiste. Phénomène sans précédent dans l'histoire, l'**impérialisme** occidental s'explique par des facteurs d'ordre économique, politique, culturel et démographique.

colonie Territoire dominé et exploité par un pays étranger.

protectorat Type de régime colonial où le pays soumis conserve son dirigeant à condition de privilégier les intérêts du pays impérialiste.

sphère d'influence Forme d'impérialisme où un pays obtient des autorités d'un autre pays qu'elles lui réservent des droits d'investir et de commercer sur un territoire donné.

Au fil des pages, les **CARACTÈRES GRAS** signalent des concepts ou des termes spécialisés, définis dans le corps même du récit ou sinon en marge, et qui sont tous repris dans le **GLOSSAIRE** à la fin du manuel.

Naissance du citoyen, émergence de la nation 273

Apprentissages

DÉGAGER L'IDÉE PRINCIPALE

Donner un bon titre à un document, c'est-à-dire un titre qui traduit justement son idée principale, c'est faire œuvre de synthèse. Quel titre pourrait-on donner à chacune des citations des philosophes reproduites à la page 247 ?

INTERPRÉTER UNE CARICATURE

En quelques traits de plume, un caricaturiste peut exprimer la nature essentielle d'une époque ou d'une situation.

a) Dans la caricature de la page 255 (figure 8.5), que représente chacun des personnages ? Comment interpréter leur position les uns par rapport aux autres ?

b) La caricature de la page 272 (figure 8.9) présente de façon figurée les pays d'Europe au tournant du XIXe siècle. Le contenu du reste du chapitre permet d'interpréter la représentation que l'auteur se fait de plusieurs d'entre eux. Que dire de la façon dont il voit la Prusse, la France, l'Autriche, l'Italie, la Russie, l'Empire ottoman ?

c) Toujours à la lumière du contenu de ce chapitre, en quoi le titre donné à la caricature – « La paix armée » – convient-il à la situation ?

OBSERVER UNE ÉVOLUTION EN COMPARANT DES CARTES

Comme les caricatures, les cartes peuvent en quelques traits montrer une évolution que mille mots auraient peine à décrire.

a) La carte 8.1 (p. 251) montre des changements intervenus dans l'est de l'Amérique du Nord entre 1763 (traité de Paris) et 1783 (traité de Versailles), en passant par l'Acte de Québec de 1774. D'une étape à l'autre, quels sont les principaux changements territoriaux ? De quelle manière le territoire qui correspond au Québec actuel a-t-il changé ?

b) Que nous apprennent les cartes 8.2 et 8.4 (p. 261 et p. 267) sur les changements survenus en Europe entre 1812 et 1815 ?

CLARIFIER SES VALEURS

Il est habituel de penser que la religion est du domaine privé, qu'elle doit pouvoir se pratiquer en toute liberté, sans influence indue. Napoléon Ier révèle sa conception de la religion dans les deux documents de la page 260 : cette conception de l'usage de la religion dans une société paraît-elle légitime ?

De façon générale, que penser de l'association possible entre la religion et l'État ? entre l'école et la religion ?

Finalement, à la fin du chapitre, une section **APPRENTISSAGES** propose de petits exercices qui exploitent la matière du chapitre, y ajoutant parfois de courts documents. Comme l'indiquent leurs titres, ces exercices visent à exercer ces mêmes savoir-faire que l'historien met en œuvre dans ses recherches : classer des informations, comparer des données, les synthétiser sous forme de tableau ou de graphique, analyser un document, dégager un point de vue, interpréter une série statistique, clarifier ses valeurs, etc.

AU PROFESSEUR

Le manuel *Histoire de la civilisation occidentale* est complété par un **Compagnon Web** qui comprend notamment pour les étudiants un résumé de chaque chapitre qu'ils sont invités à compléter, des questions de révision des connaissances factuelles, des tests interactifs (vrai ou faux; choix multiples; associations; compréhension de cartes, de tableaux et de graphiques), et les lignes du temps. La section destinée à l'enseignant contient les lignes du temps, une présentation de chaque chapitre, les solutionnaires de tous les exercices destinés aux étudiants, des laboratoires (avec solutionnaires) qu'ils peuvent modifier à volonté pour ainsi les adapter à leur enseignement, et les solutionnaires des apprentissages proposés dans chaque chapitre du manuel en plus de l'ensemble des cartes du livre.

REMERCIEMENTS

Dans la première édition de cet ouvrage, Christian Laville avait écrit l'avant-propos et les chapitres suivants:

1. L'histoire: clé du présent, porte de l'avenir

2. Les civilisations des vallées fertiles

5. De la Méditerranée à l'Europe occidentale

7. Les Européens rencontrent le monde

8. Naissance du citoyen, émergence de la nation

9. L'avènement de l'ère industrielle

12. Mondialisation et interdépendance: les défis du présent et de l'avenir

Il avait également rédigé les parties correspondantes dans l'*Auxiliaire pédagogique* ainsi que les sections «Présentation», «Perspectives et objectifs» et «Évaluation factuelle» de celui-ci.

Je tiens à le remercier pour sa contribution à cette première édition ainsi que pour sa vision de didacticien de l'histoire, dont il a su l'imprégner.

Marc Simard

Table des matières

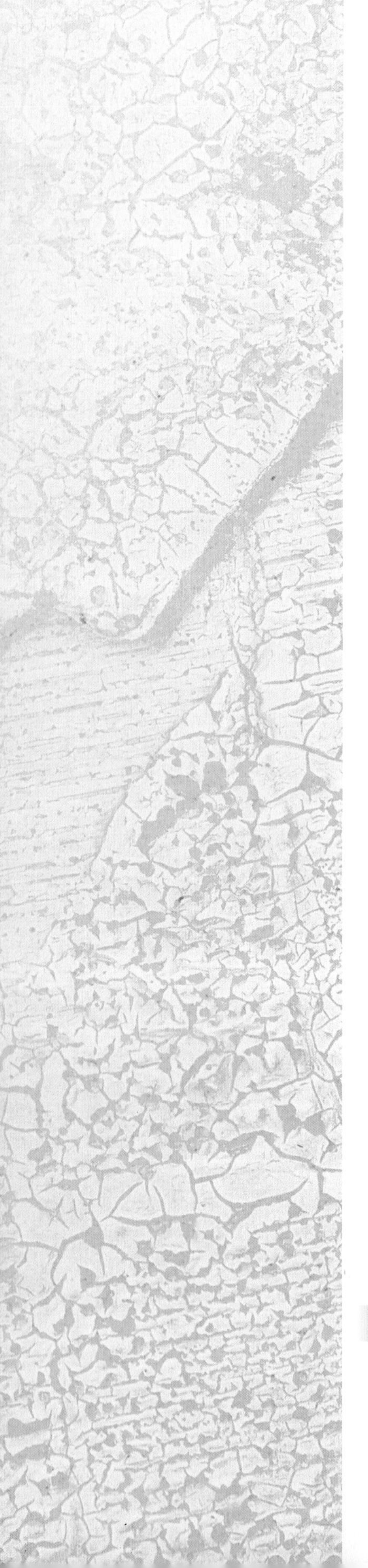

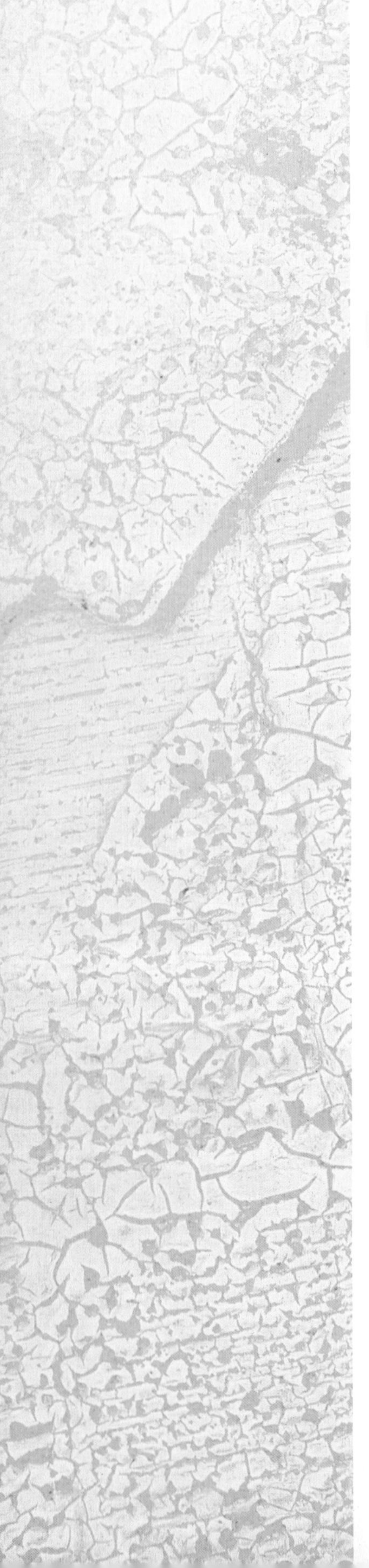

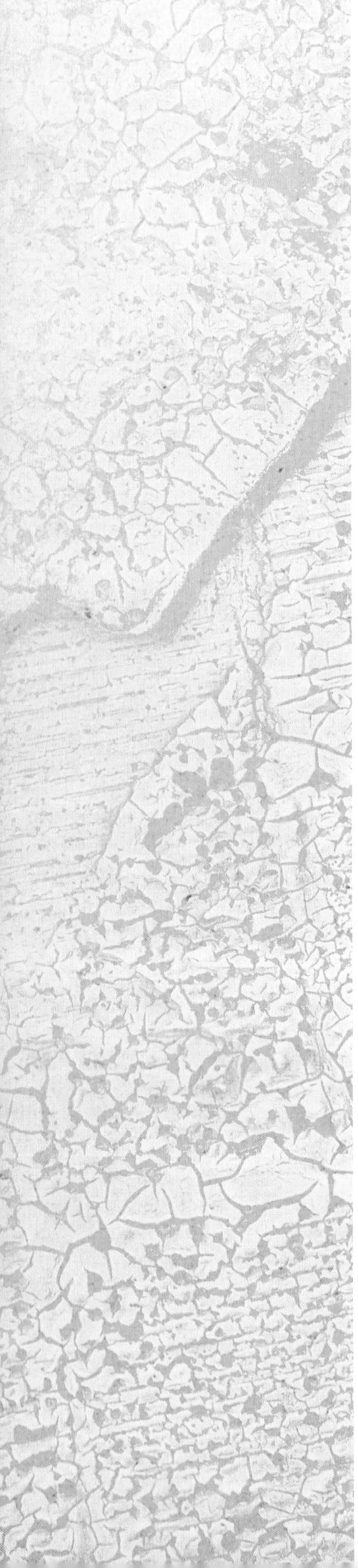

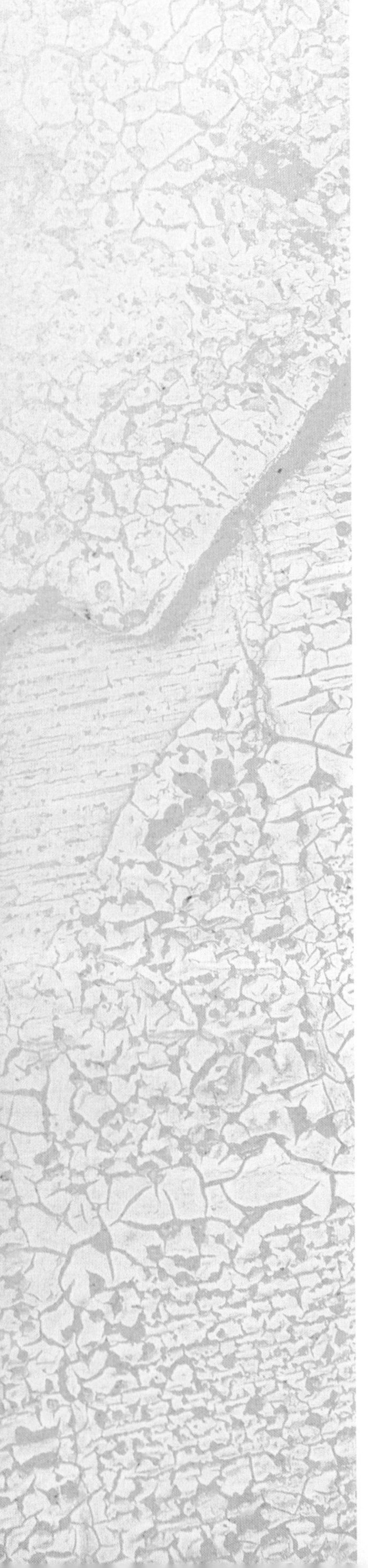

CHAPITRE 1

L'histoire : clé du présent, porte de l'avenir

Dans ce chapitre, nous verrons...

- Comment l'histoire n'est pas une science du passé mais du présent, puisqu'elle étudie le passé pour comprendre et expliquer le présent.
- Pourquoi apprendre l'histoire est essentiel à qui veut vivre pleinement en société.
- En quoi l'histoire est moins la connaissance du passé que la méthode employée pour connaître celui-ci.
- Quels sont les caractères principaux de la méthode historique ainsi que certains de ses concepts particuliers, et comment cette méthode peut s'appliquer aussi bien au présent qu'au passé.
- Comment l'histoire, qui est un domaine ancien du savoir, s'est formée en tant que discipline scientifique il y a un peu plus d'un siècle et comment elle a évolué depuis.
- Comment l'histoire peut servir à des fins autres que scientifiques ou scolaires.
- Que la civilisation occidentale, comme toute civilisation, est le produit de l'histoire, et qu'elle a pris une extension mondiale.

LES PRINCIPAUX CONCEPTS UTILISÉS DANS CE CHAPITRE SONT LES SUIVANTS : **critique historique, problématique, événement, conjoncture, structure, État de droit, civilisation, mondialisation, chronologie.**

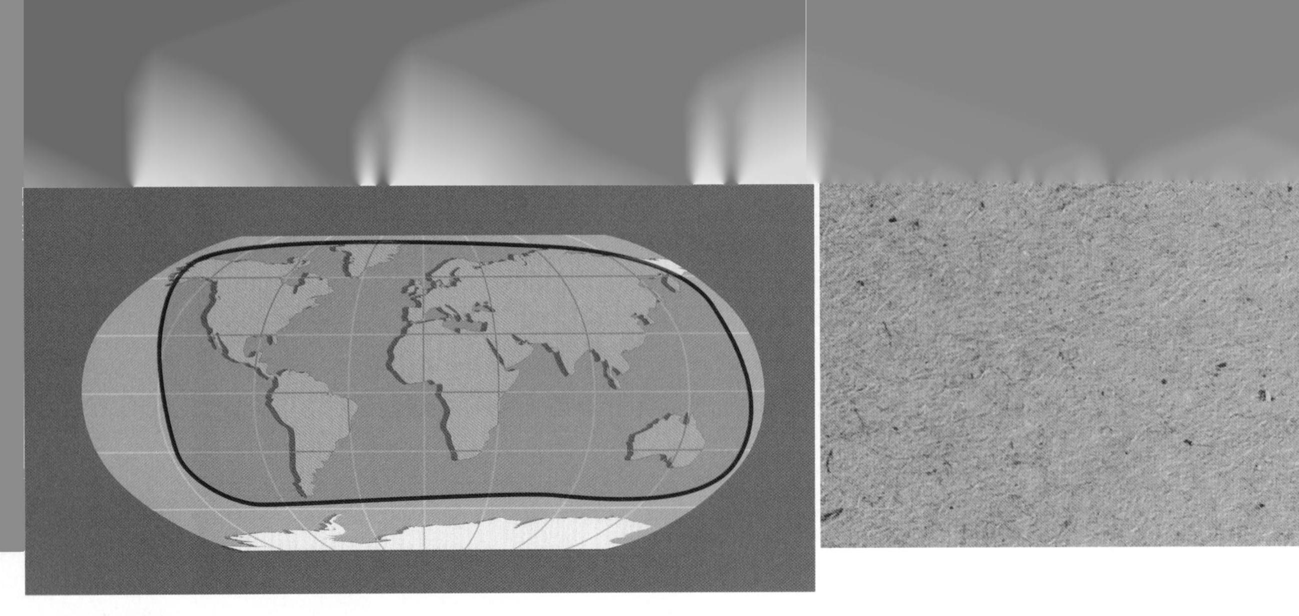

LIGNE du temps

-3000 | -2500 | -2000 | -1500 | -1000

Civilisations des vallées fertiles (-3500 à -31)

Outils de bronze (c. -3200)

Invention de l'écriture (c. -3000)

Fondation de Babylone (c. -2300)

Outils de fer (c. -1600)

Fondation de Rome (-753)

Achéens en Grèce (c. -2000)

Jeux olympiques (-776)

Code de Hammourabi (c. -1700)

Exode des Hébreux hors d'Égypte (-1250)

Pour bien des gens, l'histoire parle du passé, et même d'un passé mort et révolu. Ils se trompent : l'histoire parle du présent. L'histoire, c'est à la fois le long cheminement parcouru par les communautés humaines pour arriver au présent, et l'étude de ce cheminement pour savoir et comprendre comment et de quoi s'est fait ce présent. Informés de leur histoire, les humains sont mieux armés pour maîtriser le présent de leur société et pour préparer l'avenir.

Les concepts d'histoire et de civilisation sont intimement liés, car toute civilisation est un produit de son passé. Ainsi, la civilisation occidentale, dont l'influence s'étend aujourd'hui à toute la planète, n'a jamais cessé elle-même de recevoir et d'intégrer des influences venues d'autres civilisations.

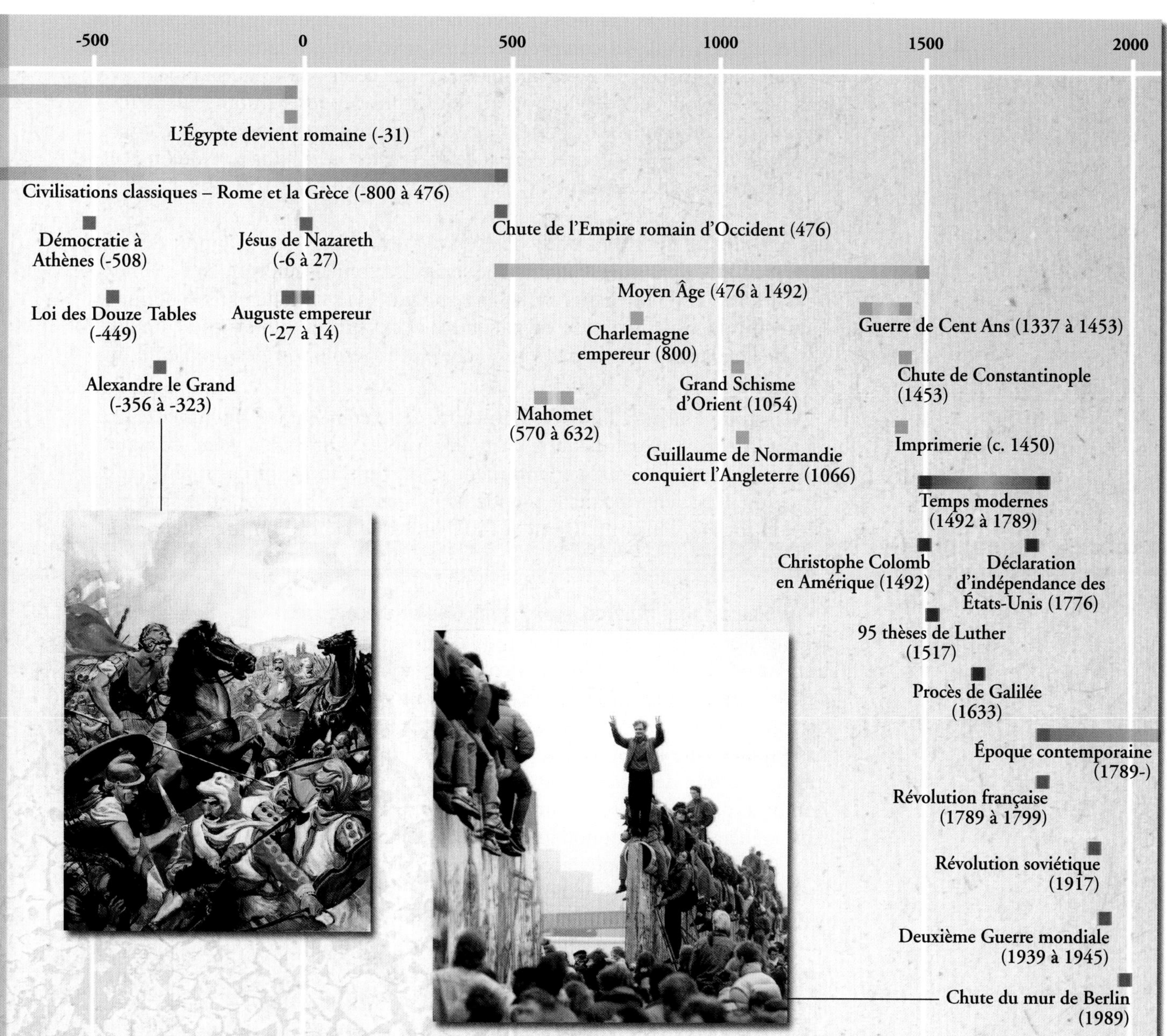

Être étranger à sa propre société

« Ignorer ce qui est arrivé avant sa naissance, c'est rester toujours un enfant », a dit l'homme politique romain Cicéron. Plus de vingt siècles plus tard, ce constat n'a rien perdu de sa pertinence et il est encore plus lourd de conséquences. En effet, l'avènement de la démocratie ayant conféré à chacun de nous des responsabilités de réflexion critique et de participation sociale, comment pourrions-nous les assumer sans avoir intégré un certain nombre d'acquis historiques ? Voilà entre autres à quoi sert l'étude de l'histoire.

COMMENT OCCUPER SA PLACE DANS UN MONDE QU'ON IGNORE ? Dans un monde comme le nôtre, il ne s'écoule pas un jour sans que les médias, nos études, nos diverses activités quotidiennes et même nos loisirs nous apportent des informations sur la société où nous vivons et dont nous sommes membres à part entière. Ignorer ce qui s'y passe, renoncer à la comprendre signifierait s'isoler, accepter de s'en rendre étranger et se priver d'y prendre sa place de citoyen par ses opinions et ses actions.

Les informations qui nous parviennent ne s'expliquent généralement pas d'elles-mêmes. Pour les comprendre et en tirer profit, il faut se questionner : de quoi s'agit-il ? d'où cela vient-il ? qu'est-ce que cela signifie ? quelles incidences cela peut-il avoir ? etc. Autant de questions qui supposent non seulement la réutilisation de connaissances acquises ou l'acquisition de nouvelles connaissances, mais aussi leur traitement et leur transfert à la situation qu'on tente de comprendre et d'expliquer.

LES APPORTS DE L'HISTOIRE SONT CONSIDÉRABLES. À cet égard, l'apport de l'histoire est double, car elle est autant une source de connaissances qu'une méthode pour les acquérir, les traiter et les interpréter. Une telle démarche permet à l'individu de saisir la nature de sa société et des enjeux qui s'y présentent et, éventuellement, de participer à son échelle à la résolution des problèmes qui s'y posent.

L'histoire fournit à l'individu un cadre de référence pour aménager le présent et orienter l'avenir. D'autre part, en lui apprenant d'où il vient, comment il se situe parmi les autres et comment les circonstances du passé ont fait de lui ce qu'il est, en l'aidant à prendre conscience de sa place et de son rôle dans la société, l'histoire donne à l'individu une clé de son identité personnelle et sociale.

L'HISTOIRE EST UNE SCIENCE JEUNE, MAIS UNE DISCIPLINE ANCIENNE. Sous sa forme scientifique, l'histoire a un peu plus d'un siècle : comme les autres sciences humaines, elle est née dans la seconde moitié du XIXe siècle. Des individus s'étaient intéressés au passé bien avant, mais jusque-là leur travail n'était pas de nature scientifique au sens que nous donnons aujourd'hui à ce mot. Essentiellement, leur travail consistait à mettre en valeur de grands événements (comme des guerres ou des chambardements politiques) et de grands hommes, ou à justifier une situation ou une vision du monde. Pour cela, le récit (généralement chronologique) de faits choisis suffisait. Ainsi, au Ve siècle av. J.-C., le Grec Hérodote racontait dans *L'Enquête* les guerres des Grecs contre les Perses (dites « guerres médiques ») afin d'« empêcher que tombent dans l'oubli les grands exploits » ; au IIe siècle, le Romain Tacite racontait dans ses *Annales* les péripéties de la dynastie des empereurs julio-claudiens ; au IXe siècle, le moine Eginhard célébrait dans sa *Vie de Charlemagne* le règne de son ami, roi des Francs ; et au XVIIe siècle, l'évêque Bossuet exaltait le triomphe du christianisme dans son *Discours sur l'histoire universelle.*

On a volé l'enseigne d'Auschwitz!

Associated Press et Agence France-Presse

OSWIECIM, Pologne — La célèbre inscription en fer *Arbeit macht frei* (Le travail rend libre), qui surmonte l'entrée de l'ancien camp d'extermination d'Auschwitz, a été dérobée hier avant l'aube, soulevant une vive émotion dans le monde entier.

Le signe marquait l'entrée du camp installé par les nazis dans ...

Ukraine Ce sera Ianoukovitch contre Timochenko

Le pouvoir orange éconduit au premier tour

FRÉDÉRICK LAVOIE
COLLABORATION SPÉCIALE

Duvalier ou Aristide: même combat !

http://www.lactualité.com

... ment à sa souveraineté pour permettre à la ... ropologue André Marcel d'Ans.

... ristide. Dans ce pays qu'on dirait ... uer inévitablement, les meilleures ... mêmes qui les formulent. Le divorc ... ajorité des huit millions d'habitants, ... ns eau potable, sans vraies écoles ... t, le découragement et l'immoralité ... voyant dans les difficultés d'Haïti la

... André Marcel d'Ans n'est pas le p...

UN AN APRÈS LE DÉCRET DE FERMETURE

Les flous de Guantánamo

Agence France-Presse

WASHINGTON — Alors que la date butoir que le président américain Barack Obama s'était fixée pour fermer la prison de Guantánamo expirait, 50 détenus pourraient rester indéfiniment enfermés... si des juges ...

le Soleil

Hidjab: «c'est Byzance»

ROBERT DUTRISAC 9 janvier 2010 Québec

Québec — Tant le Parti québécois que l'A... la Commission des droits de la personne et ... hidjab par les élèves de l'école Marguerite-... laïcité s'impose, de l'avis des deux partis d'o...

«Franchement, c'est Byzance», s'est exclamée ... où se trouve cette école publique pour filles. « ... présidente du Conseil du statut de la femme ...

FORMATION DES POLICIERS AFGHANS

Blackwater lorgne un important contrat du Pentagone

Même avec un nouveau nom ...

... à un accord à l'amiable après ... u civil dans lesquelles plusieurs ... ccusaient de cultiver des méthodes ... de civils innocents.

LA PRESSE cyberpresse.ca

130e ANNIVERSAIRE DE STALINE

Un « bourreau » toujours admiré

D'APRÈS L'AFP

MOSCOU — Les communistes et autres nostalgiques de l'URSS ont célébré hier le 130e anniversaire de la naissance du dictateur soviétique Joseph Staline, responsable de la mort de millions de Soviét...

des fleurs sur la t... père des peuples, ... place Rouge, derri... lée de Lénine.

Près de 1500 p... participé à la céré... la radio ...

Le FMI en faveur d'un plan Marshall

... 2010 à 15 h 09

... Montréal, qui doit se pencher sur la reconstruction ... ds monétaire international (FMI), Dominique Straus... ... Marshall » pour le pays.

La Turquie toujours loin de l'UE

D'APRÈS L'AFP

LE DEVOIR www.ledevoir.com

Alors que la Serbi... candidature pour ... européenne, la Turc... dossier d'adhésion à l'UE avance à ... d'adhésion restent au mieux très loi... taines en raison de la lenteur de c... réformes internes, mais surt...

... gro et de la ... siter l'Europe ... t a été déclin... perspectiv...

Quel avenir pour le mouvement Tea Party?

RICHARD HÉTU
COLLABORATION SPÉCIALE

BOSTON — L'objectif de Scott Brown, un politicien peu connu à l'extérieur du Massachusetts, était ambi...

fin de la journée de mardi dernier, le candidat républicain à la succession d'Edward Kennedy avait amassé 1,5 million de dollars.

Cette récolte en ...

FIGURE 1.1

Histoire et actualité dans la presse quotidienne

Ces manchettes parues en 2010 dans trois grands quotidiens du Québec et sur un site Internet évoquent une actualité révélatrice de la civilisation dans laquelle nous vivons. Comment savoir de quoi il s'agit sans un minimum de connaissances historiques ?

L'HISTOIRE SCIENTIFIQUE APPARAÎT AU XIXe SIÈCLE. La méthode de travail et l'attitude de ces historiens face au passé sont remises en question dans le dernier quart du XIXe siècle. L'émerveillement des intellectuels devant les gigantesques progrès que les sciences de la nature ont permis d'accomplir au cours de ce siècle fait alors germer l'idée que la démarche scientifique pourrait s'appliquer avec les mêmes succès à la connaissance de l'humain. Ainsi naissent les sciences humaines et l'histoire scientifique.

FIGURE 1.2

Les risques de l'ignorance!

À ses débuts, celle-ci prétend établir une fois pour toutes la connaissance intégrale du passé humain. Il suffirait pour cela de recueillir tous les documents (essentiellement des écrits), de déterminer lesquels sont véridiques et crédibles par la **critique historique** et, par la suite, d'en extraire les faits. On constituerait ainsi le récit scientifique et donc objectif de l'histoire: ce seraient les faits eux-mêmes qui parleraient, et non les historiens.

Dans ses premières décennies, l'histoire scientifique est d'un apport considérable, accroissant de façon impressionnante la somme des connaissances humaines sur le passé, même si elle continuait à centrer son attention sur les grands hommes et les faits mémorables. Mais ses lacunes n'ont pas tardé à apparaître, car elle ne suffisait pas à rendre compte de la complexité du passé humain (l'histoire ne se limite pas aux guerres et à la politique), ni à répondre aux multiples interrogations que leur présent suggère aux historiens.

AU CŒUR DU XXe SIÈCLE, L'HISTOIRE PRÉCISE SES BUTS ET SA MÉTHODE. À partir de l'entre-deux-guerres (années 1920-1930), l'histoire entreprend donc de se redéfinir pour devenir la science que l'on connaît aujourd'hui, et dont on peut résumer comme suit les principaux caractères.

- L'HISTOIRE PREND RACINE DANS LE PRÉSENT. Ce sont les problèmes que l'historien perçoit dans son temps qui le poussent à chercher des explications dans le passé. Comme ces problèmes changent, les questions que l'historien pose au passé changent elles aussi, et avec elles les interprétations de l'histoire, ce qui enrichit celle-ci constamment.
- L'HISTOIRE S'INTÉRESSE À TOUS LES ASPECTS DE LA VIE SOCIALE. Les historiens ne privilégient plus la vie politique ou les

LA CRITIQUE HISTORIQUE

Pour les premiers historiens scientifiques, le document par excellence est le document écrit. Par conséquent, ils privilégient dans leurs travaux ceux qui laissent des traces écrites, et l'histoire qui en ressort est principalement politique. De là le préjugé malheureusement tenace voulant que l'histoire se résume à une succession d'hommes importants et de grands événements, le tout encadré par des dates marquantes. Cette fixation sur le document écrit a aussi engendré l'idée que les humains sans écriture n'appartiennent pas à l'histoire, mais plutôt à la *pré*histoire – l'histoire proprement dite commençant avec l'écriture.

La **critique historique** repose sur deux opérations successives: d'abord, la *critique externe* du document, par laquelle on s'assure de son authenticité, puis, celle-ci établie, la *critique interne*, par laquelle on recueille les informations contenues dans le document. La multiplication des interrogations des historiens et l'élargissement de la notion de document à toute trace laissée par les humains ont fait comprendre, à partir des années 1920, les limites de la méthode de la critique historique.

FIGURE 1.3

À tout moment, l'individu est dans l'histoire

guerres : ils étudient également les groupes sociaux et les relations entre ceux-ci (histoire sociale), les conditions matérielles de vie (histoire économique), les idées et les mentalités (histoire intellectuelle) et des sujets aussi étonnants de prime abord que les couleurs, les odeurs ou les modes.

- L'HISTOIRE REPOSE SUR LES TRACES LAISSÉES PAR LES HUMAINS. Outre le document écrit, qui garde une grande importance, tout ce qui peut apporter quelque chose à la connaissance du passé humain devient également un document valable : objets (**artéfacts**), photos, films, enregistrements, œuvres d'art, données chiffrées et informatiques, etc. En somme, toute trace laissée par les humains devient matériau historique.
- L'HISTOIRE RECONNAÎT PRODUIRE DES SAVOIRS RELATIFS PLUTÔT QU'ABSOLUS. L'histoire ne prétend plus écrire le récit définitif et objectif du passé. Chez l'historien, le principe d'objectivité a laissé place à celui de transparence : s'il expose ce qui lui paraît être le savoir le plus juste du moment sur une question donnée, il reconnaît qu'aujourd'hui ou plus tard, avec des perspectives ou des documents différents, lui-même ou d'autres pourraient produire des savoirs différents sur la même question. Chacun de ces savoirs n'en est pas moins valide s'il résulte d'un travail scientifique soigné et transparent.

ÉCOLE, POLITIQUE, LOISIRS, L'HISTOIRE TROUVE BIEN DES USAGES... L'histoire est donc la science qui étudie le passé afin de comprendre le présent, et qui utilise pour cela une méthode fondée sur l'étude de documents (traces) provenant du passé. Elle n'est donc pas qu'un ensemble de connaissances. Le fait

LE PRINCIPE DE TRANSPARENCE

En suivant le principe de transparence, l'historien dévoile au lecteur sa **problématique**, de même que sa démarche, les documents étudiés et les emprunts qu'il a faits à ceux-ci. Ainsi, son lecteur peut lui-même contre-vérifier son travail et le remettre en question aussi bien dans le détail que dans son ensemble.

problématique Perspective particulière, influencée par ses savoirs et ses valeurs, que l'historien applique à la considération d'un problème.

LA MÉTHODE HISTORIQUE

Réduite à ses étapes logiques essentielles, la démarche de l'historien pourrait se décrire ainsi :

- prise de conscience d'un problème issu des préoccupations actuelles ;
- formulation d'une **hypothèse**, c'est-à-dire de ce qui (selon l'historien) pourrait avoir causé ce problème ou pourrait l'expliquer ;
- vérification de l'hypothèse par l'étude des faits, à travers les documents pertinents ;
- dans le cas où l'hypothèse se vérifie – c'est-à-dire est corroborée par les faits –, élaboration d'une synthèse rassemblant les principaux faits à l'appui ; dans le cas où l'hypothèse ne se vérifie pas, retour à la deuxième étape : élaboration d'une nouvelle hypothèse (ou révision de l'hypothèse de départ), vérification, etc.

Au fil de cette démarche, l'historien effectue de multiples opérations ponctuelles : classer des informations, comparer des données, les synthétiser sous forme de tableau ou de graphique, analyser un document, dégager un point de vue, interpréter une série statistique, etc. Bref, des opérations intellectuelles du même type que celles que propose ce manuel dans les « Apprentissages » à la fin de chaque chapitre.

L'OUTILLAGE MENTAL DE L'HISTOIRE : LES CONCEPTS

Comme toutes les sciences, l'histoire utilise des concepts pour aborder ses objets d'étude. Un concept est une représentation mentale de réalités apparentées par leurs caractéristiques communes essentielles. Ainsi, le concept de démocratie libérale renvoie à un ordre social où le peuple choisit des dirigeants qui doivent répondre de leurs actes devant lui, où règne l'**État de droit**, etc. Comprendre ce concept permet de distinguer les régimes qui présentent ces caractéristiques de ceux qui ne les présentent pas.

Comme elle s'intéresse à toutes les réalités humaines, l'histoire partage de nombreux concepts avec les autres sciences sociales (économie, sociologie, politique, anthropologie, etc.), mais elle se caractérise aussi par quelques concepts propres, tous relatifs à l'écoulement du temps. Pensons par exemple aux concepts de durée, de continuité, de changement, d'évolution, à ceux qui désignent de grandes périodes historiques – Antiquité, Moyen Âge, etc. – ou encore à ceux qui soulignent le caractère particulier d'une période – par exemple, le concept de « siècle des Lumières » pour désigner le XVIIIe siècle, marqué par les idées des philosophes.

Trois de ces concepts relatifs au temps sont particulièrement utiles à l'historien pour produire ses explications :

- un **événement** est un fait ponctuel étroitement circonscrit dans le temps, par exemple, la prise de Québec par les troupes britanniques le 13 septembre 1759 ;
- une **conjoncture** est une situation où plusieurs facteurs se conjuguent pour marquer une époque, par exemple, la Révolution tranquille ;
- une **structure** est une empreinte profonde et de longue durée sur laquelle se greffent des faits historiques de moindre durée (événements ou conjonctures), par exemple, l'empreinte tenace d'une mentalité chrétienne dans l'histoire du Québec.

Conscient que les comportements humains s'expliquent rarement par une cause unique et qu'ils relèvent plutôt d'une conjonction de facteurs d'importance variable, l'historien recherche ses explications dans ces différents registres de la durée : c'est la science du comportement humain dans le temps.

État de droit État dans lequel toutes les personnes, y compris les dirigeants, sont soumises à la loi.

que cette méthode puisse aussi s'appliquer à la compréhension de la plupart des problèmes sociaux, actuels ou passés, et même à de nombreux problèmes d'ordre personnel – lorsqu'il s'agit de prendre une décision réfléchie par exemple – vaut à l'histoire une place privilégiée dans la formation scolaire des jeunes.

Notons cependant qu'en milieu scolaire l'histoire a également été utilisée à des fins politiques, ce qui n'a d'ailleurs pas entièrement disparu. En effet, la naissance de l'histoire scientifique a coïncidé dans les pays occidentaux avec l'apparition de l'école publique pour tous (du moins au primaire) ; dans sa version pédagogique, elle s'est vu confier la mission de former la conscience nationale des élèves. Une conscience nationale téléguidée, puisqu'il s'agissait essentiellement de justifier et même de valoriser l'ordre social en place ainsi que ceux qui y exercent le pouvoir, et de susciter chez les élèves un sentiment de fierté nationale. On tentait d'atteindre ce résultat par un récit construit sur mesure, ponctué d'hommes illustres et de faits mémorables, mais souvent aussi de ressentiment (et même de haine) envers « les autres ». Avec pour résultat dans plusieurs pays la montée d'un nationalisme à ce point exacerbé qu'après la Première Guerre mondiale certains observateurs ont pu dire : « L'histoire a fait la guerre ! »

Depuis, on a appris à se méfier des usages politiques de l'histoire : ainsi, au terme de la Deuxième Guerre mondiale, le commandant en chef des troupes d'occupation à Berlin fit interdire en toute hâte les manuels d'histoire qu'avait fait préparer Hitler pour inculquer aux jeunes la mythologie nationale fondatrice du IIIe Reich. De nos jours, des organismes publics (comme notre ministère de l'Éducation) s'emploient à détecter dans les manuels nationaux les représentations négatives des autres nationalités. Cette vigilance est requise à toutes les époques et dans toutes les sociétés, puisque nous ne sommes pas à l'abri, pas plus que les générations futures, de la manipulation de la connaissance à des fins politiques ou idéologiques.

L'ENSEIGNEMENT DE L'HISTOIRE SELON LES ÉPOQUES

L'enseignement généralisé de l'histoire est aussi récent que l'avènement de l'histoire scientifique. Auparavant, lorsque l'histoire était enseignée dans les collèges de l'élite, c'était principalement pour les modèles humains et les exemples moraux qu'on y puisait, ou comme réservoir de textes destinés à l'apprentissage du latin. Aux princes, on l'enseignait pour leur apprendre à gouverner ; ainsi, les *Propos sur l'histoire universelle* de Bossuet étaient destinés à un seul élève, celui dont il était le précepteur : le Dauphin, fils de Louis XIV.

L'histoire telle qu'ils la conçoivent

La conception qu'on se fait de l'histoire, de même que l'accent qu'on met sur tel ou tel de ses aspects, varient selon les époques et selon les gens. À preuve, les quelques citations suivantes.

■ ■ ■

Il n'y a pas d'Histoire avec un H majuscule ; il n'y a que des historiens.

Pierre Gaxotte, historien et journaliste français, 1969

L'histoire des hommes libres n'est jamais écrite par le hasard mais par choix – leur choix.

Dwight Eisenhower, homme politique américain, 1956

L'histoire est presque toujours écrite par les vainqueurs ou les conquérants et donne leur point de vue.

Jawaharlal Nehru, homme politique indien, 1944

L'histoire est un grand présent, et pas seulement un passé.

Alain, philosophe français, 1945

L'histoire fait partie de la tradition humaniste [...]. L'humanisme n'est pas à la recherche de la vérité ; l'humaniste tend à croire que les sociétés avancent grâce à des doutes et à des questionnements.

John Saul, philosophe et écrivain canadien, 2000

L'histoire justifie ce que l'on veut. Elle n'enseigne absolument rien, car elle contient tout et donne des exemples de tout. Elle est le produit le plus dangereux que la chimie de l'intellect ait élaboré.

Paul Valéry, écrivain français, 1931

L'histoire n'est pas seulement le passé, c'est un processus intellectuel.

C. Vann Woodward, historien américain, 1989

L'histoire n'offre ni consolation des souffrances ni punition du mal.

Lord Acton, historien britannique, 1887

L'histoire permet d'expliquer le présent, de le justifier et de l'éclairer. [...] Le passé, c'est une réalité analysée et filtrée par la science.

Alice Parizeau, écrivaine québécoise, 1981

Le passé éclaire, mais c'est le futur, la fin, qui doit donner la direction.

Georges-Henri Lévesque, universitaire québécois, dans les années 1950

Parmi d'autres exercices de l'esprit, le plus utile est l'histoire.

Salluste, historien latin, Ier siècle av. J.-C.

Pour donner au peuple un sentiment national, on doit idéaliser l'histoire.

Laurent Girouard, écrivain québécois, 1964

[L'histoire] n'est pas un art. Elle est une science pure. [...] Elle consiste, comme toute science, à constater les faits, à les analyser, à les rapprocher, à en marquer le lien.

Fustel de Coulanges, historien français, 1888

L'enseignement de l'histoire dans les Balkans

La péninsule balkanique est une région de l'Europe où les tensions ethniques et religieuses ont provoqué de graves affrontements au fil des siècles. Il suffit de penser à la guerre civile qui a vu les Croates, les Serbes et les Musulmans s'entretuer en Bosnie pendant les années 1990. Les massacres et le nettoyage ethnique y ont eu une telle ampleur que le Tribunal international pénal pour l'ex-Yougoslavie a parlé de génocide.

Conscients de l'importance qu'a pu avoir l'enseignement de l'histoire dans la genèse de ces affrontements, une soixantaine d'historiens des Balkans ont récemment décidé d'écrire des manuels d'histoire communs pour les écoles secondaires des onze pays de la région. Ils ont délibérément choisi de présenter des opinions variées sur les événements et de les raconter du point de vue des populations plutôt que de celui des élites, et ce, dans le but de « cultiver la paix ».

FIGURE 1.4

Lénine et Trotski

Pour ceux qui manipulent l'histoire à des fins politiques, même le document historique peut être trafiqué. L'exemple de cette photo est éloquent à cet égard. La photo originale, celle de gauche, montre Lénine (sur la tribune) et son compère Trotski (en uniforme, à droite de la tribune). Mais sur la photo officielle (à droite), Trotski a disparu : après son expulsion du parti communiste, les nouveaux dirigeants de l'Union soviétique l'ont fait « effacer »...

Mais l'histoire ne sert pas seulement à comprendre le présent, à former la pensée critique ou, au contraire, à embrigader les esprits. Elle est également un objet de divertissement. En fait, c'est probablement la discipline qui sert le plus à cet usage. L'immense succès populaire des romans et des films historiques, ainsi que des chaînes de télévision spécialisées en histoire, en témoigne : l'histoire, si exigeante tant comme discipline scientifique que comme discipline scolaire, peut aussi être une réelle source de plaisir.

Histoire et civilisation occidentale

Les concepts d'histoire et de civilisation entretiennent un rapport particulièrement étroit : comme une civilisation est constituée des traits qui caractérisent une société à un moment donné, ces traits sont enracinés dans le passé de cette société.

civilisation Ensemble de phénomènes sociaux (religieux, moraux, esthétiques, scientifiques, techniques) communs à une société ou à un groupe de sociétés (*Le Petit Robert*).

LA CIVILISATION EST LE PRODUIT DE L'HISTOIRE. Le *Petit Robert* définit ainsi le terme **civilisation** : « Ensemble de phénomènes sociaux (religieux, moraux, esthétiques, scientifiques, techniques) communs à une société ou à un groupe de sociétés. » Le concept de civilisation recouvre donc une réalité très vaste : tout ce qui, tant sur le plan matériel qu'intellectuel, contribue à l'identité particulière d'une société ou d'un ensemble de sociétés apparentées. Précisons en outre que le concept de civilisation ne décrit pas un état figé, acquis une fois pour toutes. Les civilisations sont vivantes, elles se construisent et se transforment, car elles sont le produit de l'histoire. L'espace même où elles évoluent,

LA SONDE VOYAGER 2 ET SA « CAPSULE DE CIVILISATION »

L'identité d'une civilisation est déterminée par des traits dont on pense qu'ils lui sont particuliers, du moins dans une certaine mesure. Mais, de même qu'en histoire les interprétations d'un même fait peuvent varier, les opinions divergent quant à la nature et à l'importance des traits qui caractérisent une civilisation. Lors de la préparation du lancement de la sonde Voyager 2, envoyée en 1977 vers les planètes Jupiter, Saturne, Uranus et Neptune et hors de notre système solaire, il fut décidé d'y loger une « capsule de civilisation » (*time capsule*) contenant des représentations typiques de notre civilisation – des sons ainsi que 115 images montrant la diversité de la vie et des cultures sur notre planète – afin de la faire connaître à d'éventuels extraterrestres. Comme on pouvait s'y attendre, il fallut de longues discussions au comité responsable pour se mettre d'accord sur le contenu de cette capsule.

et qui est un facteur de leur constitution puisqu'elles ont dû s'y adapter, est lui-même soumis au changement. Ce fut et c'est toujours le cas pour la civilisation occidentale.

La civilisation occidentale s'étend à l'échelle de la planète. À l'heure qu'il est, la civilisation occidentale semble être en train d'étendre son influence à toute la planète. Ce phénomène que nous appelons la **mondialisation**, bien qu'il soit d'abord de nature économique, comporte d'autres caractères. Ainsi, tous les jours, des gens du monde entier sont en communication quasi instantanée, notamment grâce au réseau Internet ; et pour surmonter les barrières de langues, ils utilisent souvent l'anglais, une langue bien occidentale. Des jeunes de partout sur la planète écoutent la même musique, suivent les mêmes modes vestimentaires, consomment le même *fast food*, et vont jusqu'à partager des valeurs semblables, autant de caractères communs qui viennent d'Occident. Les principes mêmes sur lesquels reposent les sociétés occidentales sont devenus ceux dont se servent les autres sociétés pour définir leurs régimes politiques et sociaux ; c'est le cas par exemple des principes de démocratie, de libertés publiques et de droits individuels qui sont nés en Occident – plus particulièrement en Grande-Bretagne, en France et aux États-Unis – aux XVIe, XVIIe et XVIIIe siècles. Pour ces raisons, aujourd'hui, il est naturel d'aborder l'étude de la civilisation occidentale dans une perspective mondiale.

mondialisation Phénomène d'interconnexion des diverses régions de la planète qui a pris naissance avec les grandes explorations et qui a connu une nette accélération dans le dernier quart du XXe siècle. Sa dimension économique est la plus connue, mais il touche aussi le domaine culturel, la politique, la démographie, les communications et même la vie familiale.

Civilisation et culture

Souvent associé à celui de civilisation, le concept de culture renvoie à l'ensemble des aspects intellectuels d'une civilisation – des savoirs, bien sûr, mais aussi des pratiques, des croyances et des valeurs. Dans une société, certains caractères culturels sont largement partagés, mais on y trouve aussi de multiples variantes de ces caractères, ainsi que divers niveaux de cultures – ou de sous-cultures, comme on dit parfois – propres à des groupes particuliers : les jeunes, les femmes, les ouvriers ou une autre classe sociale, des régions, des groupes professionnels, etc.

FIGURE 1.5

Histoire et révisionnisme historique

La volonté de changer le passé au gré des préoccupations du moment, ou de s'en excuser comme si des excuses pouvaient le modifier, n'est pas rare à notre époque. Pour ne citer que ces exemples, l'Église catholique s'est excusée récemment de sa conduite séculaire sur de multiples plans (femmes, juifs, non-croyants, etc.) ; la Norvège et la Suède se sont excusées de la leur envers les Lapons ; et le Parlement canadien a entrepris de réhabiliter Louis Riel, exécuté en 1885 pour avoir dirigé la rébellion des Métis de l'Ouest. D'autres groupes, généralement minoritaires ou marginalisés, construisent une version de l'histoire qui leur convient mieux que la version dominante. Ainsi, cette photo, prise l'année des célébrations du cinquième centenaire de l'arrivée de Christophe Colomb en Amérique, montre un autochtone en train de débaptiser la rue Christophe-Colomb à Montréal pour la renommer « avenue des Premières nations ».

La civilisation occidentale n'est jamais restée en vase clos. Depuis son émergence, la civilisation occidentale n'a jamais cessé d'être en relation avec d'autres civilisations du globe, leur apportant son influence et recevant la leur en retour.

On situe habituellement les racines de la civilisation occidentale dans la partie orientale du bassin méditerranéen qui a vu naître dans des vallées fertiles les civilisations mésopotamienne et égyptienne vers le IVe millénaire av. J.-C. Ces civilisations développent certains traits (écriture, vie urbaine, métallurgie, législation, mathématiques, astronomie, etc.) qui influenceront celles qui s'installeront un peu plus tard sur le pourtour de la Méditerranée. Celles-ci, dites classiques (la Grèce et la Rome antiques sont les principales), approfondissent les traits de civilisation qu'elles ont hérités de la Mésopotamie et de l'Égypte, entre autres, et en développent de nouveaux. Ces civilisations, qui s'épanouissent pendant près de deux millénaires, s'influencent mutuellement et s'enrichissent au contact des autres, notamment par le moyen du commerce (avec la Chine et l'Inde, pour ne nommer que celles-là). Leur alphabet, leur littérature, leurs institutions politiques, leurs régimes juridiques, leurs avancées scientifiques, leurs loisirs et leurs modes de vie, entre autres, constituent des témoignages de ce métissage.

La civilisation occidentale naît en Europe, puis se répand dans le monde. Avec le déclin de l'Empire romain, à partir du IIIe siècle apr. J.-C. et à la suite des invasions germaines qui anéantissent sa partie occidentale au Ve siècle, se développe dans le nord-ouest de l'Europe une nouvelle civilisation, mariage de la civilisation romaine, elle-même fortement métissée, et des coutumes germaniques: c'est la civilisation occidentale proprement dite. Au cours du millénaire qu'on a appelé le Moyen Âge, elle développe ses traits propres (dont le christianisme est le plus marquant) et étend son influence à l'ensemble du territoire européen, jusqu'aux zones de peuplement slave à l'est, à la Scandinavie au nord et aux confins celtes (Écosse et Irlande) au nord-ouest.

À partir de l'an mil, après quelques siècles de repliement, les échanges entre l'Europe et l'Asie reprennent de la vigueur. Ceux avec le monde musulman et l'Afrique s'intensifient. Les grandes explorations des XVe et XVIe siècles mèneront les Européens dans le monde entier et notamment en Amérique. Dans les siècles qui suivent, la civilisation occidentale s'établit peu à peu sur tous les continents, ou du moins y exerce son influence, transmettant plusieurs de ses caractères et en assimilant elle-même plusieurs autres.

FIGURE 1.6

La déesse de la démocratie

En 1989, les étudiants de Beijing (Pékin) se révoltent et réclament démocratie et libertés en République populaire de Chine. Ils érigent place Tiananmen une déesse de la démocratie nettement inspirée de la statue de la Liberté de New York, symbole par excellence de la liberté et de la démocratie en Occident.

Les migrations accentuent le «métissage» de la civilisation occidentale. Le phénomène de la mondialisation que nous connaissons de nos jours ne fait donc qu'accélérer les échanges de traits de civilisation, accélération à laquelle contribuent les migrations accrues à la surface du globe, dont bon nombre ont d'ailleurs pour destination les pays occidentaux. De plus en plus, les héritiers de civilisations différentes partagent les mêmes territoires et s'échangent leurs caractères particuliers, cette fusion engendrant à son tour de nouveaux caractères. Ainsi, au Québec, la population de la grande région métropolitaine de Montréal (plus de trois millions d'habitants) compte déjà 19 % d'habitants de souche non européenne, un pourcentage qui continuera de s'accroître si la tendance migratoire des dernières décennies se maintient (huit des dix souches principales d'immigration au Québec étaient non occidentales).

Comme l'a écrit l'historien Denis Vaugeois: «Pour bien comprendre notre histoire, il faut s'intéresser aux autres. [...] Depuis longtemps, la planète est plus petite qu'on ne le croit...» (*Le Devoir*, 4 février 2000). Ces propos, qui visaient l'histoire du Québec, s'appliquent tout aussi bien à l'histoire de la civilisation occidentale. C'est une autre bonne raison d'étudier l'évolution de la civilisation occidentale de ses débuts jusqu'à nos jours, et d'aborder cette histoire dans une perspective mondiale.

Quel est le moteur du changement et de l'évolution ?

Par tradition, l'histoire de la civilisation occidentale est généralement présentée en partant de ses origines les plus anciennes pour remonter vers le présent ; c'est la perspective adoptée dans ce manuel. Les faits principaux sont alors rapportés dans un ordre chronologique qui doit souvent beaucoup à l'histoire des États et à la politique. Mais, la civilisation étant l'ensemble des phénomènes sociaux qui caractérisent une société, on pourrait choisir d'autres faits comme balises du changement et de l'évolution : par exemple, on pourrait construire une **chronologie** des avancées marquantes de la civilisation sur le plan des savoirs, ou encore des innovations techniques déterminantes. Ainsi, le magazine américain *Newsweek* a demandé à un groupe d'experts de répertorier les innovations techniques qui ont marqué la civilisation occidentale au cours du IIe millénaire. En voici huit. Comment pourraient-elles inspirer une chronologie de l'histoire de la civilisation durant les mille dernières années ?

Les lunettes. Les lunettes ont presque doublé la vie productive de ceux qui lisent ou font des travaux délicats, et elles ont empêché que les positions dominantes soient réservées aux moins de 40 ans.

L'imprimerie. L'invention de la presse à imprimer a permis la première diffusion rapide et large de l'information et des savoirs, rendant ainsi possibles des milliers d'autres inventions. Dans la mesure où elle a facilité l'instruction des masses, l'imprimerie a semé la graine de la démocratie.

L'horloge. En donnant une mesure objective du temps, l'horloge a permis d'ordonner sa vie et la vie sociale autrement qu'en fonction de la durée du jour ou du rythme des offices religieux. Pour la recherche scientifique, elle offre une mesure vérifiable des phénomènes, mesure qui sera reproduite sous d'autres formes.

La plomberie. La plomberie, les conduites d'eau et les égouts ont permis aux humains de s'établir en nombre dans des villes avec plus d'hygiène et moins de risques d'épidémies, mais aussi d'accroître la production alimentaire dans les régions arides dépourvues d'irrigation naturelle.

Le nombre. Rapportée de l'Inde par les Arabes, l'invention du nombre tel que nous le connaissons – la place de chaque chiffre indiquant la valeur totale – et celle du zéro ont permis le développement des mathématiques ainsi que l'invention du calcul et, par conséquent, ont rendu possible la science moderne et tout ce qui en a découlé.

La pilule. La pilule contraceptive a permis aux femmes de choisir le moment et le nombre de leurs maternités. Stimulé par le féminisme, ce gain d'indépendance a amené une diversification accrue des rôles féminins et entraîné une profonde érosion de la structure familiale traditionnelle en Occident.

L'ordinateur. L'avènement de l'ordinateur a donné aux humains une capacité inégalée d'emmagasiner l'information et de la traiter, ouvrant la porte à un ordre social où le savoir devient la clé du pouvoir.

chronologie Procédé d'organisation d'un certain nombre d'événements suivant une progression ordonnée dans le temps.

Apprentissages

Affiner sa compréhension du concept de civilisation

a) Dans l'esprit de la capsule de civilisation de Voyager 2 afin de nous présenter à d'éventuels extraterrestres (voir p. 10), le quotidien américain *The New York Times* a entrepris une vaste consultation pour préparer une telle capsule à l'intention, celle-là, de ceux qui, dans mille ans, voudraient savoir ce qu'était la civilisation au tournant du XXIe siècle. Voilà qui donne matière à réflexion... S'il fallait choisir dix objets témoignant de caractères importants de notre civilisation, quels seraient ces objets ? Selon quels critères devrait-on les choisir ?

b) Nos parents, nos grands-parents, quelqu'un qui vivrait aux États-Unis ou en Afrique ou quelqu'un qui vivrait au siècle dernier feraient-ils les mêmes choix que nous ? Que faut-il en conclure sur le caractère subjectif des facteurs qui donnent son identité particulière à une civilisation ?

Mettre à l'épreuve sa connaissance de la nature de l'histoire

Les deux extraits qui suivent proviennent de deux numéros de la même publication britannique, la *Cambridge Modern History*, publiés à une cinquantaine d'années d'intervalle et décrivant tous deux des conceptions de l'histoire scientifique. Laquelle correspond à la conception contemporaine telle que décrite dans ce chapitre ?

Extrait 1

C'est une occasion unique d'enregistrer, de la façon la plus utile pour tous, la totalité du savoir que le [...] *siècle nous laisse.* [...] *L'histoire définitive ne pourra pas être écrite durant cette génération ; mais nous pouvons nous débarrasser de l'histoire antérieure et montrer où nous en sommes rendus, puisque toutes les informations sont désormais accessibles et que tous les problèmes peuvent être résolus.*

Extrait 2

Les historiens de la dernière génération n'envisagent pas une telle perspective. Ils prévoient que leurs travaux seront supplantés encore et encore. Ils considèrent que la connaissance du passé vient d'un ou de plusieurs penseurs, qu'elle a été traitée par eux et ne consiste donc pas en atomes impersonnels ou élémentaires que rien ne peut changer. [...] *L'exploration* [du passé] *semble sans fin...*

Cités dans Edward Hallett Carr, *What is History?*, New York, Vintage, 1961, p. 3-4. (Notre traduction.)

Reconnaître l'idée principale

Diverses conceptions de l'histoire sont exprimées à la page 9 (« L'histoire telle qu'ils la conçoivent »). Laquelle ou lesquelles correspondent le mieux à chacun des énoncés suivants ?

- L'histoire est le produit du travail de l'historien.
- Les humains sont libres de faire leur histoire.
- L'histoire peut être mise au service de causes ou d'intérêts particuliers.
- C'est en fonction du présent qu'on étudie le passé.
- Les savoirs historiques sont des savoirs relatifs.
- L'histoire est une méthode pour connaître le présent plus que le passé.
- L'histoire n'a pas pour fonction de juger le passé.

Consultez le Compagnon Web pour des questions d'autoévaluation supplémentaires.

Les civilisations classiques de la Méditerranée : la Grèce

Dans ce chapitre, nous verrons...

- Comment ont évolué les premières civilisations qui ont émergé au Moyen-Orient dans les vallées de Mésopotamie et d'Égypte.
- Quelle fut l'influence des innovations techniques sur le mode de vie des humains qui ont façonné ces premières civilisations.
- En quoi la géographie physique du bassin méditerranéen a pesé sur le destin de la civilisation hellénique et des populations qui l'ont façonnée.
- Comment, au fil de migrations successives, est née la civilisation hellénique classique, et quels aspects de cette civilisation originale ont imprégné l'histoire de la civilisation occidentale.
- Comment les luttes sociales et politiques ont débouché sur la naissance de la démocratie à Athènes au VIe siècle av. J.-C.
- Comment et pourquoi les cités grecques ont perdu leur indépendance au profit de la Macédoine, puis de l'Empire romain.
- Dans quelle mesure les conquêtes d'Alexandre le Grand ont permis l'expansion et l'approfondissement de la civilisation hellénique.

LES PRINCIPAUX CONCEPTS UTILISÉS DANS CE CHAPITRE SONT LES SUIVANTS : **politique (*polis*), État, aristocratie terrienne (noblesse) et citoyen.**

NOUS VERRONS AUSSI CES AUTRES CONCEPTS : **cité-État, hiérarchie sociale, dynastie, jurisprudence, patriarcat, thalassocratie, hégémonie, seigneurie, oligarchie, ploutocratie, législateur, rationalisme, empirisme, dialectique, droit coutumier, magistrature, censitaire, impérialisme, métropole, autarcie, relativisme, subjectivisme, éthique, idéalisme, métaphysique.**

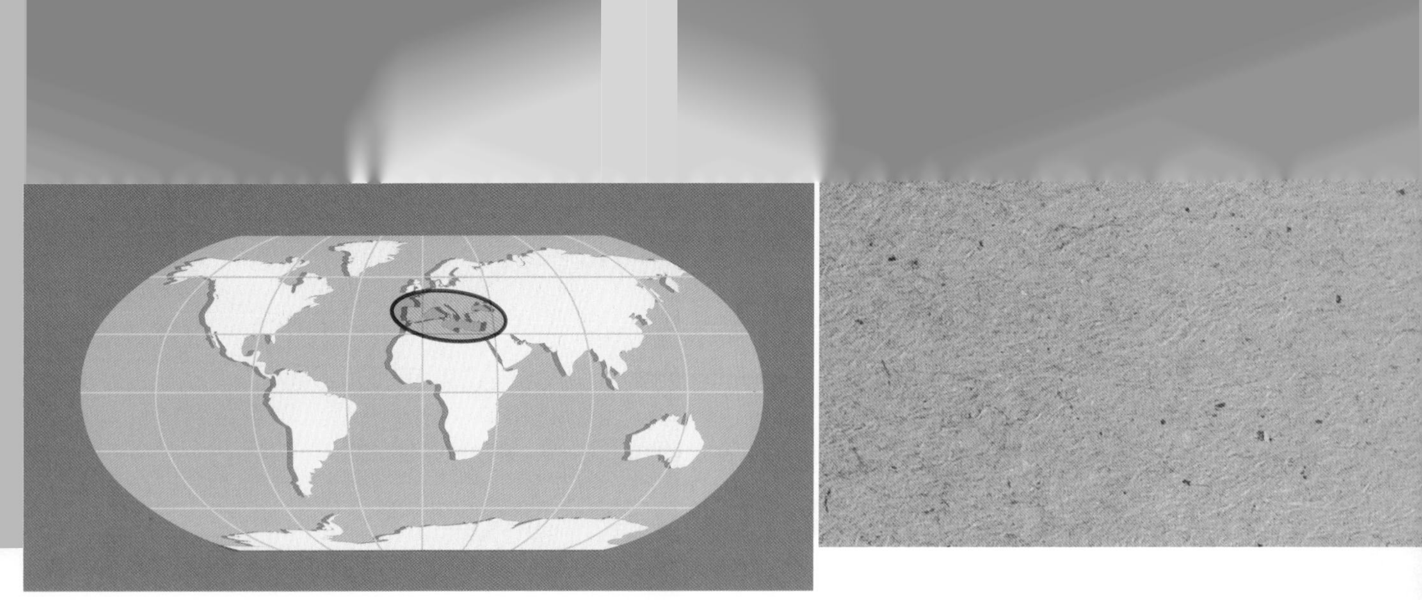

LIGNE du temps

-3500 · -3000 · -2500 · -2000

- Civilisation mésopotamienne (c. -3500 à -1595)
- Invention de la roue (c. -3500)
- Écriture cunéiforme (c. -3400)
- Outils de bronze (c. -3200) 
- Civilisation égyptienne (-3100 à -332)
- Hiéroglyphes/papyrus (c. -3000)
- Construction des premières pyramides (c. -2700)
- Civilisation crétoise (c. -2500 à c. -1450)
- Indo-Européens en Grèce (c. -2200)
- Invasion des Hyksos (-1785)

Plus de deux mille ans avant l'émergence de la civilisation hellénique, les civilisations des vallées fertiles naissent à l'est et au sud-est de la Méditerranée, en Mésopotamie et en Égypte. Ces grandes civilisations auront une profonde influence sur les civilisations classiques et sur la civilisation occidentale. D'autres civilisations, nées dans le bassin de la Méditerranée, contribuent elles aussi à leur façonnement: la civilisation phénicienne (2000 à 146 av. J.-C.), la civilisation minoenne ou crétoise (2500 à 1400 av. J.-C.) et la civilisation mycénienne (1600 à 1200 av. J.-C.). C'est forte de toutes ces influences que la civilisation hellénique (800 à 146 av. J.-C.) se développe dans la péninsule balkanique et sur le pourtour de la Méditerranée.

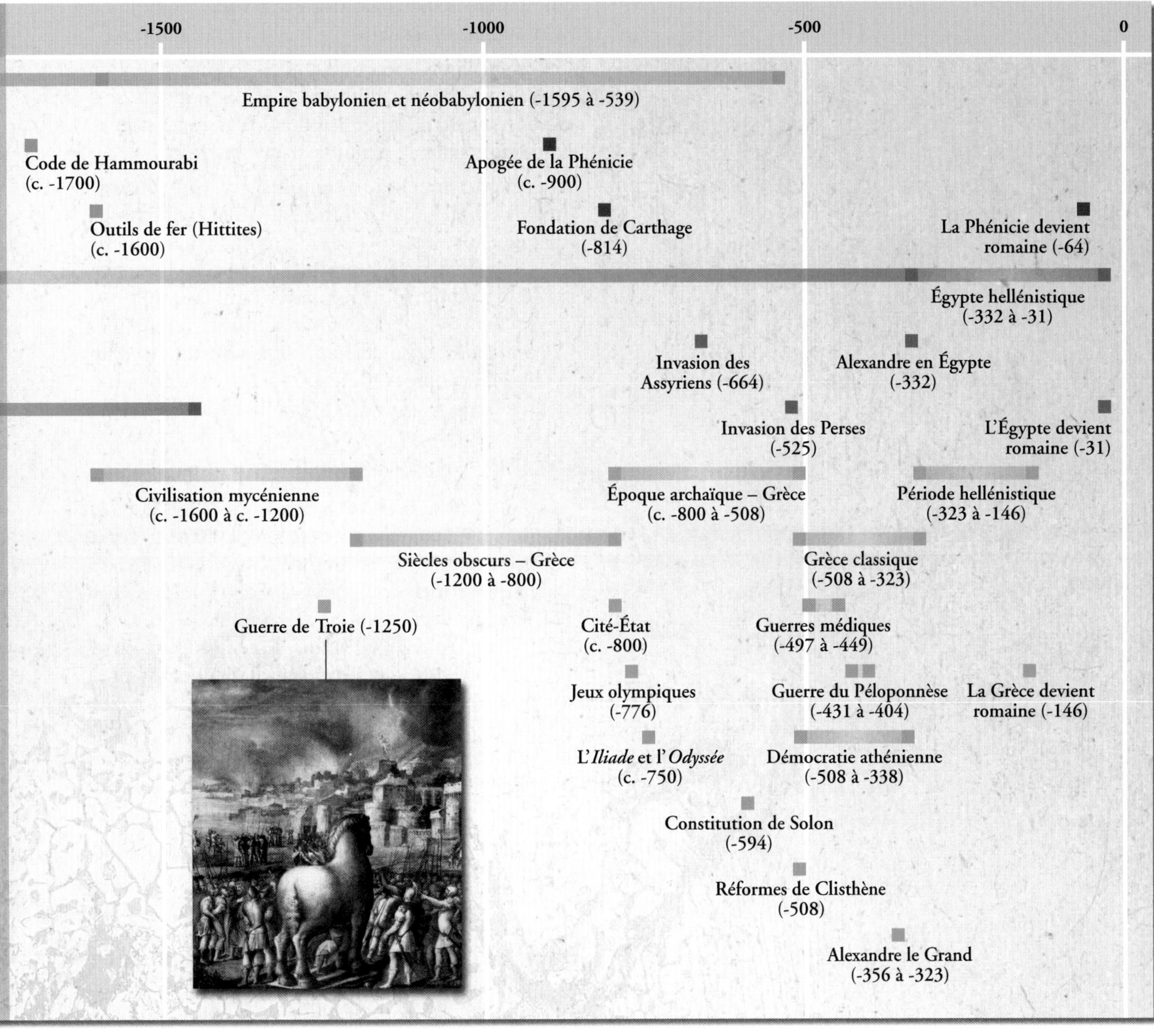

Les civilisations des vallées fertiles

Les premières civilisations se seraient développées dans ce qu'on a appelé les «vallées fertiles». Celles dont nous traiterons ici sont apparues en Égypte, dans la vallée du Nil, et en Mésopotamie, dans les vallées du Tigre et de l'Euphrate.

La géographie joue sans aucun doute un rôle crucial dans l'émergence de ces premières civilisations. Les fleuves qui traversent ces vallées offrent l'eau nécessaire aux humains et au bétail, ainsi qu'à l'irrigation des terres; les vallées du Nil, du Tigre et de l'Euphrate sont inondées tous les ans par de fortes crues qui, en se retirant, laissent les terres couvertes d'alluvions particulièrement bénéfiques à l'agriculture. De plus, ces fleuves constituent d'excellentes voies de communication pour les hommes et les marchandises. Enfin, ces régions sont situées entre 24 et 38 degrés de latitude Nord: elles ne sont donc pas exposées à des climats extrêmes.

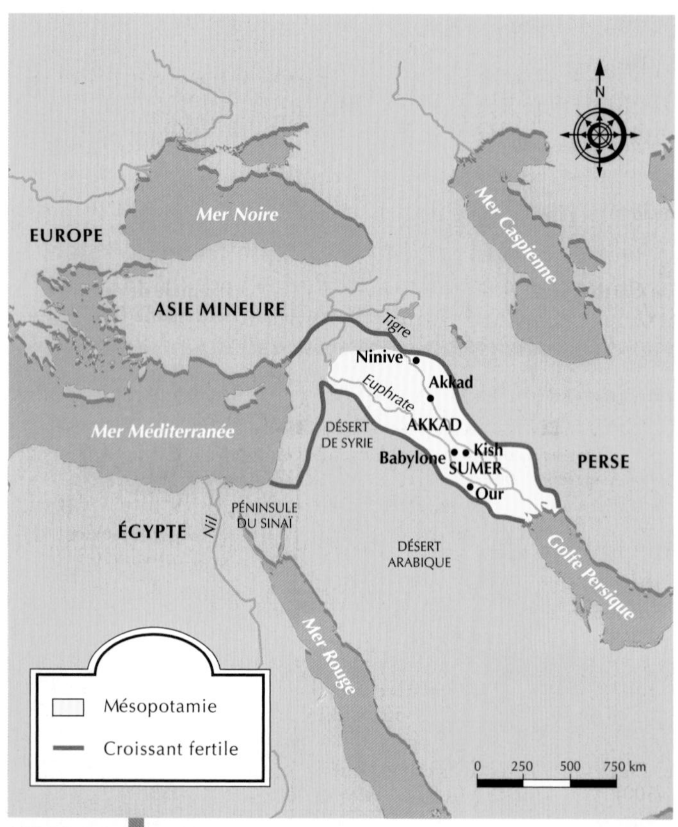

CARTE 2.1

La Mésopotamie

questions – cartes

cité-État Ville jouissant de l'autonomie politique et administrative; elle est formée de l'ensemble des citoyens, de la ville et du territoire rural qui l'entoure, et des institutions et lois créées par le corps civique.

À CHEVAL SUR DEUX FLEUVES, LA MÉSOPOTAMIE

La civilisation mésopotamienne commence à se développer vers 4000 av. J.-C. et connaît son apogée entre 3500 et 1500 av. J.-C., avant de se dissoudre sous la pression d'envahisseurs.

La Mésopotamie s'étend en gros sur le territoire de l'actuel Irak (carte 2.1). Elle est traversée par deux fleuves, le Tigre et l'Euphrate, qui coulent en parallèle en direction du golfe Persique (Mésopotamie: du grec *mesos* «milieu» et *potamos* «fleuve»). Territoire au climat chaud et sec, la vallée mésopotamienne est pourtant fertile grâce au limon dont le sol s'enrichit à chaque crue des eaux. De plus, les deux fleuves offrent de bonnes ressources pour l'irrigation, particulièrement dans leur partie inférieure.

Les Sumériens créent la cité-État. Vers 4000 av. J.-C., les Sumériens, peuple probablement venu d'Asie centrale par la mer, s'établissent au sud de la vallée, se mêlant aux populations locales. Dans ce territoire qu'on nommera Sumer, ils fondent des villages, puis une dizaine de cités – Our, Kish, Lagash, Eridou, etc. –, qui abritent bientôt plusieurs milliers de personnes. Chacune de ces villes exerce son autorité sur ses environs et se transforme progressivement en **cité-État** dotée de son gouvernement et de ses institutions. C'est ainsi que la civilisation dite mésopotamienne naît peu à peu. En concurrence pour les terres fertiles, ces cités entrent fréquemment en conflit.

Vers 2340 av. J.-C., un peuple sémite, probablement venu de l'actuelle Syrie, unifie toute la Mésopotamie pour la première fois et choisit Akkad, au nord de cette vallée, comme capitale. Vers 1730 av. J.-C., après une brève renaissance sumérienne, Babylone devient la capitale d'un empire sémite où se fixent la langue, le droit, la religion et la littérature. Cette unité de civilisation est suffisamment forte pour résister aux invasions et même assimiler les conquérants – Hittites, Kassites, Assyriens, Chaldéens –, avant que son

La Mésopotamie selon Hérodote

Voici comment l'historien grec Hérodote, qui vécut au Ve siècle av. J.-C., décrit la Mésopotamie.

■ ■ ■

Il faut irriguer les champs avec l'eau du fleuve pour que les céréales croissent et donnent une récolte [...]. Les céréales trouvent là un sol si favorable qu'il rend deux cents fois plus qu'on ne lui a confié, et même, lorsque la récolte est exceptionnellement bonne, trois cents fois plus. Les feuilles de froment et d'orge y ont souvent quatre doigts de large ; le millet et le sésame y deviennent de véritables arbustes dont je connais la hauteur, mais je ne la mentionnerai pas, car les gens qui n'ont jamais visité ce pays sont déjà sceptiques [...]. Les palmiers poussent partout dans la plaine et portent pour la plupart des fruits qui fournissent un aliment, du vin et du miel.

Hérodote, *L'Enquête*, livre I. Texte présenté, traduit et annoté par Andrée Barguet, Paris, Gallimard, 1985, p. 144.

Cité et civilisation

L'apparition de la cité marque une étape importante dans le développement des civilisations. D'ailleurs, le mot « civilisation » vient du mot latin *civis*, qui signifie « citoyen de la cité ».

Les Sémites et leurs langues

Les Sémites se définissent par leurs langues qui sont issues d'une même famille linguistique, comme l'arabe et l'hébreu.

dernier empire, dit néo-babylonien, ne s'effondre sous les coups des Mèdes et des Perses venus de l'est au VIe siècle av. J.-C.

La vie matérielle s'appuie sur la campagne et la ville. La civilisation mésopotamienne est à la fois rurale et urbaine. Elle est rurale parce qu'elle tire une grande partie de ses ressources de l'exploitation des terres environnant les cités. Et elle est aussi urbaine parce que ses cités, qui rassemblent parfois des milliers d'habitants, sont le cœur de la vie politique, économique, sociale et religieuse.

Comme la Mésopotamie est pauvre en pierre et en bois, les maisons et les bâtiments publics sont construits en boue et en argile séchées. Pour les plus grands édifices, comme les temples et les gigantesques murs qui ceinturent les cités, on se sert de briques d'argile cuites.

FIGURE 2.1

Char de guerre mésopotamien

La roue mésopotamienne était faite de deux demi-lunes de bois ou de pierre jointes. Cette représentation d'un char de guerre fait partie de l'Étendard d'Our, une large plaque en mosaïque sur bois datant d'environ 2500 av. J.-C.

Dans cette vallée traversée par deux grands fleuves, l'agriculture repose avant tout sur la maîtrise des ressources en eau. Les Mésopotamiens mettent donc au point un système complexe de digues et de canaux qui permet l'irrigation et le drainage des terres. Ils semblent avoir inventé la houe ainsi que l'araire, l'ancêtre de la charrue, qui creuse un sillon de quelques centimètres dans le sol, rejetant la terre de part et d'autre. Pour emmagasiner ou conserver les produits, ils disposent de récipients variés, notamment de divers vases qu'ils fabriquent avec efficacité et régularité grâce au tour de potier, une table tournante posée sur un pivot. Pour transporter les marchandises, ils inventent la roue et le chariot. Comme ils savent aussi construire des bateaux, une classe de marchands se développe et prospère ; un important commerce fluvial relie les cités établies sur les rives et s'étend même au monde extérieur. Ce commerce repose sur le troc – l'échange de marchandises –, mais on voit aussi des paiements en métaux précieux comme l'or et l'argent.

Quand ils envahissent la Mésopotamie vers 1600 av. J.-C., les Hittites y apportent la métallurgie du fer, qu'ils ont été les premiers à maîtriser. Mieux que le cuivre et le bronze, le fer permet de fabriquer des outils solides et des armes de guerre efficaces.

GOUVERNEMENT ET RELIGION SE CONJUGUENT. Les Mésopotamiens expliquent leur univers par des croyances religieuses élaborées. Ils sont **polythéistes** et leurs dieux, qui représentent des éléments ou des forces de la nature – ciel, soleil, vent, feu –, sont hiérarchisés : quelques dieux majeurs côtoient des centaines sinon des milliers de dieux secondaires, esprits et démons. Chaque cité est placée sous la protection de l'un d'eux.

polythéiste Personne qui croit en l'existence de plusieurs dieux.

Comme on attribue aux dieux la responsabilité du sort des humains et des éventuels désastres qui peuvent les frapper – inondations, famines, épidémies –, un grand nombre de préceptes et de rituels sont élaborés pour s'attirer leurs faveurs. Dans ce contexte, les prêtres, intermédiaires entre les dieux et les humains, jouissent d'un grand prestige et d'une large autorité, au point qu'ils contrôlent souvent les gouvernements. Même lorsque les conflits armés amènent à la tête des cités des chefs de guerre, les prêtres y conservent une influence considérable ; ces chefs sont d'ailleurs investis d'un pouvoir religieux qu'ils disent tenir des dieux.

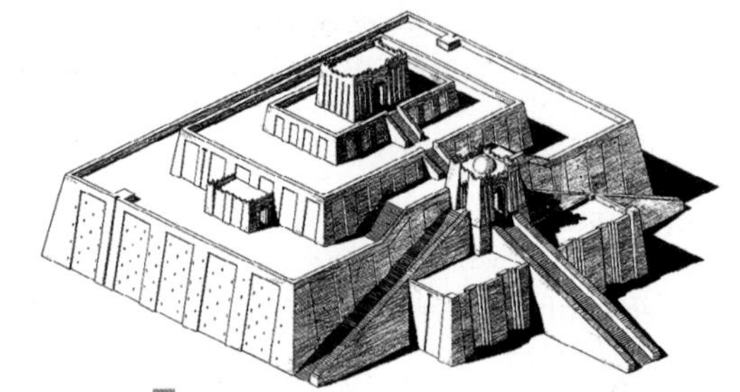

FIGURE 2.2

La ziggourat d'Our

Faite de briques de boue cuites, la ziggourat d'Our était dédiée à la déesse Lune. Il se peut que les ziggourats aient inspiré l'image biblique de la tour de Babel.

DES MYTHES POUR COMPRENDRE L'UNIVERS

Pour expliquer leur sort, leurs rapports et, surtout, l'univers, les Mésopotamiens élaborent de nombreux récits mythiques qu'ils transmettent à d'autres peuples et dont on retrouve les traces dans plusieurs traditions religieuses, notamment la **tradition judéochrétienne**. Pensons au mythe de la création du monde – au début, il n'existait que la mer, habitée par la déesse Tiamat ; pour punir Tiamat, le dieu Mardouk divisa un jour son corps en deux, créant ainsi le Ciel et la Terre – ou à celui de la création des humains – le dieu Enki a fait naître l'homme d'une statuette d'argile façonnée à son image. Nous tenons également des Mésopotamiens le récit du déluge, dont on peut penser qu'il fut inspiré par une crue particulièrement importante du Tigre ou de l'Euphrate.

tradition judéochrétienne Courant de pensée qui conjugue les valeurs et les croyances communes au judaïsme et au christianisme ; tradition dominante en Occident.

Pour honorer leurs divinités et intercéder auprès d'elles, les Mésopotamiens construisent des sanctuaires et des temples, le plus souvent dédiés au dieu qui patronne la cité. Les ziggourats, gigantesques édifices pyramidaux en terrasse, comptent jusqu'à cinq ou six étages et sont surmontés d'un sanctuaire destiné à rapprocher les croyants du dieu auquel ils rendent hommage.

LES MÉSOPOTAMIENS CODIFIENT LES LOIS. Pour assurer l'ordre dans une société populeuse aux activités variées, les dirigeants mésopotamiens dotent leurs cités de lois. Hammourabi, souverain qui régna sur Babylone au tournant du XVIIIe siècle av. J.-C., a même fait graver, sur une stèle de pierre (aujourd'hui conservée au musée du Louvre à Paris), un « code » de lois. Il s'agit en réalité de décisions de **jurisprudence**, dont il élargit la portée. Ce code comprend 282 articles touchant la famille, les contrats, le commerce, la propriété, le travail, etc. Son principe est la loi du talion – « œil pour œil, dent pour dent » –

jurisprudence Ensemble des décisions rendues par la justice d'un pays ou d'une région sur une matière et constituant une source du droit.

Œil pour œil, dent pour dent : le « code » de Hammourabi

Un code de loi révèle les coutumes, les valeurs, les modes de vie dans une société. Que nous apprennent à cet égard les articles suivants du « code » de Hammourabi ?

■ ■ ■

8. *Si quelqu'un a volé un bœuf, un mouton ou un âne, un cochon ou une barque, si c'est d'un dieu ou si c'est du palais, il le livrera jusqu'à 30 fois ; si c'est d'un Muskénum*, il le compensera jusqu'à 10 fois. Si le voleur n'a pas de quoi livrer, il sera tué.*
14. *Si quelqu'un a volé l'enfant mineur d'un homme libre, il sera tué.*
15. *Si quelqu'un a fait sortir de la grand'porte* [de la ville] *ou bien un esclave du palais, ou bien une esclave du palais,* [...] *il sera tué.*
21. *Si quelqu'un a percé le mur d'une maison, en face de ce trou, on le tuera et on l'exposera.*
22. *Si quelqu'un s'est livré au brigandage et s'il a été pris, cet homme sera tué.*
53. *Si quelqu'un a été paresseux pour renforcer la digue de son terrain et s'il n'a pas renforcé sa digue, si dans sa digue une brèche s'est ouverte et si de ce fait, il a laissé les eaux emporter la terre à limon, l'homme dans la digue duquel une brèche s'est ouverte compensera l'orge qu'il a fait perdre.*
54. *S'il est incapable de compenser l'orge, on le vendra lui-même ainsi que ses biens, et les occupants de la terre à limon, dont les eaux ont emporté l'orge, partageront.*
110. *Si une prêtresse* [...] *qui ne séjourne pas dans un cloître a ouvert la porte d'un cabaret ou y est entrée pour prendre de la bière, cette dame on la brûlera.*
117. *Si un homme a été contraint par une obligation et s'il a dû vendre son épouse, son fils ou sa fille, ou bien s'il a dû livrer l'un ou l'autre en sujétion, pendant trois ans ils travailleront dans la maison de leur acheteur* [...].
129. *Si l'épouse d'un homme a été surprise alors qu'elle couchait avec un autre mâle, on les liera et on les jettera à l'eau.*
143. *Si* [une femme] *ne prend pas garde à soi et est sorteuse, dilapide sa maison, discrédite son mari, cette femme on la jettera à l'eau.*
195. *Si un enfant a frappé son père, on lui coupera le poignet.*
196. *Si quelqu'un a crevé l'œil d'un homme libre, on lui crèvera l'œil.*
197. *S'il a brisé l'os d'un homme libre, on lui brisera l'os.*
198. *S'il a crevé l'œil d'un Muskénum ou brisé l'os d'un Muskénum, il pèsera une mine* d'argent.*
199. *S'il a crevé l'œil de l'esclave d'un particulier, ou brisé l'os de l'esclave d'un particulier, il pèsera la moitié de son prix.*
215. *Si un médecin* [...] *a ouvert l'arcade sourcilière d'un homme libre au moyen de la lancette de bronze et s'il a sauvé l'œil de l'homme libre, il prendra dix sicles* d'argent.*
218. *Si un médecin* [...] *a ouvert l'arcade sourcilière d'un homme libre au moyen de la lancette de bronze et s'il a crevé l'œil de l'homme libre, on lui coupera le poignet.*
229. *Si un maçon a construit une maison pour quelqu'un, mais s'il n'a pas renforcé son ouvrage et si la maison qu'il a construite s'est effondrée et s'il a fait mourir le propriétaire de la maison, ce maçon sera tué.*
230. *Si c'est un enfant du propriétaire de la maison qu'il a fait mourir, on tuera un enfant de ce maçon.*
237. *Si quelqu'un a pris en location un batelier et un bateau et s'il l'a chargé d'orge, de laine, d'huile, de dattes ou de quelque fret que ce soit, si ce batelier a été négligent et s'il a laissé sombrer le bateau et fait perdre sa cargaison, le batelier compensera le bateau qu'il a laissé sombrer ainsi que chaque chose qu'il a fait perdre de sa cargaison.*
250. *Si un bœuf, en passant dans la rue, a encorné quelqu'un et l'a fait mourir, cette affaire n'entraîne pas réparation.*

---

* Muskénum : individu dont le statut social se situe entre celui de l'homme libre et celui de l'esclave.
Mine : environ 500 grammes d'argent.
Sicle : un peu plus de 8 grammes d'argent.

D'après *Le Code de Hammurapi*, par André Finet, Paris, les Éditions du Cerf, 1973, *passim*. Certains spécialistes trouvent plus juste d'écrire *Hammu-rapi* ou *Hammou-rapi*, « Hammou guérit », plutôt que *Hammou-rabi*, « Hammou est grand ».

et les peines prévues sont souvent la mutilation ou la mort. Mais il stipule aussi que les forts ne doivent pas opprimer les faibles, qu'un individu sera considéré comme innocent jusqu'à preuve du contraire, que les femmes et les esclaves, bien qu'inférieurs, ont des droits, dont ceux de posséder des biens et de faire appel à la justice. Il prévoit même des peines plus sévères pour les nobles et les prêtres que pour les autres catégories sociales. En contrepartie, il vise à renforcer le pouvoir des dirigeants, comme le montrent de nombreux articles décrivant les devoirs des habitants envers l'autorité, et il favorise le commerce. L'administration du système de justice va dans ce sens.

Les savoirs avancés de la Mésopotamie sont conservés grâce à l'écriture cunéiforme. Un des principaux apports de la Mésopotamie à la civilisation

La loi du talion aujourd'hui

La loi du talion a cessé depuis longtemps d'être le principe de nos systèmes juridiques. Néanmoins, dans certaines régions du globe, la tradition sociale ou religieuse la préserve encore, comme en témoigne cet entrefilet paru dans *Le Devoir* du 6 août 1997 :

• 6 août 1997 •

LE DEVOIR

CONDAMNÉ À ÊTRE VITRIOLÉ

Téhéran (AFP) – La justice iranienne a autorisé la famille de deux sœurs qui avaient été défigurées à l'acide à vitrioler à leur tour le coupable en application de la loi du talion, en vigueur en Iran depuis la révolution islamique de 1979, a indiqué hier le quotidien *Kayhan*.

est l'invention de l'écriture, il y a 5000 ans environ. Dans ces communautés stables, populeuses et complexes s'impose la nécessité de consigner des règles de vie, des lois, des preuves de propriété, des contrats, des préceptes religieux, des comptes d'impôt, etc., de même que de multiples savoirs.

Écrire est un art complexe et difficile, qui exige des années d'apprentissage. Une classe de spécialistes de l'écriture, les scribes, se développe. L'importance de leur rôle leur confère un statut social élevé. Les études dans ce domaine sont longues et coûteuses, et seuls les enfants des riches, souvent eux-mêmes enfants de scribes, peuvent y accéder.

FIGURE 2.3

Astronomie, astrologie

L'espoir de lire l'avenir dans les astres n'est pas disparu avec les Mésopotamiens. Ce dessin de l'artiste québécoise Line Arsenault en témoigne. Aujourd'hui encore, journaux et magazines publient une pléthore d'horoscopes misant sur les forces astrales, et des milliers de personnes ne sauraient prendre une décision sans les avoir consultés. Sachant ce que nous savons aujourd'hui sur les astres, et que les Mésopotamiens ne savaient pas, on peut douter de la pertinence de ces prédictions !

Les Mésopotamiens écrivent avec une tige de roseau taillée en biais, le stylet, sur une tablette d'argile humide, d'où ces signes en forme de coin qui ont valu à leur écriture d'être qualifiée de « cunéiforme » (du latin *cuneus* « coin »). Une fois le texte écrit, ils sèchent ou cuisent les tablettes pour assurer leur conservation. Nombre de ces tablettes parvenues jusqu'à nous nous renseignent sur de multiples aspects de la civilisation mésopotamienne, notamment sur ses savoirs de haut niveau.

Excellents mathématiciens, les Mésopotamiens comptent en base 60, et non en base 10 (notre système décimal). C'est l'origine de la division de l'heure en 60 minutes de 60 secondes et de celle du cercle en 360 degrés. Ils connaissent les tables de multiplication et de division, de racines carrées et de racines cubiques. Ils savent aussi faire des calculs de géométrie (mesure des surfaces et des volumes), par exemple pour délimiter les propriétés, rétablir leurs bornes emportées par des inondations ou construire les ziggourats et autres grands édifices.

La religion favorise l'essor de l'astronomie et de l'astrologie. Comme les Mésopotamiens espèrent y trouver des indications sur les volontés des dieux, ils observent le ciel et les astres. Ils découvrent ainsi les phases de la Lune, dont ils savent prévoir les éclipses, et les équinoxes, et en tirent un calendrier de 12 mois basé sur les cycles lunaires. On attribue aux mages babyloniens la création des signes du Zodiaque.

L'Épopée de Gilgamesh

Texte le plus célèbre de la littérature mésopotamienne, *L'Épopée de Gilgamesh* relate la légende de Gilgamesh, roi d'Uruk qui, avec son ami Enkidu, a d'abord conquis la gloire. À la mort de son compagnon, il comprend la futilité de la richesse et de la gloire face à la toute-puissance de la grande faucheuse, et part à la conquête de l'immortalité. L'extrait qui suit, dont le ton est étrangement contemporain, permet de comprendre pourquoi on le lit et on l'étudie encore !

■ ■ ■

Où donc cours-tu ainsi, Gilgamesh ?
La vie sans fin que tu recherches, tu ne la trouveras jamais !
Quand les dieux ont créé les hommes,
Ils leur ont assigné la mort,
Se réservant l'immortalité à eux seuls !
Bien plutôt, remplis-toi la panse,
Demeure en gaieté, jour et nuit...
Accoutre-toi de beaux habits,
Lave et baigne ton corps !
Regarde avec tendresse ton petit qui te tient la main
Et fais le bonheur de ta femme serrée contre toi !
Telle est la seule perspective des hommes !

L'Épopée de Gilgamesh, dans « Au commencement les Sumériens », *Les collections de l'Histoire*, n° 22 (janvier 2004), p. 12.

La religion inspire également de nombreuses pièces d'écriture – prières, rituels, invocations, etc. –, où l'on trouve de grands récits épiques. Le plus connu, celui de Gilgamesh, raconte comment ce demi-dieu, parti à la recherche de l'immortalité et du sens de la vie, doit accomplir sur sa route des exploits analogues à ceux qu'on retrouvera 3000 ans plus tard dans la légende grecque d'Héraclès.

L'Égypte, un don du Nil

Hérodote a écrit que l'Égypte est un « don du Nil ». Le pays serait en effet un vaste désert sans ce fleuve qui le traverse sur toute sa longueur, prenant sa source dans les montagnes d'Afrique centrale et se jetant dans la Méditerranée (carte 2.2). En plus d'assurer une agriculture prospère par ses crues limoneuses qui fertilisent les terres, le Nil offre une voie naturelle pour les communications et les échanges entre les populations riveraines, ainsi qu'un débouché sur la Méditerranée, avantage dont profitent les marchands.

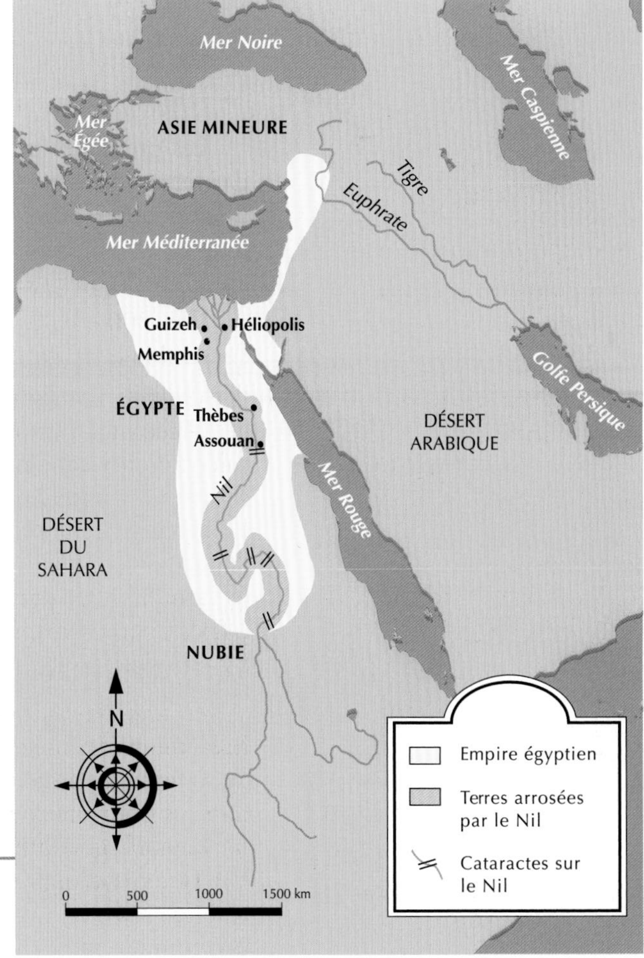

CARTE 2.2

L'Égypte ancienne

questions – cartes

UN HYMNE AU NIL

Très conscients de ce que leur apporte le Nil, les anciens Égyptiens le déifient en lui associant un de leurs dieux, Osiris, et lui dédient des hymnes comme celui-ci, écrit semble-t-il vers 1600 ou 1700 av. J.-C. Que nous disent les mots du poète sur cet apport du Nil ?

■ ■ ■

Salut à toi, ô Nil, né de la terre, qui vient garder en vie l'Égypte ! [...] Toi qui abreuves le désert et tous les lieux distants de l'eau. [...]

Toi qui fabriques l'orge et fais germer l'amidonnier [...]. Que ton cours ralentisse, et les narines se pincent, et la pauvreté s'abat sur chacun. Que le flot des offrandes aux dieux s'arrête, et voici qu'un million d'hommes périt, et voilà que la convoitise allume le regard des survivants. [...]

Mais les générations de tes enfants s'épanouissent à ta vue, mais les hommes te saluent comme un roi, fort de ta loi, quand tu grossis à la saison des crues et te répands sur la Haute et la Basse-Égypte. Chaque goutte de ton eau, chaque œil la regarde, ô toi qui apportes une profusion de biens. [...]

Au moment de ta crue, des offrandes te sont présentées, des bœufs te sont sacrifiés ; on immole en ton nom de nombreuses victimes, on engraisse pour toi des oiseaux, on chasse pour toi le lion dans le désert, on allume pour toi des bûchers. Et des offrandes sont présentées à chacun des autres dieux, comme il est fait pour toi, ô Nil, accompagnées d'encens premier, de bœufs, de troupeaux, d'oiseaux et de bûchers. [...]

Et donc, sois verdoyant ! Et donc, sois verdoyant ! Et donc, sois verdoyant, ô Nil, qui fait vivre et l'homme et le bétail !

D'après Lionel Casson, *et al.*, *L'Égypte ancienne*, Collection Time-Life Les grandes époques de l'homme, s.l., 1966, p. 36.

Les premières populations de la vallée du Nil sont probablement venues des territoires situés au sud de l'Égypte, attirées par les conditions favorables à l'agriculture. Peu à peu, la nécessité d'aménager l'utilisation des eaux du fleuve les amène à coopérer et à s'organiser, favorisant ainsi la naissance d'une autre civilisation des vallées fertiles, la civilisation égyptienne.

dynastie Suite de gouvernants issus d'une même famille.

Vers 3000 av. J.-C., une première **dynastie** réunit en un vaste royaume l'ensemble des villages répartis sur les rives du Nil. L'Égypte ancienne connaîtra une trentaine de ces dynasties dirigées par des pharaons.

Grâce aux vastes déserts qui la bordent à l'est et à l'ouest, l'Égypte est mieux protégée des invasions que la Mésopotamie. Elle subit toutefois de temps à autres la poussée de divers envahisseurs – Hittites et Hyksos venus de l'est, Libyens du désert de l'ouest, « peuples de la mer » et Nubiens du sud. Au IVe siècle av. J.-C., elle tombe finalement aux mains du Macédonien Alexandre le Grand. Durant trois millénaires marqués par des périodes de prospérité et, à l'occasion, d'expansion territoriale, mais aussi de crises et de conflits internes, s'y est développée une civilisation remarquable à plusieurs égards.

LE PHARAON RÈGNE SUR UNE SOCIÉTÉ HAUTEMENT STRATIFIÉE. Dans la société hautement stratifiée de l'Égypte antique, le pharaon et sa famille se trouvent au sommet de la hiérarchie. Considéré comme une divinité, le pharaon détient tous les pouvoirs et règne sur tous les aspects de la vie : la religion, bien sûr, mais aussi l'agriculture, les travaux publics, la défense, la justice et le commerce. Un système d'impôts payables en nature – généralement, une partie de la récolte – lui permet de veiller à la répartition des ressources selon les besoins, notamment en période de disette.

Une armée de fonctionnaires ainsi que des prêtres et des nobles entourent le pharaon et le secondent dans son administration. Comme chez les Mésopotamiens, les prêtres tirent de leur rôle d'intercesseurs auprès des dieux beaucoup de prestige et de pouvoir. Les nobles, souvent des grands exploitants agricoles, mais aussi des chefs militaires quand la pression d'envahisseurs se fait sentir ou que l'Égypte a des visées expansionnistes, alimentent un corps influent de hauts fonctionnaires : gouverneurs de province, collecteurs d'impôts, administrateurs de la justice.

Viennent ensuite les artisans, les marchands et les membres de quelques professions spécialisées qui s'exercent généralement dans les cités, les temples ou les palais, notamment les médecins, les savants, les artistes et les scribes, ces spécialistes de l'écriture qui jouissent d'un statut élevé à cause de l'importance qu'on accorde à leur art.

Les paysans et les esclaves cultivent les terres et construisent les temples. La base de la **hiérarchie sociale**, autrement dit la vaste majorité de la population, se compose de paysans et, sous eux, d'esclaves. En échange du droit de cultiver une terre qui ne leur appartient pas en propre (le pharaon est propriétaire de toutes les terres d'Égypte), les paysans doivent verser une proportion souvent importante des récoltes. Toutefois, si une famine menace, le pharaon peut leur en redistribuer une partie. Il se charge aussi des travaux d'irrigation ou de drainage nécessaires à la mise en valeur des terres, utilisant pour ce faire la main-d'œuvre paysanne, qui peut être assujettie à la corvée. Celle-ci peut aussi être décrétée pour les grands chantiers de construction, les palais et les temples par exemple. De plus, les paysans peuvent être appelés à servir dans l'armée.

Les esclaves, souvent des prisonniers de guerre ou leurs descendants, s'acquittent des travaux les plus durs. Quand ils ne peinent pas sur la construction des temples, des pyramides et des palais ou sur des travaux d'irrigation et de drainage, ils sont ouvriers dans les mines du pharaon, tailleurs de pierre dans ses carrières ou rameurs sur ses navires. Quelques privilégiés obtiennent le droit de cultiver des terres ou occupent des emplois de fonctionnaires ; d'autres sont domestiques dans les maisons des nobles.

Dans la politique comme dans la vie, la religion joue un rôle central. Le fait que le pharaon soit déifié et s'entoure de prêtres montre le rôle prédominant que joue la religion dans la société égyptienne. Sauf pour un bref épisode de monothéisme – au XIIIe siècle av. J.-C., un pharaon tente sans succès d'imposer le dieu-soleil comme dieu unique –, la religion égyptienne est polythéiste. Comme en Mésopotamie, les dieux représentent des forces de la nature, tels le soleil ou le vent, et tous ne sont pas de puissance égale. Au sommet de la hiérarchie divine, on trouve Amon (ou Amon-Re), le dieu-soleil, et Osiris, le dieu du Nil et des morts, qui dominent un grand nombre d'autres dieux d'importances variées. Certains animaux, comme le chat et le crocodile, sont même investis de caractères sacrés.

Les Égyptiens croient en une vie après la mort, une vie de félicité où ils pourront jouir de leurs biens terrestres les plus chers. D'où le désir, chez certains pharaons, de se faire édifier ces gigantesques tombeaux que sont les pyramides : leurs chambres funéraires recèlent les nombreux objets que le défunt désire emporter dans l'au-delà. Les paysans ne peuvent évidemment pas s'offrir des tombes luxueuses, mais ils se font quand même ensevelir avec quelques-uns de leurs biens terrestres les plus précieux. Comme ils croient qu'ils auront besoin de leur corps dans l'autre vie, les Égyptiens perfectionnent un procédé de conservation raffiné : la momification. On a retrouvé de nombreuses

Le barrage d'Assouan

Depuis 1970, avec la construction du barrage hydroélectrique d'Assouan, le flux du Nil est régularisé et les grandes crues sont contrôlées. L'irrigation des terres exige maintenant de plus grands efforts et, comme le fleuve ne peut plus déposer ses alluvions, on doit recourir aux engrais artificiels.

La roue en Égypte

L'invasion des Hyksos, venus de l'est vers 1750 av. J.-C., fit connaître aux Égyptiens la roue, le chariot et le bronze.

momies, qui nous en apprennent beaucoup sur la condition physique et les connaissances scientifiques, et surtout médicales, des anciens Égyptiens.

Les Égyptiens s'inventent une écriture, les hiéroglyphes. Société populeuse et complexe sur les plans religieux, social et économique, la société égyptienne s'est vite dotée d'instruments culturels élaborés, dont un système d'écriture. Celui-ci consiste au début en simples dessins des choses qu'on veut évoquer, les hiéroglyphes. Progressivement, ces pictogrammes se transforment en symboles représentant des idées (idéogrammes) ou des sons apparentés à

FIGURE 2.4

L'agriculture en Égypte

Cette fresque peinte sur le mur d'un tombeau illustre l'agriculture égyptienne. Les Égyptiens cultivent principalement le blé, l'orge, le lin, la vigne, des légumes et des arbres fruitiers tels que l'olivier. Comme on le voit, ils connaissent la faucille, la houe et l'araire. Ils élèvent aussi des animaux – bœufs, moutons, porcs, volailles –, principalement dans le delta du Nil, car ailleurs la terre, trop rare, est réservée aux cultures.

La dure condition du paysan

Dans le texte qui suit, un scribe explique à un autre combien est dure la condition du paysan, et à quels risques il est exposé. Outre les éléments naturels, quels sont ces risques?

■ ■ ■

On me dit que tu abandonnes les lettres, [...] que tu tournes la tête vers les travaux des champs [...]. Ne te souviens-tu pas de la condition du laboureur, au moment où l'on taxe la récolte? Voici que les vers ont enlevé la moitié du grain et que l'hippopotame a mangé le reste. Les rats sont nombreux dans la campagne, et la sauterelle tombe, et les bestiaux mangent, et les petits oiseaux pillent [...]; quelle calamité pour le laboureur! [...] Ce qui peut rester [...] les voleurs l'achèvent. [...] Et le scribe [de l'impôt] *arrive au port et il taxe la récolte. [...] Il y a là les portiers avec leurs gourdins, les nègres avec leurs cannes de palmiers. Voici ce qu'ils disent: «Donne les grains!» Il n'y en a pas. [...] Alors ils frappent sur* [le laboureur] *étendu par terre; il est chargé de liens et jeté dans le fossé; il plonge dans l'eau, et patauge, la tête en bas. Sa femme est chargée de liens devant lui, ses enfants sont enchaînés, ses voisins l'abandonnent et se sauvent, emportant leurs grains [...].*

A. Moret, *Le Nil et la civilisation égyptienne*, Paris, La Renaissance du livre, 1926, p. 310-311.

La pesée des âmes

La vie après la mort à laquelle croyaient les anciens Égyptiens était réservée aux justes. Pour y accéder, il fallait passer en jugement : l'âme du défunt était déposée sur un des plateaux d'une balance, la vérité sur l'autre. On a trouvé dans des tombes de riches personnages des copies d'un texte appelé *Livre des morts*, où le défunt plaide sa cause. Que nous apprend l'extrait suivant sur les valeurs et le cadre de vie des Égyptiens de l'Antiquité ?

■ ■ ■

Je n'ai pas fait le mal ; je n'ai pas commis de violence ; je n'ai pas volé ; je n'ai pas fait tuer d'homme traîtreusement ; je n'ai pas diminué les offrandes [des dieux] ; *je n'ai pas dit de mensonge ; je n'ai pas fait pleurer ; je n'ai pas été impur ; je n'ai pas tué les animaux sacrés ; je n'ai pas endommagé de terres cultivées ; je n'ai pas été calomniateur ; je n'ai pas été* [en] *colère ; je n'ai pas été adultère ; je n'ai pas refusé d'entendre les paroles de vérité ; je n'ai pas commis de maléfice contre le roi ni contre mon père ; je n'ai pas souillé l'eau ; je n'ai pas fait maltraiter l'esclave par son maître ; je n'ai pas juré* [de faux serments] ; *je n'ai pas faussé le fil à plomb de la balance ; je n'ai pas enlevé le lait de la bouche des nourrissons ; je n'ai pas pris au filet les oiseaux des dieux ; je n'ai pas repoussé l'eau en sa saison ; je n'ai pas coupé une rigole* [ou une digue ?] *sur son passage ; je n'ai pas éteint le feu en son heure ; je n'ai pas méprisé Dieu en mon cœur. Je suis pur, je suis pur, je suis pur !*

A. Moret, *Le Nil et la civilisation égyptienne*, Paris, La Renaissance du livre, 1926, p. 465.

Les hiéroglyphes déchiffrés

Le mot « hiéroglyphe » vient du grec *hieros* (« sacré ») et *gluphein* (« graver »). Cela tient au fait que les premières inscriptions que virent les Grecs figuraient sur les murs des temples. Les hiéroglyphes égyptiens restent indéchiffrables jusqu'au début du XIXe siècle ; un égyptologue français, Jean-François Champollion, parvient alors à en reconnaître les principaux symboles grâce à une pierre trouvée à Rosette et sur laquelle les hiéroglyphes sont accompagnés d'une version grecque.

Le papyrus

Le mot « papier » vient du mot « papyrus ». Ce n'est qu'au début de notre ère, soit 3000 ans environ après l'invention du papyrus en Égypte, qu'on mit au point en Chine le procédé de fabrication du papier à partir de pâte de bois.

nos consonnes (phonogrammes). L'écriture hiéroglyphique achevée comprend plus de 600 symboles.

Les Égyptiens gravent leurs textes sur des tablettes de pierre, jusqu'à ce qu'ils découvrent comment fabriquer une sorte de papier à partir du papyrus, un roseau abondant sur les rives du Nil. On imagine bien combien cet ancêtre du papier – léger, facile à rouler et à transporter, sur lequel on écrit sans effort physique avec une tige de roseau aiguisée ou un pinceau trempé dans un peu d'encre végétale – favorise les progrès de l'écriture. Le papyrus connaît donc une forte demande hors d'Égypte, où on ne trouve rien de semblable.

Les Égyptiens acquièrent de nombreux savoirs. Leurs conditions de vie et leurs croyances poussent les Égyptiens à développer leurs savoirs scientifiques. Parce qu'il leur est très utile de prévoir les crues du Nil et le rythme des saisons, et aussi parce qu'ils pensent que le mouvement des astres influence les êtres, les Égyptiens s'efforcent d'acquérir des connaissances avancées en astronomie. Ayant constaté que la crue annuelle du fleuve suivait de peu l'apparition à l'est de l'étoile Sirius, ils font de ce moment le début d'un calendrier de 365 jours menant à l'apparition suivante de celle-ci. Basé sur l'année solaire plutôt que sur les phases de la Lune comme celui des Mésopotamiens, ce calendrier compte 12 mois de 30 jours chacun, plus 5 jours, probablement fériés, ajoutés au dernier mois. On peut y voir la lointaine origine de notre calendrier.

Pour établir les limites des terres agricoles et les rétablir après les crues, calculer les impôts ou la valeur des échanges, construire les pyramides, les temples et les palais, les Égyptiens acquièrent des connaissances en mathématiques et en géométrie. Ils connaissent les opérations de base (addition, soustraction, multiplication, division), savent mesurer les surfaces et calculer le volume de la pyramide, de la sphère et du cylindre. Ces connaissances leur permettent d'utiliser la colonne porteuse dans la construction des édifices.

Instruisez-vous ! Ne buvez pas !

Dans le texte qui suit, un père adresse diverses recommandations à son fils, placé dans une école de scribes. Que nous révèle ce texte sur l'importance du scribe dans la société égyptienne ? Les recommandations faites à l'élève pourraient-elles s'appliquer aujourd'hui ?

▪ ▪ ▪

Je t'ai mis à l'école avec les fils des notables, pour t'instruire et apprendre la profession de scribe. [...]

Ne sois pas paresseux, ou tu seras sévèrement châtié ! Ne livre pas ton cœur aux plaisirs, ou tu seras ruiné. Écris de tes mains, lis avec ta bouche, demande conseil aux plus savants. [...] *Persévère chaque jour ; ainsi tu obtiendras de maîtriser l'écriture. Ne passe aucun jour à paresser ou tu seras battu. Les oreilles du garçon sont dans son dos et il écoute quand il est battu !* [...]

Ne sois pas un fou sans instruction. [...]

On me dit que tu délaisses l'écriture, que tu te livres aux plaisirs. Que tu vas de rue en rue, là où ça sent la bière, au risque de te détruire. La bière mènera ton âme à la perdition. [...]

Ne sais-tu pas que le vin est une abomination, que tu devrais faire serment, au sujet du vin, de ne pas livrer ton cœur à la bouteille, de cesser de boire ! [...]

Sois un scribe, qui n'est pas soumis aux corvées et est protégé de tout travail. Il est dispensé de sarcler et n'a pas à porter de paniers. Cela lui épargne de manier la rame, le protège des vexations. [Le scribe] *n'a pas beaucoup de maîtres ni de supérieurs.* [...]

Sois un scribe, il dirige tout travail dans ce pays !

Readings in World History, Orlando (Floride), Harcourt Brace Jovanovich, 1990, p. 7-9. (Notre traduction.)

pharmacopée Ensemble des médicaments dont dispose une société.

Les Égyptiens ont également des connaissances avancées en médecine. Leurs papyrus sur l'art de soigner et l'état de leurs momies témoignent de connaissances pratiques en anatomie et en chirurgie, et montrent qu'ils disposent d'une **pharmacopée** élaborée, même si les traitements à base de magie restent courants.

Tous ces savoirs, à commencer par l'écriture, qui demandait un très long apprentissage, étaient transmis par l'école. Généralement logées dans des temples et dirigées par des prêtres, les écoles recevaient les enfants des couches supérieures de la population, et même parfois des enfants d'esclaves destinés à devenir scribes ou fonctionnaires. Par contre, les filles n'y avaient pas accès.

Le bassin méditerranéen et les civilisations préhelléniques

Du début du IIe millénaire av. J.-C. jusqu'à la chute de l'Empire romain d'Occident, les racines de la civilisation occidentale se déplacent vers le bassin de la Méditerranée (carte 2.3). Les civilisations phénicienne, crétoise et mycénienne y précèdent les civilisations hellénique et romaine.

LA PHÉNICIE, UN TREMPLIN POUR LE NÉGOCE

La Phénicie antique s'étend en gros sur le territoire de l'actuel Liban (carte 2.4). Ses étroites plaines côtières, très fertiles, s'adossent à une chaîne de montagnes (le djebel Liban) dont le versant occidental, couvert de forêts de pins, permet

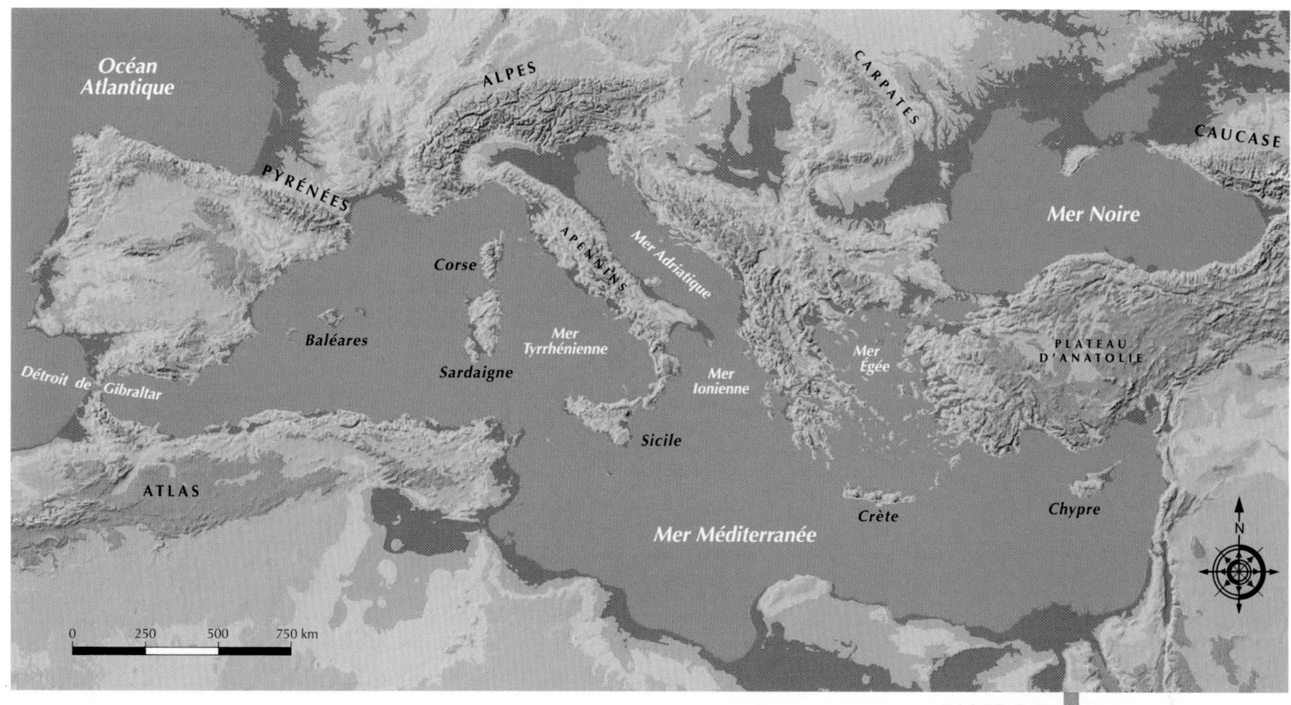

CARTE 2.3

La Méditerranée physique

certaines cultures fruitières (dattiers, vignes). Sa rive méditerranéenne est parsemée de baies propices à l'établissement de ports. Doux et pluvieux en hiver, chaud et sec en été, son climat favorise les activités humaines.

Les Phéniciens sont des navigateurs. Vers la fin du IIIe millénaire av. J.-C., un peuple sémite s'installe sur ces terres. Il y établit une série de comptoirs maritimes, dont les plus importants sont Tyr, Sidon et Byblos. Au fil des siècles, les Phéniciens créent une civilisation agricole et commerçante dominée par l'aristocratie de marchands qui dirige les cités portuaires de la côte. Vers 1200 av. J.-C., divers mouvements de populations les amènent à intensifier leurs activités maritimes. Dès lors, ils deviendront les plus grands constructeurs navals, navigateurs, commerçants et colonisateurs de l'époque. Sur leurs galères à deux rangées de rameurs, ils sillonneront la Méditerranée – et même l'Atlantique – et fonderont des colonies et des comptoirs à Chypre, en Sicile, en Afrique du Nord (Carthage) et jusqu'en Espagne.

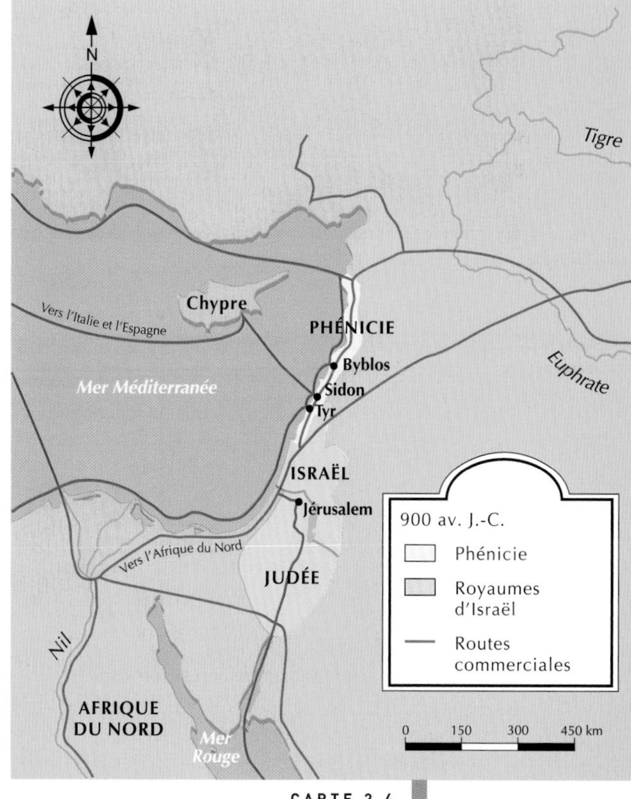

CARTE 2.4

La Phénicie et son réseau vers 900 av. J.-C.

Les Phéniciens inventent l'alphabet. Ce petit peuple de commerçants pacifiques a beaucoup contribué à l'histoire de l'Occident. D'abord, les Phéniciens ont répandu dans toutes les régions où ils se sont aventurés les produits de l'Orient ainsi que les réalisations artistiques et scientifiques des civilisations mésopotamienne (le système numérique basé sur le nombre 60, par exemple) et égyptienne (la médecine). Mais leur apport majeur est sans conteste ce petit code de 22 signes qui leur servait à conserver les traces écrites de leurs opérations commerciales : l'alphabet (tout en consonnes, auxquelles les Grecs ajouteront les voyelles). Cette invention a d'importantes conséquences : elle simplifie l'écriture, la

FIGURE 2.5

Le marchand-navigateur phénicien selon Astérix

Goscinny et Uderzo, les auteurs de la bande dessinée Astérix le Gaulois, *ont représenté le marchand-navigateur phénicien dans quelques-unes des aventures de leur héros. Quels objets le marchand phénicien Épidemaïs propose-t-il ici à Astérix et Obélix ? D'où ces objets proviennent-ils ? Quels traits de caractère les auteurs attribuent-ils aux Phéniciens ? Quels faits historiques leur permettent de présenter le marchand phénicien ainsi ? Ces traits de caractère s'appliquent-ils à tous les Phéniciens ? Pourquoi peut-on parler de stéréotype ethnique dans ce cas ?*

rendant accessible à toutes les classes sociales, ce qui réduit notablement l'emprise des scribes et des prêtres sur la société. L'alphabet phénicien est le fondement de tous les alphabets actuels : adopté par les Grecs, il donnera les alphabets latin et cyrillique ; par l'araméen (langue dominante au Proche-Orient au Ier millénaire av. J.-C.), il sera à la base des écritures arabe, hébraïque et même indienne.

Phénicien	Hébreu	Grec classique	Latin classique	Cyrillique	Gothique	Français
	𐤀	A	A	А	𝔄	A a
𐤁	𐤁	B	B	Б	𝔅	B b
𐤂	𐤂	Γ	C	Г	ℭ	C c
𐤃	𐤃	Δ	D	Д	𝔇	D d
	𐤄	E	E	Е	𝔈	E e
𐤅	𐤅		F	Ф	𝔉	F f
𐤂	𐤂	Γ	G	Г	𝔊	G g
𐤇	𐤇	H	H	И	ℌ	H h
	𐤉	I	I	I	ℑ	I i
𐤉	𐤉	I	I		𝔍	J j
𐤊	𐤊	K	K	К	𝔎	K k

TABLEAU 2.1

L'évolution de l'alphabet

Les lettres de l'alphabet représentent chacune un son ; la combinaison de ces sons permet la création des dizaines de milliers de mots que comporte toute langue. Ce tableau illustre quelques-uns des alphabets dérivés de l'alphabet phénicien, dont le nôtre. Existe-t-il encore aujourd'hui une langue qui s'écrit avec des pictogrammes ? Ces pictogrammes représentent-ils des sons ? Sinon, que représentent-ils ? Pourquoi peut-on affirmer que l'invention de l'alphabet représente un pas important dans l'évolution des sociétés vers des organisations sociales moins hiérarchisées, plus égalitaires ?

LA CIVILISATION CRÉTOISE

En 1900, un archéologue britannique découvre des artéfacts à quelques kilomètres de la ville d'Héraklion, dans l'île de Crète. Des tablettes d'argile, les ruines d'un palais (Cnossos), des objets de bronze et des fresques magnifiques lui permettent d'identifier une civilisation qu'il nomme « minoenne » en l'honneur de Minos, son roi légendaire. Même si on n'a pas entièrement déchiffré l'écriture de ce peuple, archéologues et historiens en brossent un portrait approximatif à partir des artéfacts mis au jour et de ce qu'en racontent les légendes.

LES CRÉTOIS DOMINENT LA MER ÉGÉE. Les Minoens ne sont pas des Hellènes et leur langue n'est pas grecque. La Crète semble avoir été peuplée dès le VIe millénaire av. J.-C. par des gens venus d'Asie. Ceux-ci y créent au fil des siècles une civilisation maritime et commerçante. Ces échanges, avec les Égyptiens et les Phéniciens notamment, enrichissent les Minoens tant culturellement que matériellement. Vers les XVIe et XVe siècles av. J.-C., la Crète devient une véritable **thalassocratie**. Elle prélève un tribut à toutes les populations de la mer Égée : cette

thalassocratie État dont la puissance réside principalement dans la maîtrise des mers.

FIGURE 2.6

Palais de Cnossos : fresque des dauphins (vers 1700 av. J.-C.) située dans le Mégaron de la reine

pratique serait à la source de la légende du Minotaure. On peut affirmer que la Crète minoenne fut le premier **État** d'Europe.

État Entité politique constituée d'un territoire, d'une population et d'un pouvoir institutionnalisé ; peut aussi désigner l'ensemble des pouvoirs publics.

LA CIVILISATION CRÉTOISE EST RAFFINÉE. À son apogée, entre 2000 et 1450 av. J.-C., la civilisation minoenne semble dirigée par une dynastie établie à Cnossos. Le palais découvert par les archéologues révèle une civilisation raffinée. Les femmes y jouissent d'un statut élevé pour l'époque et la région, et on y exalte la beauté du corps humain. Parce qu'il a été bâti sans plan d'ensemble et compte un très grand nombre de pièces et de couloirs de tailles variées répartis sur plusieurs étages, l'édifice donne l'impression d'être un labyrinthe. La construction semble conçue pour maximiser la climatisation et la collecte de l'eau de pluie dans une région où chaleur et sécheresse sont souvent excessives. Ce palais comporte des salles de bains et un système d'évacuation des eaux usées, ce qui renforce l'impression de richesse et de raffinement qui s'en dégage. Les fresques chatoyantes qui ornent ses murs laissent deviner une société paisible, épanouie et riante, qui s'adonne aux sports et vénère les arts.

LA CIVILISATION CRÉTOISE DISPARAÎT, MAIS LAISSE UN RICHE HÉRITAGE. La civilisation minoenne s'éteint entre 1500 et 1400 av. J.-C., submergée, croit-on, par deux désastres successifs : d'abord un gigantesque raz-de-marée qui aurait été provoqué par l'éruption de l'île volcanique de Théra ; puis l'invasion des Mycéniens de la Grèce continentale qui, après avoir été longtemps sous son **hégémonie**, auraient profité de son affaiblissement pour conquérir l'île et mettre fin à sa suprématie.

hégémonie Suprématie ou pouvoir prépondérant d'un État ou d'un groupe social sur d'autres.

Contrairement à la civilisation de l'Atlantide, dont elle inspira vraisemblablement la légende, la civilisation crétoise, loin d'être perdue, continuera donc à vivre à travers la civilisation mycénienne. Celle-ci assimile et transmet à son tour ses nombreux acquis : sa **mythologie**, son écriture, son goût pour les activités physiques, sa célébration du corps humain, son sens de la fête, ses techniques artisanales, de navigation et d'agriculture, et son sens de l'État.

mythologie Ensemble des mythes et des légendes propres à un peuple, à une civilisation ou à une région.

LA LÉGENDE DU MINOTAURE

Selon la légende, un monstre à tête de taureau et au corps d'homme nommé Minotaure aurait vécu sur l'île de Crète. Les Crétois le vénéraient, car les dieux auraient révélé au roi Minos que sa mort signifierait la destruction de la Crète. Le roi avait donc fait construire par l'architecte Dédale un immense labyrinthe dans les sous-sols de son palais et y avait enfermé la bête fabuleuse.

Pour venger son fils qui y a été assassiné, le roi Minos exige de la cité d'Athènes qu'elle lui fournisse tous les neuf ans sept jeunes filles et sept jeunes garçons dont il nourrira le monstre. Au troisième tribut, Thésée, le fils d'Égée, roi d'Athènes, se glisse parmi les jeunes gens. Une fois à Cnossos, il est jeté en pâture au Minotaure. Mais il réussit à tuer le monstre et à sortir du labyrinthe, grâce à l'épée et à la pelote de fil que, par amour, Ariane, la fille du roi Minos, lui a données.

LES GRANDES MIGRATIONS INDOEUROPÉENNES

Entre le IVe et le IIe millénaire av. J.-C., plusieurs peuples indoeuropéens pénètrent en Europe et submergent les populations qui l'habitent. Ces nouveaux venus parlent des langues dérivées d'une souche linguistique commune. Cela explique les affinités de la plupart des langues parlées aujourd'hui en Europe. Divisées en tribus et en clans familiaux, les sociétés indoeuropéennes sont **patriarcales**. Ce trait persistera dans les civilisations auxquelles elles donneront naissance.

patriarcal Organisé selon les principes du patriarcat.

patriarcat Forme de famille ou de société fondée sur la parenté par les mâles et la puissance paternelle.

Vers l'an 2000 av. J.-C., un de ces peuples, qu'on appellera plus tard les Mycéniens, s'installe en Grèce. Ses descendants, les Hellènes (ou Grecs), vont y créer une civilisation dynamique et originale qui marquera profondément la civilisation occidentale, particulièrement sur les plans politique et culturel : la civilisation hellénique classique.

LA GRÈCE : UNE CIVILISATION MARITIME ORIGINALE

La péninsule balkanique, et surtout sa partie helladique (centrale), présente une morphologie particulière. Elle est constituée à près de 80 % de montagnes (dont plusieurs dépassent les 2000 mètres), de collines escarpées, de ravins et de plateaux accidentés. Concentrées dans quelques régions, les plaines cultivables, émiettées et exiguës, couvrent moins de 20 % de la superficie totale. Le reste de la Grèce est composé d'îles (carte 2.5).

Le climat grec se caractérise par des hivers doux et de longs étés secs et très chauds. De plus, à part l'argent (les fameuses mines du Laurion), l'argile, le calcaire et le marbre, le sous-sol de la Grèce est pauvre en matières premières. La civilisation grecque ne sera donc pas, comme la civilisation égyptienne, un don de la nature, mais une création humaine.

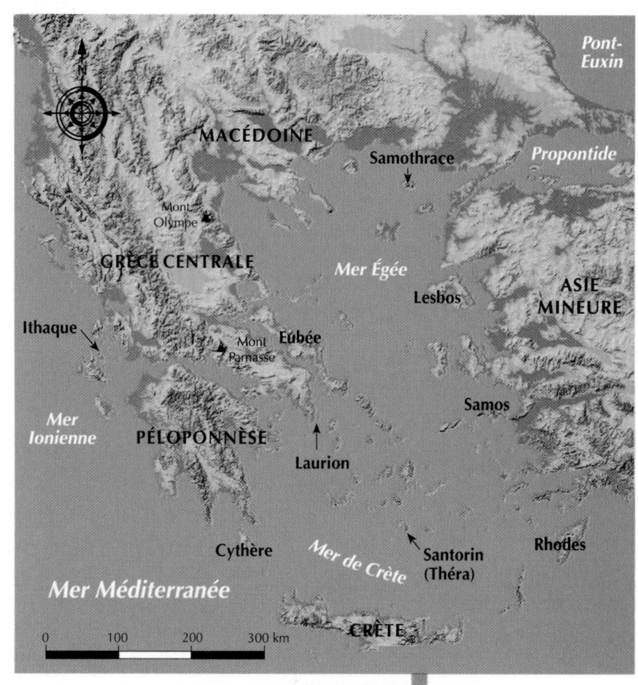

CARTE 2.5

La Grèce physique

questions – cartes

Les Grecs vivent de l'agriculture, mais surtout de la mer. Dans ces conditions, l'agriculture produit peu, d'autant que le sol est généralement peu fertile et caillouteux : elle se concentre sur la « triade méditerranéenne », c'est-à-dire la culture du blé ou de l'orge (dans les vallées) ainsi que de l'olivier et de la vigne (à flanc de colline) et sur l'élevage du mouton et de la chèvre (sur les plateaux et au sommet des collines). Les Grecs doivent donc se tourner vers d'autres ressources pour assurer leur subsistance. La mer, dont aucun village n'est distant de plus de 80 kilomètres, leur fournit l'essentiel de leur nourriture (pêche) et constitue le moteur de leur économie (commerce). Les caractéristiques de la mer Égée, située au cœur de l'espace grec, facilitent ces deux activités : les fonds marins y sont profonds de moins de 200 mètres ; on y trouve un chapelet d'îles permettant de naviguer sans perdre la terre de vue ou presque ; des côtes dentelées y sont propices à la création de ports ; et on n'y connaît pas de variations climatiques extrêmes.

L'unité politique est difficile en Grèce. L'isolement des vallées habitées, séparées par des montagnes, et l'émiettement des îles sont à l'origine d'un autre trait caractéristique de la civilisation grecque : l'absence ou la précarité d'une unité politique, qui marquera longtemps l'histoire de la Grèce. Ces obstacles géographiques empêcheront longtemps les Grecs de l'Antiquité d'acquérir un sentiment d'unité, même lorsqu'ils parleront la même langue et honoreront les mêmes dieux. Par contre, la proximité de la mer leur permet de fréquenter les civilisations de l'Orient et, par la colonisation, d'étendre la leur dans tout le bassin méditerranéen et sur tout le pourtour du Pont-Euxin (la mer Noire).

Enfin, le climat grec, propice aux activités extérieures, favorisera l'éclosion d'une sociabilité tant civique que politique.

LA CIVILISATION MYCÉNIENNE, OU CIVILISATION PALATIALE DU PÉLOPONNÈSE

C'est vers le XVIe siècle av. J.-C. qu'émerge au sud de la péninsule balkanique, dans le Péloponnèse, une civilisation qu'on dira mycénienne, car la cité de Mycènes y exerce alors son hégémonie sur les autres cités.

Ce monde nous est connu surtout par les fouilles archéologiques qui ont révélé les ruines de Mycènes, de Tirynthe et de Pylos (forteresses, sépultures royales, objets divers, tablettes portant des inscriptions, etc.). Il l'est aussi par les fameux poèmes épiques d'Homère, l'*Iliade* et l'*Odyssée*, qui nous renseignent notamment sur le monde des rois et des palais mycéniens.

La civilisation mycénienne est dominée par le palais. La civilisation mycénienne est caractérisée par la prépondérance du palais, cœur de la ville-forteresse. Construite autour d'un monticule rocheux, cette dernière comporte aussi de puissantes murailles et des tombeaux pour l'aristocratie. Elle est dominée par une **aristocratie terrienne**, elle-même probablement dirigée par un roi, qui est soit le plus riche, soit le plus puissant des guerriers. Ces nobles tirent leur richesse et leur puissance de leurs domaines agricoles, où travaillent des paysans et des artisans qui leur fournissent corvées et redevances. La structure sociale est complétée par les esclaves, domestiques des nobles.

aristocratie terrienne Élite sociale et politique dont le pouvoir repose sur la possession de grandes étendues de terres ; en gros, équivalent de la *noblesse*.

Les Mycéniens se livrent au commerce et à la guerre. L'aristocratie mycénienne pratique également le commerce maritime, auquel l'ont initiée les Crétois. Elle possède une flotte de guerre et, à l'occasion, s'adonne même à la piraterie. Une fois la Crète détruite et soumise (voir plus haut), les Mycéniens prendront la relève en mer et domineront la Méditerranée orientale.

Enfin, les nobles mycéniens sont des guerriers. Équipés d'armes de bronze et de cuirasses, ils utilisent le cheval et le char. Ils dirigent aussi l'armée, essentiellement composée de fantassins. Malgré l'hégémonie qu'exercent des cités comme Mycènes, les conflits armés sont fréquents. Ainsi, la guerre de Troie (vers 1250 av. J.-C.) aurait opposé Mycènes et ses alliées à une ligue de cités continentales. Son enjeu était la domination du Propontide, détroit où transitent les échanges commerciaux entre la mer Égée et le Pont-Euxin (la mer Noire). Malgré ces rivalités incessantes entre cités, les Mycéniens ont préparé les conditions de la première unification culturelle de la Grèce en propageant l'écriture (pictographique) ainsi qu'une langue et une religion communes.

FIGURE 2.7

La porte des Lionnes, à Mycènes, construite vers 1400 av. J.-C., marquait l'entrée du palais du roi Agamemnon

D'importantes migrations provoquent un recul. Les querelles entre cités faciliteront la destruction de la civilisation mycénienne par un important mouvement de populations vers 1200 av. J.-C. Ces déplacements de populations, aujourd'hui appelées « peuples de la mer », bouleversent alors l'équilibre géopolitique en Méditerranée orientale et au Proche-Orient. Illettrés mais maîtrisant la métallurgie du fer, ces envahisseurs submergent les Mycéniens (qui ne connaissent que le bronze) et détruisent leurs villes. Ils provoquent une importante régression économique et culturelle en Grèce continentale. Le commerce décline et les populations se replient sur la **seigneurie**, dominée par une nouvelle aristocratie terrienne : les historiens ont qualifié cette époque de « siècles obscurs ».

seigneurie Domaine rural ; possession d'un noble, qui exerce des droits sur les terres et les personnes qui y vivent.

La civilisation hellénique

Quatre cents ans après la disparition de la civilisation mycénienne, une synthèse des apports préhelléniques se produit sur les deux rives de la mer Égée, en Grèce continentale comme en Asie Mineure (aussi appelée Ionie). Les caractères de cette civilisation connaîtront leur apogée à Athènes au Ve siècle av. J.-C., avant de se propager dans tout le monde connu des Grecs grâce aux conquêtes d'Alexandre le Grand.

Grecs ou Hellènes ?

Le terme « hellénique » vient du nom (*Hellénikos*) que se donnaient alors les habitants du sud de la péninsule balkanique ; ce sont les Romains qui leur donneront le nom qu'ils portent pour nous, celui de Grecs (*Graeci*).

Émergence de la civilisation hellénique

Après plus de quatre siècles de régression économique et culturelle, vers 800 av. J.-C., la civilisation hellénique émerge. Durant les trois siècles suivants, que les historiens appellent la « période archaïque », la Grèce connaît un formidable essor démographique, économique et culturel. Se fixent alors les grands traits de civilisation qui caractériseront l'hellénisme classique. Par le commerce et la colonisation, les Hellènes propagent leur culture dans tout le bassin méditerranéen et sur le pourtour du Pont-Euxin (la mer Noire), et ils inventent littéralement la politique.

Les Grecs bâtissent des cités-États. Vers le VIIIe siècle av. J.-C., les tribus hellènes rassemblées en clans se regroupent et construisent des fortifications, instaurant ainsi la cité-État grecque. La ***polis***, comme l'appellent les Grecs, comporte trois éléments : tout d'abord, une communauté civique, c'est-à-dire l'ensemble des citoyens et leurs familles ; ensuite, une agglomération qui inclut la zone fortifiée, la ville et la campagne environnante ; enfin, un ensemble d'institutions et de lois. Généralement de petite taille et de population réduite (1000 à 5000 **citoyens**), elle peut aussi, comme Athènes, couvrir jusqu'à 2600 kilomètres carrés et rassembler près de 40 000 citoyens. Et c'est sans compter les étrangers sans droit de citoyenneté et les esclaves, qui peuvent être jusqu'à 25 fois plus nombreux que les citoyens. La cité possède habituellement deux lieux publics primordiaux : l'acropole, monticule fortifié où s'élèvent les temples et les édifices publics, et qui sert de refuge aux populations en cas de guerre ; et l'agora, place publique où se tiennent les échanges commerciaux et les réunions politiques.

polis Terme grec qui désigne la ville envisagée sous l'angle de sa personnalité morale.

citoyen Membre d'un État considéré du point de vue de ses devoirs et de ses droits civils et politiques ; dans l'Antiquité, désigne celui qui jouit du droit de cité.

Étymologie du politique

Le mot grec *polis*, qui désigne la ville envisagée sous l'angle de sa personnalité morale, a donné naissance, entre autres, aux mots « politique » et « métropole ».

noblesse Groupe social qui se distingue par la possession d'une grande quantité de terres qu'il fait exploiter par d'autres, et qui tire de cette richesse statut social, postes, charges et privilèges.

oligarchie Régime politique où le pouvoir est détenu par un petit nombre de personnes.

ploutocratie Gouvernement par les riches.

législateur Personne physique ou morale qui fait les lois, qui est responsable de leur élaboration.

La *polis* est dominée par la **noblesse** terrienne, mais les formes de gouvernement sont très variées. Généralement monarchique à l'origine, elle passe souvent, dans les siècles suivants, aux mains de l'aristocratie, qui installe des **oligarchies** ou des **ploutocraties**. Lors de graves troubles sociaux, il peut arriver qu'un **législateur** ou un **tyran** s'empare du pouvoir pour un certain temps. Dans quelques cas, on voit apparaître des formes de gouvernement tout à fait originales. Ainsi, au VIIe siècle av. J.-C., la cité de Sparte se dote d'un régime à la fois monarchique, oligarchique et militaro-totalitaire. Un siècle plus tard, la cité d'Athènes instaure un régime démocratique.

LE TYRAN À TRAVERS LES ÂGES

Chez les Grecs, le mot «**tyran**» désignait celui qui s'emparait du pouvoir par la force ou en ne respectant pas les règles, par opposition au monarque à qui il revenait de droit. La connotation péjorative qui s'attache aujourd'hui à ce mot est apparue au Moyen Âge.

LES GRANDS TRAITS DE LA CULTURE HELLÉNIQUE SE FIXENT. Les grands traits de la civilisation grecque se fixent pendant la période archaïque. L'unité culturelle de la Grèce se façonne en s'appuyant sur une langue et une religion communes. Elle est renforcée par la redécouverte de l'écriture, non plus pictographique comme à l'époque mycénienne, mais alphabétique: les Grecs adoptent en effet l'alphabet phénicien auquel ils ajoutent des voyelles. Cette fabuleuse découverte permet la naissance de la littérature, notamment sous la forme des poèmes épiques (l'*Iliade* et l'*Odyssée* d'Homère, rédigés au VIIIe siècle av. J.-C.), des poèmes didactiques (*Les Travaux et les Jours* et *La Théogonie* d'Hésiode) et du théâtre.

oracle Réponse d'une divinité au fidèle qui la consulte; personne qui rend cet oracle; sanctuaire où il est rendu.

LA RELIGION DES HELLÈNES

Bien que polythéiste comme la plupart des religions de l'Antiquité, la religion des Hellènes diffère notablement de celle des peuples étudiés jusqu'ici. Elle prête aux dieux et aux déesses une forme humaine ainsi que des comportements et des passions qui les font ressembler aux simples mortels – à ceci près que le nectar et l'ambroisie dont ils se nourrissent leur confèrent l'immortalité et l'éternelle jeunesse. Les dieux peuvent même s'unir charnellement aux humains et engendrer ainsi des héros. La mythologie hellénique raconte comment les aventures et mésaventures des dieux et déesses de l'Olympe ont influencé la nature et l'histoire humaine. Ainsi, le mythe de Déméter explique le retour des saisons et l'origine de l'agriculture, tandis qu'une dispute entre Héra, Athéna et Aphrodite provoque la guerre de Troie. Les dieux des Grecs ne sont pas considérés comme les créateurs du monde, et ils ne sont pas tout-puissants.

La religion grecque, qui est une pratique communautaire et non individuelle, explique le monde physique et les phénomènes naturels. Elle éclaire aussi les comportements des humains, notamment les gestes irrationnels auxquels la passion peut les pousser. Elle leur sert à se concilier les forces de la nature (pour obtenir de bonnes moissons, par exemple) ou à attirer sur eux chance et fortune. Cependant, elle n'a pas pour fonction, comme les religions de Mésopotamie ou d'Égypte, de légitimer les pouvoirs publics. De plus, contrairement aux religions monothéistes, c'est une religion sans morale: elle n'édicte aucun commandement et ne prépare pas à une quelconque vie après la mort (les âmes des défunts vont toutes aux Enfers, où le dieu Hadès a pour mission de les garder).

La pratique religieuse des Grecs de l'Antiquité se caractérise par la prière, requête adressée à un dieu précis dans un esprit de réciprocité, la consultation des **oracles**, la tenue de jeux sportifs ou de grandes célébrations panhelléniques en l'honneur des dieux et déesses, le culte familial et civique qu'on leur voue, les offrandes et les sacrifices d'animaux, et même l'obéissance aux lois non écrites. Certains, plus exigeants que d'autres en matière de spiritualité ou plus angoissés à l'idée de la mort, tentent d'assurer leur salut dans l'au-delà par l'observance de règles et de pratiques rituelles: ils adhèrent à des sectes ou s'adonnent aux «cultes à mystères», comme l'orphisme (culte lié à Orphée).

Afin de célébrer les dieux, les Grecs instituent les jeux panhelléniques (dont les Jeux olympiques, tenus dès 776 av. J.-C. à Olympie et dédiés à Zeus). Lors de ces compétitions sportives, les athlètes, qui se produisent nus, rivalisent (courses diverses, lutte, pugilat, lancers, etc.) pour la gloire de leur cité et pour une simple couronne d'olivier ou de laurier, bref pour l'honneur. Ces jeux s'accompagnent d'une trêve militaire entre les cités participantes, et ils sont aussi l'occasion de pourparlers diplomatiques ou commerciaux entre leurs représentants.

Au VIe siècle av. J.-C. naît dans des cités d'Ionie un des traits distinctifs de la civilisation grecque, la philosophie. Rejetant les explications religieuses de l'univers, des philosophes (des « physiciens », disaient les Grecs) comme Thalès et Anaximène de Milet ou Héraclite d'Éphèse tentent d'en expliquer les mystères par les seules ressources de leur raison. Leur démarche, qu'on pourrait qualifier de **rationnelle**, consiste à proposer une explication physique de la composition de la matière ou des phénomènes naturels. Ils construisent en quelque sorte une science abstraite fondée sur les connaissances **empiriques** emmagasinées par leurs devanciers. Leurs explications, qui font sourire aujourd'hui (Thalès déclare que l'eau est le principe premier, tandis que son concitoyen Anaximène affirme que l'air est la substance de base de la nature), représentent néanmoins les premiers pas des démarches philosophique et scientifique qui caractériseront l'histoire de la civilisation occidentale beaucoup plus tard. Ainsi, Héraclite crée l'idée de **dialectique** en affirmant que chaque chose se convertit en son contraire et que la lutte des contraires est à la base de tout.

rationnel Qui appartient à la raison ; fondé sur l'usage de la raison et non sur l'expérience.

empirique Qui s'appuie sur l'expérience.

dialectique Perception du réel reposant sur les contradictions qui lui sont inhérentes.

LES CITÉS GRECQUES FONDENT DES COLONIES. Du VIIIe au VIe siècle av. J.-C., la civilisation grecque se répand dans le bassin méditerranéen et sur le pourtour de la mer Noire par la colonisation (carte 2.6). Des habitants de nombreuses cités grecques partent en groupe, sous la direction d'un magistrat qui transporte le feu sacré, pour fonder une cité outre-mer. Celle-ci est censée être une réplique de la cité mère. Elle entretiendra avec elle des liens économiques et religieux, sans toutefois en dépendre.

Les causes de ce phénomène, nombreuses et complexes, peuvent varier d'une cité à l'autre. Certains historiens l'attribuent à une croissance démographique

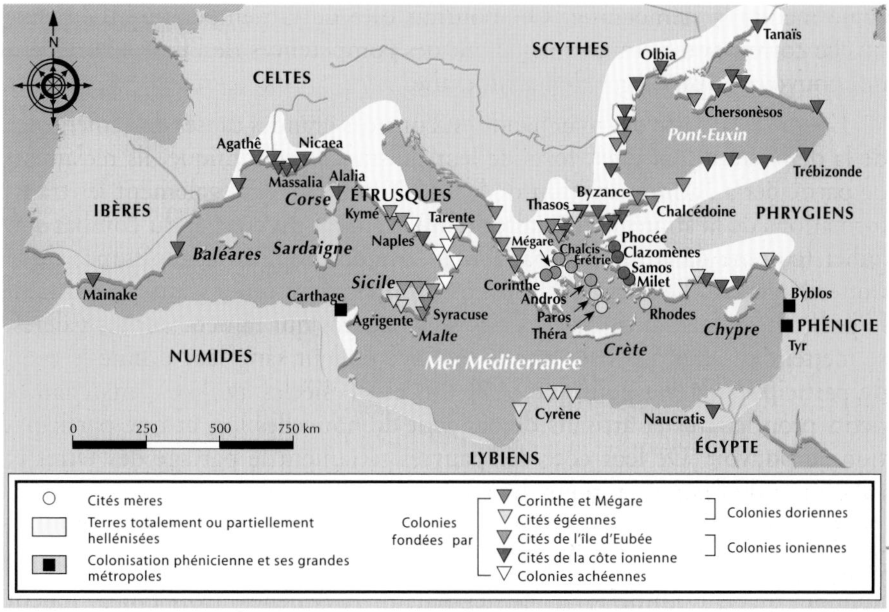

CARTE 2.6

La colonisation grecque du VIIIe au VIe siècle av. J.-C.

qui aurait entraîné le surpeuplement des cités grecques. D'autres avancent que l'épuisement et l'érosion des terres agricoles, en réduisant les ressources alimentaires, auraient poussé une partie des populations à émigrer. D'autres encore évoquent le développement de l'artisanat, qui aurait stimulé la recherche de nouveaux marchés pour l'écoulement des produits. Selon les coutumes successorales des Grecs, l'héritage est indivisible et passe en entier à l'aîné des fils. Ses frères sont donc forcés à vivre sous son autorité et sa dépendance, ce qui a pu amener certains cadets à s'exiler pour assurer leur autonomie. Cependant, l'accaparement des terres par les nobles – qui pressurent paysans et artisans, et peuvent même les réduire en esclavage pour dettes – est certainement un facteur déterminant.

Toutes ces causes poussent donc des nobles déshérités, des paysans, des artisans et des commerçants à quitter leur cité pour fonder des colonies sur les rives du Pont-Euxin ou de la Méditerranée. Ces colonies fourniront à leur **métropole** des produits agricoles (en particulier des céréales, qui poussent mal en Grèce continentale) en échange de son vin, de son huile d'olive et de son artisanat (dont les fameux vases en terre cuite peints avec grande finesse).

métropole Dans la Grèce ancienne, ville ou État central, considéré dans ses rapports avec des territoires qu'il domine ou avec lesquels il entretient des liens historiques.

La colonisation entraînera une première hellénisation de la Méditerranée. Principalement à travers les échanges commerciaux, les Grecs influenceront notamment un peuple de la péninsule italienne, les Étrusques, qui transmettront à leur tour aux Romains une partie des acquis helléniques. De plus, en Grèce même, la colonisation accélérera l'essor de la classe des marchands. Ceux-ci profiteront de la croissance des échanges, favorisée à partir du milieu du VIIe siècle av. J.-C. par l'invention de la monnaie en Lydie, pays du légendaire roi Crésus.

APOGÉE ET HÉGÉMONIE D'ATHÈNES AU Ve SIÈCLE AV. J.-C.

À la fin du VIe siècle av. J.-C., la démocratie voit le jour dans la cité d'Athènes. La victoire des cités grecques sur l'Empire perse permettra à cette cité d'établir sur une partie de la Grèce une hégémonie qui sera bientôt violemment contestée.

ATHÈNES INSTAURE UN RÉGIME DÉMOCRATIQUE. Les luttes politiques qui sévissent dans l'ensemble des cités-États grecques de l'époque archaïque débouchent, à la fin du VIe siècle av. J.-C., sur l'instauration à Athènes d'un régime politique inédit: la démocratie. On pourrait dire de la démocratie athénienne qu'elle correspond à un accroissement des compétences de l'État aux dépens des pouvoirs et privilèges de l'aristocratie.

L'essor de la classe des marchands est l'une des grandes causes de l'émergence de la démocratie: en effet, forts de leur puissance économique, ils réclament de participer à l'administration de la cité. Y contribuent également les transformations de la stratégie militaire: remplacement du char et du combat singulier (comme dans l'*Iliade*) par l'infanterie des hoplites et croissance de la flotte de guerre. Les petits et moyens propriétaires terriens, qui constituent le gros des soldats, ainsi que les citoyens pauvres qui rament sur les galères, se mettent en effet à penser que le sacrifice de leur sang leur donne le droit de participer à la vie politique. Aux VIIe et VIe siècles av. J.-C., marchands, petits propriétaires et artisans demandent de nouvelles lois et une participation au pouvoir. De leur côté, les pauvres réclament le partage des terres et l'abolition de l'esclavage pour dettes.

À partir de la fin du VIIe siècle av. J.-C., ces affrontements sociopolitiques de plus en plus violents mènent souvent à la prise du pouvoir par un seul homme, qu'on nomme tyran ou législateur. À Athènes, trois tyrans jouent un rôle capital dans le passage du régime oligarchique à la démocratie. Dracon, dictateur vers 621 av. J.-C., rédige les premières lois écrites de l'histoire de la cité : il remplace ainsi le **droit coutumier** des familles aristocratiques par le pouvoir judiciaire de l'État. Solon, nommé **archonte** vers 594, atténue la rigueur des lois draconiennes, promulgue une législation économique et sociale – entre autres, il abolit l'esclavage pour dettes – et dote Athènes de sa première constitution. Enfin, Clisthène, porté au pouvoir en 508 par un mouvement populaire, lance un vaste programme de réformes politiques, qui comprend notamment une réforme de la **magistrature** et l'attribution de l'autorité suprême à l'assemblée des citoyens, l'Ecclésia.

archonte À Athènes, pendant l'époque aristocratique, magistrat chargé de désigner les autres magistrats et de faire les lois ; à l'époque démocratique, ses fonctions deviennent essentiellement judiciaires, religieuses et protocolaires.

magistrature Fonction du magistrat, du fonctionnaire public ou de l'officier civil investi d'une autorité juridictionnelle, administrative ou politique ; le magistrat peut être nommé ou élu.

Le droit coutumier

Avant que les lois soient écrites, c'était le **droit coutumier** qui prévalait, c'est-à-dire un ensemble de règles non écrites gouvernant la vie des humains et qui sont issues de leur usage général et prolongé, ainsi que de la croyance en l'existence d'une sanction en cas d'infraction. L'établissement de la **coutume** dépend du rapport de forces entre les groupes sociaux à l'époque où elle est adoptée. Même quand des lois sont rédigées, la coutume continue d'avoir force de loi si elle n'est pas contredite par une disposition écrite. Le Code civil du Québec repose sur la codification au XIXe siècle (selon les formes du Code napoléon, rédigé en France au début du XIXe siècle) de la coutume de Paris.

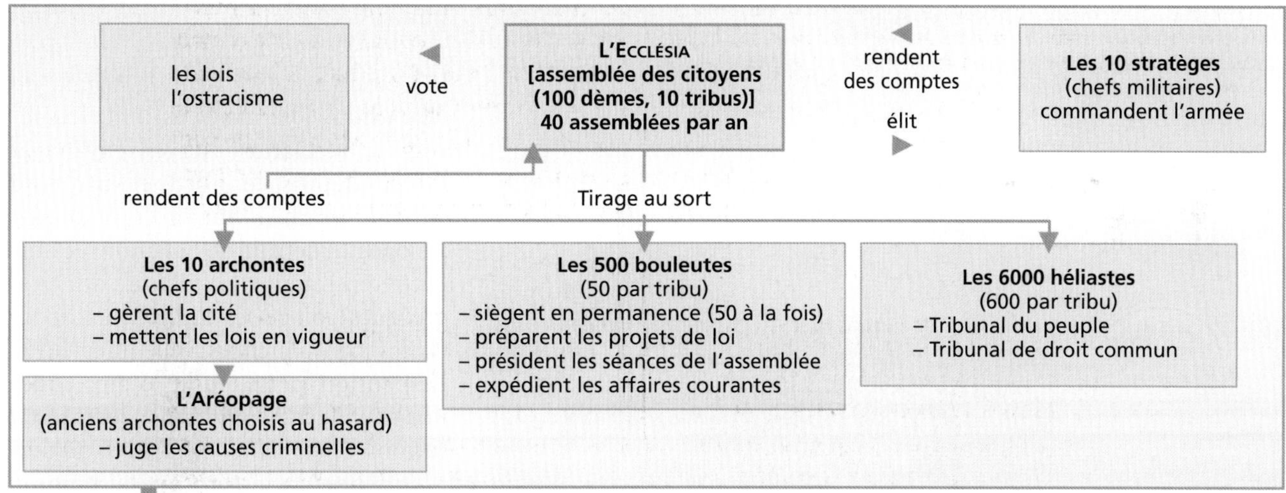

FIGURE 2.8

Les institutions politiques à Athènes au Ve siècle av. J.-C. après les réformes de Clisthène

*Cette figure illustre l'importance de l'Ecclésia (assemblée du peuple) dans la constitution athénienne. L'Ecclésia vote les lois, décide de la guerre et de la paix, élit les hauts magistrats (les stratèges), détient un droit de veto sur les décisions de l'Aréopage (conseil des anciens archontes) et peut prononcer l'**ostracisme** contre un citoyen (devenu trop influent ou qu'on soupçonne de penchant tyrannique), c'est-à-dire le bannir de la cité pour dix ans. Selon cette constitution, le pouvoir exécutif revient aux magistrats, qui disposent de mandats annuels non cumulables et non renouvelables (sauf pour la charge de stratège). Le pouvoir judiciaire appartient à l'Aréopage, qui juge les causes criminelles ordinaires, et à l'Héliée (tribunal du peuple), collège de 6000 juges (600 par tribu) choisis par tirage au sort, qui sert de tribunal de droit commun et de cour d'appel. La Boulè (conseil des 500, divisé en prytanies de 50 bouleutes qui siègent pendant un dixième de l'année) élabore les lois, surveille le travail des magistrats et exerce la souveraineté populaire entre les réunions de l'Ecclésia, qui se tiennent tous les neuf jours.*

Quelles caractéristiques de la démocratie athénienne nous révèlent qu'il s'agit d'une démocratie directe et non d'une démocratie représentative ?

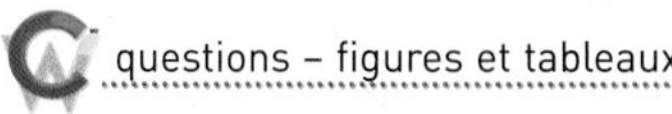
questions – figures et tableaux

LA DÉMOCRATIE ATHÉNIENNE DIFFÈRE DE LA NÔTRE. La démocratie athénienne n'a pourtant pas grand-chose en commun avec la démocratie parlementaire contemporaine, sinon quelques symboles. Premièrement, elle n'est pas universelle : seuls les citoyens mâles âgés de 20 ans et plus et nés de père et de mère athéniens disposent de droits et participent au gouvernement de la cité, ce qui exclut les femmes, les métèques (étrangers) et les esclaves qui, additionnés, sont pourtant cinq fois plus nombreux. Deuxièmement, il s'agit d'une démocratie directe : tous les citoyens participent – ils y sont obligés – aux délibérations, aux élections et à l'administration de la cité (alors que les démocraties parlementaires contemporaines sont des régimes représentatifs, où le rôle des citoyens se borne à élire leurs représentants à l'assemblée législative et au gouvernement). Troisièmement, certaines charges sont **censitaires** ou réservées aux citoyens d'un certain âge. Enfin, quatrièmement, l'expérience de la démocratie athénienne n'a pas contribué à la naissance de la démocratie parlementaire contemporaine, qui est apparue en Angleterre au XIVe siècle pour des raisons principalement fiscales.

censitaire Qui a rapport au cens.

cens Dans la Rome antique, dénombrement des citoyens classés selon leur richesse ; au Moyen Âge, redevance fixe payée par le serf au seigneur ; par la suite, possessions ou revenus minimaux nécessaires pour être électeur ou éligible.

LES CITÉS GRECQUES AFFRONTENT L'EMPIRE PERSE. Au début du Ve siècle av. J.-C., le modèle politique athénien trouve l'occasion de prouver sa valeur : les cités grecques d'Ionie font appel à Athènes pour les aider à se libérer du puissant Empire perse. Ces guerres portent le nom de « guerres médiques » (carte 2.7). Le Grand Roi Darius entreprend une expédition militaire pour punir Athènes de son soutien aux cités révoltées, mais les hoplites athéniens le défont en 490 dans la plaine de Marathon. Dix ans plus tard, le successeur de Darius, Xerxès, envahit la Grèce depuis le nord et incendie Athènes, mais il voit sa flotte anéantie dans le détroit de Salamine et doit battre en retraite. La victoire des cités grecques contre les Perses a d'importantes conséquences : elle met fin à l'expansion perse, insuffle aux Grecs une confiance renouvelée en leurs institutions et en leurs valeurs, et permet à Athènes d'exercer son hégémonie pendant un demi-siècle sur le bassin de la mer Égée.

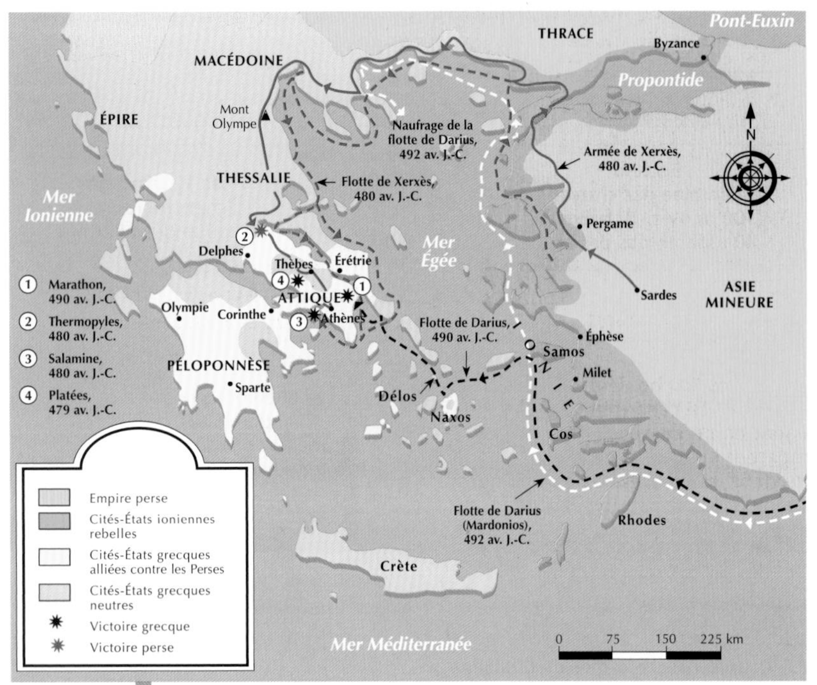

CARTE 2.7

Les guerres médiques (de 497 à 449 av. J.-C.)

questions – cartes

ATHÈNES ÉTABLIT SON HÉGÉMONIE. Pour avoir vaincu les Perses, les Athéniens jouissent d'un prestige certain aux yeux des autres cités grecques. Leurs dirigeants en profitent pour mettre sur pied une alliance militaire regroupant plus de 140 cités, la Ligue de Délos, afin de conjurer définitivement la menace perse. Les cités membres doivent payer un tribut ou fournir des navires pour constituer une flotte de guerre commune, mais dirigée par les Athéniens. Une fois la paix conclue avec les Perses en 449, la Ligue devient l'instrument de l'**impérialisme** athénien en mer Égée. Les Athéniens dictent leurs volontés aux cités membres de la Ligue (l'île de Naxos, par exemple, est sévèrement punie pour avoir voulu la quitter), installent sur leurs territoires des colons originaires d'Attique, les forcent à adopter des constitutions calquées sur la sienne quand ils y trouvent leur intérêt et les obligent à accorder des avantages

impérialisme Politique d'un État qui vise à mettre d'autres États sous sa dépendance politique ou économique.

commerciaux à la métropole. Ils détournent même les fonds de la Ligue pour reconstruire leur ville et la démocratiser.

Athènes connaît son âge d'or. Les années 479 à 431 av. J.-C. représentent l'âge d'or d'Athènes. Le personnage central de cette époque est Périclès – on nomme ce demi-siècle le « siècle de Périclès ». Noble épris de justice et chef de la tendance démocratique, Périclès préside à la reconstruction de la ville – en particulier des édifices publics de l'Acropole, dont le Parthénon – et à l'achèvement des Longs Murs, qui protègent l'accès de la cité au port du Pirée. Il complète aussi la démocratisation de la constitution athénienne : il accorde une rétribution à tous les citoyens qui assistent aux assemblées ou occupent une fonction publique – mesure qui permet même aux plus pauvres d'exercer leurs droits démocratiques – et confine l'Aréopage à des fonctions judiciaires et religieuses. De plus, il soutient les artistes et reçoit à sa table les philosophes.

FIGURE 2.9

L'Acropole d'Athènes, dont les principaux temples ont été construits au Ve siècle av. J.-C.

Sparte est aux antipodes de la démocratie athénienne. Quoique très puissante, Athènes ne domine pas l'ensemble des cités grecques au Ve siècle av. J.-C. Plusieurs cités de Grèce continentale conservent leur souveraineté, et certaines s'opposent même à Athènes, dont deux importantes cités du Péloponnèse : Corinthe et Sparte. Sparte est d'ailleurs aux antipodes de la démocratie athénienne. À la fin du VIIe siècle av. J.-C., les Spartiates, tribu hellénique descendant des Doriens (peuple de la mer), ont envahi la Messénie et y ont imposé leur domination aux populations locales, qu'ils ont réduites en esclavage.

Mais les citoyens de Sparte, les Égaux, sont vingt fois moins nombreux que leurs esclaves, les hilotes, et cinq fois moins nombreux que les étrangers, les périèques (à l'apogée de Sparte, au début du Ve siècle av. J.-C., on compte à peine 10 000 Égaux dans la cité). Pour perpétuer leur domination, les Égaux, sous la direction d'un magistrat nommé Lycurgue, se sont donc donné une constitution qui fait de Sparte un État de type totalitaire. Les terres appartenant à la cité sont distribuées entre les Égaux, qui disposent aussi d'un certain nombre d'esclaves pour les faire valoir. Ceci leur permet de se consacrer exclusivement à la carrière militaire. Dès l'âge de 7 ans, les jeunes garçons sont enlevés à leur famille et placés dans des camps militaires, où on en fait des soldats tout en leur inculquant les valeurs de la société spartiate : courage, endurance, obéissance, sacrifice de sa personne. Mal logés, mal nourris, ils sont même encouragés à voler pour satisfaire leurs besoins, sous condition expresse de ne pas être pris. Vivant jusqu'à l'âge de 30 ans dans des baraques militaires, le Spartiate doit demeurer au service de la cité jusqu'à 60 ans ; il ne voit son épouse, elle-même embrigadée dans la grande œuvre de la reproduction des Égaux, que pour lui faire des enfants.

Même si le système politique est monarchique (avec deux rois, dont l'un doit demeurer en permanence à Sparte), le pouvoir est exercé dans les faits par cinq éphores issus du conseil des Anciens (nobles de plus de 60 ans). Ce régime militariste permet aux Égaux de maintenir leur domination sur les hilotes durant plus de trois siècles et fait de l'armée de Sparte la meilleure de la Grèce (encore qu'elle ne peut guère s'éloigner de la cité par crainte d'une révolte). Mais il contribue aussi à la stagnation économique et à la pauvreté intellectuelle et artistique de la cité, qui n'a d'ailleurs laissé pratiquement aucun témoignage matériel de son existence.

Athènes et Sparte se font la guerre. Athènes exerce sa suprématie sur le bassin de la mer Égée, Sparte sur le Péloponnèse. De 431 à 404 av. J.-C., ces deux puissances s'affrontent dans la guerre du Péloponnèse, qui épuisera les deux cités. En 404, Sparte vient à bout de la résistance d'Athènes et réduit sa puissance à néant, mais à long terme la guerre du Péloponnèse affaiblit

Les valeurs politiques à Athènes et à Sparte

Voici comment Périclès défend les valeurs athéniennes.

■ ■ ■

Notre constitution politique n'a rien à envier aux lois qui régissent nos voisins ; loin d'imiter les autres, nous donnons l'exemple à suivre. Du fait que l'État, chez nous, est administré dans l'intérêt de la masse et non d'une minorité, notre régime a pris le nom de démocratie. En ce qui concerne les différends particuliers, l'égalité est assurée à tous par les lois ; mais en ce qui concerne la participation à la vie publique, chacun obtient la considération en raison de son mérite, et la classe à laquelle il appartient importe moins que sa valeur personnelle ; enfin nul n'est gêné par la pauvreté et par l'obscurité de sa condition sociale, s'il peut rendre des services à la cité. La liberté est notre règle dans le gouvernement de la république et dans nos relations quotidiennes la suspicion n'a aucune place ; nous ne nous irritons pas contre le voisin, s'il agit à sa tête ; enfin nous n'usons pas de ces humiliations qui, pour n'entraîner aucune perte matérielle, n'en sont pas moins douloureuses par le spectacle qu'elles donnent. La contrainte n'intervient pas dans nos relations particulières ; une crainte salutaire nous retient de transgresser les lois de la république ; nous obéissons toujours aux magistrats et aux lois et, parmi celles-ci, surtout à celles qui assurent la défense des opprimés et qui, tout en n'étant pas codifiées, impriment à celui qui les viole un mépris universel[1].

L'écrivain grec Plutarque relate la vie des Spartiates et décrit leurs valeurs.

■ ■ ■

La seconde nouvelleté [sic] que fit Lycurgue [...] fut de faire de nouveau départir les terres : [...] il divisa tout le reste du pays de la Laconie en parts égales, lesquelles il distribua aux habitants [...]. Il essaya aussi de faire semblablement mettre en commun, et faire partager les meubles, afin d'en faire ôter entièrement toute inégalité ; [...] Après cela il bannit aussi tous métiers superflus et inutiles [...], attendu que ce sont toutes sortes de choses qui se font seulement pour gagner et amasser argent [...]. Car Lycurgue ne voulait point que les enfants fussent propres aux particuliers, mais communs à la chose publique [...]. Au demeurant, depuis que l'enfant était né, le père n'en était plus le maître [...]. Quant aux lettres, ils en apprenaient seulement autant qu'il leur en fallait pour le besoin ; et au demeurant, tout leur apprentissage était apprendre à bien obéir, à endurer le travail, et à demeurer vainqueurs en tout combat. [...] Il fallait qu'ils dérobassent ce qu'ils voulaient avoir, [...] et si d'aventure ils étaient pris sur le fait, ils étaient fouettés à bon escient, pour avoir été trop paresseux, et non assez fins et rusés à dérober. [...] Ils enseignaient aux enfants à parler de sorte qu'en peu de paroles il comprît beaucoup de substance. [...] Mais pour retourner aux Lacédémoniens, leur discipline et règle de vivre durait encore après qu'ils étaient parvenus en âge d'hommes : car il n'y avait personne à qui il fut loisible ni permis de vivre à sa volonté, mais étaient dans leur ville ni plus ni moins que dans un camp, où chacun sait ce qu'il doit avoir pour son vivre, et ce qu'il a à faire pour le public[2].

1. Thucydide, *Guerre du Péloponnèse*, II, XXXVII.
2. Plutarque, *Vie de Lycurgue*, dans *Les Vies des hommes illustres*, XII-LI.

l'ensemble des cités grecques. Elle entraîne en effet un déclin démographique, qui s'accentue au IVe siècle avec la poursuite des guerres entre cités – en 360, il n'y a plus que 1000 Égaux à Sparte. Elle provoque également une grave crise des finances publiques, contribue au recul de la démocratie et entraîne une crise des valeurs civiques dans tout le monde hellénique.

ÉPANOUISSEMENT DE LA CIVILISATION HELLÉNIQUE CLASSIQUE

L'influence de la civilisation hellénique classique sur la civilisation occidentale a souvent été surestimée, notamment à cause de la vénération que portaient à la Grèce antique les penseurs et les artistes de la Renaissance et du XIXe siècle. Cependant, la puissance d'attraction qu'elle exerce encore aujourd'hui est indéniable. La **pérennité** de son théâtre et de sa philosophie, les colonnes et les frontons qui ornent toujours nos édifices publics, la survivance de l'idéal olympique (« un esprit sain dans un corps sain »), pour ne citer que ces exemples, témoignent de cette influence multiforme. La civilisation grecque classique qui s'épanouit au Ve siècle av. J.-C., particulièrement à Athènes, a laissé une profonde empreinte dans les arts, la philosophie, les sciences et les sciences humaines.

pérennité Qualité de ce qui est durable, de ce qui résiste à l'usure du temps.

LES GRECS VIVENT FRUGALEMENT. Sur le plan économique, les Grecs de l'âge classique ne vivent pas différemment de leurs ancêtres. En raison de l'exiguïté et de la surexploitation des terres, ils doivent se rabattre sur la triade méditerranéenne. Le commerce est donc une nécessité absolue, et en particulier le commerce avec les colonies, qui permet à la mère patrie d'obtenir les précieuses céréales en échange d'huile d'olive, de vin et de produits artisanaux (outils de fer, armes, poterie) fabriqués dans les petits ateliers des cités. La vie à la campagne est laborieuse, d'autant que le domaine familial vit autant que possible en **autarcie**. En plus de l'agriculture et de l'élevage, on y fait le vin, on y presse les olives pour en extraire l'huile, on y taille la pierre et le bois, on y file la laine, on y confectionne des vêtements et des chaussures et on y fabrique de la vaisselle et des briques avec de l'argile.

autarcie Système économique fermé d'une collectivité qui subvient entièrement à ses besoins sans apport extérieur.

Le Grec de l'époque classique vit pauvrement. Sa maison est généralement petite et mal éclairée, et il ne dispose ni d'eau courante ni de système d'égouts. Les détritus s'amoncellent dans les rues étroites de la ville, ce qui entraîne de graves problèmes d'hygiène et de santé publique. Le citadin passe le plus clair de son temps à l'extérieur de son humble logis, sur les places publiques de la cité. Ce qui distingue le riche du pauvre est moins la possession de biens matériels que les temps libres dont le premier jouit et qu'il peut consacrer aux loisirs et à la discussion.

AUCUNE FEMME N'EST CITOYENNE. Les femmes sont à peu près absentes des lieux publics, sauf lors des grandes fêtes religieuses. Au théâtre, elles doivent se rassembler dans les sections qui leur sont réservées. Reléguées aux tâches ménagères et aux soins des enfants, elles vivent entre elles dans une partie de la maison qui leur est réservée, le **gynécée**. Mineures aux yeux de la loi, elles ne peuvent ni contracter, ni gérer leurs biens, ni hériter, ni ester en justice. Comme elles n'ont pas la qualité de citoyen (accordée aux hommes à 20 ans, après une année d'entraînement militaire), elles restent toute leur vie sous la dépendance d'un homme – père, frère, mari ou fils, qui détient l'autorité parentale et dispose du patrimoine familial. Elles n'ont d'ailleurs pas accès à la même instruction que les hommes. Les garçons fréquentent, dès l'âge de 7 ans, l'école élémentaire – où ils étudient la grammaire et la musique, et pratiquent la gymnastique –, puis l'école supérieure – où ils s'exercent à la **rhétorique**, à la poésie et à l'art de gouverner. Les filles restent auprès de leur

rhétorique Art de bien parler ; ensemble des procédés et techniques mettant en œuvre des moyens d'expression verbale.

mère et apprennent à tenir maison. Malgré cela, il ne faut pas négliger le pouvoir incontestable que la mère exerce au sein de la maisonnée, dont elle est bien souvent le véritable chef. De plus, bien des femmes, chez les paysans surtout, participent aux activités économiques. Enfin, il faut savoir que le statut des femmes varie selon les régions et les époques, Athènes n'étant pas la plus avancée des cités dans ce domaine.

La philosophie se détache de la science. Au Ve siècle av. J.-C., en particulier à Athènes mais aussi dans d'autres cités grecques, la philosophie prend un caractère nouveau. Les spéculations et les réflexions des philosophes portent désormais non plus sur la nature, mais sur les humains et la vie en société. Cette transformation va de pair avec les mutations politiques que connaissent les cités. Comme les constitutions s'éloignent du principe monarchique pour se rapprocher du principe démocratique, il devient possible de penser la vie politique et la création des lois comme des processus humains et non plus divins.

Les sophistes enseignent la rhétorique. Pendant la première moitié du siècle, l'école dominante est celle des sophistes. Ces « sages » font de leur enseignement une profession rémunérée destinée à la formation politique des jeunes aristocrates, à qui ils enseignent l'art de persuader et de convaincre par la parole. Ils aiguisent aussi le sens critique de leurs élèves et les incitent à remettre en question les idées reçues. « L'homme est la mesure de toutes choses », affirment-ils, et les hommes ne sont pas égaux par nature : ils le deviennent par la politique et les lois. Voilà pourquoi l'art de bien parler est essentiel en démocratie. Ils proposent donc une vision du monde à la fois **relativiste** et **subjectiviste,** niant qu'il existe une connaissance objective des faits : rien ne permet donc de confirmer ou d'infirmer l'existence des dieux, ou de soumettre la conduite des hommes à des valeurs **transcendantes** comme la vérité ou le bien. Ils ignorent la distinction entre le bien et le mal, et ils engagent leurs disciples à ne juger les actions humaines qu'en fonction de leur utilité, ce qui heurte ceux qui croient en la vertu et la vérité. De plus, en insistant sur la responsabilité individuelle des humains, ils sapent les liens familiaux, qui étaient la base même de la vie politique dans les cités de l'âge archaïque. Professeurs itinérants, généralement dépourvus de la qualité de citoyen, les sophistes ne prônent pas, sauf exception, l'amour de la cité et de ses règles.

relativiste → relativisme Doctrine selon laquelle les valeurs morales ou autres sont relatives aux circonstances historiques ou sociales et ne sauraient être érigées en normes universelles.

subjectiviste → subjectivisme Doctrine selon laquelle tout ce qui existe n'a de réalité qu'en fonction du sujet pensant ; dans la langue vulgaire, attitude de quelqu'un qui ramène tout à ses propres valeurs et ne juge que d'après ses opinions personnelles.

transcendant → transcendance Caractère de ce qui est hors d'atteinte de l'expérience et de la pensée humaines, de ce qui se rapporte à un principe extérieur et supérieur.

Socrate crée la maïeutique. Le fait que les sophistes soient payés pour leur enseignement, leur scepticisme, leur amoralisme et leur insistance sur l'art de l'argumentation attireront sur eux les critiques des pouvoirs publics, qui jugent leur enseignement néfaste. De même, la génération suivante de philosophes, dont fait partie le fameux Socrate, rejette le contenu de leur enseignement et leurs méthodes bien qu'elle partage leur mépris du **dogmatisme**. Socrate n'a laissé aucun écrit, mais sa pensée nous est parvenue par les textes de ses disciples, surtout de Platon. Son influence est néanmoins colossale : il a donné le ton à toute la philosophie grecque du IVe siècle av. J.-C., qui imprégnera elle-même la civilisation romaine et le christianisme **médiéval**. Sur le plan de la méthode, il rejette la mémorisation et l'insistance sur l'argumentation chères aux sophistes, et il préconise l'interrogation comme moyen d'« accoucher les esprits » : c'est la maïeutique. La question socratique vise autant la découverte de la vérité que la connaissance de soi, dont il fait d'ailleurs une de ses maximes : « Connais-toi toi-même. » Sur le plan des valeurs, Socrate, qui croit en l'existence de la vérité et de la vertu, propose une **éthique** personnelle et civique fondée sur les notions de devoir et de justice. Il n'en est pas moins accusé en 399 de corruption de la jeunesse, et condamné à mort par l'Héliée. C'est néanmoins avec sérénité, entouré de ses amis et disciples, qu'il boit

dogmatisme Tendance à se rattacher à un dogme, c'est-à-dire un ensemble de croyances considérées comme une vérité indiscutable, et à rejeter le doute et la critique.

médiéval Relatif au Moyen Âge occidental (du Ve au XVe siècle apr. J.-C.).

éthique Science de la morale ; art de diriger sa conduite.

la ciguë, témoignant ainsi de sa parfaite soumission aux lois de la cité. Ne disait-il pas que « philosopher, c'est apprendre à mourir » ?

Platon développe l'idéalisme. Le principal disciple de Socrate, Platon, domine la philosophie hellénique de la première moitié du IVe siècle av. J.-C. Il crée l'Académie, une école philosophique dont le but est de former des hommes d'État. Composée sur le mode du dialogue philosophique, qui allie discours rationnel et langage poétique, son œuvre nous est parvenue dans son intégralité. Elle porte sur des sujets aussi variés que les dernières réflexions de son maître (*L'Apologie de Socrate*), l'amour (*Le Banquet*), la nature et l'origine du monde (*Le Timée*), l'État (*La République*) et la politique (*Les Lois*). Politiquement conservateur, Platon préconise l'instauration d'un État à la fois démocratique et monarchique, dont les objectifs sont de réaliser l'harmonie sociale et de rendre les hommes meilleurs. Selon lui, la réflexion philosophique doit élever l'âme de l'apparence à l'essence et de l'opinion à la science. Basée sur le dualisme âme/corps et sur le primat de l'idée sur le monde sensible (l'allégorie de la caverne), sa pensée fonde une des traditions centrales de la pensée occidentale : l'**idéalisme**.

idéalisme Système philosophique qui ramène l'être à la pensée, et les choses à l'esprit.

Aristote est le père de la logique et du rationalisme. Élève de Platon pendant plus de 20 ans, Aristote critique toutefois la distinction qu'opérait son maître entre monde intelligible et monde sensible. Il suggère que le raisonnement philosophique doit s'exercer à partir de la réalité concrète et propose une démarche non plus **métaphysique** mais logique, fondée sur l'**induction** et la généralisation. Véritable intelligence encyclopédique, Aristote est à la fois éthicien (*Éthique à Nicomaque*), père de la logique formelle (l'*Organon*), politologue (*Politique*, *Constitution d'Athènes*), spécialiste des genres littéraires (*La Poétique*, *La Rhétorique*), astronome (*La Physique*, *Du ciel*) et naturaliste (*Histoire des animaux*). En plus de sa carrière d'enseignant (il a fondé l'école du Lycée), il a mené une entreprise de recension et de classification des espèces vivantes qui en a fait le plus grand naturaliste de l'Antiquité. Il a aussi élaboré un système astronomique qui est resté la référence en ce domaine pendant près de 20 siècles. La tradition philosophique qui se réclame de son œuvre, l'**aristotélisme**, est au cœur même de la pensée occidentale : elle privilégie l'**empirisme** (notre connaissance provient de nos sens) et le **rationalisme** (notre raison nous permet de concevoir le vrai).

métaphysique Partie de la réflexion philosophique qui a pour objet la connaissance absolue de l'être en tant qu'être, ainsi que la recherche et l'étude des causes premières.

induction Opération mentale qui consiste à remonter des faits à la règle ou à la loi, de cas particuliers à une proposition générale.

empirisme Doctrine selon laquelle toute connaissance vient de l'expérience (opposé à *rationalisme* et à *idéalisme*).

rationalisme Doctrine selon laquelle toute connaissance vient de la raison (opposé à *empirisme*).

Sauf exception, la science stagne. En comparaison de l'extraordinaire essor de la philosophie à l'âge classique, le bilan de la science hellénique est plutôt mince. À l'exception des mathématiques et de la médecine, on peut même parler de stagnation. En mathématiques, l'école fondée par Pythagore de Samos au VIe siècle av. J.-C. élabore la théorie des proportions, la table de multiplication et les nombres irrationnels (qui ne sont pas entiers et ne peuvent pas être exprimés par une fraction). De son côté, Hippocrate de Cos crée la médecine clinique en basant ses diagnostics sur l'observation du patient et de l'évolution de son mal. Sa théorie des causes naturelles de la maladie et sa propension à prescrire des remèdes naturels comme le repos, l'air pur ou la diète le rapprochent de la médecine contemporaine. Mais c'est par le fameux serment d'Hippocrate, par lequel les futurs médecins de son école s'engagent à respecter une certaine éthique, qu'il a marqué le plus profondément l'histoire de la médecine en Occident. Démocrite d'Abdère, pour sa part, postule la subdivision de la matière en atomes et fonde ainsi la physique matérialiste, qui exclut les causes surnaturelles de son explication de l'univers. Pour ce qui est des techniques, le bilan est rachitique : les Grecs ignorent notamment le système bielle-manivelle, qui permet de transformer un mouvement alternatif rectiligne en un mouvement circulaire continu (et vice-versa). D'où l'importance de l'esclavage!

HÉRODOTE CRÉE L'HISTOIRE. Un des apports de la civilisation hellénique est la création de l'histoire. Au Ve siècle av. J.-C., Hérodote d'Halicarnasse raconte la genèse et le déroulement des guerres médiques dans ses *Histoires*. Son mérite est double. D'abord, il nous fournit une somme impressionnante d'informations sur les mœurs, les croyances, les institutions et la vie quotidienne des peuples, glanées au cours de ses nombreux voyages. Ensuite, il distingue toujours ce qu'il a constaté lui-même de ce qu'on lui a raconté, et il indique ses sources. Quelques décennies plus tard, Thucydide pousse plus loin la réflexion dans son *Histoire de la Guerre du Péloponnèse*. Rejetant le merveilleux ou le destin comme explication, Thucydide recherche les causes des phénomènes historiques dans les intérêts et les passions des hommes. De plus, il introduit une dimension critique en histoire en procédant à une vérification minutieuse des faits et de leurs sources.

FIGURE 2.10

Vase grec de type hydrie, qui servait à puiser l'eau dans les fontaines (IVe siècle av. J.-C.)

LA CIVILISATION GRECQUE SE SURPASSE DANS LES ARTS. Imprégnée d'influences égyptienne, mésopotamienne, anatolienne et crétoise, la statuaire grecque de l'âge classique s'en dégage en plaçant l'homme au centre de ses représentations et en faisant du corps humain le thème principal de son inspiration. Les statues du Ve siècle av. J.-C. représentent des dieux ou des héros qui incarnent quelque vertu, comme la force, la noblesse ou le courage. Au IVe siècle av. J.-C., les traits s'humanisent, tandis que la représentation réaliste du corps humain atteint une grande précision, dans le détail comme dans les proportions. Cette évolution se retrouve aussi dans la peinture sur les vases et les coupes à boire que les Grecs ont distribués dans tout le monde méditerranéen grâce au commerce et à la colonisation.

L'architecture grecque connaît son apogée au Ve siècle av. J.-C. avec la réalisation de temples, de théâtres et de gymnases caractérisés par la beauté, la délicatesse et la pureté des lignes et des proportions. Les édifices publics – ceux de l'Acropole, par exemple – témoignent des valeurs qui guident le crayon de l'architecte et le ciseau du sculpteur grec: recherche de l'harmonie et de l'ordre, simplicité, idéalisation de l'humain et de ses capacités, et surtout amour de la cité, dont ils cherchent à célébrer la gloire et la puissance.

FIGURE 2.11

Le discobole: copie en marbre de la célèbre statue de bronze de Myron (Ve siècle av. J.-C.)

Dans le domaine des lettres, le théâtre surpasse toutes les autres formes littéraires à l'époque classique. Les pièces sont présentées dans des théâtres extérieurs taillés à même une colline à l'occasion de fêtes religieuses en l'honneur de Dionysos, dieu du vin et du délire extatique. Elles mettent en scène deux ou trois acteurs masculins costumés et masqués, ainsi qu'un chœur qui leur donne la réplique, chante et danse dans un décor des plus dépouillés. Données lors de concours où on attribue des prix, ces représentations sont l'occasion pour tous les habitants de la cité – y compris les femmes, les étrangers et les esclaves – de réfléchir sur l'exercice du pouvoir, la nature humaine, le destin, les liens entre les dieux et les hommes, et les relations humaines.

Trois tragédiens, dont quelques œuvres sont parvenues jusqu'à nous, s'illustrent particulièrement à l'âge classique: Eschyle, qui explore les relations entre les dieux et les humains, et affirme la prééminence de la justice sur la force; Sophocle, qui étudie les motivations des humains

FIGURE 2.12

Le théâtre d'Épidaure, érigé au IVe siècle av. J.-C., est le mieux conservé des théâtres de la Grèce antique

dans leur recherche du bonheur et leur combat pour la liberté; et Euripide, qui critique les traditions et les institutions, et s'attache à décrire avec véracité et simplicité les passions humaines. De son côté, dans ses comédies dont certaines n'ont pratiquement pas vieilli, Aristophane ridiculise l'éducation, les femmes, la violence et la démagogie, et célèbre la sagesse, la nature et la paix.

TRIOMPHE DE L'HELLÉNISME SOUS ALEXANDRE LE GRAND

Au IVe siècle av. J.-C., la Grèce entre dans une période de déclin. La crise du monde hellénique est à la fois démographique (sa population chute tant à cause des guerres que de la baisse de la natalité), politique (les cités luttent entre elles et les affrontements sociaux s'aggravent) et morale (l'esprit civique s'affaiblit).

Philippe II de Macédoine conquiert la Grèce. La Macédoine, région située au nord de la Grèce, est alors un royaume dominé par une noblesse indépendante qui ne reconnaît l'autorité du roi qu'en temps de guerre. Sa population, dure et laborieuse, vit de l'agriculture, de l'élevage des chevaux et de l'extraction des minerais. Les Macédoniens parlent une langue voisine du grec; un siècle plus tôt, sous l'influence hellénique, leurs rois ont modernisé le pays en construisant des routes et en bâtissant des villes sur le modèle grec. Mais les Hellènes continuent de les considérer comme des barbares.

FIGURE 2.13

L'Aphrodite de Milos, sculptée au IIe siècle av. J.-C. : cette Aphrodite (déesse de l'amour) illustre les canons de la beauté féminine à l'époque hellénistique

Au IVe siècle av. J.-C., après plusieurs décennies d'anarchie, un jeune guerrier ambitieux qui s'est emparé du trône entreprend de soumettre la noblesse et de réorganiser le royaume. Pour affranchir son pouvoir de la cavalerie des nobles, Philippe II crée une armée de fantassins-paysans équipés de longues piques et rassemblés en phalanges, formations de combat qui regroupent les soldats en unités étroitement soudées. Puis il se lance à la conquête de la Grèce. Cette entreprise est facilitée par la dégradation économique de celle-ci et les rivalités entre les cités grecques, mais aussi par une habile politique de soutien financier au courant « pacifiste » grec

– en fait pro-macédonien. Malgré une alliance de dernière minute entre les cités, les phalanges macédoniennes écrasent les armées hellènes à Chéronée en 338. Cette défaite met fin à l'indépendance des cités grecques.

Alexandre le Grand conquiert le monde. En 336 av. J.-C., Philippe II est assassiné et le trône revient à son fils Alexandre, qui n'a que 20 ans. Athlète accompli, cavalier émérite, Alexandre a reçu une formation militaire et intellectuelle exceptionnelle – il a même eu pour précepteur nul autre qu'Aristote. Convaincu de son origine divine, admirateur d'Héraclès et d'Achille, dont il veut égaler les exploits, il brûle de laisser sa marque.

Dès son accession au trône, Alexandre entreprend la réalisation de son rêve : constituer un empire mondial dirigé par une aristocratie macédonienne et perse, qui réaliserait la fusion des deux cultures et dont l'un des moteurs serait la création de villes destinées à devenir les centres culturels de l'empire. À la tête d'une armée de 30 000 fantassins et de 5000 cavaliers renforcés par des machines de guerre (arbalètes, balistes, catapultes, tours mobiles), Alexandre part à la conquête du monde, accompagné d'intellectuels et de savants qui raconteront celle-ci en plus d'étudier les peuples et territoires conquis (carte 2.8). En 11 ans (de 334 à 323 av. J.-C.), il défait le puissant Empire perse et s'empare de toutes ses possessions. Il mène ses troupes jusque sur les rives de l'Indus. En 323, revenu à Babylone, la ville qu'il avait choisie comme capitale, il meurt d'une banale fièvre à l'âge de 33 ans.

La culture hellénique se répand dans les royaumes hellénistiques. À la mort du grand conquérant, ses lieutenants se disputent son empire, qu'ils finissent par diviser en royaumes (dits « hellénistiques ») dont ils se font couronner rois (ces royaumes se subdiviseront encore par la suite). Pourtant, il suffit d'à peine plus de 10 ans à Alexandre pour jeter les bases d'un nouvel ordre qui lui survivra. Au cours de ses conquêtes, il a en effet créé plus de 70 villes. Leur aménagement – plans, édifices publics et même villas privées – s'inspire de l'architecture et de l'urbanisme grecs. Ces nouvelles villes s'administrent elles-mêmes sur le modèle des cités-États grecques. Une politique favorisant les mariages entre nobles perses et macédoniens, ainsi que l'installation de colons grecs ou hellénisés partout dans l'empire, contribuent à

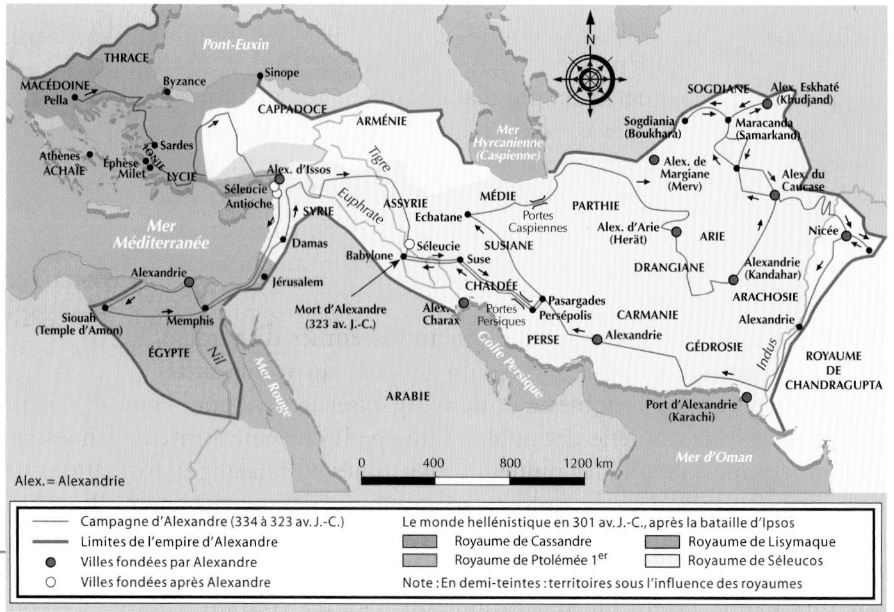

CARTE 2.8

Les conquêtes d'Alexandre le Grand et le monde hellénistique à sa mort

l'expansion de la culture hellénique. Dans les villes et à la cour des souverains, il est de bon ton de parler grec et de vivre à la grecque (consommation de vin et d'huile d'olive ; fréquentation du gymnase et du théâtre ; adoption de la tunique ; etc.). Jusqu'aux confins de ces royaumes, l'architecture, la statuaire et même la poterie s'inspirent des canons de l'art hellénique classique. Toutefois, l'art hellénistique abandonne la retenue de l'art classique pour faire valoir le grandiose, le tragique et le dramatique, et remplace progressivement les types universels classiques par des types humains où l'émotion transparaît.

Les philosophes se tournent vers l'éthique. Paradoxe de l'histoire, la civilisation grecque triomphe tandis que les cités grecques perdent leur indépendance. Ce changement imprime un tournant à la philosophie, qui se détourne de la politique et de la réflexion sur l'État, désormais sans objet, pour se tourner vers l'éthique. Trois écoles philosophiques dominent l'époque hellénistique.

Les cyniques prolongent l'ironie socratique ; ils font de la dérision un art de vivre et contestent les valeurs sociales. Moralistes déçus par le comportement humain, ils méprisent la richesse, le statut social, les lois et la famille : ils cherchent à déranger, à provoquer. Diogène, le plus connu des cyniques, vivait dans un tonneau et se promenait dans les rues en plein jour avec une lanterne allumée, clamant qu'il cherchait « un homme ». Le cynisme connaît un certain succès auprès des pauvres, des esclaves et des artisans, tant dans les royaumes hellénistiques qu'à Rome.

Les hédonistes, mieux connus sous le nom d'épicuriens – du nom de leur mentor, Épicure –, croient qu'il faut se libérer de la souffrance et tout subordonner à la recherche du plaisir et du bonheur. Obsédés par la mort, ils proposent une explication matérialiste de l'univers et croient qu'il faut remplacer la prière et la sollicitation des dieux par la fête. Ils cherchent à affranchir l'homme de toute transcendance et à le guérir de sa crédulité. Leur morale est parvenue jusqu'à nous à travers des maximes comme : « Profite de l'instant présent » (*Carpe diem*), « Suffis-toi à toi-même » et « Contente-toi de peu ».

Les stoïciens, quant à eux, soutiennent que le malheur des hommes vient de ce qu'ils s'indignent parce que le monde n'est pas tel qu'ils le voudraient. Comme la nature est raison, le bonheur consiste à accepter l'imperfection et à s'exercer à l'indifférence face à la peine, à la peur et même au plaisir : « Supporte et abstiens-toi. » Le stoïcisme propose donc une éthique de la maîtrise de soi, que rend possible la compréhension du réel : seul est libre le sage, qui peut choisir ! Adopté par quelques philosophes romains et même par l'empereur Marc-Aurèle, le stoïcisme a aussi fortement influencé le christianisme naissant, à travers lequel il nous a été transmis.

En Grèce même, les cités ne gèrent plus que les affaires locales depuis la conquête macédonienne. Comme le centre de gravité économique s'est déplacé vers les métropoles orientales des royaumes hellénistiques (Alexandrie d'Égypte, Rhodes, Pergame), la Grèce s'appauvrit et se dépeuple, tandis que de graves troubles sociaux éclatent. Cette situation permettra aux Romains de se présenter comme les libérateurs des cités grecques au IIe siècle av. J.-C.

Apprentissages

La géographie et l'histoire

Dans les documents suivants: « La Mésopotamie selon Hérodote » (p. 19), « Œil pour œil, dent pour dent: le code de Hammourabi » (p. 21), « Un hymne au Nil » (p. 24), quels indices témoignent de l'importance des facteurs géographiques dans la vie des hommes ? Quel semble être le principal facteur en jeu ?

Analyser un document iconographique

La fresque reproduite à la figure 2.4 (p. 26) montre des scènes d'agriculture en Égypte. De quel outillage dispose-t-on alors ? Utilise-t-on l'énergie animale, des moyens de transport ? Le travail des champs est-il réservé aux hommes ? On voit un ordre chronologique dans les opérations présentées sur la fresque: quel est-il ?

Schématiser un texte

Être capable de résumer le contenu d'un texte par un schéma démontre qu'on a compris la structure de l'argumentation de ce texte ou l'essentiel de l'information qu'il contient. Dans la section qui porte sur la civilisation palatiale du Péloponnèse, un paragraphe décrit la structure sociale de la civilisation mycénienne (p. 34). À partir de cette description, est-il possible de faire un schéma de cette structure sociale en prenant soin de distinguer clairement les divers groupes sociaux qui la composent et de bien les situer les uns par rapport aux autres ?

Déterminer la valeur d'un argument

Dans le discours de Périclès relaté par Thucydide (p. 42), le premier présente les valeurs de la démocratie athénienne et les défend. Ce discours propose une vision idéalisée des institutions démocratiques d'Athènes et du comportement de ses habitants. Compte tenu des autres informations que nous possédons sur l'histoire d'Athènes, quelles affirmations de Périclès peut-on remettre en question ?

Clarifier ses valeurs

L'accentuation des traits et des travers d'une personne ou d'un groupe est une des techniques favorites des humoristes. Dans *Astérix le Gaulois*, une des deux bandes dessinées les plus lues dans le monde francophone avec *Tintin*, les auteurs Goscinny et Uderzo l'utilisent fréquemment. Voici quelques-uns des traits de caractère qu'ils attribuent à divers peuples au fil des albums :

Les Gaulois	Orgueilleux, têtus, querelleurs
Les Romains	Suffisants, calculateurs, fatalistes
Les Goths	Militaristes, frustes, faciles à berner
Les Ibères	Fiers, indépendants, susceptibles
Les Corses	Ombrageux, rancuniers, taciturnes
Les Normands	Cruels, sans peur, indisciplinés
Les Égyptiens	Incompétents, fourbes, bon enfant
Les Bretons	Placides, calmes, dépourvus de goût
Les Grecs	Affairistes, hâbleurs, dignes
Les Belges	Ripailleurs, accueillants, fiers

Ici, ces caractères sont érigés en stéréotypes, c'est-à-dire qu'ils sont présentés comme s'appliquant à l'ensemble d'une population. Un stéréotype est une représentation mentale de la réalité qui n'a pas été confrontée aux faits. En ce sens, il est donc plus proche du préjugé ou du cliché que le concept, une représentation mentale qui a été éprouvée. Cela ne signifie pas que le stéréotype ne repose jamais sur une certaine réalité et ne contienne jamais une part de vérité, mais simplement que sa validité, sa concordance avec la réalité n'ont pas été vérifiées. Recourir au stéréotype n'est pas mauvais en soi, puisque celui-ci permet de se représenter le monde, notamment par l'opération de classement intellectuel qu'il suppose. Cependant, il importe de le faire en exerçant son esprit critique. On ne doit jamais perdre de vue ce qu'il est — une représentation mentale dont la réalité n'a pas été vérifiée — ni prétendre décrire ou comprendre des faits à partir d'un stéréotype.

Peut-on dresser une brève liste de stéréotypes ethniques (c'est-à-dire s'appliquant à un groupe ethnique) rencontrés parfois dans la vie courante ? Quelles leçons peut-on en tirer ?

 Consultez le Compagnon Web pour des questions d'autoévaluation supplémentaires.

Les civilisations classiques de la Méditerranée : Rome

Dans ce chapitre, nous verrons...

- En quoi la géographie physique du bassin méditerranéen a pesé sur le destin de la civilisation romaine.
- Comment les civilisations hellénique et étrusque ont influencé la civilisation romaine naissante.
- Comment Rome a conquis tout le bassin méditerranéen, et comment, en retour, ces conquêtes l'ont transformée.
- Comment les Romains sont passés d'un régime monarchique à une république, puis à un système impérial.
- Comment l'Empire romain, en proie à de graves crises, est divisé en deux et comment sa partie occidentale donne naissance à l'Europe après une grande vague migratoire de peuples germains.
- Quelles sont, dans une perspective occidentale, les grandes caractéristiques de la civilisation romaine.

LES PRINCIPAUX CONCEPTS UTILISÉS DANS CE CHAPITRE SONT LES SUIVANTS : **empire et royaume.**

NOUS VERRONS AUSSI CES AUTRES CONCEPTS : **fédération, affermage, famille étendue, prolétaire, *nobilitas*, débiteur, sécularisation, État de droit, bureaucratie, empire, syncrétisme, monothéisme, dogme, décret, droit civil, balance commerciale, colonat, autarcie, despotisme.**

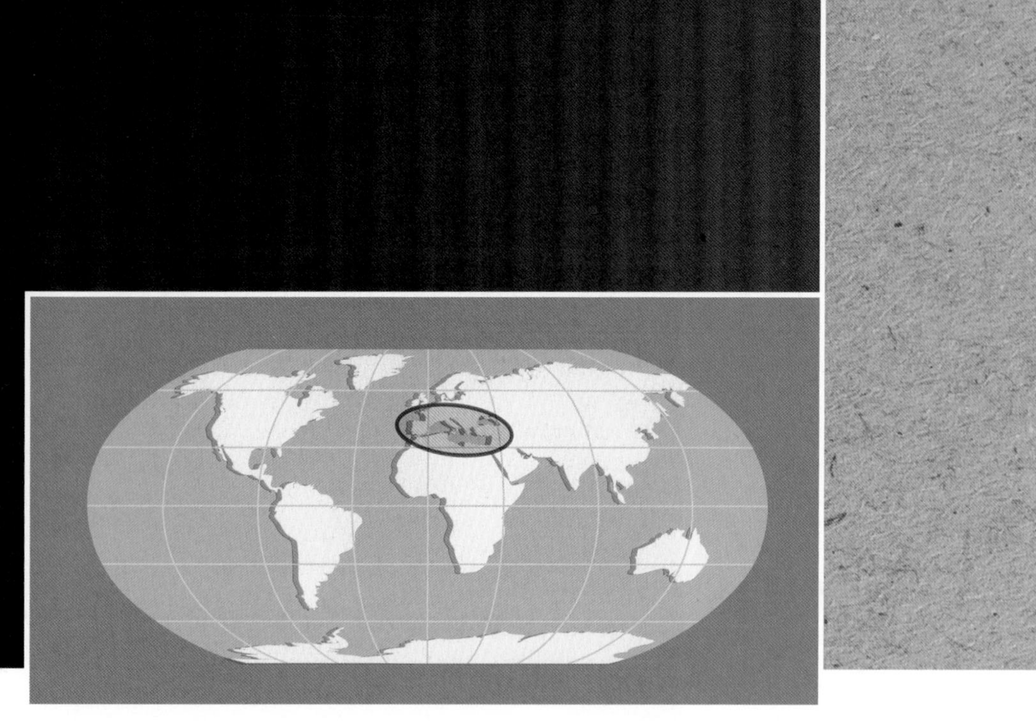

LIGNE du temps

-1200 | -1100 | -1000 | -900 | -800 | -700 | -600 | -500 | -400

Italiotes dans la péninsule italienne (c. -1200)

Monarchie – Rome (-753 à -509)

Mur de Servius Tullius (c. -550)

Révolte de la plèbe (-494)

Loi des Douze Tables (-449)

À l'époque où la Grèce sort des siècles obscurs et où les grands traits de la civilisation hellénique se fixent, un petit peuple de paysans, les Latins, s'installe sur quelques collines voisines d'un fleuve, le Tibre. Cité-État dotée d'un régime monarchique, Rome devient une république à la fin du VIe siècle av. J.-C. Cent cinquante ans plus tard, elle entreprend la conquête du bassin méditerranéen, qu'elle achève en gros au Ier siècle. Alors qu'elle finit d'établir sa domination sur le bassin méditerranéen, la République romaine connaît toutefois une grave crise politique, sociale et militaire qui débouche sur la mise en place d'un régime impérial.

Ce changement de régime marque un tournant décisif pour Rome, qui entre alors, pour plus de deux siècles, dans un âge d'or caractérisé par l'absence virtuelle de guerres, la romanisation des populations de l'Empire et l'épanouissement de la civilisation romaine, qui produit alors ses plus beaux fleurons dans les domaines littéraire, juridique et architectural.

À partir du IIIe siècle, l'Empire romain connaît une série de revers et de crises qui entraînent graduellement sa désintégration et permettent finalement aux tribus germaines de submerger sa partie occidentale au Ve siècle.

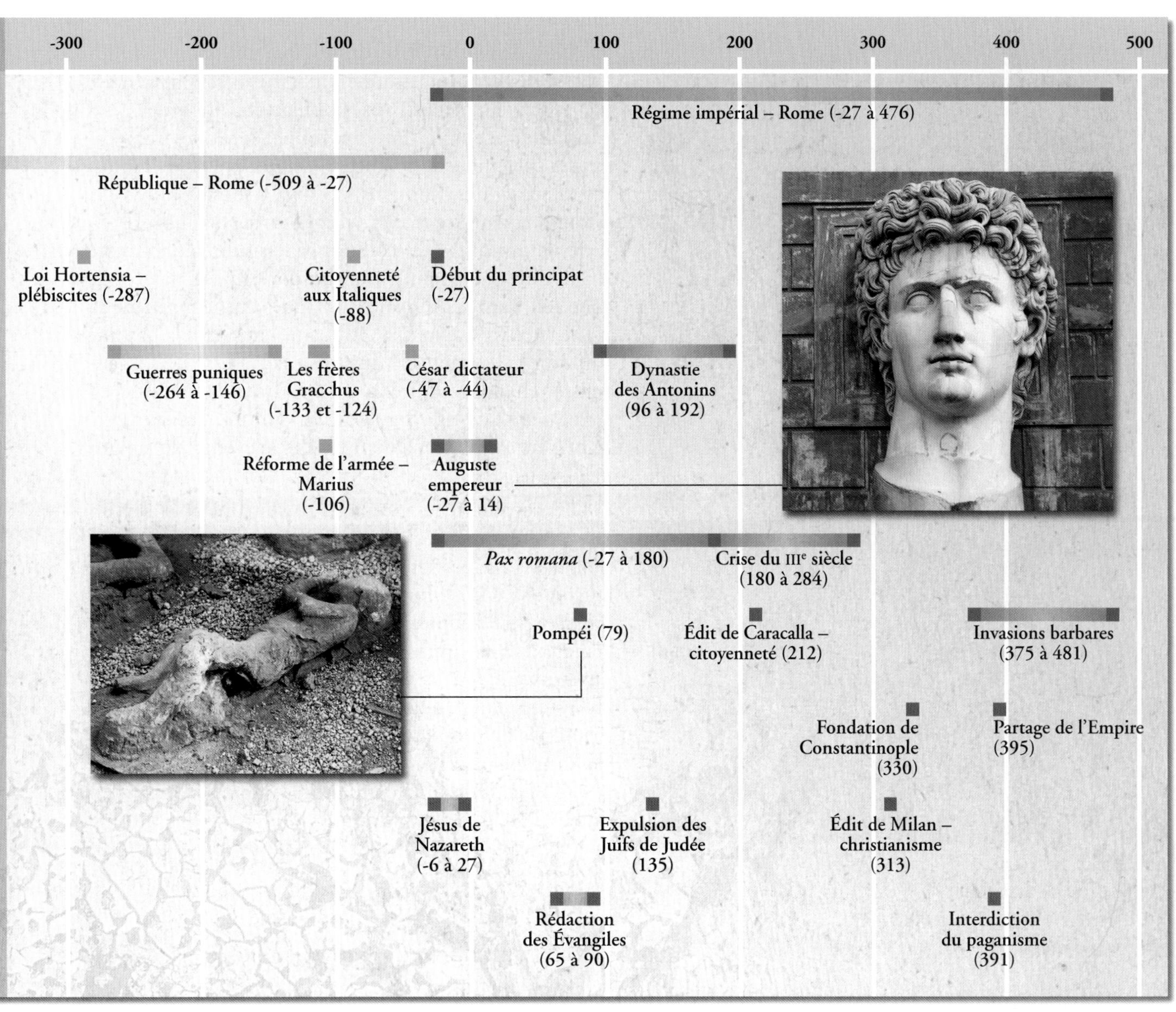

Rome et l'unification du bassin méditerranéen

À l'aube de leur histoire, les Latins sont dominés par leurs voisins sabins et étrusques. Ils s'en affranchissent à la fin du VIe siècle av. J.-C. et entreprennent de conquérir la péninsule italienne, puis le bassin de la Méditerranée, ce qui leur prendra cinq siècles.

ROME : UNE SITUATION GÉOSTRATÉGIQUE EXCEPTIONNELLE

Comme la Grèce, la péninsule italienne (moins la plaine du Pô qui, dans l'Antiquité, est peuplée de Celtes) est une région fragmentée par les montagnes : la chaîne des Apennins la divise en deux comme une épine dorsale (dans le sens nord-ouest, sud-est) et rend ardues les communications entre ses deux versants ; de plus, les terres basses y sont relativement isolées les unes des autres. Malgré ce relief accidenté, le commerce et les déplacements, et par conséquent l'unité politique, y sont moins entravés qu'en Grèce. Sur le versant occidental de l'Apennin se trouvent, du nord au sud, trois importantes régions agricoles : la Toscane, le Latium et la Campanie. De manière générale, le climat y est un peu moins chaud qu'en Grèce, et les précipitations, plus abondantes, particulièrement au printemps et en automne (carte 3.1).

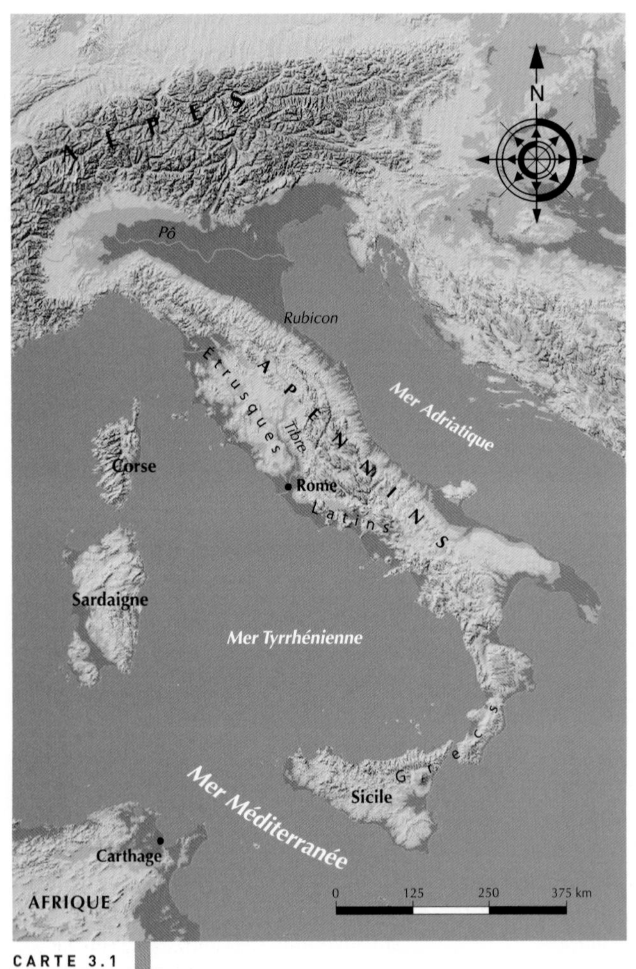

CARTE 3.1

L'Italie physique et humaine vers 500 av. J.-C.

questions – cartes

Les Latins sont l'un des nombreux peuples indo-européens qui ont essaimé en Italie au IIe millénaire av. J.-C., se mêlant aux populations indigènes. Ils s'installent dans le Latium, zone de plaines marécageuses parsemées de collines. Quelques tribus de Latins, les ancêtres des Romains, se fixent sur les bords du Tibre et construisent leurs villages sur sept collines d'origine volcanique. Ces collines sont situées à la croisée du fleuve – où a lieu le transbordement des navires de mer aux barques fluviales – et du passage à gué de la route terrestre qui relie la Campanie (au sud) à la Toscane (au nord). La pauvreté du site et la rudesse de son climat – chaud et humide en été, froid et humide en hiver – ne favorisent guère l'agriculture ; ses premiers habitants sont probablement des éleveurs de bovins et d'ovins.

En revanche, les Romains se sont installés sur un site stratégique d'une qualité exceptionnelle. Tout d'abord, le Tibre leur donne accès à la fois à la mer (distante de 25 kilomètres) et à l'intérieur des terres. Ensuite, le Latium est situé au milieu de la péninsule italienne, à la limite des influences grecque (au sud) et étrusque (au nord). Enfin, l'Italie elle-même se trouve en plein cœur de la Méditerranée, aux confins des zones de peuplements grec et celtique, à proximité de l'Europe continentale comme de l'Afrique. La prospérité et la gloire que connaîtra Rome découleront en partie de cette localisation.

L'ITALIE SOUS DOMINATION GRECQUE ET ÉTRUSQUE

Du VIIIe au VIe siècle av. J.-C., la péninsule italienne est dominée par deux peuples venus de l'est : les Étrusques, « peuple de la mer » d'origine indo-européenne installé en Toscane depuis quelques siècles, et les Grecs, qui

La géographie, facteur de la puissance des Romains

Le géographe grec Strabon a décrit les avantages que les Romains pouvaient tirer de leur situation exceptionnelle dans la péninsule italienne.

■ ■ ■

Nous voudrions maintenant attirer l'attention sur les principales causes de l'extraordinaire puissance à laquelle ont accédé les Romains. La première est que leur pays est solidement protégé, à la manière d'une île, par les mers qui l'entourent et que les seules régions qui ne bénéficient pas de cette protection ont alors pour remparts des montagnes difficilement franchissables. La deuxième est que les côtes de l'Italie sont en général dépourvues de ports naturels, ce qui les garantit avantageusement contre les agressions lancées de l'extérieur, mais que les quelques ports qu'elle possède sont vastes et admirablement disposés, ce qui favorise aussi bien le développement d'un commerce abondant que la défense contre les attaques du dehors. La troisième, enfin, c'est que l'Italie est soumise à des conditions très variées de climat et de température, ce qui lui vaut, tant pour son bien que pour son mal, d'avoir aussi une grande quantité d'animaux, de plantes et, en général, de tout ce qui sert aux besoins de la vie.

Strabon, *Géographie*, VI, 4, 1.

immigrent dans le sud de la péninsule et en Sicile à la faveur d'un vaste mouvement de colonisation.

Les Grecs importent leur civilisation en Italie. En Grande Grèce, au sud de la péninsule italienne, les Grecs ont fondé des cités-États qui exploitent les terres agricoles et pratiquent l'artisanat et le commerce. Ces colonies importent dans cette région du monde la culture et les grands traits de la civilisation grecque : ses dieux, son écriture, sa culture scientifique, son système d'éducation, ses formes d'organisation politique, ses réalisations artistiques et intellectuelles. Au fil des siècles, les populations indigènes du sud s'hellénisent, tandis que les produits matériels et culturels de la Grèce se répandent par le commerce dans le reste de la péninsule.

Les Étrusques développent une civilisation originale en Toscane. C'est toutefois un autre peuple, les Étrusques, qui exerce sur Rome l'influence décisive. Vers le VIIe siècle av. J.-C., les Étrusques dominent la Toscane et d'autres régions de la péninsule, dont le Latium. Ils règnent aussi sur les mers qui baignent l'Italie, sources de richesses (commerce, pêche, sel). Leur structure sociopolitique repose sur la cité-État : un roi ou une oligarchie de grandes familles a la mainmise sur l'appareil politique et domine les autres classes sociales, dont une importante proportion d'esclaves. Comme les cités grecques, les cités-États étrusques sont indépendantes, bien qu'elles soient parfois regroupées au sein d'une **fédération** : l'unité de l'Étrurie passe par la langue et la religion. Son économie repose sur l'agriculture, l'artisanat (céramique, joaillerie, poterie, sculpture sur bronze), le commerce terrestre et maritime et l'industrie métallurgique (fer, cuivre, plomb et argent).

Même s'ils sont influencés par les Grecs sur les plans artistique (peinture et sculpture) et religieux (adoption de plusieurs divinités grecques et assimilation des récits homériques), les Étrusques ont développé une civilisation profondément originale, mélange d'éléments orientaux et du fonds méditerranéen préexistant à leur arrivée.

fédération Rassemblement de plusieurs États au sein d'une entité politique où les compétences sont partagées entre un gouvernement fédéral et des gouvernements locaux ou provinciaux ; dans la Grèce ancienne et en Étrurie, association de plusieurs cités pour des fins communes, comme la guerre ou le commerce.

Ainsi, leur religion diffère nettement de celle des Hellènes. Il s'agit d'une religion révélée (dont la doctrine figure dans des livres sacrés), qui postule l'existence d'une vie après la mort. C'est pourquoi les Étrusques construisent des nécropoles semblables aux demeures des vivants, où les morts continuent à vaquer à leurs occupations habituelles, avec leurs armes, bijoux et objets familiers. Comme ils sont convaincus que les dieux exercent une très forte influence sur le destin des hommes, ils croient beaucoup à la divination et cherchent à connaître leur volonté chaque fois qu'ils doivent poser un geste important.

Le plaisir, les jeux et le luxe occupent une place de choix dans leur vie quotidienne, si on en croit les fresques de leurs nécropoles. Ces fresques révèlent également un autre trait de leur civilisation : le statut élevé des femmes, lesquelles ont un prénom, sont admises aux jeux et aux banquets et ont possiblement leur mot à dire dans la vie politique de la cité.

Les Étrusques transforment Rome et influencent les Romains. Dans leur progression vers le sud, les Étrusques s'emparent du site de Rome au VIIe siècle av. J.-C. Ils le transforment en cité et y mettent en place une dynastie qui régnera pendant un siècle. Excellents urbanistes et architectes, les Étrusques divisent la ville en quartiers et construisent le mur d'enceinte, les égouts et les premiers édifices publics. Les Romains assimileront leurs techniques de drainage des marais et de pavage des routes, leurs conceptions urbanistiques (comme le plan en damier), leurs techniques architecturales (notamment la maîtrise de la voûte et de l'arche), leur goût pour le sport-spectacle (boxe et courses de chars) et les combats de gladiateurs ainsi que leur alphabet (appris des Grecs).

panthéon Ensemble des divinités d'une mythologie ou d'une religion polythéiste.

Les Étrusques exercent aussi une forte influence religieuse sur les Romains : ils leur transmettent leur **panthéon**, leur apprennent à deviner la volonté divine dans les entrailles des animaux (haruspices) ou dans le vol et l'appétit des oiseaux (augures), et leur donnent l'habitude d'honorer leurs ancêtres. Ils leur lèguent enfin leurs institutions politiques, en particulier le Sénat et les magistratures, qui survivront au renversement de la monarchie en 509 av. J.-C., ainsi que les emblèmes du pouvoir (la pourpre, le sceptre, la chaise curule, les faisceaux).

FIGURE 3.1

Fresque étrusque, réalisée vers 470 av. J.-C. (tombe des Léopards, Tarquinia)

Rome vit sous la monarchie. Aux VIIe et VIe siècles av. J.-C., Rome est gouvernée par des rois. Dans la Rome royale, le pouvoir est exercé par une oligarchie de propriétaires terriens (les **patriciens**). Ils sont rassemblés en grandes familles dont les membres descendent d'un ancêtre commun, portent le même nom et partagent le même culte. Les patriciens dominent les autres classes de la société romaine, soit la classe des **plébéiens** – habitants de la cité qui, n'étant ni nobles ni d'origine noble, n'ont aucun droit et ne participent pas à la vie politique – et les esclaves. Chaque famille patricienne a un certain nombre de « clients », c'est-à-dire des nobles désargentés ou des plébéiens qui lui fournissent des services en échange de bénéfices et de la protection de son chef (le *paterfamilias*), qui exerce sur tous une autorité absolue.

Les patriciens participent à une assemblée (les comices curiates) qui a pour principales fonctions d'élire le roi (la monarchie n'est pas héréditaire) et de décider d'aller ou non en guerre. Un sénat, formé des chefs des grandes familles, conseille le roi et veille à la préservation des coutumes. Le roi dirige le Sénat, l'armée et l'administration de la justice, en plus d'exercer des fonctions religieuses importantes. Il dispose du pouvoir de commander et de châtier (*imperium*) ainsi que de la connaissance de la volonté divine (*auspicium*) ; c'est un chef à la fois politique, militaire et religieux. À la fin du VIe siècle av. J.-C., le dernier roi de Rome, l'Étrusque Tarquin le Superbe, qui abusait de son pouvoir, est renversé par une révolte des aristocrates romains qui établissent la République, c'est-à-dire dans les faits le pouvoir du Sénat.

La légende de la création de Rome et ses fonctions

Selon l'histoire légendaire de la ville, les origines de Rome remonteraient à la guerre de Troie : un des survivants, Énée, serait parvenu à l'embouchure du Tibre après un long périple. Il y aurait créé une dynastie qui aurait régné sur la cité d'Albe-la-Longue pendant près de trois siècles, jusqu'à ce qu'une de ses descendantes donne naissance à des jumeaux, Romulus et Rémus, fruits de son union avec Mars, le dieu de la Guerre. Déposés dans un panier d'osier sur le Tibre pour les y faire périr, les jumeaux sont allaités par une louve, puis recueillis et élevés par un berger. De retour à Albe, Romulus et Rémus se voient reconnaître le droit de fonder une nouvelle cité. À cause d'un présage favorable, Romulus lui donne son nom et trace un sillon délimitant sa cité (rite étrusque) ; son frère l'ayant franchi par dérision, il l'assassine. Romulus peuple ensuite sa ville en y attirant des bergers, à qui il donne pour épouses des jeunes femmes enlevées à l'occasion d'une fête chez un peuple voisin, les Sabins. Six rois lui succéderont à la tête de la cité.

Les légendes d'Énée et de Romulus ont évidemment une fonction mythologique : elles expliquent par une anecdote ce fait réel qu'est la fusion des peuples latin et sabin à l'époque du peuplement des sept collines. Mais elles jouent aussi un rôle important dans la formation des valeurs romaines. En attribuant aux Romains des ancêtres semi-divins, elles renforcent leur confiance en leurs capacités et leur donnent un sens de la tradition et de la fierté fondé sur la noblesse de leurs origines ; elles nourrissent leurs craintes religieuses, avivées par le fratricide qui souille l'origine de leur cité ; enfin, en faisant du fondateur de leur cité un chef charismatique investi de pouvoirs politiques, militaires et religieux exceptionnels, elles obligent en quelque sorte ses successeurs à ne pas déchoir.

La conquête de l'Italie et du bassin méditerranéen

Née au VIIIe siècle av. J.-C. dans un espace géopolitique dominé par les Grecs au sud, les Étrusques au nord et les Carthaginois à l'ouest et au sud, la bourgade de Rome s'affranchira de la domination étrusque en 509 av. J.-C. Du même coup, elle se transforme en république – à la même époque où Clisthène instaure à Athènes les institutions démocratiques.

Rome se défend contre ses voisins. Pendant son premier siècle et demi d'existence en tant que république autonome, Rome est contrainte à la défensive. Avec les autres Latins de la région, elle forme la Ligue latine pour se battre contre les Étrusques et les peuples des montagnes. Une fois ceux-ci repoussés, les Romains s'emparent de plusieurs cités étrusques. Mais la sécurité de la cité n'est pas encore assurée.

Rome conquiert la péninsule italienne. Au IVe siècle, après la prise et le saccage de Rome par des Gaulois cisalpins, les Romains entreprennent la conquête de la péninsule. Ils s'en prennent d'abord à l'Étrurie. Ils se retournent aussi contre leurs alliés de la Ligue latine, dont ils annexent les cités au territoire romain. Puis, ils se lancent dans une série de campagnes militaires contre les Samnites (peuple de Campanie), ce qui leur permet d'assujettir la plus grande partie de la péninsule. Seules la plaine du Pô et la Grande Grèce leur échappent encore.

Au début du IIIe siècle, ils entrent en guerre contre les Grecs, qui appellent à leur secours le roi hellénistique d'Épire, Pyrrhus II. Équipé d'éléphants de guerre qui terrifient les légionnaires romains, Pyrrhus remporte des victoires brillantes mais très coûteuses en soldats. Après quelques années de lutte, il est finalement vaincu par les Romains. Désormais seules face à Rome, les cités grecques capitulent. Dès lors, Rome est maîtresse de la péninsule italienne, de la Toscane jusqu'à l'extrême sud.

Une victoire à la Pyrrhus

« Encore une victoire comme celle-ci, et nous sommes perdus ! » aurait déclaré Pyrrhus à un de ses généraux après sa victoire sur les Romains à Ausculum en 279 av. J.-C., d'où cette expression qui le fera passer à l'histoire. Les Romains étaient friands de ces formules tirées d'un fait historique et qu'on pouvait étendre à d'autres situations. À la différence des Grecs, qui consacraient plutôt des expressions tirées de la mythologie (« une pomme de discorde », « un supplice de Tantale »), ils puisaient les leurs dans la vie réelle, dévoilant par là leur côté réaliste. Que signifie aujourd'hui cette expression qui a traversé le temps : « une victoire à la Pyrrhus » ?

Les conquêtes en Italie

Les territoires conquis dans la péninsule italienne étaient soit annexés au territoire romain, nommé *ager Romanus*, soit laissés sous le contrôle administratif des peuples alliés, qui devaient reconnaître la suprématie du peuple romain.

Rome affronte Carthage et l'anéantit. Au siècle suivant (de 264 à 146 av. J.-C.), Rome affronte la puissante Carthage, à qui elle dispute la domination de la Méditerranée occidentale dans ce qu'on appellera « les trois guerres puniques ».

Située sur la côte de l'actuelle Tunisie, Carthage a été fondée au IXe siècle av. J.-C. par des marchands phéniciens. De simple comptoir à l'origine, elle est devenue une grande puissance maritime et commerciale. Au IIIe siècle av. J.-C., elle domine la Méditerranée occidentale, de la Sicile au détroit de Gibraltar. Avec sa flotte, elle s'est assuré la mainmise sur des richesses qui font l'envie des Romains : les plaines à blé de la Sicile, les mines d'argent d'Ibérie, la route de l'or africain et la route de l'étain de Cornouailles.

La première guerre punique a pour enjeu la Sicile, convoitée par Rome. Incapables de venir à bout des forteresses puniques parce que les Carthaginois les ravitaillent facilement par la mer, les Romains se construisent une flotte de guerre et infligent d'importantes défaites navales à leurs ennemis. Après 25 ans de guerre, les Carthaginois reconnaissent leur défaite et cèdent la Sicile à Rome. Celle-ci devient alors la première province de l'Empire romain, qui annexe ensuite la Sardaigne et la Corse.

Carthage entreprend alors de coloniser le sud et l'est de l'Ibérie (l'Espagne actuelle) ; les richesses minières de ces régions lui permettent de relever son économie et sa puissance militaire. Hannibal, militaire et homme politique carthaginois, utilise cette région comme base pour lancer une formidable expédition militaire contre Rome : il traverse les Pyrénées et les Alpes et débouche en Gaule cisalpine à la surprise générale. Pendant trois ans (de 218 à 216 av. J.-C.), il ravage la péninsule italienne. Mais il hésite à marcher sur la cité romaine, ce qui donne aux Romains le temps de reconstituer leur armée et d'organiser un débarquement en Afrique. Hannibal y est finalement défait. Carthage doit livrer ses éléphants et sa flotte de guerre, évacuer l'Ibérie (que les Romains occupent aussitôt), s'engager à payer une indemnité annuelle pendant 50 ans et renoncer à toute politique extérieure indépendante.

Bien que la puissance de Carthage soit pratiquement anéantie, Rome redoute toujours son ancienne rivale : sa destruction devient l'obsession d'une partie de sa classe politique. Prenant prétexte d'accrochages entre les Carthaginois et le royaume voisin de Numidie, gouverné par un de leurs alliés, les Romains débarquent en Afrique. La ville est rasée en 146 av. J.-C. et ses ruines sont recouvertes de sel. Le territoire punique devient alors la province romaine d'Afrique (carte 3.2).

L'obsession de Carthage

Membre influent du Sénat romain, Caton l'Ancien termine invariablement ses discours par les mots « *Delenda quoque Carthago* » (« Et en outre, il faut détruire Carthage »). L'expression sert encore aujourd'hui à désigner une obsession.

Rome conquiert le bassin méditerranéen. Dès 225 av. J.-C., Rome a conquis la plus grande partie du littoral de la Dalmatie (au nord-ouest de la péninsule balkanique) pour le nettoyer des pirates qui infestent ses côtes et ses îles, et perturbent le commerce dans l'Adriatique. Elle s'empare aussi de la Gaule cisalpine. Au IIe siècle av. J.-C., aiguillonnée par les ambitions de ses généraux et de ses hommes d'affaires, Rome affronte les royaumes hellénistiques (descendants d'Alexandre le Grand). Elle se lance dans une série d'annexions qui non seulement l'enrichiront mais la transformeront durablement. La Macédoine devient alors une province ; en 146, la Grèce lui est rattachée. Rome annexe ensuite la plupart des royaumes de l'Asie Mineure, puis, au Ier siècle, le couloir syro-palestinien ; l'Égypte devient un protectorat romain (elle sera annexée en 30 av. J.-C.). En Orient, seuls deux royaumes résistent à Rome : celui des Parthes, sur la rive est de l'Euphrate, et l'Arménie, plus au nord.

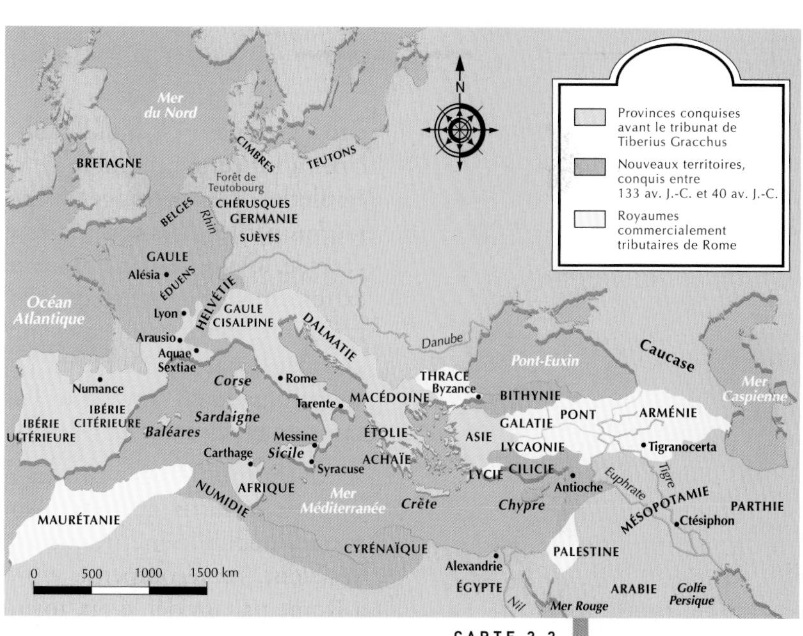

CARTE 3.2

Les conquêtes romaines sous la République

questions – cartes

La République romaine conquiert enfin l'Europe celte continentale. À la fin du IIe siècle av. J.-C., les Romains s'emparent de la Gaule méridionale, dite narbonnaise. Et un demi-siècle plus tard, C. Julius Cæsar complète la conquête des Gaules, habitées par des peuples celtes vivant à l'âge du fer (carte 3.2).

Divers facteurs expliquent les succès militaires de Rome. Comment expliquer qu'une bourgade paysanne du centre de la péninsule italienne soit parvenue en moins de cinq siècles à dominer l'ensemble de l'espace méditerranéen ? La localisation même de Rome, la qualité de son armée, la sagesse et l'expérience de ses dirigeants et la transmission des valeurs romaines par la famille sont les plus importants facteurs des succès romains.

- La localisation de Rome est un atout. Les facteurs d'ordre géopolitique sont essentiels : la localisation de Rome au centre de la péninsule permet difficilement à ses ennemis de s'unir ; par contre, le relief moyennement accidenté de l'Italie rend son unification possible.

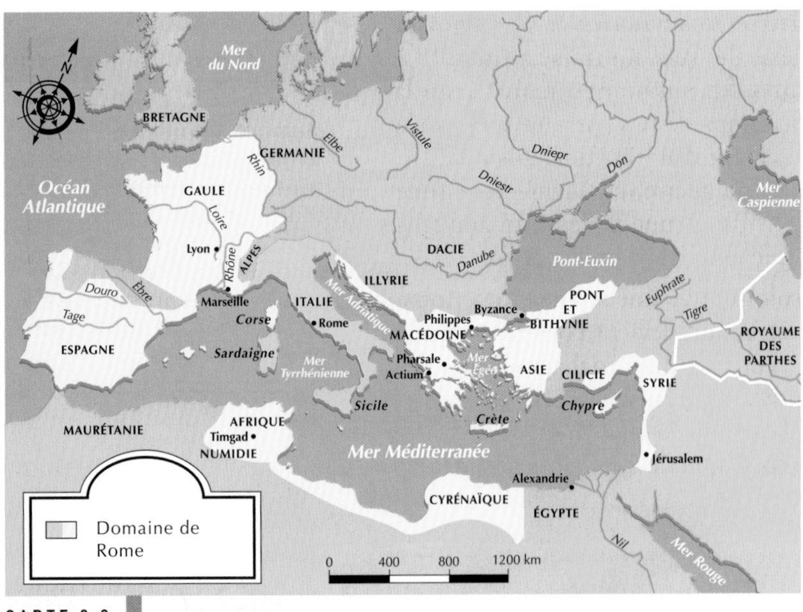

CARTE 3.3

Le monde romain vers 30 av. J.-C.

■ **L'ARMÉE ROMAINE EST DISCIPLINÉE, BIEN COMMANDÉE ET CAPABLE D'ADAPTATION.** L'armée romaine est disciplinée, dirigée par des généraux très compétents et capable d'adaptation. Structurée en légions de 4500 combattants (25 légions à l'époque des guerres puniques), elle se compose de citoyens appelés à défendre leurs terres avec leurs propres armes. Convaincus que celui qui ne possède rien ne se battra pas avec courage et détermination, les Romains ne recrutent les démunis que dans des circonstances exceptionnelles. Les citoyens les plus riches forment la cavalerie, les autres l'infanterie, lourde ou légère selon leur capacité de payer. Entre 17 et 46 ans, le citoyen romain est mobilisable en tout temps. En principe, il doit participer à un certain nombre de campagnes (16 dans l'infanterie, 10 dans la cavalerie). Des contingents spécialisés, cavaliers ou archers par exemple, fournis par les alliés et disposés sur les ailes pendant les batailles, complètent l'armée. On y assure l'ordre par deux moyens: un régime disciplinaire extrêmement rigoureux, qui inclut la bastonnade, la décapitation et la décimation, et des récompenses qui vont de la décoration à la prime, en passant par le partage du butin. Le serment de loyauté que prêtent les soldats au commandant ainsi que l'obligation de construire régulièrement un camp fortifié renforcent l'esprit de discipline.

L'armée est dirigée par des magistrats élus à cette fin, les consuls. Des centurions sortis du rang assurent l'encadrement à la base. Pendant la période républicaine, Rome a produit un nombre étonnant de généraux de talent. La récompense suprême des généraux est le triomphe, célébré à Rome par un défilé ou, mieux encore, la couronne d'herbes offerte par ses hommes sur le champ de bataille après la victoire. Les grands généraux de la République obtiennent une fidélité absolue de leurs troupes, qui sont prêtes à les suivre jusqu'à la mort.

Courageuse et disciplinée, l'armée romaine va aussi démontrer d'étonnantes facultés d'adaptation. Ainsi, au contact des Grecs du sud de la péninsule, les Romains assimileront l'art du siège et de la balistique et l'utiliseront par la suite contre Carthage et les monarques hellénistiques. Terrifiés par les éléphants au temps de Pyrrhus, les légionnaires apprendront à s'en débarrasser en leur coupant les jarrets. Mieux encore, pour vaincre la puissante flotte carthaginoise, cette armée de fantassins s'obligera à la construction navale et à la bataille maritime, notamment en utilisant avec succès de savantes techniques d'abordage.

■ **LE SÉNAT DIRIGE JUDICIEUSEMENT LA POLITIQUE EXTÉRIEURE.** La qualité des hommes d'État romains et une politique extérieure particulièrement judicieuse, émanant du Sénat, constituent un troisième facteur des succès militaires de Rome. Malgré les rivalités familiales et d'inévitables divergences intérieures, cette assemblée de nobles désignés à vie possède à la fois l'expérience et les moyens de s'informer. Elle a su imprimer à la politique étrangère romaine une continuité que les États soumis aux volontés d'un monarque ne connaissaient guère.

La gestion des territoires conquis par Rome

Les territoires conquis en Italie sont annexés au domaine public romain (*ager Romanus*) ou laissés aux peuples vaincus. Devenus des « alliés de Rome », ils perdent toute autonomie en matière de politique extérieure et doivent accepter l'établissement de colonies peuplées de citoyens romains. Forcés de fournir des contingents armés à Rome, les peuples italiques commencent à revendiquer la citoyenneté romaine au milieu du IIe siècle av. J.-C. Ils ne l'obtiennent qu'en 88 av. J.-C., après une guerre cruelle et dévastatrice, dite guerre sociale. On peut dire qu'à cette date les populations italiques sont romanisées ou en voie de l'être. La romanisation des territoires hors de la péninsule ne se fera que sous l'Empire. Organisés en provinces et gouvernés par des envoyés de Rome qui en profitent généralement pour s'enrichir, ces territoires doivent aussi verser un tribut, perçu par les publicains à qui l'État romain les **afferme**, ce qui leur laisse le surplus extorqué aux populations.

affermer Céder par affermage.

affermage Système fiscal dans lequel l'État cède à quelqu'un la perception des impôts dans une région donnée et l'autorise à percevoir pour son propre usage des sommes en surplus de celles qu'il lui remet.

famille étendue Unité familiale composée des descendants de plus d'une génération du même aïeul rassemblés sous l'autorité d'un chef de famille.

■ LA FAMILLE ROMAINE TRANSMET LES VALEURS SOCIALES. Le dernier facteur des succès de Rome, mais non le moindre, est la capacité de la famille romaine de transmettre aux jeunes générations les valeurs sur lesquelles repose la société. Cette famille repose sur l'autorité absolue du *paterfamilias*, qui possède la totalité du patrimoine familial et a droit de vie ou de mort sur tous ses membres. C'est une **famille étendue** : elle regroupe juridiquement toutes les personnes placées sous l'autorité du *pater* par naissance ou par adoption.

Honorée en tant que gardienne du foyer, la femme n'a aucune capacité légale. Elle est entièrement soumise à l'autorité du mari, qui peut la répudier – ou même la mettre à mort – en cas de crime : « Ta femme boit du vin, tue-la », ira jusqu'à dire Caton l'Ancien. Les enfants doivent une obéissance absolue au *pater*, qui choisit leur conjoint selon les besoins politiques ou financiers de la famille. Cette structure autoritaire assure une transmission sans faille des valeurs fondamentales de la société romaine, qui subordonne l'individu à la famille et à la cité. Essentiellement, ces valeurs sont la discipline, ou maîtrise de soi (*virtus*), qui garantit que le Romain se comportera dignement et comme on s'y attend de lui en toute circonstance ; le respect (*pietas*), qui vise tant l'acceptation de l'autorité que la stricte observance des rites et des cérémonies ; et la fidélité aux engagements (*fides*), qui assure le respect de la parole donnée (de là l'habitude de conclure une transaction par une simple poignée de main), garantit la validité des contrats et des traités, et cimente le pacte social.

FIGURE 3.2

Patricien romain portant les masques de ses ancêtres

Le culte des ancêtres était un des éléments fondamentaux de la religion des Romains. Dans les familles riches, à la mort du paterfamilias, on faisait de lui un masque de facture très réaliste tant pour la taille que pour la ressemblance. Ses descendants préservaient scrupuleusement l'objet, l'exposant dans les grandes cérémonies familiales et l'honorant dans un esprit d'émulation.

Les dix ambitions du noble romain à l'époque républicaine

Quelles sont les valeurs de la *nobilitas* romaine ? Elles ressortent clairement de l'éloge funèbre d'un noble romain par son fils, Quintus Cæcilius Metellus.

■ ■ ■

Être le premier guerrier, le meilleur orateur, le plus vaillant général ; aspirer à être l'instigateur d'entreprises insignes ; parvenir aux honneurs les plus élevés, à la plus grande sagesse, à la plus haute dignité sénatoriale ; acquérir honnêtement un riche patrimoine ; laisser après soi de nombreux enfants ; vouloir être, dans l'État, le personnage le plus en vue.

Dans Pline le Jeune, *Lettres*, livre IX.

Les bouleversements sociaux des deux derniers siècles de la République érodent toutefois cette cohésion familiale. Tout d'abord, les femmes s'émancipent : dès cette époque, elles obtiennent souvent le mariage *sine manu*, qui leur permet de garder le contrôle de leurs biens ; elles peuvent aussi demander le divorce, à l'issue duquel elles peuvent gérer leur fortune et devenir relativement indépendantes des hommes de la famille. Ensuite, la généralisation de la procédure d'émancipation permet la scission du patrimoine familial, ce qui sape l'autorité du *pater* tant devant la loi qu'en pratique. Enfin, la natalité baisse, de nombreux couples préférant avoir moins d'enfants pour profiter de la vie. En toile de fond, l'afflux de richesses consécutif aux conquêtes attise l'appât du gain et la corruption ; les vertus civiques d'antan perdent leur attrait, tandis que la discipline se dissout par les effets pervers du goût du luxe.

LES EFFETS PERVERS DE L'ENRICHISSEMENT

Critique de l'aristocratie romaine, l'historien romain Salluste s'en prend aux effets néfastes de la richesse.

■ ■ ■

Dès que l'on tint en honneur la richesse, qu'elle fut assimilée à la gloire et fut assortie de pouvoirs militaires et politiques, la vertu s'estompa, la pauvreté devint un opprobre, et l'intégrité passa pour un mauvais vouloir. Alors, à la suite de l'appétit pour la richesse, le goût du plaisir, la cupidité, joints à l'arrogance, s'emparèrent des jeunes gens : on se mit à piller, à gaspiller, à tenir pour nul son propre bien, à convoiter celui d'autrui, à confondre également l'honneur, le sens du devoir, les lois humaines et divines, sans respect ni retenue.

Salluste, *La Conjuration de Catilina*, 12-13.

LES CONQUÊTES TRANSFORMENT ROME EN PROFONDEUR. Dès le milieu du IIe siècle av. J.-C., les conquêtes commencent à modifier l'économie, la société, la culture et les institutions politiques de Rome.

- ELLES ENRICHISSENT ROME MAIS APPAUVRISSENT SES PAYSANS. Sur le plan économique, métaux précieux, céréales et esclaves affluent, mais ce formidable enrichissement ne profite pas également à tous les groupes sociaux. Base de la force militaire de Rome, mobilisée à outrance et décimée, la petite paysannerie, qui a énormément souffert des guerres, ne profite que marginalement de l'enrichissement collectif. Elle doit désormais subir la concurrence du blé sicilien, espagnol ou africain, et celle des esclaves qui travaillent sur les domaines de la noblesse. Endettés, les paysans perdent leurs terres mal exploitées, faute de temps et de ressources, au profit de leurs créanciers. Ils deviennent **métayers** ou ouvriers agricoles, quand ils ne désertent pas la campagne pour tenter leur chance dans les provinces ou devenir **prolétaires** à Rome.

- ELLES PROFITENT À LA *NOBILITAS* ET AUX CHEVALIERS. De son côté, la ***nobilitas*** sénatoriale, soit les quelques familles qui occupent les plus hautes magistratures, s'enrichit : la participation de ses membres aux conquêtes leur confère le droit de se partager le butin de guerre et de piller les royaumes occupés. Comme le grand commerce est interdit aux sénateurs, la *nobilitas* investit ces revenus dans la propriété **foncière** : elle rachète les terres des petits paysans ruinés ou encore acquiert ou loue les terres du domaine

métayer Personne qui loue un domaine agricole (bail) sous condition d'en partager les récoltes avec le propriétaire.

prolétaire Personne qui ne dispose que du salaire reçu du propriétaire des moyens de production en échange de son travail ; dans la Rome ancienne, homme libre membre du groupe social inférieur qui ne paie pas d'impôts et n'est pas astreint au service militaire.

nobilitas Dans la Rome républicaine, groupe social formé de patriciens et de plébéiens qui exercent les fonctions politiques, mais n'ont pas accès au monde du commerce et des affaires.

foncier Relatif à un fonds de terre et à son exploitation.

public. Son prestige, qui, à Rome, repose sur la propriété terrienne et l'occupation de charges politiques, s'en trouve renforcé.

Quant aux chevaliers – c'est-à-dire les citoyens les plus riches qui, à l'origine, font leur service militaire à cheval et ne participent pas à la vie politique –, ils s'enrichissent par le grand commerce maritime, le prêt usuraire dans les provinces (en Italie, les taux d'intérêt sont plafonnés à 12 %) et les contrats avec l'État (fournitures aux armées, travaux publics, perception des impôts des provinces **à ferme**). À cause de ces contrats, appelés *publica*, on les surnomme « publicains ».

à ferme Voir **affermage**.

- ELLES FORCENT LA CITÉ À SOUTENIR LES MASSES URBAINES. Constituées de citoyens romains et d'étrangers, les masses urbaines subissent la concurrence des esclaves-artisans et souffrent du chômage qu'entraîne l'afflux des métaux précieux – Rome achète tout et ne produit presque rien. Elles doivent donc compter sur les largesses des riches, dont elles forment la clientèle, et sur les distributions de victuailles de l'État, qui fournit du blé à intervalles réguliers, à bas prix dès 123 av. J.-C. puis gratuitement dès 78 av. J.-C. Oisifs et volontiers turbulents, passionnés de jeux et de courses, les prolétaires romains seront utilisés au Ier siècle av. J.-C. par les factions politiques et les ambitieux qui rêvent de pouvoir ou de réformes.
- ELLES PROVOQUENT UN DÉCLIN MORAL. Les répercussions morales de l'enrichissement collectif se font sentir dès le milieu du IIe siècle av. J.-C. : les Romains valorisent moins les qualités qu'ils prisaient autrefois, comme la discipline et la maîtrise de soi, tandis que le goût du luxe se répand.

DÉPENDANCE ALIMENTAIRE À ROME

On estime que, sur les quelque 450 000 citoyens que compte Rome vers 70 av. J.-C., 320 000 environ vivent des distributions de blé gratuit. Plusieurs milliers d'autres vivent aux crochets des riches familles patriciennes.

L'HELLÉNISATION DE ROME

Bien que Rome ait été en contact avec la civilisation grecque depuis l'époque de la domination étrusque, ce sont les conquêtes du IIe siècle av. J.-C. qui entraînent son hellénisation. Dès le milieu de ce siècle, l'aristocratie romaine prend goût à la littérature grecque et à la philosophie stoïcienne. Ce phénomène est renforcé par l'arrivée à Rome d'intellectuels et de milliers d'esclaves grecs ou hellénisés. Les courants philosophiques hellénistiques (scepticisme et épicurisme) sont populaires auprès de la jeunesse romaine. Les cultes à mystères ébranlent la vieille religion. Le théâtre grec détrône le théâtre populaire romain. L'architecture elle-même s'hellénise, s'ornant de colonnes grecques, de chapiteaux et de frontons : on voit même apparaître des bâtiments typiquement grecs, comme la basilique. La statuaire grecque envahit les places publiques et les demeures des particuliers. Nobles et lettrés romains se doivent désormais d'être bilingues : celui qui ne maîtrise pas le grec passe pour un rustre. Sur le plan politique, les Grecs introduisent à Rome la notion de **charisme**, ce don particulier conféré à un individu par la grâce divine.

LA CRISE DE LA RÉPUBLIQUE ET L'AVÈNEMENT DU RÉGIME IMPÉRIAL

La Rome antique a connu, pendant ses treize siècles d'existence, trois grands régimes politiques : la monarchie, la république et l'empire. Après le renversement de la monarchie en 509 av. J.-C., la cité vit pendant près de cinq siècles sous un régime républicain dominé par le Sénat. La République, conçue à l'origine pour satisfaire aux besoins d'une cité-État, connaît toutefois, à partir du IIe siècle av. J.-C., de graves problèmes qui amènent son remplacement par le régime impérial à la fin du Ier siècle de notre ère.

Le Sénat romain domine la période républicaine. Telle qu'établie en 509 av. J.-C., la République renforcit le pouvoir de l'aristocratie terrienne. Malgré son appellation et la présence de processus électoraux, on ne peut pas dire qu'il s'agit d'une démocratie: le pouvoir appartient dans les faits au Sénat, une assemblée restreinte (300 membres nommés à vie) dominée par la *nobilitas*. On doit donc plutôt parler d'oligarchie.

Les plébéiens obtiennent des droits. Par contre, sous la République, les patriciens ont perdu leur monopole politique. En 494 av. J.-C., les plébéiens en armes se regroupent sur une des collines de Rome, l'Aventin, et menacent de faire sécession: ils réclament l'accès aux fonctions politiques, l'égalité des droits ainsi que des lois adoucissant le sort des **débiteurs**. Ils obtiennent alors une importante concession: l'instauration des comices tributes, une assemblée de la plèbe par tribu, qui élira des défenseurs de la plèbe (nommés tribuns du peuple) et votera des **plébiscites**. En 449 av. J.-C., sous de nouvelles pressions de la plèbe, le Sénat promulgue une loi fondamentale qui établit l'égalité de tous les citoyens: inspirée de la constitution d'Athènes, la Loi des Douze Tables, affichée sur la place publique (le Forum), **sécularise** le droit romain et fait de Rome un **État de droit**. Au cours des Ve et IVe siècles av. J.-C., les plébéiens obtiennent graduellement l'accès à toutes les charges politiques et religieuses, tandis que les comices tributes accaparent le pouvoir législatif.

débiteur Personne qui doit quelque chose à une autre; antonyme de créancier.

plébiscite Mode collectif de prise de décision où l'on se prononce par un oui ou par un non, généralement sur une question unique (équivalent de référendum); dans la Rome ancienne, décision de l'assemblée de la plèbe votée par un oui ou par un non.

séculariser Faire passer un bien de l'Église dans le domaine public; faire passer de l'état religieux à l'état civil.

État de droit État dans lequel toutes les personnes, y compris les dirigeants, sont soumises à la loi.

La République est gouvernée par des assemblées, des magistrats et un sénat. Le gouvernement de la République est assuré par trois grands organes, selon le principe de l'équilibre des pouvoirs: l'exercice d'un pouvoir par un organe doit être contrebalancé par un autre. Les assemblées (nommées comices) sont au nombre de trois et ont des fonctions bien définies. Tout d'abord, les comices curiates (assemblée des patriciens), vestige de l'époque royale, n'ont plus qu'une fonction symbolique. Ensuite, les comices tributes, réservés aux plébéiens, élisent les tribuns du peuple, ainsi que les magistrats dépourvus d'*imperium* (voir ci-après), et votent plébiscites et lois. Enfin, les comices centuriates, qui rassemblent par groupes de cent les citoyens en armes (classés selon l'état de leur fortune, qu'on évalue par le **cens**), élisent les magistrats supérieurs, décident de faire ou non la guerre et servent de cour d'appel pour les crimes graves.

cens Dans la Rome antique, dénombrement des citoyens classés selon leur richesse; au Moyen Âge, redevance fixe payée par le serf au seigneur; par la suite, possessions ou revenus minimaux nécessaires pour être électeur ou éligible.

Les magistratures, non rémunérées et au nombre de cinq, s'exercent dans un ordre précis (questeur, édile, préteur, consul et censeur), pour un an seulement (sauf celle de censeur), chacune ayant son âge minimum: c'est le *cursus honorum*, objectif de tous les jeunes hommes de la *nobilitas*. Seuls les préteurs, qui s'occupent de la justice, et les consuls, qui dirigent les armées, sont pourvus d'un *imperium* – pouvoir de commander aux citoyens et de châtier les récalcitrants. Le nombre limité des magistratures et une certaine confusion des charges civiles et militaires empêchent la bureaucratisation de l'État ainsi que les conflits qui surgissent parfois entre les civils et l'armée dans les États contemporains. De plus, la brève durée des charges et le droit pour tout magistrat d'entraver l'action de ses collègues en cas de désaccord (*intercessio*) mettent en échec la dérive vers le pouvoir personnel.

Le Sénat, composé en principe de magistrats sortis de charge, détient l'*auctoritas*, sanction à caractère religieux des décisions du peuple. En principe, c'est un organe strictement consultatif; en pratique, les magistrats doivent le consulter en toute matière et sont d'autant plus dociles que ses décisions peuvent grandement influer sur leur carrière. Le Sénat est responsable des finances, de la politique étrangère, des effectifs et des opérations militaires. Il est aussi le gardien des traditions et peut nommer un dictateur (pour une période de six mois) en cas de crise grave. Par son intermédiaire, la *nobilitas* (quelques dizaines de familles) exerce sa mainmise sur les magistratures, les gouvernements provinciaux, la diplomatie, les finances publiques et les terres du domaine public (*ager publicus*). Il est au cœur du pouvoir !

La République connaît des tensions. À la fin du IIe siècle av. J.-C., le régime républicain connaît de graves tensions qui aboutiront un siècle plus tard à son remplacement par le régime impérial. Deux problèmes entraînent des crises répétées qui affaiblissent le régime et le discréditent : les conflits sociaux générés par les conquêtes et la structure même du régime républicain, qui est conçu pour gouverner une cité-État, et non un empire.

Au IIe siècle av. J.-C., des agitateurs et des groupes sociaux contestent le pouvoir de la *nobilitas* sénatoriale. Souvent issus de la noblesse, les agitateurs sont de fortes personnalités. Ils rêvent soit d'acquérir un pouvoir personnel, soit de réformer vraiment les institutions, voire la société. Ils s'appuient souvent sur le prolétariat, qui réclame des distributions de vivres gratuits ou un partage des terres publiques. D'autre part, la classe des chevaliers-publicains exige des pouvoirs politiques accrus, notamment l'accès au Sénat et la mainmise sur les tribunaux. Ils veulent ainsi défendre leurs intérêts dans l'affermage des contrats publics et des impôts provinciaux. Au Ier siècle av. J.-C., l'affrontement entre une *nobilitas* sénatoriale de plus en plus crispée dans son refus des réformes et les partisans du changement se traduit par une lutte entre deux courants politiques : d'un côté, les réformateurs, ou *populares* ; de l'autre, les conservateurs, ou *optimates*.

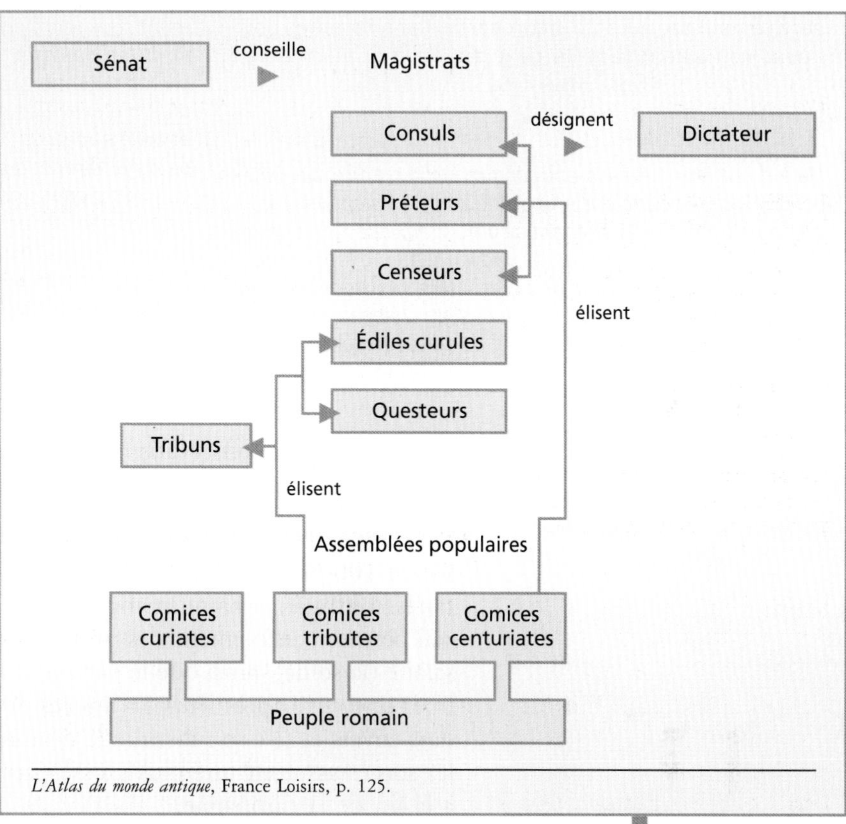

L'Atlas du monde antique, France Loisirs, p. 125.

FIGURE 3.3

Les institutions de la République romaine

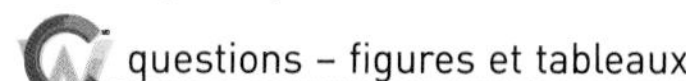
questions – figures et tableaux

Les réformateurs essuient un échec. L'affrontement des deux tendances prend un tour violent pour la première fois en 133 av. J.-C., à la suite de l'accession de Tiberius Gracchus à la charge de tribun du peuple. Imprégné de l'idéal stoïcien de justice sociale, celui-ci fait voter une loi qui limite la superficie de l'*ager publicus* que peut occuper un particulier, puis redistribue les excédents de terres aux citoyens pauvres. S'estimant lésée, la faction conservatrice de la *nobilitas* accuse Tiberius de tyrannie quand il brigue un second mandat de tribun, ce qui permet de le faire assassiner.

Dix ans plus tard, son frère Caïus réactive sa loi agraire, en l'étendant à certaines des terres situées hors d'Italie. Mais, prudent, il s'appuie sur les autres classes : il fait distribuer du blé à prix modique aux plébéiens, offre aux chevaliers la perception des impôts dans la nouvelle province d'Asie, ainsi que la mainmise sur les tribunaux chargés des cas de fraude et d'extorsion, et propose une extension du droit de cité aux peuples italiques. Accusé de sacrilège pour avoir établi une colonie sur le site maudit de Carthage, il est massacré avec

Italiotes et Italiques

Les peuples italiques sont les peuples qui habitent la péninsule italienne et qui descendent de la fusion des Italiotes avec les populations indigènes qui y étaient établies avant eux.

Le problème des terres à Rome

À partir du IIe siècle av. J.-C., Rome est aux prises avec le problème de la rareté des terres. L'écrivain grec Plutarque présente ici les aspects les plus préoccupants de cette situation. Quelles conséquences l'accaparement des terres par les riches a-t-il sur le comportement des citoyens pauvres ? En vertu des règles qui gouvernent le service militaire à Rome, pourquoi certains hommes politiques romains jugent-ils cette situation si alarmante ?

▪ ▪ ▪

Quand les Romains avaient conquis un territoire sur leurs voisins, ils en vendaient une partie et annexaient l'autre au domaine public en la donnant à cultiver aux citoyens dénués de propriétés et de ressources, moyennant une légère redevance à verser au trésor de l'État. Mais, les riches s'étant mis à faire monter les redevances et chassant ainsi les pauvres, on fit une loi interdisant de posséder plus de cinq cents arpents de terre. Pendant quelque temps cette loi opposa un frein à la cupidité et vint en aide aux pauvres restés sur leurs terres moyennant le prix de location fixé et cultivant le lot que chacun d'eux avait reçu au début; mais, plus tard, les voisins riches s'adjugèrent les fermages grâce à des prête-noms, puis finirent par occuper ouvertement sous leurs propres noms la plupart des domaines. Dès lors, les pauvres, expulsés de chez eux, cessèrent de se prêter volontiers au service militaire et ne se soucièrent plus d'élever des enfants, de sorte que bientôt l'Italie tout entière s'aperçut qu'elle n'avait plus d'hommes libres qu'en petit nombre, et qu'elle fut remplie de prisonniers barbares, que les riches employaient à cultiver les terres d'où ils avaient chassé les citoyens. Caïus Laelius, l'ami de Scipion, essaya de redresser la situation, mais, s'étant heurté à l'opposition des puissants, il craignit le tumulte et renonça à son projet, ce qui lui valut le surnom de Sage ou de Prudent.

Plutarque, *Vie de Tibérius et Caïus Gracchus. Vies parallèles*, 8, 1-5.

ses partisans. Le conservatisme borné de la *nobilitas* rendant impossible toute réforme par la voie politique, les militaires prendront le relais des réformateurs.

Les généraux s'affrontent pour le pouvoir. Une réforme de l'armée, réalisée en 106 av. J.-C. par le consul C. Marius, favorise les ambitions des militaires. L'armée romaine manquant de soldats, Marius supprime le cens, ce qui permet l'enrôlement des prolétaires. On offre à ces soldats de métier un salaire (la solde), ainsi que le partage du butin et la possibilité de se voir attribuer une terre après leurs 16 années de service. Dès lors, à la fidélité des soldats envers la cité se substitue le dévouement au général charismatique, dont les succès assurent une plus grosse part de butin et de plus grands avantages à la fin de la campagne.

Dès le début du Ier siècle av. J.-C. commencent les guerres civiles qui déchireront Rome jusqu'à la fin de la République. Après d'éclatantes victoires, C. Marius devient le champion du parti populaire. Soutenu par la plèbe, il hésite néanmoins à s'emparer du pouvoir par crainte de débordements de ses supporteurs. L. Cornelius Sylla, patricien de vieille lignée, devient alors le champion des *optimates*. Les partisans de Marius et ceux de Sylla s'affrontent dans une sanglante guerre fratricide. Sylla commet même le sacrilège de faire entrer ses troupes dans Rome, instaurant ainsi la tradition du coup d'État militaire. Nommé dictateur à vie par le Sénat, il met en place une série de réformes destinées à renforcer le pouvoir de la *nobilitas* et du Sénat et à affaiblir celui des assemblées.

L'œuvre de Sylla dure moins d'une génération. De nouveaux problèmes de sécurité donnent bientôt l'occasion à une triade de généraux de s'illustrer: M. L. Crassus, l'homme le plus riche de Rome, C. Pompée, qui liquide les réformes de Sylla pendant son consulat, et C. Julius Cæsar, qui se présente comme le chef du parti populaire et se distingue en faisant redistribuer des terres aux vétérans et aux pauvres. En 60 av. J.-C., ces trois généraux concluent un pacte secret qui a pour objet la conquête du pouvoir: c'est le premier ***triumvirat***. Mais les choses se gâtent: après la mort de Crassus, Pompée et César deviennent des adversaires politiques. Une guerre oppose alors César et ses partisans à Pompée et aux partisans du Sénat.

triumvirat Association de trois personnes pour exercer le pouvoir.

César s'empare du pouvoir et est assassiné. Vainqueur de Pompée et de la *nobilitas* conservatrice, César se fait nommer dictateur pour dix ans : il cumule alors le pouvoir consulaire (il est le chef des armées), le pouvoir tribunitien (il a droit de veto sur les décisions du Sénat), la qualité de censeur (il recrute le Sénat) et la dignité de Grand Pontife (il est le chef de la religion). Le soutien du peuple, qu'il comble de largesses, et de l'armée, qui lui voue un véritable culte, lui permet en outre d'envisager une profonde transformation du régime.

Contrairement à Sylla, qui avait renforcé le pouvoir de la *nobilitas*, César entreprend une réforme globale de l'État. Son œuvre réformatrice, qui dure moins d'un an, est colossale. Il restaure les finances de l'État, réforme l'administration des provinces, restructure les tribunaux, étend le droit de cité à toute la péninsule italienne ainsi qu'à des provinciaux espagnols et gaulois, instaure un nouveau calendrier (dit calendrier julien) de 365 jours et quart, et met en place une politique de grands travaux par lesquels il entend embellir Rome et donner du travail au prolétariat. Craignant qu'il ne se proclame roi, la *nobilitas* sénatoriale et les partisans de Pompée l'assassinent dans l'édifice même du Sénat en mars 44 av. J.-C.

César et notre calendrier

Le calendrier julien a été en vigueur en Occident jusqu'à la fin du XVIe siècle. Comme il retarde alors de quelques jours sur le temps réel (l'année solaire dure 365 jours et quart plus quelques minutes), le pape Grégoire XIII supprime les 10 jours de retard qu'avait pris le calendrier sur le temps réel (le lendemain du 4 octobre 1582 est le 15 octobre) et crée le système actuel des années bissextiles. Ce nouveau calendrier, aujourd'hui en usage partout dans le monde, est dit grégorien.

Octave Auguste met fin au régime républicain. Les assassins de César ne profitent pas longtemps de leur forfait : les héritiers de César, notamment son lieutenant M. Antonius et son petit-neveu C. Octavius, créent une dictature et les défont militairement. Octave et Antoine se partagent alors l'Empire. L'inévitable affrontement entre les deux aspirants à la couronne se solde par la défaite militaire d'Antoine et par son suicide.

Octave achève alors la destruction de la République, mais il a le bon sens de se présenter, non pas comme le roi de Rome, mais comme le premier de ses citoyens (*princeps*). Quand, en 27 av. J.-C., le Sénat lui accorde le titre d'*Augustus* – celui qui peut tout entreprendre sous les meilleurs auspices et qui possède à la fois puissance et autorité –, la République fait place à l'Empire.

Octave Auguste crée le régime impérial. Le nouveau régime ne repose sur aucun document écrit. Il respecte les apparences de la légalité républicaine, mais la vide aussi de son sens. Le Sénat perd ses pouvoirs en matières financière, militaire et diplomatique, et se voit réduit à la direction des dix provinces sénatoriales et à la garde du trésor public. Les comices continuent de voter des lois, mais doivent se soumettre aux recommandations du prince. Quant aux magistratures, elles deviennent à toutes fins utiles honorifiques, puisque la réalité du pouvoir appartient désormais au *princeps*. Octave Auguste gouverne en s'appuyant sur un groupe de conseillers et sur une administration dont les fonctions sont assurées par les chevaliers, qui y sont conscrits. Il commande les armées, dirige la politique extérieure, surveille les mœurs, nomme les fonctionnaires, administre les finances et surveille la religion. Bref, il fixe les bases du culte impérial, répugnant toutefois à la divinisation de sa personne. Ses successeurs n'auront pas ce scrupule. De cité-État gouvernant un empire, Rome est devenue un empire centralisé.

L'apogée de la Rome impériale

Aux Ier et IIe siècles de notre ère, Rome, désormais dirigée par un empereur, vit la période la plus faste de son histoire. Une paix quasi complète de plus de deux siècles favorise la prospérité et permet la romanisation.

RÉGIME IMPÉRIAL ET *PAX ROMANA*

Sous Auguste et ses successeurs, le pouvoir des empereurs se renforce. Paix, prospérité et romanisation sont les grandes caractéristiques de la période.

Le pouvoir impérial se consolide. Malgré l'absence d'un processus clair de désignation du successeur de l'empereur, une première dynastie, dite julio-claudienne, se met en place à la mort d'Octave Auguste. En dépit des extravagances de quelques empereurs comme Caligula et Néron, la plupart des habitants acceptent le nouveau régime. Jusqu'à la fin du IIe siècle, le système politique romain connaît donc une grande stabilité, particulièrement sous la dynastie des Antonins, qui se révèlent des hommes d'État remarquables.

Le pouvoir de l'empereur repose sur une solide structure administrative. Des sénateurs exercent les magistratures (désormais honorifiques), assument des fonctions administratives et ont la charge des provinces pacifiées, tandis que des chevaliers fournissent à l'État ses hauts fonctionnaires. L'empereur dispose également d'un conseil (le Conseil du Prince), qui lui donne des avis politiques et juridiques, et d'un secrétariat, qui deviendra avec le temps une véritable **bureaucratie**. Cet appareil d'État centralisé permet une saine gestion de l'**Empire**; les provinces sont même dotées d'administrations locales, les conciles, ainsi que d'un système efficace de perception des impôts.

bureaucratie Ensemble des fonctionnaires de l'État ou d'une institution; utilisé de manière péjorative, renvoie à l'influence abusive de la fonction publique et, plus largement, de l'administration.

empire Système politique dans lequel le pouvoir est entre les mains d'un empereur, qui l'exerce en totalité ou en délègue une partie à des corps intermédiaires; désigne aussi l'ensemble des régions ou des pays contrôlés directement ou indirectement par un État central qui les domine.

L'INCENDIE DE ROME, EFFET DU HASARD OU ŒUVRE DE NÉRON?

Sous le règne de Néron, en l'an 64 de l'ère chrétienne, un terrible incendie ravage Rome. L'empereur Néron, déjà connu pour sa mégalomanie, est accusé par certains de ses contemporains (accusation reprise par certains historiens, mais aujourd'hui réfutée) d'avoir fait allumer l'incendie pour pouvoir reconstruire la ville selon ses goûts. Néron rejette alors sur les chrétiens la responsabilité de l'incendie et déclenche contre eux une cruelle persécution. L'historien romain Tacite rapporte cet événement tragique.

■ ■ ■

Alors se produit une catastrophe (eut-elle pour cause le hasard ou la méchanceté du prince, on ne sait et mes sources m'ont transmis les deux versions); toujours est-il que, de toutes celles que la violence des flammes causa à cette ville, il n'y en eut pas de plus grave et de plus horrible. [...] Rome est divisée en quatorze régions: quatre restaient intactes; trois étaient consumées jusqu'au sol; les sept autres offraient à peine quelques vestiges de bâtiments en ruines et à moitié brûlés. [...] Néron mit à profit la destruction de sa patrie et bâtit un palais où l'or et les pierreries n'étaient pas ce qui étonnait davantage; ce luxe est depuis longtemps ordinaire et commun: mais il enfermait des champs cultivés, des lacs, des solitudes artificielles, bois, esplanades, perspectives. [...] Au reste, l'espace resté libre pour bâtir les maisons ne fut pas, comme après l'incendie des Gaulois, rebâti sans ordre et au hasard. Les maisons furent alignées, les rues élargies, les édifices limités à une juste hauteur. [...] Mais ni les efforts humains, ni les largesses du prince, ni les cérémonies religieuses expiatoires, ne faisaient taire l'opinion infamante, d'après laquelle l'incendie avait été ordonné. Pour mettre fin à ces rumeurs, Néron supposa des coupables et fit souffrir les tortures les plus raffinées à ces hommes détestés pour leurs abominations et que le vulgaire appelait chrétiens.

Tacite, *Annales*, XXXVIII-XLIV.

LA *PAX ROMANA* PERMET LA PROSPÉRITÉ. Le nouveau régime procure aux quelque 100 millions de citoyens de l'Empire plus de deux siècles de paix et de prospérité. La *pax romana* marque la fin des conquêtes romaines, sauf celles de l'Arménie, de la Cappadoce, de la Thrace (actuelle Bulgarie), de la Dacie (actuelle Roumanie), de la Maurétanie (actuels Maroc et Algérie) et de la Bretagne (actuelle Angleterre) (carte 3.4). Les administrations impériales des deux premiers siècles construisent des villes, bâtissent des aqueducs et des ponts, dont certains servent encore aujourd'hui, et érigent des fortifications pour assurer la défense de l'Empire. L'extension du réseau routier et la création d'un système postal, de même que l'éradication de la piraterie et du brigandage, permettent un commerce florissant tant à l'intérieur de l'Empire (produits de consommation courante) qu'avec les régions éloignées comme l'Inde et la Chine (produits de luxe).

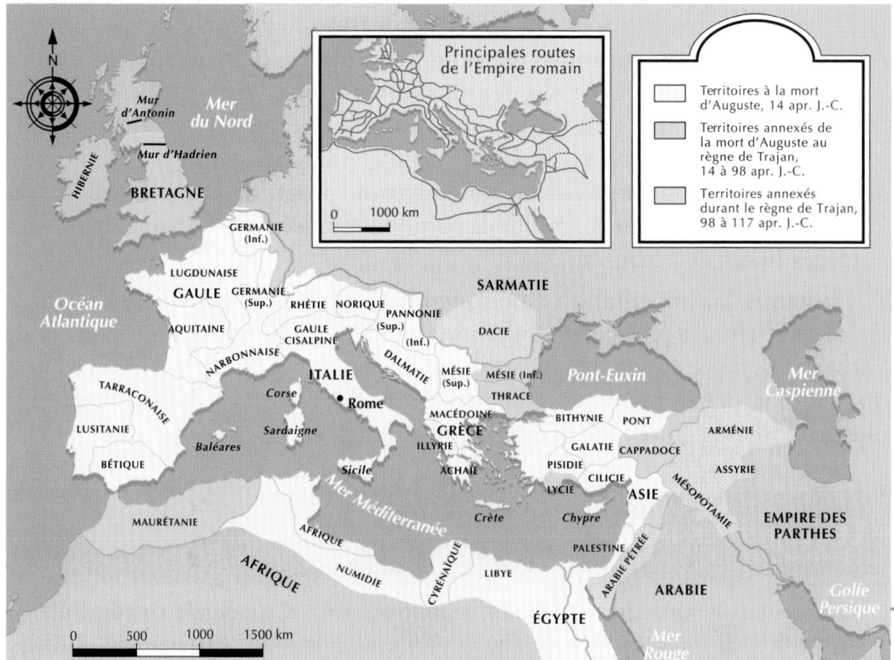

CARTE 3.4

L'Empire romain au début du IIe siècle

FIGURE 3.4

Aqueduc romain (le pont du Gard, construit au Ier siècle apr. J.-C.)

Les populations de l'Empire se romanisent. Cette longue paix permet la romanisation des populations de l'Empire hors d'Italie. Les habitants des provinces adoptent le mode de vie des Romains : consommation de vin aux repas, port de la toge ou de la tunique, construction de villas et d'insulas (immeubles à logements) d'inspiration romaine. Les loisirs à la romaine se répandent partout dans l'Empire. On se rend quotidiennement aux thermes où, en plus de profiter des délices des bains de vapeur, des massages et des bains chauds, tièdes ou froids, on s'adonne à la gymnastique et on fréquente la bibliothèque. On va au théâtre, on assiste aux jeux du cirque (courses de chars) et aux spectacles donnés dans les amphithéâtres (combats entre gladiateurs ou contre des bêtes féroces, joutes nautiques). On s'offre aussi des villégiatures et des voyages à l'intérieur de l'Empire, et même à l'extérieur.

La construction aux frontières de l'Empire de camps fortifiés, dont certains deviendront de grandes villes, constitue un autre facteur de romanisation : les soldats apportent dans leur région de résidence les coutumes romaines et la langue latine. De plus en plus, l'urbanisme des provinces s'inspire de celui de la capitale : dans toutes les villes de l'Empire, on construit un forum, des thermes, des temples, des odéons, des théâtres et des amphithéâtres, et même parfois un sénat ou un arc de triomphe. Le remplacement des coutumes locales par le système juridique et judiciaire romain constitue une autre dimension de ce phénomène. La romanisation progresse encore en 212 apr. J.-C., quand l'empereur Caracalla accorde la citoyenneté romaine à tous les hommes libres de l'Empire.

Toutefois, la romanisation est étroitement liée au développement des villes. En ce sens, elle est plus complète dans la partie occidentale de l'Empire, dont l'urbanisation pré-romaine ne touchait guère que les côtes de la Méditerranée, que dans la partie orientale, très imprégnée de l'héritage hellénistique. De plus, certaines régions, telle l'Égypte, résistent à cette uniformisation.

Les langues romanes

Mélangé aux langues vernaculaires, le latin vulgaire des soldats romains établis dans les camps fortifiés aux frontières de l'Empire donnera naissance, après la chute de celui-ci, aux cinq langues romanes : français, espagnol, portugais, italien et roumain.

LA CIVILISATION ROMAINE : APPORTS ÉTRUSQUES ET GRECS, PRAGMATISME LATIN

Largement modelée à l'origine par les Étrusques, la civilisation romaine subit à compter du IIe siècle av. J.-C. une forte influence hellénistique. Ainsi, la religion romaine, basée sur un culte des ancêtres emprunté aux Étrusques, intègre le panthéon grec et plusieurs divinités orientales, démontrant par là son **syncrétisme**. L'architecture et la sculpture, fortement hellénisées, sont moins religieuses et plus utilitaires que leurs inspiratrices. Les Romains apportent même une contribution importante et originale à la civilisation occidentale en créant la notion de droit, ainsi qu'un système juridique dont l'influence se fait sentir aujourd'hui encore. Quant à la littérature romaine, elle reprend les modèles grecs, mais aborde aussi de nouveaux thèmes.

syncrétisme Capacité d'assimiler plusieurs doctrines ou croyances sur les plans philosophique ou religieux.

Rome se retrouve au centre de l'économie méditerranéenne. L'économie de Rome, simple bourgade paysanne à ses débuts, reste longtemps centrée sur l'agriculture et le travail des artisans. Dans les premiers siècles de leur existence, les Romains sont des éleveurs (moutons, chèvres, ânes, mulets, porcs, chevaux et, plus rarement, bovins) et des agriculteurs (céréales, fruits et vigne, mais peu de légumes). Ils pratiquent aussi la chasse et la pêche, tant pour se distraire que pour en tirer subsistance et revenus. Au fil des siècles, une certaine activité artisanale se développe dans quelques quartiers de Rome (orfèvrerie, teinturerie, cordonnerie, tannerie, forge, poterie, etc.), sans pour autant que les Romains n'inventent de nouvelles techniques.

Puis, ruinés par les conquêtes de l'époque républicaine, la petite paysannerie rurale et une bonne partie des artisans tombent dans les rangs du prolétariat. L'agriculture et l'artisanat déclinent dans la ville et les environs, car le butin et les tributs payés par les peuples vaincus permettent aux Romains d'acheter ailleurs tout ce dont ils ont besoin. En outre, la concurrence des esclaves se fait sentir tant dans les champs que dans les ateliers artisanaux.

Durant les deux premiers siècles de l'Empire, on voit peu de changements dans la péninsule italienne, si ce n'est un essor de l'artisanat favorisé par les empereurs. Une certaine spécialisation régionale apparaît : l'Espagne, la Bretagne et la Dacie produisent des métaux ; la Gaule, la Sicile, l'Afrique et le pourtour du Pont-Euxin, des céréales ; l'Afrique, la Grèce et l'Asie Mineure, de l'huile ; la Syrie, la Gaule et la péninsule italienne, du verre ; l'Égypte, des papyrus ; etc.

FIGURE 3.5

L'influence romaine à Nîmes

Préservée jusqu'à nos jours, la Maison carrée de Nîmes (sud de la France), construite à l'époque d'Auguste, témoigne de la romanisation des villes de l'Empire.

La religion des Romains est un syncrétisme pragmatique. Largement issue de la religion des Étrusques, la religion romaine officielle est moins affaire de croyances que de rites. On pourrait même dire qu'il s'agit d'une religion contractuelle : en échange des faveurs et de la bienfaisance des dieux, les Romains s'engagent à respecter des pratiques **cultuelles** et à faire des sacrifices selon des rites complexes et rigides. À toutes les étapes importantes de leur vie familiale ou civique, ils interrogent les augures pour savoir si les dieux leur sont favorables. Chaque grand événement de la vie privée ou publique

cultuel Qui a rapport au culte, aux pratiques religieuses.

Le syncrétisme romain : « C'est bon, on le prend »

Une des principales caractéristiques de la civilisation romaine est sa capacité d'intégrer les apports des autres civilisations avec lesquelles elle entre en contact. En exagérant un peu, on pourrait dire que la devise de Rome est « C'est bon, on le prend ». Aux Étrusques, elle emprunte entre autres son panthéon, ses principes et ses techniques de construction des villes et des bâtiments, ainsi que ses institutions politiques ; faisant la guerre aux Carthaginois, elle adopte l'art de la navigation et de la bataille navale ; ayant conquis la Grèce, elle y renouvelle son architecture et sa statuaire et s'inspire de ses écoles philosophiques et de sa littérature ; de l'Orient, elle importe les cultes à mystères et le monothéisme chrétien ; au contact des Gaulois, elle améliore ses techniques de forge ; et ainsi de suite, démontrant ainsi son **pragmatisme**.

pragmatisme Attitude qui consiste à adapter l'action au réel, à percevoir d'abord et avant tout l'aspect pratique des choses.

FIGURE 3.6

Autel domestique avec ses dieux lares

Convaincus que les dieux lares protégeaient la maison et ses habitants, les Romains leur présentaient des offrandes ou leur offraient de petits sacrifices. Ici, l'esprit du maître de la maison (le paterfamilias*), entouré de lares tenant les cornes et les seaux rituels, fait une offrande au serpent, symbole de mort.*

est ponctué par un rituel religieux dont le déroulement doit être parfait, à défaut de quoi il faut tout recommencer.

Fondement de la cité, la religion imprègne totalement la vie des Romains. Ceux-ci s'adonnent à des cultes domestiques fondés sur la croyance en l'immortalité de l'âme: culte du premier ancêtre de la famille; culte du foyer (dieux lares et pénates); culte des morts, qu'il faut empêcher de nuire grâce à une panoplie de gestes rituels. Autour des temples, des autels, des chapelles ou des fontaines, les Romains se livrent aussi à un culte public fait de prières, de sacrifices et de jeux, et célébré par plusieurs collèges de prêtres spécialisés (flamines, pontifes, vestales, augures, haruspices, etc.). S'ajoutent à ces pratiques des cultes populaires rendus aux divinités du travail et de la nature.

À la différence des Grecs, les Romains ne créent pas une mythologie visant à expliquer l'univers. Ils disposent d'un panthéon composé à l'origine de dieux indigènes, auxquels s'ajouteront au fil des siècles des dieux étrangers, étrusques et grecs d'abord, puis orientaux. Chaque dieu romain gouverne un domaine d'activité: Saturne les semailles, Mars la guerre, Jupiter le ciel et les phénomènes atmosphériques, etc. S'ajoutent aux divinités principales des divinités spécialisées: ainsi, l'agriculteur doit s'adresser à Sterculinus quand il engraisse le sol, à Vervactor quand il le défriche, à Sator quand il l'ensemence, etc.

À partir du VIe siècle av. J.-C., sous l'influence des Étrusques, les divinités romaines et grecques font l'objet d'une certaine fusion, qui s'accentue sous la République: ainsi Jupiter est-il assimilé à Zeus, Mars à Arès, etc. Avec les guerres puniques, les Romains commencent à importer des cultes et des divinités asiatiques qui promettent un bonheur éternel à leurs fidèles: notamment, Cybèle, déesse anatolienne de la reproduction, Isis, déesse égyptienne de la résurrection et de la guérison, et Mithra, dieu perse de la fin du monde et de la destinée humaine. Enfin, dans la seconde moitié du Ier siècle apr. J.-C., le christianisme commence à faire des adeptes.

LE CHRISTIANISME NAÎT DU JUDAÏSME. À l'époque d'Auguste, la plupart des Juifs vivaient en Judée, région du couloir syro-palestinien qui devient province romaine en l'an 6 apr. J.-C. Divisés en plusieurs sectes, les Juifs tolèrent assez mal la domination de Rome: certains, comme les pharisiens et les sadducéens, l'acceptent plus ou moins, tandis que les esséniens vivent à l'écart du monde et que les zélotes fomentent la révolte.

Près de deux mille ans plus tôt, le peuple juif, regroupement de tribus sémites des déserts d'Arabie, se serait fait **monothéiste** sous la direction d'Abraham, un patriarche originaire d'Our en Mésopotamie. Selon la Bible, Abraham (que Juifs et Arabes reconnaissent aujourd'hui comme leur ancêtre commun) aurait conclu une alliance avec Dieu (Iahvé), qui lui aurait alors promis un pays «de lait et de miel» et une nombreuse descendance; il aurait instauré la **circoncision** en symbole de cette alliance.

monothéiste → **monothéisme** Croyance en un Dieu unique.

circoncision Excision totale ou partielle du prépuce; peut être rituelle (notamment chez les juifs et les musulmans) ou médicale.

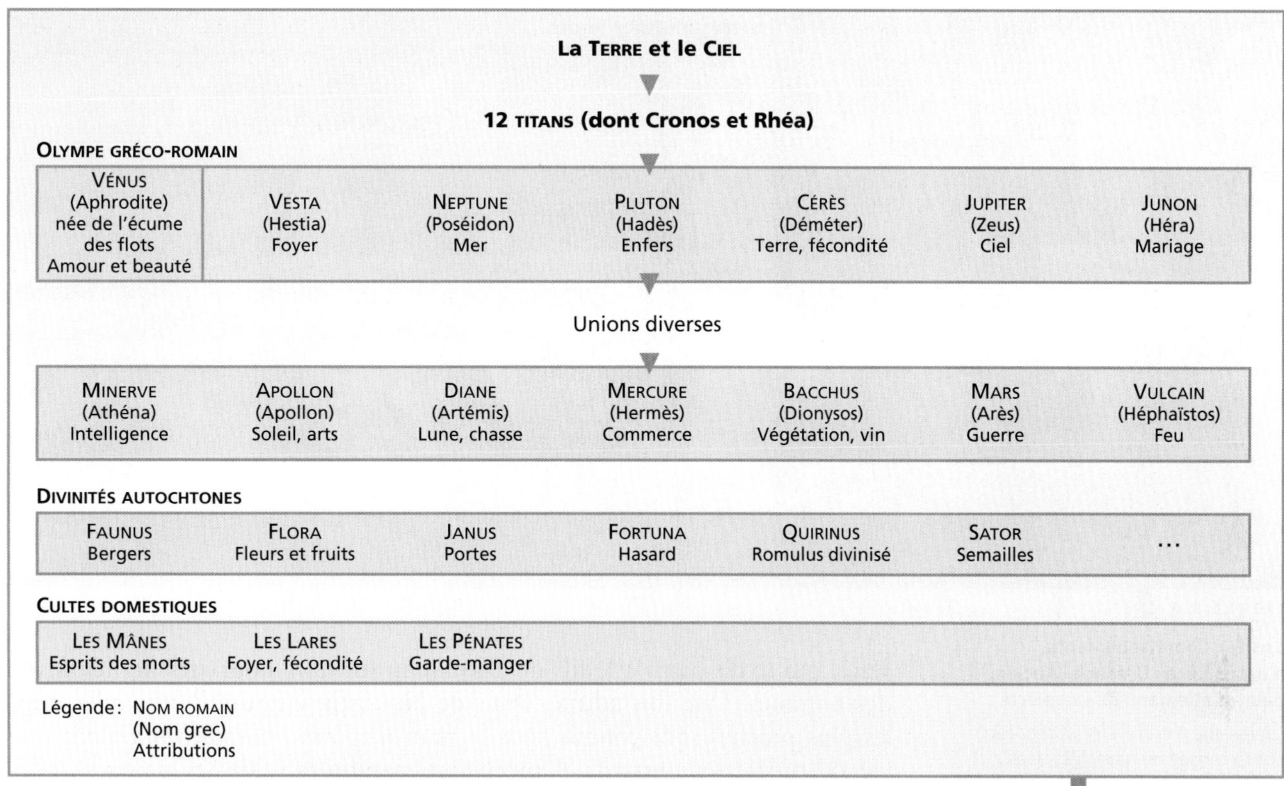

FIGURE 3.7

Le panthéon romain

Après un millénaire de migrations – dont la supposée fuite hors d'Égypte, durant laquelle, selon la tradition, aurait eu lieu la transmission des Dix Commandements à Moïse sur le mont Sinaï – et de luttes contre plusieurs ennemis, le peuple d'Israël connaît, vers l'an 1000 av. J.-C., un bref et mythique âge d'or : les rois Saül, David et Salomon font de Jérusalem leur capitale. La tradition (remise en question par les archéologues) attribue à Salomon la construction d'un temple destiné aux sacrifices. Mais le royaume d'Israël s'affaiblit ensuite et, après avoir été conquis à plusieurs reprises, tombe finalement sous la coupe des Romains.

Le judaïsme, religion monothéiste des Hébreux, leur aurait été révélé par Dieu lui-même à travers ses prophètes, dont les plus importants sont Abraham et Moïse. Cette révélation est contenue dans la Bible juive ou Ancien Testament, ensemble de textes rédigés au cours du Ier millénaire avant notre ère. La Bible raconte les relations entre Dieu (Iahvé) et les hommes, ainsi que l'histoire du peuple juif depuis la prétendue création du monde, et constitue le fondement de l'identité et de l'unité de ce peuple. « Créateur du Ciel et de la Terre », le dieu des Hébreux est un dieu sévère mais juste, avec lequel le croyant peut établir des relations personnelles. Selon la tradition, il aurait conclu un pacte avec eux : en échange de leur engagement à n'adorer que Lui et à respecter les Dix Commandements (figure 3.8), il ferait des Hébreux son peuple élu et leur donnerait la Terre promise. Mais quand ils négligent d'obéir à la Loi, des malheurs s'abattent sur eux : par exemple, l'esclavage en Égypte, la destruction du royaume d'Israël et la captivité à Babylone. Pourtant, malgré la destruction du royaume d'Israël, l'espoir subsiste : Dieu enverra un nouveau roi qui le rétablira. Des prophètes comme Isaïe et Jérémie ont prédit que ce Messie détruira les ennemis d'Israël et établira le Royaume de Dieu sur terre.

Jésus de Nazareth prêche l'amour et la charité. C'est dans ce contexte de turbulence politique que naît, sous le règne d'Auguste, un enfant nommé

FIGURE 3.8

Les Dix Commandements d'après Lucas Cranach l'Ancien, peintre allemand du XVIe siècle

De gauche à droite en commençant par la rangée du haut, les cases peintes par Cranach représentent respectivement les premier et deuxième commandements (tu n'adoreras qu'un seul Dieu et tu ne serviras pas d'idoles); le troisième (tu n'invoqueras pas son nom en vain); le quatrième (tu ne travailleras pas le jour du Seigneur); le cinquième (tu honoreras ton père et ta mère); le sixième (tu ne tueras point); le huitième (tu ne voleras point); le septième (tu ne commettras pas l'adultère); le neuvième (tu ne rendras pas de faux témoignage); le dixième (tu ne convoiteras pas la femme de ton prochain; tu ne convoiteras rien de ce qui appartient à ton prochain).

parabole Récit allégorique sous lequel se cache un enseignement.

dogme → dogmatisme Tendance à se rattacher à un dogme, c'est-à-dire à un ensemble de croyances considérées comme une vérité indiscutable, et à rejeter le doute et la critique.

Jésus, qui se dit bientôt le fils de Dieu venu sur terre pour racheter les fautes des hommes. Une fois adulte, Jésus de Nazareth, entouré de disciples dont les plus proches sont connus sous le nom d'apôtres, entame en Galilée une vie de prédicateur errant : il prêche en **paraboles**, aide les pauvres et les malades, et réalise, dit-on, des guérisons miraculeuses. Les années de prédication de Jésus sont relatées dans les quatre Évangiles (Nouveau Testament), attribués aux saints Matthieu, Luc, Marc et Jean, et rédigés entre 65 et 90 apr. J.-C. à partir de la tradition orale. Jésus parle de Dieu comme de son père, donc comme d'une personne distincte de lui ; par conséquent, il serait à la fois Dieu et homme – cette interprétation donnera plus tard naissance aux **dogmes** de l'Incarnation, de la Trinité et de la Rédemption. Jésus de Nazareth demande à ses disciples de ne croire qu'en un seul Dieu et de respecter les Dix Commandements, mais son message porte surtout sur l'amour de Dieu et du prochain, la compassion et la charité.

Bien que nombre de ses fidèles le voient ainsi, Jésus ne se présente pas comme le Messie tant attendu : il dit être venu sur terre, non pas pour rétablir le royaume d'Israël, comme l'annonçaient les prophéties, mais pour permettre à tous les hommes d'accéder à la vie éternelle. Pour les autorités romaines, il n'est qu'un de ces agitateurs qu'on prend pour le Messie, tandis que les prêtres juifs du Temple le considèrent comme sectaire et sacrilège. Comme il refuse de se soumettre au grand prêtre, s'attaque au Temple (il en aurait chassé les marchands et aurait prédit sa destruction) et représente une menace contre l'ordre public, les autorités religieuses juives l'arrêtent et le livrent aux Romains. Ceux-ci l'accusent de complot contre l'État et l'exécutent par crucifixion – supplice infamant réservé aux brigands et aux gens de basse extraction – le jour de la Pâque juive. Mais, peu après, ses disciples répandent la nouvelle de sa résurrection.

LES DISCIPLES DE JÉSUS RÉPANDENT SON MESSAGE. Bien qu'issu du judaïsme, le message de Jésus ne s'adresse pas exclusivement aux juifs, mais à tous les humains. Après sa crucifixion et sa disparition, ses disciples répandent son message en Syrie-Palestine, en Asie Mineure et en Grèce avec l'aide de nouveaux convertis – comme Saül de Tarse (saint Paul), juif rigoriste qui, après avoir combattu le christianisme naissant, devient un de ses plus ardents propagandistes –, provoquant ainsi la scission définitive d'avec le judaïsme. Au début, le christianisme se propage lentement, mais les difficultés que connaît l'Empire romain et la teneur du message chrétien, qui promet à tous et à toutes une vie après la mort, lui attirent un nombre croissant de fidèles, qui se recrutent surtout dans les classes populaires et chez les esclaves.

FIGURE 3.9

Jésus en route vers le Calvaire (mosaïque romaine)

ROME MATE LES JUIFS ET PERSÉCUTE LES CHRÉTIENS. Entre-temps, les juifs de Judée connaissent des difficultés avec les autorités romaines qui, en 70 apr. J.-C., écrasent une de leurs révoltes et détruisent le Temple de Jérusalem, dont ne subsiste que le mur ouest (le mur des Lamentations). En 135, l'empereur Hadrien mate une nouvelle révolte et chasse les juifs de la Judée, rebaptisée Palestine. Ces faits suscitent une transformation du culte judaïque : désormais centré sur la synagogue et sur la lecture de la *Torah* (ensemble de cinq livres racontant l'histoire du peuple d'Israël), il se caractérisera par l'effacement des prêtres du Temple au profit des **rabbins** et par la dispersion des juifs dans le monde méditerranéen (*diaspora*).

Jusqu'au début du IIe siècle, les Romains ne font pas la distinction entre juifs et chrétiens. Ces derniers, considérés comme les membres d'une secte judaïque, sont dispensés du culte à l'empereur ; toutefois, aux IIe et IIIe siècles, les autorités romaines commencent à exiger d'eux qu'ils s'y adonnent. Devant leur refus, qui implique aussi un refus de servir dans l'armée (les soldats doivent jurer fidélité à l'empereur), les Romains mettent le christianisme hors la loi, saisissent les biens des chrétiens et de l'Église, et persécutent ses fidèles. Ils en font leurs boucs émissaires : dès qu'un fléau s'abat sur l'Empire romain, on les massacre ou on les jette aux lions lors des jeux du cirque. Les chrétiens doivent donc célébrer leur culte en cachette (entre autres dans les **catacombes**) et répandent au péril de leur vie le message du Christ (calqué sur le grec *khristos,* qui traduit l'hébreu *mashia,* d'où « Messie »).

rabbin Ministre du culte d'une communauté judaïque.

catacombes Cavités souterraines servant à la sépulture, chez les Romains et les premiers chrétiens en particulier.

AU IVe SIÈCLE, LE CHRISTIANISME EST LÉGALISÉ, PUIS OFFICIALISÉ. Mais à la faveur de la grave crise que vit l'Empire au IIIe siècle (voir plus loin), une part croissante de la population adhère à cette nouvelle religion qui promet que les malheurs terrestres seront compensés par un bonheur éternel après la mort, et ce, indépendamment du statut social ici-bas. Devant cette évolution,

LES INTERDITS ALIMENTAIRES CHEZ LES JUIFS ET LES MUSULMANS

Le judaïsme et l'islam, religions qui vénèrent le même Créateur, comportent plusieurs règles et interdits inconnus du christianisme, pourtant issu du même tronc commun, notamment plusieurs interdits alimentaires, dont celui de consommer de la viande de porc. On attribue souvent l'origine de cette règle aux conditions sanitaires qui prévalaient à l'époque où ces religions furent instituées (entre autres, l'absence de réfrigération).

Cependant, aucun fait ne confirme cette interprétation : dans d'autres religions nées à la même époque sous les mêmes latitudes, on ne considère pas la viande de porc comme impure. Il s'agirait donc plutôt d'un moyen pour les juifs et les musulmans de se distinguer de ceux qui ne partagent pas leurs croyances, les « gentils », et de sanctifier leur corps, temple de leur âme.

l'empereur Constantin Ier légalise le christianisme en proclamant en 313 l'édit de Milan. Un de ses successeurs, Théodose Ier, en fait la religion d'État de l'Empire et ordonne la fermeture des temples païens et la fin des sacrifices. L'Église chrétienne émerge au grand jour: elle peut désormais posséder des biens et recevoir des dons, construire des églises et des basiliques, se lancer dans l'entreprise de conversion des paysans, jusque-là réfractaires au message chrétien. Les premiers théologiens, appelés «Pères de l'Église», précisent le dogme, qui est officialisé par les **conciles** (le premier se tient à Nicée en 325).

concile Dans l'Église catholique, assemblée des évêques qui statuent sur des questions de dogme, de morale ou de discipline.

Les Romains créent la notion de droit. L'une des plus grandes contributions des Romains à notre civilisation est la création de la notion de droit, c'est-à-dire un ensemble de règles détachées de la morale et de la religion, et s'opposant à l'arbitraire et à la force brute. Le droit romain, né comme les autres droits des rapports entre les groupes sociaux et longtemps lié à la religion, se **sécularise** avec l'adoption en 449 av. J.-C. de la Loi des Douze Tables. Cette codification des lois coutumières leur enlève leur caractère arbitraire – tous pouvant désormais en prendre connaissance – et affaiblit le pouvoir des patriciens – nul n'étant plus au-dessus de la loi.

Une des caractéristiques fondamentales du droit romain est son aspect pratique, concret: avant qu'on ne généralise ses règles et que la théorie n'en

L'édit de Milan (313 apr. J.-C.)

L'édit de Milan est un édit impérial par lequel les co-empereurs Constantin Ier et Licinius s'adressent aux fonctionnaires, ce qui explique le tutoiement dans l'extrait qui suit.

■ ■ ■

Moi, Constantin Auguste, ainsi que moi, Licinius Auguste, réunis heureusement à Milan pour discuter de tous les problèmes relatifs à la sécurité et au bien public, avons cru devoir régler en tout premier lieu, entre autres dispositions de nature à assurer, selon nous, le bien de la majorité, celles sur lesquelles repose le respect de la divinité, c'est-à-dire donner aux chrétiens comme à tous la liberté et la possibilité de suivre la religion de leur choix afin que tout ce qu'il y a de divin au céleste séjour puisse être bienveillant et propice, à nous-mêmes et à tous ceux qui se trouvent sous notre autorité. Nous avons décidé de permettre à tous ceux qui ont la détermination d'observer la religion des chrétiens de le faire librement et complètement, sans être inquiétés ni molestés. [...] La même possibilité d'observer leur religion et leur culte est concédée aux autres citoyens, ouvertement et librement, ainsi qu'il convient à notre époque de paix, afin que chacun ait la libre faculté de pratiquer le culte de son choix. [...] En outre ta sollicitude fera rendre immédiatement et sans indemnité aux chrétiens les locaux où ils se réunissaient. Comme les églises chrétiennes possédaient aussi des biens communs, tu les leur feras rendre aux mêmes conditions.

Rapporté par Lactance, *De la mort des persécuteurs*, I, XLVIII, et reproduit dans R. Nouailhat, *Histoire des religions. La genèse du christianisme de Jérusalem à Chalcédoine*, Franche-Comté, CRDP et Cerf, 1997, p. 168.

La mise hors la loi du paganisme par l'empereur Théodose Ier

En 391, l'empereur Théodose Ier ordonne la fermeture des temples païens et la fin des sacrifices propres à la religion traditionnelle des Romains, ce qui illustre bien le chemin parcouru par le christianisme en un peu moins d'un siècle.

■ ■ ■

Nul ne doit se souiller avec des victimes, sacrifier un animal innocent, entrer dans les sanctuaires, fréquenter les temples et adorer des statues façonnées de main d'homme sous peine de sanctions divines et humaines. Cette disposition doit s'appliquer également aux fonctionnaires, car, si l'un d'eux, dévoué à un rite profane, pénètre dans un temple pour y vénérer les dieux, où que ce soit, en voyage ou dans la ville, il sera immédiatement contraint de verser quinze livres d'or, et son bureau devra payer aussi rapidement la même somme au cas où il ne se serait pas opposé à lui et ne l'aurait pas aussitôt retenu par des avertissements prononcés publiquement.

Code théodosien, XVI, 10, 10.

fasse un édifice intellectuel complet, il s'est développé à partir de cas concrets. À Rome même, le droit privé (*jus civile*) est sous la juridiction d'un magistrat, le préteur urbain, qui, secondé de véritables experts, les jurisconsultes, interprète le droit en fonction des affaires précises qu'il doit juger et le fait évoluer par ses recommandations aux parties (*formulæ*). Avec les conquêtes romaines, les relations commerciales et juridiques entre citoyens romains et étrangers se multiplient, de sorte qu'il faut créer au IIIe siècle av. J.-C. une seconde magistrature, celle du préteur pérégrin, chargé de dire ce nouveau droit : inspirées par le droit des gens (*jus gentium*), ses recommandations sont à la base du droit international.

Outre les édits des préteurs, les sources du droit romain sont : les édits des gouverneurs des provinces, qui contribuent à la fusion du droit romain et des coutumes locales ; les lois votées par les comices et par le Sénat sous la République ; les **décrets** des empereurs ; les avis des jurisconsultes et les décisions des tribunaux, codifiées à partir du Ier siècle av. J.-C. par de grands juristes. Les décrets des empereurs seront **codifiés** au Ve siècle dans le Code théodosien. Quant au **droit civil**, il deviendra un véritable monument juridique au VIe siècle à Byzance, quand l'empereur Justinien Ier ordonnera la codification de l'ensemble des lois et décisions de justice romaines dans le domaine du droit privé : ce monument du droit porte le nom de *Corpus juris civilis*.

décret Décision exécutoire à portée générale ou individuelle prise par une personne disposant de l'autorité, comme un roi ou un empereur ; se distingue de la loi, votée par une assemblée.

codifier → codification Entreprise de rassemblement de dispositions juridiques et leur organisation en un système cohérent dans un code.

droit civil Ensemble des règles régissant le droit privé ; il encadre notamment l'état civil, le mariage, la propriété, les successions, les obligations et les hypothèques.

Notre droit et le droit romain

Par le Code justinien, le droit civil romain influencera toute la tradition juridique occidentale jusqu'à nos jours, à commencer par le droit de l'Église catholique, dit **droit canon**. Encore de nos jours, les codes civils de plusieurs pays, comme la France, l'Italie et l'Espagne, ainsi que de quelques provinces ou États, comme le Québec et la Louisiane, s'inspirent largement du droit romain. Plusieurs de nos grands principes juridiques nous viennent des Romains, notamment ceux-ci : mieux vaut laisser échapper un coupable que punir un innocent ; la parole donnée doit être respectée ; la conclusion d'un contrat présuppose la rencontre de deux volontés libres et conscientes ; un châtiment doit être déterminé autant en fonction des conséquences du délit que de la culpabilité de l'accusé ; le consentement des époux et l'affection mutuelle, et non la cohabitation ou la dot, sont le fondement du mariage ; personne ne peut être puni pour ce qu'il pense.

Notons que les droits public et pénal des Romains, moins libéraux que leur droit civil, n'ont par contre pas eu une grande influence sur notre droit.

droit canon Droit de l'Église, principalement fondé sur les décisions des conciles.

Les Romains sont des constructeurs utilitaristes. Outre ce monument intellectuel qu'est le droit, les Romains ont construit nombre d'édifices ou de bâtiments, dont quelques-uns sont toujours quasi intacts : arcs de triomphe, ponts, aqueducs, thermes, basiliques, temples, théâtres et amphithéâtres, etc. La solidité des constructions romaines s'explique par la principale technique de construction employée : le blocage, qui consiste à noyer de grosses pierres dans du mortier coulé dans des coffrages. Il suffisait ensuite de revêtir cette structure de stuc, ou d'une maçonnerie de pierres ou de briques séchées ou cuites, pour donner à l'édifice son aspect fini ; les éléments décoratifs les plus communs étaient la peinture murale et la mosaïque. Notons que la résistance de la structure permet aux Romains d'utiliser à outrance la voûte étrusque ou la coupole perse, ainsi que les colonnades décoratives d'inspiration hellénique.

Les Romains créent également le premier réseau routier au monde : convergeant vers la capitale (« Tous les chemins mènent à Rome »), il s'étend au plus fort de son extension sur pas moins de 280 000 kilomètres. Construites selon

FIGURE 3.10

L'arc de triomphe d'Orange (construit à l'époque d'Auguste)

pondéreux Pesant ; qui pèse beaucoup.

une technique éprouvée, ces routes larges de 3 à 7 mètres (dont certaines résistent toujours à l'usure du temps) servent au déplacement des armées, au service postal et au commerce – même si les matières **pondéreuses** sont surtout transportées par bateau.

LA LITTÉRATURE LATINE CONNAÎT SON ÂGE D'OR AU Ier SIÈCLE APR. J.-C. Les Romains nous ont aussi légué une riche littérature, dont les créations s'étendent sur près de huit siècles (du IIIe siècle av. J.-C. à la fin de l'Empire d'Occident). Bien que les écrivains romains s'inspirent largement des modèles grecs, certains finiront toutefois par produire une littérature originale. Leur domaine par excellence sera l'art oratoire. L'histoire, fortement influencée par les Grecs Hérodote et Thucydide, y est le fait de quelques grands noms : l'esclave grec Polybe, Salluste, Tite-Live et Tacite. De leur côté, Plaute (IIIe siècle av. J.-C.) et Térence (IIe siècle av. J.-C.) ont écrit pour le théâtre des comédies qui inspireront les auteurs de la Renaissance. Quant à la poésie, d'inspiration grecque sauf pour ce qui est de la satire, une création purement romaine, elle connaît son âge d'or au Ier siècle av. J.-C. et à l'époque d'Auguste.

FIGURE 3.11

Le Colisée de Rome (inauguré en 80 apr. J.-C.)

FIGURE 3.12

Une mosaïque romaine

LA CRISE DU MONDE ROMAIN (DU IIIe AU Ve SIÈCLE)

Ce qu'on a coutume d'appeler la chute de l'Empire romain, située classiquement à la fin du Ve siècle, commence en fait au IIIe siècle par une profonde crise morale, économique et politique, qui l'affaiblit de manière irréversible.

L'HISTOIRE, SOURCE DE MORALE

Quelle est la fonction de l'histoire selon l'historien romain Tite-Live ?

■ ■ ■

Chacun doit étudier minutieusement ce que furent la vie et les mœurs de jadis, quels hommes et quels comportements ont, en temps de guerre ou de paix, créé ou agrandi notre empire ; suivre en esprit, avec le relâchement progressif de la discipline, la décadence de la morale et la manière dont elle se dégrada toujours davantage avant de s'effondrer, pour en arriver à notre époque, où nous ne pouvons supporter ni nos vices ni leurs remèdes. [...] Ce que l'histoire a de salutaire, c'est de permettre que l'on voie, dans une évocation qui les met en évidence, toutes sortes d'exemples instructifs.

Tite-Live, *Histoire de Rome*, I, 1-10.

C'est aussi à la fin du IIIe siècle que reprennent les déplacements de populations outre-Rhin et outre-Danube, lesquels culmineront au Ve siècle, provoquant l'effondrement de la partie occidentale de l'Empire.

AU IIIe SIÈCLE, L'ÉCONOMIE S'EFFONDRE. Après deux siècles de paix et de prospérité, les populations de l'Empire romain connaissent au IIIe siècle une longue et profonde crise économique.

Cette crise a de multiples causes. La montée des périls extérieurs, particulièrement sur les fronts du Rhin, du Danube et de l'Euphrate, entraîne une hausse importante des dépenses militaires de l'Empire (de 125 000 à l'époque d'Auguste, le nombre de légionnaires est passé à plus de 400 000), ce qui force l'État à augmenter les charges fiscales (taxes **foncières**, successorales et douanières). La mesure est d'autant plus nécessaire que la fin de l'expansion de Rome et la normalisation de la gestion de l'Empire tarissent les sources de **numéraire** et de métaux précieux qu'étaient la prise de butin et le prélèvement des tributs auprès des peuples vaincus. Non seulement l'État romain alourdit ses taxes – il accepte même les versements en nature ! –, mais il resserre aussi sa réglementation : le monde du travail devient à ce point rigide que les artisans ne peuvent plus changer de profession ; celle-ci devient même héréditaire. S'ensuivent une augmentation de l'évasion fiscale et une démotivation généralisée de la population.

foncier Relatif à un fonds de terre et à son exploitation.

numéraire Toute monnaie de métal qui a cours légal.

Facteur aggravant, la **balance commerciale** de l'Empire est négative et ses ressources en numéraire servent à payer les biens importés par les Romains (de Chine, notamment). Les empereurs s'attaquent à ce problème en adoptant des réformes monétaires qui consistent généralement à diminuer le pourcentage de métal précieux dans les pièces de monnaie. Cela se traduit par une perte de confiance de la population à l'égard de la monnaie, qui se dévalue, ce qui entraîne une importante **inflation**.

balance commerciale Différence entre la valeur des importations et des exportations d'un pays ; quand les importations l'emportent sur les exportations, elle est dite négative.

inflation Hausse générale et durable des prix.

La hausse des taxes, la dévaluation des monnaies et l'inflation génèrent à leur tour un ralentissement de l'économie, qui débouche sur l'accroissement du chômage et de la pauvreté. Écrasées par la fiscalité et gênées par la crise économique, les classes moyennes sur lesquelles s'appuyait l'économie s'amenuisent. Certaines villes, où l'activité économique périclite et le ravitaillement laisse à désirer, se dépeuplent. De nombreux citadins préfèrent s'établir à la campagne : dans les grands domaines (les *latifundiæ*), ils obtiennent le droit de cultiver un lopin de terre contre une partie de la récolte. Le régime du **colonat** se développe. Comme le commerce décline – notamment en raison

colonat Mode d'exploitation de la terre : attachés à perpétuité à la terre qu'ils cultivent, le colon et sa famille donnent à son propriétaire une partie de la récolte.

de la dégradation du réseau routier que l'État n'a plus les moyens d'entretenir, ainsi que de la résurgence du brigandage et de la piraterie –, ces *latifundiæ* tendent à vivre en **autarcie**. Non seulement ils produisent eux-mêmes tout ce qui leur est nécessaire, mais ils cessent de payer des impôts, s'entourent de murs et instaurent leurs propres milices. Finalement, des vagues d'épidémies (peste, choléra) accentuent la dégradation économique.

autarcie Système économique fermé d'une collectivité qui subvient entièrement à ses besoins sans apport extérieur.

L'instabilité politique devient permanente. La crise économique se résorberait peut-être plus rapidement si la direction de l'État connaissait stabilité et continuité. Mais l'instabilité politique s'empare de l'Empire à la mort de Marc-Aurèle (180 apr. J.-C.). De 180 à 284 apr. J.-C., 29 empereurs se succèdent sur le trône, la plupart simplement désignés par une faction de l'armée, et 25 d'entre eux périssent assassinés. Le rôle de l'armée dans la désignation de l'empereur et la disparition virtuelle des institutions républicaines qui avaient survécu à l'instauration du principat par Auguste marquent d'ailleurs la transformation de la fonction impériale en un **despotisme** de type oriental.

despotisme Mode de gouvernement absolu, arbitraire et oppressif.

Les révoltes, les sécessions et les guerres civiles se multiplient, et l'anarchie triomphe, sauf durant quelques éclaircies où des empereurs plus forts ou une dynastie plus solide rétablissent provisoirement l'ordre. Ainsi, de 193 à 235 apr. J.-C., la dynastie des Sévères parvient tant bien que mal à assurer son emprise sur le trône. Dioclétien, proclamé empereur par ses soldats en 284, tente d'affermir le pouvoir impérial: il complète le processus de divinisation de l'empereur, restructure l'Empire par la création de douze **diocèses**, réglemente étroitement le monde du travail et instaure la **tétrarchie** en plaçant à la tête de l'État un quatuor de dirigeants. Cette dernière réforme ne lui survit pas. En 330, Constantin Ier déplace la capitale de l'Empire en Orient en fondant la ville de Constantinople. Enfin, Théodose Ier, avant de mourir (en 395), partage l'Empire entre ses deux fils; dès lors, l'Empire romain est définitivement scindé en deux: l'Empire romain d'Occident et l'Empire romain d'Orient.

diocèse Dans la Rome impériale, circonscription administrative placée sous la responsabilité d'un vicaire de l'empereur; dans l'Église catholique, circonscription ecclésiastique dirigée par un évêque ou un archevêque.

tétrarchie Sous l'empereur Dioclétien, système de gouvernement de l'Empire par division entre quatre dirigeants, deux Augustes et deux Césars.

L'Empire romain connaît une profonde crise morale. L'Empire romain du IIIe siècle connaît aussi une grave crise morale, qui est à la fois une conséquence et un facteur des crises économique et politique. En partie à cause de l'oppression dont elles sont victimes de la part de l'État, les populations perdent leur sens civique: le refus d'accomplir ses devoirs de citoyen, l'évasion fiscale et l'individualisme deviennent la norme. La population de l'Empire décroît. Cette crise démographique importante ne s'explique pas seulement par l'appauvrissement généralisé et les épidémies: on enregistre aussi une baisse de la natalité due notamment au fait que ses habitants, qui ont perdu confiance et adopté une mentalité égotiste, veulent moins d'enfants. La vieille religion romaine s'efface devant les cultes orientaux comme le christianisme – qui promettent à leurs fidèles une compensation dans l'au-delà pour les souffrances endurées ici-bas –, les cultes orgiaques ou les pratiques ésotériques comme l'astrologie. Face à cette **déliquescence**, les autorités hésitent entre le syncrétisme – Sévère Alexandre associe les cultes d'Orphée et de Jésus au culte impérial – et la répression. L'armée elle-même devient davantage un acteur politique qu'un soutien de l'État. Son efficacité comme garante des frontières s'amenuise à mesure qu'elle intègre des « Barbares » dans ses rangs et recrute une proportion croissante de provinciaux, d'abord et avant tout attachés à la défense de leur coin de pays.

déliquescence Perte de la force et de la cohésion; synonyme de décomposition, ruine, décadence.

Les Germains submergent l'Empire au Ve siècle. Dès le milieu du IIIe siècle, les mouvements des populations germaines reprennent en Europe centrale et orientale: les Francs traversent le Rhin, tandis que les Goths attaquent sur le Danube (ils sont repoussés).

Le *limes*, frontière consolidée au siècle précédent par des fossés, des murs et des forts là où les barrières naturelles – fleuves ou montagnes – se révélaient insuffisantes, devient de plus en plus perméable. Au IVe siècle, les échanges entre populations romaines et germaines s'intensifient, et nombre de Germains s'installent en douce en territoire romain. Les autorités romaines « fédèrent » même certains peuples frontaliers. Ainsi, en échange de bénéfices économiques et du droit de conserver leurs lois et coutumes, les Wisigoths reçoivent de Théodose Ier l'autorisation de s'installer en Thrace, où ils deviennent en quelque sorte le bouclier de Rome contre les populations moins « civilisées » de l'est.

FIGURE 3.13

L'armement d'un chef germain au Ve siècle

À partir de 375, un peuple guerrier et cruel – les Huns – dirigé par un chef nommé Attila, surgit des steppes d'Asie centrale et sa venue déclenche un effet de dominos. Effrayés, des peuples entiers – guerriers, femmes, enfants et vieillards – traversent le *limes* avec leurs animaux et leurs biens meubles, entreprenant une migration qui, dans certains cas, durera près de 80 ans : on a longtemps qualifié ces invasions de « barbares » (carte 3.5). Les Ostrogoths et les Wisigoths sont les premiers à se mettre en branle, suivis des Francs, des Vandales, des Burgondes, des Angles, des Saxons et des Jutes. Rome est même saccagée par les Wisigoths en 410.

Venus pour jouir de la civilisation romaine et se mettre à l'abri, et non pas pour détruire, ces envahisseurs se mêlent aux populations romaines et, bien que moins nombreux, finissent par prendre une place prépondérante ; ils créent des **royaumes** où la souveraineté de Rome n'est bientôt plus qu'un souvenir. En 476, quand son dernier empereur est déposé par un obscur chef germain, l'Empire romain d'Occident disparaît définitivement.

royaume Principauté, pays ou État gouverné par un roi.

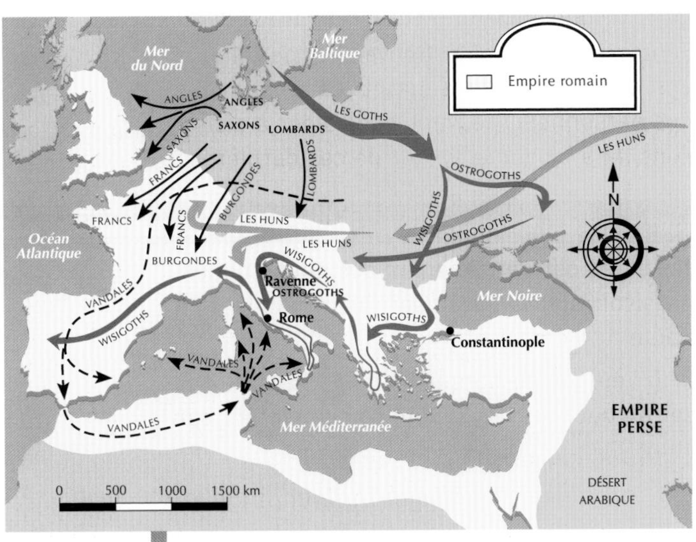

CARTE 3.5

Les invasions « barbares », 375-481

Apprentissages

Dégager l'idée principale

Dans son texte sur les facteurs géographiques de la puissance des Romains, cité à la page 57, le géographe grec Strabon en énumère trois. Lesquels ?

Le point de vue de l'auteur sur la puissance économique et militaire est celui d'un spécialiste de la géographie. Est-il possible de dégager l'idée principale du passage cité même si elle n'y est pas exprimée en termes clairs ?

Distinguer les faits des opinions

Dans l'extrait de texte cité à la page 64 (« Les effets pervers de l'enrichissement »), l'historien romain Salluste (Ier siècle av. J.-C.) porte un regard sévère sur les jeunes de son époque et sur leur « appétit pour la richesse ».

On trouve dans ce passage un mélange de faits et d'opinions de l'auteur. Un fait est une donnée historique vérifiable, et donc objective. Une opinion est un point de vue, un avis, un jugement formulé par une personne à partir de son observation et de son interprétation des faits ; c'est donc une donnée subjective.

Comment départager les faits et les opinions dans ce passage ? Quels phénomènes de l'histoire de Rome devraient attirer l'attention ? Sur le plan méthodologique, quelles démarches devrait-on entreprendre pour déterminer, parmi les diverses affirmations de Salluste, lesquelles sont objectives et lesquelles sont subjectives ? Quels documents constitueraient des sources privilégiées ?

Salluste était membre de la *nobilitas*. Le prestige et la puissance de la *nobilitas* romaine reposaient sur la propriété terrienne, le commerce outre-mer lui étant interdit. Les membres de la *nobilitas* méprisaient l'enrichissement par le commerce et les affaires. En quoi ces informations contribuent-elles à une meilleure appréciation du texte ? Ce texte aurait-il pu être écrit par un chevalier ? par un prolétaire ?

En 50 av. J.-C., Salluste fut exclu du Sénat pour immoralité. Gouverneur de l'Afrique en 46 av. J.-C., il s'y était enrichi sans scrupule en pressurant les populations locales. Ces informations de nature plus personnelle peuvent-elles aider à distinguer dans son texte les faits des opinions, et à jauger la valeur de ces dernières ?

Comparer et opposer

Comparer signifie trouver les similarités et les différences entre des phénomènes, des événements, des idées. La comparaison aide à organiser l'information et à mieux la comprendre ; de plus, elle facilite la mémorisation.

Peut-on comparer l'Édit de Milan (p. 78) et la mise hors la loi du paganisme par l'empereur Théodose (p. 78), et dégager en quoi ces deux édits se complètent par leur objectif et s'opposent par leur nature ?

Distinguer les faits des opinions

Notre connaissance du passé repose largement sur les documents produits par les témoins d'une époque donnée ainsi que par les historiens qui l'ont successivement étudiée et analysée. L'appréciation de la valeur de ces textes est donc une habileté primordiale pour l'historien. L'une des composantes de cette habileté est la faculté de distinguer le fait de l'opinion. Le fait, qu'il soit brut (un événement, une date, un article de loi) ou construit (comme une série statistique), appartient au domaine du réel : il peut être observé et sa véracité se vérifie. L'opinion, quant à elle, s'appuie sur des facteurs personnels, subjectifs (préférences, vision du monde, croyances, idéologies) qui orientent la compréhension ou l'interprétation qu'on donne du réel. En règle générale, une opinion a d'autant plus de valeur qu'elle est étayée par des faits vérifiables.

Le texte de l'historien romain Tacite reproduit à la page 70 (« L'incendie de Rome, effet du hasard ou œuvre de Néron ? ») contient à la fois des faits et des opinions. Pour distinguer les uns des autres, il faut d'abord déterminer les faits, en se servant si possible de sources documentaires : livre d'histoire, dictionnaire ou encyclopédie. Puis on peut trouver les opinions, en repérant les verbes affirmatifs, les qualificatifs et les comparaisons. Les classer en deux colonnes faciliterait le travail.

Interpréter un poème pour mieux comprendre les Romains

Le poète satirique Juvénal vécut à Rome à la fin du Ier siècle et au début du IIe siècle. Ses poèmes dressent un portrait vivant et réaliste de la culture matérielle des Romains de son époque. Dans le passage qui suit, il raconte les dangers et les désagréments de la vie dans la cité, à l'intérieur comme à l'extérieur.

Selon lui, quels dangers guettent le piéton et l'habitant de Rome ? En quoi la situation des citadins romains semble-t-elle différer de celle des citadins contemporains dans les pays occidentaux ? Quelles solutions pourraient être apportées aux problèmes soulevés par Juvénal ?

Qui donc a jamais craint que sa maison s'écroule dans la fraîche Préneste,*
À Volsinies qu'enserrent ses collines boisées, dans la simple Gabies**
Ou à Tibur encore, avec sa citadelle étagée ?*
Mais nous autres habitons une ville trop souvent étayée de fragiles poutrelles :
Avec ça le gérant pare à l'écroulement et quand il a bouché une vieille crevasse
Il vous dit de dormir dessus vos deux oreilles alors que pointe le désastre !
Ah, je veux vivre quelque part où il n'y ait pas d'incendies et où les nuits
seront paisibles [...]
Il déménage son fourbi, et déjà le troisième étage est en feu
Toi tu n'en sais rien : oui, depuis le rez-de-chaussée c'est la panique
Mais celui qui va rôtir le tout dernier c'est le locataire abrité de la pluie
par de simples tuiles [...]
Bien des malades ici succombent à l'insomnie [...]
À Rome, le sommeil coûte cher : on est mal
Embouteillages de chariots dans les ruelles sinueuses
Criailleries des muletiers dont le troupeau n'avance plus [...]
Le flot qui me précède me retarde, et celui qui me suit me coince les reins !
L'un me heurte du coude, l'autre d'un chevron, rudement !*
Un coup de poutre sur la tête ! Et une amphore, maintenant

Mes jambes sont grasses de boue et un godillot m'écrabouille,*
Dans mon orteil se plante un gros clou de soldat [...]
Vois maintenant à quels autres dangers on s'expose, la nuit
Le vaste espace qui du sol sépare les toits, tout là-haut,
D'où un tesson soudain vient nous frapper le crâne
Et ces vases fêlés qui tombent des fenêtres, entaillant le pavé
Manque de précautions, coupable d'imprévoyance si en ville tu vas dîner sans avoir fait ton testament !
Chaque fenêtre ouverte où veille un insomniaque, c'est la mort qui te guette au passage.
Souhaite un seul bonheur – et que cet humble vœu soit exaucé :
N'être inondé que du contenu des cuvettes !

* Préneste, Volsinies, Gabies, Tibur : petites villes situées aux alentours de Rome.
Chevron : madrier.
Godillot : chaussure militaire.

Juvénal, *Satires*, III, Paris, Gallimard, 1996, p. 48-52.

Consultez le Compagnon Web pour des questions d'autoévaluation supplémentaires.

La naissance de l'Europe et le partage de la Méditerranée

LES PRINCIPAUX CONCEPTS UTILISÉS DANS CE CHAPITRE SONT LES SUIVANTS : **féodalité, hérésie, infrastructures, territorialité, théocratie, vassalité et bénéfice.**

Dans ce chapitre, nous verrons...

- Comment un nouveau monde, fondement de l'Europe et de la civilisation occidentale, naît sur les ruines de l'Empire romain d'Occident.
- Comment les apports germaniques s'y mélangent au fond romain, forgeant lentement une nouvelle civilisation.
- En quoi la religion chrétienne devient le principal facteur de cohésion de cette nouvelle civilisation.
- Comment l'héritage romain survit plus de mille ans à Byzance et dans quelle mesure il se transforme.
- Comment une nouvelle religion monothéiste, l'islam, naît et comment elle conquiert une large partie du pourtour de la Méditerranée et du monde.
- Comment les Francs réunifient pour une brève période la majeure partie de l'Europe occidentale, ressuscitent l'idée d'empire et permettent une renaissance culturelle.

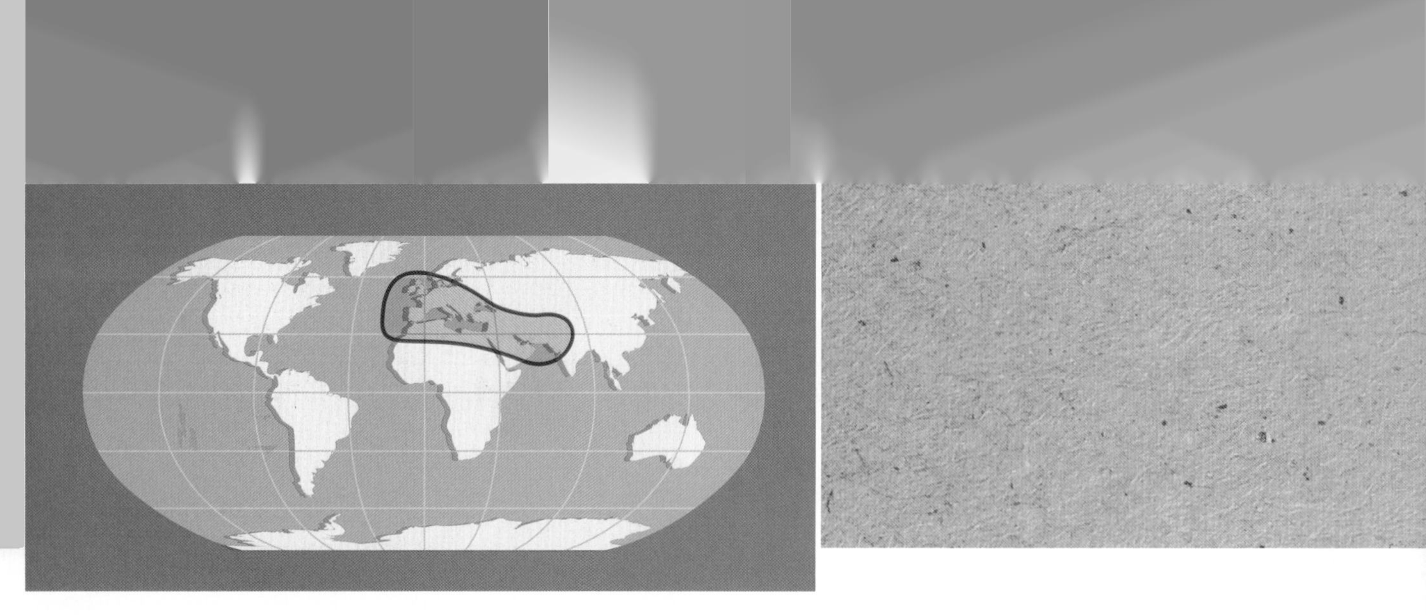

LIGNE du temps

300 — 400 — 500 — 600 — 700

Église catholique (313-)

Édit de Milan – christianisme (313)

Interdiction du polythéisme (391)

Bénédictins (529)

Concile de Nicée (325)

Invasions germaines (375 à 481)

Dynastie des Mérovingiens (481 à 751)

Baptême de Clovis – Francs (496)

Règne de Justinien Ier (527 à 565)

Corpus juris civilis (529)

Dynastie des Omeyades (661 à 750)

Hégire (622)

Assassinat de Hussein (680)

L'Église catholique romaine parvient à survivre dans les royaumes germains qui se construisent sur les ruines de l'Empire romain. Quant à l'héritage romain, il subsiste à Byzance, la partie orientale de l'Empire, qui a résisté aux invasions. Au sud et à l'est de la Méditerranée, une civilisation aux fondements religieux émerge : l'islam.

Au VIIIe siècle, les souverains francs tentent de ressusciter l'Empire romain, mais cette ultime tentative sera de courte durée.

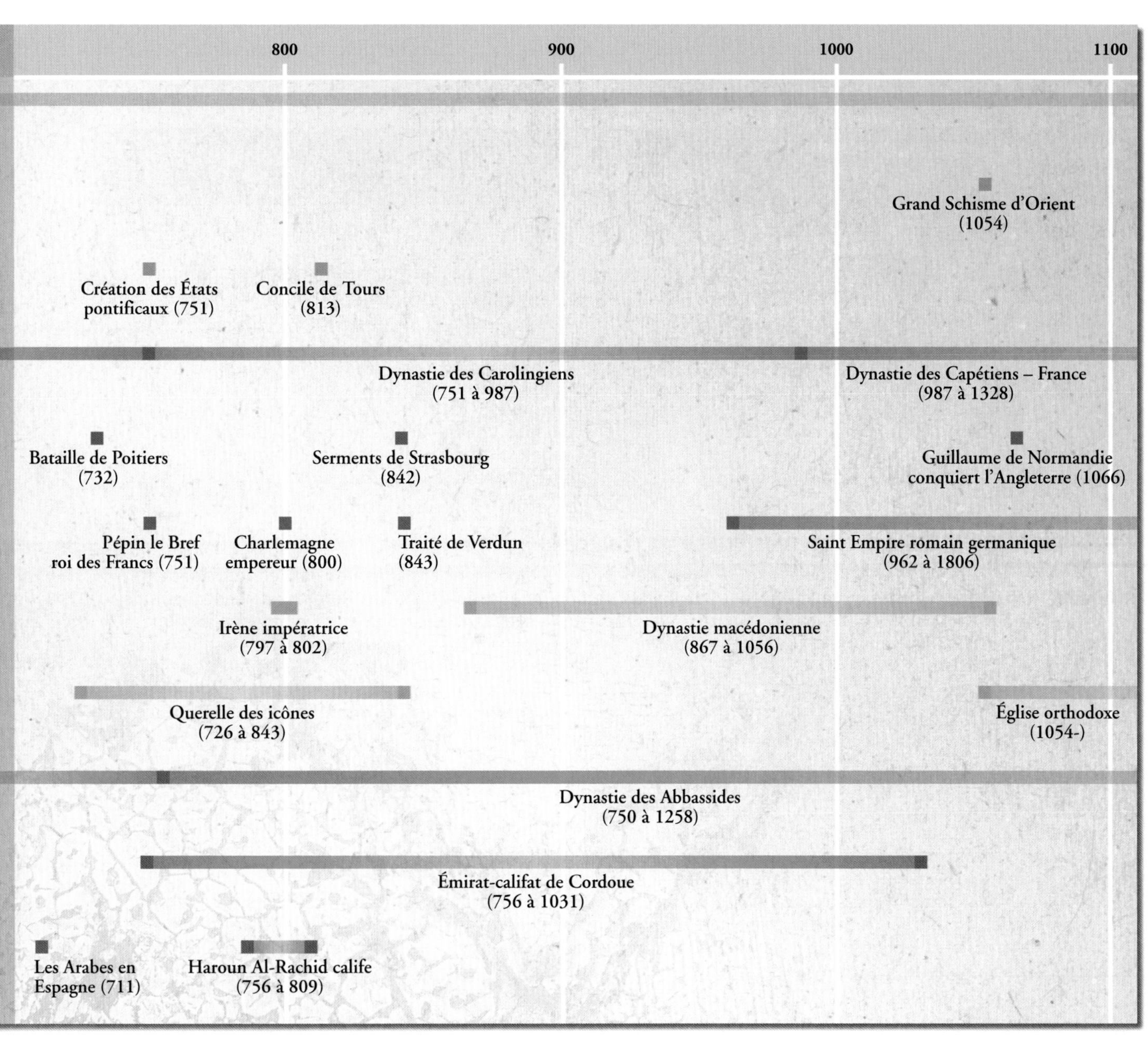

Les royaumes germains et les civilisations à caractère religieux

Avec la chute de l'Empire romain d'Occident, la première unité européenne et la notion d'État s'évanouissent. Des royaumes germains se mettent en place. Les apports germaniques s'y mélangent au fonds romain, forgeant lentement une nouvelle civilisation, fondement de la future Europe. L'Église chrétienne, qui a survécu au naufrage, se structure et entreprend un long processus de conversion et de christianisation de ces peuples. À l'est, l'Empire romain d'Orient s'hellénise et engendre une brillante civilisation qui survivra à sa contrepartie occidentale durant près d'un millénaire. Au VIIe siècle naît en Arabie une nouvelle religion monothéiste, l'islam, dont les **prosélytes** constituent rapidement un immense empire allant de l'Espagne à l'Inde.

prosélyte Personne nouvellement convertie à une religion.

LES ROYAUMES GERMAINS

Avec la disparition de Rome, le centre de la civilisation occidentale se déplace de la Méditerranée vers une Europe désormais fragmentée. S'y instaurent des royaumes germains fondés sur la hiérarchie guerrière et les liens du sang. L'économie régresse. Seules quelques villes survivent à grand-peine.

RÉFLEXION HISTORIOGRAPHIQUE : COMMENT EXPLIQUER LA CHUTE DE L'EMPIRE ROMAIN D'OCCIDENT ?

L'historien ne fait pas que colliger des faits et les organiser en séquences, chronologiques ou autres. Il interroge et explique les phénomènes historiques avec son bagage scientifique et méthodologique, sa culture et son idéologie. Même les chroniqueurs et les annalistes de l'Antiquité, comme Thucydide ou Tacite, qui se voyaient comme de simples témoins, ont analysé et interprété les faits, imprégnant leurs œuvres de leur vision du monde. Chaque œuvre historique porte la marque de son auteur. Chaque génération réécrit l'histoire à partir de ses préoccupations et des ressources dont elle dispose. La chute de l'Empire romain d'Occident est un phénomène historique qui illustre bien les modulations de l'historiographie, c'est-à-dire de « l'ensemble des interprétations historiques relatives à une question, à un sujet ».

Les premiers historiens qui ont étudié la chute de l'Empire romain d'Occident ont généralement adopté le point de vue de l'Anglais Edward Gibbon (*Histoire du déclin et de la chute de l'Empire romain*, 1776), qui l'attribuait à l'invasion des Barbares.

Les historiens du XXe siècle ont proposé d'autres explications qui, le plus souvent, tiennent compte de l'évolution interne de l'Empire romain comme de ses dimensions sociales et économiques. Ainsi, Arthur Boak (*Manpower Shortage and the Fall of the Roman Empire in the West*, 1955), sans en faire la cause unique, soutient qu'une baisse de la population de l'Empire à partir du IIe siècle aurait provoqué un manque de main-d'œuvre et de soldats qui aurait été fatal à long terme. Cependant, Moses I. Finley (« The Question of Population », 1958) a contesté les statistiques avancées par Boak, proposant plutôt qu'on analyse cette question en la replaçant dans un contexte économique et politique plus large. Edward Salmon (« The Roman Army and the Disintegration of the Roman Empire », 1958) insiste quant à lui sur les effets pervers de l'attribution par l'empereur Caracalla de la citoyenneté romaine à tous les habitants de l'Empire : le service militaire, qui était jusque-là un des moyens d'obtenir la citoyenneté et ses avantages, aurait alors perdu une partie de son attrait. De son côté, le Russe M. Rostovtzeff (*Histoire économique et sociale de l'Empire romain*, 1957) attribue la chute de l'Empire romain à l'éclatement de sa structure de classes, et plus particulièrement à la transformation de la société romaine ; son passage d'une société de classes à une société de masse aurait entraîné sa « barbarisation ».

D'autres explications sont plus étonnantes. Ainsi, Frank Tenney (« Race Mixture in the Roman Empire », 1915) laisse entendre que les qualités civiques des Romains auraient été affaiblies par les mariages interethniques : jusqu'à 90 % des Romains de l'époque impériale descendant partiellement d'ethnies « asiatiques », ce qui expliquerait un manque d'énergie et d'esprit d'entreprise, le déclin du sens commun et de la prévoyance ainsi que l'affaiblissement du sens moral et de la vigueur politique. De son côté, S. Colum Gilfillan (« Roman Culture and Dysgenic Lead Poisoning », 1965) soutient que le déclin de l'Empire romain est largement attribuable à la décadence de ses classes supérieures, dont la santé, le coefficient de reproduction et les qualités morales et intellectuelles auraient été affectés par une intoxication par le plomb – leur vaisselle et leurs conduites d'eau contenant de ce métal.

Selon leurs perspectives particulières, les historiens peuvent donc interpréter les mêmes faits de diverses façons. La rencontre de leurs interprétations fait la richesse de l'histoire et stimule le progrès de la connaissance historique.

L'ÉTAT ROMAIN DISPARAÎT ET FAIT PLACE À PLUSIEURS ROYAUMES. Avec la chute de l'Empire romain, la première unité européenne se désagrège en plusieurs royaumes dirigés par les envahisseurs germains : le royaume des Vandales en Afrique du Nord, celui des Wisigoths à la jonction de l'Espagne et de la Gaule, celui des Francs dans la Gaule de l'ouest et du nord, celui des Ostrogoths en Italie, etc. (carte 4.1). La notion d'État disparaît au profit de celle de royaume, propriété personnelle du roi.

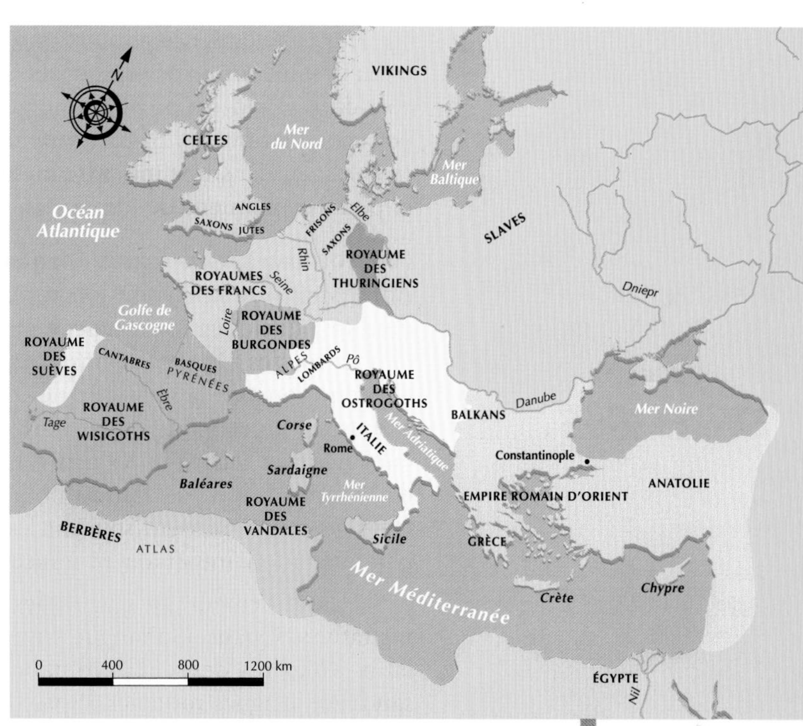

CARTE 4.1

Les successeurs de l'Empire romain

questions – cartes

Entouré de ses guerriers, à qui il accorde des domaines et un droit de commandement sur leurs habitants en échange d'une assistance militaire et d'une aide pour rendre la justice, le roi domine une population composée d'hommes libres, de paysans plus ou moins attachés à la terre pour cause de dettes ou de défaut de paiement de la rente foncière, ainsi que d'esclaves. La propriété terrienne confère des droits sur les habitants et procure des revenus, ce qui en fait, sur les plans économique et politique, la donnée fondamentale du Moyen Âge naissant. La richesse foncière, la puissance militaire et le culte des ancêtres germaniques fondent le pouvoir de cette aristocratie guerrière. Mais ce pouvoir ne repose que sur l'exercice de la violence, ce qui, paradoxalement, restreint son autorité réelle : les coutumes et les lois des populations romanisées, et même certains pans de l'administration romaine, subsistent, notamment dans les villes.

Dans le mélange de populations germaines (inférieures en nombre) et de populations romanisées qui résulte des invasions, les liens du sang redeviennent primordiaux : l'homme appartient d'abord à une famille, puis à un clan et, dans une moindre mesure, à une tribu. Les familles entretiennent d'ailleurs des relations de clientélisme semblables à celles qui existaient à Rome.

L'ÉCONOMIE RÉGRESSE ET LES VILLES SE DÉPEUPLENT. Ces Germains qui se substituent aux autorités romaines n'ont pas les capacités politiques, culturelles et techniques nécessaires pour préserver les acquis de la civilisation romaine. Ils n'ont aucun sens de l'État comme puissance publique capable d'administrer, d'organiser et de coordonner la vie en société dans l'intérêt de tous. De plus, ils ne maîtrisent ni l'écriture ni les techniques artisanales, sauf l'armurerie et la joaillerie. Leur règne contribue donc à la dégradation des **infrastructures** et de l'économie, une dégradation amorcée au IIIe siècle et aggravée par les destructions et les pillages qui accompagnent les invasions. Les routes disparaissent sous la mousse et les herbes, les édifices publics et les monuments se lézardent, le système scolaire s'effondre, la production artisanale diminue. Quant au commerce international, qui subsiste un temps, il disparaît virtuellement au VIIe siècle : les Occidentaux n'ont plus assez de numéraire pour payer leurs achats et les routes deviennent trop peu sûres pour les marchands.

infrastructures Ensemble des installations matérielles d'une société, notamment les routes, les ports et les édifices publics.

Les villes continuent de se vider de leurs habitants et plusieurs disparaissent, privées de fonction économique par le déclin du commerce et de l'artisanat. Seules les villes fortifiées ou servant de résidence à un évêque survivent, grâce aux missions de protection, d'aide aux miséreux, d'administration et de justice qui leur échoient. Les populations se replient sur les campagnes et sur l'agriculture, soit comme paysans libres, soit comme tenanciers sur le domaine agricole d'un grand propriétaire, noble germain ou descendant des latifundistes de l'époque romaine. L'agriculture repose largement sur l'élevage (bovins, ovins et porcs) et, dans une moindre mesure, sur la culture des céréales. La chasse et la pêche reprennent de l'importance.

LES COUTUMES GERMAINES S'ENRACINENT DANS L'HUMUS CELTICO-ROMAIN. Admirateurs de la civilisation romaine, les Germains n'ont pas cherché à la détruire; quelques rois essaient même de la ressusciter. Ainsi, Théodoric le Grand, roi des Ostrogoths installés en Italie (474-526), se pose en héritier de l'Empire romain: il s'entoure de conseillers romains, impose le droit romain à tous ses sujets, rénove les bâtiments romains tombés en décrépitude et encourage les lettres et les arts d'inspiration latine. Malgré le morcellement du pouvoir, l'idée de l'unité politique subsistera longtemps. D'ailleurs, les chefs germains utilisent souvent les cadres et les fonctionnaires de l'ancienne administration impériale et respectent les structures de l'Église chrétienne.

ecclésial Qui a rapport à une Église, à sa hiérarchie.

Le latin demeure la langue des élites urbaines, **ecclésiales** comme administratives. Quant à la langue populaire (*lingua romana rustica*), mélange du latin «vulgaire» des soldats romains et des dialectes germains, elle donne naissance aux langues romanes (espagnol, portugais, français, italien et roumain). La fusion semble achevée au bout de trois siècles environ: en 813, lors du concile de Tours, les évêques ordonnent aux prêtres de faire leurs sermons dans la langue du peuple.

Les peuples germains apportent naturellement avec eux leurs traditions, comme les légendes et sagas nordiques, qui font désormais partie du patrimoine commun des populations, ainsi que leurs mœurs et leurs coutumes juridiques, telles que le *wergeld* et les ordalies. Le *wergeld* (prix du sang) est une indemnité que le responsable doit payer à une victime ou à ses proches pour coups, blessures ou meurtre: son objet est d'empêcher la vengeance privée ou clanique et d'impliquer la famille du responsable dans les réparations. Quant aux ordalies, ce sont des épreuves physiques (feu, eau bouillante, duel) lors desquelles se manifeste le jugement de Dieu ou la bonne foi de l'accusé: il faut en sortir indemne pour démontrer son innocence. Cependant, la coexistence de divers systèmes de lois et de coutumes sur un même territoire est permise par la coutume germaine, de sorte que le droit romain continue d'être en usage parallèlement à celle-ci; leur fusion progressive donnera naissance à ce qu'on appelle *les systèmes de droit romano-germaniques*, dont notre droit est issu.

féodalité Système social basé sur des relations d'homme à homme (le suzerain et le vassal au Moyen Âge), ceux-ci étant liés par des obligations mutuelles.

Enfin, il existe chez les peuples germains un rapport personnel entre le chef et ses guerriers – une tradition qui joue un rôle fondamental dans la mise en place de la **féodalité** – ainsi que des assemblées d'hommes libres ayant pour fonction de conseiller le chef. Certains historiens y voient les origines du parlementarisme de type britannique.

LA FÉODALITÉ

Au sens strict, le mot *féodalité* désigne les institutions et les usages qui créent et régissent l'ensemble des obligations réciproques entre un suzerain et un vassal. Au sens large, le terme désigne la société fondée sur ces relations et caractérisée par la hiérarchie des ordres sociaux, la domination d'une aristocratie terrienne et guerrière, le morcellement de l'autorité publique et l'importance de la coutume.

LE *WERGELD* CHEZ LES WISIGOTHS (POUR COUPS ET BLESSURES)

En vertu de la réparation imposée, quelle infraction paraît la plus grave ?

■ ■ ■

Si quelqu'un frappe autrui dans les côtes ou au ventre, d'un coup pénétrant jusqu'aux entrailles, 30 sous, et, pour frais médicaux, 5 sous.
Si quelqu'un arrache à autrui une main, un pied, un œil, le nez, 100 sous, mais si la main continue à pendre, 63 sous.
Si quelqu'un arrache à autrui un pouce de la main ou du pied, 50 sous, mais s'il reste pendant, 30 sous.
Si quelqu'un arrache à autrui le deuxième doigt, à savoir celui qui sert à tirer l'arc, 35 sous.
Après avoir frappé quelqu'un à la tête, de telle façon que le cerveau apparaisse et que les trois os qui le recouvrent soient à nu, 30 sous.

Charles-Marie de la Roncière, *et al.*, *L'Europe au Moyen Âge. Tome 1 : 395-888*, Paris, Armand Colin, Collection U, 1969, p. 48.

L'UNIFICATION DE L'EUROPE : LA CHRÉTIENTÉ

Dans cette Europe naissante, mais morcelée et économiquement affaiblie, où la violence a repris le dessus sur le droit, l'Église chrétienne demeure la seule institution issue du monde romain qui conserve sa cohérence et sa capacité d'agir. Elle poursuit le processus d'organisation et de structuration amorcé au IVe siècle, lorsque les empereurs romains ont reconnu sa légalité avant d'en faire la religion officielle de l'Empire. Elle convertit aussi au christianisme romain les peuples germains et leurs chefs, et contribue à adoucir les mœurs et à réprimer les violences les plus graves.

L'ÉGLISE PRIMITIVE S'ORGANISE. L'Église chrétienne a survécu à l'effondrement de l'Empire romain grâce au nombre et à la conviction de ses fidèles, à la qualité de ses cadres et au statut de religion d'État qu'elle a su obtenir des autorités impériales.

Du IVe au VIe siècle, elle s'organise et se structure. À l'origine, les fidèles mènent une vie communautaire caractérisée par le partage des biens et l'indifférenciation dans les fonctions rituelles. Peu à peu, cependant, on choisit des anciens – les *presbuteros*, terme grec d'où viennent les mots « prêtre » et « presbyte » – pour présider les cérémonies, faire la prédication et organiser l'entraide au sein de la communauté. Le rituel se développe peu à peu, en commençant par le baptême et l'eucharistie.

S'appuyant sur les villes et la structure administrative de l'Empire romain (les diocèses), l'Église se donne un cadre dont l'évêché devient l'élément central : établi dans une ville, celui-ci remplit des fonctions aussi bien juridiques et administratives que religieuses. L'évêque, perçu comme le successeur des apôtres, nomme les prêtres et les surveille, définit les normes du culte, administre les biens de l'Église, aide les pauvres et les malades et rend la justice, d'abord **ecclésiastique**, puis civile après l'effondrement de l'Empire romain.

ecclésiastique Qui appartient à une Église ; qui fait partie de celle-ci.

Au-dessus des évêques, on trouve les archevêques, mais surtout les patriarches, les principaux étant ceux des cinq grandes villes de l'Empire romain : Rome, Constantinople, Antioche, Jérusalem et Alexandrie. Au IVe siècle, aucun patriarche ne domine les autres, mais graduellement le patriarche de Rome acquiert une certaine supériorité morale et hiérarchique, et étend sa souveraineté sur l'ancienne partie occidentale de l'Empire romain. Il profite notamment des avantages suivants : il est le successeur de l'apôtre Pierre, premier évêque de Rome ; on lui a accordé les titres de pape (*papa*, « père » en grec) et de souverain pontife (chef de la religion chez les Romains) ; l'empereur Valentinien III a décrété que les évêques de la partie occidentale de l'Empire devaient soumission au pape ; et les conversions des peuples germains – à partir du Ve siècle – ont été obtenues par des missionnaires qui lui sont dévoués.

L'Église définit son dogme. Dès sa légalisation au début du IVe siècle, l'Église a aussi entrepris de définir le dogme chrétien et de le préciser. Cette œuvre est d'abord le fait des conciles, assemblées des évêques qui statuent sur des questions de dogme, de morale ou de discipline. Ainsi, le premier concile, celui de Nicée, convoqué par l'empereur Constantin Ier en 325, établit le dogme de la Trinité. Les fidèles qui n'acceptent pas les décisions des conciles sont considérés comme des **hérétiques**, ce qui leur vaut d'être chassés de l'Église ou même condamnés à mort. Aux IVe et Ve siècles, les conciles déclarent hérétiques plusieurs grandes interprétations orientales de la nature (divine ou humaine) du Christ. Ces condamnations provoquent des schismes qui donnent naissance à de nouvelles Églises (certaines, comme l'Église nestorienne et l'Église copte, existent encore aujourd'hui). L'établissement du dogme est aussi le fait de théologiens appelés les Pères de l'Église ; les plus connus sont saint Jean Chrysostome, saint Basile de Cappadoce et saint Augustin d'Hippone.

hérétique Qui soutient une hérésie.

hérésie Croyance ou doctrine religieuse contraire au dogme de l'Église.

Le mouvement monastique devient un des moteurs du christianisme. La chrétienté se dote aussi à cette époque d'un mouvement qui deviendra un de ses fers de lance pendant plus de mille ans, le **monachisme**. Dès le IIIe siècle, dans la partie orientale de l'Empire romain en particulier, des hommes ont choisi la voie de l'**érémitisme** pour se rapprocher de Dieu ; ces ermites vivent à l'écart des humains (souvent dans des grottes ou dans le désert), tirent leur subsistance de la charité et pratiquent la prière et la méditation. Au IVe siècle, constatant que cette forme de dévotion ne peut convenir qu'à une infime minorité de chrétiens et que ce type de vie n'a rien de productif, saint Pacôme, un Égyptien d'obédience copte, crée le premier mouvement monastique.

monachisme État de la vie des moines ; institution monastique.

érémitisme État de l'ermite, de celui qui vit en solitaire à l'écart des autres humains.

Les hérésies du IVe siècle

Au IVe siècle, alors que le christianisme définit plus précisément son dogme, plusieurs controverses naissent, notamment au sujet de la nature du Christ (doté d'une seule nature, à la fois divine et humaine) et de la Trinité (il y a trois personnes en Dieu, le Père, le Fils et le Saint-Esprit). Les chrétiens qui n'acceptent pas les positions définies par les conciles et les Pères de l'Église sont qualifiés d'hérétiques et chassés de l'Église. Les principales hérésies nées au IVe siècle sont les suivantes :

- **Les nestoriens.** Patriarche de Constantinople de 428 à 431, Nestorius croit que le Christ possède deux natures, une divine et une humaine, de sorte que la Vierge Marie peut être appelée « mère du Christ », mais non « mère de Dieu ». Les doctrines de Nestorius sont condamnées au concile d'Éphèse (431), mais elles se répandent en Orient, depuis la Mésopotamie jusqu'à la Chine. À son apogée au XIIe siècle, l'Église d'Orient, dite *nestorienne*, compte des millions de fidèles. Aujourd'hui, elle ne rassemble plus que 100 000 croyants environ, dispersés en Irak, en Turquie, en Iran, en Inde et aux États-Unis.
- **Les coptes.** Fondé par le moine byzantin Eutychès, le monophysisme proclame que le Christ incarné n'a qu'une seule nature, divine. Bien que condamné au concile de Chalcédoine (451), le monophysisme se répand en Égypte, en Palestine, en Syrie et en Arménie, surtout dans le monde monastique. L'Église copte est aujourd'hui encore présente principalement en Égypte (de 2,5 à 7 millions de fidèles selon les estimations) et en Éthiopie (14 millions).
- **Les ariens.** Créé par un prêtre d'Alexandrie (Arius), l'arianisme nie que Dieu le père et le Christ soient de la même nature : le Père serait ainsi le seul Dieu à part entière, tandis que le Fils ne serait que l'intermédiaire entre lui et le monde. Condamnée par les conciles de Nicée (325) et de Constantinople (381), cette doctrine se répand chez certains peuples germaniques (Vandales, Ostrogoths, Wisigoths) et disparaît vers la fin du VIe siècle. Mais l'idée que le Christ n'est qu'un homme renaîtra un siècle plus tard dans une autre religion monothéiste : l'islam.

Les deux cités selon saint Augustin

Dans le texte qui suit, saint Augustin d'Hippone distingue la cité terrestre de la cité céleste.

■ ■ ■

Deux amours ont bâti deux cités : l'amour de soi jusqu'au mépris de Dieu fit la cité terrestre ; l'amour de Dieu jusqu'au mépris de soi fit la cité céleste. L'une se glorifie en elle-même, l'autre dans le Seigneur. L'une mendie sa gloire auprès des hommes ; Dieu, témoin de sa conscience, est la plus grande gloire de l'autre. [...] *Chez les princes et les nations que l'une s'est soumis, la passion du pouvoir l'emporte ; dans l'autre, tous se font les serviteurs du prochain dans la charité, les chefs veillant au bien-être de leurs subordonnés, ceux-ci leur obéissant.*

Saint Augustin, *Cité de Dieu*, XIV, 28.

Au début du VIe siècle, saint Benoît de Nursie fonde le premier ordre monastique d'Occident à Monte Cassino, en Italie. Les moines bénédictins doivent prononcer les trois vœux (pauvreté, chasteté, obéissance), se livrer aussi bien au travail qu'à la méditation et à la prière, et rendre service à la communauté des chrétiens. Dès lors, les monastères deviennent des moteurs de l'expansion de la chrétienté et des foyers de vie religieuse et spirituelle. Pratiquant l'agriculture, les moines bénédictins seront les plus importants défricheurs des forêts d'Europe jusqu'à l'an mille. En outre, ils conserveront et recopieront les textes de l'Antiquité grecque et latine, ainsi que les grands ouvrages religieux comme l'Ancien et le Nouveau Testament, et les textes des Pères de l'Église. De plus, les monastères seront ouverts aux pauvres, auxquels ils offriront à manger, et aux voyageurs, auxquels ils fourniront le gîte.

L'Église convertit les Germains. Sous la direction du patriarche de Rome, aux Ve et VIe siècles, des moines, des évêques et des prêtres christianisent des peuples germains ; certains d'entre eux, comme les Wisigoths, ont déjà été convertis au IVe siècle, mais ils ont adhéré à l'arianisme, une version du dogme condamnée par l'Église pour hérésie. Un des moments les plus connus de cette christianisation est le baptême, en 496, du roi des Francs, Clovis. Non seulement cet événement provoque la conversion de ses sujets francs, mais il scelle l'alliance des souverains francs avec la papauté, renforçant les premiers comme la seconde. Depuis ce jour, on dit de la France qu'elle est la « fille aînée de l'Église ».

L'Église exerce une profonde influence. Bien qu'importante pour l'Église et le pape, la conversion des Germains n'est que le premier pas vers leur christianisation, qui durera plusieurs siècles et impliquera notamment de lutter contre les croyances polythéistes et de tenaces superstitions. L'Église a quand même sur ces sociétés une influence certaine et immédiate. D'abord, l'implantation du christianisme, religion fondée sur la charité et le respect du prochain, adoucit les mœurs de ces peuples. L'Église contribue aussi à l'instauration de règles contre la brutalité, le vol, le viol, etc. Ces règles s'appliquent à tous les chrétiens sans distinction de classe et promettent non seulement une sanction terrestre, mais aussi un châtiment éternel. De plus, certains cadres de l'Église défendent occasionnellement les gens du peuple contre les violences ou les exactions des gouvernants et des nobles (Marovée de Poitiers obtient entre autres du roi Childéric III un aménagement fiscal en faveur des pauvres). Enfin, dans ces royaumes morcelés et peuplés de gens d'origines diverses, le

Survivance du paganisme et des superstitions en Gaule au VIe siècle

La christianisation des peuples germains n'efface pas du jour au lendemain leurs croyances antérieures ni leurs superstitions, comme en témoigne Césaire, évêque d'Arles (au sud de l'actuelle France). À son avis, pourquoi certaines personnes hurlent-elles pendant les éclipses lunaires ? Comment explique-t-il le phénomène naturel des éclipses de la Lune ?

■ ■ ■

Et, bien que je croie désormais disparue de ces lieux, sous l'inspiration de Dieu et grâce à vos remontrances, cette malheureuse coutume, vestige des pratiques profanes des païens, cependant, si vous connaissez des gens qui se livrent encore à cette inconduite particulièrement scandaleuse de se déguiser en agnelle ou en faon, reprenez-les très durement pour qu'ils se repentent d'avoir commis ce sacrilège. Et si, lors d'une éclipse de Lune, vous constatez que certains, encore maintenant, se mettent à pousser des cris, sermonnez-les vous-mêmes, montrez-leur de quel grave péché ils se rendent coupables avec une audace sacrilège [de penser] *pouvoir par leurs clameurs et leurs maléfices défendre la Lune qui s'obscurcit en fait par la volonté de Dieu à des époques déterminées.*

Homélies de saint Césaire, 13, 5.

christianisme devient un ferment d'unité et le promoteur d'une culture qui s'adresse à tous, indépendamment de l'origine ethnique et de la condition sociale. Ainsi, dans l'histoire de la civilisation occidentale, l'Europe chrétienne prend le relais du défunt Empire romain.

LA SURVIE DE L'HÉRITAGE ROMAIN À BYZANCE

Si l'Empire romain d'Occident s'est effondré sous le poids de ses problèmes internes et de l'invasion des Germains, l'Empire romain d'Orient lui survivra pendant presque un millénaire. Mais la « deuxième Rome », qu'on appellera à partir du XIIe siècle l'Empire byzantin (du nom grec de la ville de Constantinople, *Byzantion*), s'hellénise et élabore une culture originale où l'artisanat, le commerce et les questions religieuses tiennent une place prépondérante.

L'Empire romain d'Orient s'hellénise. Centré sur le monde grec, l'Empire romain d'Orient réussit à résister aux invasions « barbares » (carte 4.2). Ses dirigeants ne se résignent pas facilement à la perte des territoires occidentaux, dont la reconquête demeure pendant longtemps un des objectifs fondamentaux de leur politique extérieure. Pourtant, malgré un bref épisode d'expansion à l'ouest au VIe siècle, l'Empire byzantin devra se contenter de résister tant bien que mal aux pressions de ses ennemis. Tantôt recouvrant toute l'ancienne section orientale de l'Empire romain, tantôt replié sur Constantinople, il réussira néanmoins à survivre jusqu'en 1453 avant de disparaître sous les coups des Turcs ottomans.

L'Empire byzantin est dirigé par un empereur qui rassemble en sa personne la totalité des pouvoirs politiques et religieux, ce qui en fait une **théocratie** et vaut à son dirigeant le titre d'*Autokratôr*. L'empereur s'appuie sur une large bureaucratie, aux fonctions aussi bien religieuses que civiles et dominée par des Orientaux hellénisés qui imposent le grec comme langue d'administration (ce processus sera achevé au IXe siècle). La société est dominée par une aristocratie de fonctions : l'attribution des postes dans la bureaucratie selon le mérite et les capacités permet une certaine mobilité sociale.

théocratie Mode de gouvernement dans lequel l'autorité, d'émanation divine, est exercée par une caste sacerdotale ou par un souverain considéré comme un représentant de Dieu sur terre ou même comme son incarnation.

La survie de l'Empire byzantin dépend largement de la qualité de son armée, formée de professionnels bien équipés et bien traités, et épaulée par une diplomatie extrêmement active et bien renseignée. Ses ingénieurs mettent au point une arme secrète, le feu grégeois, qui permet d'incendier les navires ennemis ou de carboniser les soldats assiégeant une ville. Par ailleurs, une économie forte, reposant sur la maîtrise des routes commerciales entre l'Orient et l'Occident ainsi que sur une production manufacturière de qualité (mosaïque, orfèvrerie, soierie, travail des métaux, confection d'**icônes**), assure aux dirigeants des rentrées de fonds suffisantes pour maintenir la stabilité politique et la survie militaire de l'Empire.

icône Peinture sur bois, parfois sur métal ou sur ivoire, représentant une image religieuse.

L'Empire byzantin connaît un âge d'or sous Justinien. Au VIe siècle, l'Empire byzantin connaît un premier âge d'or sous le règne de Justinien Ier, monarque aux tendances despotiques et aux projets grandioses, qui désire ardemment reconstituer l'unité territoriale et institutionnelle de Rome. Il parvient d'ailleurs à reconquérir brièvement certaines parties de l'ancien Empire romain d'Occident (carte 4.2).

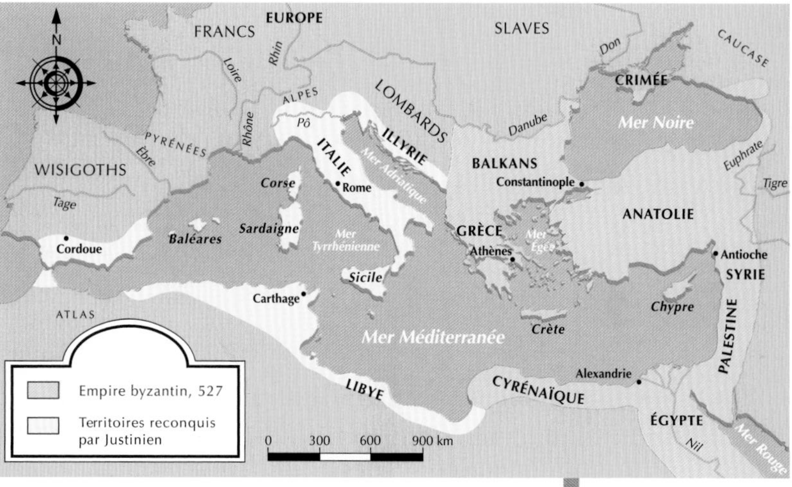

CARTE 4.2

L'Empire byzantin au VIe siècle et les conquêtes de Justinien Ier

Le règne de Justinien débouche sur de grandes réalisations dans plusieurs domaines. L'urbanisme à la romaine cède progressivement la place à une conception plus religieuse de la ville, où l'Église remplace peu à peu l'État dans la dispense de services aux citoyens, comme la distribution de vivres ou l'hygiène. Il est le premier monarque à bâtir plus d'édifices à usage religieux que de constructions civiles : le chef-d'œuvre de son règne est sans conteste la basilique Sainte-Sophie (*Hagia Sophia*), dont le dôme s'élève à 54 mètres du sol.

Justinien préside également à la codification du droit romain (*Corpus juris civilis*) et à l'application du principe de **territorialité** des lois, selon lequel les mêmes lois s'appliquent à tous les habitants d'un territoire (sauf quelques exceptions en faveur de l'aristocratie). Sous l'influence de son épouse Théodora, il accorde des droits aux femmes : non seulement elles peuvent désormais administrer leurs biens et divorcer si elles sont maltraitées, mais il est interdit de les violenter sous peine de sanctions. Il émancipe aussi largement les esclaves.

territorialité Principe juridique selon lequel tous les habitants d'un territoire sont soumis à ses lois.

Après Justinien, l'Empire byzantin décline. Après le règne de Justinien, l'Empire byzantin connaît d'importantes difficultés. Il est d'abord affaibli par un grave déclin démographique, causé principalement par des épidémies de peste et de variole. Il est aussi l'objet de puissantes menaces extérieures (carte 4.3) : celle des peuples du Nord, Bulgares puis Avars, ces derniers assiégeant

Des discussions byzantines ?

On qualifie aujourd'hui de *byzantines* les discussions formelles et oiseuses où les interlocuteurs rivalisent en excès de subtilité ; autrement dit, le byzantinisme est l'art de couper les cheveux en quatre.

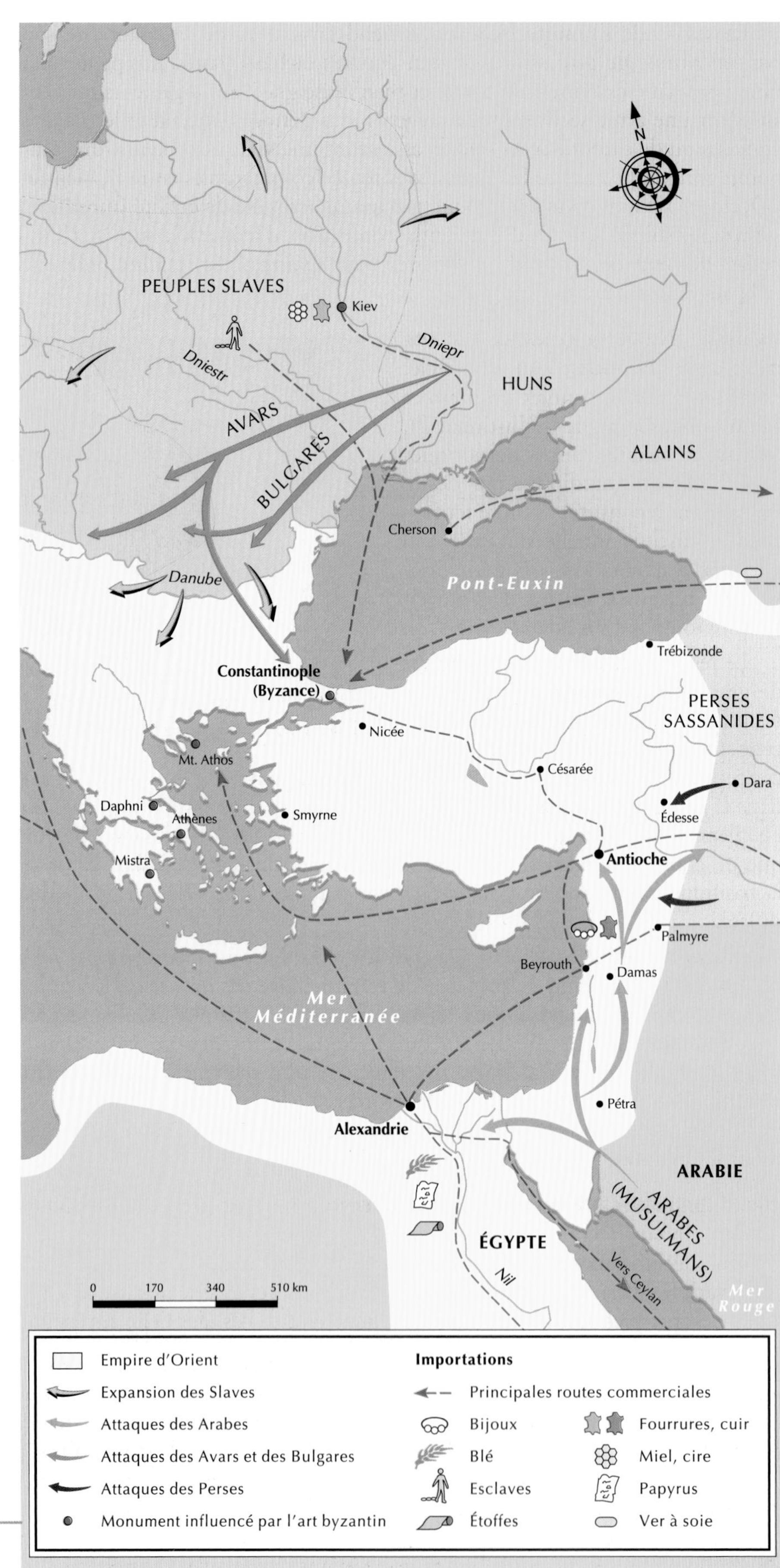

CARTE 4.3

Les menaces extérieures contre l'Empire byzantin au VIIe siècle

FIGURE 4.1

La basilique Sainte-Sophie (Byzance)

Construite au VIe siècle, à l'époque de Justinien Ier, elle fut flanquée de minarets après la conquête ottomane (1453), lorsqu'on la transforma en mosquée.

Constantinople, dont ils détruisent l'aqueduc principal, en 626; celle des Perses sassanides, qui l'attaquent sur son flanc oriental (Anatolie, Syrie, Palestine) au tournant du VIIe siècle; et surtout celle des Arabes convertis à l'islam, qui s'emparent en un peu plus de dix ans (632 à 644) de l'Égypte, de la Palestine et de la Syrie avant de l'assiéger par la mer, et qu'il parviendra difficilement à contenir. À cela s'ajoutent des tremblements de terre dévastateurs et un grand nombre de coups d'État qui amenuisent le prestige des empereurs. Malgré un rétablissement militaire, le VIIIe siècle est marqué par de graves crises religieuses, jusqu'à ce que l'avènement de la dynastie macédonienne (867-1056) procure un deuxième âge d'or à l'Empire byzantin.

FIGURE 4.2

Une icône byzantine

Cette icône, fabriquée au XIe siècle, représente l'archange saint Michel. Les orthodoxes ont une dévotion très profonde pour les saints, la Vierge et le Christ. L'icône est un objet personnel que plusieurs transportent avec eux dans tous leurs déplacements. C'est une sorte de fenêtre sur le monde divin, dont elle offre au fidèle une présence réelle, tangible. Certains lui attribuent même des pouvoirs miraculeux, comme la protection des soldats ou la guérison des malades.

Byzance élabore une culture originale. Sur le plan culturel, Byzance préserve l'héritage de la Grèce et de Rome mais produit peu de nouveautés. Elle raffine cependant l'art de la mosaïque et développe la peinture religieuse, notamment par la production de millions d'icônes. Son architecture se caractérise par l'utilisation du dôme persan, des clochetons et de la coupole en bulbe, qui deviendra le signe distinctif des églises orthodoxes. Au IXe siècle, un évêque du nom de Cyrille dote les langues slaves d'un alphabet – l'alphabet cyrillique, toujours en usage – pour faciliter l'évangélisation des peuples du Nord.

Les débats religieux sont plus intenses et plus complexes en Orient qu'en Occident. Un des traits les plus caractéristiques de la civilisation byzantine est sans doute l'importance qu'y ont pris au fil des siècles les débats religieux. Aux VIIIe et IXe siècles, un débat sur la représentation de la divinité et des saints amène l'Empire au bord de la guerre civile. En 726, l'empereur Léon III interdit la production et l'adoration des icônes, déclenchant ainsi la querelle entre **iconoclastes** et **iconodoules**. Les iconoclastes, parmi lesquels figurent les empereurs, l'épiscopat et l'armée, prônent la destruction des images saintes, dans lesquelles ils ne voient qu'idolâtrie païenne et hérésie: on les retire des lieux de culte, on les brûle et on rase même des monastères. De leur côté, les iconodoules, particulièrement les moines, très nombreux, et le petit peuple, les vénèrent et leur attribuent souvent des pouvoirs miraculeux. La mise hors la loi des icônes et la condamnation des iconodoules comme hérétiques entraînent des milliers d'exécutions et d'exils, et le pape lui-même intervient en faveur des iconodoules persécutés. La querelle ne prend fin qu'en 843 avec le concile de Sainte-Sophie, qui rétablit le droit à la production et à la vénération des icônes. D'autres débats, comme celui sur le sexe des anges, occupent aussi les autorités ecclésiastiques pendant plusieurs décennies.

Les querelles avec Rome entraînent la naissance de l'Église orthodoxe. L'Église de Byzance se distancie de plus en plus de Rome. De fait, le patriarche de Constantinople n'a jamais reconnu la suprématie du pape, dont il se considère l'égal. La disparition des trois autres patriarcats avec l'expansion arabe du VIIe siècle et l'intervention du pape dans la querelle iconoclastique creusent encore le fossé entre Rome et Constantinople. Dans les siècles qui suivent, d'autres différends portant principalement sur la liturgie et la pratique – en particulier le débat sur le célibat des prêtres (les **popes** peuvent être des hommes mariés à condition que leur mariage précède leur ordination) et sur le port de la barbe (obligatoire pour les popes à Byzance) – achèvent de séparer les deux grands rameaux de l'Église chrétienne. En 1054 survient le Grand Schisme d'Orient, qui divise celle-ci en deux: l'Église catholique de Rome et l'Église orthodoxe de Constantinople. Les populations converties par les émissaires du patriarche de Constantinople aux IXe et Xe siècles, notamment les Bulgares, les Roumains et les Russes, resteront dans l'orbite de l'Église orthodoxe.

pope Prêtre de l'Église orthodoxe.

UNE CIVILISATION AUX FONDEMENTS RELIGIEUX : L'ISLAM

Au VIIe siècle naît en Arabie une nouvelle religion monothéiste, dont le prophète, Mahomet, se présente comme le successeur de Moïse et de Jésus. Religion révélée consignée dans un livre sacré, le Coran, l'islam fonde une théocratie que les cavaliers arabes implantent de l'Espagne à l'Inde.

Mahomet prêche la soumission à Allah. Orphelin «analphabète» né vers 570 à La Mecque (aujourd'hui en Arabie saoudite), Mahomet (le «Louangé») mène jusqu'à l'âge de 40 ans une vie de prospère commerçant caravanier en Arabie, région où cohabitent au sein des tribus sémites le polythéisme, le christianisme et le judaïsme. Selon la tradition, un jour où il se recueille dans une grotte, Mahomet reçoit la visite de l'archange Gabriel (*Jibril* en arabe), qui lui transmet la parole de Dieu. Selon Mahomet, la parole de Dieu révélée à Moïse et à Jésus ayant été corrompue, une nouvelle révélation du message monothéiste était devenue nécessaire, et seule celle qu'il a reçue exprime désormais sans erreur la parole divine. Dès lors, ses proches constituent le premier noyau des musulmans (en arabe *muslimun*, «celui qui remet son âme à Allah»).

Mahomet commence à prêcher à La Mecque, carrefour commercial où l'aristocratie marchande, constituée surtout de polythéistes et de juifs, se moque de lui et le persécute. Les marchands tentent ainsi de préserver les bénéfices qu'ils retirent des pèlerinages à la maçonnerie cubique nommée *Kaaba*, dans laquelle est enchâssée une météorite noire (l'érection de ce sanctuaire dédié aux 360 divinités arabes est attribuée à Abraham, ancêtre des Arabes). Menacé de mort, abandonné par son propre clan, Mahomet quitte La Mecque en 622 – date de l'hégire (en arabe *hijra*, «émigration»), qui marque le début de l'ère islamique – et se réfugie à Médine, où il crée un État fondé sur la révélation divine. L'instauration de cet État théocratique fonde le pouvoir de ses successeurs, les califes. Sa législation servira de fondement à la loi islamique, la *chari'a*. Puis il entreprend la conquête de l'Arabie et la conversion de ses tribus. En 630, il rentre en vainqueur à La Mecque. Il expulse les idoles arabes de la *Kaaba* et en fait le centre physique de la religion musulmane. Alors qu'il envisage de répandre l'islam hors d'Arabie, Mahomet meurt.

La mort de Mahomet, qui n'a pas engendré d'héritier mâle, provoque, au sein de la jeune communauté musulmane, une véritable crise de succession. Élus par la communauté des fidèles (*umma*), les quatre premiers califes qui lui succèdent sont tous issus de sa famille et du clan arabe de Médine, et ils sont tous assassinés. En 661, après le meurtre du quatrième calife, Ali, le califat échoit au clan des Omeyades (661-750), qui établissent le principe dynastique et transfèrent la capitale de Médine à Damas (capitale de l'actuelle Syrie). L'assassinat d'Ali et la mise à l'écart de ses fils, Hassan et Hussein, derniers descendants mâles du Prophète, provoque un premier schisme au sein de la communauté musulmane, celui qui divise encore aujourd'hui chiites et sunnites.

L'islam passe sous le contrôle des Omeyades, puis des Abbassides. Première dynastie de l'empire musulman, les Omeyades poursuivent les conquêtes des premiers califes : à l'ouest, ils s'emparent entre autres du Maghreb et de l'Espagne ; à l'est, ils étendent leurs possessions jusqu'à l'Indus. Le règne des Omeyades est marqué par la mise en place d'une solide structure administrative, le développement des sciences juridiques et un nouvel urbanisme. Ils créent des villes et remodèlent les anciennes villes romaines ou grecques en les centrant autour de la mosquée et du palais. En bâtissant la grande mosquée de Damas et le Dôme du Rocher, à Jérusalem, ils initient l'architecture religieuse islamique.

En 750, une nouvelle dynastie, celle des Abbassides (750-1258), supplante celle des Omeyades et déplace la capitale à Bagdad (aujourd'hui en Irak) : c'est là que l'islam atteindra son apogée, particulièrement sous le califat de Haroun al-Raschid, héros de plusieurs contes des *Mille et une nuits*. Les Abbassides cherchent un retour à l'islam originel, notamment par l'imposition de la loi religieuse, la *chari'a*, en réaction à la gouvernance des Omeyades, qui paraissaient, aux yeux de plusieurs musulmans, plus « pragmatiques » que fervents. Pour améliorer l'administration, ils créent le poste de vizir, sorte de premier ministre.

FIGURE 4.3

Le Dôme du Rocher, à Jérusalem

Cette mosquée, achevée en 692 et parfois appelée mosquée d'Omar, est le plus ancien édifice religieux de la tradition architecturale islamique. Bâtie sur l'esplanade du Temple, elle est reconnue par les musulmans comme le troisième lieu saint de l'islam, après La Mecque et Médine.

Sunnites et chiites : deux conceptions du pouvoir et des relations entre l'État et la religion

En 661, quand les Omeyades s'emparent du pouvoir aux dépens du quatrième calife, Ali, à la fois cousin et gendre du prophète Mahomet, a lieu le premier grand schisme de l'islam, celui qui divise encore radicalement aujourd'hui sunnites et chiites. Ce schisme repose sur deux questions : 1) qui possède la légitimité pour succéder au Prophète ? 2) la révélation divine est-elle définitivement terminée avec la parole et les gestes de Mahomet (comme le croient les sunnites) ou se poursuit-elle par la voie de ses descendants directs, les *imams* (ce que pensent les chiites) ? Ce schisme recouvre aussi d'importantes différences culturelles entre les univers perse, mésopotamien et arabe.

- **Les chiites** : À la fois cousin et gendre de Mahomet, Ali est reconnu calife par les musulmans de Médine en 656, mais il est contesté militairement, destitué par un arbitrage, puis assassiné en 661. Son fils Hassan est alors nommé calife par les Médinois, mais il monnaye sa renonciation au califat en faveur des Omeyades. Son frère Hussein refuse de reconnaître la légitimité de ceux-ci, mais il est assassiné à Karbala alors qu'il se rend en Irak pour diriger une rébellion (son « martyre » est célébré encore aujourd'hui). Les partisans d'Ali et de ses fils, nommés chiites, leur accordent un pouvoir semi-divin, celui d'intercesseur entre Allah et les humains, transmis par Mahomet. Ce pouvoir fonde la qualité d'*imam* qui leur est attribuée. Pour les chiites, seul l'*imam* peut détenir l'autorité politique et religieuse dans la communauté des croyants. Ils aspirent donc à une fusion du pouvoir politique et de la légitimité religieuse dans la personne du calife, en d'autres mots à une théocratie. Ils croient aussi que la révélation divine n'est pas close avec le Coran et les enseignements de la vie de Mahomet, comme l'affirment les sunnites, mais que les *imams* ont reçu la grâce divine leur permettant d'interpréter le Livre saint. Le dernier des imams étant disparu au IXe siècle, ils attendent toujours son retour qui signifiera la fin des temps. Les chiites sont aujourd'hui minoritaires dans le monde musulman, mais majoritaires en Iran, en Irak, en Azerbaïdjan et à Bahreïn.
- **Les sunnites** : pour les sunnites, le seul intercesseur entre Allah et les humains est le Coran. Cette interprétation ouvre la porte à une distinction entre le pouvoir politique et l'autorité spirituelle. Les sunnites, aujourd'hui largement majoritaires (plus de 85 %) dans le monde musulman, acceptent en effet comme successeurs de Mahomet non seulement ses descendants directs (son gendre Ali et ses fils), mais aussi les trois premiers califes (membres du clan mecquois de Médine), les Omeyades (qui constituaient le clan le plus puissant de la tribu des Quraychites, à laquelle appartenait Mahomet) et les Abbassides (vaguement apparentés à un oncle du Prophète), et même les Seldjoukides ou les Ottomans, pourtant turcs. Ils reconnaissent donc la légitimité du calife, quelle que soit la source de son pouvoir. De plus, contrairement aux chiites, ils n'acceptent, comme sources du droit musulman, que le Coran lui-même en plus de la *Sunna* (tradition), c'est-à-dire les gestes et les paroles de Mahomet (le *Hadith*), qui ont valeur de loi, selon l'interprétation qu'en font les jurisconsultes (docteurs en droit) musulmans.

Le renversement des Omeyades par les Abbassides provoque toutefois la première division politique et géographique du monde musulman. En effet, si les Abbassides règnent sur la plus grande partie des terres islamisées, du Maghreb à l'Indus, un prince omeyade s'est réfugié à Cordoue (en Espagne), où il instaure un émirat qui deviendra un siècle et demi plus tard califat. Le monde musulman ne connaîtra plus jamais l'unité de ses débuts.

L'islam prône la soumission, mais aussi la tolérance. Religion monothéiste sans Église, l'islam est fondé sur le Coran (« récitation » ou « lecture » comportant 114 sourates ou chapitres et 6211 versets), son livre sacré. Texte hautement poétique et symbolique, le Coran peut être interprété à l'aide de la Sunna (« tradition »), basée sur les propos, gestes et décisions de Mahomet

Émirat et califat

Le titre d'«émir», qui provient du verbe *amara* («commander» en arabe) et a donné «amiral» en français, est une distinction honorifique attribuée à certains dirigeants du monde musulman. L'émir peut gouverner un territoire (auquel cas le terme signifie «prince») ou commander une armée (auquel cas il équivaut à «général»). Quant à «calife», c'est le titre qu'on attribue au successeur de Mahomet dans l'exercice du pouvoir politique. Plusieurs émirs peuvent donc coexister sous l'autorité du calife, mais il ne peut y avoir qu'un seul successeur du Prophète. C'est pourquoi, quand l'émir de Cordoue transforme en 929 cette principauté en califat, il devient un rival du calife abbasside de Bagdad, dont il conteste de fait la légitimité. Instauré à la mort de Mahomet, le califat a été aboli en 1923 par les dirigeants de la Turquie.

(le *Hadith*) tels qu'interprétés par les jurisconsultes musulmans et qui ont valeur de loi. Le message divin révélé dans le Coran porte sur l'unicité de Dieu («Dis que Dieu est unique; Dieu l'éternel; Il ne procréa pas et ne fut pas procréé, et il n'y a personne qui soit son égal») et sur la nécessaire soumission des croyants à sa volonté (*islam* signifie «soumission»). Les musulmans croient que le Coran existe de toute éternité et qu'il fut révélé intégralement à Mahomet par le messager d'Allah. Mahomet récite ces paroles à ses disciples, et des scribes les transcrivent; après sa mort, ces récits sont rassemblés en un recueil dont la version définitive est établie au Xe siècle. Comme il s'agit de la parole de Dieu révélée en arabe, il ne peut en principe être traduit dans une autre langue. Il peut toutefois être interprété: le consensus de la communauté, l'analogie et les docteurs de la loi (*ulémas*) contribuent à l'établissement de la *chari'a*, la loi islamique issue du Coran. Le fait que le Coran soit source de loi pose le problème de la capacité du pouvoir politique à légiférer («faire des lois») en terre d'islam: pour les islamistes radicaux, la seule loi provient de la parole d'Allah et la législation provenant des pouvoirs civils est illégitime. Ce débat fait encore rage aujourd'hui dans le monde musulman.

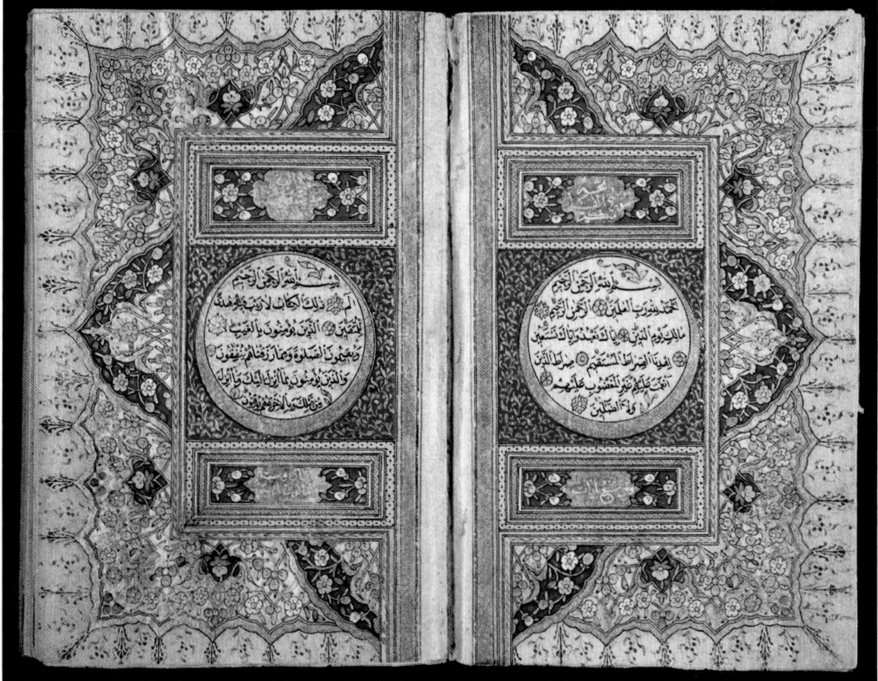

FIGURE 4.4

Deux pages du Coran

Comme le Coran est la parole de Dieu, l'embellir est un acte de dévotion et d'action de grâces, ce qui a fondé une riche tradition de calligraphie et d'enluminure dans le monde musulman. Le Coran qu'on voit ici provient de l'Inde et a été fabriqué au XVIIe siècle. Le texte lui-même est émaillé de signes, comme les rosettes qui séparent chaque verset ou les marques rouges qui indiquent les pauses de respiration, le Coran devant être lu à voix haute. Comme la représentation de la divinité, des humains et des animaux est interdite dans l'islam, les motifs décoratifs sont constitués de texte stylisé, d'entrelacs, de figures géométriques ou de compositions florales.

FIGURE 4.5

Une fenêtre de l'Alhambra de Grenade, palais érigé au XIVe siècle

Palais des émirs de Grenade, l'Alhambra est richement décoré. L'embrasure de cette fenêtre est entourée de reliefs composés de lettres arabes combinées avec des signes abstraits, ce qui donne à l'ensemble un aspect de dentelle.

L'ISLAM EST UNE RELIGION RITUELLE ET UN MODE DE VIE. Le Coran est le fondement de la vie des musulmans, dont le comportement doit impérativement respecter cinq grandes obligations, nommées «Piliers de l'islam»: 1) la profession de foi (*shahada*), reconnaissance de l'unicité d'Allah et de la qualité d'envoyé de Mahomet; 2) la prière quotidienne (*salat*), à laquelle ils doivent se livrer cinq fois par jour, tournés et prosternés vers la Pierre noire de La Mecque; 3) le jeûne du Ramadan (*sawm*), mois durant lequel ils doivent s'abstenir de nourriture, de boisson, de tabac et d'activité sexuelle pendant les heures du jour; 4) l'aumône (*zakat*), correspondant en principe à un quarantième de leur revenu et destinée à aider les pauvres ou l'ensemble de la communauté ainsi qu'à rappeler que toute richesse est d'origine divine; 5) le pèlerinage à La Mecque (*hajj*), que tout musulman qui en a les moyens doit faire une fois au cours de sa vie, lors du douzième mois de l'année islamique. La religion musulmane est donc autant affaire de rites que de foi.

Plus qu'une religion, l'islam se veut un mode de vie. Le musulman doit en principe modeler son comportement sur les prescriptions du Coran. Il doit mettre en pratique plusieurs vertus, dont la tolérance, la tempérance, l'humilité, le courage, l'obéissance et la justice. Il doit aussi respecter certains interdits, notamment s'abstenir de consommer des boissons alcoolisées et de manger de la viande de porc.

Notons que les musulmans ont pratiqué la tolérance envers les «Gens du Livre», c'est-à-dire les juifs et les chrétiens, dans les régions qu'ils ont conquises au cours des siècles: ils les y autorisent généralement à pratiquer leur propre religion en échange du paiement d'une taxe. En tant que «protégés» (*dhimmis*) de l'islam, ils bénéficient de droits garantis (dont la liberté de commerce et d'industrie), mais leur statut social est inférieur à celui des musulmans: ils

L'HISTOIRE D'ALI COGIA, MARCHAND DE BAGDAD

Les contes des *Mille et une nuits*, dont est tirée cette histoire, sont une œuvre anonyme, probablement élaborée par plusieurs générations de conteurs populaires du monde arabe (en ce sens, on peut les rapprocher de l'*Iliade* et de l'*Odyssée*). Ils mettent en scène la sultane Schéhérazade, qui doit entretenir chaque soir l'attention de son époux en lui racontant des histoires pour échapper au sort qu'ont connu toutes les autres femmes du sultan: la mort au lendemain de la nuit de noces. Pour quelles raisons le marchand Ali Cogia se croit-il dispensé du pèlerinage à la Mecque?

■ ■ ■

Sous le règne du calife Haroun al-Raschid, dit la sultane Schéhérazade, il y avait à Bagdad un marchand nommé Ali Cogia, qui n'était ni des plus riches, ni non plus du dernier ordre, lequel demeurait dans sa maison paternelle sans femme et sans enfants. Dans le temps que, libre de ses actions, il vivait content de ce que son négoce lui produisait, il eut, trois jours de suite, un songe dans lequel un vieillard vénérable lui apparut avec un regard sévère, qui le réprimandait de ce qu'il ne s'était pas encore acquitté du pèlerinage de la Mecque. Ce songe troubla Ali Cogia et le mit dans un grand embarras. Comme bon musulman, il n'ignorait pas l'obligation où il était de faire ce pèlerinage; mais comme il était chargé de maison, de meubles et d'une boutique, il avait toujours cru que c'étaient des motifs assez puissants pour s'en dispenser, en tâchant d'y suppléer par des aumônes et par d'autres bonnes œuvres.

«Histoire d'Ali Cogia, marchand de Bagdad», *Les Mille et une nuits.*

ne peuvent exercer de charges publiques et sont astreints à des règles touchant leur habillement ou leur habitation, par exemple.

L'islam conquérant s'étend de l'Espagne à l'Inde. Dès la mort de Mahomet, ses successeurs entreprennent la conversion des peuples voisins. Comme ceux-ci refusent parfois d'adhérer volontairement à l'islam, les califes proclament le petit *djihad* – ou guerre sainte –, dont l'objet est de défendre l'islam partout où il est en danger et de le propager – le grand *djihad* étant la guerre contre le mal et le péché en soi. Les prosélytes d'Allah sont d'autant plus nombreux et convaincus que, selon le Coran, le musulman qui sacrifie sa vie sur un champ de bataille une fois le *djihad* proclamé entre directement au paradis, où il jouira de délices en tant que martyr de la foi. Par ailleurs, la perspective du butin acquis par la razzia, une tradition bédouine, ne fut certainement pas étrangère à l'enthousiasme des Arabes pour le *djihad*.

Vers l'ouest, les armées musulmanes progressent rapidement jusqu'au détroit de Gibraltar, qu'elles franchissent en 711. Elles conquièrent alors la péninsule ibérique, avant d'être arrêtées par les Francs à Poitiers en 732. Vers le nord et vers l'est, elles s'emparent d'abord du couloir syro-palestinien et d'une partie de l'Asie mineure, qui font partie de l'Empire byzantin, et ne sont repoussées aux portes de Constantinople qu'en 717-718. Elles s'emparent aussi de l'Irak, de l'Arménie et de la Perse en moins de trois décennies. Au cours du siècle suivant, elles progressent jusqu'à l'Indus. En 750, la dynastie des Omeyades domine un empire qui va des Pyrénées aux rives de l'Indus et qui continue de s'étendre vers l'est au cours des siècles suivants.

Les conquêtes musulmanes marquent la déchirure définitive du monde méditerranéen. Elles créent en outre, par l'islamisation et la diffusion de la langue du Coran, un peuple: les Arabes, qui vivent du Maroc au golfe Persique (carte 4.4).

CARTE 4.4

L'expansion de l'islam

questions – cartes

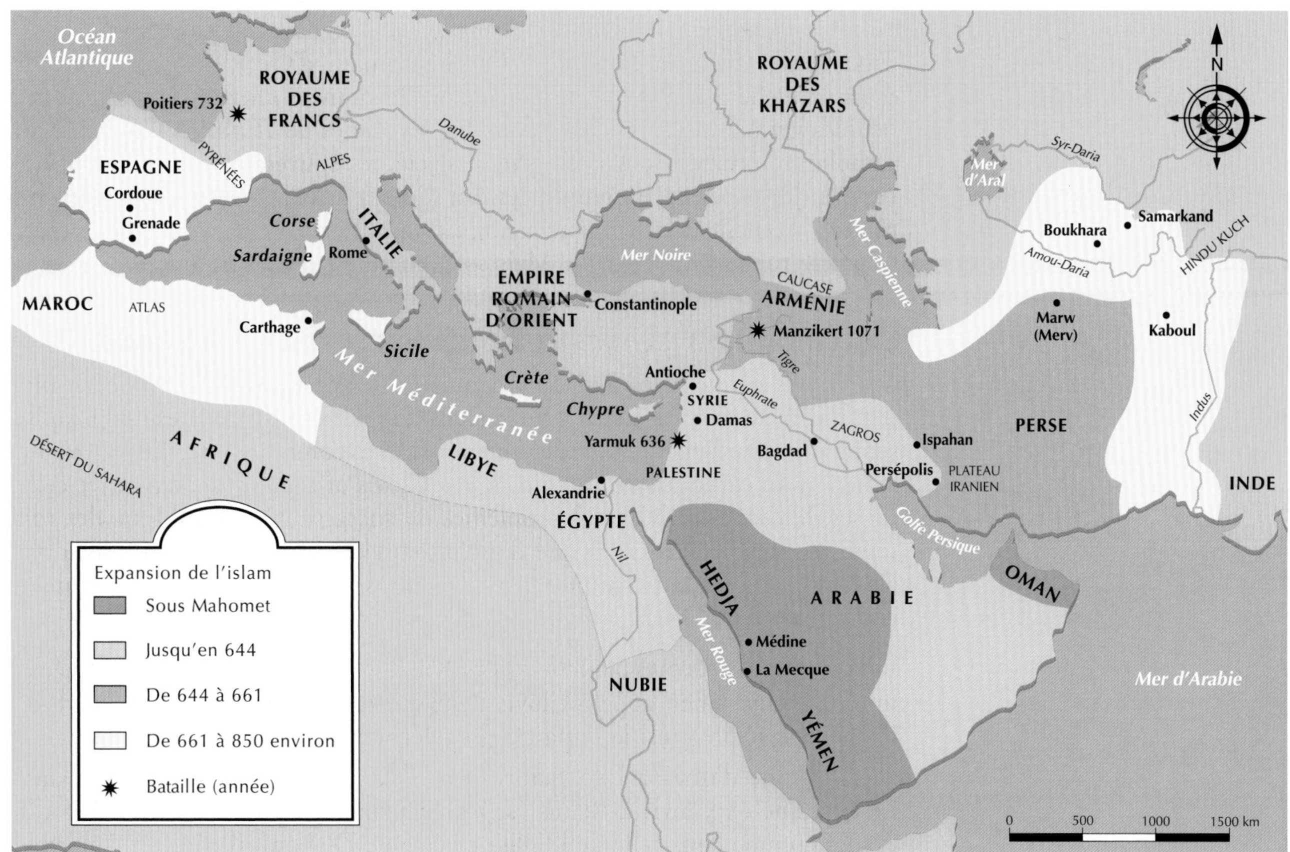

Du VIIIe au XIIe siècle, le monde musulman connaît une ère de progrès. Sous les dynasties omeyade et abbasside, le monde musulman devient un foyer de développement des arts, des sciences et de la philosophie. Il tire largement profit de sa situation géographique: on y retrouve les influences romaine, grecque, byzantine, mésopotamienne, perse et même indienne et chinoise. Ses manufactures produisent notamment des épées et de l'acier (Damas), des dérivés du cuir (Cordoue), des textiles (Égypte) et des tapis (Perse) de haute qualité. Dans le domaine des arts plastiques, la calligraphie et l'architecture (influencée par les Byzantins et les Perses) atteignent des sommets. La poésie et le conte y deviennent les formes privilégiées de l'art littéraire.

Les sciences et l'éducation y sont favorisées. L'éducation primaire y est offerte aux garçons et aux filles, et des institutions d'enseignement supérieur s'y développent. Avec ses bibliothèques et ses écoles, Bagdad devient un des centres mondiaux de la culture et de la science. Les philosophes du monde musulman connaissent et traduisent les philosophes grecs aussi bien que les textes hindous et bouddhistes. L'un deux, le Cordouan Averroès (Ibn Rushd), applique l'usage de la raison à l'étude du Coran et étudie l'œuvre d'Aristote. En mathématiques, ils créent l'algèbre en plus de nous transmettre les chiffres dits arabes et le nombre (qu'ils ont empruntés à l'Inde), et le zéro (né au sein du **bouddhisme**). Ils font progresser l'optique et l'astronomie. La médecine et la pharmacologie connaissent un développement remarquable: al-Razi, médecin en chef à l'hôpital de Bagdad, écrit de nombreux traités où il reconnaît l'importance de traiter l'esprit aussi bien que le corps; le Perse Avicenne (Ibn Sina) écrit une encyclopédie de la médecine qui fait la somme des connaissances accumulées jusque-là par les Grecs, les Indiens, les Perses et les Arabes.

Renaissance et échec de l'idée impériale: les Carolingiens

Trois siècles après la chute de l'Empire romain d'Occident, une nouvelle dynastie, celle des Carolingiens, s'empare du pouvoir chez les Francs, un des peuples germains qui se sont établis sur les ruines de l'Empire. Convertis au catholicisme romain dès la fin du Ve siècle, les souverains francs ont utilisé l'appui des papes et, en retour, les ont aidés à asseoir leur pouvoir. Devenu roi des Francs, Charlemagne agrandit leur territoire et tente de recréer l'Empire romain d'Occident. Mais son œuvre est de courte durée.

L'alliance du glaive et du crucifix chez les Francs

Les Francs côtoient les Romains depuis le IIIe siècle. Dès le IVe siècle, une partie d'entre eux, les Saliens, s'installent à l'intérieur des limites de l'Empire (dans l'actuelle Belgique), où ils sont considérés comme un peuple fédéré. En adhérant au catholicisme romain, le roi Clovis affermit son pouvoir et celui de ses descendants. Mais les problèmes de succession et la faiblesse des rois mérovingiens permettent à une famille de riches propriétaires terriens, dont les membres exercent d'importantes fonctions politiques, de s'emparer de la couronne au VIIIe siècle.

Le baptême de Clovis renforce les Mérovingiens. À la fin du Ve siècle, un chef franc salien appelé Clovis s'empare du pouvoir dans le nord de la Gaule et instaure ainsi la dynastie des Mérovingiens.

À la suite d'une bataille victorieuse, Clovis se convertit au catholicisme. Le baptême de Clovis à Reims est un événement capital dans l'histoire des Francs comme dans celle de l'Église de Rome. D'abord, il consacre l'alliance de la dynastie franque et du pape, qui se soutiendront mutuellement par la suite. Ensuite, il facilite le ralliement au nouveau régime franc des Gallo-Romains, largement christianisés, et donne à Clovis un ascendant sur les autres prétendants au trône, roitelets ou chefs de guerre. Enfin, il fournit à Clovis un prétexte imparable pour accroître le territoire franc aux dépens des autres peuples germains, qui sont soit païens, soit chrétiens ariens, tendance condamnée comme hérétique par l'Église.

La loi salique affaiblit les Mérovingiens. Cependant, la dynastie mérovingienne est affaiblie par la loi salique, selon laquelle l'héritage est divisé entre tous les héritiers mâles du défunt, qu'il s'agisse de biens meubles ou d'un royaume. Les perpétuelles subdivisions du royaume déclenchent entre les héritiers des luttes fratricides qui dégénèrent souvent en guerres civiles, favorisant le développement des particularismes régionaux. Pour s'attacher des fidèles qui les soutiendront dans les luttes incessantes contre leurs rivaux, les souverains des royaumes mérovingiens sont amenés à donner des terres à ceux qui se « recommandent » à eux, c'est-à-dire qui promettent en échange de leur obéir et de les servir. Cette coutume, qui est à l'origine de l'institution de la **vassalité** – une des caractéristiques fondamentales de l'Europe médiévale –, contribue aussi à l'affaiblissement des monarques au profit de l'aristocratie terrienne.

vassalité Condition de dépendance du vassal envers son suzerain.

vassal Dans le régime féodal, homme lié personnellement à un suzerain qui lui concède la possession d'un fief en retour de sa fidélité et de son assistance en cas de guerre.

Au VIIIe siècle, les maires du palais s'imposent. À partir du milieu du VIIe siècle se succèdent sur le trône plusieurs rois que l'histoire a qualifiés de « rois fainéants ». Affaiblis par les luttes incessantes qui les opposent et par la montée en puissance des membres les plus influents de l'aristocratie, ces souverains laissent de plus en plus l'exercice du pouvoir réel au personnage le plus important de leur cour : le maire du palais (*major domus* en latin), sorte de vice-roi qui gère la maison royale, l'économie, la justice et l'armée. À la

La recommandation chez les Francs au VIIIe siècle

Celui qui se recommande en la puissance d'autrui. Au seigneur magnifique « un tel », moi, « un tel ». Attendu qu'il est parfaitement connu de tous que je n'ai pas de quoi me nourrir, ni me vêtir, j'ai demandé à votre pitié – et votre volonté me l'a accordé – de pouvoir me livrer ou me recommander en votre maimbour. Ce que j'ai fait aux conditions suivantes. Vous devez m'aider et me soutenir, pour la nourriture autant que pour le vêtement, dans la mesure où je pourrai vous servir et bien mériter de vous. Tant que je vivrai, je vous devrai le service et l'obéissance qu'on peut attendre d'un homme libre ; et, tout le temps de ma vie, je n'aurai pas le pouvoir de me soustraire à votre puissance ou maimbour, mais je devrai au contraire rester tous les jours de ma vie sous votre puissance et protection.*

* Maimbour : à l'époque franque, tutelle du père sur ses enfants ; par extension, protection accordée par le roi ou un personnage puissant à un individu.

Formulæ Turonenses, n° 43 (deuxième quart du VIIIe siècle), dans Charles-Marie de la Roncière, *et al.*, *L'Europe au Moyen Âge. Tome 1 : 395-888*, Paris, Armand Colin, Collection U, 1969, p. 69.

Les rois « fainéants » : une habile légitimation historique

Longtemps, l'histoire a présenté les derniers rois de la dynastie mérovingienne comme une suite de souverains jouisseurs, rustres, paresseux ou incapables. Dans les faits, ces monarques ont été les victimes posthumes d'une campagne de communication et de légitimation historique entreprise par les Carolingiens (entre autres par le biographe de Charlemagne, Éginhard) pour justifier l'usurpation du trône franc par le fondateur de leur dynastie, Pépin le Bref, aux dépens du dernier roi mérovingien.

fin du VIIe siècle, une riche famille noble, les Pépinides, accapare la charge de maire du palais.

En 732, l'infanterie franque, dirigée par un des Pépinides, Charles Martel (le « marteau »), repousse difficilement les cavaliers arabes à Poitiers. Constatant l'évidente supériorité de la cavalerie sur l'infanterie, Charles Martel décide que les nobles francs se battront dorénavant à cheval, décision qui donnera naissance à la chevalerie médiévale. Vingt ans plus tard, son fils Pépin le Bref (le « petit ») dépose Childéric III, le dernier roi mérovingien – qu'il enferme dans un monastère après lui avoir infligé la tonsure – et se fait élire roi par les grands du royaume, avec l'appui du pape.

FIGURE 4.6

Manuscrit de l'époque carolingienne : réalisé pour l'archevêque de Metz vers 842, il représente l'Ascension du Christ ; à noter, l'enluminure et l'écriture « caroline »

Les Carolingiens s'allient au pape. En échange de l'aide militaire de Pépin le Bref contre les Lombards, peuple qui domine le centre et le nord de la péninsule italienne, le pape le sacre roi en 754. Ce geste fait de Pépin l'élu non plus seulement des nobles, mais aussi de Dieu. En contrepartie, il ouvre au pape la porte du pouvoir temporel, et ceci de deux façons. Premièrement, le sacre donne au pape un rôle dans le choix des dirigeants politiques, ce qui sera source de nombreux conflits dans les siècles suivants. Deuxièmement, Pépin octroie au pape une large partie des territoires italiens pris aux Lombards, sur lesquels celui-ci exercera désormais les pouvoirs d'un seigneur féodal (ces « États pontificaux » existeront jusqu'en 1870).

L'EMPIRE CAROLINGIEN

En s'emparant du pouvoir, Pépin le Bref a créé ce que les historiens appelleront la dynastie des Carolingiens (de *Carolus*, « Charles » en latin). En effet, son fils Charles, dit « le Grand » (*Carolus magnus*, Charlemagne), règne de 768 à 814 et est même sacré empereur des Romains par le pape. Non seulement il agrandit considérablement son royaume, mais l'État et la vie intellectuelle y renaissent.

Charlemagne devient roi des Francs, puis empereur des Romains. À la mort de Pépin le Bref, en 768, conformément à la loi salique, le royaume franc est divisé entre ses deux fils, Charles et Carloman. Mais le second meurt

La chevelure des rois mérovingiens

En quoi ce texte d'un historien byzantin éclaire-t-il le traitement que Pépin le Bref fait subir à Childéric III, le dernier souverain mérovingien, lorsqu'il le dépose en 751, puis le fait tonsurer ?

■ ■ ■

Peu après Clodomir marcha contre les Burgondes, nation de race gothique, entreprenante et belliqueuse. Il périt au milieu de la bataille, la poitrine traversée d'un dard. Lorsqu'il fut tombé, les Burgondes, voyant sa longue chevelure flottante qui lui descendait jusque sur le dos, reconnurent qu'ils avaient tué le chef des ennemis. Car c'est la coutume des rois francs de ne jamais se couper les cheveux : à partir de leur enfance, leur chevelure intacte flotte sur leurs épaules, et les cheveux de devant bien partagés retombent des deux côtés.

Agathias, « Histoire poétique des Mérovingiens », cité dans Françoise Vallet, *De Clovis à Dagobert. Les Mérovingiens*, Paris, Gallimard, 1995, p. 149.

quelques années plus tard, laissant la totalité de l'héritage à son frère. Charles, véritable force de la nature, à la fois énergique et méticuleux, lit le latin et s'intéresse aux sciences, aux arts et à la théologie (*La Cité de Dieu*, de saint Augustin, aurait été son livre de chevet).

À la fin du VIIIe siècle, Charles possède un royaume qui s'étend de l'Atlantique aux rives de l'Elbe et englobe le nord des péninsules ibérique et italienne. Il installe sa capitale à Aix-la-Chapelle (Aachen, aujourd'hui en Allemagne). Protecteur de la chrétienté et du pape, Charles est alors l'homme le plus puissant du monde occidental. Lors d'un séjour à Rome, le jour de Noël de l'an 800, il est couronné empereur des Romains par le pape lui-même. Ce sacre est reconnu par le calife Haroun al-Rachid et par l'impératrice Irène de Byzance, geste symbolique qui marque la naissance d'une Europe chrétienne distincte de l'Empire d'Orient.

Charlemagne agrandit le royaume des Francs et évangélise les païens. La principale occupation de Charles comme souverain des Francs est la conduite de la guerre. Chaque année, des campagnes militaires lui permettent d'agrandir son royaume: aux dépens des Lombards; des Bavarois, dont il annexe le duché; des Saxons, qui résistent férocement; des Avars, qui sont christianisés et vassalisés, et doivent lui céder leur immense trésor; et des Maures (musulmans installés en Espagne), qu'il tente de repousser vers le sud, sans trop de succès cependant (carte 4.5).

Avec le soutien du pape, Charlemagne profite de ces campagnes militaires pour évangéliser (de gré ou de force) les peuples conquis. Si certains peuples se convertissent assez facilement, d'autres au contraire résistent farouchement. C'est le cas des Saxons, païens animistes qui adorent les arbres, les sources, les montagnes, etc., et qu'il force à accepter le baptême sous peine de mort.

La Chanson de Roland

Une des expéditions de Charlemagne en Espagne donnera naissance à la *Chanson de Roland*, la plus ancienne chanson de geste française, écrite au XIe siècle pour magnifier le règne de Charlemagne et le sentiment religieux. Elle constituera aussi un puissant élément de motivation de la «Reconquista» espagnole, menée par les rois chrétiens du Nord du IXe au XVe siècle.

Le couronnement de Charlemagne selon Éginhard

Chroniqueur franc, ami et conseiller de Charlemagne, Éginhard a écrit sur lui une biographie plutôt élogieuse. En voici un extrait.

■ ■ ■

Venant à Rome pour rétablir la situation de l'Église, qui avait été fort compromise, il y passa toute la saison hivernale. Et, à cette époque, il reçut le titre d'empereur et d'auguste. Il y fut d'abord si opposé qu'il affirmait ce jour-là, bien que ce fut celui de la fête majeure, qu'il ne serait pas entré dans l'Église, s'il avait pu savoir à l'avance le dessein du pontife*.*

* Fête majeure: Noël.
Pontife: le pape.

Éginhard, *Vie de Charlemagne.*

Le couronnement de Charlemagne selon le *Liber Pontificalis*

Le *Liber Pontificalis* est une chronique ecclésiastique de l'histoire des papes.

■ ■ ■

Vint le jour de la Nativité de Notre Seigneur Jésus-Christ et ladite basilique du bienheureux apôtre Pierre les vit tous à nouveau réunis. Alors le vénérable et auguste Pontife, de ses propres mains, le couronna d'une très précieuse couronne. Alors l'ensemble des fidèles romains, voyant combien il avait défendu et aimé la sainte Église romaine et son vicaire, poussèrent d'une voix unanime, par la volonté de Dieu et du bienheureux Pierre, porteur de la clé du royaume céleste, l'acclamation: «À Charles très pieux auguste, par Dieu couronné grand et pacifique empereur, vie et victoire.» Ceci fut dit trois fois devant la sainte Confession du bienheureux apôtre Pierre, tout en invoquant plusieurs saints, et par tous il fut constitué empereur des Romains.

Liber Pontificalis, II-8.

CARTE 4.5

L'empire de Charlemagne (768-814)

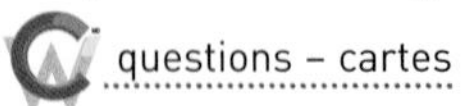
questions - cartes

Après une révolte générale au cours de laquelle ils brûlent des églises et massacrent les missionnaires, les Saxons sont déportés, dispersés aux quatre coins du royaume et remplacés par des colons francs.

L'ÉTAT RENAÎT MAIS LA VASSALITÉ S'IMPLANTE. Charles donne aussi à son royaume une structure administrative et judiciaire : il fait ainsi renaître l'État.

La cour royale, composée de plusieurs grands officiers (chambellan, sénéchal, connétable, chancelier, échanson, etc.), voit ses tâches publiques augmenter à mesure que le nombre de clercs s'accroît. L'autorité du roi repose en premier lieu sur la force armée, composée d'hommes libres qui fournissent leur équipement et sont astreints au service militaire saisonnier comme fantassins (25 000 à 40 000) ou comme cavaliers lourdement équipés (10 000 à 12 000).

L'administration locale relève des comtes, responsables de la gestion, de la justice et de la conduite de l'armée dans chacun des quelque 300 comtés de l'empire. Dans les marches, c'est-à-dire les régions frontalières ou menacées, les pouvoirs royaux sont délégués à des militaires (marquis, margraves ou ducs). Pour éviter la fragmentation du pouvoir et la constitution de dynasties locales échappant à son emprise, Charles institue les *missi dominici*. Ces envoyés du roi voyagent par deux (un clerc et un laïc) à travers le royaume pour recevoir les plaintes, enquêter sur les abus, inspecter la gestion des domaines royaux et suppléer à la justice défaillante, assurant ainsi une certaine cohésion dans cet immense empire. De plus, en principe, les décisions royales, approuvées par les grands du royaume et consignées par écrit (**capitulaires**), ont partout force de loi. Charles signe aussi des traités avec l'Empire byzantin et le califat des Abbassides, dont un concernant les pèlerinages en Terre sainte.

INSTRUCTIONS AUX *MISSI DOMINICI* (CAPITULAIRE)

D'abord qu'ils réunissent une assemblée en deux ou trois endroits, où tous ceux qui dépendent de leur legatio puissent se rendre ; et qu'à tous, en public, ils notifient ce qu'est leur legatio, à savoir qu'ils ont été installés par nous comme missi, pour que si quelque évêque ou quelque comte pour un empêchement quelconque ne pouvait accomplir son ministère, il ait recours à eux et qu'avec leur aide il accomplisse son ministère ; et si le cas est de nature à ne pas être réglé par leurs conseils, qu'il soit, par eux, porté à notre connaissance. Et si, d'aventure, un évêque ou un comte aura été un peu trop négligent en son ministère, qu'il soit réprimandé et remis dans le droit chemin par les conseils de ces missi. Et que tout le peuple sache qu'ils ont été installés pour que tout individu, qui par négligence, incurie ou indisponibilité du comte n'a pu obtenir justice, puisse reporter sa plainte d'abord devant eux et grâce à leur aide, obtenir justice ; et, quand quelqu'un, par nécessité, aura fait appel à nous, que nous puissions nous en remettre à eux pour statuer définitivement sur les plaintes de ceux que nous aurons renvoyés.*

* Legatio : mission.

Dans Charles-Marie de la Roncière, *et al.*, *L'Europe au Moyen Âge. Tome 1 : 395-888*, Paris, Armand Colin, Collection U, 1969, p. 177.

Mais l'État carolingien, quoique réel, est squelettique comparé aux États modernes et même à l'Empire romain. Tout d'abord, un faible nombre de personnes participent à son administration : il ne semble pas avoir dépassé le millier. Ensuite, le principe de la personnalité des lois subsiste, chaque peuple conservant ses lois et son droit. C'est également dû au sous-financement : l'impôt direct romain ayant pratiquement disparu, les revenus royaux reposent sur les péages et les amendes, ainsi que sur les domaines royaux, étendus à l'époque de Charles par les conquêtes, mais morcelés sous ses successeurs par les partages et les donations. Enfin parce que le principe étatique est battu en brèche par une autre institution, celle du serment de fidélité que doivent prêter au souverain tous les nobles en échange d'un **bénéfice** viager, le plus souvent une terre. L'affirmation de ce lien d'homme à homme qui unit le roi à ses vassaux est une des caractéristiques fondamentales du monde féodal en gestation, en contradiction avec les principes de fidélité des citoyens et de bien commun qui caractérisent l'État moderne.

bénéfice Au Moyen Âge, propriété ou revenu attaché à une fonction ecclésiastique.

Une brève renaissance intellectuelle illumine l'époque. Le règne de Charlemagne se caractérise aussi par une floraison des arts et des lettres que les historiens ont appelée Renaissance carolingienne.

Pour renforcer l'Église, Charlemagne crée la dîme (tout producteur doit remettre à l'Église un dixième de sa récolte) et procède à une réforme du clergé, qu'il purge de ses éléments douteux et qu'il restructure. Pour mieux former les clercs et obtenir de meilleurs administrateurs, Charles institue des écoles paroissiales, épiscopales et monastiques avec l'aide de lettrés étrangers, originaires de régions où la culture latine a mieux survécu. On crée alors un véritable programme scolaire comprenant un cycle d'études à deux niveaux : le *trivium* (grammaire, rhétorique et dialectique) et le *quadrivium* (géométrie, arithmétique, astronomie et musique). On entreprend également un effort de sauvegarde des manuscrits anciens, dont la copie systématique est facilitée par l'invention d'une écriture minuscule ronde qualifiée de « caroline ». Cette renaissance touche aussi le domaine artistique, particulièrement l'architecture, l'orfèvrerie et l'**enluminure** à destination religieuse.

enluminure Art d'enluminer.

enluminer Orner un manuscrit de lettres peintes ou d'illustrations.

Modeste dans ses réalisations (on reproduit beaucoup plus qu'on ne crée), la renaissance carolingienne a néanmoins permis la sauvegarde d'une partie du patrimoine littéraire et religieux de l'Occident chrétien et jeté les bases de la littérature et de l'art médiévaux.

LA FRAGMENTATION DE L'EUROPE AU IXe SIÈCLE

Les réalisations carolingiennes sont toutefois de courte durée. En 840, à la mort de Louis le Pieux, unique fils survivant de Charlemagne, les guerres de succession reprennent pour ne plus cesser. De plus, l'Europe est alors la proie

La renaissance des écoles sous Charlemagne

Quel objectif principal l'État carolingien dit-il poursuivre en développant l'éducation ?

■ ■ ■

Que les enfants de condition modeste et les fils bien nés soient rassemblés. Qu'il y ait des écoles pour instruire les enfants. Que dans chaque monastère, chaque évêché, on enseigne les psaumes, les notes, le chant, le calcul, la grammaire et que l'on ait des livres catholiques soigneusement corrigés. Car souvent les hommes qui souhaitent bien prier Dieu le prient mal à cause des livres mal corrigés.

« Capitulaire de Charlemagne, Admonitio generalis », n° 72, dans *Capitularia Regnum Francorum*, dans *Monumenta Germaniæ Historica*, tome I, section II, Hanovre, Hahn, 1883, p. 60.

CARTE 4.6

Le traité de Verdun (843)

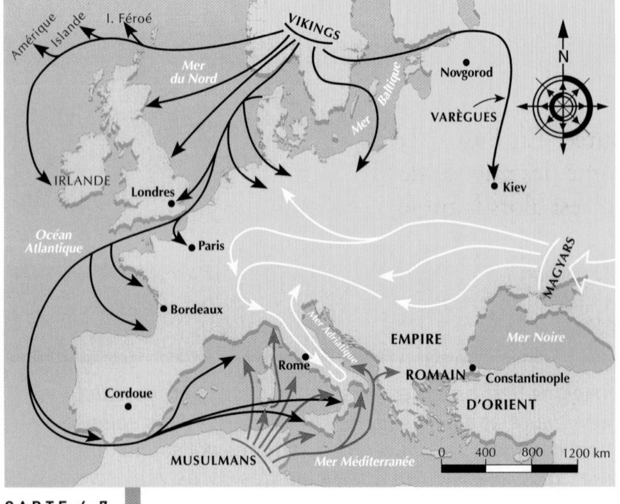

CARTE 4.7

Les invasions du IXe siècle en Europe

d'envahisseurs venus des quatre points cardinaux, qui vont provoquer sa fragmentation et le retour à l'anarchie.

LES HÉRITIERS DE CHARLEMAGNE SE PARTAGENT SON EMPIRE. À la mort de Louis le Pieux, ses trois fils entrent en lutte pour obtenir le partage le plus avantageux. Contre Lothaire qui a hérité du titre impérial, ses frères Charles le Chauve et Louis le Germanique concluent en 842 une entente connue sous le nom de «serments de Strasbourg», rédigée en langue romane (ancêtre du français) pour le premier et en tudesque (ancêtre de l'allemand) pour le second. Ce texte marque la naissance des langues française et allemande, et dénote l'existence en Europe de deux entités culturelles distinctes.

Un an plus tard, les trois frères signent à Verdun un traité qui consomme la division de l'Empire – et donc de l'Europe occidentale – pour plusieurs siècles (carte 4.6): à Charles le Chauve échoit la Francie occidentale, région de langue romane; à Louis le Germanique la Francie orientale, région de langue germanique; et à Lothaire la Francie médiane, région sise entre les deux autres et sans unité propre, ni sur le plan géographique ni sur le plan linguistique (elle s'étend de la mer du Nord aux États pontificaux).

Ce partage de l'Empire carolingien est lourd de conséquences pour plusieurs siècles à venir, puisqu'il crée à l'est et à l'ouest deux entités viables, qui constituent grosso modo les bases de la future France et de la future Allemagne, tandis que les régions comprises dans la Francie médiane deviendront soit l'objet de rivalités entre les deux grandes forces, soit de petites entités connaissant des sorts variables selon les époques. Pendant plus d'un siècle, les luttes entre les héritiers des signataires de Verdun achèvent de morceler l'Empire. La couronne impériale passe de main en main au fil de guerres et de négociations avant d'échoir en 962 à Otton Ier de Germanie.

LES INVASIONS DU IXe SIÈCLE PROVOQUENT DE NOUVEAUX RECULS. Facteur aggravant, les guerres entre les successeurs de Louis le Pieux coïncident avec de nouvelles vagues d'invasions (carte 4.7) qui assaillent l'Europe chrétienne de toutes parts, achevant d'y installer l'anarchie féodale qui caractérisera les siècles suivants.

Du sud, à partir de leurs bases d'opérations en Espagne ou en Afrique, les Arabes (que les contemporains appelaient les Maures ou les Sarrasins) pillent les côtes méditerranéennes et s'emparent même des Baléares, de la Corse et de la Sicile, entraînant une grande insécurité.

De l'est proviennent les Magyars, peuple nomade de l'Oural qui «rôde» en Europe pendant près d'un siècle. Ils sont écrasés en 955 par Otton Ier, qui les force à se fixer dans l'actuelle Hongrie ; leur roi se convertit alors au christianisme. À la même époque, les Slaves, peuple des steppes, repoussés vers l'ouest par les Huns, s'établissent dans les actuelles Pologne, République tchèque et Slovaquie, ainsi que dans les Balkans.

Du nord, enfin, arrivent les terribles Vikings («ceux qui vont de comptoir – *vicus* – en comptoir»), que les Slaves appellent Varègues («hommes qui font le trafic des marchandises») et les Français, Normands («hommes du Nord»). Originaires des actuels Danemark, Suède et Norvège, ces farouches guerriers païens étaient à l'origine des navigateurs-commerçants. Cependant, au IXe siècle, quand la détérioration des conditions climatiques en Scandinavie y provoque une grave crise économique et alimentaire, ils se transforment en pillards. Sur leurs navires à large coque et à fond plat, propulsés à voile et à rame, et dont la proue est ornée d'une tête de dragon (d'où le nom de *drakkars*), les Vikings peuvent aussi bien traverser les mers qu'emprunter les fleuves.

Vers l'est, les Suédois remontent les cours d'eau qui se déversent dans la mer Baltique jusqu'à la mer Noire et à la mer Caspienne. Ils y font du commerce et fondent même un État, la principauté de Kiev, embryon de la future Russie. Vers l'ouest, les Norvégiens pillent l'Angleterre, l'Écosse et l'Irlande, où ils créent des communautés côtières avant de coloniser l'Islande, le Groenland et même l'Amérique du Nord, où ils créent de petits établissements éphémères (entre autres à l'Anse-aux-Meadows, à Terre-Neuve). Vers le sud, les Danois organisent des expéditions annuelles de pillage des villes et des monastères ; pénétrant profondément à l'intérieur des terres, ils sèment la panique par leur arrivée soudaine et silencieuse. Installés à l'embouchure des fleuves, ils imposent des tributs (le *Danegeld*) aux souverains locaux et exigent parfois des concessions de terres. Ils occupent le sud de l'Angleterre au début du XIe siècle, conquièrent le sud de la péninsule italienne et la Sicile, où ils créent le royaume de Naples et des Deux-Siciles ; ils prennent aussi pied en France en 911, quand Charles le Simple cède la Normandie en fief à un de leurs chefs, Rollon, qui accepte aussi le baptême. Un des successeurs de Rollon, Guillaume de Normandie, conquerra l'Angleterre en 1066, créant une situation fort complexe : le roi d'Angleterre sera à partir de ce moment un vassal du roi de France et, par le jeu des alliances, un prétendant à sa couronne !

Apprentissages

Aller à l'essentiel

Une des habiletés intellectuelles les plus recherchées est la capacité d'extraire d'un document les informations essentielles et de les résumer en peu de mots. Le document intitulé « Instructions aux *missi dominici* (capitulaire) » (p. 110) contient les grandes lignes de la mission confiée à ces envoyés du roi des Francs. Peut-on dégager, en quelques mots, les cinq points essentiels de cette mission ?

Comparer deux sources

Les sources qui forment le matériau historique et sur lesquelles les historiens se fondent pour interpréter le passé ne donnent évidemment pas toutes la même version des faits. Une des preuves en sont les deux sources reproduites à la page 109, qui décrivent le couronnement de Charlemagne par le pape. L'attitude de Charlemagne n'y est pas la même selon le document consulté. Comment Éginhard et le *Liber Pontificalis* la présentent-ils respectivement ? Devant deux versions qui se contredisent ou qui divergent, comme ici, quelle doit être l'attitude de l'historien ? Comment peut-il tenter de régler ce problème ? Au cas où il n'arrive pas à solutionner ce dilemme, comment doit-il présenter la situation à ses lecteurs ?

Comparer deux documents d'époques différentes

L'élaboration des lois et l'administration de la justice sont des activités importantes dans toute société. Une des premières traces écrites de cette activité est le « code » de Hammourabi, rédigé à Babylone au XVIIe siècle av. J.-C. et dont nous avons cité des extraits dans le chapitre 2 (p. 21). Dans ce chapitre (p. 93), nous avons reproduit une partie de la loi des Wisigoths, le *wergeld* (prix du sang), qui recoupe certaines situations prévues dans le « code » de Hammourabi. Quelles sont les situations communes dont traitent ces deux textes de loi ? Les peines proposées en regard des crimes commis sont-elles de même nature ? Quel paraît être l'objectif de chacune de ces législations ? Que nous indiquent-elles sur chacune de ces sociétés ?

Consultez le Compagnon Web pour des questions d'autoévaluation supplémentaires.

CHAPITRE 5

De la Méditerranée à l'Europe occidentale

Dans ce chapitre, nous verrons...

- Comment se forme la féodalité, quelle est sa structure sociale et quelles charges et obligations elle impose à chacun.
- Comment des monarchies puissantes s'affirment en France et en Angleterre et quels longs conflits les opposent.
- Comment et dans quelles circonstances naît le Parlement anglais.
- Comment le pape et l'empereur du Saint Empire romain germanique se disputent l'autorité.
- Comment le christianisme contribue à l'unité d'un monde occidental où l'Église se prétend autorité suprême.
- Comment la deuxième révolution agricole augmente les ressources alimentaires et permet la multiplication des villes et la réémergence du commerce.
- Comment l'avènement du grand commerce laisse entrevoir la naissance du capitalisme marchand.

LES PRINCIPAUX CONCEPTS UTILISÉS DANS CE CHAPITRE SONT LES SUIVANTS : corvée, féodalité, suzerain, vassal, droits régaliens, idéologie, élite, excommunication, interdit, croisade, bénéfice, investiture, serfs, État de droit, parlement, schisme, hérésie, Inquisition, révolution agricole, guilde, capitalisme.

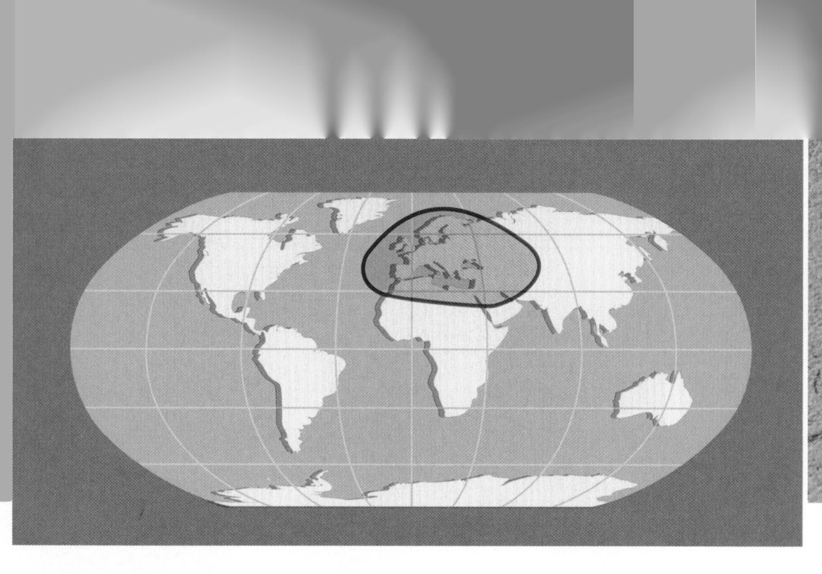

LIGNE du temps

950 — 1000 — 1050 — 1100 — 1150 — 1200

Deuxième révolution agricole (c.1050 à c.1300)

Début du mouvement communal – Italie (c.1030)

Première université à Bologne (1088)

Grand Schisme d'Orient (1054)

Querelle des Investitures (1073 à 1122)

Fondation de l'ordre des cisterciens (1098)

Fondation de l'ordre des dominicains (1215)

Croisades (1096 à 1270)

Guillaume de Normandie conquiert l'Angleterre (1066)

Domesday Book (1086)

Magna Carta (1215)

Otton empereur (962)

Religion orthodoxe en Russie (988)

Les croisés prennent Constantinople (1204)

Durant les premiers siècles du deuxième millénaire, le foyer de la civilisation occidentale achève de se déplacer du bassin de la Méditerranée vers l'Europe occidentale et centrale. Absorbés, adaptés, transformés, les principaux caractères de la civilisation latine se fondent avec d'autres : la civilisation occidentale franchit ainsi une nouvelle étape.

Au cours de cette période, l'accroissement de la production agricole et de longues périodes de paix relative favorisent une importante poussée démographique. Les échanges commerciaux s'intensifient et s'étendent ; les agglomérations urbaines se font de plus en plus nombreuses. De nouveaux groupes sociaux apparaissent et, avec eux, de nouvelles sources d'influence – même si l'Église reste omniprésente. Des princes réussissent à établir leur autorité sur de vastes territoires et leurs populations : c'est l'avènement des grandes monarchies féodales, qui laisse entrevoir la naissance de l'État national moderne.

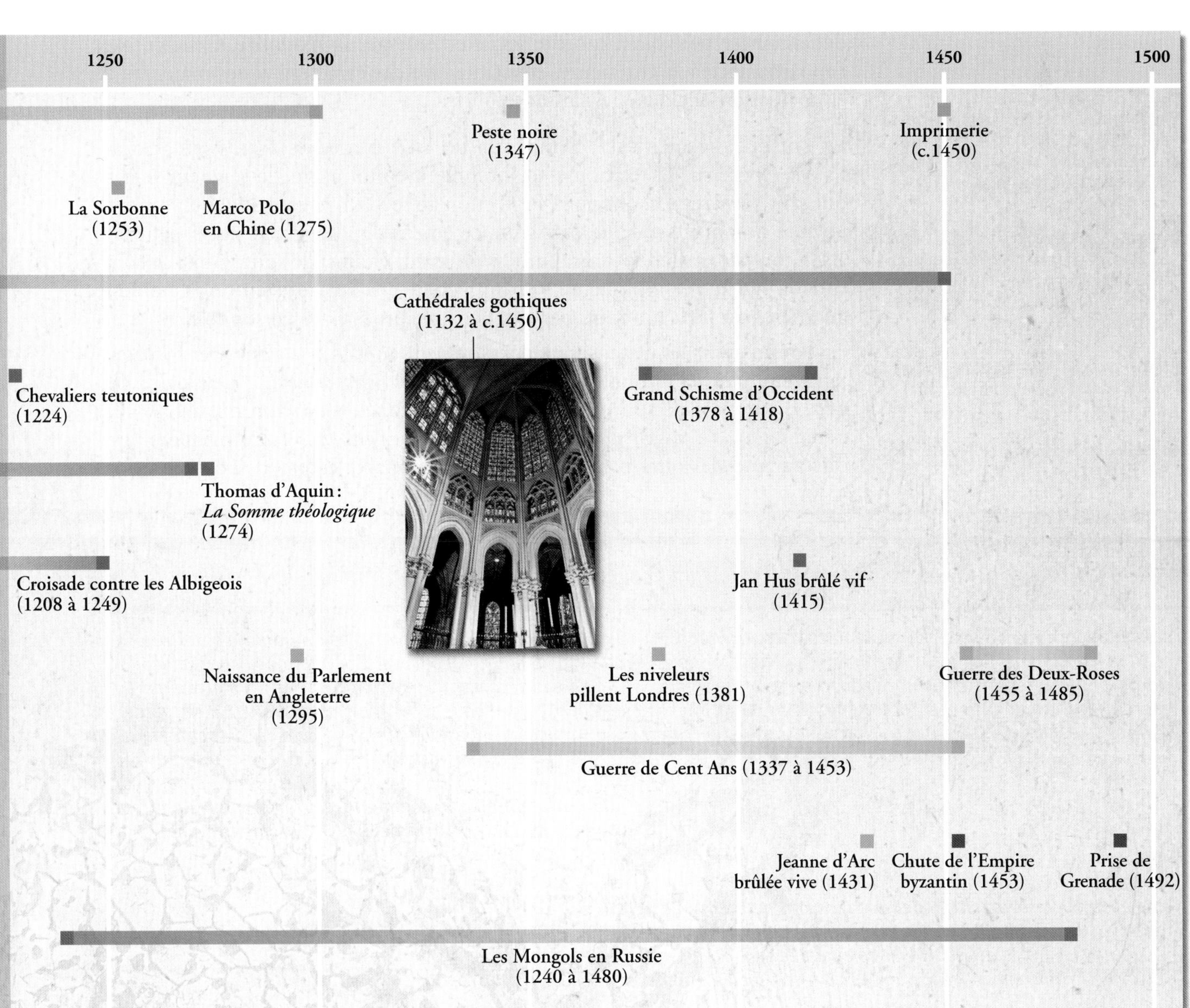

L'avènement des monarchies féodales

Au tournant de l'an mille, dans la foulée de la désintégration de l'Empire carolingien et des invasions normandes, arabes et magyares, l'Europe morcelée se trouve aux mains de plusieurs centaines de seigneurs locaux. Entre eux, les disputes sont fréquentes et les alliances, même matrimoniales, se font et se défont: l'instabilité règne. Les commerçants, les habitants des villes, les artisans, les paysans et même de petits seigneurs en souffrent. Ils sont aussi affectés par les barrières au commerce, les taxes arbitraires, les levées de soldats ou les **corvées**, le manque d'institutions favorisant la stabilité et, plus généralement, l'injustice. À l'occasion, certains souverains profitent de la situation, s'appuyant sur ces mécontents pour accroître leur pouvoir. C'est le cas en Angleterre et en France.

corvée Prestation de travail qu'une personne doit fournir gratuitement à une autre en vertu de lois ou d'un contrat.

LA FÉODALITÉ

Durant les invasions du IXe siècle, les souverains se montrent incapables d'assurer la protection de tous. Les seigneurs locaux organisent donc eux-mêmes leur défense et les populations se placent sous leur protection. L'Europe entre alors dans une période où ce sont les seigneurs, plus que les souverains, qui détiennent le pouvoir. Un ordre social en émerge: la **féodalité**. Celle-ci, avec l'appartenance à la chrétienté, constitue une des caractéristiques majeures de la civilisation occidentale naissante.

féodalité Système social basé sur des relations d'homme à homme (le suzerain et le vassal au Moyen Âge), ceux-ci étant liés par des obligations mutuelles.

LA SOCIÉTÉ FÉODALE EST FONDÉE SUR UN LIEN D'HOMME À HOMME. L'ordre féodal repose sur la relation d'un homme avec un autre: le seigneur le plus puissant, le **suzerain**, donne sa protection au second, le **vassal**, qui en échange lui jure hommage, fidélité et assistance en cas de guerre. Le vassal peut être à son tour suzerain d'un vassal moins puissant, et ainsi de suite. Ainsi se constitue la hiérarchie typique de l'ordre féodal: chacun, au sein de la noblesse guerrière, est lié à un autre par des liens réciproques et personnels.

Pour couvrir les dépenses qu'occasionnent au vassal sa fidélité et son assistance militaire, le suzerain lui attribue un **fief**, c'est-à-dire la jouissance **viagère** d'une part de son domaine (au XIe siècle, la possession du fief devient héréditaire). Le vassal dédommage le suzerain par le service militaire (une quarantaine de jours par an, en période de paix) et par des contributions

suzerain Dans le régime féodal, celui qui concède un fief et accorde sa protection au vassal en échange de sa fidélité et de son assistance en cas de guerre.

vassal Dans le régime féodal, homme lié personnellement à un suzerain qui lui concède la possession d'un fief en retour de sa fidélité et de son assistance en cas de guerre.

fief Partie du domaine d'un suzerain que le vassal reçoit pour l'exploiter à son profit.

viager Qui est accordé pour la durée de la vie.

L'ACTE D'HOMMAGE

La relation entre le suzerain et le vassal est consacrée par la cérémonie de foi et hommage, où ils prennent leurs engagements mutuels. Le texte qui suit relate le déroulement d'une de ces cérémonies. Comment interpréter le caractère religieux du serment prêté à la troisième étape de la cérémonie?

■ ■ ■

Le sept des ides d'avril, jeudi, les hommages furent rendus au comte; et cela fut accompli selon les formes déterminées pour prêter foi et fidélité dans l'ordre suivant. En premier lieu, ils firent hommage ainsi: le comte demanda au futur vassal s'il voulait devenir son homme sans réserve, et celui-ci répondit: «Je le veux»; puis ses mains étant étreintes dans celles du comte, ils s'allièrent par un baiser. En second lieu, celui qui avait fait hommage engagea sa foi [...] en ces termes: «Je promets en ma foi d'être à partir de cet instant fidèle au comte Guillaume et de lui garder contre tous et entièrement mon hommage, de bonne foi et sans tromperie»; et en troisième lieu il jura cela sur les reliques des saints. Ensuite, avec la verge qu'il tenait à la main, le comte leur donna l'investiture, à eux tous qui venaient de lui faire hommage, de lui promettre fidélité et aussi de lui prêter serment.*

* Ides d'avril: le milieu du mois, selon le calendrier romain.

Cité dans Galbert de Bruges, *Histoire du meurtre de Charles le Bon, comte de Flandre*, Henri Pirenne éditeur, Paris, A. Picard, 1891, p. 89.

FIGURE 5.1

La société selon l'évêque Adalbéron (fin du Xe siècle)

« L'Ordre ecclésiastique ne forme qu'un seul corps, mais la division de la société comprend trois ordres. La loi humaine [en effet] *distingue deux autres conditions. La noble et la non-libre ne sont pas gouvernées par une loi identique. Les nobles sont des guerriers, les protecteurs des églises. Ils défendent tous les hommes du peuple, grands et petits, et, par le fait, ils se protègent eux-mêmes. L'autre classe est celle des non-libres. Cette race de malheureux ne possède rien sans souffrance. Provisions, habillement sont fournis à tous les non-libres, car aucun homme libre n'est capable de vivre sans eux. Donc, la cité de Dieu, qu'on croit une, est partagée en trois ordres : certains prient, d'autres combattent et d'autres travaillent. »*

Cité dans Robert Boutruche, *Seigneurie et féodalité*, Paris, Aubier, 1959, p. 371.

financières : pour payer la rançon du suzerain s'il est fait prisonnier, son départ en croisade, l'entrée en chevalerie de ses fils, le mariage de sa fille aînée, etc. Le vassal s'engage également à siéger au tribunal du suzerain.

Les pouvoirs sont dispersés. Apparu dans le nord-ouest de l'actuelle France, le système féodal se répand, avec quelques variations locales, à la grandeur de l'Europe, qui s'en trouve morcelée. Les **droits régaliens** suivants, qui appartiennent en théorie au souverain, sont ainsi dispersés entre une myriade de seigneurs régionaux et locaux : lever une armée, veiller au respect de l'ordre, rendre la justice, percevoir des taxes et des amendes et frapper la monnaie.

droits régaliens Ensemble des droits et prérogatives appartenant en principe à l'État ou au souverain, comme lever une armée, faire la police, rendre la justice, battre monnaie.

La société féodale est une société d'ordres. La société féodale se perçoit comme divisée en trois **ordres**. Cette vision ne recouvre que partiellement le réel, car elle est avant tout **idéologique** : la société d'ordres est la société idéale, telle que Dieu l'a voulue, aux dires de ses **élites**. Dans cette société guerrière et largement rurale, les seigneurs, ceux qui se battent et assurent la protection de tous, occupent une place privilégiée. Les **clercs**, ceux qui prient, jouissent également d'une place de choix, car la religion est omniprésente. Au bas de la hiérarchie se trouvent les paysans, ceux qui travaillent la terre et assurent la subsistance des deux premiers ordres, ainsi que les artisans et les commerçants, fort peu nombreux.

ordre Catégorie d'appartenance sociale préétablie et généralement figée ; au nombre de trois dans la société féodale (les seigneurs, les clercs et tous les autres, dont les paysans), comme dans la société française de l'Ancien Régime (la noblesse, le clergé, le tiers état).

idéologique → idéologie Ensemble d'idées et de croyances constituant un corpus plus ou moins organisé et cohérent, et prétendant à une interprétation globale de l'histoire, de la société, de la politique et de la culture, ainsi qu'à l'universalité.

élite Ensemble des personnes qui occupent les premières places dans la société, par leur richesse ou par leurs fonctions.

clerc Personne qui occupe une fonction au sein d'une Église.

Les guerres sont fréquentes. Grandes ou petites, les guerres privées abondent. Elles s'expliquent en partie par le morcellement du territoire entre les seigneurs et par les multiples disputes de frontière et de préséance qui les opposent. Mais, dans la société féodale, la guerre est aussi un mode de vie. Le seigneur est d'abord et avant tout un guerrier, ce dont témoignent ses valeurs, inscrites dans le code de chevalerie. D'ailleurs, quand il n'est pas occupé à faire la guerre, il s'amuse à des tournois opposant deux ou plusieurs chevaliers, qui n'en sortent pas toujours vivants.

L'Église catholique joue un rôle central. L'Église catholique s'inquiète de ces fréquents conflits et, à partir du XIe siècle, tente de les contenir. Elle obtient des seigneurs qu'ils respectent (sous peine d'**excommunication** ou d'**interdit**) d'abord la **Trêve de Dieu**, qui interdit de se battre certains jours de la semaine et lors des nombreuses fêtes religieuses, puis la **Paix de Dieu**, qui défend de s'en prendre aux non-combattants et oblige à respecter le droit

excommunication Mesure ecclésiastique qui exclut de l'Église un chrétien, partiellement (interdiction de recevoir les sacrements) ou entièrement (interdiction de contact avec d'autres chrétiens et de sépulture en terre consacrée).

interdit Sanction de l'Église qui prive un individu ou une communauté de chrétiens de tout office et rite religieux.

croisade Pèlerinage en armes dont l'objet est la délivrance du tombeau du Christ à Jérusalem, sous contrôle musulman ; le mot désigne aussi les expéditions contre les hérétiques (par exemple, les cathares) et les ennemis de la papauté.

bénéfice Au Moyen Âge, propriété ou revenu attaché à une fonction ecclésiastique.

investiture Acte par lequel une autorité ecclésiastique reçoit son titre et sa charge.

abbé Moine qui exerce la direction d'une abbaye (monastère).

d'asile dans les églises et les monastères. Pour canaliser les ardeurs guerrières des seigneurs, l'Église suscite la formation d'ordres à la fois religieux et militaires, comme les Templiers et les Hospitaliers, qui, au XIIe siècle, joueront un rôle important dans les **croisades** contre les musulmans.

Il existe deux sortes de membres du clergé : les **séculiers**, soit les prêtres des paroisses et les évêques, qui vivent « dans le siècle » (*sæculum*), et les **réguliers**, soit ceux qui vivent dans des monastères (abbayes) et sont soumis à la règle (*regula*) de leur ordre. Les clercs dépendent souvent des seigneurs, dont ils obtiennent des **bénéfices** et de vastes domaines (on estime que l'Église possède environ le quart des terres de l'Europe chrétienne à cette époque). Il n'est pas rare que des seigneurs choisissent et nomment les clercs et leur donnent l'**investiture**. De nombreux prêtres, évêques et **abbés** sont eux-mêmes des seigneurs à la tête d'un domaine et suzerains de plusieurs vassaux, ou les vassaux d'un seigneur plus puissant qu'eux. L'Église dispose de ses propres lois (le **droit canon**) et de son propre système juridique (elle prétend d'ailleurs que ses tribunaux devraient avoir préséance sur les tribunaux civils), et elle prélève des taxes sur la population.

LA PLUPART DES PAYSANS SONT ASSERVIS. Les paysans, eux, vivent sur la seigneurie. Certains sont des paysans libres qui ont reçu du seigneur le droit d'exploiter une parcelle de sa terre. Au XIe siècle, cependant, la majorité sont des **serfs** : ils sont attachés au domaine et ne peuvent le quitter pour s'établir ailleurs.

Le seigneur garde pour lui le quart ou le tiers du domaine, la réserve, qu'il fait cultiver à son profit par les paysans du domaine. Ces derniers reçoivent un lopin de terre plus ou moins grand (nommé *manse* ou *tenure*), dont ils remettent une part du produit au seigneur. Ils lui doivent également des corvées – jusqu'à deux ou trois jours de service par semaine – pour cultiver la réserve, entretenir le château, les chemins, etc. Ils sont tenus d'utiliser son moulin, son four et dans certaines régions son pressoir, moyennant redevances en nature. Ils paient aussi la **taille**, taxe que le seigneur peut imposer à sa discrétion dans des circonstances particulières. On dit d'ailleurs du serf qu'il est « taillable et corvéable à merci ». En général, ces charges pèsent plus lourd sur les serfs que sur les paysans libres.

LA TRÊVE DE DIEU

En 1054, un concile réuni à Narbonne (dans le sud de la France actuelle) ordonne la Trêve de Dieu. Cet extrait du document qui en est issu montre que même l'intention est punissable et que les peines sont lourdes.

■ ■ ■

Nous prions au nom de Dieu et demandons qu'aucun chrétien recherche un autre chrétien pour quelque méfait du coucher du soleil de mercredi jusqu'au soleil levant du lundi.

Nous ordonnons aussi que [suit une longue énumération de fêtes religieuses et de jours jeûnés], *aucun chrétien ne lèse un autre chrétien, n'ose le déshonorer ou voler ses biens.* [...]

Si quelqu'un tue un homme volontairement ou sciemment lors de cette trêve, ou s'en empare, ou prend un château quelconque ou le détruit, ou s'il a été convaincu de vouloir le faire, qu'il soit placé hors de toute assemblée de chrétiens, qu'il soit condamné à l'exil perpétuel pour toute sa vie.

Dans Ghislain Brunel et Élisabeth Lalou, dir., *Sources d'histoire médiévale*, Paris, Larousse, 1992, p. 140.

Les femmes tiennent peu de place. Dans cette société féodale définie par des valeurs militaires, les femmes occupent une place subalterne, bien que les paysannes partagent le lourd fardeau quotidien des hommes de leur condition. Cependant, il existe d'importantes communautés religieuses féminines dont les propriétés se comparent à celles des riches monastères, et certaines abbesses exercent une influence non négligeable. Quant aux femmes nobles, elles peuvent **tester**, hériter, être propriétaires, et souvent la gestion du domaine leur échoit durant les fréquentes absences de leur époux.

FIGURE 5.2

Le château de Montbrun (France, XIIe siècle)

Pour se protéger et pour abriter leurs dépendants en cas de guerre, les seigneurs construisent de puissants châteaux forts, d'abord en bois et bientôt en pierre. Aux XIe et XIIe siècles, l'Europe se couvre de ces châteaux.

tester Acte de léguer ses biens par testament.

Le partage des enfants de serfs

Attachés au domaine, les serfs transmettent leur servitude à leur progéniture. Le document suivant témoigne du partage entre deux voisins, le comte Foulque Nerra et l'abbé de Saint-Florent, des enfants adultes d'un couple de paysans originaires de leurs domaines respectifs.

▪ ▪ ▪

Le susdit comte et l'abbé de Saint-Florent Adhebert vinrent en justice. Ils étaient en effet en désaccord à propos des enfants des susdits serfs. Car l'abbé disait que toute leur descendance appartenait à Saint-Florent, selon la coutume de ce pays. Mais le comte le contestait et revendiquait la moitié pour lui-même. Finalement, devant la violence démesurée du comte, l'abbé consentit, avec l'accord des moines, à ce que les enfants de Landry, susdit serf, soient partagés.

Par conséquent le comte Foulque reçut pour sa part les enfants suivants: Eude Brunel et Dodon, devenu par la suite son bouteiller; Witberge également, la femme d'Hubald, veneur; Adelaïde aussi, la femme de Constant, veneur de La Pouèze. Ledit abbé reçut quant à lui pour sa part de Saint-Florent: Archembaud, Herbert, prêtre, Sufficia aussi et Witburge. Mais Ingebald, l'un des frères, considéré comme commun, est mort.

Dans Ghislain Brunel et Élisabeth Lalou, dir., *Sources d'histoire médiévale*, Paris, Larousse, 1992, p. 314.

La taille

D'abord versée en nature et fixée de façon arbitraire, la **taille** devient un montant d'argent et se régularise à partir de la fin du XIIe siècle. Comme elle vise chaque individu, elle pèse particulièrement lourd pour les familles nombreuses. Lorsque, dans les années 1980, la première ministre de Grande-Bretagne Margaret Thatcher proposa une *Poll Tax* conçue selon le même principe, l'opposition l'accusa aussitôt de vouloir rétablir la taille médiévale.

L'Église et le statut de la femme

Pourquoi, demandait le théologien italien Pierre Lombard au XIIe siècle, Dieu a-t-il créé la femme à partir d'une côte d'Adam, et non de sa tête ou de ses pieds? C'est qu'il voulait que la femme se tienne au côté de l'homme, ne soit ni sa supérieure ni son esclave. Par un tel principe de théologie chrétienne, l'Église contribuait à soutenir le statut de la femme dans la société médiévale.

LA CONSTRUCTION DE L'ANGLETERRE ET DE LA FRANCE

L'Angleterre est le premier pays d'Europe où une monarchie puissante et centralisée s'impose sur tout le territoire. En effet, c'est au XIIIe siècle que la mise en place des premiers jalons de l'**État de droit** et du Parlement marque les débuts de l'affaiblissement du pouvoir monarchique. Ce n'est pas le cas en France, même si la monarchie s'y affirme comme en Angleterre. Rivaux territoriaux et féodaux, les princes de ces deux pays s'affronteront durant un siècle en une guerre sans merci.

État de droit État dans lequel toutes les personnes, y compris les dirigeants, sont soumises à la loi.

GUILLAUME DE NORMANDIE CONQUIERT L'ANGLETERRE. À la chute de l'Empire romain, l'île a été envahie par trois peuples germaniques : les Jutes, les Angles et les Saxons. Les Angles dominent bientôt la partie sud du pays, l'*Angleland* (terre des Angles). Au IXe siècle, les Normands envahissent l'île à laquelle ils imposent un **tribut** (le *danegeld*). Un seigneur saxon, Alfred, s'impose alors comme souverain et rétablit sa souveraineté. Lorsqu'un de ses descendants meurt sans successeur, son cousin Guillaume de Normandie, héritier des envahisseurs normands qui se sont emparés de l'ouest de la France et vassal du roi de France, revendique son trône. Comme les nobles anglo-saxons s'y opposent, il débarque en Angleterre en 1066, écrase leur armée à Hastings et conquiert facilement l'ensemble du pays.

tribut Contribution imposée au vaincu par son vainqueur ; constitue un symbole de dépendance, de soumission.

Les nobles anglo-saxons ne tardent pas à se soumettre. Progressivement, ils absorbent des caractères de la culture et de la langue importées de France par les Normands, ce qui donnera naissance, entre autres, à la langue anglaise, mélange du fond anglo-saxon et du parler français. Guillaume le Conquérant – ainsi que le nomme l'historiographie anglaise – implante le système féodal en Angleterre, mais en veillant à affirmer solidement l'autorité royale. Ainsi, s'il distribue des fiefs aux seigneurs normands qui l'ont assisté dans la conquête, il prend soin de les éparpiller dans l'île, de façon à ce qu'ils ne puissent se liguer contre lui. Lui-même se garde un sixième des terres, elles aussi réparties en divers lieux de l'île, de façon à se défendre aisément contre une attaque éventuelle. De plus, il exige que les nobles fassent allégeance à lui seul, rompant ainsi le réseau hiérarchique des solidarités féodales.

Guillaume jette aussi les bases d'un gouvernement centralisé. Les Anglo-Saxons avaient divisé l'Angleterre en comtés, les *shires* ; il les conserve, mais

FIGURE 5.3

Les chevaliers de Guillaume à la bataille de Hastings

La conquête de l'Angleterre par Guillaume fut presque immédiatement représentée sur une immense tapisserie, toile brodée de 70 mètres de long (conservée à Bayeux, en France). Sur les chevaliers représentés ici, on voit l'équipement avancé des Normands : casques et cottes de mailles métalliques pour se protéger, longues lances pour frapper à distance et étriers pour bien se maintenir à cheval.

y nomme des administrateurs normands. Ces *sheriffs* sont chargés de voir à l'administration et à la justice locales, de lever des impôts et, si le roi le demande, une armée de fantassins. Soucieux de connaître avec précision les ressources fiscales qu'il peut espérer du royaume, Guillaume entreprend le premier grand recensement en Angleterre: pendant des mois, ses fonctionnaires parcourent le royaume pour tout recenser – habitants, animaux, habitations, matériel agricole, etc. Le fruit de ce recensement, le *Domesday Book*, servira pendant des années à établir la **fiscalité** en Angleterre.

fiscalité Ensemble des lois et des mesures relatives à la perception des impôts.

Le *Domesday Book*

Dans l'extrait qui suit, un témoin de l'époque, l'évêque Robert de Hereford, décrit le grand recensement qui a permis l'établissement du *Domesday Book*. Dans ces quelques lignes, qu'est-ce qui montre que ce recensement était mené à des fins essentiellement fiscales? Quelle précaution le roi a-t-il prise pour s'assurer de la justesse du recensement?

■ ■ ■

Ce fut dans la vingtième année du règne de Guillaume, roi d'Angleterre, que l'ordre fut donné par lui de faire un cadastre des terres pour chaque province, des biens-fonds pour chaque seigneur: à savoir de ses champs, manoirs, hommes tant serfs que libres, habitant dans des cabanes ou possédant maisons et champs, des charrues, des chevaux, des autres animaux domestiques, enfin de ce qui concerne les prestations et le cens dus par tous pour toutes terres. Des enquêteurs succédaient les uns aux autres; c'étaient des inconnus qui étaient envoyés dans des provinces d'eux inconnues, de telle sorte que les relevés se recoupaient les uns les autres et permettaient au roi de déceler les culpabilités.

Dans Joseph Calmette avec la collaboration de Charles Higounet, *Textes et documents d'histoire II, Moyen Âge*, Paris, Presses universitaires de France, 1953, p. 137.

L'Angleterre devient un État de droit. Les successeurs de Guillaume continuent de renforcer le pouvoir royal. Ils remplacent des titulaires locaux héréditaires – et de ce fait enclins à l'indépendance – par un corps de fonctionnaires salariés. De plus, ils instaurent un office central de perception des impôts, l'**Échiquier**.

Plus tard, le roi délègue dans les régions des tribunaux royaux, constitués de juges itinérants. Ces juges de tournée (*circuit judges*) se font assister par des habitants du lieu chargés de dénoncer les délits, puis de juger les causes: cette pratique est à l'origine de l'institution du jury. À partir des décisions rendues par ces tribunaux royaux, les lois elles-mêmes sont uniformisées. Ce mode de création de la loi fondé sur des décisions de **jurisprudence**, particulier au droit anglais, est à la base du *common law* (droit commun), car il s'applique partout et à tous.

Au XIIIe siècle, l'obtention par les nobles anglais de la Grande Charte – la *Magna Carta* –, puis du Parlement, constitue un moment clé dans l'avènement des règles de droit. En effet, l'affirmation de l'autorité royale ne se fait pas sans résistance. L'Église, en particulier, craint de perdre son influence et refuse de soumettre ses tribunaux à l'autorité des tribunaux royaux. Les nobles, qui croulent sous le poids des impôts levés pour subvenir aux dépenses militaires des rois et à leurs coûteuses campagnes à l'étranger, se rebellent. En 1215, profitant de la présence sur le trône d'un roi affaibli, Jean sans Terre, ils obtiennent de lui qu'il signe la Grande Charte, qui reconnaît leurs droits

L'Échiquier

Bureau de perception des impôts créé en Angleterre au XIIe siècle, l'**Échiquier** a été ainsi nommé parce qu'on y tenait les comptes sur une table recouverte d'une nappe à damier. Le ministère des Finances en Grande-Bretagne porte encore ce nom.

jurisprudence Ensemble des décisions rendues par la justice d'un pays ou d'une région sur une matière et constituant une source du droit.

Le *common law* en Amérique du Nord

Le *common law* est encore aujourd'hui le fondement de la loi dans les pays de tradition britannique comme le Canada anglais et les États-Unis.

La *Magna Carta*

À l'origine, la Grande Charte de 1215 n'est qu'une entente entre le roi Jean sans Terre et les seigneurs anglais du XIIIe siècle visant à régir leurs relations. Elle n'en établit pas moins quelques-uns des principes de nos chartes des droits modernes. Lesquels reconnaissez-vous dans les extraits suivants ?

■ ■ ■

1. [Nous avons] *accordé à tous les hommes libres de notre royaume, pour nous et pour nos héritiers à perpétuité, toutes les libertés inscrites ci-dessous* [...].
2. *Si un de nos comtes ou barons, ou autres tenants-en-chef par service militaire, vient à mourir,* [son héritier] *sera mis en possession de son héritage lorsqu'il parviendra à sa majorité sans relief* et sans finance.*
9. *Ni vous ni vos baillis ne saisiront pour dettes une terre ou une rente tant que les meubles du débiteur suffiront à rembourser le dû* [...].
12. *Aucun écuage* ou aide* ne sera établi dans notre royaume sans le consentement du commun conseil de notre royaume, à moins que ce ne soit pour le rachat de notre personne, la chevalerie de notre fils aîné et le mariage de notre fille aînée, une fois seulement, et en ces cas ne sera levée qu'une aide raisonnable* [...].
13. *Et la cité de Londres jouira de toutes ses anciennes libertés et libres coutumes, tant par terre que par eau. En outre, nous voulons et concédons que toutes les autres cités, borough, villes et ports aient toutes libertés et libres coutumes.*
20. *Un homme libre ne peut être mis à l'amende pour un petit délit que suivant l'importance du délit ; et pour un grand délit, il sera mis à l'amende suivant la grandeur du délit, sauf son contenement* ; et de la même façon pour un marchand, sauf sa marchandise ; et pour un vilain, sauf son wainage** [...].
39. *Aucun homme libre ne sera arrêté ou emprisonné, ou dépossédé de ses biens, ou déclaré hors-la-loi, ou exilé, ou lésé de quelque manière que ce soit,* [...] *sans un jugement loyal de ses pairs conformément à la loi du pays.*
40. *Nous ne vendrons, ni refuserons ou ne différerons le droit ou la justice à personne.*
42. *Il sera permis à l'avenir, à toutes les personnes de sortir de notre royaume, et d'y revenir, librement et en toute sûreté* [...].
43. *Toutes les coutumes susdites et les libertés que nous avons accordées pour être observées dans notre royaume,* [...] *tous dans notre royaume, clercs comme laïcs, les observeront* [...].

* Relief : taxe pour recevoir l'héritage.
Écuage, aide : contributions financières du vassal au seigneur.
Contenement : sa terre.
Wainage : chariot.

Dans Joseph Calmette avec la collaboration de Charles Higounet, *Textes et documents d'histoire II, Moyen Âge*, Paris, Presses universitaires de France, 1953, p. 169.

et privilèges. Même si la charte était un contrat de nature essentiellement féodale qui ne visait que les rapports entre la couronne et les nobles, plusieurs de ses principes deviendront des fondements de nos démocraties modernes : le droit d'être consulté sur les levées d'impôt, le droit d'être présumé innocent tant qu'un jury de pairs n'en a pas décidé autrement et l'égalité de tous, y compris le roi, devant la loi.

Toujours pour limiter le pouvoir du roi, notamment son pouvoir de taxer, les nobles obtiennent aussi l'institutionnalisation du **Parlement**. Déjà sous les rois anglo-saxons, l'usage voulait que, dans les grandes occasions, ils prennent l'avis de quelques nobles et ecclésiastiques choisis. Progressivement, les souverains anglais sont appelés à étendre cette consultation – à un plus grand nombre de nobles et de membres du clergé, à des propriétaires terriens, à des villageois – et à la régulariser.

Au XIVe siècle, le Parlement se scinde en deux chambres : la Chambre des lords, composée des évêques et des nobles, et la Chambre des communes (*commons*), formée de représentants des **bourgeois** et des villageois. Le Parlement a un droit de regard sur les impôts, ce qui lui permet de limiter les dépenses du roi, et donc le pouvoir royal ; il devient d'autant plus puissant que son influence dans la préparation des lois et règlements s'accroît à l'occasion des pourparlers fiscaux.

Parlement En Angleterre, le Parlement est une assemblée, formée de deux chambres (celle des lords et celle des communes), qui à sa naissance a pour fonction de conseiller le roi, mais qui obtient au fil des siècles l'essentiel du pouvoir législatif. En France, sous l'Ancien Régime, le Parlement est une cour de justice.

bourgeois À l'origine, désigne l'habitant du bourg marchand, le citadin ; au fil des siècles, désigne de plus en plus les citadins aisés qui possèdent des droits et des biens, et peut être utilisé comme synonyme de marchand ; devient péjoratif aux XVIIIe et XIXe siècles, par opposition à l'ouvrier ; selon Karl Marx, le bourgeois est l'entrepreneur qui possède les moyens de production.

Les rois de France conquièrent l'espace français. Lorsque le comte de Paris, Hugues Capet, monte sur le trône de France en 987, il ne règne en réalité que sur une petite partie de la France actuelle : Paris et sa région immédiate. Le reste du territoire est aux mains de quelques grands nobles – certains aussi puissants que lui et parfois plus, qui font fi de son autorité – ou de souverains étrangers. Une large part du nord-ouest de ce qui deviendra la France appartient au roi d'Angleterre – en théorie vassal du roi de France –, qui acquiert en outre le sud-ouest en 1152 en épousant la duchesse Aliénor d'Aquitaine. Au sud règne le comte de Toulouse, la Provence est sous la domination de princes espagnols et le territoire à l'est du Rhône fait partie du Saint Empire romain germanique.

dynastie Suite de gouvernants issus d'une même famille.

Durant les trois siècles qui suivent le couronnement de Hugues Capet, ses successeurs de la **dynastie** des Capétiens s'emploient activement à agrandir le royaume et à y affirmer l'autorité royale. Ils y parviennent par divers moyens, notamment la diplomatie, les alliances (dont les mariages) et les héritages légitimes ou forcés (saisie de la terre d'un vassal mort sans enfant, par exemple). Mais ils le font aussi par la guerre, contre l'Angleterre notamment, et contre des seigneurs insoumis ou soupçonnés de protéger des hérétiques (comme le comte de Toulouse, dont le domaine est confisqué). Ainsi, au début du XIVe siècle, l'autorité du roi de France s'étend au territoire qui se trouve à l'ouest du Rhône, sauf l'Aquitaine et la Gascogne (sud-ouest), qui sont toujours aux mains des Anglais (carte 5.1).

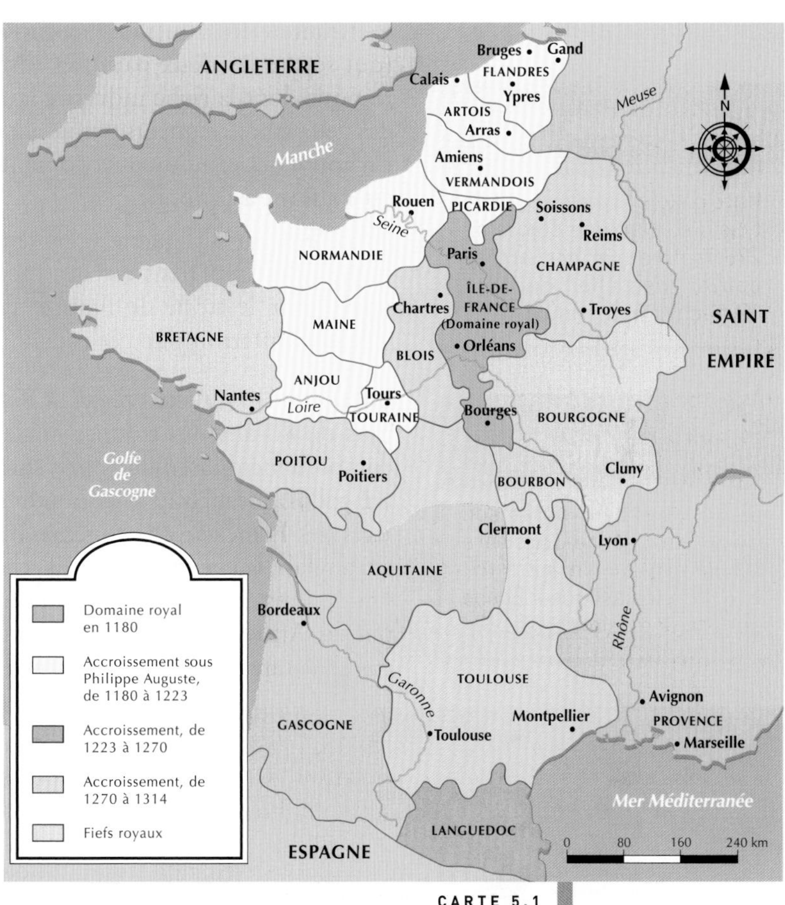

CARTE 5.1

L'expansion du royaume de France de 1180 à 1314

Les rois de France développent l'administration. Comme leurs homologues anglais, les rois français dotent leur pays d'une administration efficace et centralisée ; un corps de fonctionnaires salariés – **baillis** et **sénéchaux** – est formé pour veiller à l'administration des provinces et à l'exécution des politiques royales. Cependant, contrairement aux rois anglais, les souverains français ne cherchent pas à imposer un système juridique unique sur tout le territoire : ils laissent s'exercer les coutumes et les traditions locales tant qu'elles ne contredisent pas les principes de la justice royale. Les justiciables insatisfaits des provinces peuvent en appeler à la justice royale, en l'occurrence au Parlement de Paris dont la prééminence est assurée.

bailli Sous l'Ancien Régime, officier royal ou seigneurial chargé de rendre la justice.

sénéchal (sénéchaux) Officier royal exerçant des fonctions liées à la justice et aux finances.

Contrairement à l'Angleterre, également, la France ne se dote pas d'institutions représentatives. Le parlement français n'est en réalité qu'une cour de justice, et l'institution française la plus proche du Parlement anglais est l'assemblée des **états généraux**, composée de représentants du clergé, de la noblesse et du **tiers état** (essentiellement les bourgeois des villes). Mais les états généraux se réunissent seulement sur convocation du roi, autrement dit très rarement, et le plus souvent pour approuver une nouvelle levée d'impôts. Tandis que l'Angleterre se dirige déjà vers la monarchie constitutionnelle, où

états généraux En France, sous l'Ancien Régime, assemblée de représentants des trois ordres – clergé, noblesse, tiers état – qui est censée conseiller le roi, mais que celui-ci ne convoque que très rarement ; voir *ordre*.

tiers état Un des trois ordres qui composent la société française dans l'Ancien Régime. Le tiers état comprend les bourgeois, les paysans, les artisans, soit tous ceux qui ne sont ni nobles ni membres du clergé.

le pouvoir royal est tempéré par celui d'une assemblée représentative, la France s'achemine vers la monarchie absolue, où le roi détient tous les pouvoirs.

La France et l'Angleterre ont de nombreux intérêts divergents. Entre les deux monarchies montantes d'Europe occidentale, le conflit est prévisible. Cela tient tout d'abord à des raisons de territoire: toutes deux veulent s'étendre, et le roi d'Angleterre détient en France de vastes domaines auxquels prétend le roi de France. Il existe aussi des raisons économiques: la France et l'Angleterre se disputent les droits de navigation et de pêche dans le détroit de la Manche (qui sépare les deux pays), et l'Angleterre a un œil sur les Flandres, un fief français dont la riche industrie lainière dépend des moutons anglais. De plus, des deux côtés, seigneurs et chevaliers voient dans la guerre une occasion d'acquérir honneurs et nouveaux domaines, et de s'enrichir par le pillage comme il est courant à l'époque.

Le prétexte à la guerre se présente lorsque le roi de France Charles IV le Bel, dernier des Capétiens directs, meurt sans héritier: le roi anglais, son cousin, revendique le trône de France. En 1337 commence une guerre qui durera 116 ans, interrompue cependant à maintes reprises.

L'arc gallois

L'arc gallois (*longbow*), fait de bois d'if, avait une portée de 270 mètres; un bon archer pouvait décocher de 10 à 12 flèches à la minute.

Sainte Jeanne d'Arc

Quelques années après son exécution, Jeanne d'Arc sera réhabilitée par un autre tribunal ecclésiastique (l'Église en fera une sainte).

La France et l'Angleterre se battent pendant plus de cent ans. Pendant plus de 80 ans, les troupes anglaises ont l'avantage. Elles le doivent à leur comportement discipliné, mais surtout à l'emploi d'une arme nouvelle, le grand arc gallois, beaucoup plus rapide et souple d'utilisation que les lourdes arbalètes des Français: une fois démonté de son cheval par la flèche d'un fantassin anglais, le chevalier français, chargé de sa lourde armure, devient inefficace. Les Anglais emploient aussi la poudre à canon, innovation importée de Chine par les Arabes. Au début, les canons font plus de peur que de mal, mais ils gagnent rapidement en puissance destructrice.

FIGURE 5.4

Jeanne d'Arc sur les plaines d'Abraham à Québec

Sur le socle de cette statue, on peut lire: «À la mémoire des héros de 1759 et 1760.» Quelle hypothèse peut-on faire sur le sens de cette inscription?

En 1420, la situation paraît désespérée pour les Français: le pays est ravagé et la population, à bout. De puissants vassaux du roi, comme le duc de Bourgogne, se sont alliés aux Anglais. Apparaît alors Jeanne d'Arc, une paysanne de 17 ans, qui prétend que des voix lui ont ordonné de «bouter [chasser] les Anglois hors de France». Elle va le dire au dauphin, le fils du roi, qu'un traité avec les Anglais vient d'écarter du trône, le convainc de lui confier une armée, l'obtient, réussit effectivement à repousser les Anglais, puis fait couronner le dauphin sous le nom de Charles VII. Mais, en 1430, les Bourguignons – partisans du duc de Bourgogne opposés au roi de France – la font prisonnière et la livrent aux Anglais, qui à leur tour la remettent à un tribunal ecclésiastique. Jugée comme sorcière et hérétique, Jeanne d'Arc est condamnée à périr sur le bûcher.

Mais l'action de Jeanne d'Arc a mobilisé les énergies françaises, resserré la population autour du roi et fait éclore un sentiment de fierté nationale. La guerre reprend, à l'avantage des Français cette fois: en 1453, les Anglais sont chassés de France, où ils ne conservent que le port de Calais, dans le nord. La monarchie française en sort renforcée.

La guerre de Cent Ans affaiblit l'Angleterre et la féodalité. Si l'issue de la guerre de Cent Ans consolide la monarchie française, ce n'est pas le cas pour la monarchie anglaise. Après toutes ces années de sacrifices et de privations, la perte des territoires français est mal accueillie. Le climat d'instabilité qui s'est installé durant la guerre a fait naître des rivalités entre grandes familles de la noblesse. En 1455, deux d'entre elles, les Lancaster et les York, entrent en conflit. La guerre des Deux-Roses (le blason des Lancaster est une rose rouge ; celui des York, une rose blanche) dure 30 ans, décimant la noblesse et ravageant le pays. Une nouvelle dynastie, apparentée aux Lancaster, émerge : celle des Tudor, qui conservera le pouvoir pendant plus d'un siècle. Son chef, Henri VII, épouse une héritière de la famille d'York. L'Angleterre s'en trouve apaisée et le pouvoir royal raffermi, moins qu'en France cependant, car, à l'occasion de ce siècle et demi de guerre, le Parlement anglais a encore accru ses prérogatives.

Les temps changent. Le canon peut désormais défoncer les épaisses murailles des châteaux forts, et les chevaliers caparaçonnés de lourdes armures, inutiles devant les archers, sont éclipsés par des troupes de fantassins que les souverains, plus puissants qu'autrefois, peuvent rémunérer grâce à leurs ressources fiscales en hausse. Perdant ces fondements que sont le château et le chevalier, la féodalité entame son déclin et les seigneurs sont appelés à se soumettre au pouvoir royal. Commencée comme une guerre féodale, la guerre de Cent Ans s'achève comme une lutte entre deux nations.

MORCELLEMENT EN EUROPE OCCIDENTALE ET CENTRALE

Alors qu'en France et en Angleterre le territoire est unifié par de grandes monarchies, ailleurs en Europe il reste grandement morcelé et l'autorité est dispersée entre de multiples mains.

Dans le Saint Empire, l'empereur et le pape s'affrontent. Après la dissolution de l'Empire carolingien, la partie est de son territoire était restée divisée entre de nombreux féodaux, ducs laïcs et ecclésiastiques. Cependant, vers le milieu du Xe siècle, le Saxon Otton réussit à s'imposer grâce à la renommée que lui ont valu ses victoires sur les envahisseurs hongrois et sur les Slaves, mais aussi par son habileté à obtenir le soutien du clergé. Il gagne également les faveurs du pape en l'aidant à se soustraire à la tutelle que voudrait lui imposer l'aristocratie romaine. En guise de récompense, le pape accepte de le sacrer empereur en 962, ressuscitant ainsi l'ancien Empire romain et l'ambition de régner sur toute la chrétienté.

Mais cette alliance est de courte durée. En effet, un long affrontement aux multiples épisodes oppose bientôt le Saint Empire romain germanique et la papauté. Son principal enjeu est de déterminer qui, de l'empereur ou du pape, détient l'autorité suprême. En tant que seigneur féodal, l'empereur prétend notamment au droit de nommer les évêques, puisqu'il leur attribue un domaine, ce qui en fait ses vassaux. De son côté, le pape, chef de l'Église, rétorque que ce droit lui revient puisque les évêques font partie de la structure ecclésiale, qu'il dirige. On donne à ce conflit, qui dure plus de 50 ans, le nom de « querelle des Investitures ».

En 1073, le pape Grégoire VII ordonne à l'empereur Henri IV de cesser de nommer les évêques : il le menace, s'il persiste, de le chasser de son trône. Comme l'empereur ne cède pas, le pape l'excommunie et relève ses sujets du serment de fidélité qu'ils ont prêté au souverain. Devant ce retrait de la caution papale, les évêques allemands hésitent à soutenir l'empereur, et les ducs fomentent une révolte contre lui. Henri IV doit plier et feindre de se soumettre à la volonté du pape, lequel lui accorde le pardon à Canossa (au nord de la péninsule italienne). L'empereur n'en continue pas moins à nommer les

« Aller à Canossa »

Aujourd'hui, on utilise l'expression « aller à Canossa » pour décrire la situation d'une personne qui doit s'humilier devant autrui. Ce qui se passa à Canossa nous est connu par le récit qu'en fit le pape dans une lettre qu'il se hâta d'envoyer aux évêques et aux princes allemands. Cette narration des faits paraît-elle objective ? Quel est son objectif ?

■ ■ ■

Spontanément, sans aucune manifestation hostile ou osée, il vint, suivi d'une petite escorte, devant le château de Canossa, notre séjour. Là, ayant déposé tous les insignes de la royauté, humblement déchaussé et vêtu de laine, il se tint durant trois jours devant la porte du château, dans une attitude de suppliant, implorant sans cesse avec d'abondantes larmes la consolation et l'aide de la commisération apostolique, jusqu'à ce qu'il eût ému la miséricorde de toutes les personnes présentes qui entendaient ses lamentations : ce fut au point qu'intercédant pour lui à force de prières et de larmes, tous s'étonnaient de la dureté extraordinaire de notre âme, et quelques-uns allaient jusqu'à s'écrier qu'en nous se manifestait non la grave sévérité d'un apôtre, mais la cruauté d'un tyran.

Enfin, vaincu par la constance de ce repentir, par l'intervention pressante de tout notre entourage, nous le reçûmes, délivré des chaînes de l'anathème, dans la grâce de la communion et dans le giron de notre sainte mère l'Église.*

* Anathème : excommunication majeure.

Dans Joseph Calmette avec la collaboration de Charles Higounet, *Textes et documents d'histoire II, Moyen Âge*, Paris, Presses universitaires de France, 1953, p. 122.

évêques. Et quand le pape l'excommunie une seconde fois, Henri IV marche sur Rome, le dépose et en nomme un autre (qui n'obtiendra jamais la reconnaissance officielle de l'Église). L'impasse dure jusqu'à la signature, par un successeur d'Henri IV, du concordat de Worms (1122), un compromis qui stipule que le pape se chargera de l'investiture spirituelle des évêques, tandis que l'empereur verra à leur investiture matérielle en les dotant d'un domaine et de charges civiles.

Le pouvoir de l'empereur est contesté. Si le concordat de Worms règle la question des investitures, il laisse entier un autre problème : l'empereur prétend régner sur la péninsule italienne en tant qu'empereur romain. Les papes voient cette ambition comme une menace contre leur autorité spirituelle et temporelle et incitent la noblesse ainsi que les villes italiennes – dont plusieurs se forment en puissantes cités-États – à lui résister. Un conflit quasi permanent en résulte ; durant le seul règne de l'empereur Frédéric Barberousse (1154-1188), six expéditions militaires sont lancées contre l'Italie.

Entre-temps, les ducs allemands ont la partie belle pour cultiver jalousement leur indépendance. En effet, l'espace germanique reste profondément morcelé, et l'empereur n'arrive jamais à y établir de façon durable une autorité souveraine. Cette autorité lui échappe d'autant plus qu'au XIVe siècle la couronne impériale devient élective : elle est désormais soumise au vote de sept grands électeurs choisis parmi les princes et résolus à ce que nul ne devienne trop puissant.

La péninsule italienne est divisée et fragmentée. La péninsule italienne se ressent des visées de l'Empire, ainsi que des conflits entre l'empereur et le pape. Le Saint-Siège, qui revendique la puissance temporelle autant que spirituelle, détient une bonne portion de l'Italie centrale (les États pontificaux) et en convoite davantage ; mais une demi-douzaine de grandes familles féodales s'opposent à ses ambitions. Le Nord, en principe possession de l'Empire, se trouve doublement divisé : d'un côté, entre les partisans de l'empereur et ceux du pape ; et de l'autre, entre les grandes familles nobles et les bourgeois des villes. Ceux-ci cherchent à arracher aux nobles (et à l'empereur) l'indépendance de leurs villes. Ce mouvement, appelé « communal », aboutit à la constitution,

Les amours impossibles de Roméo et Juliette

En Italie du Nord, les grandes familles se divisent et s'affrontent: les *guelfes* sont favorables au pape et les *gibelins*, à l'empereur. C'est sur cette toile de fond que Shakespeare a brossé les amours impossibles de Roméo et Juliette, leurs deux familles, les Capulet (guelfes) et les Montaigu (gibelins), se vouant une haine mortelle.

dans la partie nord de l'Italie, de cités-États marchandes et manufacturières indépendantes et rivales: Venise, Gènes, Florence et Milan sont les plus puissantes. Au sud, les royaumes de Naples et de Sicile, qui ont connu divers occupants – Arabes, Normands, Allemands et Français – deviennent au XIVe siècle possessions de princes espagnols (carte 5.2).

CARTE 5.2
Le Saint Empire et l'Italie vers 1500
questions – cartes

Les princes chrétiens reconquièrent la péninsule ibérique. Au tournant du millénaire, une grande partie de la péninsule ibérique est occupée par les Arabes. Les Maures, comme on les appelle, y ont amené une prospérité qui fait l'envie de l'Europe, grâce au commerce, à leur savoir et à une politique de tolérance envers les juifs. Mais la partie nord de la péninsule a échappé à l'occupation et, au nom de la chrétienté, ses souverains entreprennent de chasser les Arabes. Cette reconquête, ou ***Reconquista***, dure plusieurs siècles: vers 1250, les Arabes ne détiennent plus que le royaume de Grenade, au sud (carte 5.3).

Au terme de la *Reconquista*, la péninsule ibérique ne compte plus que trois grands royaumes: ceux de Castille, d'Aragon et du Portugal. En 1469, le mariage de Ferdinand d'Aragon et d'Isabelle de Castille consacre l'union de leurs royaumes; dorénavant, les deux souverains s'emploient à en consolider l'unité, à y affirmer le pouvoir royal et à chasser les derniers Arabes, qui doivent abandonner Grenade en 1492. Leur désir d'unité politique se doublant d'un désir d'unité religieuse, ils expulsent également de la péninsule ibérique les juifs qui n'acceptent pas de se convertir, et ce, bien qu'ils aient largement contribué à sa prospérité.

En Scandinavie, l'union échoue. En Europe du Nord, les trois pays scandinaves – Suède, Norvège et Danemark – ne parviennent pas à établir une unité durable, malgré de fréquentes tentatives, dont l'une faillit réussir. En effet, en 1397, les trois États se regroupent sous la couronne du Danemark; toutefois, faute de parvenir à une réelle unité politique et sociale, au crépuscule du XVe siècle, leur union est en voie de se dissoudre.

CARTE 5.3

La *Reconquista*

schisme Division d'une religion en religions distinctes.

EN EUROPE CENTRALE, LES ÉTATS SONT FRAGILES. À l'est du Saint Empire, par contre, des peuples qui se sentent menacés par les visées germaniques sur leurs territoires entreprennent de se constituer en États ; c'est le cas en Pologne, en Bohême et en Hongrie. Mais ces États restent très fragiles, surtout ceux du Sud, qui seront bientôt menacés par les Turcs ottomans.

À L'EST, BYZANCE ET LA RUSSIE

Après le **schisme** de 1054, qui consacre la séparation de l'Église orthodoxe et de l'Église catholique romaine, l'Empire byzantin subit des invasions qui finiront par entraîner sa disparition 400 ans plus tard. Cependant, au nord de l'Empire émerge en quelques siècles un nouvel État, la Russie, qui reprendra le flambeau du christianisme orthodoxe.

L'EMPIRE BYZANTIN DEMEURE RICHE ET PUISSANT JUSQU'AU XIe SIÈCLE. Au XIe siècle, l'Empire byzantin reste un foyer de richesse et de culture. Carrefour de l'Europe et de l'Asie, Constantinople est une immense ville d'un demi-million d'habitants par où transitent de nombreux produits : tapis, épices et soie d'Orient ; or, ivoire et esclaves d'Afrique ; bois, fourrures et poissons des contrées slaves du Nord. Les Byzantins eux-mêmes ont commencé à produire de la soie et du papier, productions recherchées dont les Arabes ont ramené les secrets de Chine. Le gouvernement peut compter sur une fiscalité efficace et un corps de fonctionnaires dévoués et instruits. La prospérité favorise le maintien d'une vie culturelle florissante, et les Byzantins veillent à préserver les savoirs acquis des Anciens, Grecs et Romains.

L'EMPIRE BYZANTIN ENTAME SON DÉCLIN. Dans le dernier tiers du XIe siècle, toutefois, les Turcs seldjoukides, musulmans venus d'Asie centrale, menacent Byzance. Les Byzantins demandent l'aide des chrétiens de l'Ouest. Ceux-ci, alléchés par la richesse de l'Empire et la prospérité de son commerce, répondent à l'appel. Au XIIIe siècle, lors d'une de leurs croisades contre les musulmans, ils prennent Constantinople, la pillent et la brûlent, et les soldats de Venise s'emparent des routes et des postes du commerce byzantin.

Byzance finira par se libérer et se reconstruire autour de Constantinople, sur un espace réduit cependant ; sa puissance s'est effritée, son commerce est passé aux mains des cités italiennes. Elle survivra encore deux siècles, mais sera constamment menacée d'invasion par les Turcs ottomans (du nom de Osman, fondateur de la dynastie ottomane) ; en 1453, ceux-ci assiègent finalement la ville avec d'énormes canons, détruisent ses défenses et la prennent. Mille ans après la chute de l'Empire romain d'Occident, l'Empire romain d'Orient disparaît à son tour.

À KIEV, LES SLAVES FORMENT UN ROYAUME. Les Slaves occupent les vastes plaines qui s'étendent de la mer Noire à la Baltique, des monts Oural aux franges de l'Empire germanique.

Polythéistes, sans langue écrite, les Slaves vivent d'agriculture, de chasse et de pêche. Au IXe siècle, ils sont envahis par les Varègues (des Normands) ;

ceux-ci rassemblent les Slaves, fondent au nord la ville de Novgorod et, plus au sud, celle de Kiev (dans l'actuelle Ukraine), dont ils font leur capitale. De là, ils étendent leur autorité sur le vaste espace slave et créent une civilisation marchande qui profitera avantageusement du commerce entre Constantinople et la Baltique.

À l'approche de l'an mille, le royaume des Slaves est devenu un État prospère. Vladimir, le prince qui règne sur Kiev, décide alors de lui donner une religion officielle. Tous les souverains environnants ayant adopté une religion monothéiste, il y voit une manifestation de progrès et considère que le fait de les imiter favorisera ses ambitions commerciales et politiques. En 988, Vladimir fait donc de la religion orthodoxe la religion du pays et force la population à s'y convertir, ce qui n'ira pas sans résistance. Les Slaves resserrent ainsi leurs liens avec Byzance. La langue de l'Église orthodoxe russe sera

Slaves et esclaves

Au cours de leur conquête, les Varègues réduisent des Slaves en esclavage : de là viendraient les mots *slave* en anglais et « esclave » en français.

FIGURE 5.5

Sainte-Sophie à Kiev (Ukraine)

Sur le modèle de Sainte-Sophie de Constantinople et avec l'aide d'architectes byzantins, la cathédrale Sainte-Sophie est construite à Kiev au début du Xe siècle.

La conversion de Vladimir

Notre principale source de connaissance sur l'époque kiévienne est la *Prime chronique*. Entreprise par des moines au début du XIe siècle, elle sera poursuivie par d'autres durant près d'un siècle, puis recopiée, retouchée, augmentée encore pendant plusieurs siècles en de multiples versions, au point qu'il est difficile d'y distinguer les faits de la légende. C'est le cas pour les événements qui conduisirent à la conversion de Vladimir ; voici en résumé ce qu'en raconte la *Prime chronique*.

Décidé à donner une religion à Kiev, mais ne sachant laquelle choisir, Vladimir dépêche des envoyés dans des communautés pratiquant chacune des quatre grandes religions. Chez les catholiques romains d'Allemagne, les envoyés sont déçus par la sobriété du rituel et l'austérité des églises ; de plus, Vladimir, qui a le goût du festin, est choqué lorsqu'il apprend que les catholiques sont soumis à de nombreux jours de jeûne. L'islam des Bulgares paraît plus réjouissant à première vue, car il promet à chaque homme 70 femmes au paradis ; voilà qui conviendrait bien à Vladimir, déjà doté de sept femmes et de nombreuses favorites, mais il découvre que les musulmans interdisent le vin... De même, il rejette la religion juive des Khazars, alors établis sur les rives de la Volga, en apprenant qu'elle est celle d'un peuple chassé de son territoire et condamné à errer : comment faire confiance à une telle religion ? Reste le christianisme orthodoxe. De Byzance, ses envoyés reviennent éblouis par le faste et les richesses du rituel et de l'Église, ainsi que par la réception grandiose qu'on leur a faite : voilà enfin une religion à la mesure de mes ambitions ! décide Vladimir.

d'abord le grec, puis la langue slave, grâce à l'alphabet mis au point par le moine-évêque Cyrille, plutôt que le latin du catholicisme romain. Ces différences (langue, alphabet et religion) contribueront à tenir les Slaves à l'écart de l'Europe occidentale.

Les Mongols ravagent l'État kiévien. Dans les décennies qui suivent la conversion des Slaves, la Russie semble vivre un âge d'or. Kiev devient alors un important centre d'échanges entre l'Asie et l'Europe, ainsi qu'entre les pays scandinaves et le Moyen-Orient. Sa prospérité s'accroît. Des relations avec les familles princières d'Europe se nouent grâce à des alliances matrimoniales. La vie culturelle bénéficie de ces nouvelles relations, et en particulier du fait que des lettrés byzantins viennent s'installer à Kiev. Le roi Iaroslav dote aussi le royaume d'un code de lois, la *Rousskaïa Pravda,* qui s'inspire à la fois des lois romaines, de leurs interprétations byzantines et des coutumes slaves.

Mais Kiev ne connaît pas de règles de succession et, dans le siècle qui suit la disparition de Iaroslav, une série de guerres civiles éclatent, menées par les grands nobles – les ***boyards*** – qui se disputent le pouvoir. C'est dans ce climat d'instabilité que la terrible armée des Mongols, la Horde d'or, envahit l'État kiévien et ses possessions.

Les Mongols viennent d'Asie, où ils dominent déjà toute la Chine. En 1240, ils prennent Kiev, massacrent ses habitants et rasent la ville. Mais les Mongols ne cherchent pas à coloniser le royaume, à en changer les institutions ou à imposer leur religion; ils se contentent de prélever de lourds tributs chez les habitants et de prendre des esclaves. Déjà dévastée par la conquête, l'économie de Kiev s'en trouve encore appauvrie: le commerce s'effondre et la production artisanale naissante disparaît. Les survivants des villes retournent à la campagne et l'agriculture redevient la base de l'économie. Toutefois, les boyards, qui acceptent de collecter les tributs au nom des Mongols (en se servant au passage), s'enrichissent et accroissent leur pouvoir; il en va de même pour l'Église orthodoxe, que les Mongols ont exemptée de taxes.

La *Rousskaïa Pravda*

La *Rousskaïa Pravda*, ou Justice russe – *pravda* voulait dire «justice» avant de signifier «vérité» –, date du début du XIe siècle. C'est une justice relativement douce pour l'époque, qui décourage la violence et accorde une grande importance à la propriété (ainsi qu'à la barbe!).

■ ■ ■

1. *Si un homme [libre] en tue un autre, c'est au frère de venger le frère, au fils de venger le père [...]; s'il ne se présente pas de vengeur, 40 grivna [d'amende] pour l'homme assassiné.*
3. *Si un homme en frappe un autre [...], il doit payer 12 grivna.*
7. *Si un homme coupe à un autre l'un quelconque des doigts, il paie un dédommagement de 3 grivna à la victime.*
8. *Et pour une moustache tirée ou pour une touffe de barbe arrachée, 12 grivna.*
12. *Si une personne part sur le cheval d'autrui sans en avoir demandé la permission, elle paie 3 grivna.*
15. *Si une personne exige d'une autre le paiement du solde d'une dette et que celle-ci se mette à refuser, elle doit se rendre pour instruction avec son débiteur devant un tribunal de 12 hommes.*
19. *Si l'on tue un régisseur du palais, le meurtrier doit payer 80 grivna de dédommagement.*
26. *Et pour le meurtre d'un paysan ou d'un esclave, 5 grivna.*
34. *Et si quelqu'un laboure au-delà de la limite, ou détruit sur les arbres les marques de délimitation, 12 grivna de dédommagement à la victime.*
38. *Et si quelqu'un tue un voleur dans sa propre cour, dans sa propre maison ou dans son écurie, qu'il en soit ainsi.*
90. *Si un paysan vient à mourir [sans fils], son héritage revient au prince. S'il a des filles, il convient de leur donner une part; si elles sont mariées, il n'y a rien à leur donner.*

D'après Michel Laran et Jean Saussay, *La Russie ancienne*, Paris, Masson, 1975, p. 41-47.

Le Russie se réorganise autour de Moscou. Les boyards les plus puissants se replient sur Moscou, au nord-est de Kiev, une région forestière où les Mongols, cavaliers des steppes, ne sont pas dans leur élément. L'Église y transporte son siège. De là s'organise la résistance. Pour collecter les impôts et forcer la population à les payer, les boyards se sont dotés de petites armées. Entre-temps, les Mongols, divisés par des querelles intestines, perdent de leur puissance. Les princes moscovites entreprennent de les chasser de Russie, ce qui sera fait en 1480.

Moscou devient alors la capitale d'un État qui a tôt fait de retrouver son influence. L'Empire byzantin est tombé en 1453, l'Église orthodoxe a transporté son siège à Moscou : la ville se voit donc déjà comme la « troisième Rome ». Le grand prince de Moscou se fait le protecteur de la Sainte Russie et s'en déclare *Tsar* – César en slave.

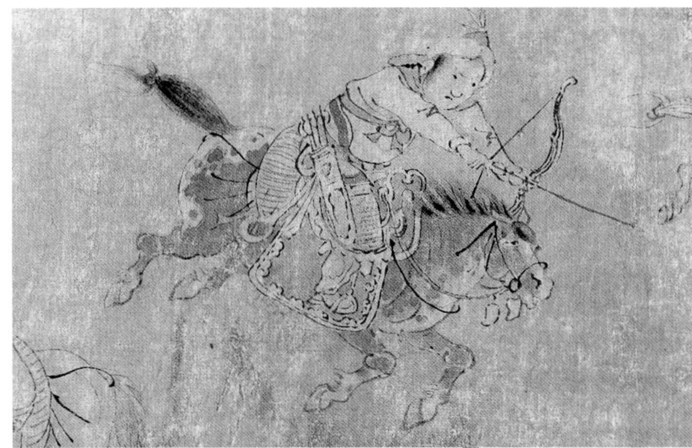

FIGURE 5.6

Cavalier mongol (encre chinoise du XIVe siècle)

En Europe, les cavaliers mongols passaient pour être d'une férocité sans égale. Apparemment infatigables, ils avaient la réputation de combattre, de manger et même de dormir à cheval, bref de vivre sur leur monture.

Le bouton

Remerciera-t-on assez les Mongols d'avoir apporté le bouton ? Ce seraient eux, en effet, qui, au XIIIe siècle, auraient fait connaître le bouton aux Occidentaux. Avant le bouton et son associée la boutonnière, on devait se servir de coutures, de nœuds, de cordelettes et d'agrafes pour maintenir sur le corps les drapés compliqués des vêtements.

La chrétienté triomphante

Durant les premiers siècles du deuxième millénaire, le grand facteur d'unité en Europe occidentale et centrale est l'appartenance à la chrétienté : le salut, autrement dit l'accès au paradis après la mort, est à ce prix. L'Église catholique ne manque pas d'en profiter et prétend à une position hégémonique, tant dans l'ordre du temporel que dans l'ordre du spirituel. Mais cela ne va pas sans tensions et sans conflits. La vie sociale, politique et même culturelle en est profondément marquée.

L'Église catholique, autorité suprême

À la dissolution de l'Empire carolingien, l'Église catholique connaît de nombreux problèmes. L'autorité des papes est bien faible. Les grands nobles de la ville de Rome, quand ce ne sont pas les empereurs germaniques, prétendent les nommer et même les remplacer par d'autres s'ils ne leur conviennent pas ! Ainsi, durant son règne, l'empereur Henri III dépose trois papes nommés par Rome pour les remplacer par des Allemands. Dans leurs États, rois et seigneurs agissent de même avec les évêques et les supérieurs des abbayes ; il arrive que ceux-ci achètent ou vendent leurs charges ecclésiastiques, et certains se livrent à la **simonie**, c'est-à-dire au commerce des choses sacrées, y compris des sacrements. Évêques et abbés reçoivent des princes et des seigneurs laïcs de riches propriétés, qu'ils gèrent en seigneurs féodaux. En fait, bien des membres du clergé paraissent plus soucieux de biens matériels que de valeurs spirituelles, et plusieurs prennent femme ou vivent en concubinage, bien que le célibat des prêtres ait été formellement imposé au XIe siècle.

règle Ensemble des préceptes disciplinaires auxquels sont soumis les membres d'un ordre religieux.

De nouveaux ordres monastiques veulent réformer l'Église. À partir du IXe siècle, l'Église entreprend de rétablir sa crédibilité et son autorité, et ce, tant sur le plan civil que sur le plan religieux, puisqu'elle prétend à l'autorité suprême en tout. De nouveaux ordres religieux l'y poussent et l'assistent dans cette tâche, en particulier l'ordre clunisien (fondé en 911 à Cluny, en Bourgogne). Inspiré de la **règle** de saint Benoît, cet ordre impose à ses membres les principes de pauvreté, de chasteté et d'obéissance (sur lesquels se fonde encore de nos jours la morale du clergé catholique), se prononce fermement contre la simonie et le mariage des prêtres, et déclare l'autorité de l'Église supérieure à toute autre. L'ordre clunisien connaît un vif succès: 1500 abbayes de l'ordre disséminées partout en Europe propagent ses principes et accroissent son influence. Bientôt, d'autres ordres se créent dans le même esprit, notamment l'ordre des cisterciens, fondé en 1098, qui connaît un succès semblable et exerce une influence importante.

L'Église opère son rétablissement. Les hautes autorités de l'Église sont entraînées par ce mouvement de réforme. Les papes affirment leur indépendance du pouvoir temporel et déclarent qu'ils seront désormais élus par l'assemblée des cardinaux, eux-mêmes choisis parmi les évêques des différents pays. De plus, ils interdisent qu'évêques et abbés soient choisis et nommés par des laïcs – fussent-ils empereurs –, condamnent la simonie et réaffirment la règle du célibat du clergé. Devant les récalcitrants, ils brandissent l'arme suprême, l'excommunication, qui chasse de l'Église ceux qui ne plient pas et leur ferme la porte du paradis.

Les fondements du célibat des prêtres dans l'Église catholique

En 1074, le concile du Carême interdit aux prêtres mariés ou vivant en concubinage d'accéder aux églises. Cette règle, renforcée par les conciles suivants, visait notamment à empêcher la formation de clans familiaux pouvant être tentés de détourner les biens de l'Église à leur profit. Elle visait aussi à former un clergé entièrement voué à sa tâche.

QUERELLES ET CONFLITS

Évidemment, la volonté de l'Église d'affirmer son autorité au-dessus de toute autre est mal reçue par les souverains d'Europe, dont plusieurs souhaitent plutôt l'inverse. Divers conflits et querelles en découlent; l'Église en sort généralement en position avantageuse, mais pas toujours, et non sans y perdre des plumes. Sa volonté de soumettre tous ceux qui discutent sa vision du christianisme ou qui lui font obstacle est également une source de conflit. Elle se traduit notamment par des luttes contre les musulmans et contre ceux qu'elle accuse d'hérésie: on nomme ces expéditions les croisades. L'Église convertit aussi, de gré ou de force, les habitants de plusieurs régions. Mais l'Église connaît également des conflits internes: à preuve, le schisme qui la divise au XIVe siècle.

Pape ou roi: qui est au-dessus de qui? Le conflit le plus connu entre le Saint-Siège et les souverains d'Europe est sans aucun doute la fameuse querelle des Investitures qui, on l'a vu, oppose les papes et les empereurs du Saint Empire au tournant du XIIe siècle. Cette question touche aussi les autres États d'Europe. La question est de savoir à qui les prêtres et les religieux sont redevables en premier: à leurs supérieurs de l'Église et au pape ou à leurs seigneurs et au souverain de l'État? Les accrochages, sur cette question comme

Le pape, autorité suprême, selon Grégoire VII

Vers 1075, le pape Grégoire VII affirme sa conception de l'autorité pontificale. Y voit-il des limites ?

▪ ▪ ▪

1. *Seul le pontife romain est tenu pour universel [...].*
2. *Seule l'Église romaine est universelle et mère* [de toutes les autres Églises].
6. *Celui qui ne reconnaît pas les décisions du Siège apostolique doit être tenu pour hérétique.*
7. *Le pape ne peut être jugé par personne, même s'il a nié les articles de la foi [...].*
8. *Celui qui a délivré une sentence contre lui doit être déposé [...].*
14. *En tout temps il peut établir de nouvelles règles et modifier les anciennes.*
15. *L'Église romaine, par privilège spécial, ferme et ouvre le ciel à qui elle veut [...].*
16. *Tous peuvent porter une affaire en appel devant elle, même des laïcs.*
17. *Personne ne peut faire appel de ses jugements.*
19. *Il peut excommunier les inobéissants par tout l'univers ; personne ne peut ensuite les réconcilier [avec l'Église] sans son accord.*
26. *Toute puissance en ce monde doit être soumise au pape [...].*
27. *Il peut changer les royaumes [...].*
32. *Seul le pape a le droit de porter, dans les processions, l'insigne qu'on appelle « royauté » avec les autres emblèmes impériaux.*

Dans Olivier Guyotjeannin, *Le Moyen Âge, Ve-XVe siècles*, Paris, Fayard, 1992, p. 353-356.

Le souverain, autorité suprême, selon l'empereur Henri IV

En 1076, l'empereur Henri IV écrit au pape Grégoire VII pour lui exposer sa conception de l'autorité. D'où prétend-il tenir la sienne ?

▪ ▪ ▪

Henri, roi non par usurpation mais par la sainte ordination de Dieu, à Hildebrand [Grégoire VII], *qui n'est plus pape mais faux moine ! [...]*

Tu t'es dressé contre le pouvoir royal, à nous concédé par Dieu. Tu as osé nous menacer de nous en dépouiller, comme si nous avions reçu le royaume de tes mains, comme si en ta main et non dans la main de Dieu étaient le royaume et l'Empire.

C'est Notre Seigneur Jésus-Christ qui nous a appelés au royaume. Il ne t'a pas appelé au sacerdoce. Tu as escaladé les degrés : par astuce, moyen si opposé à la profession monastique, tu as eu l'argent ; par l'argent, la faveur ; par la faveur, les armes ; par les armes, le siège de Paix. Et du siège de Paix, tu as troublé la paix. Tu as armé les sujets contre les prélats. [...] Moi-même qui, quoique indigne, suis consacré parmi les chrétiens pour régner, tu m'as frappé, moi qui, en vertu de la tradition des Saints-Pères ne puis être jugé que par Dieu seul, et qui seulement pour crime de foi, qu'à Dieu ne plaise, pourrait être déposé [...].

Saint Pierre lui-même, véritable pape, proclame : « Craignez Dieu, honorez le roi. » Toi, qui ne crains pas Dieu, tu méprises en ma personne son précepte [...].

Toi donc qui est frappé d'anathème et condamné par le jugement de tous nos évêques et par le nôtre, descends, abandonne le siège apostolique que tu as usurpé [...]. Moi, Henri, roi par la grâce de Dieu, je te dis avec tous mes évêques : descends, descends, homme damné pour les siècles !

Dans Joseph Calmette avec la collaboration de Charles Higounet, *Textes et documents d'histoire II, Moyen Âge*, Paris, Presses universitaires de France, 1953, p. 121.

sur d'autres, sont fréquents et les papes n'hésitent pas à brandir la menace d'excommunication. Ainsi, au XIIIe siècle, quand le roi de France Philippe Auguste répudie sa femme, une princesse du Danemark, le pape jette l'interdit sur le royaume, et le souverain est forcé de reprendre son épouse. À la même époque, en Angleterre, quand Jean sans Terre tente de s'opposer à la nomination de l'archevêque de Canterbury, le pape l'excommunie : Jean doit céder et accepter de devenir vassal du pape. De même, en Allemagne, Frédéric II, excommunié quatre fois pour insoumission aux volontés pontificales, sera finalement déposé par le pape.

Des souverains contestent la domination de l'Église. À la fin du XIIIe siècle, l'Église semble aussi engagée dans les affaires politiques que dans les affaires religieuses et se comporte comme une monarchie pontificale au-dessus des monarchies européennes. Durant la dernière partie du XIIIe siècle, dans les monarchies les plus solidement établies, on commence à s'irriter des interventions constantes de l'Église dans les affaires des royaumes, de sa prétention à vouloir juger de tout et à exiger que les tribunaux ecclésiastiques prédominent, mais aussi de son refus de payer quelque taxe ou impôt que ce soit aux États, et ce, malgré la valeur considérable de ses biens temporels.

À la toute fin du siècle, les rois de France et d'Angleterre se préparent à se faire la guerre et, pour lever leurs armées, décident de taxer les biens de l'Église comme les autres. Le pape s'y oppose vivement. Le roi d'Angleterre commence par retirer au clergé la protection de la loi, puis recule; mais le roi de France, Philippe le Bel, persiste. Philippe ayant de plus fait arrêter un évêque nommé en France sans son accord, le pape sévit en l'excommuniant; le roi réplique en faisant arrêter le pape – qui sera libéré tout de suite, mais ne tardera pas à mourir – et obtient ainsi la levée des sanctions ecclésiastiques. Pour la première fois dans une affaire importante, la papauté doit reculer devant un chef d'État. Ce ne sera pas la dernière.

Pourquoi le roi de France croit légitime d'imposer l'Église

Selon cet extrait du mémoire que le roi Louis IX (saint Louis) fait préparer au XIIIe siècle, de qui l'Église de France devrait-elle dépendre?

■ ■ ■

Il est inouï de voir le Saint-Siège, chaque fois qu'il se trouve dans le besoin, imposer à l'Église de France des subsides, des contributions prises sur le temporel, quand le temporel des églises [...] ne relève que du roi et ne peut être imposé que par lui. Il est inouï d'entendre par le monde cette parole: donnez-moi tant, ou je vous excommunie [...]. Le roi ne peut tolérer qu'on dépouille ainsi les églises de son royaume; il entend en effet se réserver, pour lui et pour les nécessités de ce royaume, leurs trésors dont il est libre d'user comme de ses propres biens.

Dans Augustin Fliche et Victor Martin, *Histoire de l'Église*, tome 10, s.l., Bloud et Gay, 1950, p. 261.

Les croisades vues par les musulmans

À peu près oubliées en Occident, où elles ne sont désormais qu'objet de légende et sujet de jeux vidéo, les croisades ont laissé chez les musulmans un souvenir beaucoup plus tenace et concret: parlant des Occidentaux qui s'attaquent aux pays arabes ou aux peuples musulmans, les nationalistes et les fondamentalistes musulmans les affublent encore aujourd'hui du nom de «croisés».

L'Église appelle aux croisades contre les musulmans. À la fin du XIe siècle, le pape Urbain II appelle la chrétienté aux armes pour délivrer ce qu'on appelle alors la Terre sainte, c'est-à-dire la Palestine, et plus particulièrement le tombeau du Christ, qu'on dit situé à Jérusalem. Il opère ainsi la jonction entre la tradition du pèlerinage individuel et l'idée de la guerre au nom de Dieu. Les Arabes, qui avaient conquis la Palestine au VIIe siècle, y exerçaient une politique de tolérance tant envers les pèlerins chrétiens qu'envers les chrétiens et les juifs qui vivaient parmi eux. Mais les Turcs seldjoukides, qui viennent de prendre la Palestine et les territoires environnants, mettent fin à cette tolérance, y interdisant même les pèlerinages. C'est le motif qu'invoque le pape pour appeler à la croisade.

En plus de quelques autres expéditions mineures, huit grandes croisades seront menées, portées par la foi intense de la population, foi encore avivée quand le pape promet le paradis à ceux qui y trouveraient la mort (tableau 5.1). Les plus grands princes d'Europe s'y engagent, mais aussi nombre de petites gens.

Les motifs des croisés sont variés. Les croisades donnent aux papes l'occasion d'étendre l'espace chrétien et, éventuellement, de ramener dans son orbite l'Empire byzantin, qui y échappe depuis le schisme de 1054. Pour les princes et les seigneurs, c'est la possibilité de dépenser leur énergie guerrière pour une cause justifiée d'avance par l'Église, mais aussi de gagner des domaines et des biens – particulièrement pour les cadets de famille, souvent désœuvrés, puisque le domaine familial revenait généralement à l'aîné. Les croisades permettront aussi à certains de s'enrichir par le commerce avec le Moyen-Orient, notamment les marchands italiens déjà très actifs en Méditerranée orientale.

Après quelques succès des croisés, dont la prise de Jérusalem, suivis du partage entre nobles européens du territoire palestinien (selon le système féodal), les musulmans reprennent progressivement le dessus ; à la fin du XIIIe siècle, ils ont reconquis tous ces territoires.

Les croisades ont de grandes conséquences. Les croisades n'en ont pas moins des conséquences importantes. En Orient, elles ont affaibli Byzance et approfondi le fossé entre chrétiens et musulmans. En Occident, elles ont amoindri le prestige de la papauté en se révélant à long terme un échec et elles ont ébranlé l'ordre féodal : la noblesse européenne est décimée et appauvrie par les frais des expéditions, les domaines sont à l'abandon. Les souverains tirent alors profit de l'affaiblissement de leurs vassaux pour renforcer le pouvoir royal.

1095	Le pape Urbain II appelle à la croisade contre les « infidèles ».
1096-1099	Première croisade et prise de Jérusalem ; les croisés se partagent la Palestine.
1147-1149	La deuxième croisade échoue devant Damas.
1187	Le sultan du Caire, Saladin, reprend Jérusalem.
1189-1192	Guidée par Frédéric Ier Barberousse (Saint Empire), Richard Ier Cœur de Lion (Angleterre) et Philippe II Auguste (France), la troisième croisade se termine par une trêve avec Saladin.
1202-1204	Prise en charge par les Vénitiens, la quatrième croisade, qui devait permettre la conquête de l'Égypte, est détournée et amène la prise de Constantinople, où s'établit provisoirement un empire latin.
1217-1221	Cinquième croisade en Égypte.
1228-1229	Sixième croisade, guidée par l'empereur Frédéric II ; reprise provisoire de Jérusalem.
1248-1270	Septième et huitième croisades, guidées par le roi de France Louis IX, en Égypte et en Tunisie.
1291	Les Turcs ont repris toute la Palestine.

TABLEAU 5.1

Chronologie des croisades

questions – figures et tableaux

L'appel à la croisade du pape Urbain II

À partir de la fin du XIe siècle, les papes appellent à la croisade pour délivrer la Terre sainte. Voici un compte rendu de l'appel lancé par Urbain II en 1095. Comment élabore-t-il son argumentation ?

■ ■ ■

Des confins de Jérusalem et de la ville de Constantinople nous sont parvenus de tristes récits ; souvent déjà nos oreilles en avaient été frappées ; des peuples du royaume des Persans, nation maudite, nation entièrement étrangère à Dieu, race qui n'a point tourné son cœur vers lui, et n'a point confié son esprit au Seigneur, a envahi en ces contrées les terres des chrétiens, les a dévastées par le fer, le pillage, l'incendie, a amené une partie d'entre eux captifs dans son pays, en a mis d'autres misérablement à mort, a renversé de fond en comble les églises de Dieu, ou les a fait servir aux cérémonies de son culte ; ces hommes renversent les autels après les avoir souillés de leurs impuretés ; ils circoncisent les chrétiens, et font couler le sang des circoncis, ou sur les autels, ou dans les vases baptismaux ; ceux qu'ils veulent faire périr d'une mort honteuse, ils leur percent le nombril, en font sortir l'extrémité des intestins, la lient à un pieu ; puis à coups de fouet, les obligent à courir autour jusqu'à ce que, les entrailles sortant de leur corps, ils tombent à terre, privés de vie. D'autres, attachés à un poteau, sont percés de flèches ; à quelques autres, ils font tendre le cou, et, se jetant sur eux, le glaive à la main, s'exercent à le trancher d'un seul coup. Que dirai-je de l'abominable pollution des femmes ? Il serait plus fâcheux d'en parler que de s'en taire. […]

Soyez touchés surtout en faveur du saint sépulcre de Jésus-Christ, notre sauveur, possédé par des peuples immondes, et des saints lieux qu'ils déshonorent et souillent avec irrévérence de leurs impuretés. Ô très courageux chevaliers, postérité sortie de pères invincibles, ne dégénérez point, mais rappelez-vous les vertus de vos ancêtres ; que si vous vous sentez retenus par le cher amour de vos enfants, de vos parents, de vos femmes, remettez-vous en mémoire ce que dit le Seigneur dans son Évangile : « Qui aime son père et sa mère plus que moi, n'est pas digne de moi. Quiconque abandonnera pour mon nom sa maison, ou ses frères, ou ses sœurs, ou son père, ou sa mère, sa femme, ou ses enfants, ou ses terres, en recevra le centuple, et aura pour héritage la vie éternelle. » Ne vous laissez retenir par aucun souci pour vos propriétés et les affaires de votre famille. […] Prenez la route du saint sépulcre, arrachez ce pays des mains de ces peuples abominables, et soumettez-le à votre puissance. […] Prenez donc cette route en rémission de vos péchés, et partez, assurés de la gloire impérissable qui vous attend dans le royaume des cieux.

Compte rendu de Robert le Moine, dans Duc de Castries, *La conquête de la Terre sainte par les croisés*, Paris, Albin Michel, 1973, p. 195-198.

La prise de Jérusalem par les croisés

Dans le texte suivant, un témoin décrit la prise de Jérusalem par les croisés. Les mœurs militaires des croisés paraissent-elles plus civilisées que celles des musulmans telles que le pape Urbain II les a décrites lorsqu'il appela à la croisade (voir encadré p. 137)?

■ ■ ■

Parmi les premiers à entrer furent Tancrède et le duc de Lorraine, et tout ce qu'ils répandirent de sang en cette journée est à peine croyable. [...] *Parmi les Sarrasins, les uns avaient la tête tranchée, ce qui était pour eux le sort le plus doux; d'autres percés de flèches se voyaient forcés de sauter du haut des tours; d'autres encore, après avoir longuement souffert, étaient livrés aux flammes et consumés par elles. On voyait dans les rues et sur les places de la ville des morceaux de têtes, de mains et de pieds. Fantassins et chevaliers se frayaient un chemin à travers les cadavres. Mais tout cela n'était encore que peu de chose. Accédons au Temple de Salomon où les Sarrasins avaient coutume de célébrer les solennités de leur culte. Qu'arriva-t-il en ces lieux? Si nous disons la vérité, nous outrepassons les limites du croyable. Qu'il suffise de dire que dans le temple et dans le portique de Salomon, on chevauchait dans le sang jusqu'aux genoux du cavalier et jusqu'à la bride du cheval. Juste et admirable jugement de Dieu, qui voulut que ce lieu même reçut le sang dont les blasphèmes contre lui l'avaient si longtemps souillé.*

Dans Joseph Calmette avec la collaboration de Charles Higounet, *Textes et documents d'histoire II, Moyen Âge*, Paris, Presses universitaires de France, 1953, p. 182.

Des croisés s'établissent à demeure

Entre les croisades et après elles, bon nombre de croisés s'établissent en Terre sainte. Aujourd'hui, certains visiteurs s'étonnent de voir les descendants de ces croisés dans des pays comme le Liban, où on les reconnaît à des traits de physionomie courants chez les Européens du Nord, mais plus rares chez la population d'origine sémite. L'auteur du témoignage qui suit, un religieux qui a accompagné la première croisade, est resté en Palestine. Selon lui, paraît-on y vivre en terrain ennemi?

■ ■ ■

Occidentaux nous fûmes, et nous voilà transformés en Orientaux. L'Italien ou le Français d'hier est devenu, transplanté, un Galiléen ou un Palestinien. L'homme de Reims ou de Chartres est mué en Syrien ou en citoyen d'Antioche. Nous avons déjà oublié nos lieux d'origine. Nombre d'entre eux les ignorent et même n'en ont jamais ouï parler. Ici l'un possède déjà maison et domesticité avec autant d'assurance que si son père le lui avait laissé en héritage. L'autre a déjà pris pour femme non pas une compatriote, mais une Syrienne, une Arménienne, parfois même une Sarrasine [musulmane] *baptisée. Un autre a beau-père, belle-mère, gendre, descendance, parenté. Celui-ci a petits-enfants et neveux. Cet autre boit déjà le vin de sa vigne, et cet autre encore se nourrit sur ses champs. Nous nous servons tour à tour des diverses langues du pays; l'indigène comme le colon est devenu polyglotte et la confiance rapproche les races les plus éloignées. Le colon est maintenant devenu presque un indigène, l'immigré s'assimile à l'habitant.* [...] *Pourquoi donc s'en retourner, puisque l'Orient comble à ce point nos vœux?*

Foucher de Chartres, dans Joseph Calmette avec la collaboration de Charles Higounet, *Textes et documents d'histoire II, Moyen Âge*, Paris, Presses universitaires de France, 1953, p. 185.

FIGURE 5.7

Le krak des chevaliers (XIIe-XIIIe siècles)

Dans la Palestine conquise, les croisés s'établissent selon les principes de la féodalité européenne, construisant de puissants châteaux forts, comme le krak des chevaliers (au nord-est de l'actuelle Syrie, près de la frontière du Liban).

Par contre, les croisades ont favorisé les échanges commerciaux. Les croisés ont découvert chez les Arabes beaucoup de produits du Moyen-Orient ou d'Asie jusqu'alors inconnus ou mal connus chez eux – épices, soie, coton, sucre, riz, fruits, parfums, etc. – et le réseau d'échanges pour ces marchandises s'est étendu à l'Europe entière, bénéficiant particulièrement aux intermédiaires génois et vénitiens. Au contact des Arabes, les Européens se sont familiarisés avec des techniques encore inconnues et dont certaines viennent d'Asie, mais surtout avec la science arabe, plus avancée que la leur sur bien des plans. De plus, ils ont redécouvert nombre de grandes œuvres grecques et romaines préservées par les Arabes. La civilisation occidentale saura s'en enrichir.

Le catholicisme se répand au sud-ouest et à l'est. Les croisades visaient à conquérir la Terre sainte pour la soustraire à la souveraineté des musulmans. D'autres expéditions militaires agrandissent l'espace catholique tandis que des peuples entiers s'associent au christianisme d'obédience romaine. En Espagne et au Portugal, les souverains chrétiens grugent les territoires sous domination musulmane (c'est la *Reconquista*) et rétablissent (de force) la religion de Rome en convertissant ou en chassant juifs et musulmans. En Europe centrale, dès le Xe siècle, les Polonais et les Hongrois (Magyars) adhèrent au catholicisme, tandis qu'au XIIIe siècle les Chevaliers teutoniques lancent des campagnes militaires contre les peuples de Prusse orientale et de la Baltique et même contre les Slaves pour les convertir (et s'emparer de leurs terres !).

L'Église n'admet pas la liberté de conscience : les hérésies. Il y aura également des croisades au cœur même de l'Europe chrétienne, contre les **hérésies**, celles-là. Les hérétiques sont des chrétiens qui n'acceptent pas intégralement la doctrine officielle de l'Église, et qui, souvent, contestent certains comportements du clergé : matérialisme, faiblesse morale, interventions politiques… Ainsi, en Angleterre, John Wyclif prône la séparation de l'Église et de l'État, et estime qu'on peut assurer son salut hors de l'Église : il suffirait de s'inspirer de la Bible, seule source d'autorité. Pour que chacun puisse lire la Bible, Wyclif en fait la première traduction en anglais. Ses disciples, les *lollards*, sont persécutés. À Prague, en Bohème (actuelle République tchèque), Jan Hus prêche en langue locale la réforme du clergé, préconise la lecture personnelle de la Bible et met en doute la valeur des sacrements. Hus périt sur le bûcher, et la révolte populaire qui s'ensuit en Bohême est brutalement réprimée.

hérésie Croyance ou doctrine religieuse contraire au dogme de l'Église.

Mais les grandes croisades contre les hérétiques visent les cathares et les vaudois. Les cathares (du grec *katharos*, purs), aussi nommés Albigeois (d'Albi, ville du sud de la France) sont nombreux et fermement installés en France méridionale, d'où leur doctrine rayonne en Italie centrale et du Nord, en Catalogne, dans l'est de l'Empire. Les cathares estiment que l'Église ne doit être qu'une force spirituelle ; ils nient la valeur des sacrements de même que l'incarnation du Christ. Ils conçoivent le monde comme déchiré entre le bien

Croisades et hérésies

Certains historiens pensent que les hérésies cathares et vaudoises, originaires d'Orient, auraient été rapportées par les croisés.

Contre les cathares et les vaudois, l'Église appelle à la croisade et enjoint les souverains et les seigneurs d'y participer ; ceux-ci répondent à l'appel, particulièrement contre les cathares, le roi de France convoitant les vastes domaines du comte de Toulouse, où l'hérésie a pris racine. Pour ces hérétiques, la répression par les armes s'ajoute alors à celle de l'Inquisition.

Les ordres mendiants et l'Inquisition

Dans le corps même de l'Église, de nouveaux ordres religieux se créent avec l'intention de contribuer à sa réforme ; c'est le cas de l'ordre des Frères prêcheurs, ou dominicains, fondé par l'Espagnol Domingo de Guzmàn (saint Dominique), et de celui des franciscains, fondé par l'Italien François d'Assise (saint François d'Assise). Les membres de ces ordres, dits mendiants parce qu'ils font vœu de pauvreté, essaiment en Europe pour prêcher et faire des conversions. Ils acquièrent une influence grandissante auprès des papes, qu'ils assistent dans la lutte contre les hérésies. Ils participent à l'**Inquisition**, ce tribunal ecclésiastique exceptionnel constitué au XIIIe siècle pour juger les hérétiques. Par la persuasion, la confiscation des biens, l'excommunication ou la prison, mais aussi parfois par la torture et par le bûcher, l'Inquisition contribue à contenir les hérésies.

Le sort réservé aux juifs

Outre les hérétiques et les musulmans, l'Église s'en prend également à tous ceux qui n'adhèrent pas à la foi catholique romaine. Ainsi les juifs, coupables à ses dires de la mort du Christ, sont également suspects pour des motifs économiques. Comme il leur est généralement interdit de posséder de la terre, ils s'installent dans les villes et s'emploient principalement au commerce et au prêt avec intérêt, que l'Église interdit aux catholiques. De nombreux juifs s'enrichissent, et cela suscite l'envie. Plusieurs États prennent des mesures contre eux : mise à l'écart, confinement dans des quartiers réservés (comme le *ghetto* de Venise), rançonnement, emprisonnement et même, comme en France, en Angleterre et dans la péninsule ibérique, expulsion.

et le mal. Le corps procédant du mal, ils vont jusqu'à demander de ne plus le reproduire, c'est-à-dire de ne plus avoir d'enfants : en réaction s'ébauche alors la position de l'Église hostile à la contraception et opposée à l'avortement. Quant à l'hérésie vaudoise, née dans la région de Lyon, en France, elle se répand dans le sud-est du pays, en Italie du Nord et jusque dans l'Empire et la péninsule ibérique. Les vaudois contestent l'existence même du clergé, estimant que de simples laïcs peuvent tout aussi bien prêcher et évangéliser ; de plus, ils rejettent la messe et le culte des saints. Cathares et vaudois seront férocement réprimés et ramenés de force dans le giron de l'Église.

L'Église catholique médiévale réussit donc, principalement par la répression (croisades et Inquisition), à contenir les hérésies et, dans certains cas, à les éradiquer. Mais plusieurs des idées développées par ces « hérétiques » (caractère superflu du clergé ; rejet du culte des saints ; autorité de la seule Bible en matière religieuse ; valeur douteuse de certains sacrements ; etc.) leur survivront et seront reprises au XVIe siècle par des réformateurs du nord de l'Europe qui échoueront à transformer l'Église, mais provoqueront au sein du christianisme un second grand schisme (après la scission de l'Église catholique romaine et de l'Église orthodoxe en 1054), celui qui donnera naissance aux confessions protestantes (voir le chapitre 6).

La forêt, amie et ennemie

La forêt est une ressource importante. On y puise le bois de construction et le bois de chauffage, on y cueille des baies, des champignons, on y chasse gros et petit gibier. Mais c'est aussi un milieu dense, obscur, mystérieux et inquiétant : nombre de contes et de légendes qui mettent en scène loups, ogres et brigands en évoquent les dangers.

Trois siècles de développement économique et social

Au tournant de l'an mille, l'Europe est encore couverte de forêts ; en France, par exemple, elles couvrent plus de la moitié du territoire. Dans les trois siècles qui suivent, la forêt diminue des deux tiers. À côté des villages enserrés par la forêt, où l'habitant passait souvent l'entièreté de sa vie sans rien voir d'autre, naissent et se développent plusieurs villes. Le transport routier et le commerce reprennent. La face de l'Europe en est substantiellement transformée.

LA DEUXIÈME RÉVOLUTION AGRICOLE

Le monde rural médiéval, qui rassemble plus de 90 % de la population, se caractérise par les traits suivants : en premier lieu, l'augmentation de la part des céréales dans la nourriture, dont le pain est l'élément central ; en second lieu, le développement, à partir du Xe siècle, du village, qui façonne le paysage ; en troisième lieu, l'extension de l'espace cultivé par le défrichement et le drainage ; enfin, le développement d'une industrie rurale autour du moulin (à eau et à vent) et de la forge.

Le monde avait connu sa première **révolution agricole** avec le passage, une dizaine de milliers d'années plus tôt, de la cueillette et de la chasse à l'agriculture et à l'élevage, du nomadisme à la sédentarité. À partir du XIe siècle, grâce à des améliorations de l'outillage et à la découverte de nouvelles techniques, l'Europe vit une autre révolution agricole.

L'agriculture bénéficie d'innovations techniques. Progressivement, la charrue remplace l'araire, particulièrement dans la moitié nord de l'Europe. Alors que l'araire, avec son soc de bois, ne faisait qu'écorcher le sol, le soc de fer incurvé de la charrue le creuse en profondeur et le retourne. Montée sur roues, la charrue est tirée par des chevaux, plus rapides que les bœufs employés jusque-là et auxquels on pose des fers pour faciliter leur traction. Les chevaux peuvent en outre tirer de plus lourdes charges grâce à une innovation empruntée à l'Asie, le collier d'attelage en bois qui repose sur les épaules du cheval, au lieu du harnais de cuir qui serrait son cou. Une autre nouveauté se répand : les moulins à eau, et bientôt à vent, pour moudre le grain et fouler la laine. Surtout, la technique de l'assolement triennal se répand, particulièrement encore dans le nord de l'Europe. Depuis les Romains, pour laisser le sol se reconstituer, on le laissait sans culture, en **jachère**, une année sur deux (assolement biennal). L'**assolement triennal** consiste à diviser la surface cultivée en tiers et à procéder à une rotation des cultures sur trois ans. La première année, par exemple, une des parcelles est semée en céréales d'hiver, une autre avec une céréale ou une légumineuse de printemps, la dernière est laissée en jachère ; l'année suivante, on alterne, et une des parcelles cultivées la première année passe en jachère ; et ainsi de suite. L'avantage du procédé est d'accroître la surface cultivée et le rendement, mais aussi de mieux répartir le temps de travail du paysan et d'obtenir deux récoltes par année – un avantage non négligeable, surtout si l'une des deux est mauvaise.

FIGURE 5.8
Charrue médiévale

La population de l'Europe double. On estime que, de 1050 à 1300, la population de l'Europe double, triplant même dans certaines régions, notamment en Angleterre. En effet, lorsque cessent les invasions barbares et que les périodes de paix se font plus fréquentes et plus longues (entre autres grâce à la Trêve de Dieu), la population croît considérablement. Cette population croissante exige des ressources alimentaires supplémentaires, que l'agrandissement

FIGURE 5.9

La ville de Carcassonne et ses murailles du XIIIe siècle (France)

La cité médiévale entend assurer elle-même sa défense. Pour cela, elle s'entoure de hauts murs. Maisons, ateliers, boutiques, marchés, hommes et animaux se serrent à l'intérieur, en un espace si étroit que la salubrité publique est toujours en danger.

de la surface cultivée et les nouvelles techniques agricoles permettent d'obtenir. Les disettes et les famines se raréfient; certaines années, on dispose même de surplus, ce qui favorise encore l'augmentation de la population. La croissance démographique est donc à la fois un facteur et une conséquence de la révolution agricole.

Le régime féodal lui-même en sort transformé. Les seigneurs ont besoin d'une main-d'œuvre abondante pour défricher les forêts et assécher les marais, puis les mettre en culture. Pour inciter leurs serfs à s'y employer, plusieurs leur offrent l'**affranchissement**; en échange, les paysans affranchis versent au seigneur une rente prélevée sur les revenus des terres qui leur sont concédées.

affranchissement Action de libérer un serf ou un esclave.

LES SEIGNEURS S'ENRICHISSENT. La seigneurie, par ailleurs, cesse de vivre en autarcie, c'est-à-dire en subvenant entièrement à ses besoins. Les seigneurs profitent largement de l'accroissement de la production agricole: les rentes qu'ils reçoivent des paysans augmentent, de même que la production de leur propre domaine. Ils disposent ainsi de surplus agricoles qu'ils vendent. La renaissance du commerce leur permet aussi de percevoir des taxes et des péages sur la circulation des gens et des produits. L'argent ainsi amassé leur permet d'acheter les biens que leur offrent maintenant la ville et le commerce en développement.

LE RENOUVEAU URBAIN

À la fin du premier millénaire, les villes ont à peu près disparu en Europe, à quelques exceptions près, notamment dans la péninsule italienne. Mais, à partir du XIe siècle, les villes réapparaissent et croissent rapidement. L'ascension d'une classe de marchands, l'émancipation des serfs, dont plusieurs vont s'établir en ville – ceux qui ne sont pas encore émancipés et s'y réfugient obtiennent la liberté après un an et un jour –, et la demande en biens artisanaux pour satisfaire les besoins de la population croissante contribuent à ce développement urbain. Bientôt, la carte de l'Europe se couvre de villes de 5000 à 10 000 habitants; certaines, comme Gand, Paris, Milan, Florence, Venise ou Bologne, en comptent de 50 000 à 100 000.

LES VILLES OBTIENNENT DES LIBERTÉS. Nombre de villes sont établies sur les domaines seigneuriaux. À mesure que leur économie se développe et que leur pouvoir s'accroît, leurs habitants se forment en associations, les **communes**, et négocient (parfois au terme d'affrontements violents) avec les seigneurs dont ils dépendent – clercs ou laïcs – des chartes qui leur assurent diverses libertés : liberté de s'administrer, de rendre la justice, de lever des taxes, notamment. En échange, ils s'engagent à verser des rentes aux seigneurs, argent qui permettra à ces derniers non seulement d'acheter des biens, mais aussi, en cas de nécessité, de louer des soldats, car les rapports de solidarité vassalique s'effritent également. Le mouvement communal convient également aux souverains, parce que des villes se mettent sous leur protection et que le pouvoir des seigneurs s'en trouve réduit.

L'urbanisation constitue un autre facteur d'érosion du système féodal. Les libertés que les villes acquièrent grugent l'autorité du seigneur, et les riches bourgeois des villes finissent par former un groupe qui prétend à l'autorité pour lui-même.

Artisanat, commerce et guildes fleurissent. L'activité économique de la ville gravite essentiellement autour de la production artisanale et du commerce. Dans chaque ville, artisans d'un même métier et marchands sont associés en **corporations**, ou **guildes**, qui veillent à la promotion des intérêts communs et à la régulation des pratiques : qualité, quantité, prix, conditions de travail, etc. D'abord égalitaires, les guildes de métier se hiérarchisent bientôt et contrôlent étroitement l'accès à la profession. Les membres de plein droit sont ceux qui ont le statut de maître. Pour devenir maître, il faut avoir été apprenti – pas ou peu payé – dans l'atelier d'un maître pendant plusieurs années, puis compagnon quelques années encore ; enfin, il faut avoir fait la preuve de son art devant les maîtres de la guilde en produisant un « chef-d'œuvre ». Alors seulement, si on est reçu, on peut s'installer, à condition bien sûr d'avoir les moyens de le faire. Dans les faits, les maîtres tendent à réserver à leurs enfants l'accès à la maîtrise.

corporation ou **guilde** Association d'artisans ou de marchands visant à défendre leurs intérêts et à réglementer leur art ou leur pratique.

Le travail au noir

De l'interdiction de travailler de nuit, fréquente dans les règlements des guildes, vient l'expression « travailler au noir », appliquée alors à ceux qui enfreignaient l'interdiction.

FIGURE 5.10

Maisons des guildes à Anvers

LA NAISSANCE DU GRAND COMMERCE

La croissance urbaine se fait en conjonction avec le renouveau du commerce, dont elle découle en bonne partie. Les mêmes facteurs, d'ailleurs, favorisent l'une et l'autre : paix relative, augmentation de la population, surplus agricoles et développement de la production artisanale. On a donc des marchandises et des acheteurs – dont certains ont découvert par les croisades tous ces produits d'Orient qu'ils souhaitent désormais acquérir.

La liberté, ça s'achète !

Les libertés que les communes obtiennent des seigneurs représentent pour ces derniers des affaires financières. Tout ou presque se monnaie. Cela ressort de la charte d'émancipation qu'obtient la ville de Troyes (en France) en 1230.

■ ■ ■

Moi Thibault comte palatin de Champagne et de Brie, fait savoir à tous ceux présents et à venir que je rends libres et francs tous mes hommes et mes femmes de Troyes de toutes autres «toltes» et tailles que celles que je levais sur les hommes qui habitaient déjà là. Et sur les hommes et les femmes qui viendront habiter en la communauté de Troyes, je lèverai 6 deniers* par livre sur leurs meubles, sauf les armes et les habits et leur mobilier.*

Et il faut savoir que les pots où l'on met le vin et toute la vaisselle d'or ou d'argent seront taxés chaque année avec les autres biens mobiliers et j'aurai par livre sur les biens mobiliers 2 deniers par an. [...]

Si un des habitants de la communauté de Troyes accepte de payer 20 livres pour l'année, il sera libéré du serment et de l'imposition pour cette année-là envers moi.

Je leur donne et octroie la prévôté et la justice de Troyes, de leurs terres et de leurs vignes qui sont dans les [limites] de Troyes, comme je les tenais le jour où ces lettres ont été prises, contre 300 livres de provinois*, qu'ils me paieront tous les ans à la Pentecôte.*

Par conséquent, le produit des amendes levées sur les hommes et les femmes de Troyes et sur les habitants dans les limites de la justice de Troyes appartient aux bourgeois de Troyes, ainsi que je les percevais auparavant.

Je garde les droits de justice sur le meurtre, le viol, et le vol, partout où ces faits auront lieu.

Pour la «fausse mesure», les bourgeois de Troyes auront 20 sous et moi 40 sous.*

Je conserve la justice et la garde de mes églises, de mes chevaliers, de mes vassaux, de mes Juifs de telle sorte que si un habitant de Troyes ou de la justice de la commune de Troyes commettait un forfait envers l'un d'eux – clercs, chevaliers, vassaux ou Juifs – et que la plainte soit faite devant moi, je rendrais justice et l'amende me reviendrait. [...]

Il faut savoir que moi ou certains de mes gens éliront chaque année 13 hommes de la communauté de Troyes en bonne foi, et ces 13 personnes éliront l'une d'elles comme maire. [...] Les 12 jurés et le maire lèveront les deniers de chacun, 6 deniers par livre sur les biens meubles, comme il est dit ci-dessus, et 2 deniers par livre sur les biens immobiliers. [...]

J'aurais mon ost et ma chevauchée* comme auparavant, si ce n'est que les hommes de plus de 60 ans n'iront pas; mais s'ils le peuvent, ils enverront un remplaçant. Si je «semonce mon ost ou ma chevauchée» en temps de foire, les changeurs et les marchands qui travailleront à la foire, pourront envoyer des remplaçants sans payer l'amende. [...] Tous ceux de la communauté de Troyes qui auront 20 L. de revenu, auront une arbalète chez eux et 50 carreaux*.*

Les bourgeois de Troyes cuiront dans mes fours et moudront dans mes moulins au même titre que les autres. [...]

Si certains de ceux qui viendront habiter à Troyes veulent repartir, ils pourront s'en aller librement quand ils voudront.

* Toltes et tailles: redevances payées au seigneur.
Prévôté: administration.
Livre de provinois, denier, sous: monnaies en vigueur à Provins (Bourgogne, France).
Ost, chevauchée: obligations d'assister le seigneur lors d'expéditions guerrières.
Carreaux: flèches.

Dans Ghislain Brunel et Élisabeth Lalou, dir., *Sources d'histoire médiévale*, Paris, Larousse, 1992, p. 405.

Un grand commerce se développe en Europe et au-delà. Le commerce européen tourne autour de deux grands pôles. Au sud, Venise, Gènes, Florence, Pise, Naples et les autres villes marchandes de la péninsule italienne contrôlent le commerce en Méditerranée, ont le monopole des produits d'Orient (soie, coton, épices, teintures, sucre, etc.) et mettent en vente les produits de leurs propres ateliers (armes, textiles fins, objets de luxe, etc.). Au nord, les riches villes des Flandres (nord de la France et Belgique actuels), Bruges et Gand notamment, se spécialisent dans les draps de laine; près d'elles, mais plus au nord encore, les villes de la Baltique, notamment Hambourg, Brême, Lübeck, Dantzig, formées en association marchande, la **Hanse** germanique, mettent sur le marché bois, fourrures, fer, étain, cuir, poissons, etc.

Hanse Au Moyen Âge, groupements de marchands en Europe du Nord; au XIVe siècle, la Hanse germanique, qui regroupe les marchands de la Baltique, puis de la mer du Nord, est une des premières puissances économiques d'Europe.

Entre ces pôles se développe aux XIIe et XIIIe siècles un important réseau d'échanges (carte 5.4). Le trafic emprunte la voie maritime, que des instruments comme la boussole (rapportée d'Asie par les Arabes), le gouvernail arrière

La fonction réglementaire des guildes

Les guildes réglementent étroitement les activités de leurs membres, comme le montrent les règlements de la guilde des orfèvres à Paris.

■ ■ ■

I. *Est orfèvre à Paris, qui veut l'être et sait le faire pourvu qu'il œuvre aux us et coutumes du métier qui sont tels :*

II. *Nul orfèvre ne peut œuvrer d'or à Paris qui ne soit à la touche de Paris* ou meilleurs [...].*

III. *Nul orfèvre ne peut œuvrer d'argent qui ne soit au même titre que l'esterlin* ou meilleur.*

IV. *Chaque orfèvre ne peut avoir qu'un apprenti étranger, mais de son lignage ou celui de sa femme, il peut en avoir autant qu'il lui plaît.*

V. *Aucun orfèvre ne peut avoir d'apprenti de la famille ou étranger de moins de dix ans, sauf si l'apprenti sait gagner 100 s. l'an et ses dépens de boire et manger.*

VI. *Aucun orfèvre ne peut œuvrer de nuit si ce n'est à l'œuvre du roi, de la reine, de leurs enfants, de leurs frères, ou de l'évêque de Paris.*

VII. *Aucun orfèvre ne doit payer de coutume* sur ce qu'il achète ou vend pour son métier.*

VIII. *Aucun orfèvre ne peut ouvrir sa forge les jours de fête d'apôtre [...].*

IX. *Les orfèvres ont juré de tenir et garder bien loyalement ces établissements. [...]*

X. *Les orfèvres de Paris sont quittes du guet*, mais ils doivent les autres redevances dues au roi par les autres bourgeois.*

* Touche de Paris : norme de quantité d'or à Paris.
Esterlin : *sterling* anglais.
Coutume : droit perçu par le seigneur.
Guet : service de police en ville.

Dans Ghislain Brunel et Élisabeth Lalou, dir., *Sources d'histoire médiévale*, Paris, Larousse, 1992, p. 478.

(d'étambot) et des cartes détaillées des côtes (portulans) permettent de fréquenter plus sûrement. Les échanges commerciaux se font aussi par voie terrestre. On répare les routes négligées, on en construit de nouvelles, on bâtit des ponts. Pour réduire leurs déplacements, les marchands prennent l'habitude de se rencontrer en cours de route, aux carrefours des principales voies de commerce. Là se tiennent d'importantes **foires** où ils échangent et vendent leurs produits. Des villes en naissent, où des marchands s'établissent en permanence; grand commerce et développement urbain sont donc étroitement liés.

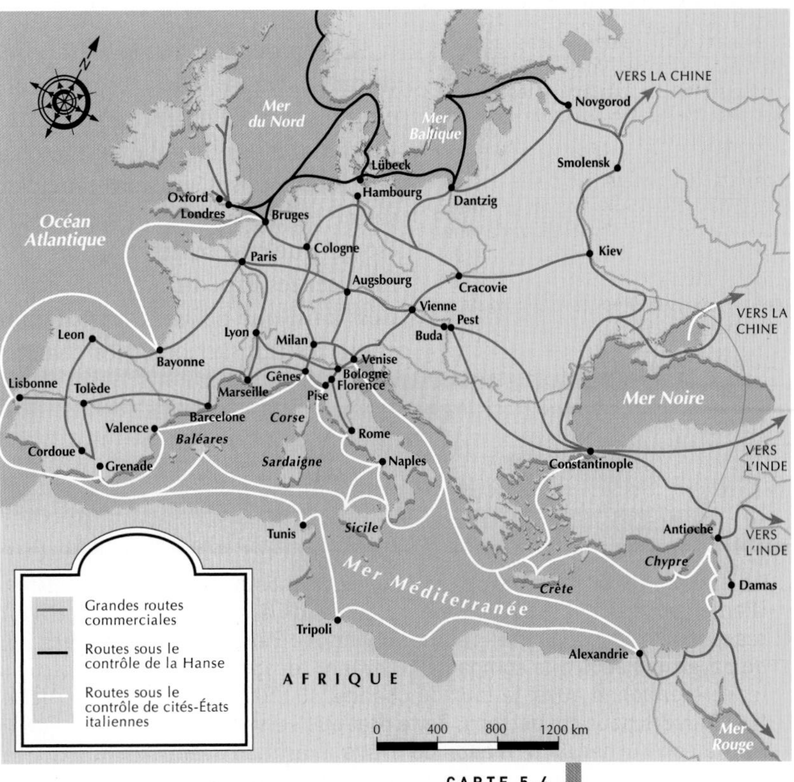

CARTE 5.4

Les grandes routes commerciales en Europe, en Méditerranée et au Proche-Orient (XIIIe-XVe siècles)

DES PRATIQUES NOUVELLES FACILITENT LE GRAND COMMERCE. Grâce aux marchands italiens qui en sont les principaux initiateurs, de nouveaux moyens et de nouvelles pratiques facilitent le commerce et stimulent son essor, notamment la formation de compagnies, des monnaies fiables, la banque et la lettre de change.

Les compagnies sont des associations d'investisseurs qui, sans nécessairement y participer eux-mêmes, partagent les risques et les bénéfices d'une entreprise

Vers l'Asie : Beijing vu par Marco Polo

Les marchands ne font pas que parcourir l'Europe. Certains partent pour de longues expéditions en Asie. Ainsi, dans le dernier tiers du XIIIe siècle, le Vénitien Marco Polo parcourt l'Orient et séjourne en Chine. Le récit de ses expéditions, publié sous le titre de *Livre des Merveilles*, emballera l'imagination des Européens. Peut-on deviner les raisons de cet emballement à partir de l'extrait suivant ?

■ ■ ■

Et sachez encore très véritablement qu'à mon avis, point n'est au monde cité où viennent tant de marchands, ni où n'arrivent pareilles quantités de choses aussi précieuses et de plus grande valeur. Et vous dirai cela. Avant tout, vous dis les denrées précieuses qui proviennent de l'Inde : les pierreries, les perles, la soie et les épices ; puis toutes les belles et chères denrées de la province de Catai, de la province de Mangi et des autres qui l'avoisinent [...]. *Il vient telle quantité de tout que c'est chose extraordinaire. Et sachez pour vrai que chaque jour entrent en cette ville plus de mille charrettes uniquement chargées de soie, car on y fait beaucoup de draps de soie et d'or.*

Dans Charles-Marie de La Roncière, *et al.*, *L'Europe au Moyen Âge*, Paris, Armand Colin, Collection U, 1969, p. 362.

capitalisme Régime économique caractérisé par la liberté d'entreprise et la propriété privée des moyens de production ; les capitaux n'appartiennent généralement pas à ceux qui font le travail, mais à des investisseurs qui se partagent les profits et les pertes en fonction de leur investissement.

capital Ensemble des biens possédés par une personne ou somme qu'une personne investit dans une entreprise ; peut être constitué de biens immeubles (terres, édifices, etc.) ou meubles (argent, outils, droits, etc.).

commerciale au prorata de leur investissement. On peut y voir le début du **capitalisme**, régime économique fondé sur l'initiative individuelle et sur l'investissement d'un **capital** dans l'espoir d'obtenir une part des profits à venir.

Des monnaies fiables s'imposent, notamment le florin de Florence et le ducat de Venise. Mais les marchands préfèrent ne pas se lancer sur les routes en transportant de grandes quantités d'or ou d'argent. Apparaît alors la **lettre de change**, par laquelle un marchand reconnaît devoir à un autre, en échange de marchandises, un montant d'argent qui lui sera versé par une tierce personne en un autre lieu, à partir d'une date mentionnée. La lettre de change est en quelque sorte l'ancêtre du chèque bancaire. Pour l'honorer, et pour financer les expéditions commerciales, il faut rassembler beaucoup d'argent ; c'est ainsi que naissent les banques (du mot *banc*, la table sur laquelle se faisaient les transactions), les changeurs devenant les premiers banquiers.

Une lettre de change du XIVe siècle

La signataire de cette lettre de change, la compagnie Diamante de Bruges, aux Pays-Bas, demande à sa correspondante, la compagnie Francesco Datini, de Barcelone, de payer 400 écus à la compagnie Giovanni Jacopi. Cette lettre mentionne aussi le taux de change, soit 9 sous et 9,67 deniers pour chaque écu. Cette pratique servait souvent à contourner l'interdiction du prêt à intérêt qu'avait décrétée l'Église catholique au Moyen Âge.

■ ■ ■

[Au dos :] *Francesco Datini et Luca del Sera et compagnie à Barcelone le 8 décembre 1396.*

Au nom de Dieu payez par cette première lettre à l'usance à Giovanni Jacopi et compagnie 400 écus à 9 sous 9 deniers 2/3 l'écu. Ils correspondent à la valeur que nous avons reçue ici de Giovanni Orlandini, Piero Benizzi et compagnie. Mettez-les à notre compte. Que le Christ vous garde.

Diamante et Aldobianchi degli Alberti et Cie.

Salut de Bruges.

[D'une autre main :] *acceptée le 8 janvier* [1398].

« Marchands et métiers au Moyen Âge », *La Documentation photographique*, n° 6009, février 1974, p. 50.

FIGURE 5.11

Le changeur et sa femme

Tableau de Quentin Metsys, 1514. Pour s'assurer du juste poids en or de chaque pièce, le changeur la pèse sur une petite balance appelée trébuchet. D'où l'expression « en espèces sonnantes et trébuchantes ».

L'ÉGLISE ET LA CULTURE

Avec la deuxième révolution agricole, la vie culturelle en Europe connaît un essor remarquable, favorisé par la relative prospérité qui s'installe alors – notamment chez les marchands et les bourgeois des villes –, mais aussi par les échanges, commerciaux et autres, avec les Arabes de la péninsule ibérique et du Proche-Orient, avec Byzance et même avec l'Asie. Y contribue aussi la prépondérance de l'Église dans la société : en fait, dans les premiers siècles du deuxième millénaire, la culture est essentiellement religieuse.

L'architecture et les arts glorifient Dieu. Aux XIe et XIIe siècles, l'Europe se couvre d'églises : chaque village, chaque ville, chaque quartier des villes, chaque monastère – et ils sont nombreux – veut la sienne. L'Église catholique est bien nantie grâce aux dons qu'elle se fait verser et aux domaines que possèdent ses clercs (évêques et abbés en particulier) à titre de seigneurs féodaux (le quart des terres d'Europe). Les bourgeois s'enrichissent, la piété populaire est intense et le clergé sait la mobiliser pour ériger ces monuments à la gloire de Dieu que sont les églises.

Les plus importantes sont les cathédrales, qu'on construit de plus en plus grandes : la population augmente et ainsi le nombre de fidèles à recevoir. Jusqu'au milieu du XIIe siècle, l'architecture de style roman continue à emprunter aux Romains : lourde toiture soutenue par une voûte en arc de cercle – la voûte en plein cintre –, elle-même portée par d'épais murs de pierre appuyés sur des contreforts et percés de rares ouvertures pour ne pas les affaiblir. Mais l'invention de la croisée d'ogives – deux arcs brisés qui se

(a)

(c)

(b)

(d)

FIGURE 5.12

Église Notre-Dame-la-Grande à Poitiers (a), basilique Sainte-Marie-Madeleine à Vézelay (b), cathédrale Notre-Dame de Paris (c), cathédrale de Reims (d)

On notera particulièrement la voûte en plein cintre de la basilique de Vézelay (b), de style roman, ainsi que les croisées d'ogives et les vitraux de la cathédrale de Reims (d), de style gothique.

rencontrent et se supportent en leur milieu – permet d'alléger la structure et donne naissance à un nouveau style, qu'on baptisera plus tard « gothique » : désormais, la voûte est plus légère et les murs par conséquent moins massifs. Ceux-ci sont retenus au besoin par les arcs-boutants, de grands arcs de pierre extérieurs, et percés de larges ouvertures, qu'on orne de vitraux. Ainsi, on peut construire plus haut – certaines voûtes s'élèvent jusqu'à 50 mètres, certains clochers atteignent plus de 100 mètres – d'immenses cathédrales qui sont autant de témoignages du triomphe de la chrétienté.

Les francs-maçons

La construction d'une église ou d'une cathédrale peut prendre des années et même des décennies. Des corps de métiers spécialisés s'y emploient, louant leurs services de ville en ville. Ils forment des confréries : au sommet, on trouve celle des francs-maçons, architectes et chefs de chantier, qui souvent se transmettent le métier de père en fils, gardant entre eux les secrets de leur art. De cette confrérie étroitement fermée naîtra plus tard l'idée de ces sociétés plus ou moins secrètes comme la franc-maçonnerie d'aujourd'hui, qui se dédie à l'édification d'une société rationnelle et fraternelle. Les symboles par lesquels la franc-maçonnerie s'identifie – le triangle, l'équerre, le compas – rappellent d'ailleurs son origine chez les constructeurs de cathédrales.

FIGURE 5.13

Tympan du portail central de la cathédrale de Bourges (France, XIIIe siècle)

Cette œuvre a pour thème le Jugement dernier : dans le registre supérieur trône un Christ « en majesté », c'est-à-dire plus grand que nature ; dans le registre du bas, les défunts ressuscités sortent de leurs tombeaux ; au centre, le jugement des âmes, avec d'un côté le ciel, de l'autre l'enfer.

FIGURE 5.14

Maison de Jacques Cœur, à Bourges (France, XVe siècle)

Même si l'art gothique est avant tout un art religieux, on s'en inspire pour des constructions civiles : bâtiments publics ou, comme ici, demeures de riches bourgeois.

Outre l'architecture, les autres arts se mettent également au service du religieux. Les fresques et les grandes tapisseries ornent les murs des églises romanes, les vitraux éclairent les églises gothiques d'une lumière naturelle chatoyante, tandis que statues et bas-reliefs se multiplient sur les façades et dans les chapelles intérieures. Ces œuvres ont une fonction didactique : elles enseignent à des fidèles généralement illettrés les points essentiels du dogme catholique et les grands épisodes de la vie du Christ, de la Vierge et des saints.

Parallèlement, la musique, largement religieuse, découvre la polyphonie – combinaison de plusieurs lignes musicales simultanées – et la notation musicale, qui facilite grandement la préservation et la transmission des œuvres.

La pensée et la science marient la foi et la raison. Toute la pensée médiévale paraît soumise à la religion. Tout s'expliquerait par elle et c'est d'elle qu'on attend toute explication. Mais la rencontre avec les Arabes (lors des croisades et de la *Reconquista*) fait connaître leur pensée et leur science, ainsi que les œuvres des Grecs et des Romains qu'ils ont préservées et traduites. D'autres œuvres sont rapportées de Byzance; on s'emploie alors à leur étude, après les avoir traduites en latin s'il y a lieu.

LA PENSÉE THOMISTE AU QUÉBEC

La philosophie de Thomas d'Aquin, ou philosophie thomiste, restera jusqu'aux années 1950 la philosophie quasi officielle dans l'Église et le système d'éducation du Québec.

La traduction des œuvres anciennes fait entre autres redécouvrir le philosophe grec Aristote, qui voyait dans la raison la source de la connaissance. Il en résulte une école de pensée, la **scolastique**, qui vise à réconcilier la foi et la raison. Le plus connu des scolastiques est certainement Thomas d'Aquin (originaire d'Aquino, en Italie du Nord). Dans la *Somme théologique*, son œuvre magistrale, ce moine dominicain examine les principaux aspects de la doctrine catholique, montrant soit qu'ils ne sont pas opposés à la raison, soit qu'ils peuvent s'expliquer par la raison, mais que dans tous les cas la raison est au service de la foi. La philosophie officielle de l'Église s'inspirera pendant des siècles de la pensée thomiste.

LES UNIVERSITÉS TRANSMETTENT LE SAVOIR. Au XIIe siècle apparaissent dans plusieurs villes d'Europe les premières universités (du latin *universitas*, qui signifie «association» ou «communauté»). L'université est alors une association d'étudiants – exclusivement masculins – et de professeurs, qui vivent ensemble dans un quartier de la ville – par exemple le Quartier latin à Paris. La composition du corps enseignant comme de la clientèle étudiante est internationale et la mobilité d'une université à l'autre est fréquente. Une charte délivrée par les autorités de la ville garantit son indépendance: elle a ses propres lois, qui prévalent parfois sur les lois locales. Ainsi, à Paris, il est interdit de battre un étudiant ou de l'emprisonner, sauf dans des cas très graves.

Les professeurs d'université sont des clercs (prêtres ou moines). On y compte quatre facultés: les arts libéraux, le droit, la médecine et la théologie, discipline suprême dans plusieurs universités. Le programme de base comprend les sept arts libéraux: grammaire, rhétorique, dialectique, arithmétique, géométrie, musique et astronomie. Après ce premier diplôme, le baccalauréat, l'étudiant peut se perfectionner en théologie, en droit ou en médecine. Il devient alors maître ou même docteur, et peut enseigner. L'enseignement se fait en latin. La pédagogie repose sur le commentaire de texte (le maître lit un livre, qu'il commente au fur et à mesure – il faut dire que les livres, copiés à la main, sont rares et coûteux), suivi d'une période de discussion au terme de laquelle le maître détermine la réponse adéquate. À partir du milieu du XIIIe siècle, la scolastique y devient dominante.

En plus des universités, on trouve aussi quelques autres écoles. Il s'agit tout d'abord d'écoles d'évêché ou de monastère: destinées à former des prêtres, elles acceptent quelques futurs notaires ou marchands venant y apprendre le latin, le droit et les mathématiques. On trouve aussi des écoles de paroisse, des écoles municipales et des écoles privées où, moyennant rétribution, un maître enseigne les rudiments du savoir – lire, écrire, compter – et que fréquentent surtout les enfants des bourgeois.

LES CONNAISSANCES SE DÉVELOPPENT PEU. En dehors des progrès de la philosophie, la connaissance vit quand même un renouveau, grâce encore à la redécouverte des Anciens, mais aussi grâce aux enseignements des Arabes eux-mêmes: ainsi, en mathématiques, on adopte leurs chiffres, qui remplacent la numération romaine. Cependant, le savoir continue à reposer sur l'autorité de l'Église et des Anciens dont elle accepte les interprétations – par exemple, la conception de Ptolémée d'un Soleil tournant autour de la Terre reste indiscutée – et sur la spéculation plus que sur l'expérimentation. Encore que la pratique de l'alchimie, cette fausse science qui prétend transformer le vil métal en or (et même découvrir la pierre philosophale, secret de la vie éternelle),

La vie d'étudiant

Les libertés accordées aux universités s'accompagnent parfois d'abus, comme le montre cet avis du tribunal ecclésiastique de Paris (1269).

■ ■ ■

Une plainte fréquente et régulière fait savoir qu'il y a à Paris des clercs et des étudiants, ainsi que leurs domestiques confiants dans la folie de ces clercs, oublieux de leur salut, oubliant Dieu, qui, sous prétexte de vivre une vie de savant, perpètrent de plus en plus souvent des actes illégaux et criminels, à l'aide d'armes : à savoir, que jour et nuit ils tuent ou blessent atrocement des personnes, violent des femmes, oppriment des vierges, cassent des auberges, commettent régulièrement des vols et beaucoup d'autres crimes détestables à Dieu[1].

Que l'enseignement se fasse partout en latin permet une grande mobilité des maîtres. Ainsi, l'Italien Thomas d'Aquin, l'Allemand Albert le Grand et l'Anglais Roger Bacon enseignèrent à l'Université de Paris. De même, les étudiants viennent de partout en Europe. Ce qui ne veut pas dire qu'ils oublient leurs particularités, comme le montre ce témoignage du prédicateur Jacques de Vitry, écrit au début du XIIIe siècle.

■ ■ ■

[Les étudiants de Paris] *ne se chamaillent et ne se disputent pas simplement à propos des différentes sectes ou pour quelque discussion ; car les différences entre pays sont aussi cause de dissension, d'animosité haineuse et virulente entre eux, et ils se lancent effrontément toutes sortes d'insultes et d'injures les uns envers les autres.*

Ils affirment que les Anglais sont des ivrognes et ont des queues ; que les fils de France sont fiers, efféminés et parés comme des femmes. Ils disent que les Germains sont furieux et obscènes durant leurs fêtes ; les Normands, vaniteux et fanfarons ; les Poitevins, traîtres et audacieux. Ils trouvent les Burgondes vulgaires et stupides. Les Bretons sont réputés instables et volages et on leur reproche la mort d'Arthur. Les Lombards sont appelés avares, vicieux et peureux ; les Romains séditieux, turbulents et calomnieux ; les Siciliens, tyranniques et cruels ; les habitants du Brabant, sanguinaires, brigands et ravisseurs ; ceux de Flandres, volages, prodigues et gloutons, glissants comme du beurre, et paresseux. Après de telles insultes, des mots ils passent souvent aux coups[2].

1. Dans Lynn Thorndike, *University Records and Life in the Middle Ages*, New York, Columbia University Press, 1944, p. 78. (Notre traduction.)
2. Dans *Original Sources of European History*, Philadelphie, University of Pennsylvania, 1971, p. III-18. (Notre traduction.)

amène à faire quelques expériences de laboratoire. Au XIIIe siècle, un moine et théologien anglais nommé Roger Bacon commence à prôner l'expérimentation comme base de la connaissance en science.

Quant au savoir médical, hors quelques universités où on s'y consacre dans le respect des Anciens, du Grec Galien notamment, il reste fondé de façon générale sur la magie, la superstition… et la prière. La santé est un don de Dieu ; la maladie également, envoyée comme une épreuve purificatrice. La saignée est le remède universel. L'état de la médecine et cette conception de la maladie sont parmi les principaux facteurs qui expliquent qu'à l'époque l'espérance de vie moyenne n'atteint pas les 30 ans.

La littérature emprunte la langue vernaculaire. En littérature, le renouveau de la culture s'exprime principalement par l'emploi des langues locales – les langues **vernaculaires** –, au lieu du latin. Cette littérature reste largement associée à la religion, comme ces nombreux récits qui, sous une forme dramatique, relatent un épisode de la Bible ou de la vie d'un saint. Mais les œuvres profanes se multiplient. Elles forment une littérature épique – les chansons de geste – qui reconstitue les légendes autour de héros locaux, comme le roi Arthur et ses chevaliers de la Table ronde en Angleterre, Siegfried en Allemagne, le Cid en Espagne, Roland en France… On écrit aussi des récits plus légers, lyriques ceux-là, comme ceux qu'en France les troubadours colportent de château en château. On y célèbre l'idéal chevaleresque, celui du chevalier brave et loyal, défenseur des faibles, ainsi que l'**amour courtois**, cet amour aimable et gracieux que le chevalier porte à sa dame.

Parmi les œuvres majeures de l'époque, mentionnons, en France, le *Roman de la rose*, poème dont la première partie, attribuée à Guillaume de Lorris, s'inscrit dans le courant de l'amour courtois, mais dont la seconde, de Jean de Meung, se montre fort satirique en exposant les savoirs, théologiques et autres, de son époque. En Angleterre, les *Contes de Cantorbéry*, de Geoffrey Chaucer, sont l'œuvre la plus fameuse : à travers les récits d'une trentaine de pèlerins en route vers la cathédrale de Cantorbéry, Chaucer y dresse un portrait vivant et réaliste de sa société. Mais c'est certainement le Florentin Dante Alighieri qui domine la littérature de l'époque : dans son œuvre majeure, la *Comédie*, long poème écrit en italien, Dante raconte un périple qu'il aurait effectué à travers l'enfer, le purgatoire et le paradis, et les conversations qu'il aurait eues là avec des personnages célèbres.

LA FIN D'UNE ÉPOQUE

De grands malheurs s'abattent sur l'Occident au XIVe siècle. À partir du XIVe siècle, la conjoncture qui tendait à l'ordre, au développement et à la prospérité se renverse. La guerre de Cent Ans sévit dans l'ouest de l'Europe, semant la mort et la désolation. Des famines réapparaissent. Surexploitées, les terres, qu'on ne sait pas engraisser, ne produisent plus assez pour suivre l'augmentation de la population. Celle-ci se contracte. Pire, elle est frappée par une grande épidémie, la peste noire, probablement la pire catastrophe naturelle que l'Occident ait connue. Importée d'Asie par un bateau marchand, la peste arrive en Italie en 1347 et, en quelques mois, se répand partout en Europe. On ne lui connaît aucun remède : les médecins formés à la théorie des « humeurs » et partisans de la saignée sont impuissants et suggèrent aux malades la prière. C'est l'hécatombe : entre un quart et un tiers de la population disparaît. D'autres épidémies moins graves (variole, grippe), y compris des retours récurrents de la peste, éclateront dans le siècle qui suit, entretenant l'angoisse et un sentiment de désolation. Le climat lui-même se met de la partie : pendant près d'un siècle, les précipitations sont plus abondantes et les températures plus fraîches, au point qu'on a pu parler d'un mini-âge glaciaire.

Les révoltes se multiplient. Les famines, les épidémies, la guerre de Cent Ans et d'autres guerres locales attisent l'insécurité et le mécontentement de la population. Des révoltes s'ensuivent. Dans les villes, à Florence, à Gand, à Paris, par exemple, les ouvriers et les petits artisans (le *popolo minuto* : le « petit peuple ») s'opposent au pouvoir des nantis (le *popolo grasso*). Dans les campagnes, les paysans et les petits exploitants libres protestent contre les **exactions** des

exaction Action d'exiger quelque chose qui n'est pas dû ou de réclamer plus qu'il n'est dû.

FIGURE 5.15

Enterrement des morts de la peste (gravure du XIVe siècle)

Sur cette gravure, on prend encore le temps de mettre les corps en cercueil. Bientôt, le nombre de morts sera tel qu'on les amènera à pleines charrettes vers des fosses communes hâtivement creusées. Comme l'a rapporté Boccace, poète florentin de l'époque : « On n'accordait alors pas plus de considération à la dépouille d'un homme qu'aujourd'hui au cadavre d'une chèvre. »

seigneurs et contre les taxes. En Angleterre, par exemple, des paysans enflammés par les « **niveleurs** » envahissent et pillent Londres en 1381 pour protester contre les taxes et réclamer le partage des biens de l'Église. En France, les **jacqueries** se multiplient : les paysans (les « Jacques », comme on les appelle) se révoltent contre les charges ou la justice seigneuriales, ou contre les taxes qu'on leur impose pour payer le coût de la guerre ou de la rançon du roi capturé par les Anglais. Ces accès de violence finissent par être circonscrits ou écrasés, mais un sentiment de contestation de l'ordre social subsiste.

	1000	1340	1450
Italie	5,0	10,0	7,0
Espagne	7,0	9,0	7,0
France, Belgique, Pays-Bas	6,0	19,0	12,0
Grande-Bretagne	2,0	5,0	3,0
Allemagne et pays scandinaves	4,0	11,5	7,5

D'après Burton F. Beers, *World History*, Englewood Cliffs (New Jersey), Prentice Hall, 1988, p. 198.

TABLEAU 5.2

La population en Europe entre 1000 et 1450 (en millions)

niveleurs Mouvement social de l'Angleterre du XIVe siècle, dirigé par le prêtre John Ball et l'ouvrier Walt Tyler, et réclamant le partage des biens de l'Église et un allègement général des charges et des taxes pesant sur les paysans et les artisans.

jacquerie Nom donné en France aux révoltes des paysans (surnommés les « Jacques ») contre les seigneurs et l'ordre féodal à partir du XIVe siècle.

Le Grand Schisme d'Occident affaiblit l'Église. La papauté elle-même connaît une grave crise quand un évêque de France est élu pape et décide de déménager le siège pontifical à Avignon, une ville appartenant au roi de Naples, mais située à la frontière sud-est de la France. Il le fait à la fois pour échapper à l'instabilité qui règne à Rome et pour se positionner au confluent des principaux axes de circulation en Europe catholique. Mais l'événement passe pour une mise en tutelle de la papauté par le roi de France. Les papes demeurent 70 ans à Avignon, où ils vivent dans un luxe coûteux, ce qui les incite à accroître leurs prélèvements fiscaux dans les États catholiques, dont certains résistent. En 1377, le pape Grégoire ramène le siège pontifical à Rome. Mais son successeur, Urbain VI, est rejeté par les cardinaux français, majoritaires, qui élisent un autre pape, Clément VII, qui retourne en Avignon. L'Église se retrouve donc avec deux papes, dont aucun n'accepte de céder à l'autre. Chacun a ses supporteurs : souverains, évêques et communautés religieuses (on se partage même les saints !). C'est le Grand Schisme d'Occident, qui dure 40 ans et qui met à mal le rêve de l'unité chrétienne de l'Europe. Après un bref épisode durant lequel apparaît un troisième pape, un concile se réunit en 1417, démet tout le monde et élit un nouveau pape, Martin V, qui ramène la papauté à Rome. Mais le Grand Schisme laisse l'autorité de l'Église sérieusement affaiblie.

Un nouveau monde se dessine. L'ordre social est de toute façon en voie de transformation. La féodalité est malmenée par l'érosion du rapport féodal et

Les juifs : boucs émissaires de la peste noire

Préjugés, ignorance, intérêts, peur, dogmatisme religieux, voilà autant de facteurs de racisme ou de discrimination. Selon ce témoignage d'un contemporain des événements, quel semble avoir été le facteur principal de la persécution des juifs au moment de la peste noire ?

■ ■ ■

En l'année 1349 advint la pire épidémie jamais vue. La mort frappa d'un bout à l'autre de la terre. [...] L'épidémie vint à Strasbourg l'été de cette année-là, et il est estimé que seize mille personnes moururent.

Partout les juifs furent accusés d'avoir causé cette peste en jetant du poison dans l'eau et dans les puits, et pour cette raison partout on les brûla, de la Méditerranée à l'Allemagne.

Un samedi, on a brûlé des juifs sur une plate-forme de bois dans leur cimetière. Il y en avait environ deux mille. Ceux qui acceptaient le baptême étaient épargnés. De nombreux enfants furent pris de force et baptisés contre la volonté de leurs pères et mères. Tout ce qui appartenait aux juifs fut confisqué, et les juifs durent remettre tous les reçus et reconnaissances de dettes qu'ils avaient acceptés. Le Conseil prit leur argent et le divisa proportionnellement entre les travailleurs. L'argent est ce qui a tué les juifs. S'ils avaient été pauvres et si les seigneurs féodaux n'avaient pas été en dette envers eux, ils n'auraient pas été brûlés.

Dans Jackson J. Spielvogel, *Western Civilization since 1300*, Minneapolis et St-Paul, West Publishing, 1997, p. 383. (Notre traduction.)

Les trois papes et la crise de confiance

Au début du XVe siècle, un noble français décrit, non sans humour, la situation durant le Grand Schisme.

■ ■ ■

Attendu la division qui existe actuellement dans la Sainte Église, sur le fait des papes (car il y a trois prétendants à la papauté): l'un demeure à Rome, qui se fait appeler Martin V, auquel tous les rois chrétiens obéissent; l'autre demeure [...] au royaume de Valence (Avignon), lequel se fait appeler pape Clément VII; le troisième peu de gens savent où il demeure, sauf le cardinal de Saint-Estienne; il se fait appeler pape Benoît XIV. Le premier, qui se dit pape, Martin, fut élu à Constance par le consentement de toutes les nations de chrétiens; celui qui se fait appeler Clément fut élu... par trois de ses cardinaux; le troisième, qui se nomme Benoît XIV [...] fut élu secrètement [...] par le cardinal de Saint-Estienne. Veuillez supplier Notre Seigneur Jésus-Christ que, par sa miséricorde infinie, il veuille nous déclarer lequel des trois des susdits est le vrai pape, et auquel il plaira qu'on obéisse désormais [...] et auquel nous devons croire.

Dans Jacques Aldebert, *et al.*, *Histoire de l'Europe*, Paris, Hachette, 1997, p. 178.

l'émancipation des paysans, qui profitent du fait qu'ils sont moins nombreux (et donc plus précieux aux yeux des seigneurs) pour tenter de faire diminuer les charges pesant sur eux ou même s'établir comme paysans libres. L'économie marchande s'affirme à côté de l'économie agricole des seigneuries. Les villes se sont développées et des chartes leur assurent des libertés. De nouveaux groupes sociaux y prospèrent – maîtres-artisans, marchands, banquiers – et prétendent à l'ascension sociale. En France et en Angleterre, des monarchies centralisées s'implantent, grugeant l'influence des seigneurs. L'Église même a perdu de son prestige depuis l'échec des croisades et le Grand Schisme d'Occident, et son poids politique est battu en brèche. Un nouvel ordre se dessine.

FIGURE 5.16

Le palais des papes à Avignon

Ce grandiose palais de style gothique fut construit au XIVe siècle, à l'époque du Grand Schisme d'Occident.

Apprentissages

Lire un document figuré

À la figure 5.1 («La société selon l'évêque Adalbéron», p. 119), le document écrit donne la clé de lecture du document figuré : que représente chacun des personnages du document figuré ?

Plus loin dans le chapitre, on assiste à l'émergence d'un nouveau groupe social : les bourgeois. À quel ordre social peut-on supposer qu'ils appartiendront ?

Appliquer un savoir

Le code de Hammourabi (chapitre 2, p. 21) était fondé sur le principe «œil pour œil, dent pour dent». En quoi la *Rousskaïa Pravda* (p. 132) s'éloigne-t-elle de ce principe ?

S'aider d'une carte géographique

a) Le document suivant décrit quelques produits qu'on peut trouver dans le port de Londres au Moyen Âge. La carte 5.4 (p. 145) montre les grandes routes commerciales en Europe à l'époque. D'où proviennent les produits qu'on y mentionne ?

Dans cette ville, les marchands de partout dans le monde viennent apporter leurs produits par mer. Les Arabes envoient de l'or ; les Sabéens [du Yémen actuel], *des épices et de l'encens. Les Scythes* [de Scythie, au nord de la mer Noire] *amènent des armes, et des terres riches et grasses de Babylone vient l'huile de palme. Le Nil envoie des pierres précieuses ; les hommes de Norvège et de Russie, des fourrures et des peaux de zibeline ; la Chine est là avec de la soie pourpre. Les Gaulois viennent avec leurs vins...*

Dans *World History: Echoes of the Past*, Menlo Park, Californie, Addison-Wesley, 1989, p. 42. (Notre traduction.)

b) À la page 129, on trouve une carte du Saint Empire vers 1500 (carte 5.2). Comment le Saint Empire se compare-t-il avec l'Empire de Charlemagne (carte 4.5, p. 110) ?

Comparer, contraster et évaluer

À la page 135, dans les documents intitulés «Le pape, autorité suprême, selon Grégoire VII» et «Le souverain, autorité suprême, selon l'empereur Henri IV», un pape et un empereur expliquent pourquoi ils prétendent chacun à l'autorité suprême. Sur quels facteurs reposerait leur autorité, selon chacun ? Pourquoi leurs points de vue sont-ils inconciliables ?

Interpréter un tableau

Le tableau 5.2 («La population en Europe entre 1000 et 1450», p. 153) montre l'évolution de la population dans quelques pays d'Europe (selon leur configuration actuelle).

a) Comment s'explique le fort accroissement des populations entre 1000 et 1340 ?

b) Dans la section intitulée «La fin d'une époque» (p. 152), il est dit qu'entre un quart et un tiers de la population d'Europe est emportée par la Grande Peste. Les chiffres du tableau confirment-ils cette affirmation ?

Comprendre un document historique

La lettre de change (document intitulé « Une lettre de change du XIVe siècle », p. 146), inventée à la fin du Moyen Âge, servait à transférer des sommes d'argent d'un individu à un autre ou d'une compagnie à une autre. Elle évitait aux marchands de transporter avec eux de fortes sommes d'argent sur les routes peu sûres où pullulaient les brigands.

a) Dans quelle ville s'est produite la transaction qui a donné lieu à la rédaction de cette lettre de change ?

b) Dans quelle ville la lettre de change doit-elle être encaissée ?

c) Combien de temps s'est écoulé entre l'émission de cette lettre et l'encaissement de la somme qui y est mentionnée ?

d) Quelle mention indique que les compagnies Diamante et Aldobianchi degli Alberti et Cie et Francesco Datini et Luca del Sera et compagnie entretiennent des relations commerciales ou financières régulières ?

 Consultez le Compagnon Web pour des questions d'autoévaluation supplémentaires.

CHAPITRE 6

Le renouveau de l'Europe

Dans ce chapitre, nous verrons...

- Comment des conditions socioéconomiques propices ont stimulé le goût du mieux-vivre dans les cités-États d'Italie et le désir de savoir chez les intellectuels d'Europe.
- Comment le développement de nouvelles valeurs et une floraison artistique ont constitué, dans l'histoire de l'Occident, le cœur d'un phénomène capital appelé Renaissance.
- Comment la crise que traverse l'Église catholique à la fin du Moyen Âge et le climat d'intense inquiétude religieuse qui prévaut alors amènent des chrétiens à vouloir réformer le catholicisme.
- Comment le refus de l'Église catholique de se réformer provoque la naissance de nouvelles confessions chrétiennes dans diverses régions d'Europe.
- Comment, malgré l'expansion de la Réforme, l'Église catholique refuse tout compromis doctrinal et utilise le mysticisme et l'art baroque pour toucher les fidèles.

LES PRINCIPAUX CONCEPTS UTILISÉS DANS CE CHAPITRE SONT LES SUIVANTS : **Renaissance, Réforme et Contre-Réforme.**

NOUS VERRONS AUSSI CES AUTRES CONCEPTS : **pouvoir exécutif, mécénat, office, noblesse de robe, géocentrisme, héliocentrisme, épicurisme, stoïcisme, humanisme, paradigme, népotisme, simonie, séparation de l'Église et de l'État, excommunication et sécularisation.**

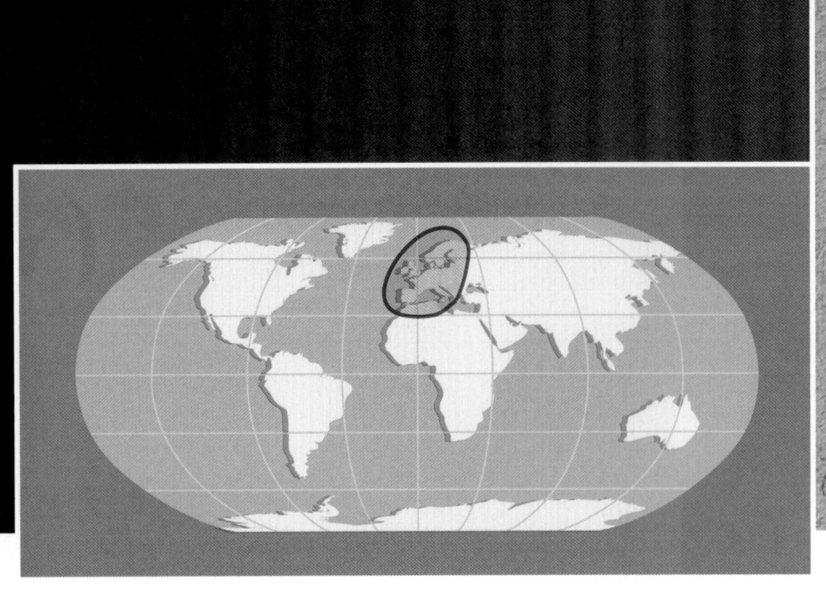

LIGNE du temps

1400 — 1420 — 1440 — 1460 — 1480 — 1500

Renaissance italienne (c.1400 à c.1550)

Florence dirigée par les Médicis (1434 à 1482)

Brunelleschi : les lois de la perspective (c.1415)

Construction du dôme de Florence (1421 à 1434)

Botticelli : *La Naissance de Vénus* (c.1485)

Michel-Ange : *le David* (1504)

Ghiberti : la porte du baptistère de Florence (1425 à 1452)

Raphaël : *L'École d'Athènes* (1510)

Gutenberg révolutionne l'imprimerie (c.1450)

Christophe Colomb découvre Hispaniola (1492)

Prise de Constantinople par les Ottomans (1453)

Jan Hus brûlé vif (1415)

Fin du Grand Schisme d'Occident (1418)

Aux XVe et XVIe siècles, l'Europe occidentale émerge de l'époque médiévale, pendant laquelle l'Église catholique et le régime féodal avaient été les institutions centrales. Elle connaît alors une profonde transformation sur à peu près tous les plans : une puissante vague de fond appelée Renaissance bouleverse la vie culturelle et intellectuelle ; l'empirisme pose les premiers jalons du développement de la science ; et l'apparition de nouvelles confessions chrétiennes dites « protestantes » perturbe le sentiment religieux.

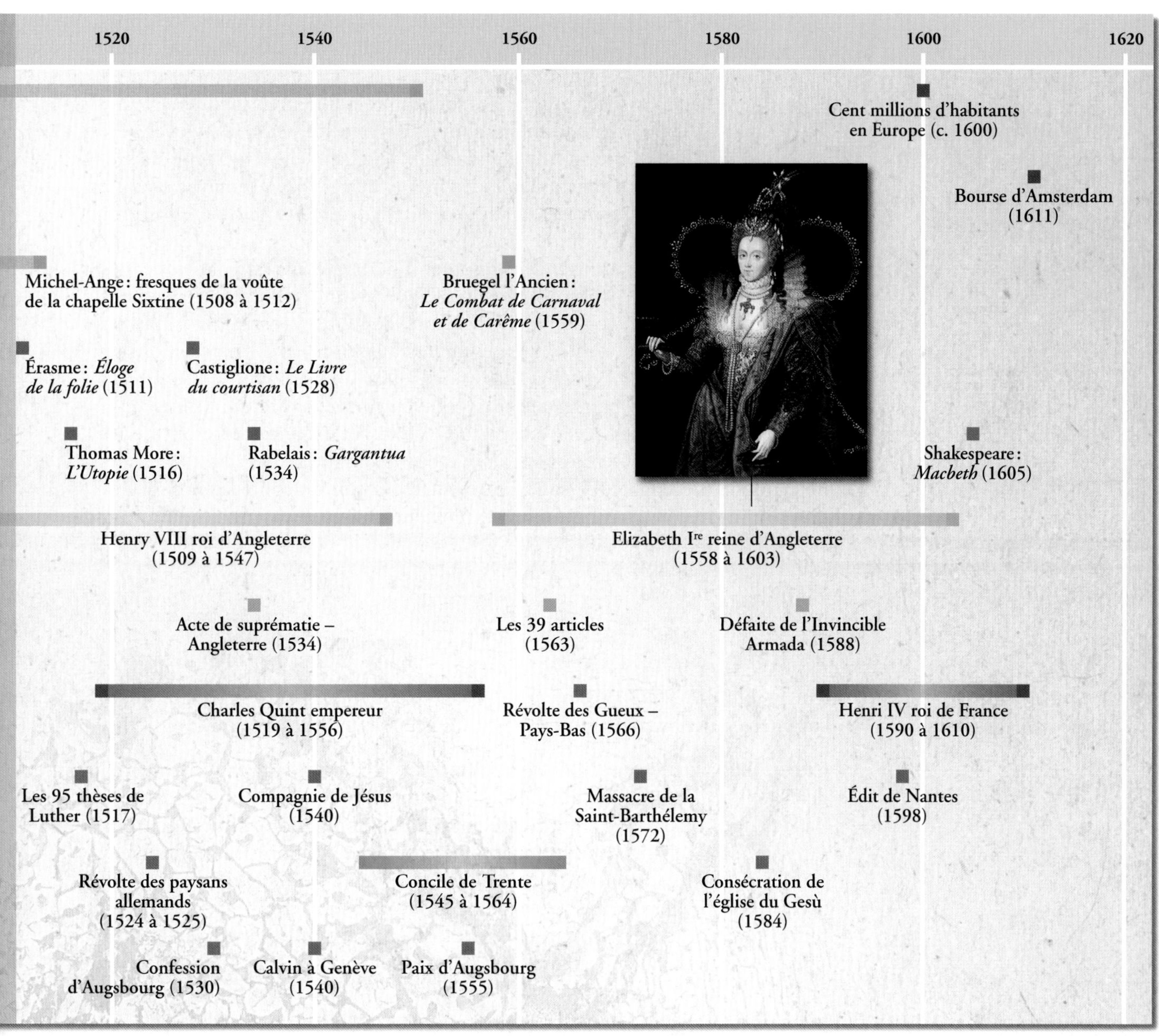

CARTE 6.1

L'Europe de la Renaissance (vers 1490)

questions – cartes

Renaissance Mouvement culturel né en Italie au XVe siècle (*quattrocento*) et reposant sur une réappropriation par les artistes et les intellectuels des valeurs et des canons artistiques de l'Antiquité gréco-romaine, ainsi que sur un rejet global du Moyen Âge.

Un renouveau intellectuel et culturel : la Renaissance

Au XVe siècle en Italie et au XVIe siècle dans le reste de l'Europe (carte 6.1), de nouvelles manières de penser et de créer apparaissent et se développent. Les intellectuels et les artistes de l'époque les opposent à celles de la période précédente, désormais présentée comme un long intermède de noirceur entre des civilisations antiques lumineuses et la « renaissance » qu'ils vivent. Du Moyen Âge, ils rejettent tout : son christianisme, qu'ils dénoncent comme à la fois triomphant et décadent ; sa littérature courtoise et sa peinture naïve ; son enseignement, qu'ils dépeignent comme sclérosé ; et même son architecture, qu'ils qualifient de « gothique ». Leur dédain absolu et virulent pour la période médiévale a longtemps déteint sur notre perception des deux époques : la **Renaissance** apparaissait comme une embellie suivant mille ans de noirceur. Depuis quelques années, toutefois, les historiens ont remis les pendules à l'heure. Jacques Heers, notamment, a montré que cette vision du Moyen Âge était une construction intellectuelle largement biaisée, tandis que l'idée même de Renaissance tenait plus du mythe que de la réalité (*Le Moyen Âge, une imposture*). Comme nous l'avons vu, les moines copistes avaient tenté de préserver l'héritage littéraire antique, les formes artistiques (architecturales notamment) avaient conservé l'empreinte des Grecs et des Romains, et l'idée même de restauration de l'Empire romain n'avait cessé de hanter l'esprit des monarques. Néanmoins, ces héritages avaient été déformés par les apports germaniques et l'influence de l'Église catholique. Les artistes et les intellectuels de la Renaissance tenteront de les restaurer dans leur pureté originelle. Ce qui distingue les XVe et XVIe siècles de l'époque précédente, ce sont, entre autres, la soif de connaissance, la floraison artistique et le désir d'une vie meilleure.

DES CONDITIONS SOCIOÉCONOMIQUES FAVORABLES

Après les crises qui ont ravagé l'Europe aux XIVe et XVe siècles (guerres, famines, épidémies), l'économie redémarre et la croissance de la population reprend. En Italie, dès la seconde moitié du XIVe siècle, les cités du Nord (Venise, Milan, Florence) connaissent une prospérité extraordinaire reposant sur le commerce et les manufactures.

L'ÉCONOMIE REDÉMARRE SUR DE NOUVELLES BASES. Un facteur fondamental de la reprise économique que connaît l'Europe au XVe siècle est la baisse de la demande consécutive à la brutale chute de la population survenue dans la seconde moitié du XIVe siècle ; on estime en effet que l'Europe a perdu environ un tiers de ses habitants pendant cette période. Comme la demande est moins forte, les prix baissent, particulièrement ceux des denrées alimentaires, ce qui permet de se nourrir à moindre coût. Bien que les rendements agricoles demeurent faibles et que la production vise encore pour l'essentiel à satisfaire les besoins familiaux et locaux, on voit apparaître dans certaines régions des cultures commerciales comme celles de la vigne, de l'olivier, de l'oranger et des plantes textiles (lin et chanvre). Au XVIe siècle, on commence à cultiver des plantes originaires des Amériques, notamment le maïs et la tomate.

D'autres facteurs concourent également à la reprise de la production manufacturière et du commerce; il s'agit notamment des innovations techniques, telles que le ressort à spirale, le rouet à ailettes et le haut fourneau, ainsi que de l'afflux d'or et d'argent provenant des Amériques après les colonisations espagnole et portugaise (voir le chapitre 7). En outre, on assiste à une transformation des mentalités: l'émergence de l'esprit d'entreprise, la valorisation de l'individu et de ses capacités et l'élargissement des horizons supplantent le repli sur soi et le sentiment d'impuissance devant la mort qui marquaient la période précédente.

L'Europe étant davantage épargnée par les épidémies, sa population se remet à croître: on estime qu'elle atteint environ 100 millions d'habitants vers l'an 1600; la France, l'Italie et la portion germanophone du Saint Empire comptent autour de 15 millions d'habitants chacune.

L'insécurité alimentaire

Malgré les progrès de l'agriculture, les rendements demeurent faibles pendant plusieurs siècles encore. Il faut attendre la révolution agricole des XVIIIe et XIXe siècles, et plus encore la mécanisation et l'utilisation d'engrais chimiques au XXe siècle, pour que les pays occidentaux atteignent la sécurité alimentaire dont ils jouissent actuellement.

De nouvelles techniques commerciales et financières favorisent le progrès. Dès les XIIe et XIIIe siècles, comme nous l'avons vu au chapitre 5, s'était développé dans toute l'Europe un grand commerce qui avait bénéficié de nouvelles pratiques et de nouveaux moyens comme la création de compagnies et de banques, l'invention de la lettre de change et la frappe de monnaies fiables (ducat vénitien, florin florentin, thaler germanique).

Au XIVe siècle, le capitalisme commercial et bancaire continue de progresser, malgré le ralentissement dû aux guerres, aux famines et aux épidémies. La comptabilité en partie double (une colonne pour le débit et une autre pour le crédit) se répand et les associations commerciales se raffinent. En outre, les opérations commerciales sont désormais couvertes par des assurances souscrites auprès de banquiers qui répartissent le risque entre eux.

Les marchands et les banquiers de cette époque inventent littéralement le capitalisme. Ils savent faire preuve d'audace et possèdent un savoir-faire remarquable. Ils disposent de guides pratiques contenant les équivalences des poids et mesures, les prix et les qualités des divers produits et les distances entre les villes. Ils créent même des écoles de commerce international où on dispense à leurs enfants un enseignement concret et ouvert sur le monde, avant de les envoyer dans les banques et les boutiques de leurs correspondants étrangers où ils effectuent des stages d'apprentissage.

Un peu partout à travers l'Europe se développent des pôles commerciaux et manufacturiers: dans les régions germanophones, dans les Flandres, en Angleterre, sur le pourtour de la mer Baltique, mais d'abord et surtout en Italie.

Les cités italiennes connaissent prospérité et richesse. S'étant émancipées de l'autorité du Saint Empire romain germanique à partir du XIIe siècle, les cités du nord de la péninsule italienne tirent profit des croisades et deviennent la plaque tournante du commerce méditerranéen aux XIIIe et XIVe siècles (carte 6.1). De lucratives activités manufacturières et bancaires s'y développent. Venise, qui fait la loi dans la mer Adriatique et domine le commerce du poivre, fabrique aussi du verre et du cristal. Milan, qui régit la région la plus peuplée et la plus riche de la péninsule, produit des textiles et des armes. Florence, qui constitue alors le plus important centre bancaire européen, manufacture des produits de laine et de soie.

Ces cités, où s'affaire une riche bourgeoisie commerciale, manufacturière et bancaire (le *popolo grasso*), exercent leur autorité sur les régions environnantes et dominent même d'autres cités moins puissantes. Elles sont dirigées

pouvoir exécutif Branche du pouvoir chargée de l'exécution des lois, de leur mise en application ; dans les démocraties parlementaires, le pouvoir exécutif est exercé par le conseil des ministres.

soit par une oligarchie de notables (c'est le cas de Venise, où le doge est nommé par le Grand Conseil, qui fait office de **pouvoir exécutif**), soit par un gouvernant héréditaire qui est le plus souvent le chef d'une famille riche : à Milan, les Visconti puis les Sforza ; à Florence, les Médicis ; à Ferrare, les d'Este. Ces dirigeants, qu'on pourrait comparer aux tyrans de la Grèce archaïque, ont souvent accaparé le pouvoir dans la cité après avoir pris la tête de ses troupes contre une menace extérieure ou avoir maté une rébellion du petit peuple (le *popolo minuto*).

mécénat Pratique consistant à soutenir le développement des arts et de la culture en aidant les artistes et les institutions culturelles.

émulation Attitude d'une personne qui cherche à égaler ou à surpasser les autres.

Des mécènes soutiennent les arts. Dans ces riches cités se développe aux XIVe et XVe siècles une tradition de **mécénat** qui permettra une formidable explosion artistique, l'une des caractéristiques centrales de la Renaissance. À Venise, l'administration municipale proclame la grandeur de la cité en dépensant des fortunes pour construire des palais – comme le fameux palais des Doges – et pour les décorer par la statuaire comme par la peinture, tandis que les grandes familles se font construire de somptueuses villas. À Florence, les autorités municipales, les corporations et les familles riches comme les Médicis commandent aux artistes des œuvres qui embellissent la ville. À Rome, enfin, ce sont les papes qui profitent des services des architectes, des peintres et des sculpteurs. Par une sorte d'**émulation**, les cités cherchent à attirer chez elles les meilleurs artistes.

FIGURE 6.1

Le palais des Doges

Une des merveilles architecturales de Venise, construite au XIIe siècle et remaniée au XVe.

LE GOÛT DU MIEUX-VIVRE

L'émergence de la bourgeoisie commerciale et manufacturière est associée à une nouvelle vision du monde : les marchands et les banquiers ne craignent plus désormais d'afficher leur richesse et prennent goût à la *dolce vita*.

thésaurisation Fait d'amasser de l'argent ou des valeurs sans les faire circuler ni les investir.

La richesse prend de nouvelles formes. Avec le développement de l'activité manufacturière et bancaire et du grand négoce, d'immenses fortunes s'édifient un peu partout en Europe : celles des Fugger en Allemagne, des Médicis à Florence et de Jacques Cœur en France, par exemple. L'ère de la **thésaurisation** semble révolue : le marchand de l'époque estime que l'argent doit circuler, être réinvesti dans des manufactures, des mines, des entreprises commerciales et même dans la politique. Ainsi, la maison Fugger consent un prêt de plus de 540 000 florins pour l'élection de Charles de Habsbourg au trône du Saint Empire (argent bien investi, qui apportera par la suite de nouvelles affaires aux Fugger).

Le goût des plaisirs terrestres se développe. Ébranlée par l'effroyable mortalité des siècles précédents, ce dont témoignaient le goût populaire pour les danses macabres et la tendance à renoncer au plaisir et au bonheur parce que la douleur et la peine y sont liées (principe issu du stoïcisme), la bourgeoisie de la Renaissance choisit de profiter de la vie plutôt que d'attendre les béatitudes célestes.

La grande bourgeoisie, particulièrement en Italie, se fait construire des palais urbains, dans un style nouveau qui se caractérise par des façades austères cachant les splendeurs des jardins intérieurs et des pièces richement décorées,

FIGURE 6.2

Une villa cossue de la Renaissance

Les influences des architectures hellénique et romaine sont manifestes dans la conception de la villa La Rotonda, située à Vicence en Italie : colonnade ionique et fronton triangulaire à la grecque ; arches et coupole à la romaine ; statuaire.

et des villas campagnardes conçues pour la détente et le plaisir. Elle investit dans le confort domestique ainsi que dans la décoration, faisant appel aux services des artistes peintres et sculpteurs. Le souci de se démarquer, de s'individualiser, de montrer leur nouvelle importance amène aussi les bourgeois à commander aux peintres des portraits d'eux-mêmes, seuls ou avec les membres de leur famille.

LES VALEURS MÉDIÉVALES SUBSISTENT NÉANMOINS. L'appétit pour les nourritures terrestres n'empêche toutefois pas le bourgeois moyen, particulièrement dans le nord de l'Europe, d'épargner et de mener ses affaires avec prudence et sagesse. De même, comme le montrent certains comportements, les valeurs religieuses, médiévales et aristocratiques restent ancrées dans les mentalités. Ainsi, nombre de bourgeois achètent des terres et des seigneuries dans l'espoir d'acquérir le titre de noblesse qui y est rattaché, tandis que les rois leur vendent des **offices** qui leur permettent d'accéder à la **noblesse de robe**.

office Fonction permanente dont le titulaire, qui possède sa charge, a des devoirs déterminés par les coutumes et les ordonnances du souverain ; souvent obtenu du souverain moyennant paiement.

noblesse de robe Noblesse conférée par la possession de certains offices, contrairement à la véritable noblesse, conférée par le sang.

LE DÉSIR DE SAVOIR

Les progrès de l'économie et l'essor de la bourgeoisie s'accompagnent du sentiment, partagé par les habitants des villes et relayé par les artistes et les intellectuels, de vivre un renouveau, de « renaître ». Paradoxalement, c'est dans le passé, c'est-à-dire dans l'héritage gréco-romain, qu'on cherche la nouveauté. Grâce à l'imprimerie, les intellectuels de la Renaissance conçoivent une nouvelle vision de l'homme et la diffusent. Ils établissent également les bases d'une éducation visant à enraciner cette vision chez les jeunes générations.

LE POUVOIR DE L'HORLOGE

La multiplication, à partir du XVe siècle, des horloges mécaniques, qui découpent imperturbablement le temps en heures, atteste de la prise de possession de celui-ci par la nouvelle bourgeoisie. La mesure médiévale du temps, par les cloches des églises et l'alternance des saisons, est ainsi contestée.

LES CITÉS ITALIENNES REDÉCOUVRENT L'HÉRITAGE DES GRECS ET DES ROMAINS. Situées au milieu de la Méditerranée, en plein cœur des routes terrestres et maritimes, les cités italiennes profitent de la redécouverte des héritages grec et romain. Dès le XIIIe siècle, les Occidentaux s'en réapproprient une partie grâce aux croisades et à la *Reconquista* espagnole. En effet, ils entrent alors en contact avec la civilisation arabe, qui en avait préservé et enrichi certaines dimensions. De plus, la prise de Constantinople par les Ottomans en 1453 provoque la fuite d'un grand nombre de clercs byzantins vers l'Italie. Ceux-ci emportent avec eux d'autres documents qu'on croyait perdus à jamais.

La redécouverte de ces richesses permet aux intellectuels occidentaux de se détacher des valeurs médiévales. Le **géocentrisme**, lié à la conception chrétienne médiévale de la Création, est peu à peu remplacé par l'**héliocentrisme**. La vision de la vie sur terre comme un simple et douloureux passage vers la vie éternelle fait place à des conceptions païennes comme la beauté et l'amour de la vie. Enfin, l'**épicurisme** supplante le **stoïcisme**. Les intellectuels et les

géocentrisme Ancienne croyance selon laquelle la Terre était au centre de l'univers.

héliocentrisme Théorie qui place le Soleil au centre de notre système solaire.

épicurisme Philosophie, créée en Grèce à l'époque hellénistique, qui propose une explication matérialiste de l'univers, refuse toute transcendance et suggère de tirer pleinement profit de la vie sur Terre (*carpe diem*).

stoïcisme Philosophie, créée en Grèce à l'époque hellénistique, qui prône la maîtrise de soi et l'acceptation de l'imperfection du monde et des malheurs terrestres ; cette vision du monde a grandement influencé le christianisme médiéval.

Noblesse de robe et noblesse de sang

La **noblesse de robe** était conférée par la possession d'un **office**, fonction permanente dont le titulaire avait des devoirs déterminés par les coutumes et les ordonnances du souverain, qui souvent la lui avait attribuée moyennant paiement. La véritable noblesse, elle, venait de la lignée, du sang.

La fugacité de la vie selon un poète du XVIe siècle

Poète français, Pierre de Ronsard faisait partie d'un cercle de jeunes poètes connu sous le nom de La Pléiade. Il écrivit toute son œuvre en français (et non en latin), conformément aux exhortations de son ami Joachim du Bellay dans sa *Défense et illustration de la langue française*. Influencé par les poètes romains Horace et Pindare, il dédia plusieurs de ses poèmes à sa première muse, la Florentine Cassandre Salviati, à qui il suggère ici de profiter des plaisirs de la vie pendant qu'il en est temps. À quelle école philosophique de la Grèce antique pourrait-on rattacher ce poème ? En quoi ce thème témoigne-t-il des idées de la Renaissance ?

■ ■ ■

Mignonne, allons voir si la rose
Qui ce matin avait éclose
Sa robe de pourpre au soleil
*A point perdu cette vesprée**
Les plis de sa robe pourprée,
Et son teint au vôtre pareil.
Las ! voyez comme en peu d'espace,
Mignonne, elle a dessus la place,
Las ! las ! ses beautés laissé choir !
Ô vraiment marâtre Nature,
Puisqu'une telle fleur ne dure
Que du matin jusques au soir.
Donc, si vous me croyez, mignonne,
Tandis que votre âge fleuronne
En sa plus verte nouveauté,
Cueillez, cueillez votre jeunesse :
Comme à cette fleur, la vieillesse
Fera ternir votre beauté.

* Vesprée : soirée.

Pierre de Ronsard, « Ode à Cassandre », *Les Amours*.

FIGURE 6.3

Un couple de bourgeois du XVe siècle : *Les Époux Arnolfini*

Ce tableau du peintre flamand Jan van Eyck représente un riche marchand italien de Bruges qui échange des vœux avec son épouse. Celui-ci a demandé à son ami peintre d'immortaliser l'événement et de l'ériger en témoignage des valeurs de l'époque : la chandelle illustre la présence du Christ tandis que le petit chien symbolise la fidélité. Le peintre s'est représenté lui-même en train de peindre dans le miroir qui se trouve sur le mur du fond et a inscrit au-dessus Johannes de Eyck fuit hic *(Jan van Eyck était présent) : ce « clin d'œil » illustre la naissance de l'individualisme et de l'artiste, caractéristique de la Renaissance.*

artistes considèrent l'Antiquité comme la véritable source de la civilisation : ils renouent consciemment avec ses productions et prennent les Grecs et les Romains comme modèles. Les poètes italiens Pétrarque et Boccace posent les premiers jalons de ce changement en rattachant leur culture à l'Antiquité classique et en consacrant leurs œuvres à la condition humaine.

Les livres sont rares, malgré la demande. Cette redécouverte de l'héritage antique est facilitée par des fouilles archéologiques qui exhument plusieurs vestiges de la Rome antique, ainsi que par l'invention de l'imprimerie, qui révolutionne le rapport de l'homme au livre.

Au XVe siècle, en effet, le besoin de documents écrits se fait vivement sentir en Occident : la crise de l'Église (Grand Schisme d'Occident) pousse certains à chercher la vérité dans les Saintes Écritures ; les commerçants ont besoin de livres de géographie, de manuels de comptabilité, d'ouvrages techniques ; les clercs réclament les textes des auteurs grecs et latins, auxquels l'accès est difficile. On se souvient qu'au Moyen Âge la production des livres était l'affaire des moines copistes qui transcrivaient à la main les livres contenus dans la bibliothèque de leur monastère et les **enluminaient**. Cette méthode, bien qu'elle ait permis de préserver plusieurs documents anciens, présentait le

enluminer Orner un manuscrit de lettres peintes ou d'illustrations.

FIGURE 6.4

L'École d'Athènes

Cette fresque du peintre italien Raffaello Sanzio, dit Raphaël, fait partie de la décoration des chambres du Vatican commandée par le pape Jules II. Réalisée en 1510, elle représente, dans un décor typique de la Renaissance, les plus grands savants et philosophes de la Grèce antique ainsi que quelques autres personnes, dont le peintre lui-même. On remarque en plein centre Platon et Aristote, qui marchent en direction du spectateur.

défaut d'être lente, en plus d'introduire dans les ouvrages des erreurs de transcription. Les livres sont donc rares, extrêmement coûteux et souvent parsemés d'erreurs.

L'imprimerie existe, mais ses procédés sont archaïques. Le papier, inventé en Chine au IIe siècle, est apparu en Occident dix siècles plus tard grâce à la multiplication des moulins à eau (qui broient le chanvre et le lin nécessaires à sa fabrication). Au début du XVe siècle, on utilise une technique d'impression appelée xylographie. Elle consiste à graver (à l'envers!) le texte et les illustrations sur une plaque de bois qui est ensuite enduite d'encre pour l'impression. Une telle méthode permet bien sûr de réimprimer le même texte à plusieurs exemplaires, mais, outre l'usure rapide du bois, ses limites sont évidentes.

Gutenberg révolutionne l'imprimerie. On attribue à l'Allemand Johannes Gensfleisch, dit Gutenberg (1400-1468), le mérite d'avoir développé l'imprimerie en Europe. Il reprend l'idée, née en Corée, des caractères mobiles qu'il suffit de placer dans un cadre puis d'enduire d'encre; on peut ainsi réutiliser les caractères et les combiner à volonté. Constatant que les caractères de bois s'usent trop vite, il pensera plus tard à les fabriquer en métal. Il invente aussi la presse à imprimer, inspirée des pressoirs des vignerons. Puis il élabore une nouvelle encre qui permet d'imprimer sur les deux côtés de la feuille. À l'aide de ces techniques, il imprime divers ouvrages, dont une Bible. Son procédé se répand rapidement à travers l'Europe : moins de 25 ans après son perfectionnement, on compte une centaine d'imprimeries, et on estime que plus de 300 millions de livres ont été imprimés avant 1600.

La Bible, best-seller

La Bible demeure à ce jour l'ouvrage le plus souvent imprimé de l'histoire. De la première édition, réalisée entre 1452 et 1456 par Gutenberg, il reste aujourd'hui 48 exemplaires dans le monde.

L'imprimerie transforme le rapport au savoir. L'imprimerie moderne – basée sur des techniques qui seront utilisées jusqu'à la fin du XXe siècle – est née. Elle permet bien sûr une diffusion à la fois plus rapide et plus « démocratique » des livres et des idées. On peut désormais lire et étudier des documents qui étaient jusque-là pratiquement inaccessibles. Grâce à ce progrès, on peut comparer les diverses versions ou traductions d'une même œuvre, ce qui permet aux intellectuels d'adopter une toute nouvelle attitude critique : la **philologie** devient une science et une passion, à laquelle on se livre avec frénésie sur les textes de toute nature, y compris la Bible. En plus de mettre à la portée de tous les textes des classiques grecs et romains, l'invention de l'imprimerie favorise, à partir du XVIe siècle surtout, la diffusion des langues **vernaculaires** en permettant la publication des premières grandes œuvres dans les langues nationales : en France celle de Rabelais, en Angleterre celle de Shakespeare, en Italie celle de Dante et en Espagne celle de Cervantes.

philologie Étude minutieuse et formelle des textes des manuscrits en leurs différentes versions, s'attachant à restituer leur signification originelle et à débusquer les erreurs de transmission, de copie ou de traduction.

vernaculaire Propre à un pays et à ses habitants.

Les lunettes révolutionnent la vie intellectuelle

Une des explications de la révolution intellectuelle qui se produit à la Renaissance réside peut-être tout simplement dans l'amélioration des conditions dans lesquelles travaillent les intellectuels de l'époque. En effet, les lunettes à verres convexes pour presbytes et hypermétropes sont apparues à la fin du XIIIe siècle (on ne connaît pas avec certitude le nom de leur inventeur). Bien que les premiers modèles aient été lourds, encombrants et peu précis – les merciers ambulants et les bimbelotiers-miroitiers, qui vendent les lunettes, procèdent avec leurs clients par essais et erreurs –, on conçoit sans peine qu'elles aient rendu la lecture plus facile aux gens de 40 ans et plus, dont la vue à courte distance baisse inexorablement ! Par ailleurs, les conditions du travail intellectuel ont également été améliorées par la diffusion de la chandelle de graisse et de la bougie de cire, qui produisent peu de fumée lorsqu'on utilise des mouchettes, ciseaux servant à « moucher » les chandelles, c'est-à-dire à couper la partie de la mèche qui est carbonisée.

L'homme devient la « mesure de toute chose ». Ces transformations amènent la naissance d'une nouvelle conception de l'homme et de la vie. Selon les termes du philosophe grec Protagoras, l'homme devient la « mesure de toute chose ». Il n'est plus un simple pèlerin en transition sur terre vers l'au-delà, une créature destinée à la douleur et au malheur, un pécheur en attente de rédemption. Le sentiment religieux passe désormais par la glorification de l'humain et de la nature : Dieu n'est plus seulement le Juge, il est aussi le Créateur qu'on glorifie en célébrant ses plus belles réussites. L'**humanisme** devient le nouveau credo de l'Occident.

humanisme Mouvement intellectuel de la Renaissance, caractérisé par une volonté de situer l'homme au centre de la Création et par un effort pour relever la dignité de l'esprit humain et mettre en valeur ses réalisations.

Dans la perspective des intellectuels de la Renaissance, l'humain est le centre du monde : il est présenté comme la première créature de l'univers, au sein duquel il a la primauté sans toutefois le dominer. Ainsi, on ne considère pas qu'il maîtrise la nature, mais plutôt qu'il est en communion avec elle. Les « humanistes », comme on appelle ces intellectuels (*humanus* signifie « cultivé »), insistent sur la dignité de l'humain et sur son nécessaire épanouissement. Ils définissent des valeurs et des principes qu'ils prétendent universels : amour de la beauté, culte des vertus et valorisation de l'intelligence et de la raison. Au centre de la création, l'humain doit en comprendre le comment et le pourquoi.

Cette confiance dans la raison autorise le libre examen de la nature humaine et même de la religion.

Naturellement optimistes, les humanistes croient à la possibilité d'améliorer à la fois l'humain et le monde dans lequel il vit. Affirmant que la vie humaine est sacrée, ils mettent de l'avant l'amour et le respect de la vie, la tolérance et la paix entre les nations. Désireux de créer un monde meilleur, ils combattent les préjugés, les dogmes, les idées reçues. Soucieux de glorifier l'humain, ils revendiquent la liberté de création et encouragent la recherche individuelle de la renommée intellectuelle ou artistique. De là naîtra la notion contemporaine de l'artiste. L'humaniste ne vit pas en dehors du monde mais au cœur de celui-ci et se veut engagé dans sa transformation. Ainsi, Didier Érasme critique-t-il les clercs et l'Église dans l'*Éloge de la folie*, tandis que Thomas More propose une société idéale dans *L'Utopie* (voir l'encadré « Le bonheur du genre humain passe par l'abolition de la propriété »).

La « lecture des yeux » et l'humanisme

À partir du XVe siècle, l'usage se répand de lire son livre pour soi, en silence, au lieu qu'une personne fasse la lecture à haute voix pour des auditeurs comme on le faisait au Moyen Âge. Ce qui amène un changement de la relation du lecteur au texte, qui peut se l'approprier en le relisant, en le commentant, etc., et contribue à une mutation des mentalités qui annonce l'humanisme : désormais, ce n'est plus l'autre (le clerc, l'Église) qui interprète le texte, mais le lecteur lui-même.

Le bonheur du genre humain passe par l'abolition de la propriété

Dans un roman écrit en 1516 (*L'Utopie*), Thomas More, homme politique et humaniste anglais qui sera exécuté pour avoir désapprouvé le divorce d'Henry VIII, critique la propriété privée et le régime monarchique et décrit l'organisation de l'île d'Utopie (« nulle part » en grec), où règne un communisme idéal. Dans l'extrait qui suit, l'auteur condamne la propriété privée et critique les groupes sociaux et les individus qui ne participent pas directement à la production. Bien que ce texte ait une résonance étrangement contemporaine sous certains aspects, peut-on y découvrir des affirmations que nul n'oserait faire aujourd'hui ? Dans la première ligne de cet extrait, More fait référence à Platon. Quel ouvrage de Platon peut être rapproché de *L'Utopie* ?

■ ■ ■

En effet, [Platon] *avait fort bien vu d'avance qu'un seul et unique chemin conduit au salut public, à savoir l'égale répartition des ressources. Et comment la trouver réalisée là où les biens appartiennent aux particuliers ? Lorsque chacun exige un maximum pour soi, quelque titre qu'il allègue, si abondantes que soient les ressources, une minorité saura les accaparer et laissera l'indigence au plus grand nombre. À quoi s'ajoute que le sort donne souvent à chacun ce qu'il a le moins mérité : bien des riches sont des gens rapaces, malhonnêtes, inutiles à l'État ; bien des pauvres sont des gens modestes et simples, dont le travail incessant profite à l'État plus qu'à eux-mêmes. Je suis donc convaincu que les ressources ne peuvent être réparties également et justement, que les affaires des hommes ne peuvent être heureusement gérées que si l'on supprime la propriété privée. Aussi longtemps qu'elle subsistera, la partie la plus nombreuse et la meilleure de l'humanité portera un lourd et inévitable fardeau de misère et de soucis. [...] Vous me comprendrez aisément si vous voulez bien penser à l'importante fraction de la population qui reste inactive chez les autres peuples : la presque totalité des femmes d'abord, la moitié de l'humanité ; ou bien, là où les femmes travaillent, ce sont les hommes qui ronflent à leur place. Ajoutez à cela la troupe de prêtres et de ceux qu'on appelle les religieux, combien nombreuse et combien oisive ! Ajoutez-y tous les riches, et surtout les propriétaires terriens, ceux qu'on appelle les nobles. Ajoutez-y leur valetaille, cette lie de faquins en armes ; et les mendiants robustes et bien portants qui inventent une infirmité pour couvrir leur paresse. Et vous trouverez bien moins nombreux que vous ne l'aviez cru ceux dont le travail procure ce dont les hommes ont besoin.*

Thomas More, *L'Utopie* (*De optimo reipublicae statu deque nova insula Utopia*), Paris, La Renaissance du Livre, p. 52-53, 69-70.

Les humanistes mettent l'accent sur l'éducation. Pour les humanistes, l'outil le plus important dans la création d'un monde parfait est l'éducation, qui permettra d'atteindre cet objectif en formant de meilleurs citoyens.

L'idéal éducatif des humanistes de la Renaissance repose sur une formation qu'ils désirent universelle. L'étudiant doit d'abord apprendre non pas une, mais plusieurs langues étrangères, y compris des langues « mortes » comme le grec, le latin et l'hébreu, pour être en mesure à la fois de communiquer avec ses camarades et de lire les chefs-d'œuvre du passé « dans le texte ». Il doit naturellement maîtriser sa langue maternelle parfaitement, en ce qui concerne tant sa structure (la grammaire) que son utilisation (la rhétorique, les styles littéraires et la poésie). Il doit posséder toutes les connaissances accumulées par les sciences humaines (histoire et géographie) et naturelles (zoologie, botanique et astronomie). Il doit s'initier aux sciences comme les mathématiques, le droit et la médecine. Enfin, il doit aussi développer ses aptitudes physiques par le sport et le maniement des armes.

Cet ambitieux programme donne naissance à la notion de l'« honnête homme », qui deviendra l'idéal de l'Europe cultivée et éduquée du XVIe au XVIIIe siècle. Indépendant de fortune, brave, féru de bonnes manières, amateur d'art et de littérature, puits de science, l'« honnête homme » personnifie les idéaux pédagogiques de la Renaissance. Certains ont vu en Léonard de Vinci, peintre, sculpteur, musicien, architecte, ingénieur, scientifique, anatomiste, botaniste et opticien, une des incarnations de cet idéal.

Humanisme et éducation au Québec

L'idéal éducatif de la Renaissance a influencé la pédagogie occidentale jusqu'au milieu du XXe siècle, comme en fait foi le programme du cours classique, en vigueur au Québec jusqu'à la fin des années 1960.

Ce qu'un jeune homme du XVIe siècle doit apprendre

Dans une série de romans d'apparence bouffonne et satirique (*Gargantua, Pantagruel, Le tiers livre, Le quart livre*), François Rabelais révèle les grandes lignes de l'humanisme et de son idéal pédagogique. Selon son père, quelles matières le jeune Pantagruel doit-il étudier ? Laquelle doit-il laisser de côté, et pour quelles raisons ? Pourquoi Gargantua suggère-t-il à son fils de lire l'Ancien Testament en hébreu et le Nouveau Testament en grec ?

■ ■ ■

C'est pourquoi, mon fils, je t'engage à employer ta jeunesse à bien progresser en savoir et en vertu. [...]

J'entends et veux que tu apprennes les langues parfaitement. Premièrement le grec, comme le veut Quintilien ; deuxièmement, le latin ; puis l'hébreu pour l'Écriture sainte ; le chaldéen et l'arabe pour la même raison ; que tu formes ton style sur celui de Platon pour le grec, sur celui de Cicéron pour le latin. Qu'il n'y ait pas d'étude scientifique que tu ne gardes présente en ta mémoire et pour cela tu t'aideras de l'Encyclopédie universelle des auteurs qui s'en sont occupés.*

Des arts libéraux : géométrie, arithmétique et musique, je t'en ai donné le goût quand tu étais encore jeune, à cinq ou six ans ; continue ; de l'astronomie apprends toutes les règles ; mais laisse-moi l'astrologie comme autant d'abus et de futilités.

Du droit civil, je veux que tu saches par cœur les beaux textes et que tu les mettes en parallèle avec la philosophie.

Et quant à la connaissance de la nature, je veux que tu t'y donnes avec soin ; qu'il n'y ait mer, rivière, ni source, dont tu ignores les poissons ; tous les oiseaux du ciel, tous les arbres, les arbustes et les buissons des forêts, toutes les herbes de la terre, tous les métaux cachés au ventre des abîmes, les pierreries de tous les pays de l'Orient et du Midi, que rien ne te soit inconnu.*

Puis relis soigneusement les livres des médecins grecs, arabes et latins, sans mépriser les Talmudistes et les Cabalistes*, et, par de fréquentes dissections acquiers une connaissance parfaite de l'autre monde qu'est l'homme. Et quelques heures par jour commence à lire l'Écriture sainte : d'abord le Nouveau Testament et les Épîtres des apôtres, écrits en grec, puis l'Ancien Testament, écrit en hébreu.*

En somme, que je voie en toi un abîme de science car, maintenant que tu deviens homme et te fais grand, il te faudra quitter la tranquillité et le repos de l'étude pour apprendre la chevalerie et les armes afin de défendre ma maison, et de secourir nos amis dans toutes les difficultés causées par les assauts des malfaiteurs.

Ton père, Gargantua.

* Quintilien : rhéteur romain du Ier siècle apr. J.-C.
Midi : le Sud.
Talmudiste : spécialiste des œuvres des grands rabbins, conservées dans le Talmud.
Cabaliste : théologien donnant une interprétation mystique et allégorique de l'Ancien Testament.

François Rabelais, « Comment Pantagruel, à Paris, reçut de son père Gargantua une lettre dont voici la copie », *Pantagruel*, chapitre 8, *in Œuvres complètes*, Paris, Éditions du Seuil, 1973.

LA FLORAISON DES ARTS

Aux XIVe et XVe siècles, les arts plastiques s'épanouissent dans les cités italiennes, et par la suite dans le reste de l'Europe. S'inspirant des créateurs de l'Antiquité, les artistes de la Renaissance créent de nouveaux styles en architecture, définissent les règles de la perspective en peinture et donnent à leurs œuvres le sens des proportions typique des Grecs en sculpture.

DES CONDITIONS FAVORABLES PERMETTENT UNE EXPLOSION ARTISTIQUE. La richesse dont profitent les cités européennes grâce au commerce et aux manufactures donne naissance à une classe bourgeoise qui commande aux artistes des œuvres d'art soit pour elle-même, soit pour embellir les lieux publics. En Italie, les dirigeants des cités-États, en compétition les unes avec les autres, cherchent à légitimer leur pouvoir en investissant massivement dans les arts et les lettres. De plus, le processus de création bénéficie, particulièrement au XVe siècle, d'un climat de tolérance exceptionnel auquel l'Église catholique elle-même contribue. Les papes, en particulier Jules II et Léon X, se transforment en mécènes moins soucieux d'orthodoxie religieuse que de splendeur et de beauté. Le créateur, qui était au Moyen Âge homme de métier et de corporation, devient à partir de la Renaissance un artiste, un homme d'idées. L'histoire de l'art se transforme alors en une histoire des artistes et de leurs créations: qui ne connaît Michel-Ange, Raphaël ou Léonard de Vinci, alors que nombre de bâtisseurs de cathédrales restent dans l'anonymat?

LES ARCHITECTES S'INSPIRENT DE L'ANTIQUITÉ. Les architectes de la Renaissance s'inspirent des monuments de la Rome et de la Grèce antiques pour formuler de nouvelles règles qui doivent permettre une utilisation rationnelle de l'espace. Ils recourent volontiers aux modèles de leurs inspirateurs: voûte et dôme romains, colonnes et fronton triangulaire grecs (figure 6.2). En règle générale, les édifices de la Renaissance sont plutôt bas (au contraire des cathédrales «gothiques») et témoignent d'une recherche de l'équilibre, de l'harmonie et de la symétrie qu'on retrouvera deux siècles plus tard dans le classicisme. Les recherches de Filippo Brunelleschi sur la perspective et la coupole romaine lui permettent d'édifier le premier chef-d'œuvre architectural de la Renaissance italienne, la cathédrale de Florence (figure 6.5).

FIGURE 6.5

La cathédrale de Florence et son fameux «dôme», œuvre de l'architecte Brunelleschi.

Ce dôme ogival de 41 mètres de diamètre, dont le poids est estimé à 29 000 tonnes, émerveille les contemporains aussi bien par sa beauté que parce qu'il ne comporte ni contreforts ni arcs-boutants pour le soutenir.

naturalisme En art, représentation réaliste de la nature.

LES SCULPTEURS S'IMPRÈGNENT DE NATURALISME. L'intérêt pour l'humain constitue le fil conducteur des sculpteurs de la Renaissance, dont les œuvres, imprégnées de **naturalisme**, cherchent à reproduire les formes du corps et à exprimer la personnalité du sujet (figure 6.6). La recherche du pathétique dans la représentation, typique des productions médiévales, est complétée par l'expression de valeurs comme le courage, la force ou la compassion et de sentiments comme la colère ou la pitié. Un certain souci de géométrie amène la production d'œuvres claires et proportionnées, tandis qu'une connaissance stupéfiante de l'anatomie humaine autorise toutes les nuances. La rupture avec le Moyen Âge s'exprime par la production de statues équestres, négligées depuis les Romains, le perfectionnement du bas-relief (figure 6.7) et l'autonomie de la statuaire par rapport à l'architecture.

LES PEINTRES CRÉENT LA PERSPECTIVE. Au contraire des architectes et des sculpteurs, les peintres de la Renaissance ne disposent pas d'œuvres de l'Antiquité

FIGURE 6.6

Le *David* de Michel-Ange, réalisé entre 1501 et 1504

Les sculptures de Michelangelo Buonarroti (Michel-Ange) illustrent de façon grandiose plusieurs tendances de la Renaissance italienne, dont l'idéalisation du corps humain, la recherche de l'harmonie «arithmétique» et la représentation de traits de caractère ou de sentiments comme la force, la colère, la mélancolie ou la douleur (ici, la détermination de David, qui se prépare à affronter Goliath).

FIGURE 6.7

La porte du baptistère de Florence

Réalisée par le sculpteur Lorenzo Ghiberti entre 1425 et 1452, la porte du baptistère de Florence, que Michel-Ange qualifia de «Porte du paradis», est un exemple remarquable de l'utilisation du bas-relief pour faire ressortir la perspective.

dont ils pourraient s'inspirer. Ils profitent par contre des recherches effectuées dans les autres disciplines (les artistes de cette époque sont d'ailleurs souvent polyvalents), notamment celles qui concernent la perspective. Établis par Brunelleschi et formulés à l'usage des peintres par Alberti, les principes de la perspective permettent de représenter un espace tridimensionnel sur une surface plane. Le peintre doit s'imaginer la surface picturale comme une fenêtre ouverte sur le sujet. La technique consiste à se servir de lignes se rejoignant à l'infini dans un point de fuite qui oriente le regard du spectateur (figure 6.9). L'influence de la géométrie et le souci des proportions marquent aussi leurs œuvres, sans compter les effets de lumière, d'ombre et de couleurs.

FIGURE 6.8

La Naissance de Vénus **de Botticelli (vers 1485)**

Cette fresque se trouve sur l'un des murs de la chapelle Sixtine, au Vatican.

Les peintres de la Renaissance exploitent des thèmes inspirés de la réalité : l'humain, la nature, en un mot la vie. Le corps humain, souvent nu, prédomine dans les productions italiennes. Les thèmes religieux, omniprésents au Moyen Âge, ne sont plus les seules sources d'inspiration : on peint des scènes de la mythologie grecque ou romaine (*Le Printemps* ou *La Naissance de Vénus* de Botticelli, figure 6.8), des portraits (*La Joconde*, de Léonard de Vinci ou *Les Époux Arnolfini*, de Jan van Eyck, figure 6.3), des paysages (*La Tempête* de Giorgione), des plantes ou des animaux (*Grande étude d'herbes* ou *Le Lièvre* d'Albrecht Dürer) et même des scènes de la vie courante (les *Noces villageoises* ou *Le Combat de Carnaval et de Carême* de Pieter Bruegel l'Ancien, figure 6.10).

FIGURE 6.9

Schéma de *L'École d'Athènes*

La structure de l'œuvre, et particulièrement les lignes de fuite, ont été reconstituées.

L'essor remarquable de la peinture à cette époque est en partie attribuable à l'utilisation des solvants à l'huile, qui rehaussent les couleurs, du chevalet, qui permet de peindre n'importe où, et de la toile, qui autorise la circulation des œuvres et par conséquent une diffusion plus rapide des courants esthétiques.

De Florence, la Renaissance artistique gagne l'Europe en passant par Rome et Venise. Commencée dans les cités italiennes au XIVe siècle, la Renaissance se termine en Europe continentale au XVIe siècle : elle aura duré plus de 150 ans et imprégné de ses valeurs et de ses créations près de sept générations d'Européens. Ses précurseurs, Francesco di ser Petracco (Pétrarque) en littérature et Giotto di Bondone en peinture, sont italiens.

FIGURE 6.10

Le Combat de Carnaval et de Carême **(1559) de Pieter Bruegel l'Ancien**

munificence Qualité de celui qui fait des présents avec largesse et générosité.

Son catalyseur est Florence où, en bonne partie grâce à la **munificence** des Médicis, qui dirigent la cité pendant près de 50 ans (1434-1482), de grands artistes comme Botticelli, Brunelleschi, Ghiberti et Michel-Ange produisent un nombre incalculable de chefs-d'œuvre.

Après le déclin de Florence, causé par des révoltes populaires et des guerres, Rome devient le second foyer de la Renaissance italienne grâce à l'impulsion donnée par les papes du tournant du XVIe siècle. Ceux-ci, particulièrement Jules II (1503-1513) et Léon X (1513-1521), décident de redonner à la ville sa splendeur passée et y attirent pour ce faire les plus grands artistes de l'époque: Donato Bramante, à qui on confie l'édification de la basilique Saint-Pierre; Raphaël, auquel on demande d'orner de ses fresques les appartements pontificaux; et Michel-Ange, chargé de sculpter le tombeau du pape Jules II, puis de décorer la chapelle Sixtine, dont il peint la voûte (figure 6.11) en plus de son fameux «Jugement dernier». Mais le sac de Rome par les troupes de Charles Quint en 1527 force nombre d'artistes à fuir la ville.

FIGURE 6.11

La voûte de la chapelle Sixtine (détail: la création d'Adam; Dieu sépare la Terre de l'eau; Dieu crée le Soleil, la Lune, les plantes)

Michel-Ange mit près de quatre ans (1508-1512), seul, à peindre la voûte de la chapelle Sixtine. Trente ans plus tard, il y peindra, sur le mur du fond, son Jugement dernier.

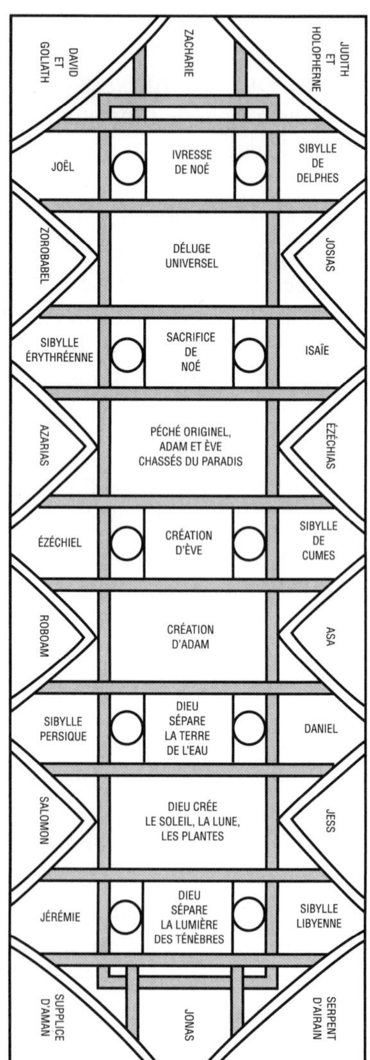

Un schéma du plafond de la chapelle Sixtine

Des prophètes de l'Ancien Testament et des Sybilles de l'Antiquité y soutiennent la voûte principale où sont notamment illustrés la Création et l'épisode du Déluge.

Florence au xve siècle : une nouvelle Athènes ?

Au xve siècle, au moment ou les lettres et les arts s'épanouissent dans la République de Florence, les intellectuels qui y vivent défendent le modèle républicain et la *libertas* de leur cité, c'est-à-dire à la fois son indépendance politique et son équité sociale, en vertu de laquelle tout citoyen peut accéder aux fonctions publiques. Pour eux, Florence est l'Athènes de cette époque. Ils critiquent aussi la tyrannie sous laquelle vivent d'autres cités italiennes comme Milan, Ferrare ou Urbino. Mais les défenseurs de ces « tyrans » justifient le pouvoir des princes en le présentant comme garant de la paix et comme facteur d'une valeur à leurs yeux supérieure à la liberté, la concorde.

Rome affaiblie, la fièvre créatrice se déplace, dans la seconde moitié du XVIe siècle, à Venise, où s'illustrent notamment Titien, Véronèse et le Tintoret, ainsi que dans le reste de l'Europe. Les commerçants, les voyageurs, les étudiants et les enseignants, et même les soldats qui visitent l'Italie à cette époque – de 1494 à 1559, elle subit des invasions étrangères, menées par les rois de France et les empereurs germaniques et connues sous le nom de « guerres d'Italie » – rapportent chez eux des œuvres et des idées qui y catalysent le phénomène de « renaissance ».

En France, le processus commence à l'époque de François Ier (roi de 1515 à 1547), qui invite Léonard de Vinci à sa cour. Les châteaux de la Loire, particulièrement ceux de Chambord, de Blois et d'Amboise, dont les chantiers sont inaugurés sous son règne, illustrent l'influence de la renaissance italienne en France. Les étudiants et les artistes allemands, qui commencent à fréquenter l'Italie dès la fin du XVe siècle, ramènent des découvertes qui vont transformer non seulement l'art et les idées, mais aussi, indirectement, le sentiment religieux. Dans les Pays-Bas (où la révolution picturale a commencé dès la fin du XVe siècle), les peintres Jérôme Bosch, Quentin Metsys et Pieter Bruegel l'Ancien accomplissent eux aussi une rupture profonde avec les canons médiévaux. En Angleterre, enfin, la Renaissance s'épanouit dans la seconde moitié du XVIe siècle, pendant ce qu'on appelle la période élisabéthaine.

LES NOUVELLES FRONTIÈRES

Grâce à la redécouverte des héritages hellénique et romain et à l'assimilation des apports arabe et byzantin, la science connaît au XVIe siècle une profonde mutation qui prépare la véritable révolution scientifique qui s'opérera au siècle suivant. L'esprit de la Renaissance imprègne le monde des sciences : le rapport de l'humain à la nature se transforme, tandis que la méthode empirique gagne du terrain.

Une nouvelle attitude transforme la relation de l'humain avec la nature. Autour du XVIe siècle, une nouvelle conception des relations entre l'humain et la nature s'impose en Occident ; il n'est pas exagéré d'affirmer qu'elle constitue une révolution **paradigmatique** qui prépare le prodigieux bond qu'on connaîtra dans les siècles suivants. Cette révolution touche les méthodes de la recherche scientifique, les objectifs de la science et le rapport même de la société avec la science.

paradigmatique → paradigme Interprétation, méthodologie ou théorie dominante dans un champ de connaissance ou de recherche.

En effet, l'esprit de la Renaissance, qui amène beaucoup d'intellectuels à rechercher dans l'Antiquité grecque et latine les fondements de la pensée et de la civilisation, en pousse d'autres à étudier le monde et la nature. L'objectif de la science n'est plus de fournir une explication globale de l'univers, mais bien de découvrir la structure ou le fonctionnement d'une de ses composantes.

On peut dire que les grandes explorations du XVe siècle, qui mèneront les Portugais en Asie et le Génois Christophe Colomb sur un continent inconnu des Européens, procèdent de cet esprit (voir le chapitre 7).

Le climat intellectuel de l'époque est favorable à la recherche scientifique : les universités, qui se multiplient, ouvrent leurs portes aux nouvelles disciplines et créent des chaires ; les princes s'entourent de savants et d'érudits, financent leurs travaux, font fabriquer des instruments scientifiques ; et l'imprimerie permet la diffusion des connaissances. L'Église elle-même, pendant longtemps farouche gardienne d'une pensée figée bâtie sur une interprétation rigide des Saintes Écritures mélangée à certaines conceptions aristotéliciennes (par exemple sur l'astronomie), accorde à cette époque une plus grande liberté aux créateurs et aux savants.

Au XVIe siècle, la méthode empirique gagne du terrain. Dès le XIVe siècle, le moine anglais Guillaume d'Ockham avait critiqué la recherche de la connaissance universelle et rationnelle proposée par Aristote pour y opposer la connaissance intuitive et expérimentale des faits, qui seuls existeraient réellement. Par la suite, malgré la prédominance des croyances irrationnelles qu'illustre notamment la popularité de l'astrologie et de l'**hermétisme**, des savants délaissent peu à peu l'intellectualisme abstrait et la recherche de la vérité universelle et privilégient l'expérience personnelle, l'intuition et la rencontre avec le réel.

hermétisme Doctrine ésotérique, à la fois religieuse et philosophique, née en Égypte au IIe siècle sous le patronage d'Hermès Trismégiste ; ses conceptions unitaires et optimistes ont influencé l'astrologie et l'alchimie médiévales.

Dans le domaine des sciences de la nature, la curiosité et le souci de l'observation sont caractéristiques de la Renaissance et permettent de grandes avancées. La botanique et la zoologie scientifiques naissent en Allemagne et en France au XVIe siècle grâce à d'importants efforts de description, de classement et d'identification des espèces.

La médecine passe de l'ère spéculative à l'ère empirique avec les travaux de plusieurs chercheurs. Ainsi, Andries van Wesel (Vésale) réfute les théories médicales des Anciens et fait franchir un pas décisif à l'anatomie grâce à la pratique de la dissection (toutefois encore fort mal vue, sinon interdite) ; Gabriele Falloppio étudie le système reproducteur humain ; et Bartoloméo Eustachi analyse l'ouïe et l'élocution. Mentionnons également Ambroise Paré, le père de la chirurgie moderne, qui a appris l'essentiel de son métier sur les champs de bataille.

Par ailleurs, la chimie reste très imprégnée des travaux des **alchimistes**, qui essaient de transformer les métaux communs en or et recherchent la « pierre philosophale », capable de guérir toutes les maladies et de conférer la vie éternelle. Les travaux des chimistes deviennent cependant plus pratiques, et on commence à envisager la possibilité d'utiliser des produits chimiques pour compléter les remèdes végétaux (cette idée sera à la base de la biochimie médicale du XXe siècle). La chimie produira des résultats tangibles dans les domaines de la métallurgie, de la production de la poudre à canon et de la distillation.

alchimiste → alchimie Pratique occulte basée sur des recettes et des procédés secrets, dont l'objet était de transformer les métaux « vils » en or et, plus encore, de découvrir la « pierre philosophale », source de la vie éternelle.

Les sciences pures connaissent elles aussi de profondes mutations. En mathématiques, le XVe siècle est marqué par un important effort d'appropriation des apports arabes et indiens (entre autres l'algèbre et le zéro) et des connaissances des Anciens, ainsi que par des applications dans le domaine des arts (perspective) et de la cartographie (projection de Mercator, voir l'encadré « La projection de Mercator et son influence »). La trigonométrie progresse grâce à l'adoption du sinus (d'origine indienne) et de la tangente, tandis qu'on arrive enfin à résoudre les équations du troisième degré (comprenant x^3), qu'on découvre les nombres imaginaires (un nombre ordinaire multiplié par une quantité imaginaire, comme la racine carrée de -1) et qu'on adopte

LA PROJECTION DE MERCATOR ET SON INFLUENCE

Mathématicien et géographe flamand, Gerhard Mercator a élaboré en 1569 une projection cartographique consistant à représenter la Terre sur un cylindre tangent à l'équateur, puis à dérouler celui-ci. La projection de Mercator a permis d'importants progrès en navigation parce qu'elle indique correctement les directions et reproduit adéquatement les formes des étendues de terre et d'eau. Elle a toutefois été critiquée puis remplacée par d'autres projections au XXe siècle, car elle introduit de sérieuses distorsions des dimensions, particulièrement près des pôles. Ainsi, l'Europe et l'Amérique du Nord y apparaissent beaucoup plus vastes qu'elles ne le sont en réalité.

enfin une terminologie cohérente en algèbre. En physique et en astronomie, il faudra attendre le XVIIe siècle pour qu'aient lieu des progrès décisifs. Mentionnons toutefois les travaux du Flamand Simon Stevin sur la statique et l'hydrostatique, la (re)découverte du principe de l'héliocentrisme par le Polonais Nicolas Copernic et la compilation de milliers d'observations astronomiques par le Danois Tycho Brahé (voir le chapitre 7).

L'angoisse du salut : la Réforme

Pendant la période que les historiens ont baptisée Moyen Âge, c'est-à-dire du Ve au XVe siècle, la religion était au centre de la vie des Occidentaux. Ceux-ci considéraient d'ailleurs la vie sur terre comme un simple passage, une étape vers la vie éternelle. L'art médiéval lui-même était essentiellement religieux, qu'il s'agisse de l'architecture (églises romanes et cathédrales gothiques), de la peinture ou de la musique. Les crises des XIVe et XVe siècles (guerres, famines, épidémies), qui ont décimé la population européenne, ont avivé le sentiment religieux, l'omniprésence de la mort rendant la poursuite du salut de l'âme encore plus urgente. L'Église catholique connaît alors une crise multiforme qui en fait un objet de scandale : des théologiens cherchent à la réformer, puis, devant sa rigidité, créent de nouvelles confessions chrétiennes qui essaimeront dans la plupart des régions du nord de l'Europe.

LA GRANDE CRISE DE L'ÉGLISE CATHOLIQUE

Aux XIVe et XVe siècles, l'Église catholique, institution centrale de la foi chrétienne et ciment de l'Occident, traverse une grave crise qui la fait tomber dans le discrédit. Elle n'arrive plus à répondre aux angoisses des fidèles, ses dirigeants se révélant plus soucieux de gloire terrestre et de plaisirs des sens que de spiritualité.

L'ÉGLISE DEVIENT OBJET DE SCANDALE. À la fin du Moyen Âge, l'Église catholique triomphante, qui appelait aux croisades et réprimait les hérésies au moyen de l'Inquisition et par l'entremise des ordres monastiques, n'est plus qu'une caricature d'elle-même.

La papauté est déconsidérée pour bien des raisons. Ses interminables querelles avec les empereurs germaniques sur la question des investitures ont amenuisé son prestige. Le Grand Schisme d'Occident (1378-1417 ; voir le chapitre 5) a également contribué à semer le doute sur l'institution même chez bon nombre de chrétiens. Au cours de cette crise, deux, puis trois papes se sont disputé le trône de saint Pierre et se sont excommuniés mutuellement. En outre, par leur comportement, les papes du tournant du XVIe siècle ressemblent plus à des seigneurs avides de gloire et empêtrés dans les affaires temporelles qu'aux guides spirituels de la chrétienté. Ainsi, Alexandre VI (Rodrigue Borgia) entretient de nombreuses maîtresses, qui lui donneront plusieurs enfants illégitimes, et Jules II « le Terrible » (Giuliano Della Rovere) mène ses ***condottieri*** au combat pendant les guerres d'Italie.

condottieri Au Moyen Âge, nom donné aux mercenaires en Italie.

Au-delà de la papauté, c'est l'ensemble même de l'édifice qui semble vermoulu. Les cardinaux et les évêques, à la fois seigneurs temporels et princes de l'Église, cumulent les bénéfices, ne résident pas dans leur diocèse et ont souvent une conduite scandaleuse. L'ensemble du corps ecclésiastique est également gangrené par le **népotisme** et la **simonie**. Pire encore, les autorités religieuses, y compris les papes, vendent des **indulgences** (voir l'encadré « Le commerce des indulgences ») contre espèces sonnantes et trébuchantes. C'est ainsi que Léon X (Jean de Médicis) remplit ses coffres pour financer les travaux de construction et d'embellissement de la basilique Saint-Pierre de Rome.

népotisme Abus par un personnage important de son pouvoir et de son influence pour favoriser ses amis ou les membres de sa famille.

simonie Commerce d'objets sacrés, de biens spirituels ou de charges ecclésiastiques.

L'ÉGLISE NE RÉPOND PLUS AUX ANGOISSES DES CROYANTS. Les hommes et les femmes de la Renaissance, qui aiment déguster l'âpre saveur de la vie, ont aussi une vie spirituelle intense où la peur de la mort, les forces occultes et la terreur d'une prochaine apocalypse tiennent une grande place. Nous l'avons dit, guerres, famines et épidémies leur donnent le sentiment que la mort peut les foudroyer à tout moment. Ils soupçonnent partout la présence du diable et de ses malfaisantes créatures (la chasse aux sorcières bat son plein). De plus, ils voient des signes annonciateurs de la fin du monde dans les malheurs de la vie quotidienne comme dans les catastrophes naturelles.

Devant cet immense besoin d'encadrement et de réconfort, l'Église se révèle impotente. Ainsi, les prêtres, qui ne reçoivent aucune formation pour exercer leur ministère, sont souvent incultes. Bon nombre d'entre eux ne lisent même pas le latin et marmonnent des mots incompréhensibles se terminant en « us » et en « um » pour donner le change aux fidèles. En plus de se comporter parfois de manière grossière ou vulgaire, certains sont mariés ou entretiennent des concubines, malgré l'interdiction de l'Église. Les ordres monastiques sont quant à eux devenus plus soucieux d'accroître leurs possessions terrestres que de remplir les fonctions pour lesquelles ils ont été créés, tandis que les moines s'empiffrent et se laissent aller à l'impureté et au *farniente*. Enfin, nous l'avons dit, les évêques et archevêques considèrent le plus souvent leur titre comme une simple source de revenus, certains cumulant les bénéfices, tandis qu'un grand nombre non seulement ne résident pas dans leur diocèse, mais ne s'y rendent même jamais. Bref, en cette fin de Moyen Âge, les clercs se conduisent mal, plus mal qu'en aucune autre période de l'histoire de l'Église. Mais les humanistes et les réformateurs religieux vont aussi leur reprocher de croire mal.

FIGURE 6.12

L'Enfer **selon Jérôme Bosch (panneau droit du triptyque intitulé** ***Le Jardin des délices terrestres*****, réalisé vers 1503)**

Les artistes s'inspirent souvent des grandes préoccupations de leurs contemporains. La souffrance et la mort, de même que la crainte du châtiment éternel, sont au XVe et au XVIe siècle l'objet de tableaux hallucinants, comme celui-ci.

Le commerce des indulgences

Au cours du Moyen Âge, l'Église catholique avait élaboré une doctrine fort subtile, dite des «indulgences», selon laquelle la peine due pour les péchés déjà pardonnés pouvait être remise non seulement par le moyen des sacrements, mais aussi en puisant dans le bassin de «mérite superflu» accumulé par les saints pendant leur séjour sur terre. Cette doctrine n'écartait pas le sacrement de pénitence, mais permettait à l'Église d'accorder une «remise de peine» au pécheur pardonné, moyennant une bonne action ou des prières. Comme telle, la doctrine des indulgences ne donnait pas matière à scandale, mais elle s'était quelque peu dénaturée au fil des siècles. Ainsi, certains papes avaient affirmé que l'indulgence relevait le pécheur non seulement de la peine, mais aussi de la faute, ce qui rendait le sacrement de pénitence inutile. Pire, le pape Sixte IV avait décrété en 1476 que les indulgences pouvaient aussi être acquises en faveur des âmes du purgatoire. Dans ce lieu dont l'Église avait proclamé l'existence au XIIe siècle, les chrétiens ayant commis des fautes mineures (péchés «véniels») expiaient celles-ci et attendaient leur entrée au paradis. Plus grave encore, on pouvait obtenir des indulgences non seulement par les bonnes œuvres et la prière, mais aussi en les achetant aux princes de l'Église. En effet, dans les églises et sur les places publiques, les émissaires des évêques et du pape vendaient aux fidèles des indulgences en les assurant qu'«une âme monte au ciel quand la pièce sonne au fond du tronc».

LES INITIATEURS DE LA RÉFORME

Au XIVe et au XVe siècle, déjà, des voix s'étaient élevées pour réclamer une réforme de l'Église catholique. John Wyclif, théologien anglais, avait réclamé la **séparation de l'Église et de l'État**, condamné les indulgences et prêché un retour à la Bible comme principale source de la foi. Quant à lui, le Praguois Jan Hus avait demandé une liturgie dans la langue du peuple et proposé un partage des biens de l'Église. Hus sera brûlé vif au concile de Constance, tandis que ses disciples et ceux de Wyclif seront persécutés par les autorités aussi bien civiles que religieuses (les doctrines de ces deux théologiens comprenant aussi des dimensions sociales). C'est toutefois l'avènement de l'imprimerie au milieu du XVe siècle qui donnera un élan décisif à ceux qui veulent réformer l'Église. Cette invention permet en effet, comme nous l'avons mentionné, la diffusion des textes des humanistes et l'impression de milliers d'exemplaires de la Bible en langues vernaculaires.

séparation de l'Église et de l'État
Situation de fait où les affaires temporelles et spirituelles sont distinctes et gérées exclusivement par l'État pour les premières, par l'Église pour les secondes, aucune Église n'obtenant de faveur ou de privilèges particuliers de l'État.

Le moine Savonarole dénonce l'avilissement de l'Église

Savonarole, moine dominicain (1452-1498), prêcha la pénitence et le repentir aux Florentins de la fin du XVe siècle et instaura même à Florence un régime théocratique où la réforme des mœurs était à l'honneur. Ses excès le conduisirent finalement sur le bûcher. Sur quels éléments porte principalement sa critique de l'Église catholique? Sa préoccupation apparaît-elle morale ou religieuse?

■ ■ ■

Arrive ici, Église infâme, écoute ce que te dit le Seigneur: je t'ai donné ces beaux vêtements et tu t'en es fait des idoles. Avec tes vases de prix, tu as nourri ton orgueil. Tu as profané les sacrements par la simonie. Ta luxure a fait de toi une fille de joie défigurée. [...] Autrefois, au moins, tu rougissais de tes péchés: maintenant tu n'as même plus cette pudeur. Autrefois, si les prêtres avaient des fils, ils les appelaient leurs neveux; maintenant, on n'a plus de neveux, on a des fils tout court. Tu as élevé une maison de débauche, tu t'es transformée de haut en bas en maison infâme. Que fait-elle, la fille publique? Assise sur le trône de Salomon, elle fait signe à tous les passants: quiconque a de l'argent entre et fait tout ce qui lui plaît. Mais qui veut le bien est jeté dehors. C'est ainsi, Église prostituée, que tu as dévoilé ta honte aux yeux de l'univers entier, et ton haleine empoisonnée s'est élevée jusqu'au ciel.

Savonarole, cité dans A. Fliche et V. Martin, *Histoire de l'Église*, tome 15, Paris, Bloud et Gay, 1951, p. 134.

Au début du XVIe siècle, les croyants font preuve d'une intense soif de réforme. Les humanistes, qui appliquent aux versions originales des textes anciens la méthode philologique, appellent à un retour à la pureté originelle de l'Église et aux Saintes Écritures comme source de la foi. Une volonté diffuse de purifier l'Église non seulement des abus de ses clercs mais aussi de son laisser-aller dogmatique se fait jour dans de nombreux milieux et dans plusieurs pays, en particulier dans le nord de l'Europe.

MARTIN LUTHER NE RÉUSSIT PAS À RÉFORMER L'ÉGLISE. La grande cassure de l'Église catholique commence en Saxe, État germanique faisant partie du Saint Empire, où les tensions sont importantes : la condition des paysans, dont nombre sont encore asservis, est difficile et tend à se détériorer sous la pression des seigneurs qui limitent les droits coutumiers et augmentent les redevances ; la petite noblesse est écartée de ses fonctions traditionnelles à la cour et perd de l'importance sur le plan militaire ; par ses nombreuses taxes et le trafic des indulgences, l'Église de Rome indispose les Allemands qui se sentent spoliés ; enfin, le mouvement hussite, encore vivant en Bohême et en Moravie (principautés de l'Empire), offre des solutions aux incohérences du dogme catholique et un modèle de résistance aux abus de Rome.

Un moine du nom de Martin Luther, à la fois maître en philosophie et docteur en théologie, ainsi que spécialiste des Saintes Écritures, s'attaque aux points faibles de l'Église catholique et de sa doctrine. Obsédé par le salut éternel, il constate que la doctrine des indulgences produit des résultats désastreux chez les chrétiens, qui croient, en se les procurant, être relevés de leurs peines et même de leurs fautes. Ainsi, une visite aux reliques de l'église du château de Wittenberg assurait au pèlerin jusqu'à 130 000 années d'indulgences ! En 1517, Luther affiche sur la porte de cette même église ses 95 thèses sur la « vertu des indulgences », dans lesquelles il affirme que le chrétien ne peut acheter la grâce, celle-ci étant donnée gratuitement par Dieu. Il en profite également pour rappeler que, comme saint Paul l'écrit dans son Épître aux Romains, l'homme n'est pas sauvé grâce à ses efforts, qui sont dérisoires en regard de la force de la **concupiscence**, mais par la grâce que Dieu lui offre pour atténuer le désespoir dans lequel sa condition de pécheur l'a plongé. La seule condition du salut serait donc la foi, ce qui rend les bonnes œuvres inutiles.

concupiscence Fort penchant pour les plaisirs des sens et la possession de biens matériels.

Ces thèses remportent un succès considérable partout en Europe, notamment auprès des humanistes comme Érasme, mais elles sont rejetées en 1520 par le pape, qui somme Luther de les répudier. Celui-ci brûle solennellement la **bulle pontificale**, est **excommunié**, refuse de se rétracter devant l'empereur Charles Quint à la **diète** de Worms (1521), et est finalement mis au ban de l'Empire (n'importe qui peut le tuer impunément).

bulle pontificale Lettre apostolique d'intérêt général portant le sceau du pape.

excommunier → excommunication Mesure ecclésiastique qui exclut de l'Église un chrétien, partiellement (interdiction de recevoir les sacrements) ou entièrement (interdiction de contact avec d'autres chrétiens et de sépulture en terre consacrée).

diète Assemblée politique dans certains pays d'Europe.

DES PAYSANS ALLEMANDS SE RÉVOLTENT AU NOM DE SA DOCTRINE. Réfugié chez le duc de Saxe (il profite de ce séjour pour traduire la Bible en allemand), Luther apparaît désormais non seulement comme un ennemi du pape et de l'Église, mais aussi comme un défenseur de la nation allemande contre leurs abus. En 1524-1525, des milliers de paysans allemands se soulèvent contre les nobles au nom de l'égalité de tous les hommes devant Dieu (voir l'encadré « Les revendications des paysans allemands »). Refusant que son message soit travesti en doctrine sociale ou politique, Luther les exhorte à la paix ; les seigneurs massacrent ces paysans (que Luther avait qualifiés de « chiens enragés »). Mais il rappelle néanmoins à ceux-là que ce sont leurs exactions qui ont généré la révolte (il y aura au total près de 100 000 victimes).

L'Évangile doit être lu dans la langue du peuple

Didier Érasme (1469-1536), humaniste hollandais partisan de la tolérance, critique l'utilisation exclusive du latin dans la liturgie catholique et suggère la traduction des Saintes Écritures dans la langue du peuple.

▪ ▪ ▪

Le Christ désire que sa philosophie se répande le plus loin possible. Il est mort pour tous, il veut être connu de tous. Ce but sera atteint si ses livres sont traduits dans toutes les langues de tous les pays ou si, grâce aux princes, les trois langues [hébreu, grec, latin] *dans lesquelles a été fondée cette philosophie divine, sont apprises aux peuples.* [...] *Enfin, qu'y a-t-il d'indécent à ce qu'on récite l'Évangile dans sa langue natale, celle que chacun comprend, le Français en français, l'Anglais en anglais, l'Allemand en allemand, l'Hindou en indou* [sic] *? Il me semble à moi plus indécent et même ridicule que des gens sans instruction et des femmes, comme des perroquets, chantent les psaumes et la prière dominicale en latin sans comprendre ce qu'ils disent.*

Érasme, «Avertissement au lecteur» pour *Les paraphrases de saint Matthieu* (1522), *in* Charles Moulin, *Érasme*, Paris, L'Enfant-Poète, 1948.

Luther élabore une nouvelle doctrine. L'objectif initial de Luther était de réformer l'Église catholique en ramenant les chrétiens aux Saintes Écritures; il n'avait prévu ni de se séparer de celle-ci ni de former une nouvelle Église. Sa compréhension des Écritures, qui diverge des interprétations qu'en fait l'Église catholique, l'amène toutefois graduellement à définir une nouvelle doctrine fondée sur l'assertion selon laquelle le salut vient au chrétien par la foi seule. Les bonnes œuvres, si importantes dans la doctrine de l'Église catholique, lui apparaissent donc inutiles, car elles ne rendent pas l'homme meilleur et ne le délivrent pas de sa condition fondamentale de pécheur. Luther appelle aussi à un retour aux Saintes Écritures comme base essentielle et suffisante de la foi. Dans cette optique, le culte des saints, les indulgences, la prononciation des vœux pour les prêtres et les moines et plusieurs sacrements, qu'on ne retrouve pas dans les Écritures, sont inutiles au salut. Cette constatation l'amène même à déclarer que l'Église, communauté des croyants dirigée par le Christ, n'a besoin ni d'une structure organisationnelle (ce qu'on appelle la hiérarchie ecclésiale, des prêtres au pape) ni de biens. Il affirme enfin que tous les chrétiens sont égaux devant Dieu, ce qui rend le **sacerdoce** inutile, et que chacun peut interpréter la Bible à son gré, ce qui rend superflue la doctrine élaborée depuis des siècles par les papes, les conciles et les Pères de l'Église.

FIGURE 6.13

Érasme écrivant

Luther et ses disciples créent des confessions réformées. Exclu de l'Église catholique, Luther met progressivement en place, avec l'aide de ses disciples et de certains princes allemands, des Églises «réformées». Dans le culte luthérien, il n'y a pas de prêtres, puisque les chrétiens sont tous prêtres en raison de leur baptême (c'est la doctrine du «sacerdoce universel»). Tout au plus les communautés de fidèles peuvent-elles se choisir un «pasteur», simple chrétien désigné pour gérer leurs affaires communes et organiser les cérémonies du culte. Les communautés réformées ne conservent que deux sacrements, soit ceux qui sont présents dans les Évangiles: le baptême (baptême de Jésus

sacerdoce Dignité et fonction du prêtre.

Les revendications des paysans allemands

À la fin du XVe siècle et au début du XVIe, les nobles allemands (laïcs ou ecclésiastiques) cherchent à accroître leurs revenus en augmentant les charges de leurs paysans, en limitant leur liberté et en enfreignant la coutume. En 1524-1525, se réclamant notamment des idées de Luther sur l'égalité de tous les chrétiens, les paysans allemands se soulèvent. Le document qui suit est un des exemples les plus représentatifs de leurs réclamations. Laquelle de ces demandes apparaît la plus révolutionnaire ?

■ ■ ■

1. *C'est notre humble requête [...] qu'à l'avenir [...] chaque communauté choisisse un pasteur qu'elle pourra destituer s'il se conduit mal [...]*
2. *Nous sommes prêts à payer la dîme sur les céréales [...] mais nous refusons de payer la dîme sur le bétail, car Dieu a créé celui-ci pour que les hommes l'utilisent librement [...]*
3. *Nous [...] tenons pour certain que vous nous affranchirez du servage comme de véritables chrétiens, à moins qu'il ne soit prouvé à partir des Évangiles que nous devons être serfs.*
4. *Il nous apparaît indécent et contraire aux lois divines que les pauvres ne puissent chasser ou pêcher librement en vertu de la coutume [...]*
5. *Nous sommes chagrinés que les nobles se soient approprié toutes les forêts [...]*
6. *En ce qui concerne les charges excessives qui pèsent sur nous et qui s'aggravent de jour en jour, nous demandons qu'elles soient sujettes à discussion et que l'oppression dont nous sommes victimes cesse [...]*
7. *Nous ne permettrons plus que les nobles nous oppriment et nous ne les laisserons nous demander que ce qui est juste et équitable en vertu d'un accord conclu entre eux et nous [...]*
8. *Nous affirmons que nos terres et nos possessions ne nous permettent plus de supporter les rentes que les nobles exigent de nous [...]*
10. *Nous sommes fâchés parce que les nobles se sont approprié les champs et les prairies qui appartenaient jadis à la communauté [...]*
11. *Nous abolissons immédiatement la taxe dite de mainmorte* et ne tolérerons plus que des veuves et des orphelins soient honteusement spoliés à l'encontre de la volonté divine et en violation de la justice et du droit [...]*

* Mainmorte : taxe féodale qui permettait au seigneur de s'approprier du bétail ou des objets ayant appartenu à un serf à la mort de celui-ci.

D'après *Original Sources of European History*, vol. 2, Philadelphie, Département d'histoire, Université de Pennsylvanie, 1897. (Notre traduction.)

Luthéranisme et schisme

La possibilité de divergence ou de schisme est inscrite dans la nature même des confessions réformées, puisque la doctrine luthérienne reconnaît à chacun le droit d'interpréter librement la Bible.

par Jean le Baptiste) et l'eucharistie (la dernière Cène). Luther admet toutefois la possibilité de la confession (sacrement du pardon). Les cérémonies religieuses, célébrées dans la langue du peuple, se résument à la lecture de la Bible, à la prédication directement tirée de celle-ci et au chant choral. Les lieux du culte, nommés temples, sont dépouillés de toute ornementation (statues, vitraux, bas-reliefs, etc.) qui détournerait l'attention des fidèles des Saintes Écritures.

D'autres réformateurs emboîtent le pas à Luther. Dans les années qui suivent la rupture de Luther avec l'Église catholique, plusieurs de ses disciples créent à travers l'Allemagne et la Suisse des communautés réformées. Celles-ci adoptent les thèses de Luther sur le salut par la foi seule et l'autorité des Saintes Écritures, mais divergent parfois d'opinion avec lui sur certains points, comme celui de la présence réelle du Christ dans l'eucharistie (**transsubstantiation**).

Réforme Mouvement religieux et social, né en Europe du Nord au XVIe siècle, dont l'objectif initial était de réformer l'Église catholique, et qui a abouti au schisme d'une partie des chrétiens et à la constitution de nouvelles Églises ou confessions, dites protestantes.

Parmi les autres artisans de la **Réforme**, deux se détachent : Ulrich Zwingli et Jean Calvin. Curé à Zurich en Suisse, Ulrich Zwingli fait passer sa ville à la Réforme. Il y abolit les monastères et les couvents et retire des églises les décorations, y compris les orgues et les cierges. Il crée également une liturgie en allemand, qui remplace la messe abolie. L'Église de Zwingli, administrée par le conseil de ville, conserve les deux sacrements existant dans les Évangiles, en ne les considérant toutefois que comme des symboles. Zwingli est moralisateur – il instaure un tribunal chargé des affaires matrimoniales – et volontiers belliqueux à l'endroit des catholiques comme des autres réformés qui ne partagent pas ses convictions. Il mènera ses ouailles au combat contre les cantons suisses demeurés catholiques et y trouvera la mort.

Quelques années plus tard, un juriste français du nom de Jean Calvin, inspiré par les thèses évangélistes des grands humanistes, se convertit à la religion réformée. Il publie en 1536 *L'Institution de la religion chrétienne*, ouvrage dans lequel il prend la défense des réformés français persécutés par François Ier. Dans les nombreux textes qu'il publiera au cours de sa vie, Calvin reprend l'idée luthérienne du salut par la foi seule, mais y ajoute celle de la prédestination. Selon celle-ci, l'homme ne peut pas se sauver ou se damner lui-même par le libre choix du bien ou du mal: il est prédestiné au salut ou à la damnation. D'après Calvin, la conscience de son salut serait apportée au chrétien par l'Esprit Saint. De plus, certains indices, comme la foi, la pratique des vertus et la réussite matérielle, permettraient de distinguer l'élu du damné. Ces indices du salut, cependant, ne doivent pas être compris comme des conditions de celui-ci, puisque celui qui est exclu de la damnation ne le doit pas à ses actions ou à sa foi, mais uniquement aux mérites du Christ, venu sur terre pour sauver les humains.

Prédestination et prescience divine

La doctrine de la prédestination, qui distingue le calvinisme des autres confessions protestantes, semble de prime abord fort pessimiste, sans compter qu'elle nie au chrétien son libre arbitre. Elle s'explique toutefois par la prescience de Dieu qui, connaissant tout, ne peut ignorer le destin de chacune de ses créatures.

Obligé de fuir la France, Calvin se réfugie à Genève où il instaure une Église organisée de manière très stricte, et dont les prescriptions couvrent toutes les activités des citoyens, les autorités civiles étant notamment chargées de faire appliquer ses décisions. Le temple calviniste est dépouillé de toute ornementation, le culte réduit aux psaumes et à la prédication. Enfin, Calvin conserve les deux sacrements bibliques et admet la présence réelle du Christ dans l'eucharistie.

La vie des Genevois est l'objet d'une surveillance stricte: le luxe et l'immoralité y sont proscrits et les condamnations à mort sont nombreuses, aussi

Les règles gouvernant la vie des Genevois sous la théocratie calviniste

Quel semble être l'objectif premier de ces règles? La pénalité apparaît-elle proportionnée à la faute? Certaines de ces pénalités apparaissent-elles excessives?

■ ■ ■

Blasphème. *Quiconque aura blasphémé, jurant par le corps ou le sang du Seigneur, ou de semblable façon, devra, à la première offense, embrasser le sol; à la seconde offense, il paiera une amende de 5 sous et à la troisième de 6 sous; pour toute offense ultérieure, il sera cloué au pilori* pendant une heure.*

Ivresse. *Quiconque invitera quelqu'un d'autre à boire encourra une amende de 3 sous. Les tavernes seront fermées pendant le sermon: le tavernier qui enfreindra cette règle paiera une amende de 3 sous, de même que toute personne qui sera trouvée en ces lieux. Quiconque sera trouvé ivre paiera une amende de 3 sous pour la première offense [...]; à la seconde offense, il paiera une amende de 6 sous; à la troisième, une amende de 10 sous en plus d'être jeté en prison. Quiconque fera un banquet paiera une amende de 10 sous.*

Chansons et danses. *Quiconque chantera des chansons immorales, dissolues ou outrageantes, ou dansera le virollet* ou toute autre danse, sera jeté en prison pour trois jours [...].*

Jeux. *Quiconque aura joué à un jeu dissolu ou à quelque jeu que ce soit, pour l'argent ou pour tout autre enjeu, paiera 5 sous d'amende en plus de voir ses gains saisis.*

* Pilori: poteau ou pilier à plate-forme portant une roue sur laquelle on attachait les personnes condamnées à l'exposition publique.
Virollet: danse traditionnelle du Moyen Âge.

Tiré de *Original Sources of European History*, vol. 3, Philadelphie, Département d'histoire, Université de Pennsylvanie, 1909. (Notre traduction.)

	Catholiques	Luthériens	Calvinistes
Croyance en Dieu	Unicité de Dieu et dogme de la Trinité (trois personnes en Dieu : le Père, le Fils et le Saint-Esprit)	*Idem*	*Idem*
Révélation	Contenue dans la Bible et dans l'interprétation de l'Église	Contenue dans la Bible seule	Contenue dans la Bible seule
Jésus-Christ	Il s'est fait homme (incarnation) et il est mort pour sauver les hommes (rédemption)	*Idem*	*Idem*
Le salut éternel	Obtenu par la foi et les œuvres	Obtenu par la foi seule	Obtenu par la foi seule, tempérée par la doctrine de la prédestination
La Vierge et les saints	Modèles et intercesseurs entre les humains et Dieu	Modèles seulement	Modèles seulement
Les sacrements	Rites porteurs de la grâce divine	Simples rites	Simples rites
	Sept sacrements : baptême, pénitence, confirmation, ordre, mariage, extrême-onction et eucharistie (avec présence réelle et transsubstantiation)	Trois sacrements : baptême, pénitence et eucharistie (avec présence réelle et transsubstantiation)	Deux sacrements : baptême et eucharistie (avec présence purement spirituelle)
La morale : objet	Faire le bien et éviter le péché	*Idem*	*Idem*
La morale : fondement	Par amour de Dieu et du prochain et pour obtenir le salut	Par amour gratuit de Dieu et du prochain et pour témoigner que Dieu vous a élu	Par amour gratuit de Dieu et du prochain et pour témoigner que Dieu vous a élu
Les pratiques obligatoires	Baptême, mariage, extrême-onction, confession et communion pascale	Baptême, culte dominical au temple	Baptême, culte dominical au temple, lecture quotidienne de la Bible
Les pratiques facultatives	Œuvres de charité, pèlerinages, processions, confréries	Œuvres de charité	Œuvres de charité
La hiérarchie	Clergé (prêtres, évêques, cardinaux, pape) revêtu d'un caractère sacré par le sacrement de l'ordre	Ministres du culte ou pasteurs	Ministres du culte ou pasteurs

D'après François Lebrun, « Le Grand Schisme », *Les collections de l'Histoire*, n° 17 (octobre 2002), p. 17.

TABLEAU 6.1

Croyances, pratiques et hiérarchies chez les catholiques, les luthériens et les calvinistes

questions – figures et tableaux

bien pour comportement interdit que pour déviation théologique. Ainsi, en 1553, le médecin espagnol Miguel Serveto, réfugié à Genève, y est-il brûlé vif pour avoir nié le dogme de la Trinité. Par contre, Calvin supprime l'interdiction du prêt à intérêt, qu'avait décrété l'Église catholique. Véritable théocratie, l'Église calviniste de Genève devient dans la seconde moitié du XVIe siècle un modèle pour ceux qui créent un peu partout en Europe de nouvelles communautés réformées.

L'EXPANSION GÉOGRAPHIQUE DE LA RÉFORME ET LES GUERRES DE RELIGION

À partir des premiers refuges où les réformateurs ont établi leurs doctrines (la Saxe pour Luther, Zurich pour Zwingli, Genève pour Calvin), celles-ci se répandent rapidement dans l'Europe du Nord, non sans toutefois rencontrer des résistances.

LES RÉFORMÉS SE DONNENT DES ASSISES TERRITORIALES. Dès 1525, la Réforme prend une nouvelle dimension : en Allemagne, des ligues de princes s'organisent, les unes pour propager la religion réformée, les autres pour défendre le catholicisme. Elle cesse d'être une affaire populaire, spontanée, pour devenir une affaire politique et militaire. À cette époque, l'empereur Charles Quint (voir le chapitre 7) est empêtré dans les guerres d'Italie, où il affronte la France de François Ier. Il est en outre en mauvais termes avec le pape – ses troupes ayant malencontreusement mis Rome à sac en 1527. Il doit donc pour un temps laisser aux princes toute liberté d'agir en matière de religion.

Dès la publication des 95 thèses, des disciples de Luther avaient créé des communautés réformées dans plusieurs villes de Suisse et des principautés allemandes. À partir de 1525, d'autres principautés, dont la Prusse et la Hesse, rejoignent la Saxe dans le camp des réformés. La doctrine luthérienne pénètre de même au Danemark et en Suède. Pour les princes, le ralliement à la Réforme a des motifs variés. Certains adoptent la Réforme par profonde conviction religieuse, d'autres manifestent ainsi leur opposition à l'empereur ou au pape, d'autres enfin profitent de cette occasion de s'emparer des biens de l'Église. En Suisse, la doctrine de Zwingli gagne les cantons voisins de Zurich, puis les villes de Berne et de Bâle, mais sa progression est stoppée par la mort de Zwingli.

Charles Quint se fait le champion du catholicisme. En 1530, Charles Quint convoque à Augsbourg les représentants des communautés réformées, qui y présentent leurs positions dans la *Confession d'Augsbourg*. En livrant ce témoignage, les « protestants » (comme ils se désignent eux-mêmes à partir de ce moment) cherchent à obtenir de l'empereur qu'il tolère la nouvelle doctrine. La tentative de conciliation échoue et aboutit à la création, un an plus tard, d'une coalition de princes réformés.

Commencent alors en Allemagne une série de guerres mettant aux prises Charles Quint, champion de la religion catholique soutenu par plusieurs princes de l'Empire, et les princes réformés, regroupés dans la Ligue de Smalkade et appuyés par les rois de France François Ier puis Henri II, qui cherchent ainsi à affaiblir l'empereur. Celui-ci n'arrivera jamais à écraser les princes réformés, entre autres parce qu'il doit se battre sur plusieurs fronts à la fois : il doit affronter les princes réformés, très puissants dans le nord-est de l'Empire ; il doit combattre les rois de France, qui profitent de ses difficultés pour l'affaiblir et s'approprier de nouveaux territoires ; enfin, il doit se protéger contre les Turcs ottomans, qui se sont emparés de la Hongrie, de la Transylvanie et de la Moldavie, et qui menacent Vienne.

D'autres troubles religieux éclatent. Pendant la guerre qui oppose Charles Quint et les princes réformés, d'autres troubles religieux surviennent en Allemagne. Par exemple, les sermons d'un prédicateur enflammé qui annonce la fin du monde poussent des milliers d'« anabaptistes » (ainsi appelés parce qu'ils recevaient un second baptême) à se réfugier dans la ville de Münster, qui doit devenir la nouvelle Jérusalem promise dans la Bible. Les anabaptistes mettent en place une « théocratie communiste » caractérisée par l'abolition de la propriété privée, le refus de toute autorité civile et de toute forme de taxation, le rejet du progrès matériel et la polygamie. Ils seront écrasés et massacrés par les princes tant catholiques que protestants après un siège de plusieurs mois.

Les anabaptistes aujourd'hui

Épurée de ses aspects apocalyptiques et immoraux par les réformateurs Menno Simmons et Jacob Amman, la doctrine anabaptiste a survécu jusqu'à nos jours sous la forme des communautés mennonites et amish, qui se sont même établies à partir du XVIIIe siècle dans certaines régions du Canada (Ontario) et des États-Unis (Pennsylvanie).

La paix d'Augsbourg confirme la division religieuse de l'Europe centrale. Marquée par de nombreuses trêves, la guerre entre Charles Quint et les princes réformés se termine en 1555 par la paix d'Augsbourg. Aux termes de celle-ci, on reconnaît la division confessionnelle des États allemands, en accordant aux réformés le droit de conserver leur foi, et, surtout, on affirme que la religion du prince (auquel elle attribue les droits épiscopaux) déterminera dès lors celle de ses sujets (c'est le principe *cujus regio, ejus religio*). Autrement dit, les individus doivent embrasser la religion du prince ou, à moins qu'il ne se montre tolérant, émigrer en cas de désaccord. Ce compromis dessine pour l'essentiel la carte religieuse de l'Europe centrale. La plupart des principautés allemandes du nord-est de l'Empire (Saxe, Hesse, Poméranie, Holstein, Brunswick, Prusse, etc.) passent définitivement au luthéranisme, de même que les royaumes de Scandinavie (Suède, Danemark, Norvège et Islande). Le sud et l'ouest des sections germanophones de l'Empire (Bavière, Luxembourg, Lorraine, etc.) demeurent catholiques (carte 6.2). Le luthéranisme régressera toutefois dans certaines régions au cours de la seconde moitié du XVIe siècle, à cause de l'émergence du calvinisme et de la Contre-Réforme catholique, et au XVIIe siècle, à cause de la guerre de Trente Ans (1618-1648).

Las de tant de guerres, déçu de son échec, Charles Quint abdique en 1556 et divise l'Empire entre ses deux héritiers. À son frère Ferdinand de Habsbourg, il lègue ses possessions autrichiennes, appelées à devenir le royaume d'Autriche. À son fils Philippe II, il donne l'Espagne et toutes ses colonies outre-mer, ainsi que ses autres possessions en Europe, dont les Pays-Bas (voir le chapitre 7).

LE CALVINISME GAGNE DU TERRAIN. Après la paix d'Augsbourg, le luthéranisme ne progresse plus guère, sauf en Finlande, dont il devient la religion officielle en 1593. C'est le calvinisme qui gagne le plus d'adeptes dans la seconde moitié du XVIe siècle, en Écosse, dans les Pays-Bas et en France principalement.

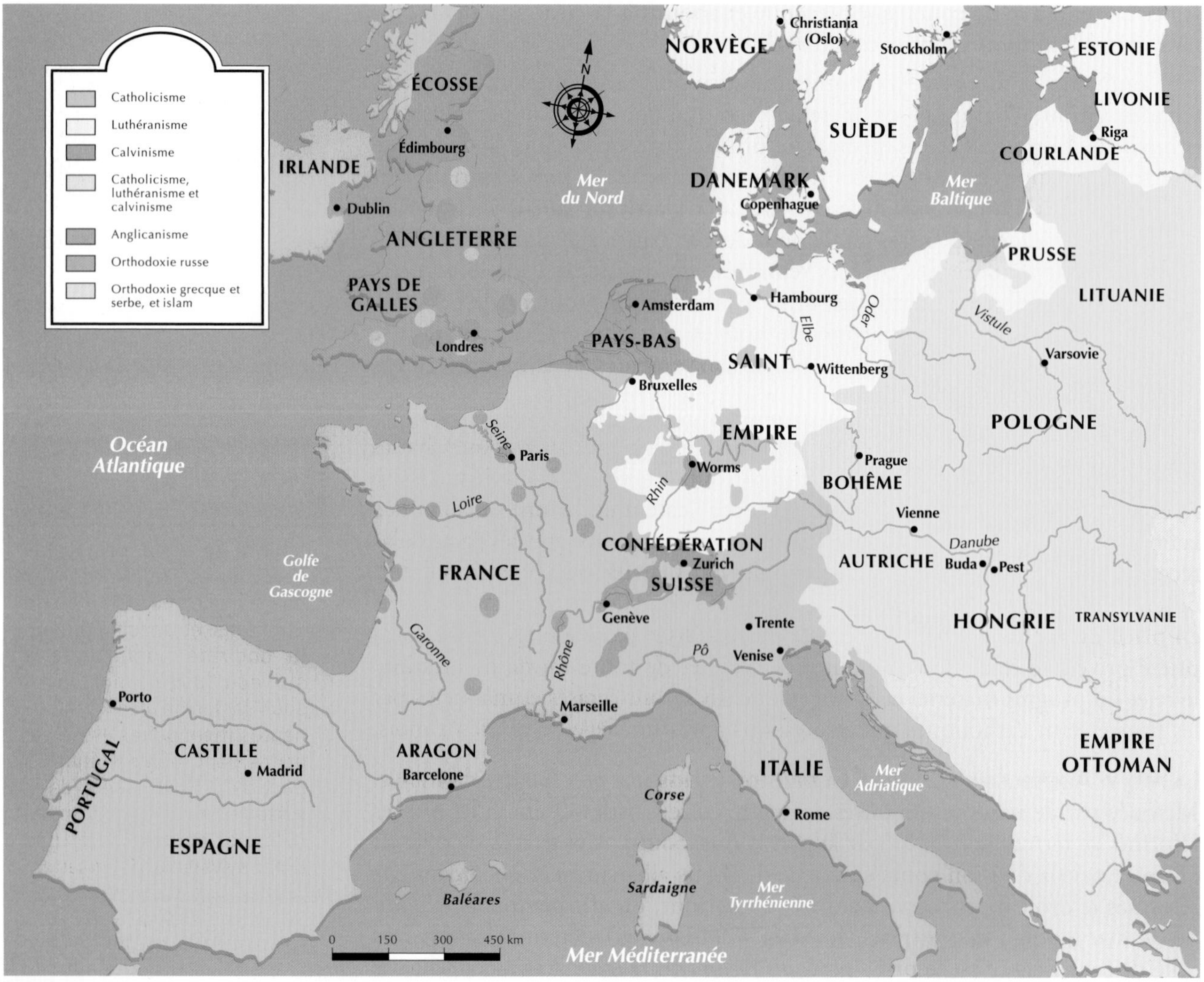

CARTE 6.2

Les religions en Europe à la fin du XVIe siècle

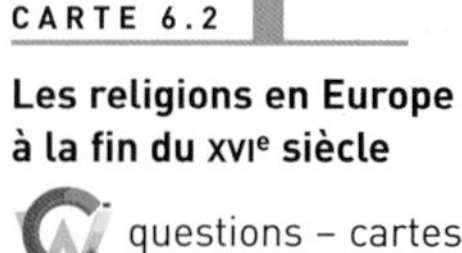

Ces progrès s'expliquent par la formation à Genève de missionnaires chargés de propager la doctrine de Calvin, par la structure à la fois simple et stricte du calvinisme (quatre ministères, assemblée des anciens, **synodes**, éducation des enfants) et par la possibilité qu'il offre d'un mode de vie évangélique dans le monde réel.

synode Dans les confessions protestantes, réunion de pasteurs ; dans l'Église catholique, assemblée d'ecclésiastiques convoqués pour délibérer sur les affaires du diocèse.

L'Écosse devient presbytérienne. En Écosse, un prêtre du nom de John Knox prêche la doctrine réformée et met sur pied, en s'appuyant sur le parlement d'Édimbourg (*Confessio Scotica* de 1560), une Église inspirée de la doctrine de Calvin. Cette Église, appelée Église presbytérienne, se caractérise par une structure originale : chaque communauté locale est guidée par une assemblée d'anciens (*presbuteros* en grec), tandis qu'une assemblée de pasteurs et de laïcs élus, le synode, la dirige. Le presbytérianisme deviendra religion d'État en Écosse en 1688 et se répandra dans les Treize Colonies américaines au XVIIe siècle.

Protestantisme et alphabétisation

La répartition sociale des réformés en France s'explique par le fait que la conversion au protestantisme nécessite de savoir lire, la pratique religieuse tournant autour de la lecture de la Bible. Les paysans, très majoritairement analphabètes, n'y adhèrent donc pas.

La France est déchirée entre catholiques et calvinistes. En France, où le pouvoir royal exerce depuis le début du XVIe siècle son emprise sur l'Église, les rois hésitent longtemps sur l'attitude à adopter face à la doctrine réformée. Deux tendances se manifestent chez les partisans d'une réforme de l'Église. Les évangélistes, qui aspirent à un christianisme plus authentique et plus pur, opposé aux superstitions et à l'ignorance, n'envisagent pas de rupture avec l'Église catholique. D'autres groupes la rejettent sans ambiguïté et s'installent aux franges du royaume (Strasbourg est le premier foyer). François Ier se montre d'abord plutôt tolérant, d'autant plus que sa sœur, Marguerite d'Angoulême, est elle-même une fervente convertie. Il passera toutefois à la répression après l'affaire des Placards en 1534 (des affiches contre la messe sont placardées partout dans le royaume et jusque sur les portes des appartements royaux à Blois).

Les persécutions, qui s'accélèrent sous Henri II (1547-1559), n'empêchent pas la création de communautés réformées de tendance calviniste, principalement dans les villes. La Réforme attire surtout les marchands, les artisans et les membres des professions libérales. Quelques nobles y adhèrent, tandis que la quasi-totalité de la paysannerie demeure dans l'orbite catholique (voir l'encadré « Protestantisme et alphabétisation »).

Après la mort d'Henri II, le calvinisme connaît un formidable essor en France (certains historiens avancent le chiffre de 20 % de la population vers 1562), tandis que les tensions entre les deux communautés provoquent des manifestations, des meurtres, des affrontements armés et des massacres. Le plus grave est celui de la Saint-Barthélemy (1572), au cours duquel plus de 10 000 « huguenots » (c'est le nom qu'on donne aux adeptes du calvinisme en France) trouvent la mort.

FIGURE 6.14

***Le Massacre de la Saint-Barthélemy* (détail)**

Le peintre François Dubois, protestant réfugié à Genève, a illustré toute la férocité de ce massacre.

La lutte entre protestants et catholiques se transforme en véritable guerre entre 1584 et 1590, quand Henri III, Henri de Guise et Henri de Navarre (qui est protestant) se disputent le trône de France. C'est ce qu'on a appelé la « Guerre des Trois Henri ». Victorieux, Henri de Navarre devient roi sous le nom d'Henri IV, mais il doit abjurer le protestantisme. (On lui attribue le commentaire suivant, devenu dicton : « Paris vaut bien une messe. ») En 1598, il promulgue l'Édit de Nantes, qui accorde la liberté de culte et de conscience aux huguenots, ainsi que plus de 150 places fortes pour assurer leur défense. Cette sage décision procurera 87 années de paix religieuse à la France.

LES PAYS-BAS S'AFFRANCHISSENT DE LA DOMINATION ESPAGNOLE. À partir des années 1540, la doctrine calviniste se répand aussi en Flandre et dans les Pays-Bas, qu'on appelle alors les XVII Provinces et qui font partie du Saint Empire. Monté sur le trône d'Espagne en 1555, Philippe II hérite de ces provinces et y rétablit l'Inquisition pour combattre le protestantisme (figure 6.15). Cette politique de répression provoque la révolte des Gueux (1566), qui unit les nobles flamands et néerlandais dans la lutte contre un monarque à la fois intolérant et étranger. La féroce répression qui s'ensuit dégénère en véritable guerre quand Guillaume d'Orange (dit le Taciturne), ancien ***stathouder*** de Hollande, prend la tête d'une armée de réformés. En 1579, les sept provinces du Nord-Est (dont la Hollande) font sécession sous le nom de Provinces-Unies. Leur indépendance finalement reconnue par l'Espagne en 1609, les futurs Pays-Bas deviennent au XVIIe siècle un refuge pour les calvinistes persécutés et une des grandes puissances commerciales et financières d'Europe (la Bourse d'Amsterdam, première institution du genre, est créée en 1611). Quant aux dix autres provinces, elles demeurent catholiques et possession des Habsbourg d'Espagne (elles formeront la Belgique au XIXe siècle).

stathouder Gouverneur de province dans les Pays-Bas espagnols ; dans les Provinces-Unies, titre porté par le chef de l'exécutif.

HENRY VIII CRÉE L'ÉGLISE ANGLICANE. Une certaine hostilité à l'égard de l'Église catholique se manifeste en Angleterre au début du XVIe siècle. La bourgeoisie tolère très mal la fiscalité et les bénéfices ecclésiastiques, tandis que les lollards, disciples de John Wyclif, continuent à répandre ses idées en sourdine. De plus, le Parlement anglais a commencé dès le XIVe siècle à remettre en question certaines dispositions du droit canon. Par ailleurs, l'influence des humanistes est très forte au sein des classes supérieures (nobles et bourgeois). Les sentiments anticléricaux et antiromains créent donc un climat favorable à une

FIGURE 6.15

Le Massacre des innocents

Ce tableau (1566-1567) de Pieter Bruegel l'Ancien constitue un remarquable exemple de critique politique au moyen de l'art. En effet, il représente en théorie le massacre des enfants mâles de moins de deux ans commandé par Hérode, roi de Judée, après qu'on lui eut annoncé la naissance d'un messie. Or, on remarquera que la scène peinte par Bruegel ne se passe pas en Judée, puisque le décor représente manifestement les Pays-Bas. De plus, les personnages ne sont pas des Hébreux vivant à l'époque d'Auguste. En effet, leurs vêtements, notamment, nous indiquent qu'il s'agit de gens vivant dans le nord de l'Europe vers le XVIe siècle. Enfin, les soldats qui perpètrent le massacre ne sont pas des Romains, les cavaliers portant des cuirasses typiques des soldats de la Renaissance. Certains spécialistes, rappelant qu'une armée espagnole dirigée par le duc d'Albe et destinée à réprimer l'hérésie protestante était arrivée aux Pays-Bas en 1567, soutiennent que le cavalier barbu vêtu de noir qui assiste au carnage serait le duc d'Albe lui-même, et que les soldats représenteraient donc l'armée d'occupation espagnole.

réforme religieuse. Toutefois, au contraire de celles qui se sont produites sur le continent, cette Réforme ne sera pas le fait de prédicateurs, mais des souverains eux-mêmes.

Le premier acteur de la Réforme anglaise est le roi Henry VIII (1509-1547), pourtant proclamé Défenseur de la Foi par le pape pour avoir contredit Luther. Marié à Catherine d'Aragon, fille de Ferdinand d'Aragon et d'Isabelle de Castille et tante de Charles Quint, Henry VIII n'a pas réussi à obtenir d'elle un héritier mâle. Il demande donc au pape l'annulation de son mariage. Il désire également reprendre sa liberté afin d'épouser une demoiselle d'honneur de la reine dont il s'est épris, Anne Boleyn. Devant le refus de l'Église, Henry VIII obtient du Parlement en 1534 la proclamation de l'Acte de suprématie, qui promulgue la scission de l'Église d'Angleterre et fait du roi son chef spirituel. Les pouvoirs et les revenus du pape en Angleterre passent donc entre ses mains, et tous ses sujets doivent lui prêter serment. Ceux qui refusent de le faire, comme l'ancien chancelier Thomas More, sont exécutés. Le schisme d'Henry VIII s'accompagne de la **sécularisation** d'une partie des biens du clergé et de l'adoption d'un certain nombre de préceptes d'origine luthérienne (dont l'abolition des indulgences). Cependant, il ne provoque pas le passage de l'Angleterre à la Réforme : il aboutit simplement, pour le moment, à la création d'une nouvelle Église de dogme catholique, mais séparée de celle de Rome, l'Église anglicane.

sécularisation Passage d'un bien de l'Église dans le domaine public ; passage de l'état religieux à l'état civil.

L'Église anglicane est déchirée. Au sein de l'Église anglaise, les tensions sont pourtant vives entre ceux qui appuient le roi, ceux qui voudraient le retour de l'Église anglicane au sein de l'Église romaine et ceux qui adhèrent aux idées de la Réforme. Persécutés sous Henry VIII, les réformés reviennent en force sous le règne d'Edward VI (1547-1553), fils d'Henry et de sa troisième épouse, Jane Seymour. Le *Book of Common Prayer* (1552) introduit alors dans la religion anglicane des éléments de dogme et de liturgie calvinistes : la messe est transformée, le mariage des prêtres autorisé et la justification par la foi reconnue. À la mort d'Edward, c'est la fille d'Henry VIII et de Catherine d'Aragon, Mary Tudor, qui monte sur le trône (1553-1558). Farouchement catholique, elle fait abroger toutes les dispositions inspirées par la Réforme qui ont été promulguées, rétablit les liens de l'Église anglaise avec Rome, épouse Philippe II d'Espagne et déclenche contre les réformés une vague de persécutions qui lui vaudront le surnom de *Bloody Mary.*

Elizabeth Ire fait passer l'Église anglicane dans le camp de la Réforme. À sa mort en 1558, c'est sa demi-sœur Elizabeth Ire, fille d'Anne Boleyn, qui hérite de la couronne (1558-1603). La nouvelle reine rétablit rapidement l'Acte de suprématie (qui renforce sa légitimité et la fait *Supreme Governor* de l'Église) puis fait adopter en 1563 les Trente-Neuf Articles, qui constituent encore aujourd'hui le fondement doctrinal de l'Église anglicane. D'inspiration calviniste, les Trente-Neuf Articles mettent néanmoins en place une liturgie et un dogme originaux : ils reconnaissent la justification par la foi et l'autorité des seules Écritures, ils abrogent le culte des saints, ils nient l'existence du purgatoire, ils suppriment les indulgences et ils conservent seulement les deux sacrements bibliques. Toutefois, l'Église anglicane garde une hiérarchie épiscopale et des rites proches du catholicisme (les prêtres et les évêques étant néanmoins autorisés à se marier) et rejette la doctrine de la prédestination.

Pour s'assurer de la fidélité de ses sujets et de leur adhésion à la foi nouvelle, Elizabeth impose la prestation d'un serment de fidélité à tous ceux qui prétendent à des fonctions dans l'administration ou dans l'armée. Par ailleurs, la flotte anglaise remporte en 1588 une éclatante victoire contre la soi-disant

L'ARMADA ET LA DOMINATION DES MERS

La déroute de l'Armada espagnole marque la fin de la suprématie maritime de l'Espagne et inaugure celle de l'Angleterre.

Invincible Armada, que Philippe II d'Espagne a envoyée conquérir l'Angleterre et y rétablir le catholicisme.

Fruit d'un long compromis, l'établissement définitif de l'Église anglicane se traduit par un certain apaisement religieux – une des caractéristiques de la glorieuse époque élisabéthaine. Deux groupes restent cependant à l'écart de l'Église anglicane: les catholiques et les calvinistes purs et durs, appelés puritains. Persécutés à partir du début du XVIIe siècle, ces derniers quitteront l'Angleterre pour venir fonder dans le nord-est de l'Amérique de nouvelles Jérusalem où ils pourront pratiquer leur culte à l'abri des persécutions: ainsi naîtront notamment le Massachusetts et le New Hampshire.

LA CONTRE-RÉFORME CATHOLIQUE

Contre-Réforme Mouvement religieux du XVIe siècle, aussi appelé Réforme catholique, par lequel l'Église catholique réplique aux succès du protestantisme et s'efforce de ramener dans son giron des chrétiens ayant opté pour celui-ci; il comprend notamment le recours à la répression (Inquisition et Saint-Office), la création de nouveaux ordres religieux imprégnés de mysticisme, la réaffirmation des dogmes, une réforme disciplinaire et le recours à l'art baroque comme moyen de stimuler la foi.

Pour réagir à la Réforme protestante, l'Église catholique puise dans son répertoire traditionnel: elle défend tout d'abord son dogme avec les outils du droit médiéval (procès pour hérésie et excommunications), puis elle recourt à la force armée avec l'aide des princes catholiques. Mais, au milieu du XVIe siècle, alors que près de la moitié de l'Europe bascule dans le camp de la Réforme, les catholiques et leurs chefs religieux comprennent que la résistance au protestantisme passe par un renouveau dogmatique et spirituel qui permettra à l'Église catholique de redevenir un foyer d'attraction: c'est la **Contre-Réforme**, ou Réforme catholique. Un nouveau mysticisme éclôt en Italie et en Espagne, tandis que l'art baroque devient un des instruments privilégiés de la reconquête des âmes. Par ailleurs, l'Église se dote de nouveaux outils, comme la Congrégation de l'Index et le Saint-Office. En outre, elle redéfinira son dogme et les règles régissant les comportements des clercs lors du concile de Trente (1545-1564).

L'ÉGLISE CATHOLIQUE SE RENOUVELLE. L'essor de la Réforme dans la première moitié du XVIe siècle stimule la ferveur religieuse de nombreux catholiques, ce qui se traduit notamment par la création de nouveaux ordres religieux qui combattent le protestantisme et répandent la foi catholique.

L'ORATORIO

Les chants des membres de l'Oratoire ont suscité la naissance d'un nouveau genre musical, l'*oratorio*, dont la réalisation la plus achevée sera le *Messie* de Haendel.

En Italie, saint Philippe Néri crée l'Oratoire de l'amour divin, dont les membres prient et chantent en commun et aident les pauvres et les malades. Sainte Angèle Mérici crée l'Ordre des ursulines, nonnes cloîtrées vouées à l'enseignement. Quant à l'Ordre des franciscains, il donne naissance à une nouvelle branche, les capucins, qui se spécialisent dans les soins aux pauvres et la prédication.

En Espagne, sainte Thérèse d'Avila et saint Jean de la Croix connaissent des expériences mystiques et réforment l'ordre du Carmel, dont la règle s'était adoucie au fil des âges (ces «illuminés» font eux-mêmes l'objet de la surveillance de l'Inquisition espagnole, qui les persécute). Ignace de Loyola, noble basque, est amené au mysticisme pendant sa convalescence après une grave blessure de guerre. Il établit d'abord un système structuré d'«exercices spirituels», puis décide de consacrer sa vie au service de l'Église. Avec quelques disciples, qui prononcent comme lui les vœux de pauvreté, de chasteté et d'apostolat, il crée un ordre religieux qui devient en 1540 la Compagnie de Jésus, dont la devise est *Ad majorem Dei gloriam* («Pour la plus grande gloire de Dieu»). Ordre de type militaire dont le supérieur ne rend de comptes qu'au pape, la Compagnie de Jésus doit promouvoir la pensée et la vie chrétiennes et propager la foi par la prédication, les exercices spirituels et les œuvres charitables (voir l'encadré «La nature des exercices spirituels selon Ignace de Loyola»). Chargés de combattre le protestantisme et de convertir les païens partout dans le monde où le pape jugera bon de les envoyer, les jésuites reçoivent une

La nature des exercices spirituels selon Ignace de Loyola

Par ces mots d'exercices spirituels, on entend toute manière d'examiner sa conscience, de méditer, de contempler, de prier vocalement ou mentalement, et toute autre activité spirituelle. [...] De même, en effet, que la promenade, la marche et la course sont des exercices physiques, de même on appelle exercices spirituels toute manière de préparer et de disposer l'âme, pour écarter de soi tous les attachements désordonnés, puis, quand on les a écartés, chercher et trouver la volonté divine dans la disposition de sa vie, pour le bien de son âme.

Ignace de Loyola, *Les exercices spirituels*, Paris, Seuil, 1982, p. 3.

formation très rigoureuse où dominent la scolarité (philosophie et théologie au premier chef) et la discipline. À l'aube du XVIIe siècle, ses 10 000 membres ont fondé plus de 300 établissements dans des pays de mission (Inde, Japon, Amérique du Sud et, bientôt, Nouvelle-France). Ils ont également constitué le fer de lance de la Contre-Réforme dans les régions de langues germaniques et slaves, obtenant leurs plus beaux succès en Bohême et en Autriche.

L'Église recourt aussi à la répression. Parallèlement à ce renouveau spirituel, le pape Paul III entame un travail de réforme interne de l'Église institutionnelle en nommant des cardinaux qui se distinguent par leur science et leur piété plus que par leurs origines sociales. Pour lutter contre l'expansion de la Réforme dans les pays méditerranéens, il restaure l'Inquisition romaine sous le nom de Saint-Office (1542), chargé de pourchasser l'hérésie. Son successeur Pie IV crée la Congrégation de l'Index (1564), organe qui établit et publie le catalogue des livres et des textes prohibés par l'Église (voir l'encadré « L'Index des livres défendus »).

L'Église refuse tout compromis sur le plan doctrinal. En 1545, Paul III convoque finalement le concile que réformateurs comme catholiques demandaient depuis plus de 20 ans; il se tient à Trente (ville impériale située dans le nord de l'Italie) et dure de 1545 à 1564. Commencé avec seulement quelques participants et interrompu à deux reprises, le concile de Trente aboutira à une reformulation de la doctrine de l'Église qui restera pratiquement intacte jusqu'à nos jours. Après plusieurs années de travaux, le concile rejette les thèses défendues par les réformés, renforce la discipline au sein du clergé et crée des outils pour améliorer la formation des prêtres.

Sur le plan de la doctrine, le concile précise plusieurs points de dogme dont quelques-uns n'avaient jamais été clairement définis dans le passé. Dans ses « décrets dogmatiques », il réitère que les sources de la foi sont non seulement les Saintes Écritures, mais aussi la doctrine définie par les Pères de l'Église, les conciles et les papes. Il soutient également que le salut est accordé au chrétien non seulement parce qu'il a la foi, mais aussi en raison de ses

Le dogme catholique jusqu'au XXIe siècle

L'usage du latin comme langue liturgique ne sera remis en question que quatre siècles plus tard par le concile de Vatican II, tenu de 1962 à 1965. Ce concile réformera la liturgie, mais non le dogme, qui est resté intact depuis le concile de Trente.

L'Index des livres défendus

Nommée Index, la liste des livres interdits par l'Église catholique ne cessera d'être publiée qu'en 1966. Elle comprendra les ouvrages d'auteurs comme Victor Hugo, Émile Zola et Charles Baudelaire. Elle aura une forte influence dans les pays de tradition catholique, notamment au Québec jusqu'à la Révolution tranquille.

œuvres. Le concile maintient en outre l'existence du purgatoire et l'utilité des indulgences, de même que la présence réelle du Christ dans l'eucharistie. Il réaffirme enfin l'existence de sept sacrements, ni plus ni moins, et maintient le latin comme langue liturgique.

Par ailleurs, les « décrets disciplinaires » renforcent la discipline et la rigueur morale du clergé. Ainsi, le cumul des bénéfices est interdit et les évêques sont forcés de résider dans leur diocèse, tandis que l'obligation du célibat est réitérée pour l'ensemble des membres du clergé. La formation des prêtres devra être assurée par les séminaires créés dans chaque diocèse. Les futurs prêtres y étudieront notamment la théologie et la philosophie, nul ne pouvant de surcroît être ordonné avant l'âge de 25 ans. Enfin, l'Église publie dans les années suivantes trois documents appelés à guider le clergé et les fidèles : le *Catéchisme romain*, ouvrage dont la fonction est d'aider les curés dans la prédication et dans l'enseignement aux enfants ; le *Bréviaire romain*, livre rédigé à l'intention des prêtres et contenant les formules de prières, le calendrier liturgique, la description des offices, etc. ; et le *Missel romain*, livre destiné aux fidèles et contenant l'ensemble des prières et des lectures nécessaires à la célébration de la messe pendant toute l'année.

Les décrets du concile de Trente furent inégalement appliqués, certains souverains en refusant la publication sous prétexte qu'ils portaient atteinte à leur pouvoir. Le concile a néanmoins permis la stabilisation du catholicisme, qui a dès lors à peu près cessé de perdre du terrain au profit du protestantisme.

JEAN-PAUL II RÉTABLIT LA PRATIQUE DES INDULGENCES

Bien que le concile de Trente ait réaffirmé la validité et l'utilité des indulgences (tout en interdisant leur vente), la pratique était à peu près disparue après le concile de Vatican II (1962-1965). C'est le pape Jean-Paul II qui l'a remise en selle lors du Jubilé de l'an 2000. Selon cet article de *La Presse*, quelle est la valeur des indulgences pour les catholiques aujourd'hui ?

• 11 avril 2009 •

LA PRESSE

COMMENT ÉVITER LE PURGATOIRE

Longtemps décriée dans l'Église, l'indulgence est de retour

Mathieu Perreault

Vous voulez éviter le purgatoire ? Heureusement pour vous, une méthode vieille de plusieurs siècles, qui était tombée en disgrâce après le concile Vatican II, fait un retour remarqué dans l'Église catholique : l'indulgence plénière.

Donald Tremblay, un prêtre du diocèse de Saint-Jérôme, indique que les indulgences plénières sont souvent liées à des manifestations spéciales, comme un jubilé, un pèlerinage, une première communion, ou l'écoute de la bénédiction *urbi et orbi* donnée par le pape à Noël. Dans le cas d'une première communion, quiconque y assiste peut obtenir une indulgence plénière s'il se confesse dans les huit jours suivant la messe, et prie aux intentions du pape « avec un cœur sincère ».

Le père Tremblay accompagne souvent des groupes de jeunes sur la route de Saint-Jacques de Compostelle. « Quand je leur explique qu'ils peuvent avoir une indulgence plénière en arrivant à Compostelle, ils ne savent jamais de quoi je parle, dit le père Tremblay. Ça ne fait pas partie de la culture spirituelle du Québec. Mais tous les jeunes à qui je l'ai dit l'ont fait. En soi, c'est même quelque chose de beau, tu fais un geste d'amour, une démarche spirituelle pour quelqu'un de décédé. »

Car l'indulgence plénière ne permet pas seulement d'échapper soi-même au purgatoire. Elle permet de l'éviter à quelqu'un d'autre, par exemple à un proche récemment décédé.

Il a de plus donné une nouvelle vigueur à l'Église, comme le montre la multiplication des vocations religieuses: 20 000 capucins et 15 000 jésuites, ainsi que 200 000 clercs en Espagne seulement vers 1650.

L'Église utilise l'art baroque pour combattre la Réforme. Les dirigeants de l'Église et les ordres religieux, qui essaiment en Europe et dans le reste du monde, utilisent aussi les ressources de l'art pour ramener au catholicisme les brebis égarées et pour renforcer la foi des croyants. L'art baroque (ce qualificatif désigne à l'origine quelque chose de singulier ou de bizarre) émerge ainsi dans les dernières années du XVIe siècle. Il marque toute la civilisation occidentale jusqu'au milieu du XVIIIe siècle et traduit une volonté de persuader, de stimuler les émotions et de séduire les sens.

Le baroque pénètre tous les arts, mais particulièrement les arts plastiques (architecture, peinture, sculpture). Au contraire de l'art de la Renaissance, fondé sur la rationalité et la clarté, le baroque s'adresse aux sens et aux émotions. Il cherche à éblouir le croyant et à stimuler chez lui le sens religieux. Ce style artistique est dynamique, car il considère les objets dans leur mouvement et dans leur devenir. Il est également dramatique, puisqu'il met en scène, et généreux, puisqu'il utilise une profusion de moyens et tout l'espace disponible. Il cherche à provoquer la surprise et l'admiration par la création de l'œuvre d'art totale à laquelle contribuent tous les arts plastiques. Utilisant la ligne courbe, l'oblique, la torsion, le trompe-l'œil (figure 6.18), les formes irrégulières, les jeux de lumière (notamment le clair-obscur), le baroque est à l'origine au service de la foi. Ainsi, l'église baroque typique sera en quelque sorte un spectacle en soi, dans lequel la richesse des matériaux, les prouesses techniques et une mise en scène raffinée s'adresseront aux sens du croyant pour magnifier en lui la foi catholique (figure 6.16).

Étroitement lié à la volonté réformatrice qui s'est manifestée dans la foulée du concile de Trente, le baroque naît à Rome au milieu du XVIe siècle. Les premières réalisations baroques sont l'église du Gesù et les transformations de la basilique Saint-Pierre, entre autres par l'ajout de la fameuse enceinte elliptique extérieure (colonnade) créée par le Bernin (figure 6.19). Le baroque se répand par la suite dans le reste de l'Italie et de l'Europe, plus particulièrement dans la péninsule ibérique – et par voie de conséquence en Amérique latine –, ainsi qu'en Europe centrale et dans les Flandres catholiques.

FIGURE 6.16

Une église baroque: Karlskirche (Vienne)

L'église baroque est une œuvre architecturale complexe qui emprunte à plusieurs styles en les intégrant: colonnes grecques à chapiteau corinthien; fronton triangulaire grec; coupole romaine ou persane; colonnes d'inspiration égyptienne ou romaine; clochetons byzantins; etc. Elle frappe l'imagination du passant et stimule sa curiosité.

Le baroque n'est toutefois pas un art exclusivement religieux. Dans les pays peu touchés par la Réforme et dans les pays de Contre-Réforme, une architecture, une statuaire et une peinture profanes se développent en parallèle, comme le montrent certaines œuvres du Bernin (figure 6.21). Dans les pays de culture protestante et bourgeoise, comme les Pays-Bas, la peinture baroque se veut un reflet réaliste de la vie sociale.

FIGURE 6.17

***L'Extase de sainte Thérèse* (1647-1652)**

Dans ce groupe sculpté en marbre, inspiré du courant mystique espagnol, le sculpteur italien le Bernin représente l'extase de Thérèse d'Avila, à laquelle apparaît un ange qui s'apprête à la transpercer d'un javelot d'or dont l'extrémité incandescente représente l'amour divin. La sculpture oppose le monde divin, symbolisé par les rayons de lumière, le calme et la grâce de la tunique de l'ange, au monde terrestre, qui est celui de l'ombre et de la pesanteur.

FIGURE 6.18

Un plafond en trompe-l'œil : *L'Assomption de la Vierge* (œuvre du Corrège, cathédrale de Parme ; 1524-1530)

Le plafond en trompe-l'œil est une des caractéristiques des églises baroques. Le peintre y utilise la perspective pour donner l'illusion d'un espace réel. Il oppose le plus souvent le monde terrestre au monde céleste.

FIGURE 6.19

La colonnade de Saint-Pierre de Rome (1656-1657), œuvre du Bernin

FIGURE 6.20

La fontaine de Trevi, œuvre de Nicolo Salvi, réalisée entre 1732 et 1762

Située en plein cœur de Rome, elle représente un exemple de baroque profane.

FIGURE 6.21

***Apollon et Daphné* (1622-1624)**

Dans ce groupe sculpté, le Bernin représente une scène de la mythologie classique : la jeune nymphe Daphné, poursuivie par Apollon, se métamorphose en laurier. Le baroque, art du mouvement, sert particulièrement bien la légende, le bas du corps de Daphné se transformant en tronc d'arbre sous les yeux du spectateur tandis que des feuilles jaillissent de sa chevelure.

Apprentissages

Faire ressortir les fondements idéologiques

L'Utopie de Thomas More constitue, après *La République* de Platon, le second grand exposé utopiste de l'histoire de la civilisation occidentale. Dans *La République*, Platon faisait décrire à Socrate la cité modèle, où règnent l'ordre et la justice. Dans *L'Utopie*, Thomas More, homme politique et humaniste anglais du XVIe siècle, critique la monarchie et la propriété privée et décrit une société idéale.

L'ouvrage de Thomas More a connu un grand succès dès son époque et a fortement influencé les intellectuels des siècles suivants, particulièrement au XIXe siècle. De nombreux critiques du capitalisme et de la société industrielle (Pierre Joseph Proudhon, Louis Blanc, Robert Owen, Charles Fourier, etc.) ont alors publié des textes d'inspiration utopiste où ils décrivaient un monde meilleur, affranchi de l'exploitation de l'humain par ses semblables.

Quelles affirmations du texte de Thomas More (p. 167) font encore partie des préoccupations des intellectuels contemporains? À quelle extrémité du spectre idéologique (de la droite à la gauche) peuvent-elles être associées? Serait-il possible de trouver, dans la presse quotidienne ou périodique actuelle, un document dont le contenu se rapproche de cet extrait?

Clarifier ses valeurs

À partir de la lettre de Gargantua à son fils (p. 168), est-il possible d'élaborer un programme d'études, s'étendant sur quelques années, typique des valeurs de la Renaissance? Dans le cadre d'un programme actuel d'études secondaires, lesquelles des matières proposées par Rabelais devraient être abandonnées et quelles autres devraient être ajoutées?

Identifier et inférer

Dans le document où sont présentées les revendications des paysans allemands en 1524-1525 (p. 180) se chevauchent des revendications socioéconomiques et des préoccupations religieuses.

a) Quelles sont les principales demandes des paysans? Comment nous renseignent-elles sur la condition des paysans en Allemagne au début du XVIe siècle et sur l'aggravation des tensions entre eux et les nobles?

b) D'après ce document, pourrait-on affirmer que les principes religieux énoncés par Luther ont eu une incidence sur la conscience que ces paysans avaient de leur condition et sur la nature de leurs revendications?

Identifier et classer les relations de cause à effet

La recherche des relations de cause à effet aide à comprendre comment et pourquoi un événement est arrivé, un phénomène s'est produit. Un phénomène ou un événement a habituellement plus d'une cause et celles-ci peuvent être de différentes natures. Une cause peut en effet être directe ou indirecte, immédiate, à moyen ou à long terme, sous-jacente ou apparente.

La Réforme protestante du XVIe siècle procède de plusieurs causes de nature différente. Parmi les phénomènes suivants, trouvez lesquels en sont des causes et déterminez, le cas échéant, s'il s'agit d'une cause 1) directe ou indirecte, 2) immédiate, à moyen ou à long terme, 3) sous-jacente ou apparente.

a) L'empereur et le pape se querellent à propos des investitures (XIe-XIIe s.).

b) Le pape Léon X fait construire Saint-Pierre de Rome.

c) Jean Hus et John Wyclif critiquent le dogme et l'Église catholiques (XIVe s.).

d) Gutenberg invente l'imprimerie (vers 1440).

e) Deux, puis trois papes se disputent le trône de saint Pierre pendant le Grand Schisme d'Occident (1378-1417).

f) Le pape Sixte IV affirme qu'on peut acquérir des indulgences en faveur des âmes du purgatoire (1476).

g) Les humanistes mettent au point la méthode philologique (XVe-XVIe s.).

h) Martin Luther lit saint Paul et y découvre les fondements de sa théorie de la grâce divine.

i) Rodrigue Borgia (Alexandre VI) occupe le trône de saint Pierre (1492-1503).

Consultez le Compagnon Web pour des questions d'autoévaluation supplémentaires.

CHAPITRE 7

Les Européens rencontrent le monde

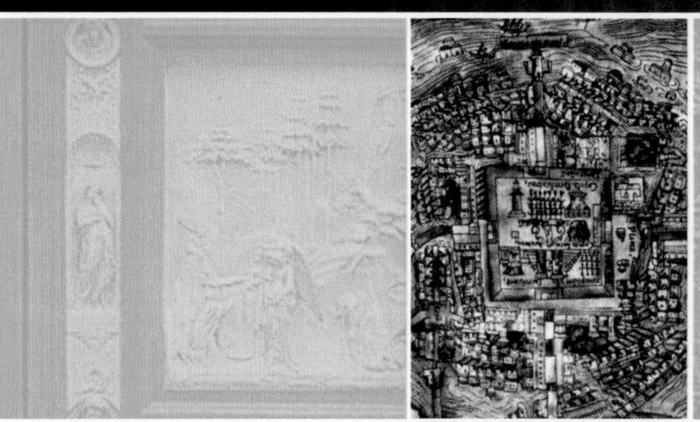

DANS CE CHAPITRE, NOUS VERRONS...

- Quelles civilisations encore inconnues ou peu connues des Européens se sont développées en Asie, en Afrique et en Amérique.
- Pourquoi et comment les Européens se lancent à la découverte de ces civilisations.
- Comment s'est effectuée la rencontre entre les Européens et les populations d'Asie, d'Afrique et d'Amérique, et avec quelles conséquences, notamment l'avènement d'une économie à l'échelle mondiale.
- Comment les conflits perdurent en Europe et combien il est difficile de préserver l'équilibre européen.
- Comment s'affirment en Angleterre les principes de la démocratie politique et ceux des libertés et droits individuels, alors que des régimes politiques absolutistes restent la norme dans les autres pays d'Europe.

LES PRINCIPAUX CONCEPTS UTILISÉS DANS CE CHAPITRE SONT LES SUIVANTS : économie-monde et équilibre européen, ainsi que théocratie, capitalisme, mercantilisme, inflation, commerce triangulaire, bourgeoisie d'affaires, droits régaliens, monarchie absolue et constitutionnelle, *habeas corpus* et régime politique par contrat.

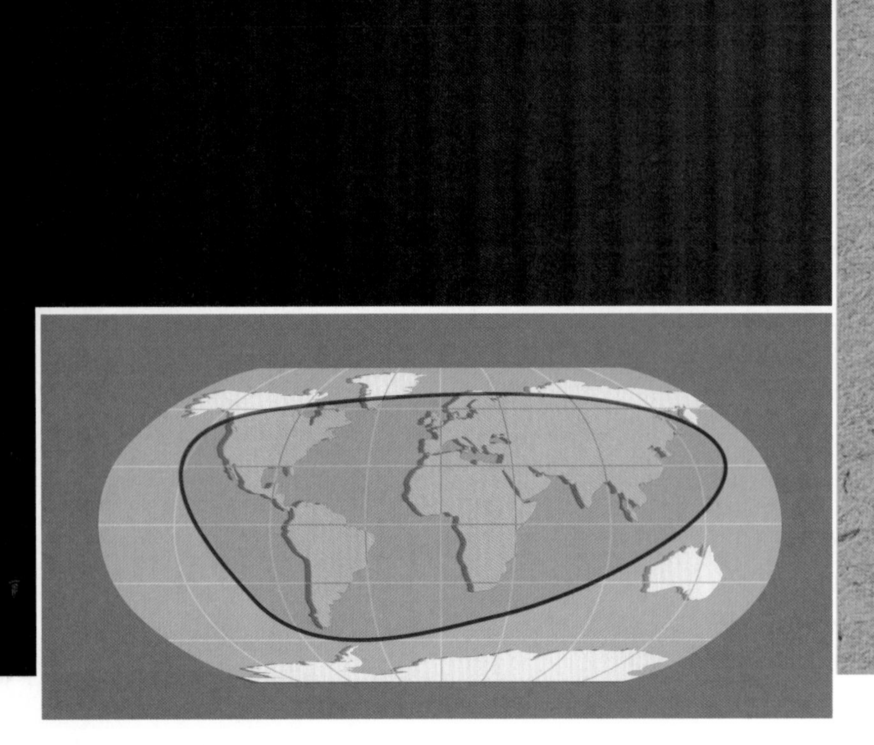

LIGNE du temps

1250	1300	1350	1400	1450	1500

Sultanat de Delhi (1206 à 1526)

Dynastie des Yuan – Mongols (1260 à 1369)

Dynastie des Ming (1369 à 1644)

Shogounats Ashikaga (1338 à 1573)

Tamerlan prend Delhi (1398)

Empire songhaï (1464 à 1591)

Les Aztèques à Mexico (1325 à 1519)

Empire Inca (1438 à 1532)

Chute de Byzance (1453)

Dias passe le cap de Bonne-Espérance (1487)

Magellan fait le tour du monde (1519 à 1521)

Christophe Colomb à Hispaniola (1492)

Cabral au Brésil (1500)

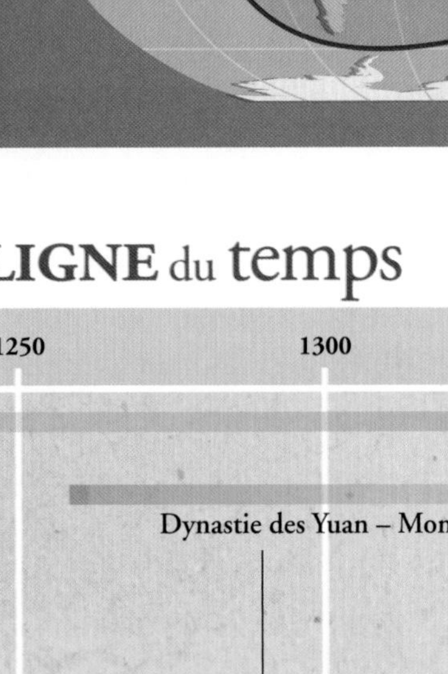

À la fin du XVe siècle et durant tout le XVIe siècle, l'Europe développe et affine sa connaissance de l'Orient et du reste du monde, qui était jusque-là plus mythique qu'empirique. Dans les faits, toutefois, depuis l'époque des Romains et peut-être même avant, des contacts et des échanges unissaient déjà l'Occident et l'Orient. En témoignent notamment les caravanes qui empruntaient régulièrement la route de la soie depuis le IIIe siècle av. J.-C. ; ou des récits de voyage comme ceux du franciscain Guillaume de Rubrouck, qui visite l'empire des Mongols au XIIIe siècle (*Voyage dans l'Empire mongol*) ou du Vénitien Marco Polo qui, quelques années plus tard, séjourne 15 ans en Chine (*Le Livre des merveilles*). Les Européens découvrent de plus en plus les produits de l'Orient et les apprécient. À la fin du XVe siècle, des expéditions partent de plusieurs pays d'Europe occidentale à la découverte de nouvelles routes vers l'Asie et par la suite à la conquête de régions du globe méconnues, comme l'Afrique, ou virtuellement inconnues, comme les Amériques (carte 7.1). L'histoire de l'Occident et celle du monde entier en seront profondément marquées.

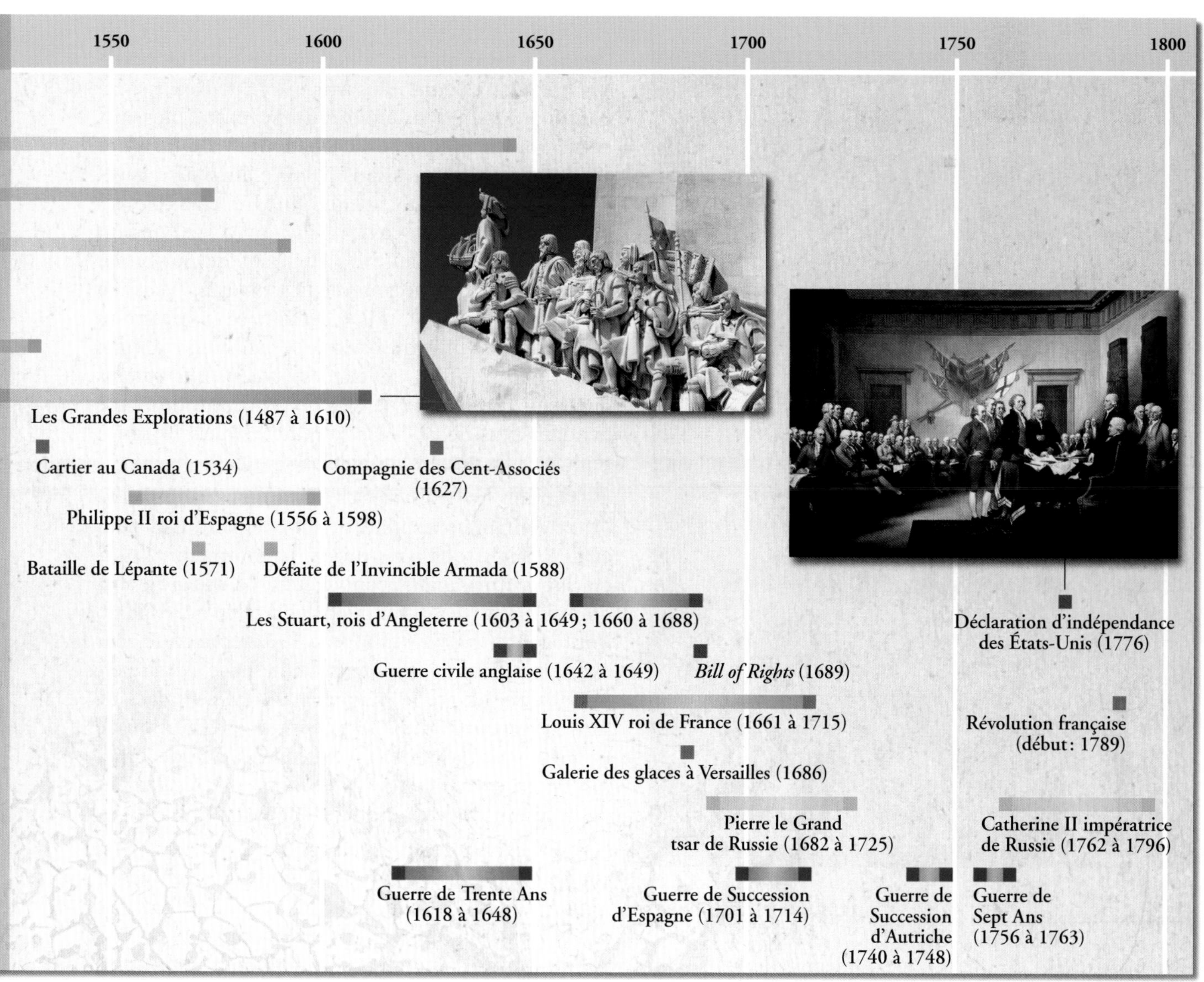

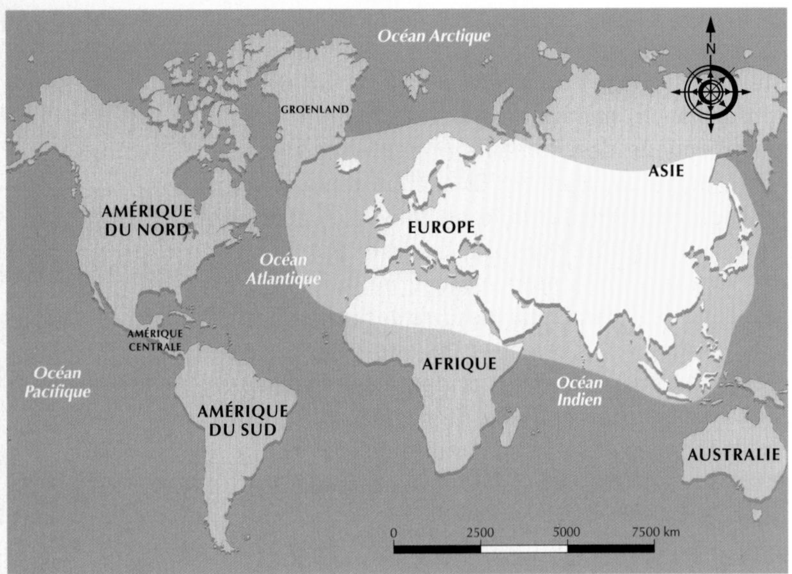

CARTE 7.1

Le monde connu par les Européens au XVe siècle

Le monde mal connu des Européens

Les expéditions menées par les Européens leur font découvrir des civilisations bien différentes des leurs, dont certaines étaient alors parvenues à un stade avancé de développement. Il en résulte un grand brassage culturel.

LES GRANDES CIVILISATIONS D'ASIE

C'est principalement l'Asie qui fascine les Européens, une Asie un peu floue et mystérieuse, parfois globalement nommée Chine, mais dont les Européens savent qu'on y trouve des épices, de la soie et peut-être les richesses fabuleuses décrites dans le *Livre des merveilles* de Marco Polo. Largement diffusés, les récits de voyage en Orient enflamment l'imagination des Européens.

FIGURE 7.1

L'empereur et son fils

Peinture témoignant de l'influence perse sur l'art indien.

PENDANT TROIS SIÈCLES, L'INDE PASSE SOUS LA DOMINATION MUSULMANE. À partir du VIe siècle, le sous-continent indien se trouve divisé entre plusieurs petits royaumes qui se combattent. Commençant au XIe siècle, des invasions musulmanes successives le bouleversent durablement. Pendant un siècle, les envahisseurs turcs, venus d'une région correspondant à l'Afghanistan actuel, se contentent de rançonner ces territoires et d'y capturer des esclaves. Mais, au tournant du XIIe siècle, l'une des armées envahissantes occupe toute l'Inde du Nord et y établit un royaume musulman dont la capitale est Delhi. Les sultans de Delhi règnent sur le nord et le centre de l'Inde pendant plus de 300 ans, durant lesquels ils ont à repousser les armées mongoles.

Durant les trois siècles du sultanat de Delhi, l'Inde connaît un heureux développement. Des villes et des routes sont construites ; le commerce, l'agriculture et l'artisanat s'épanouissent. La culture arabe, que diffusent des savants et des lettrés de Bagdad, imprègne la culture hindoue. En architecture, par exemple, on lui emprunte la voûte et le dôme persans, et on adopte le minaret dans les centaines de mosquées construites à cette époque. La création de la langue *ourdoue*, mélange de persan et de hindi qui s'écrit en caractères arabes, témoigne également de la fusion des cultures hindoue et arabe.

Sur le plan religieux, la politique générale des occupants est plutôt tolérante, mais ils créent pour les non-musulmans un impôt particulier. Des conflits éclatent parfois, les musulmans acceptant difficilement certains principes de l'hindouisme, notamment celui consistant à vénérer plusieurs dieux. Les Indiens sont incités à se convertir : un certain nombre d'entre eux le font, particulièrement dans les castes inférieures, car l'islam prône l'égalité entre tous, ainsi que dans les régions périphériques du Nord-Ouest et du Nord-Est, moins imprégnées de culture hindoue. D'ailleurs, ces régions, qui correspondent au Pakistan et au Bangladesh actuels, sont restées très largement musulmanes.

Au début du XVIe siècle, l'Inde est de nouveau attaquée par les Mongols, qui cette fois s'établissent et fondent une nouvelle dynastie : les Moghuls (du mot persan *Mongol*). À cette époque, des Européens s'y sont toutefois déjà installés.

La Chine connaît des changements dynastiques et d'importantes avancées techniques et commerciales. À la fin du XIIIe siècle, la Chine tombe sous la domination des Mongols, dirigés par Khubilai Khan, qui contrôlent dès lors un immense territoire s'étendant de la mer Noire au Pacifique (carte 7.2). Ceux-ci créent alors la dynastie des Yuan, première dynastie étrangère à régner sur toute la Chine. Moins d'un siècle plus tard, avec les Ming (1368-1644), la Chine retrouve une dynastie autochtone.

Territoire sous domination islamique en 1236
Empire mongol en 1294
Territoire additionnel sous domination islamique en 1311
Dynastie des Ming de 1368 à 1644

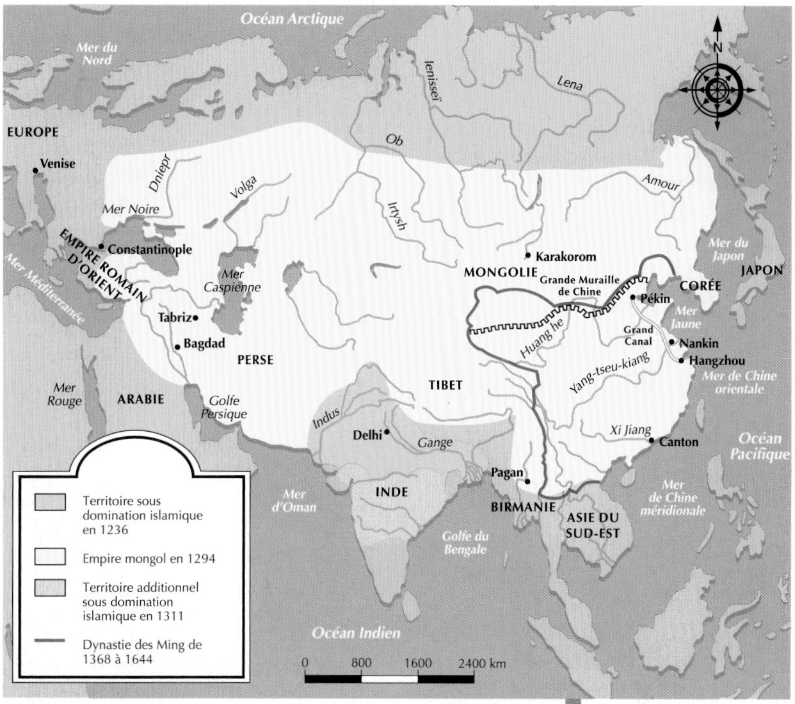

CARTE 7.2

L'Asie, du XIIIe au XVe siècle

Son économie est prospère. Grâce à la fertilisation des sols, à l'utilisation des insecticides et à des plantations de riz qui donnent deux récoltes par an, l'agriculture connaît de forts rendements. De très nombreux artisans travaillent la soie, le coton, ainsi que l'or, l'argent, le fer et le cuivre.

L'activité artisanale a principalement lieu dans les villes. Au XIIe siècle, la population de cinq d'entre elles dépasse déjà 1 million d'habitants. Le Beijing que visite Marco Polo en 1275 en aurait compté près de 2 millions (à la même époque, les villes de Londres et de Paris atteignent à peine 100 000 habitants). Il règne dans ces villes une intense activité commerciale. Le transport des marchandises est facilité par un vaste réseau de routes et de canaux. Le transport se fait aussi par la mer. Les Chinois disposent en effet d'immenses navires – les jonques –, certains de 1500 tonneaux (les plus gros navires européens de l'époque ne jaugent que 300 tonneaux environ). Les marins se servent aussi de la boussole et du gouvernail d'étambot, que les Européens ne connaîtront que plus tard par l'intermédiaire des Arabes. Le commerce, enfin, est facilité par l'abaque, boulier-compteur qu'on pourrait considérer comme l'ancêtre des machines à calculer, et par le papier-monnaie, que les Chinois sont les premiers à employer.

FIGURE 7.2

Vase Ming

Les Chinois ont inventé la porcelaine. Cette poterie très fine et translucide séduira les Européens. En anglais, d'ailleurs, on la nomme encore china*, en souvenir de son origine.*

Les premiers empereurs Ming s'emploient à raviver les traditions chinoises. Ils renforcent ainsi l'agriculture, qui reste la base de l'économie traditionnelle, et encouragent les arts et le développement culturel en confiant à 2000 savants la tâche de consigner les savoirs chinois dans une immense encyclopédie de 11 000 volumes. Ils ne négligent pas le commerce, bien au contraire, comme le montrent leurs expéditions maritimes. Par contre, à compter de la seconde moitié du XVe siècle, ils prennent toute une série de mesures à l'encontre du commerce extérieur et des échanges avec l'étranger. Au même moment, les

En Chine, le premier papier-monnaie

Lorsque Marco Polo découvre le papier-monnaie en Chine, au XIIIe siècle, il en est émerveillé. Il est vrai qu'en Europe on utilise principalement la lourde et encombrante pièce d'or ou d'argent (ainsi que la lettre de change) ; il faut attendre le XVIIIe siècle pour que le papier-monnaie soit adopté. Quelles similitudes et quelles différences existe-t-il entre le papier-monnaie chinois du XIIIe siècle et celui que nous utilisons aujourd'hui ?

■ ■ ■

[Le Grand Khân] *fait faire une telle monnaie comme je vous dirai ; à des hommes fait prendre l'écorce d'arbres que nous nommons mûriers* [...]. *Ils prennent la peau mince qui est entre l'épaisse écorce extérieure et le bois, et qui est blanche ; de cette peau mince, il leur fait faire des feuilles semblables à celles du papier coton, et elles sont toutes noires. Et lorsqu'elles sont faites, il les leur fait couper de telle manière : la plus petite vaut chez eux environ une moitié de petit tornesel*, et la suivante, un peu plus grande, un tornesel, la suivante, encore un peu plus grande, un demi-gros* d'argent de Venise ; la suivante, un gros d'argent, la suivante, deux gros, la suivante, cinq gros, la suivante, dix gros, la suivante, un besant* d'or, et la suivante, deux besants d'or, et la suivante, trois besants d'or, et l'on va ainsi jusqu'à dix besants d'or. Toutes ces feuilles reçoivent le sceau du Grand Sire, faute de quoi, elles ne vaudraient rien. Elles sont fabriquées avec autant de garanties et de formalités que si c'était or pur ou argent, car maints officiers nommés pour cela écrivent leur nom sur chaque billet, y apportant chacun sa marque, et quand tout est bien fait comme il faut, leur chef, commis par le Seigneur, empreint de cinabre* le sceau qui lui est confié et l'appuie sur le billet ; et la forme du sceau humecté du cinabre y demeure imprimée : alors cette monnaie est valable.*

* Tornesel, gros, besant : monnaies en vigueur en Italie ou à Byzance.
Cinabre : un rouge issu du sulfure de mercure.

Marco Polo, *Le Livre des merveilles*, I, Paris, François Maspero, 1980, p. 246.

FIGURE 7.3

La Cité interdite

Construite par les Ming au cœur de Beijing dans le premier quart du XVe siècle, la Cité interdite servit de résidence aux empereurs chinois jusqu'en 1911. Vaste ensemble de palais, pavillons, temples, jardins répartis sur 72 hectares, elle est entourée de larges douves et de hauts murs, dont on voit ici une des portes principales, celle du Méridien (Wumen). Le peuple ne pouvait y pénétrer, d'où son nom de Cité interdite.

Européens envisagent de trouver un passage maritime vers la Chine pour y commercer.

Une société féodale s'est édifiée au Japon. Le Japon est un long archipel de plus de 3000 îles, situé à une centaine de kilomètres des côtes de Corée et de Chine. Sa topographie très montagneuse rend difficile l'unité du pays et se prête mal à l'agriculture (20 % seulement du sol est cultivable). Toutefois, sa position insulaire lui donne accès à de vastes ressources ainsi qu'aux routes maritimes.

Les Japonais ont eu très tôt des contacts avec la Chine, à laquelle ils ont emprunté le mode d'écriture, la religion – le bouddhisme concurrencera le shintoïsme local –, le confucianisme, diverses pratiques artisanales, agricoles et artistiques, ainsi que des principes d'administration et de justice.

Depuis le Ve siècle, un empereur est le souverain suprême du Japon. Vu comme un descendant de la déesse soleil qui aurait créé le Japon – le « pays

Les grandes explorations chinoises

Au début du XVe siècle, l'amiral chinois Zheng He conduit grâce à ses énormes jonques plusieurs expéditions maritimes qui le mènent en Inde, en Indonésie, en Perse, en Arabie et jusqu'en Afrique orientale ; ces expéditions cessent après 1433 parce que, semble-t-il, les empereurs ont besoin d'argent pour renforcer les défenses aux frontières contre les Mongols qui se réorganisent.

du soleil levant», dont le drapeau représente un soleil –, c'est une personnalité religieuse très respectée, mais il ne règne pas vraiment. Dans les régions, de grands propriétaires terriens affichent indépendance et puissance, dotant le Japon d'un système féodal comparable en plusieurs points à celui des pays européens.

À la base du système féodal japonais figure le ***samouraï***, le guerrier. Il existe une hiérarchie de type suzerain-vassal entre les samouraïs. Dans les régions, des samouraïs plus puissants, généralement grands propriétaires, dominent les autres: ce sont les ***daïmios***. Le plus puissant des daïmios peut devenir ***shogoun***: c'est lui qui, au nom de l'empereur, gouverne réellement le pays. Les petits samouraïs reçoivent de leur daïmio (ou du shogoun) des parcelles de terre à leur usage. Ils les font cultiver par des paysans qui leur sont attachés. Il arrive que certains samouraïs ne trouvent pas de suzerain, particulièrement en période de paix: ils sont appelés ***ronins***, exclus – pour un samouraï rien n'existe sinon l'engagement militaire –, et ils errent d'une région à l'autre, cherchant à louer leur épée, se livrant parfois au brigandage pour survivre.

À la fin du XIIIe siècle, les Mongols tentent d'envahir le Japon. Ils sont repoussés par les samouraïs japonais, mais aussi par un typhon – les Japonais le nommeront *kamikaze*: «vent des dieux» – qui coule une partie de leur flotte. Les années suivantes sont des années de rivalité entre les grands seigneurs, jusqu'à ce qu'en 1335 l'un d'eux établisse sa famille, les Ashikaga, au shogounat pour deux siècles. Toutefois, la paix n'est pas vraiment rétablie dans le pays.

Durant cette période, néanmoins, l'économie prospère. Les paysans et les artisans tirent profit des besoins militaires, ainsi que les marchands, qui établissent des relations commerciales importantes avec la Chine, la Corée et le Sud-Est asiatique.

DYNASTIE JAPONAISE

Le Japon n'a connu qu'une dynastie d'empereurs, et l'empereur actuel descend du premier.

LES DEUX AFRIQUES

L'histoire du continent africain est profondément marquée par la géographie et les climats. L'Afrique comporte une zone de forêt dense, chaude et humide le long de l'équateur; de vastes zones de savanes entre cette forêt et les tropiques; de grands déserts (Sahara, Kalahari) au nord et au sud, eux-mêmes bordés d'étroites régions au climat méditerranéen. On ne connaît l'essentiel de l'histoire de l'Afrique qu'à travers les récits transmis de génération en génération grâce à la tradition orale ainsi que par les vestiges matériels. En effet, les peuples d'Afrique, sauf ceux situés le long de la frange méditerranéenne, n'ont pas laissé de traces écrites.

L'AFRIQUE DU NORD EST SOUS DOMINATION ARABE. Après avoir été occupé par les Romains à partir du IIe siècle av. J.-C., par les Vandales aux Ve et VIe siècles, puis par Byzance, le nord de l'Afrique est passé sous le contrôle des Arabes aux VIIe et VIIIe siècles. De la mer Rouge à l'Atlantique, toute la région devient alors musulmane. Les Arabes et les populations qu'ils ont soumises, dont les Berbères du Maghreb (Maroc, Algérie et Tunisie actuels), vivent de l'agriculture et de l'élevage (moutons, chèvres, dromadaires). Ils entretiennent surtout des relations commerciales avec l'Espagne et les autres régions de la Méditerranée, mais aussi avec l'Afrique subsaharienne que leurs longues caravanes parcourent régulièrement.

LE COMMERCE FAVORISE LA NAISSANCE DE ROYAUMES AFRICAINS. En Afrique subsaharienne, le commerce avec les Arabes suscite le développement de grands royaumes africains (carte 7.3). Les deux principales valeurs d'échange sont l'or et le sel: les Africains ont besoin de sel pour leur alimentation ainsi

LES GRIOTS

En Afrique occidentale, les griots sont les gardiens de la tradition et de la mémoire. Ils font souvent office d'historiens. Conteurs, chanteurs et musiciens, les griots sont attachés à des familles nobles, dont ils conservent les souvenirs, tiennent à jour la généalogie et racontent les exploits passés.

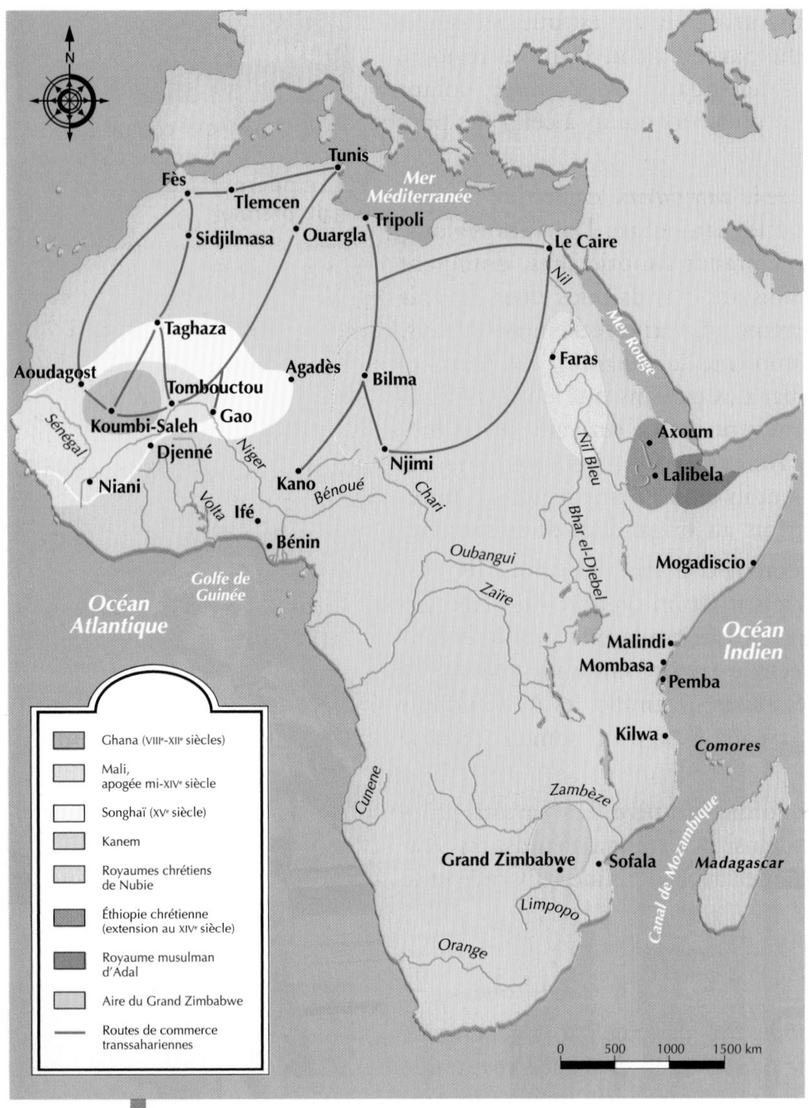

CARTE 7.3

Les grands royaumes africains

que pour le séchage des poissons et des viandes; les Arabes et les peuples du Nord recherchent l'or pour la fabrication des bijoux mais surtout, à mesure que le grand commerce se développe en Europe, pour la frappe des monnaies.

Aux Xe et XIe siècles, c'est du Ghana que provient une grande partie de l'or qui circule dans les pays d'Europe occidentale. Il n'est donc pas étonnant que ce pays, dont le nom signifierait «or», soit un des premiers grands royaumes à s'imposer. Mais, dans la seconde moitié du XIe siècle, les rois du Ghana et leurs suites refusent de se convertir à l'islam; les Arabes conduisent contre eux plusieurs expéditions militaires. Certes, ils sont repoussés, mais le royaume du Ghana ne se relève pas de ces attaques et se démembre.

Le royaume du Mali prend la relève du Ghana au XIIIe siècle. Les Maliens sont principalement des agriculteurs et des éleveurs, mais leur territoire est riche en or; ils possèdent en outre quelques mines de sel, produit qu'ils peuvent échanger contre une plus grande quantité d'or avec les peuples voisins. Un commerce fructueux reprend alors avec les Arabes. Les souverains maliens s'étant convertis à l'islam, le Mali devient le premier grand royaume musulman situé au sud du Sahara. La culture arabe y est bien accueillie et Tombouctou, magnifique capitale construite dans la vallée du Niger au carrefour des grandes caravanes, est un centre intellectuel brillant. À la fin du XIVe siècle, cependant, le royaume se désagrège à la suite de plusieurs guerres tribales.

Une des anciennes provinces du royaume malien, siège du peuple songhaï, devient si puissante au XVe siècle qu'elle étend son autorité sur un espace plus grand encore. Son influence s'étend à toute la portion occidentale de l'Afrique.

Le commerce des esclaves

Depuis le VIIIe siècle, les Arabes pratiquent une autre activité commerciale en Afrique subsaharienne: ils capturent des êtres humains et les vendent ensuite comme esclaves. Il existe en effet à cette époque un marché de travailleurs noirs dans les pays arabes, mais aussi en Italie et dans d'autres pays d'Europe occidentale, et même en Inde et en Chine. Les Noirs y sont particulièrement recherchés pour servir comme domestiques – c'est du dernier chic. Bientôt, ce marché d'esclaves sera très répandu: les Européens viendront eux-mêmes sur les côtes pour capturer des esclaves ou les acheter auprès d'intermédiaires africains.

Mais les Arabes l'envahissent et le démantèlent à la fin du XVIe siècle. Ce fut le dernier grand royaume d'Afrique de l'Ouest.

L'Afrique orientale n'a jamais eu de royaumes aussi puissants. Toutefois, un commerce florissant avec les Arabes sur ses côtes y a fait naître plusieurs villes portuaires importantes, comme Mogadiscio, Malindi, Mombassa, Kilwa et Sofala (on parle de civilisation «swahilie»). L'or et les autres produits de l'intérieur du continent transitent par ces ports avant d'être chargés sur les navires qui les transportent au Moyen-Orient, en Inde et en Chine. À l'intérieur, des États se forment, où on rassemble les produits d'exportation avant de les acheminer vers les villes côtières. Tel est le cas du royaume du Zimbabwe, dont la capitale paraît avoir été une importante ville fortifiée au XVe siècle. Mais à ce moment, les Portugais s'apprêtent à prendre les villes côtières.

FIGURE 7.4

Tombouctou, la Grande Mosquée (XIVe siècle)

LES TROIS AMÉRIQUES

Plusieurs milliers d'années avant que les Européens ne l'explorent, l'Amérique était déjà peuplée d'êtres humains. Ses habitants, originaires d'Asie, sont probablement passés par le détroit de Béring, qui sépare la Sibérie orientale de l'Alaska, au moment où des glaciations avaient fait baisser le niveau des mers. Ces premiers habitants de l'Amérique, les Amérindiens, s'étaient ensuite dispersés sur tout le continent, où ils s'étaient adaptés à la variété géographique et aux climats, et avaient ainsi créé des civilisations (carte 7.4) dont les plus avancées pouvaient se comparer aux civilisations des vallées fertiles (voir le chapitre 2).

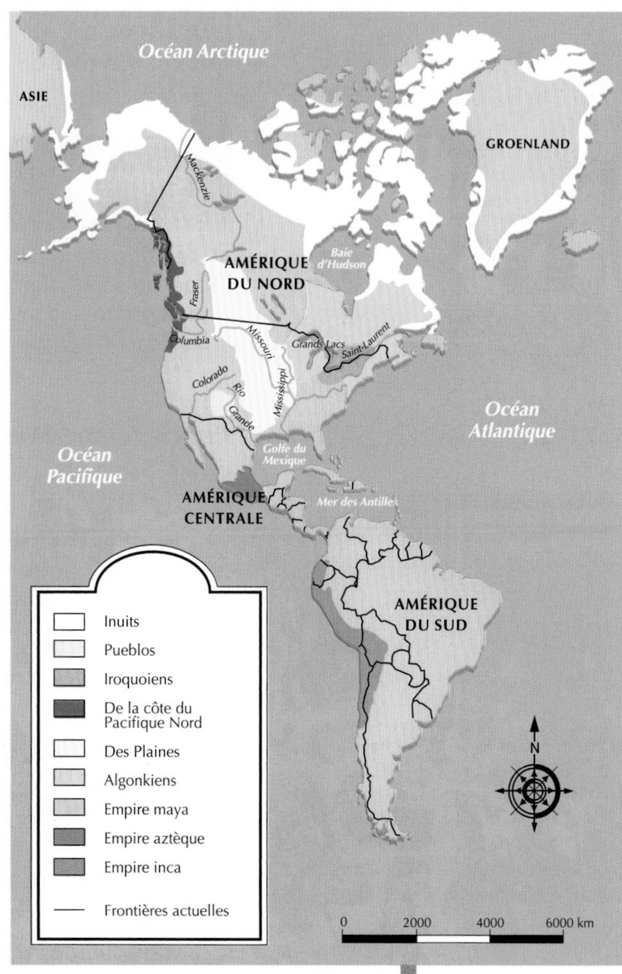

CARTE 7.4

L'Amérique amérindienne

questions – cartes

En Amérique du Nord, nomadisme et sédentarité voisinent. À l'arrivée des Européens (fin du XVe siècle), les Amérindiens d'Amérique du Nord (sauf ceux du sud du Mexique actuel) sont des chasseurs-cueilleurs nomades ou des agriculteurs, sédentaires ou semi-sédentaires, qui cultivent les produits de la terre (principalement le maïs, le haricot et la courge), mais se livrent également à la chasse et à la pêche. Si ces Amérindiens n'ont pas acquis les attributs propres aux civilisations de type urbain, ni transmis leurs connaissances par l'écriture, ils n'en possèdent pas moins une culture, des croyances religieuses – généralement centrées sur les éléments naturels –, des systèmes sociaux stables et organisés, fondés sur des règles d'autorité qui, chez certains peuples, accordent un rôle aux femmes.

La culture et les modes de vie dépendent surtout de la région d'implantation des populations. Dans les territoires désolés et glacés du Nord vivent les Inuits, qui tirent essentiellement leur subsistance de la chasse et de la pêche; sur la côte du Pacifique vivent aussi des groupes de chasseurs, mais surtout des pêcheurs, tels les Nootkas et les Chinooks, qui savent également tirer parti des forêts de la côte pour construire leurs maisons, fabriquer des canots, sculpter des masques et ériger les totems si typiques de leur culture. Plus au sud, sur les terres arides de ce qui est aujourd'hui le sud-ouest des États-Unis et le nord du Mexique, vivent des chasseurs nomades, notamment les Navajos et les Apaches. Mais d'autres, cultivateurs comme les Pueblos et les Hopis, sont sédentaires; certains vivent dans des ensembles de maisons superposées faites de briques séchées au soleil (*adobe*) et reliées entre elles par des échelles. Dans les grandes plaines centrales, d'autres peuples, tels les Pieds noirs et les Sioux, se sont établis sur les rives des cours d'eau où ils cultivent graminées et légumineuses. Tout l'été, cependant, ces peuples poursuivent en nomades les hordes de bisons qui parcourent la plaine. Dans les forêts du nord-est et sur la côte, les Amérindiens de la famille algonkienne, comme les Cris et les Micmacs, sont des chasseurs et des cueilleurs nomades; ceux de la famille iroquoienne sont par contre quasi sédentaires (ils changent de territoire tous les 15 à 20 ans lorsqu'il devient stérile), tout en continuant à chasser et à pêcher.

Du Mexique au Chili, les Européens rencontrent des civilisations développées. Quand les Européens entreprennent d'explorer le Mexique, l'Amérique centrale et la frange pacifique de l'Amérique du Sud, ils y rencontrent des civilisations élaborées. Certaines sont au summum de leur développement, d'autres sont en déclin. Les Mayas, installés dans la péninsule du Yucatan dès 1600 av. J.-C., sont en décadence depuis le XIIIe siècle; les Aztèques contrôlent le centre du Mexique actuel à partir du XIIIe siècle; et la civilisation inca domine depuis déjà cinq siècles la côte Pacifique de l'Amérique du Sud (de l'Équateur au Chili actuels) et semble avoir atteint son apogée peu de temps avant l'arrivée des Européens.

L'empreinte linguistique des Mayas

Bien que les Mayas aient été vaincus par les conquistadors et se soient fondus dans la population d'origine espagnole, plus de 5 millions de personnes parlent le maya de nos jours au Mexique et au Guatemala.

Ces civilisations ont des caractéristiques communes. Tout d'abord, elles rassemblent des populations importantes: environ 5 millions de personnes chez les Aztèques, jusqu'à 12 millions peut-être chez les Incas. Ensuite, elles construisent des villes dont certaines dépassent en importance les villes européennes de l'époque. Par exemple, Tenochtitlan (site de l'actuelle Mexico), sise sur une île au centre d'un lac, aurait abrité entre 150 000 et 200 000 habitants.

De telles villes et d'aussi grands empires supposent des gouvernements puissants et des institutions élaborées. Les chefs sont généralement des souverains absolus et leur autorité est d'origine divine – l'empereur inca serait fils du dieu-Soleil. Au sein de ces sociétés à caractère **théocratique**, les prêtres occupent une place prépondérante. Les militaires et les nobles constituent les autres groupes sociaux dominants. Les premiers sont chargés de maintenir l'Empire ou de l'agrandir, les seconds d'administrer des provinces et notamment de veiller au versement des tributs et des impôts, ainsi qu'à l'exécution des corvées imposées aux populations.

Théocratique → théocratie Mode de gouvernement dans lequel l'autorité, d'émanation divine, est exercée par une caste sacerdotale ou encore par un souverain considéré comme un représentant de Dieu sur terre ou même comme son incarnation.

La population est composée d'artisans et de marchands, qui forment une espèce de «classe moyenne», mais surtout de paysans, car ces sociétés vivent principalement de l'agriculture (maïs, courges, haricots ainsi que pommes de terre chez les Incas). Elle comprend des esclaves, en particulier ceux qui travaillent dans les mines d'or, d'argent et de cuivre.

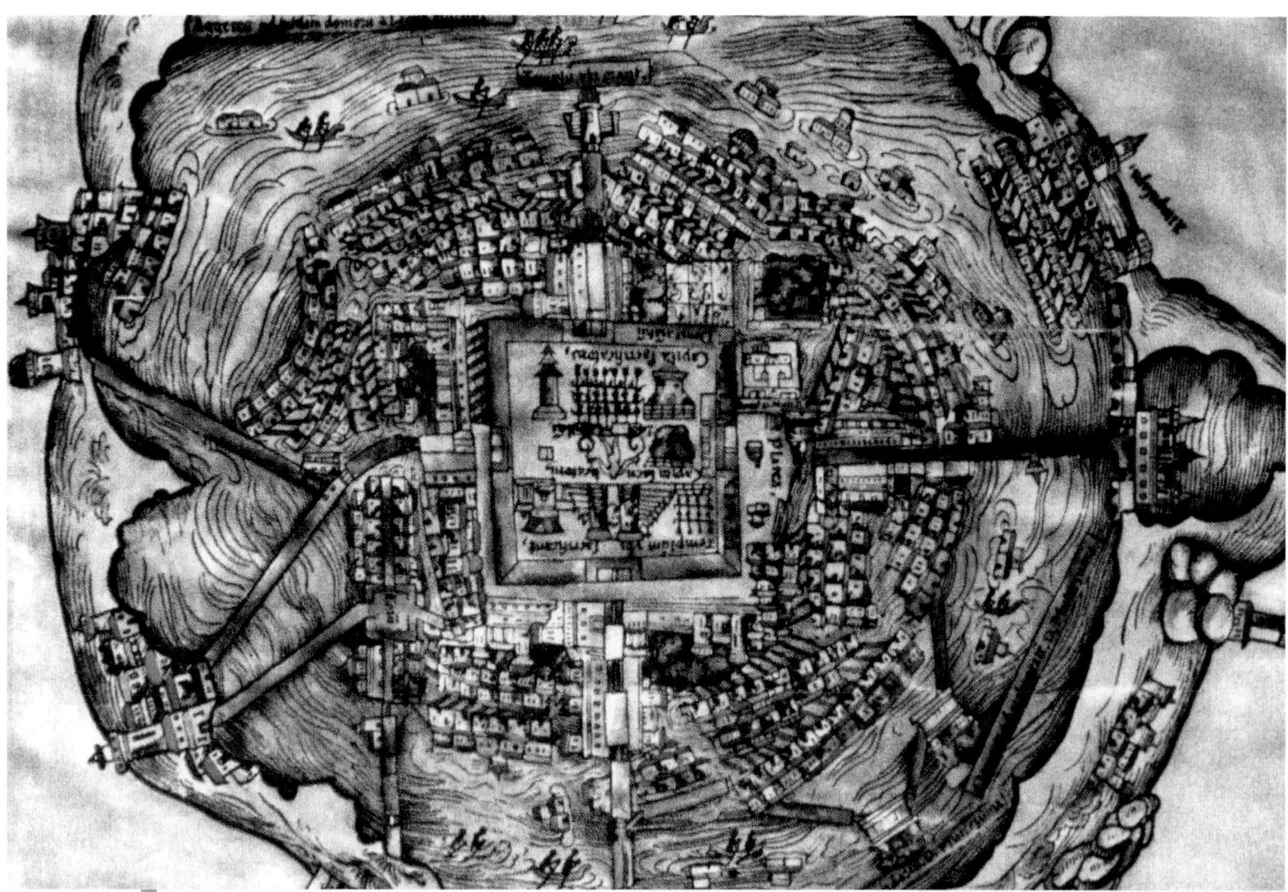

FIGURE 7.5

Tenochtitlan : dessin d'après la description du conquistador espagnol Hernán Cortés

Bernal Diaz del Castillo, un compagnon de Cortes, a ainsi décrit Tenochtitlan : « De là nous vîmes les trois chaussées par lesquelles on entre à Tenochtitlan […]. Et nous voyons l'eau douce qui arrivait de Chapultepec et fournissait la ville, ainsi qu'au long des trois chaussées les ponts qu'on y avait aménagés par endroits, lesquels laissaient entrer et sortir l'eau du lac dans un sens et dans l'autre ; et nous apercevions sur cet immense lac une prodigieuse quantité de canots ; les uns arrivant chargés de vivres, les autres s'en retournant avec leurs cargaisons et leurs marchandises ; […] et nous apercevions dans ces villes des sanctuaires et des chapelles semblables à des tours et à des forteresses, rayonnantes de blancheur, ce qui était un prodigieux spectacle, sans parler des maisons à terrasses, et d'autres tourelles et chapelles, qui constituaient autant de forteresses, le long des chaussées. Et après avoir bien regardé et considéré tout ce que nous venions de voir, nous contemplâmes à nouveau la grande place et la foule qui la garnissait, les uns achetant et les autres vendant, si nombreux que le vacarme et le bourdonnement des cris et des conversations retentissaient à plus d'une lieue à la ronde ; aussi bien y avait-il parmi nous des soldats qui connaissaient bien des pays au monde, notamment Constantinople, et l'Italie tout entière et Rome, ils affirmèrent qu'une place aussi harmonieuse, aussi bien équilibrée, aussi vaste et aussi peuplée, ils ne l'avaient jamais vue… »

Cité dans Miguel Leon-Portilla, *Le Crépuscule des Aztèques. Récits indigènes de la Conquête*, s.l., Casterman, 1965, p. 229.

La religion y est omniprésente. Les imposants édifices publics consacrés au culte, les temples et les pyramides notamment, témoignent de l'importance des rites sacrés. Il s'agit de religions polythéistes, dont la plupart des dieux correspondent aux puissances naturelles. Généralement, le Soleil est considéré comme la divinité suprême. Certaines de ces sociétés, les Aztèques et les Mayas en particulier, pratiquent des sacrifices humains pour honorer leurs dieux, et même le cannibalisme.

La culture et les savoirs y sont développés. Sur le plan culturel, ces civilisations, sauf celle des Incas, maîtrisent des formes d'écriture s'apparentant

FIGURE 7.6

Scène de sacrifice humain

Un prêtre arrache le cœur des victimes pour l'offrir en hommage au dieu.

à l'écriture hiéroglyphique (même si on n'a pas encore complètement réussi à toutes les déchiffrer correctement). Elles disposent de calendriers, fondés sur la croyance que les cycles astraux déterminent le sort des hommes et des choses, qui leur servent à suivre les rituels religieux et les rythmes agricoles. Elles possèdent des arithmétiques avancées, qu'elles utilisent pour le commerce et pour tenir les comptes des impôts et des redevances. La médecine est également évoluée. Ainsi, chez les Aztèques et les Incas, on a retrouvé des traces de trépanation et de réduction de fractures, et les Incas emploient la quinine pour combattre la malaria bien avant que les Européens ne la découvrent au XIXe siècle. Quant aux architectes, aux artisans et aux artistes, ils savent construire de gigantesques pyramides et temples, mais aussi sculpter les pièces les plus fines ou créer de magnifiques bijoux en or et en argent que les Européens, dès leur arrivée, voudront s'approprier.

Les grandes explorations

Dans la seconde moitié du XVe siècle, l'Europe paraît avoir atteint un certain équilibre. La situation démographique s'est rétablie, la croissance urbaine a repris, le grand commerce continue de s'épanouir et gagne de plus en plus d'importance à côté de l'économie agricole. C'est dans ce contexte que les Européens vont se lancer à la conquête du monde.

Les expéditions : raisons lointaines et raisons immédiates

Les grandes expéditions des Européens vers le reste du monde sont dictées par des motifs intellectuels (ou spirituels) et matériels, et profitent de savoirs et de techniques qui les rendent possibles.

On veut connaître et évangéliser, mais avant tout commercer. Les motifs qui animent les Européens sont multiples, mais le plus important consiste à commercer et à s'enrichir, tant pour les marchands que pour les princes. Depuis les croisades, les produits d'Asie sont en forte demande chez les Européens aisés ; ils coûtent cependant très cher. En effet, entre l'Asie et l'Europe les distances sont grandes et les intermédiaires, Arabes puis marchands italiens, prélèvent au passage des profits élevés. De plus, la route de l'Est s'avère plus difficile et plus onéreuse depuis que les Ottomans ont pris Byzance en 1453 et qu'ils contrôlent les Balkans, ainsi que les régions à l'est et au sud de la Méditerranée. D'autre part, l'expansion du grand commerce exige toujours plus d'or : c'est en monnaie de ce métal que sont payées les marchandises. Le commerce avec l'Asie en accroît encore la demande, car si les Européens paient en or ce qu'ils achètent, la réciproque est moins vraie : les Orientaux sont en effet peu friands des produits de l'Occident. La balance commerciale européenne est déficitaire, dirions-nous aujourd'hui. Mais, au XVe siècle, une bonne partie de l'or qui arrive en Europe est apportée par les Arabes qui le tirent d'Afrique. C'est là une raison supplémentaire de vouloir les éviter en trouvant vers l'Asie une voie autre que cette route de l'Est qu'ils dominent. On pense alors à partir dans la direction opposée et à faire le tour de la Terre pour rejoindre l'Asie, ou à partir par l'Atlantique Sud et à contourner l'Afrique. Cette conception émerge au Portugal, pays qui n'a pas de fenêtre sur la Méditerranée mais est grand ouvert sur l'Atlantique.

En Europe, le christianisme est triomphant; l'Église et les monarques européens espèrent évangéliser les non-chrétiens partout dans le monde, et arrêter ainsi l'expansion de l'islam qui depuis plusieurs siècles se répand en Asie et en Afrique. Ce dernier motif, qui s'inscrit dans la continuité des croisades, est particulièrement vif au Portugal et en Espagne, où la *Reconquista* s'achève. Un faux vraisemblablement rédigé au XIIe siècle, la *Lettre du prêtre Jean*, décrit un royaume chrétien qu'on situe d'abord en Asie, puis en Afrique: certains espèrent faire une alliance avec son roi chrétien imaginaire pour prendre les musulmans à revers. D'autres motifs sont intellectuels: goût de savoir, de découvrir. Ils relèvent de la simple curiosité que l'esprit de la Renaissance a contribué à répandre dans les populations aisées d'Europe.

DES SAVOIRS ET DES TECHNIQUES FACILITENT LES EXPLORATIONS. Entre autres moyens, les explorateurs européens disposent de l'imprimerie, apparue au milieu du XVe siècle, qui facilite l'accès aux connaissances. Ainsi, des livres relatant des voyages en Orient, comme ceux de Marco Polo et de John Mandeville, sont édités et réédités et circulent abondamment en Europe. Ces

DES RÉCITS À FAIRE RÊVER ET À FAIRE PEUR

Un récit de voyage comme celui de Marco Polo (premier extrait) paraît bien sujet à emballer l'imagination des Européens avides d'or et d'épices. Mais que penser de celui de l'Anglais John Mandeville (deuxième extrait), qui lui aussi aurait parcouru l'Orient au XIVe siècle, et dont le récit fut également largement diffusé en Europe?

■ ■ ■

Çipingu [le Japon] *est très grandissime.* [...] *Ils ont or en grandissime abondance, parce qu'on en trouve outre mesure dans ce pays.* [...] *Et vous dis donc qu'ils ont tant d'or que c'est chose merveilleuse et qu'ils ne savent qu'en faire.* [...] *Je vous dis tout vraiment qu'il y a un grandissime palais tout couvert de plaques d'or fin. Tout comme nous couvrons notre maison de plomb, et notre église, de même ce palais est couvert d'or fin* [...]. *Et encore vous dis que tout le pavage des chambres, dont il y a bon nombre, est lui aussi d'or fin épais de bien plus de deux doigts. Et toutes les autres parties du palais et les salles, et les fenêtres, sont aussi ornées d'or. Je vous dis que ce palais est d'une richesse si démesurée, que ce serait trop grandissime merveille si quelqu'un pouvait en dire la valeur.*

[Java] *est d'une très grande richesse. Ils ont poivre, noix musquées, nard*, galanga*, cubèbe*, girofle, et toutes les épiceries précieuses qu'on peut trouver au monde.* [...] *En cette île est grand trésor qu'il n'est au monde homme qui puisse le compter ni le dire*[1].

■ ■ ■

Dans une de ces îles, demeurent des gens de grande stature, comme géants, hideux à voir et à regarder; ils n'ont qu'un seul œil au milieu du front et ne mangent que chair et poisson tout cru. Dans une autre île, demeurent des gens de laide stature et de mauvaise nature, qui n'ont point de tête et ont les yeux et les épaules et la bouche tordus comme un fer à cheval au milieu de la poitrine. Dans une autre île il y a des gens sans tête qui ont les yeux et la bouche derrière les épaules. Dans une autre île il y a des gens qui ont la face toute plate, sans nez ni bouche, sauf deux petits trous ronds pour les yeux et une bouche plate sans lèvres. Dans une autre île il y a des gens de laide façon, qui ont la lèvre dessous la bouche si grande que, quand ils veulent dormir au soleil, ils couvrent toute leur figure dessous [...]. *Dans une autre île il y a des gens qui ont des pieds de chevaux et sont forts et puissants et courent vite, car ils prennent à la course des bêtes sauvages et les mangent. Et une autre manière de gens il y a, qui vont sur leurs mains et leurs pieds comme des bêtes, et sont tout velus et rampent légèrement sur les arbres et aussi tout comme un singe*[2].

* Nard, galanga, cubèbe: épices ou plantes médicinales.

1. Marco Polo, *Le Livre des merveilles*, Paris, François Maspero, 1980, p. 397, 409.
2. *Voyages de Mandeville*, dans Louise Charpentier, *et al.*, *Nouvelle histoire du Québec et du Canada*, Montréal, CEC, 1990, p. 49.

récits stimulent la curiosité et la soif de connaissances. De même, les savoirs des géographes, cartographes, astronomes et mathématiciens – qui étudient la planète, mesurent son étendue, relèvent les courants marins – sont devenus plus facilement accessibles. À l'occasion, des princes réunissent de tels spécialistes pour mettre leurs connaissances en commun. Ainsi, le fils du roi du Portugal, Henri le Navigateur, fonde à Sagres, au sud-ouest du pays, une école maritime où marins et savants mettent sur pied les expéditions portugaises le long de la côte africaine.

Les explorations sont également facilitées par des instruments comme la boussole, l'astrolabe et le gouvernail d'étambot – tous rapportés d'Asie par les Arabes –, par la lecture de cartes de plus en plus précises, où figurent bientôt la latitude et les courants marins, et par la construction d'un navire commode et peu coûteux, la caravelle.

LES EXPLORATIONS ET LES EMPIRES COLONIAUX

À la fin du XVe siècle, lorsque les premières grandes expéditions maritimes européennes se lancent sur l'Atlantique, elles succèdent à beaucoup d'autres qui les ont précédées. En effet, depuis plusieurs décennies, des Portugais fréquentent la côte occidentale de l'Afrique et y ont même établi des comptoirs de commerce. D'autres Européens, des pêcheurs cette fois, traversent régulièrement l'Atlantique pour aller jeter leurs filets dans les riches bancs de poissons du Groenland et des côtes américaines, et jusque dans la vallée du Saint-Laurent. D'autre part, vers l'an mille, des Scandinaves se sont même brièvement établis à Terre-Neuve. Mais ce qui est nouveau à la fin du XVe siècle et peu après, c'est l'importance des expéditions et le caractère officiel qui leur est donné par leurs commanditaires, souverains et groupes de marchands. De plus, elles ont généralement la Chine pour objet.

L'HISTOIRE EST DE SON TEMPS : RÉFLEXION HISTORIOGRAPHIQUE

L'historiographie, c'est l'ensemble des écrits des historiens ainsi que l'étude de ces écrits. L'histoire est fille de son temps. Elle reflète l'époque et la société de l'historien qui l'écrit. La société de la fin du XIXe siècle était fascinée par le progrès scientifique et technique : électricité, machine à vapeur, chemin de fer, vaccins, asepsie, etc. On croyait alors pouvoir tout expliquer ou résoudre par les progrès de la science et des techniques. Ainsi, l'historiographie de l'époque – dont on retrouve encore des traces aujourd'hui – accorda une grande part aux innovations scientifiques et techniques pour expliquer la réussite des expéditions maritimes européennes. En réalité, la plupart de ces innovations étaient connues depuis longtemps et toutes n'étaient pas indispensables. Si effectivement la boussole permettait de mieux se diriger sur l'océan et le gouvernail d'étambot, de guider un navire plus facilement, ces instruments étaient déjà utilisés depuis quelque temps. Quant à l'astrolabe, il mesurait la latitude de façon si imprécise qu'on évitait d'y avoir recours : les positions du navire de Christophe Colomb que ce dernier a inscrites dans son journal de bord sont parfois éloignées de plus de 1000 kilomètres des positions réelles. La caravelle ne se manœuvrait pas plus facilement, avec sa voilure compliquée, que les grosses nefs qui régnaient alors sur le trafic maritime, pas plus qu'elle ne pouvait remonter un vent contraire. Ses principales qualités étaient sa petite taille et son faible tirant d'eau, ce qui permettait de se contenter d'un équipage réduit à une époque où les marins décidés à entreprendre de longues expéditions étaient difficiles à recruter ; enfin, la construction des caravelles était moins coûteuse que celle des nefs, ce qui présentait en cas de naufrage un avantage non négligeable pour les investisseurs. Les savoirs scientifiques employés ne paraissent pas non plus avoir été vraiment déterminants. Ainsi, le pari de Colomb d'aller en Chine en partant vers l'ouest s'appuyait sur la connaissance depuis longtemps admise dans les milieux cultivés de la rotondité de la Terre, mais ses calculs mathématiques étaient à ce point imprécis qu'il a sous-estimé des trois quarts la distance réelle entre l'Espagne et la Chine. Il n'en a pas moins navigué plein ouest et découvert un continent inconnu des Européens. En fait, plus qu'aux innovations scientifiques ou techniques, la réussite des grandes explorations revenait certainement aux capitaines aventureux et expérimentés qui, comme Colomb, mettaient en œuvre une connaissance pratique poussée de la navigation.

PAR L'ATLANTIQUE VERS L'ASIE : UN CONTINENT INATTENDU APPARAÎT. Les premières expéditions vers l'Orient cherchent à contourner l'Afrique pour essayer d'atteindre l'Asie en évitant les Arabes. Au XVe siècle, les navigateurs portugais explorent les côtes de l'Afrique, orientale aussi bien qu'occidentale. En 1487, Bartholomeu Dias franchit le cap de Bonne-Espérance (aussi appelé cap des Tempêtes), la pointe australe du continent africain ; dix ans plus tard, Vasco de Gama atteint les Indes après avoir fait le tour de l'Afrique.

Pendant ce temps, d'autres hommes choisissent de se lancer plein ouest sur l'Atlantique, tel Christophe Colomb qui accoste aux Antilles en 1492, et se heurte sans le comprendre à un continent qui fait barrière entre l'Europe et l'Asie : l'Amérique. C'est également après s'être dirigé vers l'ouest que l'équipage de Ferdinand Magellan boucle, en 1522, le premier tour du monde.

Première conséquence des explorations : des Européens s'installent en Amérique, en Asie et en Afrique, dans des conditions variables (carte 7.5, p. 210). De cette colonisation, l'histoire de l'Europe comme celle du reste du monde sera profondément marquée ; elle en porte encore les traces.

Date	Capitaine	Pays du commanditaire	Expédition
1487	Bartholomeu Dias	Portugal	Premier à passer le cap de Bonne-Espérance.
1492-1504	Christophe Colomb (Génois)	Espagne	Sous mandat d'Isabelle de Castille, fait quatre voyages dans les Antilles et en Amérique centrale.
1497	Jean Cabot (Génois)	Angleterre	Atteint Terre-Neuve et longe la côte de la Nouvelle-Écosse et de la Nouvelle-Angleterre.
1500-1502	Gaspar et Miguel Corte-Real	Portugal	Visitent Terre-Neuve, le Labrador et l'entrée du golfe du Saint-Laurent.
1498	Vasco de Gama	Portugal	Contourne l'Afrique et atteint Calicut (Inde).
1499-1508	Amerigo Vespucci (Florentin)	Espagne et Portugal	Quatre voyages d'exploration, de l'Argentine à la Virginie. Constate que l'Amérique est bien un continent.
1500	Pedro Alvares Cabral	Portugal	Découvre le Brésil et en prend possession au nom du Portugal.
1513	Vasco de Balboa	Espagne	Découvre le Pacifique après avoir traversé à pied l'Amérique centrale.
1519-1521	Fernand de Magellan (Portugais)	Espagne	Passant par le détroit de Magellan et le cap de Bonne-Espérance, son expédition fait le premier tour du monde, dont Magellan ne revient pas.
1524	Giovanni da Verrazano (Florentin)	France	Remonte la côte américaine des Carolines à Terre-Neuve.
1534-1541	Jacques Cartier	France	Trois voyages dans la vallée du Saint-Laurent.
1576-1578	Martin Frobisher	Angleterre	Ne parvient pas à trouver un passage vers l'Asie au nord de l'Amérique.
1577-1580	Francis Drake	Angleterre	Effectue le deuxième tour du monde, au cours duquel il reconnaît la Californie.
1610	Henry Hudson (Anglais)	Provinces-Unies et Angleterre	Explore le fleuve Hudson et la baie d'Hudson.

TABLEAU 7.1

Les principales expéditions maritimes

questions – figures et tableaux

LES ENJEUX CONTEMPORAINS DE L'HISTOIRE : QUI A DÉCOUVERT L'AMÉRIQUE ?

En octobre 1965, le *New York Times* publie un article où on révèle que, cinq siècles avant Christophe Colomb, des Vikings avaient déjà « découvert » l'Amérique, comme le prouve la mise au jour par des archéologues norvégiens des restes d'une colonie viking à l'Anse-aux-Meadows, à Terre-Neuve. Le lendemain, des milliers d'Italo-Américains bloquent les rues de New York pour protester contre cette nouvelle, qui retire à leur compatriote le titre de « découvreur » de l'Amérique.

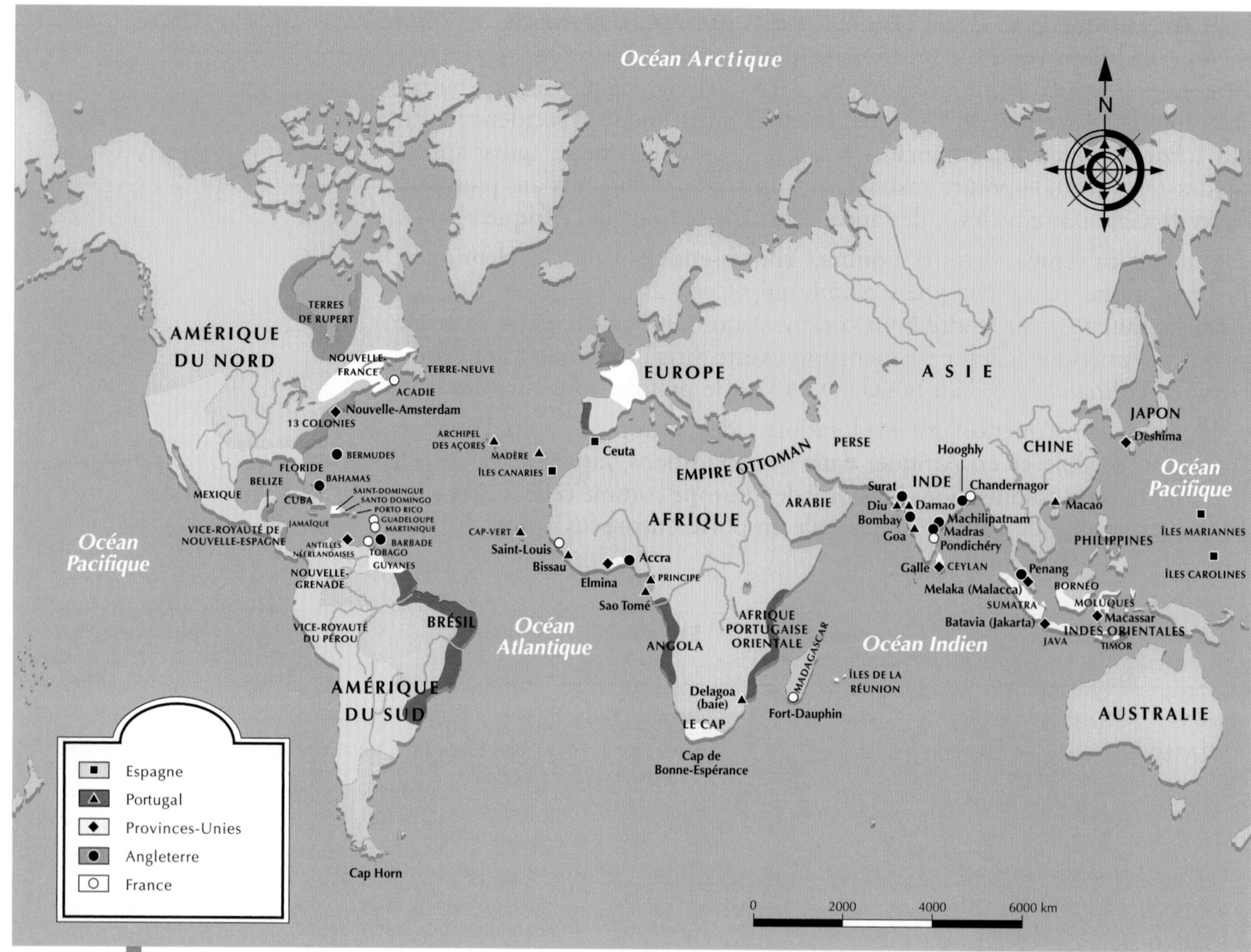

CARTE 7.5

Le partage du monde après les grandes expéditions (fin du XVIIe siècle)

Les Russes en Sibérie

À la même époque, les Russes commencent leur expansion à l'est, vers la Sibérie. Au XIXe siècle, ils ont atteint l'Alaska, que les États-Unis leur achètent en 1867.

En Amérique, la rencontre se fait de façon inégale. Très vite, les Européens qui ont accosté aux Antilles, puis en Amérique centrale et en Amérique du Sud, constatent que s'ils n'ont pas atteint la Chine, les territoires qu'ils abordent ne regorgent pas moins de richesses, de métaux précieux notamment. Ils s'emploient alors à les coloniser. Leurs populations autochtones seront progressivement décimées et assujetties.

Les Espagnols et les Portugais colonisent la plus grande partie du continent américain. Les Espagnols s'emparent du Mexique et de l'Amérique centrale, sous domination aztèque, et de la frange ouest de l'Amérique du Sud, Empire des Incas. Par la violence, et grâce à un équipement militaire supérieur – cavaleries, armures, armes à feu et canons –, les ***conquistadores*** (conquérants) espagnols, dont les principaux chefs sont Hernán Cortés et Francisco Pizarro, écrasent les populations autochtones et les asservissent. Les Espagnols créent des colonies et forcent les Amérindiens vaincus à travailler dans les mines d'or ou d'argent, ainsi que dans les plantations de cacao, de canne à sucre, de café, etc. Un grand nombre ne survivent pas au traitement qu'ils subissent ou succombent aux maladies (variole, rougeole et même la simple grippe) apportées par les Européens et contre lesquelles ils ne possèdent pas d'immunité naturelle. À la fin du XVIe siècle, on estime que la population amérindienne a diminué des neuf dixièmes. Pour remplacer cette main-d'œuvre défaillante, les Espagnols décident d'importer des esclaves noirs d'Afrique.

Le génocide amérindien selon Las Casas

En principe, les Espagnols menaient vis-à-vis des autochtones une politique d'assimilation et de respect; en pratique, les colons ignorent cette ligne de conduite et obligent les autochtones à travailler sur leurs plantations ou dans les mines. Des missionnaires, dont le plus réputé est Bartholomé de Las Casas, ex-*conquistador* devenu moine dominicain, se portent alors à la défense des autochtones. Dans le plaidoyer ci-après, Las Casas décrit le génocide des autochtones dont il est témoin – il est alors missionnaire à Española (aujourd'hui Haïti et la République dominicaine). Pour les sauver, il proposera plus tard de les remplacer par des Noirs d'Afrique, qu'il croit plus résistants aux durs travaux; il le regrettera par la suite.

En 1537, les missionnaires obtiennent du pape une encyclique dans laquelle il prend la défense des autochtones: «Les Indiens, écrit le pape, sont réellement des hommes qui non seulement sont capables de comprendre la religion catholique, mais, selon nos sources d'information, excessivement désireux de l'embrasser. On ne doit les asservir d'aucune façon.»

En 1542, le gouvernement espagnol promulgue une loi interdisant l'esclavage des autochtones. Mais, d'une part, cette loi n'est pas toujours respectée par les colons et, d'autre part, des milliers d'autochtones, sinon des millions, sont déjà morts.

En 1550, un débat enflammé (auquel prend part Las Casas) se tient à Valladolid (en Espagne) sur la question suivante: «Les Indiens du Nouveau Monde ont-ils une âme?»

■ ■ ■

On découvrit les Indes en 1492: on commença en 1493 à y envoyer des chrétiens espagnols, de telle sorte qu'il y a quarante-neuf ans que des Espagnols y viennent en quantité. La première terre où ils vinrent pour habiter fut la grande et très florissante île Española, qui a 600 lieues de tour. Mais il y a d'autres îles très grandes aux environs, et toutes ces îles étaient toutes comme Española, et nous l'avons vu nous-mêmes, le plus peuplé des pays qu'on peut voir sur la Terre.

La terre ferme, qui est éloignée d'Española d'environ 250 lieues au minimum, peut-être un peu plus, a une côte étendue, plus de 10 000 lieues; chaque jour on en découvre encore. Toutes ces Terres étaient remplies de gens [...].

Dès qu'ils les connurent, [les Espagnols] se comportèrent comme des loups, et des tigres et des lions, qu'on aurait dit affamés depuis des jours. Et ils n'ont rien fait depuis quarante ans et plus qu'ils sont là, sinon les tuer, les faire souffrir, les affliger, les tourmenter par des méthodes cruelles extraordinaires, nouvelles et variées, qu'on n'avait jamais vues ni entendu parler. Si bien que de 300 000 qu'ils étaient à Española, les naturels ne sont plus aujourd'hui que 200! L'île de Cuba est peut-être plus longue que la distance de Valladolid à Rome: elle est aujourd'hui à peu près dépeuplée. L'île de San Juan et celle de la Jamaïque, îles qui furent prospères et heureuses, sont aujourd'hui vides toutes deux. Dans les Lucayes, qui étaient voisines de Cuba et d'Española par le nord, et qui sont plus de 60 et dont la pire était plus fertile que la «huerta» de Séville, et la plus saine terre du monde, il ne reste plus aujourd'hui une seule créature. Les Espagnols ont tué les indigènes ou les ont enlevés pour l'île d'Española, où ils voyaient que les habitants disparaissaient [...] Quant à la Grande terre ferme, nous sommes certains que nos Espagnols, à cause de leur cruauté et de leurs œuvres criminelles, l'ont aussi dépeuplée et désolée, alors qu'on y trouvait quantité de monde dans dix royaumes plus grands que l'Espagne. Nous tiendrons pour vrai et assuré qu'en quarante ans, dans lesdites terres, sont morts à cause de cette tyrannie plus de 12 millions d'êtres vivants, hommes, femmes, enfants [...]

Il y a eu deux façons principales, pour ces gens qu'on appelle chrétiens, d'extirper et rayer ainsi de la Terre ces malheureuses nations: la première, ce furent les guerres cruelles, sanglantes, tyranniques; la seconde fut, après la mort de tous ceux qui pouvaient aspirer à la liberté et combattre pour elle – car tous les chefs et les hommes indiens sont courageux – une oppression, une servitude si dure, si horrible que jamais des bêtes n'y ont été soumises. La raison pour laquelle les chrétiens ont détruit une si grande quantité d'êtres humains a été seulement le désir insatiable de l'or, l'envie de s'emplir de richesses dans le délai le plus rapide possible, afin de s'élever à des niveaux sociaux qui n'étaient pas dignes de leur personne.

Dans Michel Devèze et Roland Marx, *Textes et documents d'histoire moderne*, Paris, Société d'édition et d'enseignement supérieur, 1967, p. 101.

La colonisation portugaise, au Brésil, est un peu différente de la colonisation espagnole. Elle est en effet principalement agricole (même si, à la fin du XVIIe siècle, la découverte de mines de diamants et de pierres précieuses lui donnera un nouvel élan). Mais, tout comme les Espagnols, les colons portugais importent au Brésil des milliers d'esclaves noirs pour cultiver leurs vastes plantations lorsque la main-d'œuvre amérindienne devient rare.

En Amérique du nord, la colonisation est plus tardive. Au nord du Rio Grande, il n'y a pas de grandes richesses à piller. Les Européens y sont donc moins attirés. Ce n'est qu'au début du XVIIe siècle que les Français, les Anglais et les Néerlandais entreprennent de s'y établir (contrairement aux Espagnols

puritain Personne de confession calviniste en Angleterre.

philanthrope Personne qui travaille à améliorer la condition humaine sur le plan matériel ou sur le plan moral.

et aux Portugais, ces peuples sont aux prises au XVIe siècle avec de graves tensions religieuses liées à la Réforme – voir le chapitre 6). Les Français créent en Acadie, puis dans la vallée du Saint-Laurent, des comptoirs commerciaux destinés principalement à collecter les fourrures. Les Anglais, de leur côté, créent sur la façade atlantique des colonies diverses : en Nouvelle-Angleterre, des **puritains** tentent de créer un nouveau monde conforme au message biblique ; en Pennsylvanie et en Géorgie, des **philanthropes** tentent de résoudre certains problèmes du Vieux Monde ; ailleurs, des colons s'installent et développent l'agriculture et le commerce (comme en Virginie, où le tabac devient un produit d'exportation). Les Néerlandais s'installent à Manhattan, dans la vallée de l'Hudson, mais pour peu de temps, car ils s'effaceront devant les Anglais en 1664. (Tous ces colonisateurs ont par ailleurs acquis quelques îles dans les Antilles.)

La rencontre avec les Européens constitue également un choc pour les autochtones d'Amérique du Nord : guerres, famines, déplacements forcés et maladies apportées par les Blancs font des ravages considérables dans leurs rangs. Là encore, pour pallier le manque de main-d'œuvre dans leurs plantations du Sud et des Antilles, les colons anglais et français importent des milliers d'esclaves africains.

EN ASIE, LA RENCONTRE SE NÉGOCIE. Les Européens ne réussissent pas à coloniser l'Asie de la même façon que l'Amérique. En Asie, ils rencontrent des populations plus nombreuses, des civilisations dont certaines sont aussi avancées que la leur, sinon plus, et qui sont déterminées à protéger leurs intérêts et leurs territoires. En outre, sur le plan des échanges commerciaux, les Européens portent un très grand intérêt aux produits d'Asie, mais les Asiatiques s'intéressent beaucoup moins aux leurs. Les Européens doivent donc négocier avec les autorités locales le droit de commercer et n'obtiennent le plus souvent que de simples comptoirs sur les côtes. Comme ces comptoirs ne leur sont accordés qu'avec parcimonie, la concurrence qu'ils se livrent dégénère en conflits.

LES PORTUGAIS ET LES ESPAGNOLS CRÉENT DES COMPTOIRS COMMERCIAUX EN ASIE. Les Portugais arrivent les premiers en Asie. Dès 1498, ils débarquent à Calicut, en Inde, où ils obtiennent ensuite le port de Goa. Peu de temps après, ils s'installent à Ceylan (Sri Lanka actuel), à Malacca (Malaisie), puis dans les Moluques, reconnues pour leurs épices. Quand ils tentent de s'implanter en Chine, ils se heurtent à l'hostilité des souverains Ming, qui pratiquent alors une politique de fermeture à l'étranger. Les Portugais obtiennent quand même le droit de s'installer à Macao et à Canton, villes depuis lesquelles ils drainent le riche commerce chinois. De Macao, ils prennent pied au Japon : des missionnaires jésuites les suivent et entreprennent de convertir les Japonais. D'abord tolérés, les Portugais rencontrent vite beaucoup d'opposition et, en 1639, sont expulsés : pendant deux siècles, le Japon restera pratiquement fermé au commerce européen.

Les Espagnols, pendant ce temps, s'établissent aux Philippines. Ils commercent avec les régions environnantes, puis les marchandises acquises sont transportées au Mexique par l'océan Pacifique et, de là, vers l'Europe par l'Atlantique.

LES ANGLAIS, LES FRANÇAIS ET LES NÉERLANDAIS LES CONCURRENCENT FÉROCEMENT. En 1493, les Portugais et les Espagnols obtiennent du pape le droit de se partager le monde encore à découvrir. L'année suivante, par le traité de Tordesillas, ils tracent une ligne imaginaire passant par les pôles qui accorde aux Espagnols les terres situées à l'ouest du Brésil et le reste aux Portugais.

Mais les autres pays européens refusent de reconnaître cette division et viennent contester les prétentions espagnoles et portugaises sur l'Amérique et l'Asie. Il en résulte qu'en Asie des Anglais, des Français et des Néerlandais obtiennent eux aussi des comptoirs commerciaux, souvent aux dépens des Portugais (carte 7.6). Les Anglais s'installent principalement en Inde; contre l'engagement de ne pas occuper de territoire indien, ils se voient octroyer une vingtaine de comptoirs, dont Madras, Bombay et Calcutta. De leur côté, les Français obtiennent quelques postes. Mais ce sont probablement les Néerlandais des Provinces-Unies qui mènent en Asie la politique commerciale la plus agressive avec leur Compagnie des Indes orientales. Ils chassent les Portugais de Ceylan, s'emparent de l'archipel des Moluques, centre du trafic des épices, puis des îles de Java et de Sumatra, ainsi que d'autres postes portugais. Lorsque les Portugais sont chassés du Japon, les Hollandais obtiennent le droit exclusif d'y commercer en envoyant deux bateaux par année dans le port de Nagasaki. La flotte commerciale hollandaise, alors la plus importante d'Europe, multiplie ses activités dans toute l'Asie. En Europe, Amsterdam devient la plaque tournante du commerce mondial.

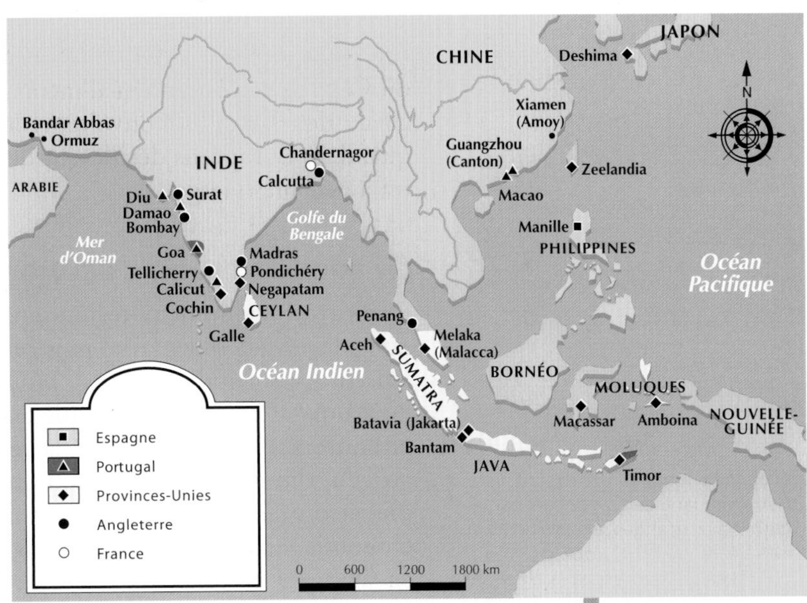

CARTE 7.6

Principaux postes européens en Asie vers 1700

EN AFRIQUE, LA TRAITE ATLANTIQUE DES ESCLAVES COMMENCE. Dès le XVe siècle, les Portugais ont parsemé de postes de commerce la côte occidentale de l'Afrique, et au XVIe siècle, la côte orientale, en reprenant des ports aux Arabes (Mozambique et Zanzibar notamment). Ces postes leur servent à recueillir l'or et l'ivoire de l'intérieur et constituent aussi un relais pour leurs navires se dirigeant vers l'Asie. Quand les autres pays européens décident de faire concurrence au Portugal, ils prennent également possession de postes en Afrique: les Pays-Bas prennent celui du Cap, important poste stratégique où une colonie est fondée en 1652; la France s'installe au Sénégal, à Madagascar et à la Réunion.

Les Portugais sont les premiers Européens à pratiquer la traite des esclaves en Afrique: d'abord pour s'en servir comme domestiques, puis comme main-d'œuvre pour les plantations de canne à sucre qu'ils ouvrent sur les îles du pourtour occidental de l'Afrique. Ils sont vite suivis par les autres pays colonisateurs, qui approvisionnent ainsi leurs colonies d'Amérique. La traite des esclaves vide l'Afrique de millions d'êtres humains: on estime à 15 millions le nombre de personnes déportées entre 1500 et 1800.

FIGURE 7.7

Le transport des esclaves

Transportés dans des conditions inhumaines, à peine la moitié des esclaves, sinon le tiers, pense-t-on, arrivaient en Amérique. Ici, une aquarelle peinte au début du XIXe siècle par un officier de marine qui fut témoin de ces conditions de transport.

Sur le plan de la civilisation, peu d'échanges s'opèrent entre Africains et Européens, car ceux-ci ne s'établissent pas en Afrique – sauf dans la région

TABLEAU 7.2

Estimation du nombre d'esclaves importés en Amérique (1451-1870)

	1451-1600	1601-1700	1701-1810	1811-1870
Brésil	60 000	580 000	2 000 000	1 000 000
Amérique espagnole	100 000	325 000	600 000	600 000
Amérique britannique		275 000	1 700 000	80 000
Antilles françaises		150 000	1 350 000	100 000

D'après Peter Stearns, *et al.*, *World History*, Menlo Park (Californie), Addison-Wesley, 1991, p. 832.

du Cap. Ils se contentent d'incursions sur les côtes pour y capturer la principale richesse qu'ils convoitent: les esclaves. Voilà pourquoi au XIXe siècle, quand les Européens décideront de redécouvrir l'Afrique, ce continent paraîtra à peu près vierge.

LA FORMATION DE L'ÉCONOMIE-MONDE

Après avoir connu deux révolutions agricoles – celle qui amena le passage du nomadisme à la sédentarité puis celle qui, grâce à des innovations techniques (charrue, assolement triennal, etc.), permit de multiplier la production alimentaire –, l'Europe de l'époque des grandes expéditions s'apprête à connaître un autre grand changement: la révolution commerciale. Se forme alors ce qu'il est convenu d'appeler l'**économie-monde**, dont le développement se poursuit encore de nos jours. Un grand nombre des caractères qui distinguent notre économie, ainsi que certains traits de civilisation qui ont cours aujourd'hui en Occident comme ailleurs, se dessinent à cette époque.

économie-monde Concept d'historien évoquant cette période consécutive aux grandes explorations du XVIe siècle où les Européens tissent un réseau commercial à l'échelle du monde; sa forme achevée est la mondialisation économique actuellement en cours.

LA RÉVOLUTION COMMERCIALE ENGENDRE LE CAPITALISME. Dès le XIVe siècle, les grandes familles marchandes d'Italie s'étaient dotées de moyens propres à faciliter leurs négoces: compagnies de commerce, banques, lettres de change, etc. Du XVe au XVIIe siècle, ces moyens gagnent en importance et sont adoptés dans toutes les grandes places commerçantes d'Europe.

Les premières compagnies sont formées par quelques associés qui partagent les risques et les bénéfices éventuels d'une ou de plusieurs expéditions commerciales. Mais bientôt, les expéditions prennent une telle ampleur qu'il faut rassembler de très importantes sommes d'argent pour les lancer. Apparaissent alors des **compagnies par actions**: des détenteurs de capitaux – les **capitalistes** – investissent dans une compagnie en en achetant des parts, les actions; ils seront rémunérés au prorata de la valeur des actions qu'ils détiennent.

compagnie par actions Compagnie dont la valeur est divisée en parts, les actions, achetées par des investisseurs qui se partagent les dividendes au prorata.

Certaines de ces compagnies de commerce deviennent si puissantes que les souverains des États s'y intéressent et entendent à la fois les protéger et participer aux profits. Ainsi, en Angleterre, aux Pays-Bas et en France sont formées au début du XVIIe siècle des compagnies de marchands qui reçoivent de l'État des chartes leur accordant privilèges commerciaux et monopoles sur des territoires donnés. C'est le cas de la Compagnie des Cent-Associés en Nouvelle-France, qui obtient en 1627 l'administration du territoire et le monopole du commerce dans la colonie.

D'importantes banques se développent pour réunir les capitaux considérables que réclament les grandes entreprises commerciales, ainsi que pour les échanger, les acheminer et les faire fructifier. Ce sont généralement des banques privées que dirigent de grandes familles commerçantes: les Médicis de Florence ou les Fugger d'Augsbourg par exemple, dont les activités s'exercent partout en Europe. Ces banques acquièrent une telle puissance financière qu'elles tiennent parfois certains souverains sous leur dépendance.

Capitalisme marchand et capitalisme industriel

À ses débuts, le **capitalisme** est capitalisme marchand, ou commercial. Le capitalisme industriel viendra plus tard. Même si on en voit les signes avant-coureurs dès le XVIe siècle, dans l'imprimerie par exemple, qui requiert de gros capitaux pour installer les ateliers, ou dans les manufactures, de produits textiles particulièrement, qui se substituent graduellement à la production artisanale.

capitalisme Régime économique caractérisé par la liberté d'entreprise et la propriété privée des moyens de production ; les capitaux n'appartiennent généralement pas à ceux qui font le travail, mais à des investisseurs qui se partagent les profits et les pertes en fonction de leur investissement.

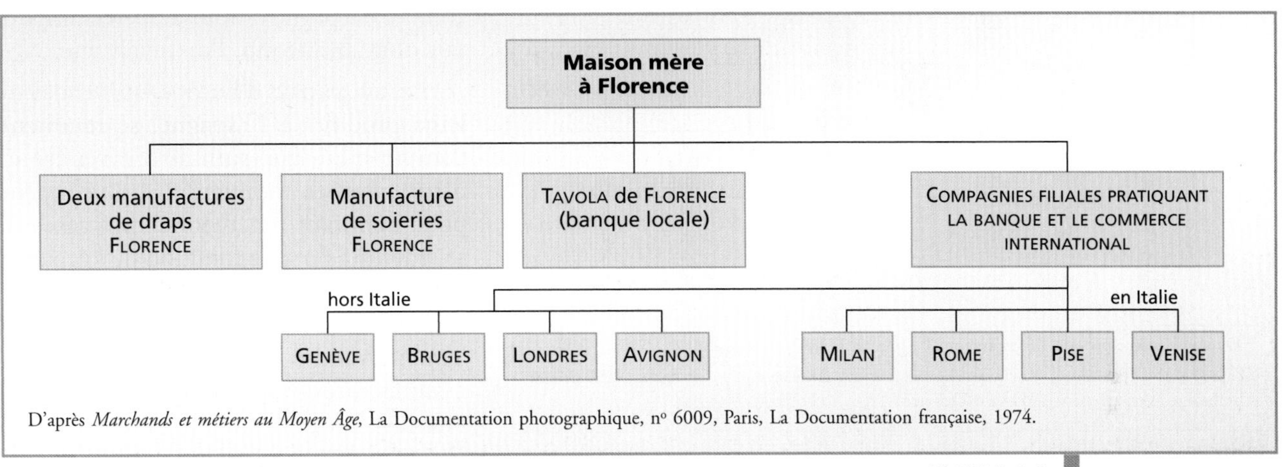

D'après *Marchands et métiers au Moyen Âge*, La Documentation photographique, nº 6009, Paris, La Documentation française, 1974.

FIGURE 7.8

L'entreprise Médicis vers 1450

C'est également à cette époque que sont créées les Bourses, lieux où on vend et achète les actions des compagnies. Il semble que la première ait été fondée à Amsterdam en 1611 pour mettre en marché les actions de la Compagnie néerlandaise des Indes orientales.

LE MERCANTILISME, UNE DOCTRINE ÉCONOMIQUE D'ÉTAT. Au XVIe siècle est élaborée une théorie économique, le **mercantilisme**, qui amène les États à intervenir dans l'économie. Selon cette théorie, la richesse d'un État est fondée sur l'accumulation des réserves en or et en argent.

La banque d'Amsterdam

Dans le troisième quart du XVIIe siècle, un diplomate anglais a ainsi exprimé son admiration pour la banque d'Amsterdam (fondée en 1609).

■ ■ ■

C'est dans la ville d'Amsterdam que se trouve cette banque fameuse dans le monde entier pour son trésor, le plus grand de tous ceux que l'on connaisse [...]. En observant cette banque, on ne manque pas de penser qu'il s'agit d'un grand trésor en raison des lingots d'or et d'argent et de l'infinité de sacs remplis de métaux, or et argent à ce qu'il paraissait [...].

La confiance dans la banque ne reposait pas seulement sur l'or et l'argent, mais aussi sur le crédit qu'elle accorde à toute la cité et à l'État d'Amsterdam, dont le capital est supérieur à celui de bien des royaumes. Elle s'engage en effet à restituer tout l'argent qui y a été déposé. Les paiements importants entre marchands se font par l'intermédiaire de billets de banque, et ce non seulement dans les différentes villes de la province, mais aussi dans d'autres villes commerciales du monde.

William Temple, *Remarque sur l'État des Provinces-Unies* (1672), dans Jacques Aldebert, *et al.*, *Histoire de l'Europe*, Paris, Hachette, 1997, p. 213.

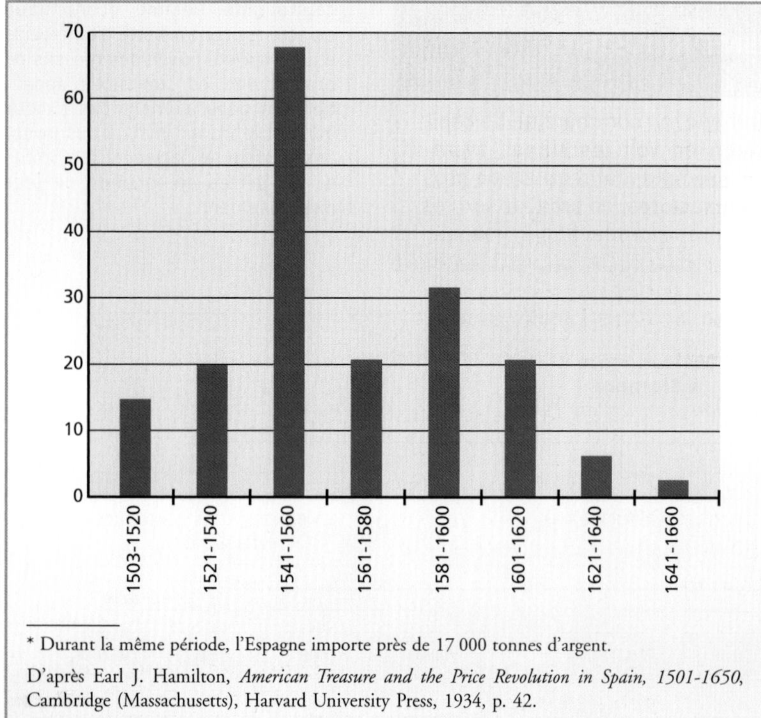

* Durant la même période, l'Espagne importe près de 17 000 tonnes d'argent.

D'après Earl J. Hamilton, *American Treasure and the Price Revolution in Spain, 1501-1650*, Cambridge (Massachusetts), Harvard University Press, 1934, p. 42.

FIGURE 7.9

Arrivées d'or en Espagne, 1503-1660 (en tonnes)*

Par exemple, les Espagnols, grâce aux mines d'or et d'argent du Mexique et du Pérou, avaient rapporté dans leur pays ces deux métaux précieux en grande quantité, ce qui provoqua l'**inflation**, c'est-à-dire une baisse de la valeur monétaire et une augmentation proportionnelle des prix. Ainsi, les prix avaient crû de 300 à 400 % entre 1550 et 1620. En outre, comme l'Espagne produisait peu et importait donc beaucoup, l'or fuyait vite.

Les autres pays d'Europe, qui vendaient leurs produits à l'Espagne, se rendirent compte qu'il leur suffisait de vendre et d'être payés en monnaie d'or ou d'argent pour s'enrichir. La théorie mercantiliste se redéfinit alors en fonction de l'échange commercial: vendre le plus possible à l'étranger, acheter le moins possible; idéalement, vendre à prix fort des produits manufacturés, n'acheter que des matières premières peu coûteuses. Cela amène les États à se doter de manufactures, pour fabriquer des produits, et de vastes flottes marchandes pour transporter ces produits au moindre coût.

Le mercantilisme amène aussi les États à établir des règles de commerce et de concurrence qui leur sont largement favorables. Ainsi, en vertu des règles du **commerce triangulaire** (figure 7.10), les pays qui possèdent des colonies les exploitent à leur seul bénéfice. Ils achètent à bas prix les matières premières, les transforment et revendent à leurs colonies ou à l'étranger des produits manufacturés. Ils se réservent l'exclusivité de ce commerce et du transport des marchandises.

commerce triangulaire Pratique commerciale multilatérale où une métropole échange ses produits manufacturés contre les ressources naturelles de ses colonies.

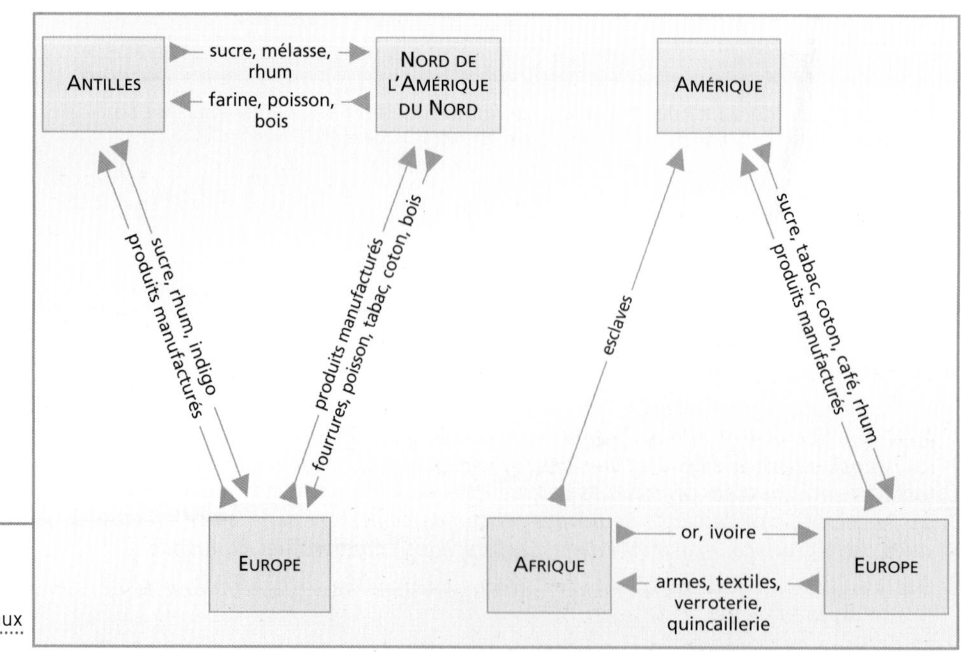

FIGURE 7.10

Le commerce triangulaire sur l'Atlantique

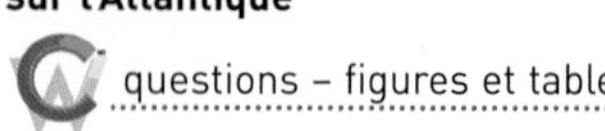
questions – figures et tableaux

Café, chocolat, thé et contestation

Certains des produits coûteux de l'étranger deviennent très à la mode parmi les aristocrates, les bourgeois et les intellectuels aisés. C'est le cas du café, venu du Moyen-Orient et d'Orient, du chocolat, rapporté d'Amérique, et du thé, des Indes et de Chine. Dans les villes, on se retrouve pour les déguster, soit dans les salons de riches aristocrates ou de riches bourgeois, soit dans de nouveaux lieux publics, les cafés ou les *tearooms*. Lors de ces rencontres, on discute, on s'informe, on commente l'actualité, on tisse des relations : ces échanges d'idées joueront un rôle moteur dans les contestations ultérieures de l'ordre social.

En somme, la révolution commerciale ponctue une évolution qui, en trois ou quatre siècles, a vu l'Europe passer d'une économie fondée sur l'agriculture à une économie centrée sur l'activité urbaine, pour arriver à une économie qui se déploie à l'échelle mondiale. Celle-ci conjugue les intérêts des marchands et ceux des États, les uns accumulant richesse et influence, les autres concentrant autorité et pouvoir de régulation.

La bourgeoisie est en pleine ascension. Les grands gagnants du passage à l'économie-monde sont les membres de la **bourgeoisie d'affaires** (commerce, manufactures et banques), dont le statut social et politique s'affirme. La noblesse, dont l'assise est la propriété terrienne, entame un long déclin. En effet, les souverains courtisent la classe montante des riches marchands et banquiers, qui leur prêtent l'argent nécessaire à l'accroissement des prérogatives de l'État et jouent par conséquent un rôle croissant dans les affaires des

bourgeoisie d'affaires Partie de la bourgeoisie qui se distingue par le fait que ses intérêts sont concentrés dans le grand commerce.

Les principes du mercantilisme

À la fin du XVIIe siècle, un économiste anglais expose les principes de base d'une politique mercantiliste. À ces principes s'ajoutent généralement des droits de douane élevés sur les produits étrangers, ainsi que des règles sur les droits de commercer et l'obligation de faire transporter les marchandises par la marine nationale.

▪ ▪ ▪

Toutes les nations de l'Europe semblent se disputer entre elles la supériorité en fait de commerce ; elles sont toutes d'accord sur cette maxime que, moins on consomme de marchandises étrangères, plus la nation y trouve son avantage. [...]

Pour la commodité du lecteur, je vais résumer, en peu de mots [...] *ce qui a été dit ci-dessus :*

1. *Que la prospérité et le bonheur de ce royaume dépendent en grande partie de son commerce étranger ;*
2. *Nous n'avons ni or, ni argent dans nos mines ; tout celui que nous avons vient du dehors, en échange des productions et des manufactures de notre pays ;*
3. *Nous tirons l'or et l'argent des pays qui ne peuvent nous vendre pour une aussi grande valeur de leurs manufactures qu'ils en prennent des nôtres, parce que, dans ce cas, la balance doit se payer en argent ;*
4. *Il faut que nous payions un solde en argent à l'étranger, en proportion de ce qu'il nous fournit plus de ses manufactures qu'il n'en tire des nôtres ; et la masse d'argent de l'État est nécessairement diminuée par un tel commerce, à moins que les marchandises que nous importons au-delà de la balance ne soient ensuite réexportées ;*
5. *Nous nous enrichissons avec les États qui nous payent beaucoup d'argent pour cette balance ; nous nous appauvrissons avec ceux à qui nous payons, pour cette balance ;*
6. *Le commerce qui contribue le plus à occuper et à nourrir nos habitants, à faire valoir nos terres, est le plus précieux ;*
7. *Le commerce qui diminue le plus les moyens de subsister pour les habitants et la valeur des terres, est ruineux pour la nation ;*
8. *Le pays qui nous vend plus qu'il n'achète de nous, diminue la balance de notre commerce, les subsistances de notre peuple et la valeur de nos terres* [...].

Jean Boutier, *et al.*, *Documents d'histoire moderne*, Bordeaux, Presses universitaires de Bordeaux, 1992, p. 255.

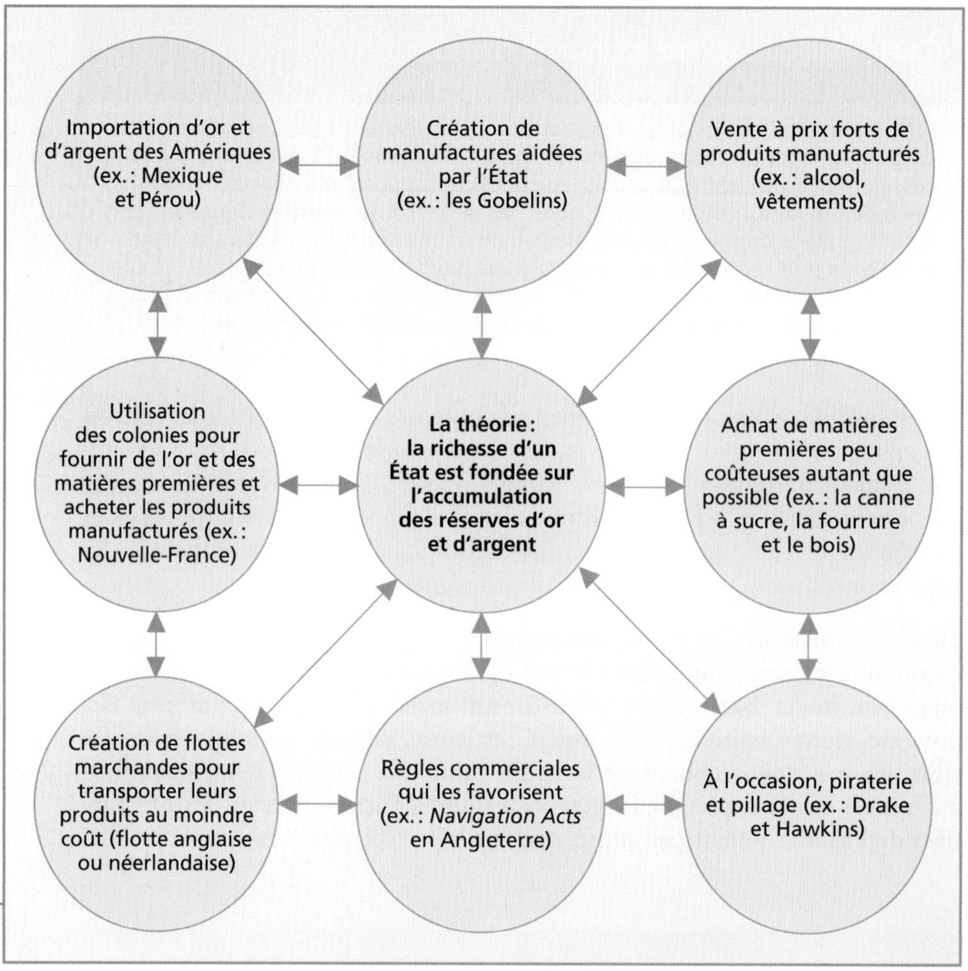

FIGURE 7.11

Principes et corollaires du mercantilisme

royaumes. Dès le XVe siècle, par exemple, Jacques Cœur devient le grand argentier du roi de France Charles VII et un de ses premiers conseillers. L'ascension sociale de la bourgeoisie marquera les siècles à venir.

À l'échelle mondiale, le cadre de vie change. La modification du cadre de vie des Européens, ainsi que de celui des Asiatiques et des Africains, quoique dans une bien moindre mesure, est l'une des principales conséquences des grandes expéditions. Les Européens voient un grand nombre de produits nouveaux arriver sur les marchés et entrer dans leur vie quotidienne, en particulier des produits alimentaires (sans compter le tabac, qui devient rapidement populaire). Bien vite la pomme de terre, le maïs, les haricots, la tomate, les courges, la citrouille et le dindon font partie de l'alimentation de base. Faciles à produire, ces denrées contribuent fortement à réduire les disettes chroniques. D'ailleurs, une poussée démographique s'ensuit. En effet, on estime que la population européenne double entre 1500 et 1700, pour atteindre environ 120 millions d'habitants.

Les marchands s'enrichissent. Mais ce sont bien sûr les marchands, les banquiers et quelques nobles ayant investi dans les compagnies de commerce qui profitent le plus de l'afflux des richesses. Ils mènent une vie luxueuse, bâtissent de riches demeures, se vêtent des plus belles soies de Chine et des plus chaudes fourrures du Canada ou de Russie ; ils exercent auprès des artistes un mécénat sans lequel bien des œuvres de la Renaissance n'auraient pas vu le jour.

La gloire du marchand

Dans le document ci-après, Benedetto Cotrugli, marchand italien du XVe siècle, décrit ce qu'il nomme la dignité et l'office, c'est-à-dire le prestige et l'utilité, du marchand. Qu'est-ce qui justifie, selon lui, que le marchand jouisse d'un statut social élevé ?

▪ ▪ ▪

La dignité et office du marchand sont grands et sublimes à bien des égards et surtout pour quatre raisons. Premièrement, en raison du bien commun. [...] L'utilité et le salut des États reposent pour une large part sur le marchand [...], et ceci en considération des activités et de la pratique du commerce ; grâce à l'ornement et à l'utilité du commerce, les pays stériles sont pourvus de nourriture et de denrées et de nombreux produits étrangers car ils font venir d'ailleurs les marchandises qui font défaut. Ils font aussi venir en abondance les produits de divers métiers. Par là les villes et les pays peuvent faire cultiver les terres, abonder le bétail, valoir les taxes et les revenus, et ils font vivre les pauvres grâce à leur activité. [...] Par suite, ils enrichissent le trésor public et commun.

Deuxièmement la dignité et office du marchand sont grands en raison de l'utile et honnête gouvernement de leurs possessions et biens privés. Car le marchand sobre, tempéré, équilibré et de bonnes mœurs accroît et augmente sa fortune. C'est pourquoi nous voyons le marchand regorger de biens meubles et immeubles, de richesses, d'ameublement, de parures et de vêtements pour sa famille, d'argent pour doter ses fils et filles, et par suite augmenter et améliorer sans cesse l'éclat de sa condition ; il accroît ainsi le bien public par sa splendeur et la magnificence de sa vie domestique, l'économie et le raffinement de sa maison, accroissant et augmentant toujours la prospérité de ses biens. Et tout le contraire arrive à ceux qui n'ont pas cette industrie glorieuse. [...]

Troisièmement la dignité du marchand réside dans l'estime et l'appréciation de sa société, en privé et en public. En privé, c'est-à-dire chez lui où il est avec une famille honnête dans une activité constante et vertueuse ; car là où on manie de l'argent, de l'or, des monnaies, et d'autres choses de valeur, il faut éviter la cohabitation de coquins [...]. Les marchands fréquentent aussi hors de chez eux artisans, gentilshommes, seigneurs, princes et prélats de tout rang qui accourent tous en foule pour visiter le marchand dont ils ont toujours besoin. [...] Car ni les princes de la terre, ni les États n'ont jamais su, pas plus aujourd'hui qu'hier, manier l'argent, dont dépendent toutes les conditions humaines, comme sait le comprendre, le conseiller et y remédier le marchand bon et savant.

Quatrièmement la dignité du marchand repose sur la confiance qu'on lui accorde, comme on l'accorde à ceux qui conservent en toute confiance les dépôts, paient vraiment leurs dettes, comme on ne cesse de le voir. Et l'on dit communément que c'est chez les marchands et les hommes d'armes que s'est réfugiée aujourd'hui la confiance. [...]

Aussi pour toutes ces raisons les marchands doivent être fiers de leur éminente dignité.

Dans *Marchands et métiers au Moyen Âge*, La Documentation photographique, n° 6009, Paris, La Documentation française, 1974.

De nouveaux produits agricoles sont importés en Afrique et en Asie. En Asie, les nouveaux produits agricoles proviennent principalement d'Amérique : maïs, arachide, piment et patate douce, dont on a dit qu'elle devint le rempart contre les famines. En Afrique, le blé est apporté d'Europe ; l'arachide, le manioc (aujourd'hui une des bases de l'alimentation africaine) et l'acajou (longtemps une importante ressource d'exportation en Afrique de l'Ouest) viennent d'Amérique du Sud ; le café, en provenance du Moyen-Orient, est implanté en Afrique tropicale, de même que le riz, originaire d'Asie.

L'Amérique est transformée. Mais, plus que l'Asie et l'Afrique, c'est surtout l'Amérique qui se transforme à la suite des grandes expéditions européennes. Les populations autochtones sont décimées. Des Européens implantent des colonies où des milliers d'entre eux viennent s'établir, avec leur langue, leurs institutions, leurs techniques, leur mode de vie et leur culture. Ils apportent avec eux de nombreux produits agricoles (blé, canne à sucre, fruits, café, riz, etc.) et des animaux (chevaux, ovins et bovins). En contrepartie, les nouveaux Américains venus d'Europe empruntent un grand nombre de techniques et de produits aux autochtones.

L'Europe occidentale se considère au centre du monde. Si la connaissance du monde et le développement du commerce consécutifs aux grandes explorations ont sensiblement changé le mode de vie des Européens, ceux-ci font relativement peu d'emprunts sur le plan de la civilisation. Ils restent largement imperméables aux grandes religions et aux systèmes de pensée rencontrés à l'étranger. Leurs succès leur font croire à la supériorité de la civilisation européenne. Cependant, ils n'en ont pas moins acquis une curiosité pour le monde extérieur, qui se traduit par des connaissances élargies en géographie, en sciences naturelles et en anthropologie, ainsi que par un certain scepticisme et la conscience de la relativité des choses et des croyances. Ils ont rencontré trop de civilisations brillantes et néanmoins non chrétiennes pour continuer de penser que la leur est supérieure du simple fait qu'elle est chrétienne. Par ailleurs, ils se montrent de plus en plus confiants dans la raison et ne se fient plus à la religion pour expliquer absolument tout. Bientôt, fruits d'un esprit critique disposé à contester ce qui n'est pas rationnellement justifié, science et raison s'opposeront au dogmatisme religieux.

Sur le plan de la civilisation, il faut souligner deux autres conséquences. D'une part, le foyer de la civilisation occidentale a achevé de se déplacer de la Méditerranée vers l'Europe occidentale, plus précisément sa façade atlantique, où de grandes villes portuaires comme Amsterdam, Anvers et Londres apparaissent comme le cœur du dynamisme européen. Avec le développement de l'Amérique et des rapports étroits qu'elle entretiendra avec l'Europe du Nord-Ouest, on pourra plus tard parler d'une civilisation atlantique. D'autre part, les succès liés aux explorations, au commerce et même à la colonisation donnent à penser aux Européens qu'ils sont au centre du monde, investis d'intérêts supérieurs et d'une mission civilisatrice.

LE MONDE N'EST PAS GRAND POUR TOUT LE MONDE !

Ironie de l'époque, alors que quelques milliers d'Européens parcourent le monde en tous sens ou presque, la grande majorité de la population ne connaît de son environnement que ce qu'on peut découvrir en une journée de marche. Les chemins sont difficiles et les forêts, qui recouvrent encore l'Europe, peu sûres. Alors que certains découvrent ces mondes merveilleux où on puise or, soieries, épices, etc., la plupart, circonscrits dans l'orbite de leur hameau ou de leur village, ne connaissent que le cycle régulier des saisons et des récoltes, dont la monotonie n'est sérieusement rompue que par les famines ou les épidémies. Alors que l'Europe découvre le monde extérieur, l'humain du XVIe et du XVIIe siècle, sauf exception, évolue tout au long de sa vie dans un milieu rigoureusement semblable de sa naissance à sa mort, qui survient vers 40 ans (l'espérance de vie à cette époque atteint à peine cet âge).

Nations et conflits en Europe

En conjonction avec les grandes explorations et dans leur mouvance, la configuration politique de l'Europe se redessine. L'idée médiévale d'une Europe chrétienne unitaire s'efface devant celle d'un équilibre entre des nations dont certaines prétendent à l'hégémonie. Pour ces dernières, il ne s'agit plus de rassembler, mais de dominer. En Europe occidentale, la puissance espagnole doit céder le pas à celle de la France, puis de l'Angleterre. En Europe centrale, la Prusse émerge et l'Autriche se raffermit. Plus à l'est, c'est la Russie qui s'inscrit dans le concert des puissances européennes. Tous ces changements ne s'opèrent pas sans tensions ni conflits. Dans la plupart des États, les souverains imposent leur autorité de façon ferme sinon absolue, comme en France. En Angleterre toutefois se profile la monarchie constitutionnelle, un régime dans lequel le Parlement modère l'autorité royale.

LES HABSBOURG, L'ESPAGNE ET LE SAINT EMPIRE

Au début du XVe siècle, le Saint Empire romain germanique reste divisé en plusieurs centaines de petits États et villes libres. Mais, par héritages et mariages, la famille des Habsbourg, qui règne en Autriche, étend progressivement son influence. En 1519, Charles de Habsbourg, qui a hérité de son père les possessions autrichiennes de la famille (Autriche, Bohême, ouest de la Hongrie, Bourgogne et Pays-Bas), réussit à se faire élire empereur (il prend alors le nom de Charles V, ou Quint). Il est aussi héritier du trône d'Espagne ainsi que des territoires espagnols du Nouveau Monde et de l'Italie du Sud par sa mère, fille de Ferdinand d'Aragon et d'Isabelle de Castille. C'est plus que l'Empire de Charlemagne. Durant les 37 ans de son règne, Charles Quint essaie de réaliser l'unité de l'Europe sous son sceptre, mais il échoue. À l'ouest et en Italie du Nord, il se heurte à la France; à l'est, aux Ottomans qu'il parvient avec difficulté à refouler après les avoir battus aux portes de Vienne; et au cœur même du Saint Empire, aux princes protestants qui ont adhéré à la Réforme (voir le chapitre 6). Lorsqu'il abdique en 1556, le dernier rêve d'une Europe chrétienne unie s'évanouit. Son Empire est alors divisé entre son fils Philippe II, qui obtient l'Espagne et ses dépendances (plus les Pays-Bas), et son frère Ferdinand, bientôt élu empereur, qui reçoit les domaines autrichiens et allemands des Habsbourg.

L'Espagne connaît son «siècle d'or». Sous Philippe II, l'Espagne est à son apogée. Elle est alors le pays le plus puissant d'Europe. L'or afflue de ses colonies américaines, et sa vaste flotte sillonne les océans du globe, transportant avec elle la présence espagnole et ramenant quantité de produits recherchés. Le pouvoir de Philippe II est sans partage, et il en use à volonté pour assurer la prospérité et la prépondérance de l'Espagne. Sous son règne, la culture espagnole voit éclore des talents parmi les plus grands. En littérature, Cervantès, l'auteur de *Don Quichotte*, et Lope de Vega, le dramaturge aux mille comédies; en peinture, El Greco – Le Grec, car né sur l'île de Crète –, qui fascine

FIGURE 7.12

L'Escurial

Construit à quelques kilomètres de Madrid dans la seconde moitié du XVIe siècle, cet énorme palais-monastère aux 2600 fenêtres témoigne à la fois de la grandeur de Philippe II et de sa piété: en effet, les architectes ont donné au bâtiment la forme d'un gril, en mémoire du martyre de saint Laurent.

FIGURE 7.13

***La Résurrection* du Greco (vers 1600-1605)**

Expression d'une foi fervente, le mysticisme de l'œuvre du Greco incarne toute la ferveur religieuse de l'Espagne.

par ses toiles d'inspiration religieuse, et Vélasquez, magique interprète de figures de cour comme de scènes bibliques, mythologiques et populaires.

Philippe II n'en connaît pas moins de sérieux problèmes. Fervent catholique, il prend la tête du mouvement de la Contre-Réforme et lutte contre les hérétiques ou ceux soupçonnés de l'être. En Espagne, il restaure l'Inquisition pour combattre les protestants, les juifs et les morisques, musulmans convertis dont il doute de la sincérité.

Les guerres provoquent le déclin de la suprématie espagnole. En politique extérieure, Philippe II poursuit les guerres entreprises par son père Charles Quint. Il combat la France en Italie, les Turcs en Méditerranée: il remporte contre ces derniers l'importante victoire navale de Lépante (au sud de la Grèce) en 1571. En 1580, son armée prend le Portugal et ainsi les colonies portugaises. L'Espagne doit également guerroyer dans ses possessions des Pays-Bas, où les calvinistes ont fait beaucoup d'adeptes dans les provinces du Nord, et où se sont développées une économie prospère et des pratiques d'auto-administration qui stimulent le sentiment autonomiste. En 1581, après plusieurs années de guerre féroce, les sept provinces du Nord déclarent leur indépendance et s'assemblent sous le nom de Provinces-Unies. Elles deviendront une puissance commerciale et maritime majeure, et Amsterdam sera l'un des pivots des transactions bancaires en Europe.

L'Angleterre d'Elizabeth Ire avait apporté son appui à la révolte des Pays-Bas et laissait en outre les pirates anglais attaquer les navires espagnols et les dépouiller de leurs riches cargaisons. En 1588, Philippe II décide de punir l'Angleterre et lance contre elle l'Invincible Armada, une importante flotte d'environ 130 navires et 24 000 soldats. Mais la flotte est défaite par les forces conjuguées de la marine britannique et de violentes tempêtes.

Ces échecs amorcent le déclin de la suprématie espagnole en Europe. La majeure partie de l'or et de l'argent d'Amérique a été engloutie dans les guerres, et l'économie du pays en souffre. En outre, l'inflation qui accompagne l'accroissement du **numéraire** provoque une augmentation des prix, de sorte que la production espagnole se révèle de moins en moins concurrentielle sur le marché européen. Elle est de toute façon médiocre et insuffisante, et diminue encore lorsque des dizaines de milliers de producteurs et de commerçants morisques et juifs quittent le pays pour fuir les persécutions dont ils sont victimes. Finalement, l'âge d'or de l'Espagne n'aura pas duré un siècle.

numéraire Toute monnaie de métal qui a cours légal.

Les Habsbourg d'Autriche se heurtent aux protestants. Lorsque Charles Quint abdique en 1556, le Saint Empire reste divisé en plus de 300 États et villes libres. Élu par les princes les plus puissants – les sept électeurs –, l'empereur n'obtient d'eux que peu de pouvoir. Les successeurs de Charles Quint, à commencer par son héritier direct, son frère Ferdinand Ier d'Autriche, sont néanmoins réélus l'un après l'autre. Mais, alors qu'ils entretiennent le rêve d'unir les territoires germaniques, et même l'Europe entière, en un grand empire catholique, ils se heurtent aux princes convertis au protestantisme, qui imposent leur religion dans leurs États, comme ils ont obtenu le droit de le faire par la paix d'Augsbourg (1555). Ils entrent également en opposition avec les souverains des grands États européens, qui ne voient pas sans appréhension leur projet hégémonique. De nombreux conflits s'ensuivent.

Ainsi, lorsqu'en 1618 l'empereur Ferdinand II entreprend de restaurer le catholicisme en Bohême, un des États de l'Empire (approximativement, la République tchèque actuelle), les protestants se révoltent. Une guerre éclate. Elle durera 30 ans et s'étendra vite à l'ensemble de l'Europe. Les princes protestants de Bohême et de l'Empire sont soutenus par les souverains du Danemark et de Suède, les gouverneurs des Provinces-Unies et, ironiquement, la France catholique dont le premier ministre, le cardinal de Richelieu, s'inquiète de la puissance croissante des Habsbourg en Europe. De leur côté, Ferdinand II et les princes allemands catholiques qui le soutiennent reçoivent l'appui de l'Espagne. Commencée comme un conflit religieux, la guerre de Trente Ans devient vite une guerre entre États pour la préservation de l'**équilibre européen.** La guerre, toutefois, se déroule principalement sur le territoire de l'Empire.

équilibre européen Principe de géopolitique apparu après la guerre de Trente Ans et selon lequel aucune des nations d'Europe ne peut prétendre à la prééminence, ce qui met fin à l'idée d'une Europe catholique unie sous l'égide du Saint Empire romain germanique.

Le traité de Westphalie établit le principe de l'équilibre européen. En 1648, devant la perspective d'une guerre qui semble interminable, les belligérants se rencontrent en Westphalie et signent la paix. L'équilibre européen est de nouveau rétabli (carte 7.7). Les princes allemands voient leur indépendance politique et religieuse reconnue. Les Habsbourg restent puissants en Autriche et dans leurs possessions de Hongrie et de Bohême, mais doivent renoncer à régner sur le Saint Empire, qui n'aura plus d'existence que par son nom. Les Pays-Bas et la Suisse sont reconnus indépendants par les signataires. La Suède, qui a combattu aux côtés des protestants, a gagné en autorité et conserve les territoires de l'Empire qu'elle a pris sur le continent, au sud de la mer Baltique. Quant à la France, elle s'empare de l'Alsace.

La Prusse devient une puissance montante. Dans le Saint Empire même, des États gagnent en puissance et en influence grâce à la guerre de Trente Ans et au traité de Westphalie. Tel est le cas du Brandebourg et de la Prusse, petits États associés du nord, où règne la famille Hohenzollern. Dans les années qui suivent le traité de Westphalie, les Hohenzollern accroissent la puissance de leur État, bientôt reconnu comme royaume de Prusse. Ils favorisent le développement économique, l'immigration, l'enseignement supérieur, instituent un corps de fonctionnaires compétents et dévoués et, surtout, dotent la Prusse d'une armée de métier bien entraînée. Au milieu du XVIIIe siècle, sous Frédéric II le Grand, la Prusse devient une des puissances d'Europe.

La Prusse et l'Autriche s'affrontent. Les Habsbourg d'Autriche réussissent eux aussi, dans les décennies qui suivent le traité de Westphalie, à renforcer leur État, même s'ils se heurtent aux ambitions de la Prusse et au principe de l'équilibre européen. Ils obtiennent notamment les couronnes de Bohême et de Hongrie. Entre-temps, ils ont refoulé les Ottomans qui ont assiégé Vienne et les ont chassés de Hongrie, s'emparant au passage du nord des Balkans (Slovénie et Croatie). En 1713, après avoir participé aux côtés de la Grande-Bretagne et des Provinces-Unies à une guerre pour empêcher un descendant de Louis XIV de monter sur le trône d'Espagne (guerre de Succession d'Espagne), ils mettent la main, par le traité d'Utrecht, sur les Pays-Bas espagnols, la Sardaigne, le Milanais (nord de l'Italie) et le royaume de Naples. L'Autriche est alors devenue une puissance majeure en Europe. La Prusse va tenter de lui faire obstacle, entraînant l'Europe dans de nouvelles guerres.

Un premier conflit éclate en 1740, à la mort de l'empereur. Celui-ci, n'ayant pas eu de fils, avait fait reconnaître avant sa mort par les autres puissances le droit de sa fille Marie-Thérèse à assurer sa succession, ainsi que l'indivisibilité des possessions des Habsbourg. Mais la Prusse ne respecte pas l'accord et prend la Silésie, une riche province du nord de l'Autriche. Éclate

CARTE 7.7

L'Europe après le traité de Westphalie (1648)

Les guerres européennes et la Nouvelle-France

Les intérêts coloniaux des belligérants les conduisent à transporter leurs conflits hors d'Europe. En Amérique du Nord, durant la guerre de Succession d'Espagne, les Français attaquent des postes en Nouvelle-Angleterre et les Anglais tentent de prendre Québec. À l'issue de cette guerre (traité d'Utrecht, 1713), la Nouvelle-France perd l'Acadie, Terre-Neuve et la baie d'Hudson. Durant la guerre de Succession d'Autriche, les Français ne réussissent pas à reprendre l'Acadie à la Grande-Bretagne, mais les Anglais, eux, prennent la forteresse de Louisbourg, que la France avait fondée sur l'île du Cap-Breton pour défendre l'accès à ses possessions du Saint-Laurent. Louisbourg, toutefois, sera restituée à la France par le traité d'Aix-la-Chapelle (1748).

alors la guerre de Succession d'Autriche, qui oppose d'une part l'Autriche et ses possessions, appuyées par la Grande-Bretagne et les Provinces-Unies, et d'autre part la Prusse, soutenue par l'Espagne et la France. La guerre s'étend donc à l'ensemble de l'Europe, et bientôt en Amérique où la France et la Grande-Bretagne s'affrontent dans leurs colonies respectives. En 1748, le traité d'Aix-la-Chapelle met fin à la guerre et rétablit les frontières d'avant les hostilités; la Prusse conserve néanmoins la Silésie.

Le traité d'Aix-la-Chapelle ne rétablit la paix que provisoirement, car les ambitions expansionnistes de la Prusse restent vives. Moins de dix ans après le traité, elle envahit la Saxe, État germanique enclavé entre le Brandebourg et la Silésie. Toujours pour préserver l'équilibre européen, les grandes puissances européennes se relancent dans une guerre qui durera sept ans. La Grande-Bretagne s'allie à la Prusse, la France et la Russie à l'Autriche. Entre la France et la Grande-Bretagne, la guerre se transporte encore dans leurs colonies d'Amérique et d'Inde. En 1763, lorsque le traité de Paris met fin à la guerre de Sept Ans, la Prusse perd la Saxe mais garde la Silésie. L'ordre européen dans son ensemble est peu modifié. En Amérique, cependant, si la France récupère les îles de la Martinique, de la Guadeloupe et d'Haïti dont les Anglais se sont emparés durant le conflit, elle leur cède sa colonie du Canada.

FIGURE 7.14

Québec après le siège

En Amérique, la guerre de Sept Ans commence plus tôt qu'en Europe, par de multiples accrochages frontaliers. En septembre 1759, après trois mois de siège, les troupes anglaises prennent la ville de Québec. La gravure de Richard Scott, témoin de ce siège, montre les destructions causées à la ville par les bombardements. L'année suivante, c'est Montréal qui, assiégée à son tour, doit se rendre. Ce n'est toutefois qu'en 1763, par le traité de Paris, que sera décidé le sort du Canada.

EN FRANCE, LA MONARCHIE ABSOLUE

Après la promulgation de l'édit de Nantes en 1598, la France connaît près d'un siècle de relative paix religieuse. Pendant le XVIIe siècle, ses souverains s'emploient à consolider leur autorité et à affirmer sa puissance en Europe. Si le XVIe siècle a semblé être le siècle de l'Espagne, le suivant paraît être celui de la France.

LOUIS XIV, LE ROI-SOLEIL, INCARNE L'ABSOLUTISME ROYAL PAR EXCELLENCE. Les prédécesseurs de Louis XIV, Henri IV et Louis XIII, ont entrepris de concentrer entre leurs mains les **droits régaliens**. Assistés de conseillers compétents et dévoués – le duc de Sully pour Henri IV, le cardinal de Richelieu pour Louis XIII –, ils ont commencé à assainir les finances publiques et la

droits régaliens Ensemble des droits et prérogatives appartenant en principe à l'État ou au souverain, comme lever une armée, faire la police, rendre la justice, battre monnaie.

fiscalité, à établir un corps de fonctionnaires efficaces (notamment par la création du poste d'intendant de justice, police et finance par Richelieu en 1642), à centraliser la justice, à consolider l'armée, à encourager le commerce, l'industrie et la colonisation, et surtout à réduire l'influence de ceux qui pourraient s'opposer à eux, les nobles notamment. Le cardinal Mazarin, qui administre le royaume durant la minorité de Louis XIV, poursuit cette politique. Il résiste notamment à une révolte d'une partie de la noblesse, la Fronde, dont l'objet était de réduire les pouvoirs royaux. Lorsque Mazarin meurt en 1661, Louis XIV, âgé de 23 ans, décide de gouverner seul; il ne lui reste qu'à parfaire ce qui deviendra le modèle de la **monarchie absolue**. Il s'y emploiera pendant les 54 années de son règne.

monarchie absolue Régime politique dans lequel le souverain, qui se réclame généralement du droit divin, dispose de la totalité du pouvoir politique.

Si Louis XIV prétend à la monarchie absolue, c'est qu'il s'estime choisi de Dieu pour exercer ce qu'il nomme le « métier de roi ». Il rappelle ainsi qu'en France la monarchie est de droit divin. Responsable devant Dieu seul, il n'est donc pas question pour lui de partager le pouvoir : « L'État, c'est moi », affirme-t-il. Ses ministres et conseillers n'ont que peu de latitude, devant s'en remettre à ses décisions en tout. La monarchie absolue, toutefois, n'est pas une tyrannie, dans la mesure où, redevable devant Dieu, le roi se sent tenu d'exercer son pouvoir en vue du mieux-être de ses sujets et du pays : il se considère comme le Roi-Soleil, dispensant ses bienfaits tel le Soleil ses rayons.

La monarchie de droit divin

Nul n'a mieux défini le concept de monarchie de droit divin que l'évêque Bossuet. Voici, à ce propos, quelques-unes des pensées qu'il a consignées dans *La Politique tirée des propres paroles de l'Écriture sainte*.

■ ■ ■

Toute puissance vient de Dieu.

Le trône royal n'est pas le trône d'un homme, mais le trône de Dieu même.

Dieu établit les rois comme ses ministres, et règne par eux sur les peuples.

Il paraît de tout cela que la personne des rois est sacrée et qu'attenter sur eux, c'est un sacrilège.

Tout l'État est en la personne du prince. En lui est la puissance. En lui est la volonté de tout le peuple. À lui seul appartient de faire tout conspirer au bien public.

Le prince voit plus loin et de plus haut ; on doit croire qu'il voit mieux, et il faut obéir sans murmure.

Obéissez au roi comme à celui à qui appartient l'autorité suprême, et au gouverneur comme à celui qu'il vous envoie.

Politique de Bossuet, présentée par Jacques Truchet, Paris, Armand Colin, 1966, p. 79-89 *passim*.

La monarchie absolue dispose de grands moyens. La monarchie absolue s'épanouit en France parce que le roi prend ouvertement les dispositions qui s'imposent à cette fin : d'une part en affaiblissant toute opposition potentielle ou réelle, d'autre part en renforçant l'État et ses institutions. Voici comment il y parvient.

- Le contrôle de la noblesse. Louis XIV tient la noblesse sous surveillance. La cour, installée dans son magnifique château de Versailles, en est le meilleur exemple. Les nobles des provinces y sont entretenus dans les plaisirs, sans autre souci que d'être vus du roi et d'obtenir ses faveurs.

- UNE ADMINISTRATION CENTRALISÉE. Louis XIV se fait aider par quelques grands commis pour réorganiser l'administration du royaume, assainir la fiscalité, harmoniser les lois et les institutions de justice. Des intendants sont placés à demeure dans les provinces (et dans les colonies, tel Talon en Nouvelle-France) pour appliquer les politiques royales. Des bourgeois, dont la loyauté et le dévouement paraissent plus sûrs que ceux des nobles, trop dissipés, sont choisis pour occuper les postes d'administrateurs.
- UNE ÉCONOMIE RÉGIE SELON LES PRINCIPES DU MERCANTILISME. L'économie est, elle aussi, au service de l'absolutisme royal. Il s'agit de donner à la France une prééminence parmi les nations européennes et, à cette fin, selon les principes du mercantilisme, d'acquérir le plus possible du numéraire en circulation. Cette mission, le roi la confie à son ministre Jean-Baptiste Colbert, qui favorise l'établissement de manufactures, réglemente la production et les échanges, élève les barrières douanières extérieures tout en réduisant les barrières intérieures, construit des routes, des canaux, des ports et une flotte navale, stimule la colonisation et la formation de compagnies de commerce.
- UN ROYAUME, UNE RELIGION. Louis XIV est catholique. Il se considère comme le souverain absolu de la France religieuse autant que de la France

« L'ÉTAT, C'EST MOI »

Louis XIV a lui-même expliqué ce qu'il faut entendre par monarchie absolue. On le voit dans les extraits suivants : dans le premier, il donne des conseils de gouvernement à son fils le dauphin, dans le deuxième à son petit-fils, et dans le troisième il décrit l'application qu'il a faite lui-même de ces conseils. Son successeur, Louis XV, n'a pas d'autre point de vue sur la monarchie. On le voit dans le dernier extrait (4) où il s'adresse à cette cour de justice qu'est le Parlement de Paris.

■ ■ ■

1. *Les rois sont seigneurs absolus et ont naturellement la disposition pleine et entière de tous les biens, tant des séculiers que des ecclésiastiques* [...]. *Celui qui a donné des rois au monde a voulu qu'on les respectât comme ses lieutenants, se réservant à lui seul le droit d'examiner leur conduite. Sa volonté est que quiconque est né sujet, obéisse sans discernement.*
2. *Je finis par un des plus importants avis que je puisse vous donner : ne vous laissez pas gouverner ; soyez le maître ; n'ayez jamais de favoris ni de premier ministre ; écoutez, consultez votre conseil, mais décidez : Dieu, qui vous a fait roi, vous donnera les lumières qui vous sont nécessaires tant que vous aurez de bonnes intentions.*
3. *Je commandai aux quatre secrétaires d'État de ne plus rien signer du tout sans m'en parler ; au surintendant de même, et qu'il ne se fît rien aux finances sans être enregistré dans un livre qui me devait demeurer, avec un extrait fort abrégé, où je pusse voir, à tous moments et d'un coup d'œil, l'état des fonds et des dépenses faites ou à faire. Le chancelier eut un pareil ordre, c'est-à-dire de ne rien sceller que par mon commandement* [...]. *Quant aux personnes qui devaient seconder mon travail, je résolus sur toutes choses de ne point prendre de premier ministre* [...]. *Mais dans les intérêts les plus importants de l'État* [...], *ne voulant pas les confier à un seul ministre, les trois que je crus y pouvoir servir le plus utilement furent Le Tellier*, Fouquet* et Lionne** [...]. *Pour vous découvrir même toute ma pensée, il n'était pas de mon intérêt de prendre des sujets de qualité plus éminente. Il fallait, avant toutes choses, établir ma propre réputation, et faire connaître au public, par le rang même où je les prenais, que mon intention n'était pas de partager mon autorité avec eux. Il m'importait qu'ils ne conçussent pas eux-mêmes les plus hautes espérances que celles qu'il me plairait de leur donner*[1].
4. *Comme s'il était permis d'oublier que c'est en ma personne seule que réside la puissance souveraine* [...] ; *que c'est de moi seul que mes cours tiennent leur existence et leur autorité ; que la plénitude de cette autorité, qu'elles n'exercent qu'en mon nom, demeure toujours en moi* [...] ; *que c'est à moi seul qu'appartient le pouvoir législatif sans dépendance et sans partage ;* [...] *que l'ordre public tout entier émane de moi et que les droits et les intérêts de la nation* [...] *sont nécessairement unis avec les miens et ne reposent qu'en mes mains*[2].

* Michel Le Tellier, secrétaire d'État à la Guerre ; Nicolas Fouquet, surintendant des Finances ; Hugues de Lionne, secrétaire d'État aux Affaires étrangères.

1. Louis XIV, *Mémoires*, présentés et annotés par Jean Longnon, Paris, Jules Tallandier, 1978, *passim*.
2. Louis XV, extrait de l'adresse au Parlement de Paris (1766) dite « séance de la flagellation », dans Jean Imbert, Gérard Sautel et Marguerite Boulet-Sautel, *Histoire des institutions et des faits sociaux (X^e^-XIXe siècles)*, Paris, Presses universitaires de France, 1961, p. 183.

civile. Cette perception l'amène à se quereller avec le pape à propos de la juridiction qu'il revendique sur l'Église de France. C'est la querelle dite gallicane, en référence à la Gaule, dont la France est issue. En outre, Louis XIV adhère au principe *cujus regio, ejus religio* (en France, on dit « Une foi, une loi, un roi »). Cela le conduit à révoquer l'édit de Nantes en 1685. Les persécutions contre les protestants, qui n'avaient jamais vraiment cessé, deviennent systématiques. Certains d'entre eux s'arment pour se défendre (dans les Cévennes, les **camisards** résistent pendant plus de deux ans aux armées royales), d'autres – plus de 200 000 – émigrent en pays protestants, certains jusqu'en Afrique du Sud (colonie néerlandaise du Cap) et même en Amérique (mais pas en Nouvelle-France, où les protestants ne sont pas autorisés à s'établir).

camisards Paysans et artisans huguenots des Cévennes qui mènent de 1702 à 1704 une révolte armée (de type guérilla) pour obtenir la liberté de célébrer leur culte interdit par l'édit de Fontainebleau de 1685. Le mot *camisard* vient à la fois de la nature de leurs actions (la « camisade » est une attaque nocturne par surprise) et de l'habillement des combattants (le « camiso » est une chemise qu'ils portent au combat).

mécène → mécénat Pratique consistant à soutenir le développement des arts et de la culture en aidant les artistes et les institutions culturelles.

- UNE CULTURE DÉFINIE PAR LE CLASSICISME. L'absolutisme royal a également des effets sur la culture. Inépuisable **mécène**, Louis XIV entretient généreusement une foule d'écrivains et d'artistes. En émerge un courant artistique au goût et à la gloire du roi : c'est le classicisme, qui se caractérise par une recherche de rigueur, d'harmonie et de mesure, par la préséance de la raison sur l'imagination et par l'appel aux grands modèles antiques que la Renaissance a mis à la mode. Le château de Versailles, construit aux portes de Paris, en est l'exemple par excellence. La politique culturelle de Louis XIV porte ses fruits et son règne voit apparaître des noms parmi les plus grands de la culture française : Boileau, Molière, Racine et La

FIGURE 7.15

Le château de Versailles

Fontaine en littérature; Le Brun, Rigaud et Mignard en peinture; Perrault et Hardoin-Mansart en architecture; Lully et Couperin en musique, pour n'en nommer que quelques-uns. Le classicisme se répand en Europe, ainsi d'ailleurs que la langue française qui devient la langue des cours et de la diplomatie.

- UNE ARMÉE ROYALE. L'armée n'est pas le moindre des moyens de l'absolutisme royal. De 80 000 hommes, Louis XIV la fait passer à 300 000 et même à 500 000 en temps de guerre; d'armée de mercenaires, elle devient armée royale, avec recrutement obligatoire dans les provinces, soldes et uniformes remis aux soldats et aux officiers, règles de promotion et grades nationaux, régiments spécialisés, etc. L'armée sert à assurer l'ordre intérieur, mais aussi à affirmer la puissance de la France en Europe. C'est ainsi que, durant les 54 ans du règne personnel de Louis XIV, la France connaît 30 ans de guerres. La plus meurtrière est certainement la guerre de Succession d'Espagne, qui éclate en 1701 lorsque Louis XIV décide de placer son petit-fils sur le trône d'Espagne et se heurte à une coalition formée de l'Angleterre, de l'Autriche, de la Prusse et des Provinces-Unies. La France doit céder et, en 1713, signe le traité d'Utrecht par lequel elle renonce à unir les couronnes de France et d'Espagne. Elle sort de cette guerre épuisée et ruinée. Mais l'équilibre européen est préservé. Cependant, la guerre, tant en Europe que dans les colonies, a permis à l'Angleterre d'émerger comme la nouvelle puissance hégémonique.

LOUIS XIV ET LA NOUVELLE-FRANCE

C'est sous Louis XIV et Colbert que l'intendant Talon est nommé en Nouvelle-France, que le système mercantiliste y est établi, que la Compagnie des Indes occidentales obtient le monopole du commerce et que la traite des fourrures est réglementée.

FIGURE 7.16

Les « missionnaires » de Louis XIV

Cette caricature du XVIIe siècle illustre le moyen retenu par Louis XIV pour ramener les huguenots à la religion catholique : la force (« raison invincible »), ici exercée par un « dragon », soldat du roi promu missionnaire.

Monarchie absolue ou monarchie administrative?

La présentation de la monarchie française des XVIIe et XVIIIe siècles comme un absolutisme est remise en question depuis quelques années par certains historiens (qui soulignent d'ailleurs que le mot n'a été forgé qu'en 1797). Ceux-ci soulignent le fait que, malgré les grands moyens dont dispose le souverain et malgré la concentration des pouvoirs entre ses mains, le pouvoir royal est loin d'être absolu : il est limité dans les faits par l'existence de l'Église, corps quasi autonome, par la coutume, par des privilèges sociaux intangibles, par des finances archaïques et par des infrastructures (dont les routes) déficientes. Ils proposent donc plutôt l'expression « monarchie administrative ».

« Ce qui se conçoit bien s'énonce clairement... »

Boileau est certainement celui qui a le mieux défini les principes de mesure et de rigueur du classicisme, comme en témoigne *L'Art poétique*, son ouvrage publié en 1674. Depuis lors, ce sont des générations d'élèves et d'étudiants qui se sont fait réciter les vers suivants du poète ! Les conseils qui y sont donnés ont-ils encore quelque actualité ?

■ ■ ■

Selon que notre idée est plus ou moins obscure,
L'expression la suit, ou moins nette ou plus pure ;
Ce que l'on conçoit bien s'énonce clairement,
Et les mots pour le dire arrivent aisément. [...]
Travaillez à loisir, quelque ordre qui vous presse,
Et ne vous piquez point d'une folle vitesse [...]
Hâtez-vous lentement ; et, sans perdre courage,
Vingt fois sur le métier remettez votre ouvrage :
Polissez-le sans cesse et le repolissez ;
Ajoutez quelquefois, et souvent effacez [...]
Il faut que chaque chose y soit mise en son lieu [...]

EN ANGLETERRE, LE PARLEMENT S'IMPOSE

Alors que la France connaît la monarchie absolue, qui culmine sous Louis XIV, l'Angleterre voit au contraire se développer un régime qui limite les prérogatives royales au profit du Parlement. C'est une **monarchie constitutionnelle** qui se dessine. Un grand nombre des droits et libertés parlementaires qui fondent aujourd'hui nos démocraties s'affirment à cette époque.

monarchie constitutionnelle Régime politique dans lequel le souverain partage le pouvoir avec une assemblée élue (généralement, le souverain règne sans gouverner) ; les prérogatives de l'un et de l'autre sont habituellement définies dans une constitution.

La monarchie absolue échoue en Angleterre. Durant les 45 ans du règne d'Elizabeth Ire (1558-1603), l'Angleterre connaît un important développement économique. Les marchands et les corsaires anglais parcourent les océans, et Londres devient un grand centre de commerce. Sur le plan religieux, Elizabeth consolide l'Église anglicane, mais elle exerce malgré tout une politique de tolérance relative envers les catholiques et les puritains. Sur le plan politique, elle évite habilement les affrontements avec le Parlement.

Ses successeurs Jacques Ier et Charles Ier (des Écossais catholiques), qui règnent dans la première moitié du XVIIe siècle, cherchent à renforcer le pouvoir royal. Ils relancent les persécutions contre les non-anglicans ; ils prétendent surtout gouverner en monarques absolus et de droit divin. Le Parlement leur fait bientôt opposition et, jusqu'en 1640, si le roi et le Parlement s'affrontent régulièrement, ils en arrivent généralement à un compromis. Mais à partir de

1640, le Parlement qui s'est établi lui-même en permanence – ce sera le Long Parlement, qui durera 20 ans – entend limiter les prérogatives royales et résiste de plus en plus nettement aux exigences de Charles Ier. Celui-ci, en 1642, tente contre le Parlement un coup de force qui échoue lorsque le peuple de Londres se porte à la défense des parlementaires. Une guerre civile éclate alors. Du côté du roi, l'armée des cavaliers recrute dans l'Église anglicane, chez les catholiques et chez les nobles (dont ceux de la Chambre des lords, une des deux chambres du Parlement) ; de l'autre, l'armée des têtes rondes – ainsi nommée car on y porte les cheveux courts et pas de perruque – recrute parmi les puritains, dans la bourgeoisie et le peuple de Londres, et comprend les membres de la Chambre des communes ainsi que quelques nobles campagnards.

Déterminée et disciplinée, dirigée d'une main de fer par le chef puritain Oliver Cromwell, l'armée des têtes rondes a bientôt le dessus. Charles Ier est fait prisonnier, jugé par le Parlement puis décapité en 1649. La royauté est alors abolie, l'Angleterre est proclamée république, et Cromwell s'en fait nommer lord-protecteur. Il gouverne jusqu'en 1658, ignorant à son tour le Parlement et imposant une dictature puritaine qui le rend vite impopulaire. C'est pourquoi, quelques mois après sa mort, le Parlement rétablit la monarchie.

LE *BILL OF RIGHTS* JETTE LES BASES DU PARLEMENTARISME MODERNE. Charles II puis son frère Jacques II, qui se succèdent sur le trône après la restauration de la monarchie, suscitent vite de nouvelles tensions avec le Parlement, notamment à cause de leur politique religieuse, considérée par les parlementaires comme trop conciliante envers les catholiques. Le Parlement se hâte d'ailleurs

LE *BILL OF RIGHTS* (1689)

Voici les principaux articles du *Bill of Rights*. Dans quels domaines ces articles affirment-ils la supériorité des prérogatives parlementaires sur les prérogatives royales ?

■ ■ ■

Dans ces circonstances lesdits Lords spirituels et temporels et les Communes, aujourd'hui assemblés en vertu de leurs lettres et élections, constituant ensemble la représentation pleine et libre de la nation [...], déclarent d'abord [...] :

1. *Que le prétendu pouvoir de l'autorité royale de suspendre les lois ou l'exécution des lois sans le consentement du Parlement est illégal ;*
2. *Que le prétendu pouvoir de l'autorité royale de dispenser des lois ou de l'exécution des lois, comme il a été usurpé et exercé par le passé, est illégal ;*
4. *Qu'une levée d'argent pour la Couronne ou à son usage, sous prétexte de prérogative, sans le consentement du Parlement, pour un temps plus long et d'une manière autre qu'elle n'est ou ne sera consentie par le Parlement, est illégale ;*
5. *Que c'est un droit des sujets de présenter des pétitions au roi, et que tous emprisonnements et poursuites à raison de ces pétitions sont illégaux ;*
6. *Que la levée et l'entretien d'une armée dans le royaume, en temps de paix, sans le consentement du Parlement, sont contraires à la loi ;*
7. *Que les sujets protestants peuvent avoir pour leur défense des armes conformes à leur condition et permises par la loi ;*
8. *Que les élections des membres du Parlement doivent être libres ;*
9. *Que la liberté de la parole, ni celle des débats ou procédures dans le sein du Parlement, ne peut être entravée ou mise en discussion en aucune cour ou lieu quelconque autre que le Parlement lui-même ;*
10. *Qu'il ne peut être exigé de cautions, ni imposé d'amendes excessives, ni infligé de peines cruelles et inusitées ;*
12. *Que les remises ou promesses d'amendes et confiscations, faites à des personnes particulières avant que conviction du délit soit acquise, sont illégales et nulles ;*
13. *Qu'enfin, pour remédier à tous griefs, et pour l'amendement, l'affermissement et l'observation des lois, le Parlement devra être fréquemment réuni ;*

Et ils requièrent et réclament avec instance toutes les choses susdites comme leurs droits et libertés incontestables ; et aussi qu'aucunes déclarations, jugements, actes ou procédures, ayant préjudicié au peuple en l'un des points ci-dessus, ne puissent en aucune manière servir à l'avenir de précédent ou d'exemple.

J. Boutier, *et al.*, *Documents d'histoire moderne*, Bordeaux, Presses universitaires de Bordeaux, 1992, p. 99-100.

L'*HABEAS CORPUS*

Habeas corpus: abréviation latine d'une formule qui signifie «que tu aies ton corps». L'*habeas corpus* reste un principe fondamental du droit en régime juridique de type britannique, comme au Canada.

de réaffirmer que l'Église anglicane est l'Église officielle d'Angleterre et impose le Serment du Test, sans lequel les non-anglicans ne peuvent accéder à des fonctions publiques. Par ailleurs, il continue à renforcer la protection des droits; ainsi, en 1679, est adoptée la Loi de l'***habeas corpus***, qui interdit les arrestations et les emprisonnements arbitraires.

Les convictions religieuses de Jacques II lui feront perdre son trône. En effet, le roi s'est converti au catholicisme et on le soupçonne de vouloir rétablir cette religion dans le pays. Après avoir épousé une princesse catholique, il a un fils qu'il fait baptiser. Le Parlement s'inquiète et offre alors le trône à Marie, sa fille, dont l'époux Guillaume d'Orange est gouverneur des Provinces-Unies et fervent protestant. Le couple accepte. Jacques II est chassé d'Angleterre. C'est la Glorieuse Révolution.

Mais avant de monter sur le trône, Guillaume III et Marie II ont dû accepter le *Bill of Rights*, la charte des droits que leur impose le Parlement. La charte établit les limites de l'autorité royale, les prérogatives du Parlement, et définit quelques libertés individuelles. Avec le *Bill of Rights*, pour la première fois dans l'histoire, un peuple, par ses représentants, et un souverain convenaient d'un **régime politique par contrat**. C'est la base de la monarchie constitutionnelle, mais aussi une des sources des démocraties modernes.

régime politique par contrat Régime politique convenu de plein gré entre le souverain et les représentants du peuple, une constitution faisant habituellement état des termes du contrat.

LE SERMENT DU TEST AU CANADA

Le Serment du Test devait s'appliquer dans les colonies anglaises, dont le Canada, conquis en 1763. Mais par l'Acte de Québec, en 1774, Londres en dispense les Canadiens français.

EN EUROPE DE L'EST

Jusqu'à l'aube du XVIe siècle, les populations de l'est de l'Europe sont restées à l'écart de celles d'Europe occidentale. Leur situation géographique, leurs cultures et leurs religions différentes, ainsi que les invasions venant d'Asie, les ont tenues éloignées. Mais aux XVIe et XVIIe siècles, ces populations, notamment les Ottomans et les populations sous leur influence ainsi que les Slaves de Russie, vont se rapprocher et jouer dans l'histoire de l'Europe un rôle appréciable.

LES OTTOMANS AVANCENT JUSQU'À VIENNE. Après la prise de Constantinople (rebaptisée Istanbul) en 1453, les Turcs-Ottomans, déjà solidement installés en Asie Mineure et sur les ruines de l'Empire byzantin, poursuivent leur expansion sur le pourtour de la Méditerranée. Durant le siècle suivant, ils prennent tout le nord de l'Afrique jusqu'au Maroc, le Moyen-Orient, une bonne partie de la Hongrie et achèvent leur occupation des Balkans. En 1529, Soliman II, surnommé le Magnifique – le plus célèbre des sultans ottomans –, assiège même Vienne; il n'est repoussé que de justesse. Les Turcs échoueront encore lors du second siège de Vienne en 1683. La flotte ottomane, largement formée de corsaires, fait la pluie et le beau temps en Méditerranée orientale et rend périlleux le trafic en Méditerranée occidentale, mais elle est défaite par les Espagnols à Lépante en 1571.

Les Ottomans se trouvent donc à la tête d'un immense empire. Il s'agit d'un empire bien administré par un corps de fonctionnaires dévoués et compétents; il est protégé par une puissante armée de troupes régulières que viennent renforcer, lorsque nécessaire, des corps de mercenaires. Dans l'ensemble, les régions offrent une relative paix intérieure et les souverains ottomans, bien que de religion musulmane, tolèrent la pratique des autres cultes. Mais cet empire prospère, dont la richesse repose en grande partie sur le commerce d'intermédiaires entre l'Orient et l'Occident, commence néanmoins à s'effriter, court-circuité par les nouvelles routes maritimes ouvertes aux Européens grâce aux grandes explorations.

La dynastie des Romanov monte sur le trône de Russie. À la fin du XVIe siècle, un siècle après que les envahisseurs mongols eurent été chassés de Russie, le pays est plongé dans le désordre : guerres entre princes, révoltes paysannes, agitation populaire à Moscou, etc. Cette situation perdure jusqu'en 1613 ; cette année-là, les nobles acceptent enfin d'élire tsar un jeune homme de 17 ans, Michel Romanov. La dynastie des Romanov régnera sur la Russie pendant trois siècles (jusqu'à la révolution de 1917), imposant à ce pays la plus absolue des monarchies.

Michel Romanov et ses successeurs parviennent à s'imposer en faisant supprimer l'élection du tsar par les nobles. En contrepartie, ils leur concèdent l'autorité absolue sur les paysans attachés à leurs domaines. Privés de tous droits, la plupart de ces paysans se retrouvent bientôt réduits au servage et vivent dans un état de quasi-esclavage. En quelques décennies, plus de 80 % des Russes deviendront serfs.

La Russie s'étend en Europe et en Asie, et se modernise. Sous les Romanov, la Russie agrandit son territoire : vers l'est, elle colonise la Sibérie jusqu'au Pacifique ; vers l'ouest, après avoir combattu la Suède, elle obtient de s'étendre jusqu'à la Baltique. De l'Atlantique au Pacifique, la Russie devient ainsi un immense empire territorial.

C'est sous le règne du tsar Pierre Ier le Grand, dans le premier quart du XVIIIe siècle, que l'Empire russe affirme sa puissance et prend sa place en Europe. Pour Pierre le Grand, l'Europe occidentale, qu'il a parcourue pendant deux ans, est un modèle de civilisation. Il s'attache à moderniser son pays en l'ouvrant aux influences occidentales. Des centaines de savants, d'entrepreneurs, d'architectes occidentaux sont ainsi invités à sa cour pour le conseiller et faire profiter le pays de leurs connaissances. Tous les secteurs de la société sont réorganisés : l'administration, l'armée, l'industrie, le commerce et l'agriculture, et même l'Église orthodoxe, qui passe sous la coupe du tsar. Les réformes touchent également à la culture et aux mœurs. Le calendrier, l'alphabet et l'école – à laquelle n'accèdent cependant que les privilégiés – sont modernisés. Même la vie privée est touchée : le tsar interdit la ségrégation des femmes, qui était en usage, enjoint aux nobles de se vêtir à la française, aux hommes de raser leur barbe… et de fumer du tabac !

FIGURE 7.17

Pierre le Grand coupe lui-même la barbe de quelques nobles

Cela horrifia les traditionalistes : « Si l'homme a été créé à l'image de Dieu, expliquaient-ils, se raser c'est mutiler Dieu lui-même ! »

Comme symbole de la Russie moderne, Pierre le Grand fait construire sur la Baltique une nouvelle capitale : ville neuve, ouverte sur l'Occident, Saint-Pétersbourg, dont l'architecture et les palais rappellent Versailles, entend témoigner de la place que la Russie occupe désormais en Europe parmi les grandes puissances.

Après Pierre le Grand, quelques tsars moins tyranniques se succèdent et le pouvoir se relâche. Mais Catherine II la Grande, durant les 34 ans de son règne qui commence en 1762, rétablit un pouvoir autocratique. Elle continue la politique d'occidentalisation et invite les plus grands esprits d'Europe (parmi lesquels Diderot et Voltaire) à sa cour, où d'ailleurs le français est couramment parlé. Le territoire russe s'agrandit encore vers la mer Noire par la prise de la Crimée aux Turcs, puis d'une partie de la Pologne lorsque celle-ci est partagée avec la Prusse et l'Autriche. Saint-Pétersbourg continue à croître : avec 300 000 habitants à la fin du règne de Catherine II, elle est devenue une grande ville d'Europe, qui atteste la grandeur de la Russie et la puissance de l'absolutisme tsariste.

DES GUERRES POUR PRÉSERVER L'ÉQUILIBRE EUROPÉEN

Au XVe siècle, le rêve d'une Europe chrétienne unie n'est pas entièrement disparu. Mais aux siècles suivants, il ne résiste pas à la montée de l'État-nation. D'une part, les dissidences religieuses ont rendu impossible l'unité sous l'aile de l'Église de Rome ; d'autre part, la concurrence coloniale, stimulée par les principes du mercantilisme, accroît la rivalité entre les États d'Europe occidentale. C'est par rapport aux voisins que ces États cherchent leur identité et leur puissance, acquérant alors des visées hégémoniques. La préservation de l'équilibre européen est devenue un enjeu majeur. D'importants conflits s'ensuivent, dont le tableau 7.3 rappelle les principaux.

Au XVIIIe siècle, la carte de l'Europe est redessinée. Le Saint Empire reste fractionné, mais de nouvelles puissances y ont émergé ou se sont affirmées, la Prusse et l'Autriche notamment. Plus à l'est, la Russie s'est inscrite dans la mouvance européenne ; les Turcs-Ottomans sont contenus dans le sud des Balkans et autour du Bosphore, même si leur influence a gagné le pourtour de la Méditerranée méridionale. À l'ouest de l'Europe, l'Espagne a été déclassée par la France, qui l'est à son tour par la Grande-Bretagne. Celle-ci est à la tête d'un empire colonial s'étendant à toute la planète.

TABLEAU 7.3

Les grandes guerres européennes aux XVIIe et XVIIIe siècles

	Motifs et belligérants	Issue de la guerre
Guerre de Trente Ans 1618-1648	Commencé comme un conflit religieux en Allemagne, lorsque l'empereur du Saint Empire tente d'imposer la religion catholique aux nobles protestants de Bohême, le conflit s'étend bientôt à l'Europe. Les souverains s'y engagent pour des motifs religieux, mais aussi pour accroître leur puissance et limiter celle des Habsbourg. Contre l'empereur se liguent le Danemark, la Suède, les Provinces-Unies et la France ; du côté de l'empereur, outre des princes catholiques allemands, se retrouvent les Habsbourg d'Espagne.	Le traité de Westphalie met un point final à l'idée d'une Europe catholique unie sous l'égide de l'Empire. Celle d'équilibre européen s'y substitue. L'autorité impériale est réduite, les princes de l'Empire ayant gagné en autonomie. L'Espagne a dû céder sa place privilégiée à la France. La Suède domine la Baltique. Les Provinces-Unies et la Suisse sont reconnues indépendantes.
Guerre de Succession d'Espagne 1701-1714	Lorsque le roi d'Espagne meurt sans héritier, le roi de France entend placer son petit-fils sur le trône d'Espagne. Inquiets de voir s'associer les puissances française et espagnole, l'Angleterre, les Provinces-Unies et l'Empire forment une coalition pour s'y opposer, et la guerre éclate.	Par le traité d'Utrecht, le petit-fils du roi de France conserve la couronne d'Espagne, mais doit renoncer au trône de France. Les autres belligérants retrouvent leurs frontières antérieures, sauf l'Angleterre qui a accru sa puissance et son empire colonial, notamment en prenant l'Acadie, Terre-Neuve et la baie d'Hudson à la France.
Guerre de Succession d'Autriche 1740-1748	À la mort de l'empereur Charles VI, sa fille Marie-Thérèse monte sur le trône d'Autriche. Mais la Prusse conteste la succession et prend la Silésie, au nord de l'Autriche. La France, l'Espagne, la Saxe et la Bavière se rangent aux côtés de la Prusse, tandis que la Grande-Bretagne et les Pays-Bas s'associent à l'Autriche. Bientôt la France et la Grande-Bretagne sont les principaux belligérants ; la France occupe les Pays-Bas et les Provinces-Unies, mais l'issue de la guerre paraît indécise.	Le traité d'Aix-la-Chapelle résout le conflit : c'est le retour à la situation antérieure aux hostilités, tant en Europe que dans les colonies, et Marie-Thérèse conserve le trône d'Autriche. L'équilibre européen est donc préservé, bien que la Prusse, qui garde la Silésie, s'affirme comme une puissance majeure.
Guerre de Sept Ans 1756-1763	La guerre éclate lorsque l'Autriche tente de reprendre la Silésie à la Prusse et que celle-ci s'empare de la Saxe voisine. De nouvelles alliances se forment. Cette fois, la France s'allie à l'Autriche, avec la Russie, la Saxe, la Suède et l'Espagne, alors que la Grande-Bretagne s'allie à la Prusse et au Hanovre. Entre la Grande-Bretagne et la France, la guerre est également une guerre coloniale, pour la possession de l'Inde et de l'Amérique du Nord.	Le traité de Paris, signé entre la France et la Grande-Bretagne, met fin à la guerre. La Prusse garde la Silésie. La France, elle, doit céder le Canada et ses possessions en Inde, sauf quelques comptoirs, à la Grande-Bretagne. Celle-ci devient la principale puissance coloniale et maritime.

Apprentissages

Tirer une explication de données chiffrées

Le nombre d'esclaves capturés en Afrique est difficile à préciser, mais les chiffres que donne le tableau 7.2 (p. 214) semblent réalistes aux yeux des experts. Or, leur total ne paraît pas coïncider avec celui donné dans le texte qui accompagne le tableau. Comment expliquer l'écart?

Consolider un concept

En 1556, un observateur espagnol décrit de la façon suivante le phénomène de l'inflation qu'il observe à ce moment-là:

Le prix de toute marchandise augmente si elle est d'une grande nécessité et disponible en petite quantité; de même, la monnaie, en tant que chose vendable, objet de tout contrat d'échange, est une marchandise et, partant, son prix s'élèvera étant donné le grand besoin dont on en a et la petite quantité dont on dispose. Par ailleurs, dans un pays où la monnaie manque, toute offre de marchandises, et même de travail, se fait à un prix moindre que dans un pays où elle se trouve en abondance. L'expérience prouve qu'en France, où il y a moins de monnaie qu'en Espagne, le pain, les tissus, la main-d'œuvre valent beaucoup moins et qu'en Espagne même, à l'époque où il y avait moins d'argent, l'offre de marchandises et de travail des hommes se faisait à un prix moindre qu'après que la découverte des Indes l'eut couverte d'or et d'argent.

(Dans Jacques Aldebert, *et al., Histoire de l'Europe*, Paris, Hachette, 1997, p. 216.)

a) À l'aide de ce texte, comment peut-on expliquer le phénomène de l'inflation?

b) D'après le texte et le chapitre, quels facteurs entraînent l'inflation en Espagne?

c) Quel rapport peut-on voir entre les politiques mercantilistes qu'adoptent les pays d'Europe occidentale (p. 215-217) et l'inflation?

Réviser à l'aide d'un poème d'époque

Le poème qui suit, écrit par un auteur contemporain anonyme à la gloire de Philippe II d'Espagne, rappelle plusieurs des grands événements de son règne.

a) Qu'est-il dit de ces événements?

b) Des éléments du poème permettent de dater le moment de son écriture par rapport aux événements rapportés dans le chapitre. Quel est ce moment?

Au grand Philippe II
Roi d'Espagne,
À qui Dieu a donné en gouvernement
La plus grande partie du monde;
Tous les royaumes d'Espagne
Obéissent à son commandement,
La majeure partie de l'Italie
Et la Flandre avec ses États (généraux).
Il a des forces en Afrique [...]
Et quasi toutes les îles
Qui sont dans la mer salée.*
Et par tout l'Occident.
Son pouvoir s'est étendu,
Sur un grand nombre de provinces
de l'Empire Mexicain.
Le lieu le plus oublié
Lui promet de riches veines d'or,
De grandes îles, de riches ports,
Que les Espagnols ont peuplés,
Et passant l'Équinoxial
Ils sont allés jusqu'au Pérou.
Ils ont soumis à leur gouvernement

* La mer salée: la Méditerranée.

Le grand Empire des Incas
De là-bas partent de grandes flottes
Pour l'Espagne chaque année.
Elles ont des drogues, de l'or et de l'argent
Dont on ne peut donner le chiffre.
Aucun pays ne peut être égalé
À l'Espagne pour les richesses,
Et on ne croit pas en histoire
Qu'il y en ait eu de tel dans le passé [...]
En cheminant vers l'Orient,
Les nôtres ont trouvé mille provinces
En Perse et dans les Indes
Que d'excellents capitaines
Que le Portugal a enfantés
Ont colonisées et conquises [...]
Quand on laisse l'Inde à main gauche
On trouve de l'autre côté
Mille îles aux riches épices [...]
Les Philippines à l'extrémité,
Que le roi a ainsi nommées,
Parce qu'il en fut le colonisateur.
Puis en Chine et au Japon
On attend qu'un nouvel État
Loue pour toujours le nom de Dieu
Et ainsi notre Roi invaincu
Veut être toujours occupé
À semer dans le monde entier
L'Évangile sacré [...]
On n'a jamais vu plus grand Roi
Dans le présent et le passé.
Avec ses courageux soldats
Il tient tout dompté [...]
Et le grand Turc avec sa flotte
Fut vigoureusement frappé.
Seuls restent les Anglais
À n'avoir payé leurs péchés.

Dans Michel Devèze et Roland Marx, *Textes et documents d'histoire moderne*, Paris, SEDES, 1967, p. 142-143.

RÉFLÉCHIR À L'IMPORTANCE DES PROTECTIONS CONSTITUTIONNELLES

Dans les textes présentés sous le titre « L'État, c'est moi » (p. 227), Louis XIV et Louis XV décrivent les pouvoirs qu'ils s'estiment dévolus. Quels sont ces pouvoirs et quelles sont leurs limites ? Selon les articles du *Bill of Rights* (p. 231), de l'exercice de quels pouvoirs les souverains français auraient-ils été privés en Angleterre ? Dans quels domaines le *Bill of Rights* protège-t-il les individus ?

 Consultez le Compagnon Web pour des questions d'autoévaluation supplémentaires.

CHAPITRE 8

Naissance du citoyen, émergence de la nation

DANS CE CHAPITRE, NOUS VERRONS...

- Comment, au sortir du Moyen Âge, la science se libère progressivement des contraintes dogmatiques imposées par l'Église et progresse à pas de géant dans le domaine des sciences de la nature.
- Comment, dans le domaine de l'humain, des philosophes remettent tout en question, des croyances religieuses à l'ordre social, faisant naître les idées de droits humains et politiques sur lesquelles repose notre civilisation.
- Comment deux grandes révolutions, les révolutions américaine et française, bouleversent le dernier quart du XVIIIe siècle en s'appuyant sur les idées des philosophes.
- Comment ces révolutions en inspirent d'autres au siècle suivant, en Europe et en Amérique latine particulièrement.
- Comment des nationalistes et des hommes politiques italiens et allemands, inspirés par ces révolutions et puisant dans les idées libérales et nationalistes des philosophes, mettent fin au morcellement de leur patrie et créent deux nations nouvelles.

LES PRINCIPAUX CONCEPTS UTILISÉS DANS CE CHAPITRE SONT LES SUIVANTS : **libéralisme, nationalisme et État-nation.**

NOUS VERRONS AUSSI CES AUTRES CONCEPTS : **empirisme, géocentrisme, héliocentrisme, siècle des Lumières, contrat social, droits naturels, séparation des pouvoirs, anticléricalisme, despote éclairé, Ancien Régime, suffrage universel, caudillisme, néocolonialisme.**

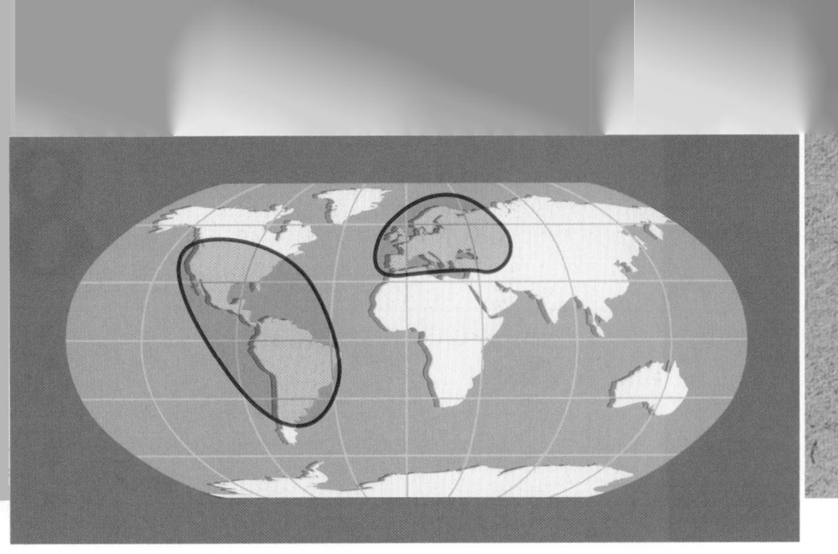

LIGNE du temps

1600 — 1650 — 1700 — 1750

Siècle des Lumières (1670 à 1820)

Hobbes : *Le Léviathan* (1651)

Locke : *Essai sur la tolérance* (1667)

Montesquieu : *De l'Esprit des lois* (1748)

La révolution scientifique (XVIIe siècle)

Lois de Kepler (1609)

Descartes : *Discours de la méthode* (1637)

Newton : *Principes mathématiques de la philosophie naturelle* (1687)

Bacon : *Novum organum* (1620)

Procès de Galilée (1633)

Guerre civile anglaise (1642 à 1649)

Bill of Rights (1689)

Aux XVIe et XVIIe siècles, le rêve d'une Europe unie a dû s'effacer devant la montée des États-nations, les visées hégémoniques des plus puissants se heurtant au principe de l'équilibre européen. Cependant, émergent peu à peu des courants de pensée qui remettent en question la nature même des régimes politiques et de l'ordre social. La civilisation occidentale en est bouleversée, tant en ce qui concerne les mentalités qu'en ce qui concerne la vie politique et sociale, comme en témoignent les révolutions qui marqueront l'époque jusqu'au début des années 1870.

1800 | 1850 | 1900

- Publication de l'*Encyclopédie* (1751 à 1772)
- Smith : *La Richesse des nations* (1776)
- *Déclaration des droits de l'homme et du citoyen* (1789)
- Les révolutions atlantiques (1776 à 1830)
- Révolution américaine (1776 à 1789)
- Révolution française (1789 à 1815)
- Déclaration d'indépendance des États-Unis (1776)
- Premier Empire (1804 à 1814)
- Constitution des États-Unis (1787)
- Code Napoléon (1804)
- Déchéance de Louis XVI (1792)
- Congrès de Vienne (1815)
- Les indépendances en Amérique latine (1791 à 1828)
- Indépendance d'Haïti (1804)
- Doctrine de Monroe (1823)
- Grande-Colombie – Bolívar (1819)
- Guerre hispano-américaine (1898)
- Les révolutions nationales et libérales (1830 à 1870)
- Les Trois Glorieuses (1830)
- Révolutions nationales en Autriche (1848)
- La Commune de Paris (1871)
- Indépendance de la Belgique (1830)
- Unité de l'Italie (1870)
- Indépendance de la Grèce (1830)
- Unité de l'Allemagne (1871)

Une révolution de la pensée

scolastique École de pensée développée au Moyen Âge et cherchant à concilier le dogme chrétien et la raison; philosophie scolastique: philosophie dominante dans l'université médiévale.

Au Moyen Âge, la pensée était encadrée et limitée par la religion; vouée à justifier par la raison les principes de la foi, la philosophie **scolastique** en est l'illustration par excellence. Les humanistes de la Renaissance commencent à s'en distancier. La confiance qu'ils placent en l'homme et en la nature les amène à approfondir la connaissance par le simple exercice d'une raison libérée des dogmes et des idées reçues. Cette approche stimule la découverte par l'Occident de tous ces mondes auparavant inconnus ainsi que l'expansion du commerce. Ce n'est toutefois qu'à partir du XVIIe siècle que s'épanouit un savoir libre de la religion. La pensée connaît alors une véritable révolution, qui s'exprime d'abord dans les sciences et, bientôt, dans tous les aspects de la vie intellectuelle, politique, sociale et économique.

LE TRIOMPHE DE L'ESPRIT SCIENTIFIQUE

La révolution de la pensée se manifeste d'abord dans les sciences et passe par l'adoption progressive de la méthode scientifique. Cette méthode accorde une grande attention au réel: devant un problème ou une question, il s'agit de formuler une **hypothèse** explicative, puis de la vérifier en la confrontant aux faits – en la soumettant éventuellement à une expérimentation –, et enfin de tirer les conclusions appropriées.

ligature Opération consistant à fermer ou à resserrer un vaisseau ou un organe au moyen d'un lien quelconque.

cautérisation Destruction d'un tissu par le feu ou par un agent chimique; méthode employée pour arrêter les hémorragies avant l'invention de la ligature.

empirique Qui s'appuie sur l'expérience.

hermétisme Doctrine ésotérique, à la fois religieuse et philosophique, née en Égypte au IIe siècle sous le patronage d'Hermès Trismégiste; ses conceptions unitaires et optimistes ont influencé l'astrologie et l'alchimie médiévales.

AU XVIe SIÈCLE, LA MÉTHODE EMPIRIQUE AMÈNE DES PROGRÈS. Dès le XIIIe siècle, le théologien anglais Roger Bacon avait invité les savants à être plus attentifs au réel et à le soumettre à l'expérience pour le connaître, mais peu l'avaient suivi. Ce n'est qu'à partir du XVIe siècle que quelques savants commencent à pratiquer des expériences. Ainsi, à l'Université de Padoue, le Flamand Andreas Vesalius (Vésale) pratique la dissection de cadavres humains: cette pratique suscite la réprobation générale, mais rend possible une véritable connaissance de l'anatomie humaine. À la même époque, le chirurgien français Ambroise Paré (un autodidacte considéré comme le père de la chirurgie) invente les points de suture pour refermer les plaies et la **ligature** des artères (au lieu de la **cautérisation**) en cas de blessure ou d'amputation; sa méthode est **empirique**. L'**hermétisme**, qui avait dominé la pensée médiévale, entame alors son déclin, mais c'est seulement au XVIIe siècle que naît la science moderne. On assiste alors à une véritable rupture avec la pensée médiévale.

géocentrique → géocentrisme Ancienne croyance selon laquelle la Terre était au centre de l'Univers.

héliocentrique → héliocentrisme Théorie qui place le Soleil au centre de notre système solaire.

L'ÉGLISE INTERDIT D'AFFIRMER QUE LA TERRE TOURNE AUTOUR DU SOLEIL. En règle générale, jusqu'au XVIIe siècle, les savoirs des Anciens restent inattaquables, surtout quand leurs enseignements se marient au dogme de l'Église catholique. C'est par exemple le cas de la théorie **géocentrique** du Grec Ptolémée, selon laquelle c'est le Soleil qui tourne autour de la Terre: l'Église ne voit que des avantages à un univers dépendant de la Terre, dont elle-même s'estime au centre. Aussi, quand au milieu du XVIe siècle le moine polonais Copernic postule, à partir d'observations astronomiques, que c'est la Terre qui tourne autour du Soleil – la théorie **héliocentrique** –, l'Église condamne sa proposition comme contraire aux Écritures. Pour avoir soutenu la théorie de Copernic et affirmé que l'Univers est infini, le moine et philosophe Giordano Bruno est condamné par l'Inquisition et brûlé vif.

DES SAVANTS DÉMONTRENT LA VÉRACITÉ DE L'HÉLIOCENTRISME. Au début du XVIIe siècle, le physicien et astronome florentin Galileo Galilei (Galilée) se heurte aux mêmes obstacles. Équipé d'un télescope de sa fabrication, la fameuse «lunette de Galilée», il démontre par les faits la théorie héliocentrique et fait avancer les connaissances sur le Soleil (existence de taches sur celui-ci) et sur les astres (relief sur la Lune ; satellites de Jupiter). Mais l'Église le fait comparaître devant le tribunal de l'Inquisition qui le force à se rétracter.

À la même époque, dans le nord de l'Europe, où le pouvoir de l'Église est contrecarré par le poids croissant du protestantisme, d'autres savants poursuivent leurs recherches. Ainsi, l'astronome allemand Johannes Kepler démontre mathématiquement, à partir des observations astronomiques précises réalisées par Tycho Brahé dans son observatoire, que non seulement la Terre et les autres planètes gravitent autour du Soleil, mais que leur parcours est elliptique (la première des trois fameuses lois de Kepler).

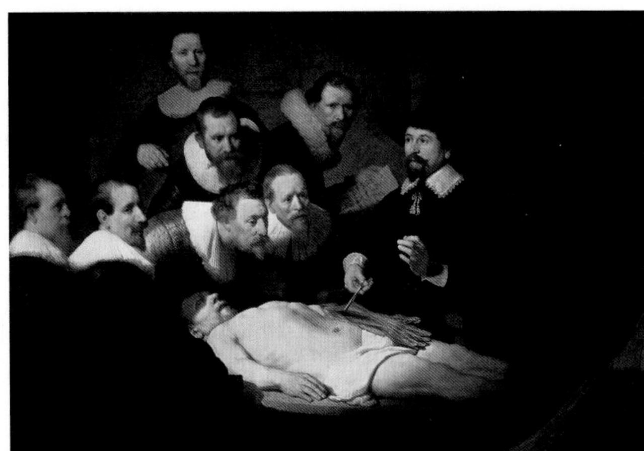

FIGURE 8.1

Rembrandt, *La Leçon d'anatomie* (1632)

AU XVIIe SIÈCLE, LA MÉTHODE SCIENTIFIQUE SE DÉVELOPPE. En Angleterre, Francis Bacon entreprend une classification des sciences et, surtout, définit dans le *Novum organum* les étapes d'une démarche empirique qui, partant de faits du réel, procède par **raisonnement inductif** et par expérimentation pour découvrir les principes généraux qui expliquent ces faits. Sensible aux avantages pratiques de la recherche scientifique – qui selon lui donne à

raisonnement inductif → induction
Opération mentale qui consiste à remonter des faits à la règle ou à la loi, de cas particuliers à une proposition générale.

ET POURTANT, ELLE TOURNE...

Protégé des princes – notamment des Médicis de Florence – et curieux de tout, Galilée est l'un des derniers des grands humanistes de la Renaissance et l'un des premiers savants à s'inscrire dans la conception moderne de la science. Mettant de côté ses préjugés et ses croyances préalables, il cherche à connaître le réel tel qu'il peut l'observer, le mettant à l'épreuve au besoin, et à l'exprimer avec la précision du langage mathématique. Les fruits de son travail scientifique sont abondants : il élabore les principes de la dynamique, découvre les lois du mouvement pendulaire ainsi que celles de la chute des corps dans le vide et de la pesanteur, et donne une des premières formulations du principe de l'inertie. Mais ce sont ses observations astronomiques qui lui valent la célébrité, à cause du procès pour hérésie que lui fait l'Inquisition en 1633. L'Église catholique reproche à Galilée de défendre la théorie héliocentrique alors qu'elle est contraire à ce que décrit la Bible ; par exemple, comment le prophète Josué aurait-il pu arrêter le Soleil s'il était immobile ? Voici des extraits de l'acte de rétractation présenté par le Saint-Office.

■ ■ ■

Attendu que toi, Galilée, [...] a été dénoncé depuis 1615 à ce Saint-Office comme tenant pour vraie la fausse doctrine selon laquelle le Soleil est au centre du monde et la Terre se meut d'un mouvement diurne [...].

Ce Saint Tribunal ayant décidé de remédier au désordre et au danger qui croissaient au préjudice de la Sainte Foi, [...] les théologiens qualifiés ont défini ainsi les deux propositions de la stabilité du Soleil et du mouvement de la Terre de la manière suivante :

La proposition que le Soleil est au centre du monde et immobile d'un mouvement local est absurde, fausse en philosophie et formellement hérétique, parce qu'elle est expressément contraire à la Sainte Écriture.

La proposition que la Terre n'est pas au centre du monde ni immobile, mais qu'elle se meut d'un mouvement diurne est également absurde et fausse en philosophie et considérée en théologie au moins comme erronée selon la Foi. [...]

Par conséquent, [...] *nous en sommes venus à prononcer contre toi la sentence définitive suivante :* [...] *Nous disons, prononçons, sentençons et déclarons que toi, Galilée, pour les motifs déduits du procès et par toi confessés, tu t'es rendu véhémentement suspect d'hérésie* [...].

Condamné à se rétracter entièrement, Galilée le fait en ces termes :

Moi, Galilée, [...] *agenouillé devant vous,* [...] *je jure que j'ai toujours cru, que je crois maintenant et qu'avec l'aide de Dieu je continuerai à l'avenir à croire tout ce que tient pour vrai, prêche, enseigne la Sainte Église catholique et apostolique.*

Galilée fut aussi condamné à finir ses jours reclus dans sa demeure de Toscane. Il a été rapporté que, lorsqu'il quitta le tribunal après sa condamnation, on l'entendit murmurer : « *Eppur, si muove* » (en français « ET POURTANT ELLE TOURNE »).

L'affaire Galilée, présentée par Émile Namer, Paris, Gallimard, Collection Archives, 1975, p. 220-225.

l'humanité une emprise sur la nature, en plus d'être une source de mieux-être et de richesse –, il lie les idées de science et de progrès.

Comme Bacon, le philosophe et mathématicien français René Descartes s'en prend à la conception traditionnelle de la science, mais c'est plus par l'exercice rigoureux de la raison que par l'expérimentation qu'il espère atteindre le savoir. Descartes propose de douter de tout ce qui n'est pas démontré. Dans son *Discours de la méthode*, il explique que la connaissance est simple : il s'agit seulement d'appliquer « des règles certaines et faciles, par l'observation exacte desquelles on sera sûr de ne jamais prendre une erreur pour une vérité et, sans y dépenser inutilement les forces de son esprit, mais en accroissant son savoir par un progrès continu, de parvenir à la connaissance vraie de tout ce dont on sera capable ». S'il y a de la raison dans l'Univers, c'est-à-dire s'il est régi par des lois, une telle méthode devrait permettre à l'esprit de les dégager. L'idée de loi scientifique se fait jour.

AVEC NEWTON, LA RÉVOLUTION SCIENTIFIQUE S'IMPOSE. Celui qui incarne le mieux la révolution scientifique du XVIIe siècle est certainement le physicien et mathématicien anglais Isaac Newton. Pour Newton, Dieu, le « Grand Horloger », a mis un ordre dans l'Univers, dont toutes les composantes sont en relation, comme celles d'une horloge. Des lois naturelles régiraient ces relations, et la fonction de la science consisterait à les trouver. Newton cesse donc de se préoccuper du « pourquoi » des choses, qu'il laisse à la métaphysique ou à la théologie, pour s'intéresser à leur « comment », c'est-à-dire aux lois qui régissent l'Univers et qui sont à ses yeux l'unique objet de la science. Ces principes, il les énonce magistralement dans son œuvre maîtresse, *Principes mathématiques de la philosophie naturelle*, qui est publiée en latin en 1687 et constitue un jalon essentiel du cheminement vers la science moderne. L'application qu'il en fait est la source d'une œuvre abondante : lois du mouvement, de la gravité, de l'attraction universelle ; avancées importantes en calcul, en algèbre et en géométrie, etc. Avec Newton, la conception aristotélicienne de l'Univers, reprise par l'Église catholique, selon laquelle c'est un monde clos divisé entre le monde astral (parfait et éternel) et le monde sublunaire (imparfait et sujet à la corruption), est définitivement abandonnée par les scientifiques. Ceux-ci acceptent désormais l'idée d'un monde infini dont la matière est semblable partout.

L'IDÉE DE LOI SCIENTIFIQUE

Une des contributions majeures de la révolution scientifique du XVIIe siècle est l'idée que l'Univers obéit à des lois qui expriment une harmonie fondamentale avec la nature, et qu'il est possible de connaître et de comprendre grâce au langage mathématique. Bien que le modèle légué par les Galilée, Kepler et Newton soit aujourd'hui dépassé, cette idée représentait un progrès immense dont nous avons recueilli l'héritage.

SCIENCE ET SUPERSTITION

Bien que créateurs de la méthode scientifique, les pères de la science du XVIIe siècle ne sont pas pour autant de purs esprits dégagés de leur époque. Ainsi, dans sa jeunesse, Kepler est-il féru d'astrologie (il prédit même avec succès une invasion ottomane et un hiver particulièrement rigoureux), tandis que Newton vieillissant se plonge dans la théologie et l'alchimie.

Animés de ce nouvel esprit scientifique, à force d'observations et d'expériences, les savants font progresser à pas de géant la connaissance de l'homme et de la nature, notamment la médecine. Au début du XVIIe siècle, l'Anglais William Harvey découvre la fonction de pompe du cœur, élucidant ainsi le phénomène de la circulation sanguine. À la fin du siècle, le Hollandais Anton van Leeuwenhoek fabrique un microscope et observe des micro-organismes encore insoupçonnés, alors que son compatriote Robert Hook est le premier à examiner ainsi des tissus cellulaires.

NEWTON ET LE CALCUL DIFFÉRENTIEL

Pour parvenir à dégager les lois qui régissent les relations entre les éléments de l'Univers, puis à les énoncer, Newton invente le calcul différentiel – matière du cours Mathématiques 103 au cégep. L'Allemand Leibniz y serait également arrivé de son côté.

PHILOSOPHIE DE LA NATURE

Au XVIIe siècle et encore au XVIIIe, on parle de «philosophie de la nature» ou de «philosophie naturelle» pour désigner ce que nous appelons aujourd'hui les «sciences de la nature».

LES RÈGLES DE LA MÉTHODE SCIENTIFIQUE SELON NEWTON

En introduction à ses *Principes mathématiques*, Isaac Newton énonce les quatre règles de base de son approche scientifique. Qu'est-ce qui, selon lui, assurerait la valeur du savoir produit scientifiquement?

■ ■ ■

Règle première: Il ne faut admettre de causes que celles qui sont nécessaires pour expliquer les phénomènes.

La nature ne fait rien en vain, et ce serait faire des choses inutiles que d'opérer par un plus grand nombre de causes ce qui peut se faire par un plus petit.

Règle II: Les effets du même genre doivent toujours être attribués, autant qu'il est possible, à la même cause.

Ainsi la respiration de l'homme et celle des bêtes; la chute d'une pierre en Europe et en Amérique; la lumière du feu ici-bas et celle du Soleil; la réflexion de la lumière sur la Terre et dans les planètes, doivent être attribuées respectivement aux mêmes causes.

Règle III: Les qualités des corps qui ne sont susceptibles ni d'augmentation ni de diminution, et qui appartiennent à tous les corps sur lesquels on peut faire des expériences, doivent être regardées comme appartenant à tous les corps en général.

On ne peut connaître les qualités des corps que par l'expérience, ainsi on doit regarder comme des qualités générales celles qui se trouvent dans tous les corps, et qui ne peuvent souffrir de diminution, car il est impossible de dépouiller les corps des qualités qu'on ne peut diminuer. On ne peut opposer des rêveries aux expériences, et on ne doit point abandonner l'analogie de la nature qui est toujours simple et semblable à elle-même.

Règle IV: Dans la philosophie expérimentale, les propositions tirées par induction des phénomènes doivent être regardées malgré les hypothèses contraires comme exactement ou à peu près vraies jusqu'à ce que quelques autres phénomènes les confirment entièrement ou fassent voir qu'elles sont sujettes à des exceptions.

Car une hypothèse ne peut affaiblir les raisonnements fondés sur l'induction tirée de l'expérience.

Isaac Newton, *Principes mathématiques de la philosophie naturelle*, tome II (1687), Paris, Albert Blanchard, 1966, p. 2-5.

LE SIÈCLE DES LUMIÈRES

La révolution scientifique ne se fait pas en vase clos. Les savants communiquent entre eux à l'échelle de l'Europe, voyageant d'une capitale à l'autre, comme l'Anglais Harvey, qui vient étudier à Padoue où a enseigné le Flamand Vésale.

Les princes et les riches courtisent les savants – le Français Descartes sera ainsi l'invité des cours de Hollande et de Suède. Un peu partout en Europe, on fonde des académies des sciences où savants et gens cultivés se rencontrent, exposent leurs travaux, en discutent. Ces académies se dotent de publications, comme le *Journal des savants* en France ou les *Philosophical Transactions* en Angleterre, qu'on peut considérer comme les premières revues scientifiques.

Les progrès de la science relancent le courant d'optimisme, de confiance dans l'avenir de l'homme et dans le progrès de l'humanité qui avait germé chez les humanistes. On en vient à croire que, libérées des contraintes de la pensée médiévale et de la religion, la science et la raison arriveront à saisir les lois de la nature et à les maîtriser. Bientôt, on commence même à penser que la raison pourrait de la même façon dégager des lois du comportement humain et de l'ordre social. À la lumière de la raison, on remettra alors en question tous les aspects de la société; ce sera l'œuvre des philosophes du XVIIIe siècle, que les historiens ont appelé le **siècle des Lumières**.

siècle des Lumières Le XVIIIe siècle, marqué par les philosophes qui appellent le règne de la raison en toute chose.

Raison scientifique et déraison sociale : la chasse aux sorcières

Alors que la raison scientifique s'affirme en se distanciant de la religion, on assiste un peu partout en Europe à une vaste chasse aux sorcières et aux sorciers, phénomène qui montre à quel point, hors des capitales et des cours, le poids de la religion reste lourd, et combien les croyances populaires et les peurs traditionnelles restent vives.

Selon les estimations, aux XVIe et XVIIe siècles, il se tient environ 100 000 procès en sorcellerie; la moitié des personnes accusées sont condamnées et mises à mort (sur le bûcher généralement, mais aussi par pendaison, strangulation, immersion, etc.), après avoir avoué leur crime sous la torture. Bon nombre de ces gens proviennent des couches défavorisées de la société; il s'agit souvent de marginaux, du moins en apparence – par exemple, des bergers que leur vie solitaire à suivre les troupeaux isole de la communauté. Mais 80 % des accusations de sorcellerie sont portées contre des femmes, pour la plupart célibataires ou veuves d'un certain âge. On peut y voir un effet de la misogynie ambiante, mais aussi une conséquence de leur situation socioéconomique : sans ressources, elles dépendent de la communauté, pour laquelle elles représentent un poids; sans famille proche, elles sont seules et sans défense.

On accuse sorcières et sorciers de pactiser avec le diable, de participer à des sabbats donnant lieu à des orgies, de dévorer de jeunes enfants baptisés, etc., mais les accusations de sorcellerie découlent surtout des infortunes du quotidien. Une vache vient-elle à mourir de façon inattendue ou cesse-t-elle de donner du lait, un champ manque-t-il à produire, un couple se révèle-t-il stérile ? La sorcière a jeté un sort ! Pour les accusateurs, la sorcellerie explique l'inexplicable. Pour les élites locales, les sorcières, par la crainte qu'elles inspirent au petit peuple, représentent une menace à leur autorité; une condamnation les en débarrasse. D'ailleurs, ce sont le plus souvent des juridictions laïques qui instruisent les procès en sorcellerie, et non des juridictions ecclésiastiques comme au Moyen Âge, ce qui montre bien que vie religieuse et vie civile continuent de se chevaucher.

Tôt dans le XVIIIe siècle, la chasse aux sorcières et aux sorciers décline. Divers facteurs y concourent : les calamités naturelles et les guerres s'espacent, l'autorité de l'État s'étend aux régions isolées, les procès en sorcellerie se retournent contre les accusateurs et les juges (les accusés affirment les avoir rencontrés dans des sabbats !). Surtout, la raison étend son empire et la diffusion des idées de rationalité chères aux philosophes du XVIIIe siècle repousse les frontières des préjugés et des superstitions.

Les Lumières émergent en Angleterre au XVIIe siècle. Les premiers philosophes à interroger l'ordre social, Thomas Hobbes et John Locke, sont des Anglais du XVIIe siècle qui s'intéressent particulièrement aux formes de gouvernement. Hobbes propose l'idée du **contrat social**. Témoin des violences de la guerre civile anglaise (1642-1646) et estimant que cette violence est inhérente à la nature humaine, il en conclut que les hommes ont besoin d'être gouvernés avec fermeté par un souverain autoritaire à qui, en échange de l'ordre et de la sécurité, ils céderont leurs droits – de là le « contrat ». Locke se fait une idée plus optimiste de la nature humaine. Comme Hobbes, il

contrat social Selon des philosophes du siècle des Lumières, convention entre des gouvernés, qui cèdent une partie de leurs libertés, et un gouvernant, qui s'engage à administrer l'État dans le respect de leurs droits.

estime que les hommes ont des **droits naturels** – la vie, la liberté et la propriété –, mais contrairement à lui il considère qu'ils ont tendance à être raisonnables. Ils pourraient donc se gouverner eux-mêmes, cependant ils préfèrent s'en remettre à un gouvernement pour qu'il protège leurs droits. Si ce gouvernement ne respectait pas le contrat, le peuple aurait le droit de le démettre.

droits naturels Selon les philosophes des Lumières, droits inaliénables appartenant à tout individu, notamment le droit à la vie, à la liberté et à la propriété.

Les idées des philosophes anglais du XVIIe siècle se répandent en Europe, et particulièrement en France. Il faut dire que les philosophes français vouent une grande admiration à l'Angleterre et à son gouvernement. Pour eux, qui ne connaissent que la **monarchie absolue**, les libertés parlementaires anglaises sont un idéal et une source d'envie. L'un d'eux, Voltaire, écrit que la « nation anglaise est la seule de la terre qui soit parvenue à régler le pouvoir des rois en leur résistant, et qui d'effort en effort ait enfin établi ce gouvernement sage où le prince, tout-puissant pour faire du bien, a les mains liées pour faire du mal ».

monarchie absolue Régime politique dans lequel le souverain, qui se réclame généralement du droit divin, dispose de la totalité du pouvoir politique.

LES PHILOSOPHES REMETTENT TOUT EN QUESTION. Bien qu'ils ne partagent pas tous les mêmes idées, les philosophes des Lumières s'accordent sur plusieurs idées maîtresses – dont le principe de base est « oser penser par soi-même », selon les mots de Kant –, notamment l'idée de liberté, à commencer par la liberté de penser, de s'exprimer, de publier. Quitte à risquer la prison – que certains connaîtront d'ailleurs –, ils s'opposent vigoureusement à toute censure, tant de l'Église que de l'autorité royale. Ils se prononcent aussi contre l'esclavage et le servage. Dans leur lutte pour la liberté de pensée, ils s'opposent à l'Église, à son clergé et à ses dogmes, de même qu'à toute croyance imposée qui entraverait le règne de la raison. Plusieurs de ces philosophes sont ouvertement athées, comme Diderot, mais la plupart restent déistes, croyant en l'existence d'un être suprême ordonnateur de toute chose, sans accepter pour autant les institutions ou les rites religieux. Pour combattre l'ignorance et la superstition, ils comptent sur l'éducation, à leurs yeux la voie royale vers la libération des forces de l'esprit.

Mais c'est surtout par leurs idées politiques que ces philosophes ont marqué leur siècle – et les suivants jusqu'au nôtre. Leur préoccupation de liberté, doublée de l'idée de justice, s'étend au système social, à la vie politique et au gouvernement. Tous sont des adversaires de la monarchie absolue telle qu'elle existe en France ; ils sont en général favorables au parlementarisme à l'anglaise, quoique certains penchent pour le despotisme éclairé. Issus de la bourgeoisie pour la plupart, ils s'opposent à l'aristocratie et aux privilèges, sans toutefois aller jusqu'à prôner la démocratie – sauf exception, comme Locke ou Rousseau.

Montesquieu préconise la **séparation des pouvoirs** – le pouvoir législatif (le Parlement) fait les lois ; l'exécutif (le Conseil des ministres) les applique ; le judiciaire (les tribunaux) sanctionne la légalité de leur mise en vigueur – et l'équilibre entre eux. Il prône une monarchie de type britannique, où le pouvoir du souverain est tempéré par des assemblées représentatives.

Quant à Voltaire, même s'il défend toutes les libertés, il ne va pas jusqu'à accorder le pouvoir au peuple, en qui il n'a aucune confiance. Une monarchie absolue où le souverain gouvernerait en **despote éclairé** – c'est-à-dire pour le bonheur du peuple et selon les nouvelles idées des philosophes, en se gardant de l'influence des aristocrates et du clergé – est donc acceptable à ses yeux.

despote éclairé Monarque absolu qui instaure dans son État des réformes libérales inspirées des philosophes des Lumières.

Parmi tous ces philosophes, celui dont les idées et la pensée politique se rapprochent le plus des démocraties contemporaines est probablement le Genevois Jean-Jacques Rousseau. Selon lui, la nature humaine est fondamentalement bonne et l'ordre social idéal repose sur une communauté égalitaire dont les membres passent un contrat de gouvernement, cédant ainsi une partie de leurs libertés individuelles au profit de la volonté générale exprimée par le vote. En cas de non-respect du contrat, le peuple pourrait démettre les dirigeants. La république qu'il imagine doit toutefois être de petite taille pour être viable !

LUMIÈRES ET ATHÉISME

C'est avec les philosophes des Lumières que l'idée d'athéisme commence à s'exprimer publiquement ; elle continuera de grandir après eux. Cependant, plusieurs d'entre eux, dont Voltaire, ne sont pas athées, mais déistes, c'est-à-dire qu'ils croient qu'un être suprême est à l'origine de la création du monde et même qu'il conserve une certaine influence sur son fonctionnement.

FIGURE 8.2

Le retour du voyage en Europe

Les philosophes et les savants ne sont pas seuls à parcourir l'Europe. Les aristocrates voyagent aussi, se rencontrent et correspondent, le plus souvent en français, leur langue de communication. À l'orée de la vingtaine, les jeunes nobles entreprennent couramment une tournée des grandes capitales qui peut durer un an ou deux, au risque d'en ramener des modes que leurs pères jugeront bien excentriques…

anticléricalisme Attitude ou doctrine qui critique le clergé et les Églises et leur dénie le droit d'intervenir dans la vie publique.

LES IDÉES DES PHILOSOPHES SE RÉPANDENT EN EUROPE. Comme les savants, les philosophes correspondent entre eux et parcourent l'Europe, véhiculant et confrontant leurs idées, que les académies des sciences exposent et diffusent grâce aux revues scientifiques naissantes. On en discute dans les salons que tiennent des femmes du monde, dans les cafés des grandes villes – vers 1720, on en compte plus de 300 à Paris – et dans les clubs où les hommes se rencontrent pour parler de politique et commenter les gazettes, ancêtres des journaux actuels.

Ainsi propagées, les vues des philosophes ne tardent pas à sortir des cours et des milieux privilégiés des capitales. En France, par exemple, elles atteignent les académies et les cercles de lecture qui se multiplient dans les villes de province. Une littérature dite de colportage rejoint la bourgeoisie et les élites régionales – à cause des rigueurs de la censure royale et religieuse, les ouvrages sont souvent imprimés clandestinement ou imprimés hors de France et vendus sous le manteau par des colporteurs. En Angleterre d'abord, des loges franc-maçonniques prônent également les idéaux de liberté, d'égalité et de fraternité chers aux philosophes, teintés toutefois d'**anticléricalisme**.

Un des plus puissants moyens de diffusion des idées philosophiques et des connaissances scientifiques sera certainement l'*Encyclopédie*. Elle prend pour modèle la *Chambers' Cyclopædia*, deux forts volumes publiés en Angleterre en 1728 et qui font état des savoirs de l'époque. Mais l'*Encyclopédie ou Dictionnaire raisonné des sciences, des arts et des métiers*, que Diderot et D'Alembert publient entre 1751 et 1772, est d'une tout autre ampleur : elle compte 28 volumes (17 de textes et 11 d'illustrations), associe plus de 150 collaborateurs, dont plusieurs des meilleurs savants et philosophes de l'époque, et couvre tous les domaines du savoir à travers plusieurs milliers d'articles. L'esprit de l'ensemble est celui des Lumières, avec sa foi dans la raison et le progrès, sa soif de liberté, de justice et de tolérance, sa critique des abus et des idées reçues… ce qui vaut à l'*Encyclopédie* la censure des pouvoirs civils et religieux, ainsi que deux interdictions. Elle n'en connaît pas moins un succès considérable en France et en Europe. Un large segment de la bourgeoisie et même des aristocrates ou souverains en adoptent les idées.

S'INSPIRANT DES LUMIÈRES, DES SOUVERAINS SE FONT DESPOTES ÉCLAIRÉS. Nombre de souverains d'Europe tiennent les philosophes en haute estime, correspondent avec eux, les reçoivent à leur cour, s'inspirent de leurs idées. C'est notamment le cas de Frédéric II de Prusse, de Joseph II d'Autriche et de Catherine II de Russie. Les souverains de ces États se déclarent despotes

Les idées des philosophes

Nul ne pourrait mieux exprimer la philosophie des Lumières que ses philosophes eux-mêmes. Les citations suivantes témoignent de leurs idées. Quelles sont-elles ?

■ ■ ■

Égaré dans une forêt immense durant la nuit, je n'ai qu'une petite lumière pour me conduire. Survient un inconnu qui me dit : « Mon ami, souffle la bougie pour mieux trouver ton chemin. » Cet inconnu est un théologien.

Diderot

Dans une République digne de ce nom, la liberté de publier ses pensées est le droit naturel du citoyen.

Voltaire

La vérité doit à la fin triompher du mensonge, les princes et leurs peuples recourront à elle ; la raison brisera leurs chaînes, les fers de la superstition se rompront à sa voix souveraine, faite pour commander sans partage à des êtres intelligents.

D'Holbach

Un défaut essentiel et inévitable, qui mettra toujours le gouvernement monarchique au-dessous du républicain, est que dans celui-ci la voix publique n'élève presque jamais aux premières places que des hommes éclairés et capables, qui les remplissent avec honneur ; au lieu que ceux qui parviennent dans les monarchies ne sont le plus souvent que de petits brouillons, de petits fripons, de petits intrigants, à qui les petits talents, qui font dans les cours parvenir aux grandes places, ne servent qu'à montrer au public leur ineptie aussitôt qu'ils y sont parvenus.

Rousseau

Quand il n'y aurait pas de Dieu, nous devrions toujours aimer la justice ; c'est-à-dire faire nos efforts pour ressembler à cet être dont nous avons une si belle idée, et qui, s'il existait, serait nécessairement juste. Libres que nous serions du joug de la religion, nous ne devrions pas l'être de celui de l'équité.

Montesquieu

Lorsque dans une même personne, ou dans le même corps de magistrature, la puissance législative est réunie à la puissance exécutrice, il n'y a point de liberté. [...] Il n'y a point encore de liberté si la puissance de juger n'est pas séparée de la puissance législative et de l'exécutrice.

Montesquieu

Le prince tient de ses sujets mêmes l'autorité qu'il a sur eux ; et cette autorité est bornée par les lois de la nature et de l'État. Les lois de la nature et de l'État sont les conditions sous lesquelles ils se sont soumis à son gouvernement. L'une de ces conditions est que, n'ayant de pouvoir et d'autorité sur eux que par leur choix et leur consentement, il ne peut jamais employer cette autorité pour casser l'acte ou le contrat par lequel elle lui a été déférée : il agirait dès lors contre lui-même, puisque son autorité ne peut subsister que par le titre qui l'a établie. Qui annule l'un détruit l'autre.

Diderot

Le pacte social : *Trouver une forme d'association qui défende et protège de toute la force commune la personne et les biens de chaque associé, et par laquelle chacun, s'unissant à tous, n'obéisse pourtant qu'à lui-même, et reste aussi libre qu'auparavant. [...] Les clauses, bien entendues, se réduisent toutes à une seule : savoir, l'aliénation totale de chaque associé avec tous ses droits à toute la communauté [...].*

Les caractères de la souveraineté : *1) elle est inaliénable ; 2) elle est indivisible ; 3) elle est infaillible ; 4) elle est illimitée.*

Rousseau

Nous avons des juifs à Bordeaux, à Metz, en Alsace ; nous avons des luthériens, des molinistes, des jansénistes* ; ne pouvons-nous pas souffrir et contenir les calvinistes à peu près aux mêmes conditions que les catholiques sont tolérés à Londres ? Plus il y a de sectes, moins chacune est dangereuse ; la multiplicité les affaiblit ; toutes sont réprimées par de justes lois, qui défendent les assemblées tumultueuses, les injures, les séditions [...]. Puissent tous les hommes se souvenir qu'ils sont frères ; qu'ils aient en horreur la tyrannie exercée sur les âmes [...].*

Voltaire

Le motif qui pousse les hommes à entrer en société, c'est la sauvegarde de leur bien propre, et le but qu'ils visent en élisant et instituant un corps législatif, c'est l'établissement de lois et de règles pour garder et protéger les biens de tous les membres de la société, pour limiter le pouvoir et tempérer l'autorité de chacun de ces groupes et de chacun de ses membres. [...] Ce que je viens de dire ici du pouvoir législatif en général reste vrai du pouvoir exécutif suprême.

Locke

Quiconque refusera d'obéir à la volonté générale y sera contraint par tout le corps ; ce qui ne signifie autre chose sinon qu'on le forcera d'être libre.

Rousseau

* Molinistes : catholiques partisans d'une théorie particulière du salut.
Jansénistes : catholiques partisans d'une théorie particulière de la grâce et de la prédestination.

éclairés : despotes, car ils entendent se réserver la totalité du pouvoir ; éclairés, car ils prétendent l'exercer selon la raison, pour le bonheur et la prospérité de leurs peuples.

Les despotes éclairés révisent donc les législations pour les clarifier et les adoucir. Dans plusieurs États, ils suppriment la torture. Ils concèdent aussi des droits aux citoyens les plus défavorisés ; ainsi, le servage est aboli – sauf exceptions, comme en Russie ou, dans une certaine mesure, en Prusse. Leurs politiques religieuses vont de la tolérance de tous les cultes à des politiques laïcistes, parfois assorties de mesures répressives envers les Églises instituées. Les souverains se penchent également sur l'enseignement, mais principalement sur l'enseignement secondaire et supérieur, dont ils espèrent tirer davantage de fonctionnaires compétents et dévoués. En effet, ce qui importe avant tout aux despotes éclairés, c'est la solidité de leurs États et du pouvoir qu'ils y exercent. Cette consolidation passe par des politiques sociales, certes, mais aussi par l'établissement d'une administration centralisée et d'une fiscalité efficace, par des mesures de développement économique et, en général, par le renforcement de l'armée. Ainsi, en Prusse, près de 7 % des hommes sont militaires.

Bien qu'ils se prétendent dévoués au bonheur du peuple, les despotes éclairés gouvernent en réalité leurs États de manière à maintenir leur pouvoir et à le fortifier. Cependant, comme l'avenir le montrera, leurs efforts ne suffiront pas à juguler les troubles intérieurs, les rébellions et les révolutions.

FIGURE 8.3

L'*Encyclopédie* (1751)

*Au centre de cette page frontispice de l'*Encyclopédie*, la Vérité entourée de la Raison et de l'Imagination ; au-dessous, les sciences, les arts et les métiers.*

Les grandes révolutions atlantiques

La philosophie des Lumières n'éclaire pas seulement les despotes : ses idées deviennent bientôt une source des grands bouleversements qui vont agiter le monde occidental, apportant de tels changements dans l'ordre social et politique qu'il faut parler de **révolutions**. Ainsi la pratique concrétise et confirme les principes des philosophes, principes dont plusieurs restent les fondements de nos sociétés actuelles. Les premières de ces révolutions éclatent en Amérique, en 1776, et en France, en 1789.

révolution Bouleversement rapide ou même violent de l'état des choses dans le domaine politique, économique, social, culturel ou scientifique.

LA RÉVOLUTION AMÉRICAINE

La Révolution américaine se nourrit à la fois des idées des philosophes et des principes des libertés anglaises dont ils s'étaient inspirés. Certaines de ces idées et certains de ces principes trouvent toutefois des extensions nouvelles, notamment avec les notions de démocratie publique et de droit des peuples à disposer d'eux-mêmes – particulièrement en situation coloniale –, sur lesquelles les philosophes ne s'étaient pas arrêtés.

Frédéric II, pile et face

Dans les deux documents qui suivent, Frédéric II de Prusse décrit comment il envisage son rôle souverain. Que penser de sa sincérité?

■ ■ ■

Le rôle d'un souverain

Nous avons remarqué que les citoyens n'ont accordé la prééminence à un de leurs semblables, qu'en faveur des services qu'ils attendaient de lui: ces services consistent à maintenir les lois, à faire exactement observer la justice, à s'opposer de toutes ses forces à la corruption des mœurs, à défendre l'État contre ses ennemis. [...]

Les princes, les souverains, les rois ne sont donc pas revêtus de l'autorité suprême, pour se plonger impunément dans la débauche et dans le luxe: ils ne sont pas élevés sur leurs concitoyens, pour que leur orgueil se pavanant dans la représentation, insulte avec mépris à la simplicité des mœurs, à la pauvreté, à la misère; ils ne sont point à la tête de l'État, pour entretenir auprès de leurs personnes un tas de fainéants dont l'oisiveté et l'inutilité engendrent tous les vices. [...]

Le souverain est attaché par des liens indissolubles au corps de l'État: par conséquent il ressent par répercussion tous les maux qui affligent ses sujets; et la société souffre également des malheurs qui touchent son souverain. Il n'y a qu'un bien, qui est celui de l'État en général. [...]

Le souverain représente l'État: lui et ses peuples ne forment qu'un corps, qui ne peut être heureux qu'autant la concorde les unit. Le prince est à la société qu'il gouverne, ce que la tête est au corps: il doit voir, penser et agir pour toute la communauté, afin de lui procurer tous les avantages dont elle est susceptible. Si l'on veut que le gouvernement monarchique l'emporte sur le républicain, l'arrêt du souverain est prononcé: il doit être actif et intègre, et assembler toutes ses forces pour fournir la carrière qui lui est ouverte. [...]

Ce sont là en général les devoirs qu'un prince doit remplir: afin qu'il ne s'en écarte jamais, il doit se rappeler souvent qu'il est homme ainsi que le moindre de ses sujets: s'il est le premier juge, le premier général, le premier financier, le premier ministre de la société, ce n'est pas pour qu'il représente, mais afin qu'il remplisse les devoirs que ces noms lui imposent. Il n'est que le premier serviteur de l'État obligé d'agir avec probité, avec sagesse, et avec un entier désintéressement, comme si à chaque moment il devait rendre compte de son administration à ses citoyens[1].

■ ■ ■

Le souverain dans son rôle

Un prince ne doit jamais se montrer que du bon côté [...]. *Ma suite est très peu nombreuse, mais bien choisie; ma voiture est tout unie; elle est, en revanche, bien suspendue, et j'y dors aussi bien que dans mon lit. Je parais faire peu d'attention à la façon de vivre; un laquais, un cuisinier, un pâtissier font tout l'équipage de ma bouche; j'ordonne moi-même mon dîner, et ce n'est pas ce que je fais de plus mal, parce que je connais le pays, et que je demande, soit gibier, poisson et viande de boucherie, ce qu'il produit de meilleur. Quand j'arrive dans un endroit, j'ai toujours l'air fatigué, et je me montre au peuple avec un mauvais surtout et une perruque mal peignée. Ce sont des riens qui font souvent une impression singulière; je donne audience à tout le monde, excepté aux prêtres, ministres* [du culte] *et moines: comme ces Messieurs sont accoutumés à parler de loin, je les écoute de ma fenêtre* [...]. *Dans tout ce que je dis, j'ai l'air de ne penser qu'au bonheur de mes sujets; je fais des questions aux nobles, aux bourgeois et aux artisans, et j'entre avec eux dans les plus petits détails. Vous avez entendu, ainsi que moi, mon cher neveu, les propos flatteurs de ces bonnes gens; vous souvenez-vous de celui qui me plaignait de tout son cœur, en voyant mon mauvais surtout et les petits plats que l'on servait à ma table? Le pauvre homme ne savait pas que j'avais un bon habit dessous, et croyait qu'on ne pouvait pas vivre si on n'avait pas un jambon et un quartier de veau à son dîner* [...]. *Jusqu'à présent, tout le monde croit que l'amour seul que j'ai pour mes sujets m'engage à visiter mes États aussi souvent qu'il m'est possible. Je laisse tout le monde dans cette idée, mais dans le vrai, ce motif y entre pour peu. Le fait est que je suis obligé de le faire, et voici pourquoi: mon royaume est despotique, par conséquent celui qui le possède en a seul la charge; si je ne parcourais pas mes États, mes gouverneurs se mettraient à ma place, et, peu à peu, se dépouilleraient des privilèges de l'obéissance, pour n'adopter que des principes d'indépendance* [...]. *En visitant de temps en temps mon royaume, je suis à portée de connaître tous les abus que l'on fait des pouvoirs que j'ai confiés, et de faire rester dans le devoir ceux qui auraient envie de s'en écarter. Ajoutez à ces raisons celle de faire croire à mes sujets que je viens dans leurs foyers pour recevoir leurs plaintes et calmer leurs maux*[2].

1. Frédéric II, «Essai sur les formes de gouvernement et sur les devoirs des souverains» (1781), dans Jean Boutier, *et al.*, *Documents d'histoire moderne*, Bordeaux, Presses universitaires de Bordeaux, 1992, p. 107.
2. Frédéric II, «Les Conseils du Trône», dans M. Arondel, J. Bouillon et J. Rudel, *XVI*e*, XVII*e*, XVIII*e *siècles*, Paris, Bordas, 1962, p. 471.

Les blocages à leur expansion territoriale et les taxes frustrent les habitants des Treize Colonies. C'est une certaine conception de leurs droits légitimes qui amène les habitants des Treize Colonies à vouloir s'affranchir de la Couronne britannique. Après la guerre de Sept Ans, celle-ci adopte la

La Grande Charte et les impôts

En 1215, déjà, la Grande Charte (la *Magna Carta*) avait reconnu en Angleterre le droit d'être consulté sur les levées d'impôt.

Proclamation royale de 1763, selon laquelle les territoires situés à l'ouest des Appalaches sont déclarés « territoires indiens », ce qui interdit aux habitants des Treize Colonies d'y poursuivre leur expansion. Pire, la Grande-Bretagne entend leur faire payer la dette qu'elle a accumulée durant la guerre, ainsi que l'entretien des nombreuses troupes qu'elle laisse en Amérique au cas où les Français reviendraient. Afin de se rembourser, elle renforce les règles du commerce triangulaire pour les taxes que cela lui rapporte, impose d'autres taxes, notamment par le très impopulaire *Stamp Act* sur les imprimés, puis institue de nouveaux droits de douane sur certaines marchandises importées, notamment le thé: c'est la goutte d'eau qui fait déborder le vase. Les coloniaux déclarent illégales ces taxes décidées par le Parlement britannique sans qu'ils y soient représentés et sans qu'ils participent aux débats – « *No taxation without representation* ». Fondement du parlementarisme anglais, cet **aphorisme** exprime aussi un principe fondamental de la démocratie: le droit d'être représentés et entendus pour les décisions nous concernant.

aphorisme Courte phrase qui résume une règle juridique, un point de morale ou une loi scientifique.

L'idée de droits naturels inspire celle d'indépendance. Cependant, le gouvernement britannique n'entend pas le mécontentement des habitants de ses colonies américaines. La tension monte, des accrochages s'ensuivent, la violence éclate. L'idée d'indépendance gagne de plus en plus de partisans. Dans les premiers mois de 1776, *Common Sense*, le **pamphlet** d'un nouvel arrivant anglais, Thomas Paine, plaide pour elle avec vigueur (c'est d'ailleurs Paine qui crée l'expression « États-Unis d'Amérique »). Dans l'esprit des Lumières, *Common Sense* explique notamment qu'il est contraire à l'ordre naturel qu'une petite île administre un continent. En quelques mois, pour une population de 2 millions et demi d'habitants, on en vend 150 000 exemplaires.

pamphlet Court écrit dans lequel l'auteur exprime son point de vue, généralement tranché, sur les institutions, les lois, le gouvernement ou une personnalité publique.

C'est dans ce contexte que, le 4 juillet 1776, les Américains des Treize Colonies se déclarent indépendants de la Grande-Bretagne.

Les États-Unis se forment selon les idées de démocratie et d'équilibre des pouvoirs. La métropole n'accepte pas la Déclaration d'indépendance

La Déclaration d'indépendance et le droit des peuples à disposer d'eux-mêmes

Thomas Jefferson, le principal rédacteur de la Déclaration d'indépendance, connaissait bien les idées de Locke et des philosophes français. Lesquelles de ces idées transparaissent dans cet extrait du préambule de la Déclaration?

■ ■ ■

Lorsqu'au cours des événements humains, un peuple se voit dans la nécessité de rompre les liens politiques qui l'unissent à un autre, et de prendre parmi les puissances de la terre le rang d'indépendance et d'égalité auquel les Lois de la Nature et du Dieu de la Nature lui donnent droit, un juste respect de l'opinion des hommes exige qu'il déclare la cause qui l'a porté à cette séparation.

Nous tenons ces vérités pour évidentes par elles-mêmes: que tous les hommes naissent égaux; que leur Créateur les a dotés de certains Droits inaliénables, parmi lesquels la Vie, la Liberté et la recherche du Bonheur; que pour garantir ces droits, les hommes instituent parmi eux des Gouvernements dont le juste pouvoir émane du consentement des gouvernés; que si un gouvernement, quelle qu'en soit la forme, vient à méconnaître ces fins, le peuple a le droit de le modifier ou de l'abolir et d'instituer un nouveau gouvernement qu'il fondera sur tels principes, et dont il organisera les pouvoirs selon telles formes qui lui paraîtront les plus propres à assurer sa Sécurité et son Bonheur.

Dans Odette Voilliard, *et al.*, *Documents d'histoire contemporaine I: 1776-1850*, Paris, Armand Colin, 1964, p. 9.

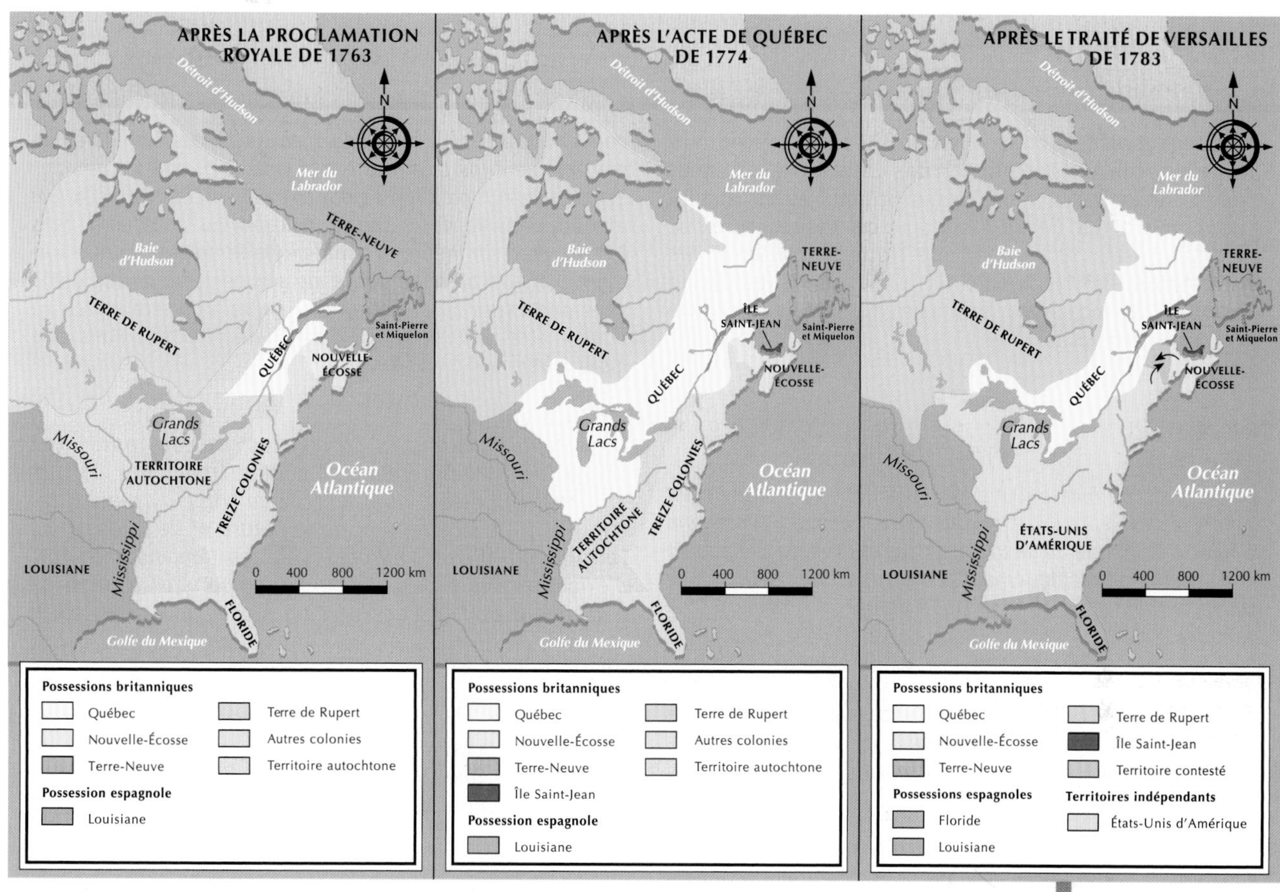

CARTE 8.1

L'Amérique du Nord en 1763, en 1774 et en 1783

unilatérale de ses colonies. Une guerre s'ensuit, qui durera cinq ans. Au début, la Grande-Bretagne paraît avoir le dessus, notamment grâce à ses troupes disciplinées et bien entraînées (largement formées de mercenaires germaniques), mais bientôt les Américains se ressaisissent, resserrent leurs rangs autour d'un général rassembleur, George Washington, et reçoivent l'appui de la France – qui déclare la guerre à la Grande-Bretagne –, puis de l'Espagne et des Pays-Bas. Le conflit tourne à l'avantage des insurgés et débouche finalement, en 1783, sur la signature du traité de Versailles, qui reconnaît l'indépendance des États-Unis (carte 8.1).

En 1787, les États-Unis se donnent une constitution profondément imprégnée des principes prônés par les philosophes des Lumières, en particulier Montesquieu. Les États-Unis deviennent une république fédérale et leurs dirigeants sont élus – même si le suffrage est généralement censitaire et réservé aux hommes blancs. La Constitution américaine prévoit la séparation des pouvoirs exécutif (le président), législatif (le Congrès, formé du Sénat et de la Chambre des représentants) et judiciaire (la Cour suprême), et instaure un système d'équilibre assurant qu'aucun de ces pouvoirs ne puisse s'imposer aux autres. L'année suivante, on y joint un *Bill of Rights*: ces 10 premiers amendements à la Constitution protègent les libertés fondamentales d'expression, de religion, d'assemblée, de presse, le droit à un procès devant jury et à une justice équitable, etc., ce qui, là encore, est bien dans l'esprit des Lumières.

LA RÉVOLUTION FRANÇAISE

La Révolution française éclate en 1789, soit 13 ans après le début de la Révolution américaine. L'influence américaine est manifeste, mais les causes profondes, bien françaises, tiennent au système de privilèges et d'inégalités

LA DÉCLARATION DES DROITS AMÉRICAINE (*BILL OF RIGHTS*)

Proposés par le Congrès en 1789, les 10 premiers amendements à la Constitution des États-Unis, qui constituent une déclaration des droits, ont été ratifiés et sont entrés en vigueur en 1791. En quoi cette déclaration se rapproche-t-elle et se distingue-t-elle du *Bill of Rights* britannique de 1689 (voir le chapitre 7) et de la Déclaration française des droits de l'homme et du citoyen de 1789 (voir plus loin) ?

■ ■ ■

ARTICLE I
Le Congrès ne fera aucune loi qui touche l'établissement ou interdise le libre exercice d'une religion, ni qui restreigne la liberté de parole ou de la presse, ou le droit qu'a le peuple de s'assembler pacifiquement et d'adresser des pétitions au gouvernement pour la réparation des torts dont il a à se plaindre.

ARTICLE II
Une milice bien organisée étant nécessaire à la sécurité d'un État libre, le droit qu'a le peuple de détenir et de porter des armes ne sera pas transgressé.

ARTICLE III
Aucun soldat ne sera, en temps de paix, logé dans une maison sans le consentement du propriétaire, ni en temps de guerre, si ce n'est de la manière prescrite par la loi.

ARTICLE IV
Le droit des citoyens d'être garantis dans leur personne, domicile, papiers et effets, contre les perquisitions et saisies non motivées ne sera pas violé, et aucun mandat ne sera délivré, si ce n'est sur présomption sérieuse, corroborée par serment ou affirmation, ni sans qu'il décrive particulièrement le lieu à fouiller et les personnes ou les choses à saisir.

ARTICLE V
Nul ne sera tenu de répondre d'un crime capital ou infamant sans un acte de mise en accusation, spontané ou provoqué, d'un Grand Jury, *sauf en cas de crime commis pendant que l'accusé servait dans les forces terrestres ou navales, ou dans la milice, en temps de guerre ou de danger public ; nul ne pourra pour le même délit être deux fois menacé dans sa vie ou dans son corps ; nul ne pourra, dans une affaire criminelle, être obligé de témoigner contre lui-même, ni être privé de sa vie, de sa liberté ou de ses biens sans procédure légale régulière ; nulle propriété privée ne pourra être réquisitionnée dans l'intérêt public sans une juste indemnité.*

ARTICLE VI
Dans toutes poursuites criminelles, l'accusé aura droit d'être jugé promptement et publiquement par un jury impartial de l'État et du district où le crime aura été commis – [...] – d'être instruit de la nature et de la cause de l'accusation, d'être confronté avec les témoins à charge, d'exiger par les moyens légaux la comparution de témoins à décharge, et d'être assisté d'un conseil pour sa défense.

ARTICLE VII
Dans les procès de droit commun où la valeur en litige excédera vingt dollars, le droit au jugement par jury sera observé, et aucun fait jugé par un jury ne sera examiné de nouveau dans une cour des États-Unis autrement que selon les règles du droit commun.

ARTICLE VIII
Des cautions excessives ne seront pas exigées, ni des amendes excessives imposées, ni des châtiments cruels et exceptionnels infligés.

ARTICLE IX
L'énumération de certains droits dans la Constitution ne pourra être interprétée comme déniant ou restreignant d'autres droits conservés par le peuple.

ARTICLE X
Les pouvoirs qui ne sont pas délégués aux États-Unis par la Constitution, ni refusés par elle aux États, sont réservés aux États respectivement ou au peuple.

Dans Carl N. Degler, *et al.*, *Histoire des États-Unis. La pratique de la démocratie*, Paris, Économica, 1980 (© 1973), p. 657.

Ancien Régime Au sens strict, régime social et politique en France avant la Révolution de 1789 ; s'applique aussi aux autres États dominés par la noblesse et dirigés par un monarque.

qui caractérise l'**Ancien Régime** – comme il est convenu de nommer la période précédant la Révolution –, ainsi qu'à l'incapacité des souverains et des pouvoirs publics à le réformer. De fait, même si nombre de philosophes des Lumières sont français, leurs idées n'ont eu que peu d'effet sur le régime social et politique de la France.

LA SOCIÉTÉ DE L'ANCIEN RÉGIME EST UNE SOCIÉTÉ D'ORDRES, INÉGALITAIRE ET FIGÉE. Depuis l'an mille, la société française est divisée en trois ordres hiérarchisés, la noblesse, le clergé et le tiers état, entre lesquels la mobilité est quasi nulle (voir le texte de l'évêque Adalbéron, au chapitre 5, figure 5.1). Les groupes sociaux n'y sont pas définis par leur fonction économique, mais par leur statut et par leurs droits et privilèges.

La province de Québec et la Révolution américaine

La Révolution américaine n'est pas sans répercussion sur la colonie britannique du nord. Dès qu'ils commencent à contester l'autorité de la Grande-Bretagne, les colons américains invitent les habitants de la province de Québec à se joindre à eux. Pour les dissuader d'un tel ralliement, les autorités anglaises accordent aux Canadiens l'Acte de Québec (1774), qui autorise pleinement la religion catholique, rétablit les lois françaises en matières civiles et agrandit le territoire de la province jusqu'à la vallée de l'Ohio (ce qui fait obstacle aux visées expansionnistes des colons américains). Le clergé et les élites canadiennes-françaises se réjouissent de ces gains et incitent la population à rester fidèle à la Couronne britannique, ce qui sera le cas de la majorité. Quand, en 1775, des Américains tentent de prendre la province de Québec pour empêcher la Grande-Bretagne d'y masser des troupes, ils trouvent donc peu d'appuis et, devant les rigueurs de l'hiver et l'arrivée de la flotte britannique, ils doivent bientôt se replier.

Une fois la guerre terminée et la victoire des insurgés assurée, 60 000 des colons américains qui ont choisi de demeurer fidèles à la Grande-Bretagne – les loyalistes – émigrent au Canada, le dixième d'entre eux au Québec actuel, les autres dans les Maritimes ou dans ce qui deviendra l'Ontario. Bientôt, ils demandent à se gouverner selon leur conception de la loi et les principes démocratiques auxquels leur expérience américaine les a habitués. En 1791, par l'Acte constitutionnel, ils obtiennent que la province de Québec soit divisée en Haut-Canada et Bas-Canada, chacun doté d'une chambre d'assemblée élue, où même les femmes ont le droit de vote si elles sont propriétaires : c'est le début du parlementarisme au Canada.

FIGURE 8.4

Le deuxième amendement à la Constitution

Adopté juste après la guerre d'Indépendance, alors que le souvenir de celle-ci et des attaques-surprises de la guerre de Sept Ans était encore frais, le deuxième amendement à la Constitution (deuxième article du Bill of Rights*), qui garantit à chacun le droit de posséder et de porter une arme, fait toujours obstacle au contrôle des armes à feu aux États-Unis. Cette couverture de l'important magazine américain* Newsweek *évoque le problème dans un numéro spécial publié à la suite du massacre d'enfants dans une garderie en 1999.*

Noblesse et clergé sont les ordres privilégiés. Même s'ils représentent moins de 2 % des Français, leurs membres occupent la plupart des places de choix, et ce, même s'ils ne contribuent pas vraiment à la richesse commune : ils ne produisent rien et ne paient pas d'impôts, vivant de pensions, de rentes et de prélèvements (droits féodaux, dîmes, etc.). Les plus hautes fonctions – celles de ministres, d'officiers supérieurs, d'ambassadeurs, etc. – leur sont réservées et ils accèdent à certaines en conjuguant leurs deux statuts : ainsi, à la veille de la Révolution, tous les évêques et archevêques sont des nobles.

Les membres de la noblesse et du clergé ne sont toutefois pas également privilégiés. À côté de la puissante noblesse de la cour et de l'entourage du roi, il existe une petite noblesse de province, qui n'a souvent pour toute ressource que les maigres rentes de petites propriétés peu productives ; plusieurs de ces petits nobles de province se montrent ouverts aux idées progressistes des philosophes. On trouve la même disparité au sein du clergé : à côté du haut clergé vivote un bas clergé issu du peuple, souvent réduit à la **portion congrue**, c'est-à-dire à une mince partie du revenu de la paroisse, les autorités ecclésiastiques supérieures accaparant le reste. Les membres de ce bas clergé aspirent eux aussi à plus de justice et d'équité.

tiers état Un des trois ordres qui composent la société française dans l'Ancien Régime. Le tiers état comprend les bourgeois, les paysans, les artisans.

gens de robe Sous l'Ancien Régime, nom donné aux officiers de justice (avocats, juges, etc.), qui possèdent leur charge.

LA HAINE DES PRIVILÈGES UNIT LES MEMBRES DU TIERS ÉTAT. Le troisième ordre, le **tiers état**, comprend la presque totalité des 25 millions de Français et forme la masse non privilégiée, encore qu'il existe de grandes disparités de statut économique et social entre bourgeois, **gens de robe**, paysans, artisans et ouvriers. Ce qui les unit, en 1789, c'est la haine des privilèges et la volonté d'obtenir l'égalité des droits civiques.

Sur le plan économique, la bourgeoisie ne manque pas de ressources. Composée d'entrepreneurs, de marchands, de banquiers, de maîtres artisans prospères, de magistrats, elle occupe une place de choix dans la vie économique. Comme ils paient une bonne part des impôts, les bourgeois ont le sentiment d'être la vache à lait du royaume. Ils n'en sont que plus sensibles au fait qu'ils ont peu de pouvoir politique, que les meilleures places s'obtiennent par la naissance et non par le mérite. Nombre de savants et de philosophes viennent de la bourgeoisie et adhèrent aux idées de réforme véhiculées par les Lumières.

LES OUVRIERS ET LES PAYSANS VIVENT DANS LA MISÈRE. Peu nombreux et dispersés, les ouvriers des villes, les petits artisans, les apprentis et les compagnons, de même que les domestiques, sont sans influence aucune. Mal payés, ils sont néanmoins soumis à divers impôts et taxes. Sans législation pour les protéger ni droit d'association, ils pâtissent de tous les arbitraires, et leurs quelques grèves et manifestations sont facilement réprimées.

Les paysans représentent la majeure partie du tiers état. Dans la France du XVIIIe siècle – pays encore essentiellement agricole qui préserve le régime féodal, même si le servage a pratiquement disparu –, ils ont le poids du nombre: plus de 80 % de la population totale. Ils sont aussi le soutien essentiel de la nation parce qu'ils en produisent les denrées alimentaires et par les multiples taxes et impôts civils et religieux, les corvées et prélèvements de toutes sortes auxquels ils sont astreints. Bien que les situations puissent varier dans ses rangs, la paysannerie vit majoritairement dans la quasi-misère: parcelles de sol insuffisantes (plus de 50 % du **terroir** appartient aux ordres privilégiés et à des bourgeois), pratiques agricoles peu efficaces, disettes fréquentes, sans compter les divers prélèvements dont ils sont victimes. Même s'ils sont sans instruction et ignorants des idées des Lumières, leur condition sociale et économique est un terreau propice à la révolte.

terroir Étendue de terre considérée du point de vue agricole.

UNE CRISE ÉCONOMIQUE ET FINANCIÈRE FRAGILISE LA MONARCHIE. En 1789, lorsque commence la Révolution française, la situation tendue et inégalitaire de l'Ancien Régime dure depuis des siècles. Une conjonction de facteurs va la faire exploser.

FIGARO ET LE COMTE: LA CRITIQUE DE L'ORDRE SOCIAL

À la veille de la Révolution française, des écrivains s'emploient à critiquer dans leurs œuvres les privilèges de la noblesse et à revendiquer une place équitable pour le tiers état. C'est le cas de Beaumarchais, dont *Le Mariage de Figaro*, enfin joué après avoir été interdit six fois, est chaudement applaudi par les bourgeois, notamment pour la tirade suivante, où Figaro s'en prend avec verdeur aux privilèges du comte.

Parce que vous êtes un grand seigneur, vous vous croyez un grand génie !... Noblesse, fortune, un rang, des places: tout cela rend si fier ! Qu'avez-vous fait pour tant de bien ? Vous vous êtes donné la peine de naître et rien de plus: du reste, homme assez ordinaire ! Tandis que moi, morbleu ! perdu dans la foule obscure, il m'a fallu plus de science et de calculs pour subsister seulement qu'on n'en a mis depuis cent ans à gouverner toutes les Espagnes.

Beaumarchais, *Le Mariage de Figaro*, acte V, scène 3.

Il y a d'abord une crise économique, elle-même provoquée par une crise agricole. À partir de 1785, les mauvaises récoltes se succèdent et la disette menace de nouveau. Le prix des denrées monte et l'industrie en pâtit, car on achète moins. Un chômage croissant s'ensuit, dégradant encore la condition misérable d'une importante partie de la population.

La crise économique se double de la crise financière que connaît la monarchie. Les finances de l'État sont constamment déficitaires depuis 1715. Comme le remboursement de la dette gruge plus de 50 % des recettes de l'État, le coût de la participation française à la Révolution américaine a rendu la situation critique (déficit de 161 millions de livres pour la seule année 1788, alors que les revenus de l'État sont de 471 millions). Le roi Louis XVI tente bien d'augmenter les impôts, mais le tiers état est déjà surimposé et les privilégiés refusent de payer des taxes : les parlements, ces cours de justice dont les nobles ont le contrôle, résistent aux projets de réformes fiscales concoctés par les ministres des Finances, qui cherchent à établir l'égalité de tous les ordres devant l'impôt. Ce refus des réformes nécessaires n'est pourtant pas que le fruit d'un égoïsme de classe : plusieurs nobles espèrent ainsi prendre leur revanche sur la monarchie absolue et retrouver la place dont les souverains les ont écartés depuis deux siècles.

FIGURE 8.5

« A faut espérer q'eu se jeu là finira bentôt »

Gravure satirique publiée à la veille de la Révolution française. Quel ordre représente chacun des personnages ?

EN 1789, LA RÉVOLUTION ÉCLATE. Le roi tente alors une manœuvre désespérée : pour obtenir d'eux de nouvelles levées fiscales, il convoque les **états généraux**, assemblée des représentants des trois ordres qui, en principe, a pour fonction de conseiller le roi, mais dont la dernière réunion remonte à près de deux siècles. Les délégués, particulièrement ceux du tiers état et de sa fraction bourgeoise, arrivent à Versailles pour la réunion en mai 1789 avec de longues listes de **doléances** et de revendications : les plus fréquentes sont l'abolition des droits féodaux (dont la corvée), l'égalité de tous devant la loi et la mise en place d'une constitution. Dès le deuxième jour des séances, le tiers état demande que les trois ordres siègent ensemble et que le vote soit compté

doléances Plaintes ou griefs à fondement social ou individuel.

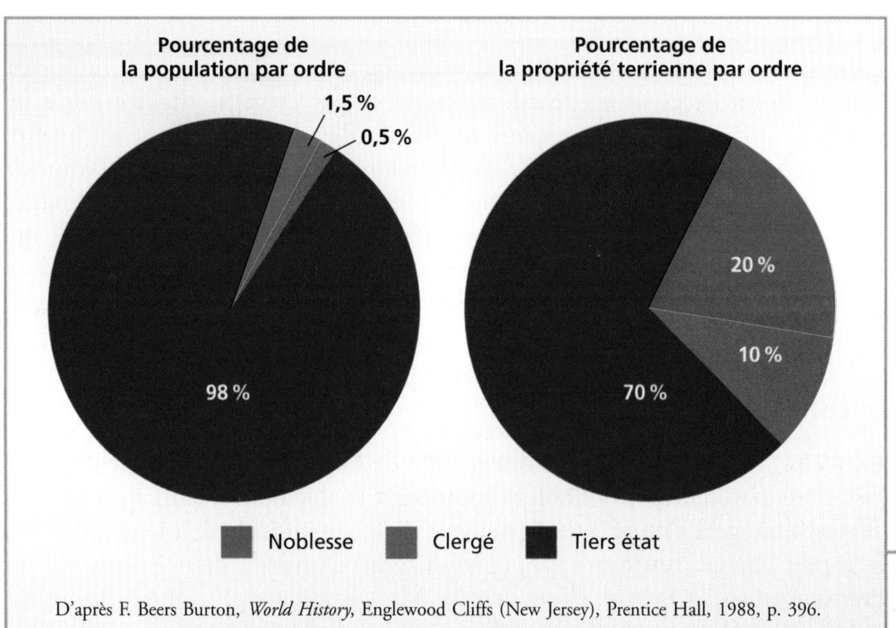

D'après F. Beers Burton, *World History*, Englewood Cliffs (New Jersey), Prentice Hall, 1988, p. 396.

FIGURE 8.6

Population et répartition de la propriété terrienne en France (1789)

par tête, plutôt que de siéger séparément avec un seul vote par ordre, comme cela se faisait dans le passé. Louis XVI, qui avait accepté auparavant que le nombre des représentants du tiers état soit doublé, refuse. Les délégués du tiers état se réunissent à part, rejoints par plusieurs délégués du clergé et de la noblesse éclairés, se déclarent Assemblée nationale et font le serment de ne pas se séparer avant d'avoir donné une constitution à la France: c'est le Serment du jeu de paume. Le roi plie et, cédant sur ses prérogatives de souverain absolu, permet à l'Assemblée de se qualifier de constituante, c'est-à-dire chargée de préparer une constitution.

Mais le bruit court que des troupes royales marcheraient sur Versailles pour dissoudre l'Assemblée. Le petit peuple de Paris, qui a placé beaucoup d'espoir dans cette Assemblée, entend la rumeur avec inquiétude et colère. Facteur aggravant, les premiers jours de juillet sont marqués par une rareté des arrivages de grains et, conséquemment, par une forte augmentation du prix du pain, l'aliment de base des petites gens. Lorsque le roi renvoie son populaire ministre des Finances Necker, la colère éclate. Les Parisiens pillent les armureries et s'emparent de 32 000 fusils à l'hôtel des Invalides. Le 14 juillet 1789, ils attaquent et prennent la Bastille, une prison de Paris qui symbolise pour eux l'arbitraire royal et l'injustice, et qui est en outre un important dépôt de poudre. Une fois déclenchée, la Révolution populaire et violente s'étend bientôt aux campagnes: les paysans se tournent contre les châteaux et détruisent les registres d'impôts féodaux. C'est la « Grande Peur ».

UNE ASSEMBLÉE CENSITAIRE

L'Assemblée législative est élue, mais seulement par les nantis puisque le scrutin est censitaire, c'est-à-dire réservé à ceux qui ont payé un certain montant d'impôt; le cens ramène le nombre d'électeurs à 4 millions environ sur 25 millions de Français.

L'ASSEMBLÉE NATIONALE ADOPTE D'IMPORTANTES RÉFORMES. Entre-temps, l'Assemblée nationale continue à siéger. Au cours de la nuit du 4 août, dans l'enthousiasme, elle vote la suppression des privilèges et l'abolition du régime féodal. Le 26 août 1789, l'Assemblée adopte la *Déclaration des droits de l'homme et du citoyen*, qui constitue le préambule de la future constitution du royaume. Les biens du clergé sont nationalisés puis vendus pour éponger les dettes de l'État: les prêtres deviennent des salariés de l'État et doivent prêter serment à la Constitution civile du clergé, ce qui les soustrait au pouvoir temporel du pape. Une réforme fiscale, dont l'objet est d'obtenir de tous les citoyens une contribution proportionnée à leur richesse, est mise de l'avant. En 1791, avec l'adoption de la Constitution, la monarchie devient constitutionnelle. Le roi conserve son trône et nomme les ministres, mais c'est une Assemblée législative qui fait les lois. La monarchie absolue a fait son temps.

LA BOURGEOISIE RÉCUPÈRE LA RÉVOLUTION. En butte à des difficultés multiples, favorisant les excès et les réactions suscitées par ceux-ci, tiraillée entre les visions contraires de ses principaux acteurs, la Révolution française est bientôt reprise en main par la bourgeoisie. Il est vrai que dès sa naissance la Révolution n'était pas exempte de contradictions. Par exemple, à peine l'Assemblée nationale avait-elle proclamé la *Déclaration des droits de l'homme et du citoyen*, qui mettait les droits fondamentaux au-dessus de tout, qu'elle s'empressait d'adopter la Loi Le Chapelier qui interdisait les droits d'association et de grève.

En retraçant les grandes étapes de la Révolution française à partir de 1791, on voit se dessiner les conditions qui permettront à la bourgeoisie de la récupérer.

EN 1792, LA MONARCHIE EST ABOLIE. Peu de temps après les premières manifestations populaires, des nobles s'inquiètent et décident d'émigrer. Des souverains étrangers s'inquiètent également de la situation faite à leur « cousin », le roi de France. En juin 1791, celui-ci tente de fuir la France pour revenir éventuellement à la tête d'une armée. Mais il est arrêté avant la frontière, ramené à Paris et contraint de prêter serment d'allégeance à la Constitution.

La Déclaration des droits de l'homme et du citoyen de 1789

Proclamée dès le début de la Révolution française, la *Déclaration des droits de l'homme et du citoyen* aura un écho retentissant dans tout le monde occidental : rédigée pour les Français, elle se veut de portée universelle. L'idée de droits fondamentaux des individus y trouve une expression qui reste encore aujourd'hui une source d'inspiration. De quels droits y est-il question, dans l'article 2 en particulier ? Dans une optique contemporaine, en manquerait-il certains ?

▪ ▪ ▪

Les représentants du peuple français, constitués en Assemblée nationale, considérant que l'ignorance, l'oubli ou le mépris des droits de l'homme sont les seules causes des malheurs publics et de la corruption des gouvernements, ont résolu d'exposer, dans une déclaration solennelle, les droits naturels, inaliénables et sacrés de l'homme [...].

Article premier. *Les hommes naissent et demeurent libres et égaux en droits. Les distinctions sociales ne peuvent être fondées que sur l'utilité commune.*

Article 2. *Le but de toute association politique est la conservation des droits naturels et imprescriptibles de l'homme. Ces droits sont la liberté, la propriété, la sûreté et la résistance à l'oppression.*

Article 3. *Le principe de toute souveraineté réside essentiellement dans la Nation. Nul corps, nul individu ne peut exercer d'autorité qui n'en émane expressément.*

Article 4. *La liberté consiste à pouvoir faire tout ce qui ne nuit pas à autrui : ainsi, l'exercice des droits naturels de chaque homme n'a de bornes que celles qui assurent aux autres membres de la société la jouissance de ces mêmes droits. Ces bornes ne peuvent être déterminées que par la loi.*

Article 5. *La loi n'a le droit de défendre que les actions nuisibles à la société.* [...]

Article 6. *La loi est l'expression de la volonté générale.* [...] *Elle doit être la même pour tous* [...]. *Tous les citoyens étant égaux à ses yeux, sont également admissibles à toutes dignités, places et emplois publics, selon leur capacité, et sans autre distinction que celle de leurs vertus et de leurs talents.*

Article 7. *Nul homme ne peut être accusé, arrêté, ni détenu que dans les cas déterminés par la loi, et selon les formes qu'elle a prescrites.* [...]

Article 9. *Tout homme (est) présumé innocent jusqu'à ce qu'il ait été déclaré coupable* [...].

Article 10. *Nul ne doit être inquiété pour ses opinions, même religieuses, pourvu que leur manifestation ne trouble pas l'ordre public établi par la loi.*

Article 11. *La libre communication des pensées et des opinions est un des droits les plus précieux de l'homme, tout citoyen peut donc parler, écrire, imprimer librement* [...].

Article 16. *Toute société dans laquelle la garantie des droits n'est pas assurée, ni la séparation des pouvoirs déterminée, n'a point de constitution.*

Article 17. *La propriété [est] un droit inviolable et sacré* [...].

Dans Odette Voilliard, *et al.*, *Documents d'histoire contemporaine I : 1776-1850*, Paris, Armand Colin, 1964, p. 47.

De plus, la Révolution se radicalise. L'Assemblée législative comprend de nombreux membres de la moyenne bourgeoisie, qui provoquent un virage à gauche. Les tensions à l'intérieur de l'Assemblée et entre l'Assemblée et le roi, qui conserve le pouvoir exécutif (et un droit de veto), sont constantes. Le pays paraît ingouvernable. Les provinces s'agitent. Dans l'espoir de créer une solidarité nationale, l'Assemblée déclare la guerre à l'Autriche et à la Prusse, qui menacent les frontières. En août 1792, quand le roi est soupçonné de collusion avec les armées étrangères, le peuple de Paris (les « sans-culottes ») s'empare de sa personne et le livre à l'Assemblée, qui l'emprisonne, prononce sa déchéance et le juge. C'en est fini de la monarchie. Louis XVI sera guillotiné quelques mois plus tard.

Sans-culottes en pantalons

Les sans-culottes sont ainsi nommés car ils portent de longs pantalons étroits plutôt que les culottes courtes à hauteur du genou des hommes de la noblesse.

La République est minée par la guerre et la Terreur. La nouvelle Assemblée, élue à la fin de 1792, au **suffrage universel** cette fois, est plus radicale encore. Elle commence par proclamer la République. Mais, après la mise en place d'un régime dictatorial dirigé par le Comité de salut public (12 membres dominés par Robespierre) en avril 1793, ses membres s'entredévorent, conduisant les uns contre les autres de violentes purges (la Terreur), déterminées tant par les luttes idéologiques que par la situation de guerre, extérieure comme intérieure. Durant cette période, les dissidents ou ceux qu'on soupçonne de l'être – tant parmi les membres de l'Assemblée que partout en France – sont conduits à la guillotine par milliers.

suffrage universel Système de vote ouvert à tous sans restriction sinon celle d'un âge minimum.

UNE ARMÉE DE CONSCRITS

En substituant aux armées de mercenaires ou de volontaires une armée de conscrits, la France se dote d'une puissance militaire sans pareille, qui lui donne dans la guerre un avantage incomparable. Bientôt, les autres puissances devront, elles aussi, adopter des règles de conscription nationale. Les conditions de la guerre en seront profondément transformées.

À l'extérieur, la guerre s'étend contre les souverains d'Europe, désormais coalisés. La France révolutionnaire, ayant décrété la conscription obligatoire de tous les hommes valides, dispose d'une armée considérable et remporte plusieurs succès militaires. Cette guerre est menée comme une guerre de libération des peuples, en vertu des principes de liberté, d'égalité et de fraternité, et au nom du droit des peuples à disposer d'eux-mêmes; les armées françaises sont parfois reçues à bras ouverts par les populations. À l'intérieur, des villes comme Toulon ou même des régions entières comme la Vendée entrent en rébellion contre l'ordre révolutionnaire, pour des motifs socioéconomiques aussi bien que religieux.

LA RÉVOLUTION S'ESSOUFFLE. À partir de 1794, la Révolution s'étouffe de ses excès. Les chefs les plus radicaux ont été éliminés ou ont perdu de leur audience; la France aspire à l'ordre. Une réaction modérée émerge. En 1795, après un coup d'État contre les radicaux (Thermidor), la grande bourgeoisie fait adopter une nouvelle constitution, qui confie l'exécutif à un directoire de cinq personnes et le législatif à deux assemblées élues au suffrage censitaire. Mais l'ordre reste précaire. À l'extérieur, les guerres se poursuivent. À l'intérieur, l'économie est en ruine et le Directoire, qui n'arrive pas à rétablir la situation, peine à se maintenir au pouvoir. Finalement, en novembre 1799, sous la pression des assemblées et de l'armée, les directeurs sont forcés de démissionner. Ils sont remplacés par un triumvirat de trois consuls, dont un jeune général, Napoléon Bonaparte, qui revient auréolé de gloire de ses campagnes à l'étranger. Les paysans, les bourgeois, les notables acceptent la dictature en échange de la garantie de leurs droits et de la sécurité de leurs biens. La Révolution française a vécu.

DIX ANS DE RÉVOLUTION ONT TRANSFORMÉ LA FRANCE. Que reste-t-il de ces 10 années de révolution? Sur les ruines de la monarchie absolue et de la société d'ordres, une république s'est érigée et un groupe social, la bourgeoisie, s'est imposé. Les Français sont passés de l'état de sujets du roi à celui de citoyens de la nation; le sentiment d'appartenance nationale s'est accru en conséquence. Ces citoyens jouissent désormais de droits encadrés par une déclaration formelle et une constitution. Parmi ces droits, un droit collectif, le droit des peuples à disposer d'eux-mêmes, a également trouvé une audience étendue. L'idée de révolution et celle de droits survivront à la Révolution française. Le XIXe siècle en sera profondément marqué, et cette influence se fait encore sentir à notre époque.

NAPOLÉON CONSOLIDE SON POUVOIR. Une fois au pouvoir, Bonaparte consolide sa position et pratique une politique d'apaisement. Tout en affirmant sa fidélité aux grands principes de la Révolution, il garantit la propriété, pacifie le pays, jette les bases d'une administration moderne et règle la question religieuse. Contre les coalitions des pays étrangers, il mène des guerres victorieuses qui lui permettent pendant un temps de dominer l'Europe continentale.

Les trois consuls détiennent le pouvoir exécutif, mais en qualité de premier consul Bonaparte l'exerce seul, en plus d'avoir l'initiative des lois. Rapidement, il se fait nommer consul pour 10 ans puis, en 1802, consul à vie. Par la Constitution de l'An VIII, il maintient en théorie le régime républicain, mais le vide de sa substance: il concentre tout le pouvoir exécutif entre ses mains; il procède à la dispersion du pouvoir législatif entre quatre corps (Sénat, Conseil d'État, Tribunat, Corps législatif); et il rétablit le suffrage universel, mais sous la forme de **plébiscites** – l'électeur répond oui ou non à une question unique, comme pour son élection de consul à vie – ou d'une hiérarchie de **collèges électoraux** à la composition de plus en plus restreinte.

plébiscite Mode collectif de prise de décision où l'on se prononce par un oui ou par un non généralement sur une question unique (équivalent de référendum); dans la Rome ancienne, décision de l'assemblée de la plèbe votée par un oui ou par un non.

collège électoral Ensemble des électeurs d'une circonscription, dont la composition et la représentativité sont déterminées par les lois électorales.

Finalement, en 1804, il se fait couronner «empereur des Français» par le pape, se donnant pleins pouvoirs en tout. La République française devient l'Empire. Non seulement la Révolution est bel et bien terminée, mais elle a débouché sur une nouvelle forme de monarchie.

NAPOLÉON PROCÈDE À DE NOMBREUSES RÉFORMES. Sous le Consulat et l'Empire, Napoléon s'emploie activement à renforcer son pouvoir, en s'appuyant à l'occasion sur quelques grands principes issus de la Révolution.

- Il accorde l'amnistie aux émigrés et pacifie les régions en rébellion.
- Il ramène la paix religieuse en signant avec le pape un concordat (1801) qui rétablit la liberté de culte, tout en maintenant le clergé sous la coupe de l'État. Leur pratique autorisée, les confessions protestantes et le culte judaïque sont réorganisés.
- Il restructure l'administration et met en place un corps de fonctionnaires (dont le fameux préfet) non plus élus mais nommés; les lycées de l'enseignement secondaire et l'université impériale sont créés pour assurer leur formation.
- Il rétablit les finances de l'État et la confiance du public en réorganisant la perception des impôts, en créant la Banque de France (1800) et en établissant une nouvelle monnaie, le franc germinal.
- Il modernise les lois et unifie le droit dans un code civil (dit «code Napoléon»; 1804) qui préserve les principes d'égalité et de liberté, mais se veut plus réaliste et pratique que les lois votées pendant la période révolutionnaire. Cependant, ce code consacre le droit de propriété et, au nom de la liberté d'entreprise, maintient l'interdiction des associations ouvrières; de plus, dans l'objectif avoué de «propager l'esprit de famille», il renforce l'autorité paternelle et restreint les droits de la femme, soumise en tout à son mari. Le Code civil est complété notamment par le Code de procédure civile (1806), le Code de commerce (1807) et le Code pénal (1810).
- Enfin, pour récompenser les services militaires et civils, il crée la Légion d'honneur (1802).

Par ailleurs, la censure est très active et une police vigilante veille à repérer les dissidences éventuelles et à les réprimer.

NAPOLÉON ET ROME

Le régime instauré par Napoléon en 1799 s'inspire largement de la République romaine; ses institutions (consulat, Sénat, Tribunat, préfets) en empruntent d'ailleurs les noms. Il se fera aussi nommer empereur (et non roi) en 1804.

LE CODE NAPOLÉON ET LE QUÉBEC

Le code Napoléon a inspiré le Code civil québécois, dans sa forme et dans certains de ses chapitres – dont les articles relatifs au droit de la famille, et notamment ceux qui traitaient de l'autorité parentale, celle-ci revenant en totalité au père, qui jouissait par exemple d'un droit de correction étendu sur ses enfants. De tels articles ont été abrogés ou modernisés au début des années 1980 lors de la réforme du Code civil québécois – ainsi le droit de correction est devenu un droit de «correction modérée»!

Gauche, droite et configuration parlementaire

La Révolution française voit se confirmer l'opposition entre ceux qui prônent le progrès et ceux qui favorisent le conservatisme et le statu quo. Dès les premières séances de l'Assemblée nationale, les premiers se placent à la gauche du président, les seconds à sa droite ; on trouve entre eux toutes les positions intermédiaires. Cette disposition facilitait le comptage des votes. La configuration des assemblées parlementaires de ce type continue à refléter la distribution gauche-droite dans sa disposition en arc de cercle des partis. Dans les régimes de type britannique, la configuration des assemblées parlementaires est différente : le parti du gouvernement et le ou les partis de l'opposition sont placés face-à-face.

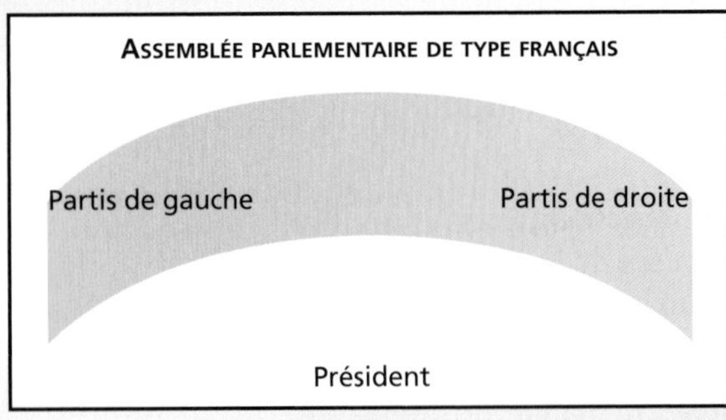

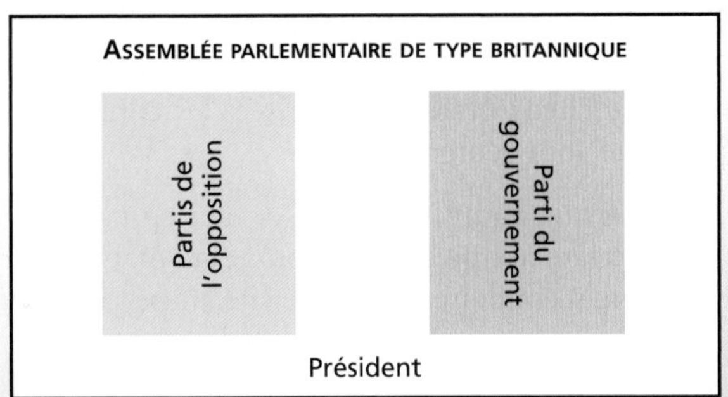

Religion, politique et ordre social sous Napoléon

Napoléon Bonaparte utilise la religion et l'Église pour parvenir à ses fins. Que nous en disent les documents suivants ? Le premier traduit sa pensée sur l'usage social de la religion, et le second est extrait d'un catéchisme* préparé pour usage dans les églises de France.

■ ■ ■

L'utilité de la religion

Comment avoir de l'ordre dans un État sans religion !... La société ne peut exister dans un État sans une religion. La société ne peut exister sans l'inégalité des fortunes, et l'inégalité des fortunes ne peut exister sans la religion. Quand un homme meurt de faim à côté d'un autre qui se regorge, il lui est impossible d'accéder à cette différence s'il n'y a pas là une autorité qui lui dise : « Dieu le veut ainsi ; il faut qu'il y ait des pauvres et des riches dans le monde ; mais ensuite et pendant l'éternité, le partage sera fait autrement. »[1]

■ ■ ■

Petit catéchisme impérial

Question. *Pourquoi sommes-nous tenus de tous ces devoirs envers notre Empereur ?*

Réponse. *C'est, premièrement, parce que Dieu, qui crée les empires et les distribue selon sa volonté, en comblant notre Empereur de dons, soit dans la paix, soit dans la guerre, l'a établi notre souverain, l'a rendu le ministre de sa puissance et son image sur la terre. Honorer et servir notre Empereur est donc honorer et servir Dieu même.*

Q. *N'y a-t-il pas des motifs particuliers qui doivent plus fortement nous attacher à Napoléon Ier, notre Empereur ?*

R. *Oui, car il est celui que Dieu a institué dans les circonstances difficiles pour rétablir le culte public de la religion sainte de nos pères, et pour en être le protecteur. Il a ramené et conservé l'ordre public par sa sagesse profonde et active ; il défend l'État par son bras puissant ; il est devenu l'oint du Seigneur par la consécration qu'il a reçue du Souverain Pontife, chef de l'Église Universelle.*

Q. *Que doit-on penser de ceux qui manqueraient à leurs devoirs envers notre Empereur ?*

R. *Selon l'apôtre saint Paul, ils résisteraient à l'ordre établi de Dieu même, et se rendraient dignes de la damnation éternelle*[2].

---

* Catéchisme : petit livre, généralement présenté sous forme de questions et réponses, destiné à enseigner la religion catholique.

1. Selon Pierre-Louis Rœderer, *Mémoires sur la Révolution, le Consulat et l'Empire*, dans S. et P. Coquerelle et L. Genet, *La fin de l'Ancien Régime et les débuts du monde contemporain, 1715-1870*, Paris, Hatier, 1966, p. 178. Rœderer rapporte des propos de Napoléon Bonaparte, dont il fut un confident.
2. *Catéchisme à l'usage de toutes les Églises de l'Empire français, 1808*, dans M. Chaulanges, A.-G. Manry et R. Sève, *Textes historiques, 1799-1815*, Paris, Delagrave, 1960, p. 56.

Les guerres abattent le régime et l'Empire napoléoniens. Napoléon a hérité des guerres menées en Europe par la Révolution, et ce sont elles qui abattront son empire. Jusqu'en 1812, les troupes napoléoniennes sont victorieuses, mais l'Angleterre reste maîtresse des mers, comme le montre sa victoire à Trafalgar (1805). Napoléon est un brillant chef de guerre et, grâce à la conscription nationale et au service militaire obligatoire, l'armée française est la plus nombreuse d'Europe. De plus, les troupes françaises sont parfois accueillies à bras ouverts par les peuples étrangers, qui en espèrent l'établissement chez eux des principes de liberté et d'égalité de la Révolution.

En 1812, l'Empire domine la presque totalité de l'Europe, mais l'Angleterre n'a pas cédé et résiste plus que jamais : le blocus économique que Napoléon lui a imposé – blocus qui interdit aux autres pays européens tout commerce avec elle – n'a pas réussi à l'abattre (carte 8.2). De plus, entre 1813 et 1815, une coalition formée de l'Angleterre, de la Prusse, de l'Autriche, de la Suède et de la Russie prend le dessus. En juin 1815, l'armée napoléonienne est définitivement battue lors de la bataille de Waterloo (en Belgique actuelle). Napoléon est exilé hors de France et les coalisés placent Louis XVIII, frère de Louis XVI, sur le trône de France : la monarchie est restaurée, pour un temps du moins.

Révolutions coloniales et nationales

Dans le monde occidental, l'époque des révolutions, inaugurée par la Révolution américaine et poursuivie par la Révolution française, ne s'arrête pas avec la chute de Napoléon. Les idées qui se développent alors – principalement

CARTE 8.2

L'Europe en 1812

questions – cartes

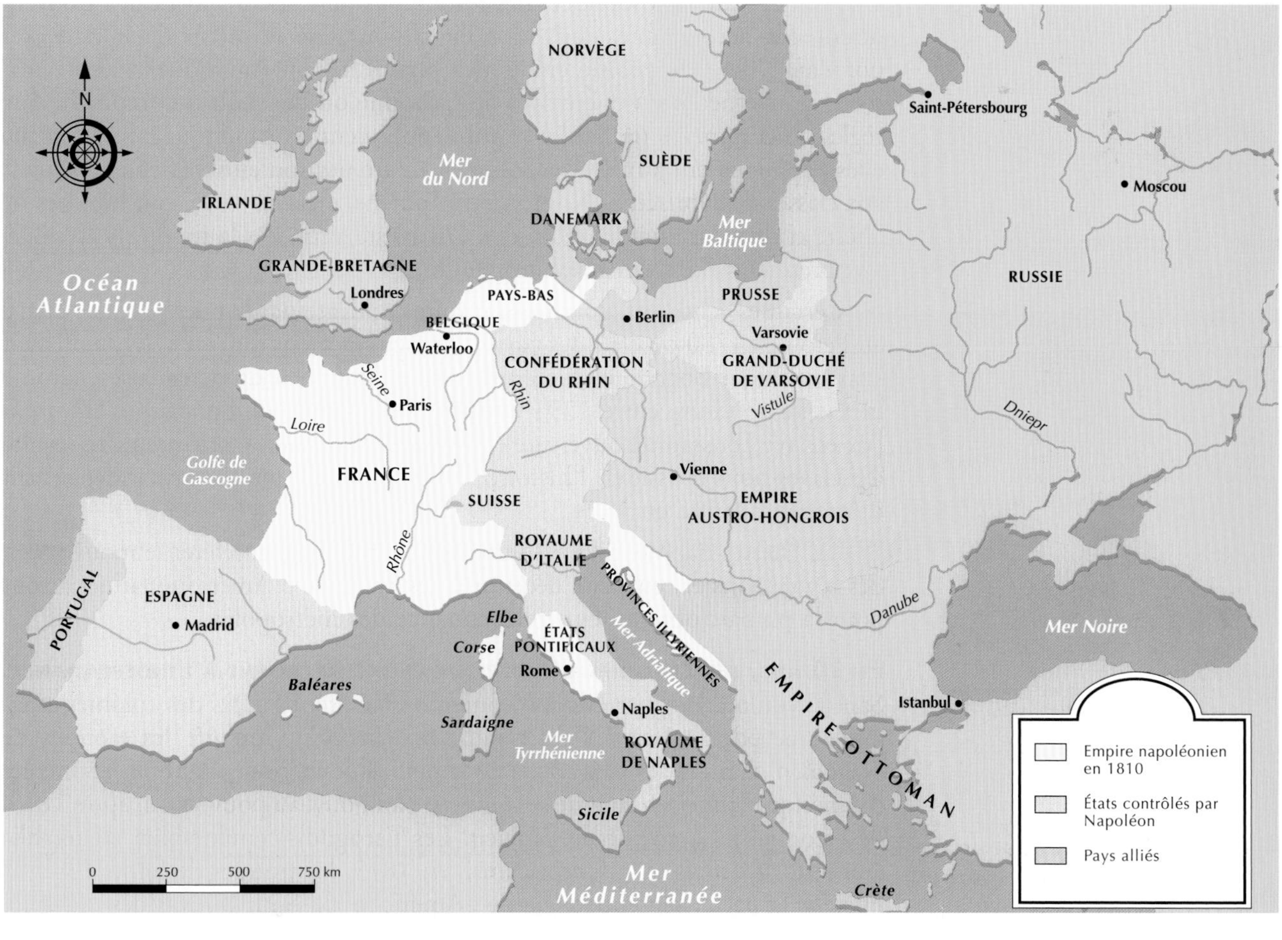

celles du libéralisme et du nationalisme – se répandent des deux côtés de l'Atlantique et vont inspirer pendant plusieurs décennies nombre de mouvements révolutionnaires.

libéralisme Philosophie politique qui réclame des libertés individuelles, dont celles de religion et de pensée, et l'égalité juridique.

Issu de l'œuvre des philosophes des Lumières, le **libéralisme** réclame la reconnaissance des libertés individuelles, notamment la liberté de religion et de pensée, et l'égalité juridique. Pour garantir ces droits, les libéraux demandent des constitutions écrites et des régimes parlementaires. Certains, mais pas tous, voudraient que les députés soient élus au suffrage universel; en ce sens, le libéralisme est le fondement de la démocratie politique.

nationalisme Courant de pensée qui valorise la sauvegarde, l'essor ou même la prédominance de la nation, et qui peut aller jusqu'à subordonner toute politique au développement de la puissance nationale.

État-nation État qui coïncide avec une nation; population dont les membres partagent un sentiment d'appartenance et qui a la faculté de s'administrer elle-même.

Le **nationalisme**, lui, repose sur la fierté de partager, dans un espace donné, une langue et une certaine histoire commune, une même culture. Les nationalistes s'opposent à tout contrôle étranger sur cet espace. En vertu du droit des peuples à disposer d'eux-mêmes, principe déjà invoqué par la Révolution américaine et diffusé largement par la Révolution française, ils estiment que l'État devrait coïncider avec la nation: c'est l'**État-nation**, qui sera revendiqué tout au long du XIXe et du XXe siècle.

En Amérique latine, les révolutions puisent également dans un fort sentiment anticolonial, à l'exemple de la Révolution américaine. Partout, elles manifestent un caractère de révolution sociale déjà vu durant la Révolution française: celui des bourgeoisies qui, animant les révolutions, obtiennent que l'ordre social leur soit plus favorable.

LES INDÉPENDANCES EN AMÉRIQUE LATINE

Au milieu du XVIIIe siècle, toute la partie de l'Amérique située au sud des États-Unis est possession européenne, principalement espagnole et portugaise. Là, les idées des philosophes et des révolutions française et américaine trouvent des oreilles accueillantes dans les milieux bourgeois et même dans les classes populaires. La bourgeoisie créole (les Blancs nés en Amérique) accepte mal d'être gouvernée par des envoyés de Lisbonne ou de Madrid et reproche aux règles du commerce triangulaire, qui s'appliquent en Amérique latine comme elles s'appliquaient aux Treize Colonies, de freiner son enrichissement. Quant aux classes défavorisées – Noirs, métis, Indiens, esclaves –, ce sont les idées de liberté et de justice qui les séduisent. On assiste ainsi, dès la fin du XVIIIe siècle, aux premières flambées révolutionnaires.

Certaines échouent, comme la révolte conduite par le métis Tupac Amaru au Pérou en 1780 ou celle des paysans indiens et métis qui, en 1781, marchent sans succès sur Bogotá, en Colombie. Mais d'autres sont victorieuses, comme la révolte conduite entre 1791 et 1804 dans la colonie française d'Haïti par l'ex-esclave Toussaint-Louverture et l'esclave Dessalines. Cette première révolte d'esclaves noirs réussie de l'histoire fera de Haïti le premier pays indépendant d'Amérique latine en 1804.

Les guerres napoléoniennes seront une occasion d'accélérer le mouvement des révolutions et, en deux décennies, les colonies d'Amérique latine auront pour la plupart obtenu leur indépendance des métropoles.

EN 20 ANS, LES COLONIES D'AMÉRIQUE LATINE ACCÈDENT À L'INDÉPENDANCE. Sans le vouloir, les guerres napoléoniennes facilitent l'accès des colonies espagnoles et portugaises à l'indépendance. En effet, lorsque les troupes de Napoléon chassent les souverains de la péninsule ibérique en 1808, les créoles d'Amérique latine refusent de se soumettre au nouveau pouvoir ou, après 1815, de reconnaître le retour de l'ancien. Les Espagnols tentent bien de rétablir leur autorité, mais sans succès. Ainsi, en 1819, les troupes de Simón Bolívar libèrent la partie septentrionale de l'Amérique du Sud. Bolívar devient alors président de la Grande-Colombie – formée de ce qui est aujourd'hui le Panamá, la Colombie, le Venezuela et l'Équateur. Au sud, entre 1816 et 1824, José de San Martín libère l'Argentine, puis le Chili et le Pérou (qui se divise l'année suivante pour devenir le Pérou et la Bolivie). En 1821, après des révolutions populaires avortées, le Mexique acquiert son indépendance – il devient une république en 1823. Les créoles d'Amérique centrale déclarent également leur indépendance de l'Espagne et forment les Provinces-Unies d'Amérique centrale en 1821.

Reste le Brésil des Portugais. Là, l'indépendance se fait sans révolution. En 1808, quand les troupes françaises avaient occupé le Portugal, le roi s'était réfugié au Brésil. À son retour au Portugal après la chute de Napoléon, son fils Pedro reste dans la colonie et les créoles lui offrent le trône en échange de l'indépendance et d'une constitution. Pedro accepte et devient empereur du Brésil en 1822 (en 1828, l'Uruguay se sépare du Brésil).

L'Amérique latine est alors presque totalement libérée des colonisateurs européens (carte 8.3). L'Espagne n'y détient plus que Cuba et Porto Rico; les Français, les Hollandais et les Anglais n'y possèdent plus que les Guyanes, quelques îles dans les Antilles et le Honduras-Britannique (l'actuel Belize).

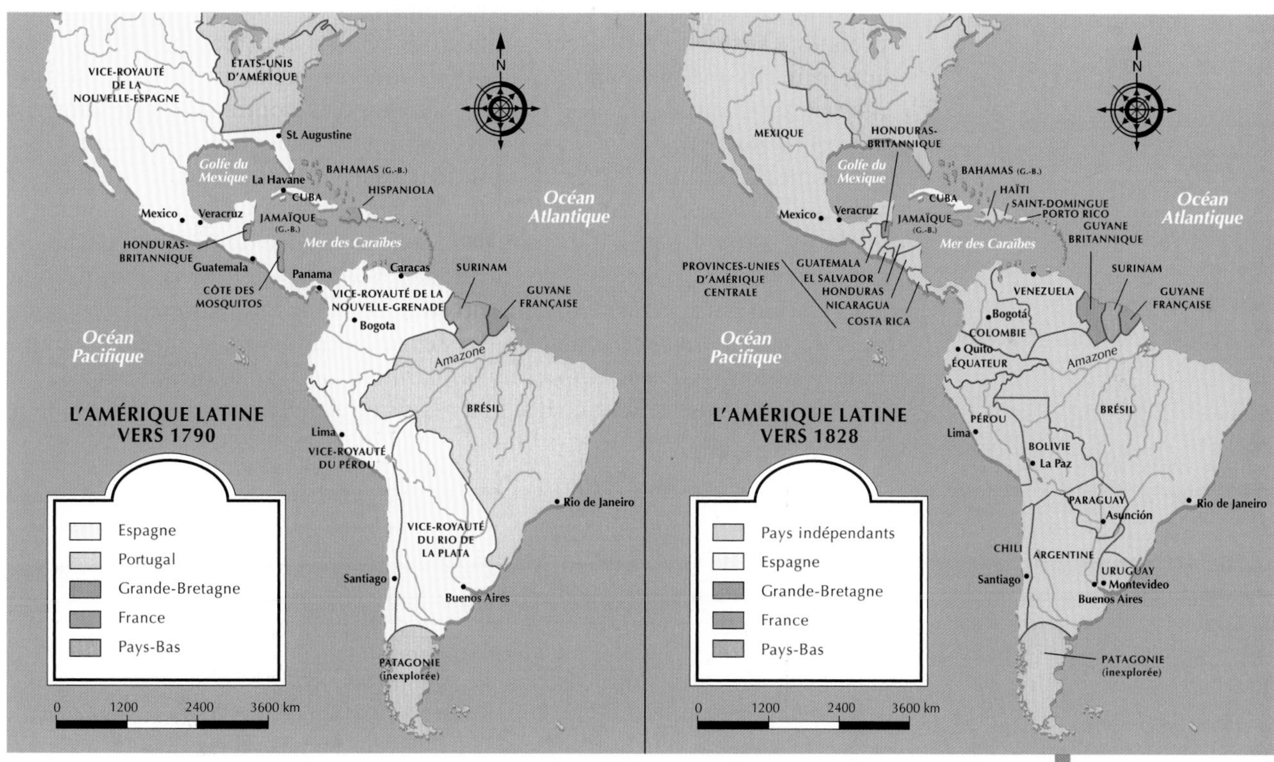

CARTE 8.3

L'Amérique latine vers 1790 et vers 1828

questions – cartes

Au lendemain des indépendances, l'Amérique latine sombre dans la division et l'instabilité. Simón Bolívar, le *libertador* de la Grande-Colombie, avait rêvé d'une Amérique latine unie et prospère dans la paix, mais c'est la division et l'instabilité que l'Amérique latine connaît au lendemain des indépendances. Une fois Bolívar mort, la Grande-Colombie se scinde en trois États (Colombie, Venezuela, Équateur). Les mêmes forces centrifuges jouent ailleurs, et bientôt l'Amérique latine se compose de 18 États indépendants, sans pour autant que la paix y règne, ni la prospérité.

Au contraire, des inégalités de tout ordre persistent. Même si les créoles, commerçants et grands propriétaires terriens, ont remplacé les ***peninsulares***

peninsulares Nom donné par les créoles d'Amérique latine aux personnes nées en Espagne ou au Portugal, dans la péninsule ibérique.

au pouvoir, la structure sociale demeure fondamentalement intacte. Les métis, les Indiens et les Noirs restent au bas de l'échelle, pauvres et à peu près sans droits. Souvent privés de terre, ils sont pour la plupart condamnés à suer sang et eau dans les vastes plantations ou dans les mines de la minorité possédante.

Sur le plan politique, les nouveaux États indépendants se sont dotés de constitutions inspirées du modèle américain. Mais le passé des créoles ne les a pas préparés à l'expérience du régime parlementaire et du gouvernement. Très vite, sauf dans de rares États comme le Brésil, de puissants chefs de guerre, les ***caudillos***, imposent leur autorité dictatoriale à l'aide de coups d'État ou de révolutions : le phénomène est si fréquent qu'on a pu parler du XIXe siècle en Amérique latine comme du siècle du **caudillisme**. Par exemple, entre 1821, année de son indépendance, et 1858, le Mexique connaît 48 révolutions ou coups d'État.

caudillo En Amérique latine, chef de guerre ou de parti qui s'empare du pouvoir par la force.

caudillisme En Amérique latine, depuis le XIXe siècle, tradition de la prise du pouvoir par un homme fort qui peut se réclamer aussi bien de la gauche que de la droite.

L'Amérique latine décolonisée découvre le néocolonialisme européen et américain. La période troublée et instable que traverse l'Amérique latine après les indépendances est dans une certaine mesure encouragée par des puissances occidentales, particulièrement la Grande-Bretagne et les États-Unis, qui en viennent à développer avec l'Amérique latine des rapports **néocolonialistes**.

néocolonialiste → néocolonialisme Domination économique d'une ancienne colonie devenue indépendante.

Au lendemain de la chute de Napoléon en 1815, plusieurs puissances européennes, l'Espagne en tête, envisageaient de rétablir en Amérique latine l'ordre antérieur aux indépendances. Mais la Grande-Bretagne, qui favorise le libéralisme et a commencé à entretenir des rapports commerciaux avantageux avec plusieurs pays d'Amérique latine, s'y oppose, tout comme les États-Unis, qui se méfient d'une trop grande influence européenne sur leur continent, et voient d'un bon œil cette vaste zone désormais ouverte à leur commerce et à leur industrie. En 1823, le président Monroe énonce donc ce qui deviendra « la doctrine de Monroe » : le continent américain est désormais fermé à toute colonisation européenne, et toute intervention d'un État européen contre un pays du continent américain serait ressentie comme hostile envers les États-Unis. Les États-Unis se font donc les gardiens de l'Amérique entière. Cette doctrine guidera la politique des États-Unis en Amérique latine au XIXe et au XXe siècle.

La doctrine de Monroe

Lorsque le président Monroe expose sa doctrine devant le Congrès américain en 1823, son pays n'a pas encore la force militaire nécessaire pour la faire appliquer et maintenir les Européens hors d'Amérique latine – il ne l'aura que dans le dernier tiers du XIXe siècle –, mais Monroe sait qu'il peut compter sur la Grande-Bretagne, dont la puissante marine est toute disposée à tenir ouverts les ports du continent sud-américain.

■ ■ ■

Les continents américains, par la situation libre et indépendante qu'ils ont acquise et qu'ils maintiennent, ne doivent plus désormais être considérés comme sujets à une colonisation future par une puissance européenne. [...] Quant aux gouvernements qui ont proclamé leur indépendance et su la maintenir, nous ne saurions considérer toute intervention de n'importe quelle puissance européenne dans le dessein de les opprimer ou de commander à leur destinée, autrement que comme la manifestation de dispositions inamicales à l'égard des États-Unis.

Dans M. Le Maire et J. Lefèvre, *La période contemporaine*, deuxième édition, s.l., Casterman, 1962, p. 119.

L'Amérique ou les Amériques ?

Monroe dit : « Les continents américains... ». La tradition anglo-saxonne considère en effet que l'Amérique est formée de deux continents distincts, alors que la tradition francophone n'en voit qu'un.

Cependant, l'objection de la Grande-Bretagne et des États-Unis au rétablissement de la colonisation espagnole ouvre aux pays développés d'Occident la possibilité d'exercer une forte emprise économique sur l'Amérique latine. Les pays européens, surtout la Grande-Bretagne mais aussi la France et l'Allemagne, bientôt suivis par les États-Unis – dont la présence croîtra tout au long du siècle pour devenir dominante –, se précipitent sur les ressources des pays nouvellement indépendants. Poussés à développer des économies fondées sur un produit ou deux – le sucre à Haïti, l'argent et le cuivre au Chili, le sucre puis le café au Brésil, le bœuf en Argentine, etc. – selon les intérêts des importateurs européens, qui sont en position de fixer les prix de ces produits, les États latino-américains tombent sous leur dépendance.

De plus, ces pays doivent solliciter les investisseurs étrangers pour assurer leur développement, ce qui accroît encore leur dépendance. Avec l'aide de leurs gouvernements, ces investisseurs ne se gênent d'ailleurs pas pour recouvrer les sommes dues ou protéger leurs mises de fonds par des mesures radicales : par exemple, bloquer militairement les ports d'un débiteur ou pousser au pouvoir un *caudillo* dont ils espèrent les faveurs ultérieures.

Les États-Unis s'érigent en gendarme de l'Amérique latine. Au lendemain des indépendances, les États-Unis sont encore trop faibles pour exercer une influence importante en Amérique latine, mais avec l'accroissement de leur puissance ils multiplient leurs interventions au point de devenir, au tournant du XXe siècle, « le gendarme de l'Amérique ». Cet impérialisme continental s'inscrit dans le contexte de l'expansion territoriale des États-Unis : ils ont acheté la Louisiane à la France (1803) puis la Floride à l'Espagne (1819), arraché le Sud-Ouest (du Texas à la Californie) au Mexique au prix d'une guerre (1846-1848) et acheté l'Alaska aux Russes (1867). L'impérialisme des

FIGURE 8.7

Le corollaire Roosevelt et la politique du gros bâton

Dans les premières années du XXe siècle, des puissances européennes menacent d'envoyer leurs flottes contre des pays latino-américains en défaut de paiement de dettes. Invoquant la doctrine de Monroe, le président Theodore Roosevelt s'y oppose, prétendant à un « pouvoir de police internationale » en vertu duquel les États-Unis forceront eux-mêmes le remboursement des dettes dues aux Européens. Ce qui est fait. Cette caricature rappelle que Roosevelt pratiqua une politique étrangère composée d'un mélange de persuasion diplomatique et d'interventions militaires, qu'il aimait décrire en citant un proverbe africain : « parlez doucement et portez un gros bâton ».

États-Unis constitue en quelque sorte un prolongement de la doctrine de la « Destinée manifeste », selon laquelle ils ont vocation à s'étendre et à dominer la plus grande partie du continent. Voyons quelques-unes de ces interventions.

- LA GUERRE AMÉRICANO-MEXICAINE. Lorsque le Mexique devient indépendant, en 1821, son territoire couvre tout le sud-ouest des États-Unis actuels, dont la région du Texas, où des colons américains sont établis. À l'appel de ces colons en conflit avec le gouvernement mexicain, les États-Unis annexent le Texas. Une guerre éclate (1846-1848). Les États-Unis en sortent vainqueurs et prennent au Mexique presque la moitié de son territoire (le Texas, la Californie, le Nevada, l'Utah, ainsi que des parties de l'Arizona, du Colorado, du Nouveau-Mexique et du Wyoming actuels).
- LA MAINMISE SUR CUBA. En 1895, une révolte populaire éclate dans la colonie espagnole de Cuba, où les Américains détiennent d'importants intérêts économiques. En 1898, un navire de guerre, le *Maine*, y est envoyé pour protéger ces intérêts, mais il explose mystérieusement dans le port de La Havane : « Attentat », disent les Américains qui saisissent ce prétexte pour déclarer la guerre à l'Espagne. Facilement vainqueurs, ils obtiennent de l'Espagne l'île de Porto Rico, celle de Guam et les Philippines dans le Pacifique. Cuba devient indépendante, mais doit inscrire dans sa Constitution un droit d'intervention américain dans ses affaires intérieures (amendement Platt), en plus de céder la base navale de Guantánamo.
- LE CANAL DE PANAMÁ. Pour faciliter la circulation maritime entre l'Atlantique et le Pacifique, les Américains souhaitent creuser un canal dans l'isthme de Panamá en Amérique centrale. Or l'isthme appartient à la Colombie, qui refuse de le céder. En 1903, les Américains suscitent donc une rébellion de la province de Panamá, qui, avec l'appui d'un débarquement américain, gagne facilement son indépendance. Les Américains signent alors avec Panamá un traité leur cédant la zone du canal.

LES ÉTATS-UNIS ET LE CANAL

À la toute fin de 1999, la zone du canal a été remise au Panamá. Cependant, les États-Unis occupent toujours la base militaire de Guantánamo à Cuba.

L'EUROPE DES NATIONALITÉS

Pendant les décennies qui suivent la chute de Napoléon, les mêmes principes de libéralisme et de nationalisme qui motivent les révolutions anticolonialistes en Amérique latine inspirent également des mouvements révolutionnaires un peu partout en Europe.

LA GUERRE DE SÉCESSION RETARDE LES INTERVENTIONS AMÉRICAINES EN AMÉRIQUE LATINE

Les États-Unis ont beau proclamer la doctrine de Monroe en 1823, au lendemain des indépendances en Amérique latine, ils resteront trop faibles pour intervenir dans l'hémisphère Sud pendant plusieurs décennies encore, d'autant plus que, entre 1861 et 1865, ils sont ravagés par une terrible guerre civile, la guerre de Sécession. Un des enjeux principaux de la guerre de Sécession est l'abolition de l'esclavage dans les États du Sud, où un grand nombre d'esclaves noirs travaillent dans les plantations de coton et de canne à sucre.

On peut voir la guerre de Sécession comme la première guerre typique de l'époque contemporaine. Toutes les ressources apportées par la révolution industrielle sont mises à contribution : on transforme les usines en industries de guerre ; le chemin de fer transporte les troupes et le matériel ; le télégraphe achemine les nouvelles et les ordres d'un lieu de combat à l'autre ; on met de nouvelles armes à l'épreuve (le fusil à répétition et même les premières mitrailleuses, des mines terrestres et navales, des navires cuirassés et des sous-marins, etc.) ; des hôpitaux de campagne suivent les combattants, ainsi d'ailleurs que des journalistes et des photographes qui enregistrent les épisodes de guerre. Les pertes humaines, également, prennent l'ampleur qu'elles auront dans les guerres de l'époque contemporaine : plus de 600 000 soldats y périssent, nombre qui, pour les Américains, ne sera égalé que lors de la Deuxième Guerre mondiale.

De septembre 1814 à juin 1815, les souverains d'Europe accompagnés de dizaines de ministres et de diplomates se rencontrent au congrès de Vienne dans le but de rétablir la paix en Europe après les bouleversements apportés par la Révolution française et l'Empire napoléonien. Les représentants de la Prusse, de la Russie, de l'Autriche et de la Grande-Bretagne, pays qui ont mené les coalitions contre Napoléon, y jouissent d'un poids prépondérant.

Trois principes sont suivis: 1) la *légitimité*, qui consiste à rétablir les États et les régimes d'avant la Révolution française; 2) l'*équilibre européen*, qui vise à empêcher tout État de prendre une place dominante; 3) l'*intervention* des puissances participantes au congrès si cet équilibre était menacé par des poussées libérales ou nationales. L'application des deux premiers principes aboutit à une carte de l'Europe refondue, comme s'il ne s'était rien passé au cours des 20 années précédentes (carte 8.4). Fait sans consultation des populations, ce remodelage bafoue les aspirations nationales et libérales que la Révolution française avait suscitées ou stimulées. De nombreuses secousses révolutionnaires en résultent: par exemple, celles qui éclatent autour des années 1830 et 1848, celles qui agitent les Balkans et l'Empire ottoman, puis celles qui conduisent à l'unification de l'Italie et de l'Allemagne.

Des révolutions politiques et sociales secouent la France en 1830 et 1848. Celles qui éclatent en France comptent parmi les plus importantes. Lorsque Louis XVIII s'installe sur le trône en 1815, il accorde aux Français une charte préservant l'essentiel des libertés fondamentales; il satisfait ainsi

CARTE 8.4

L'Europe après le congrès de Vienne (1815)

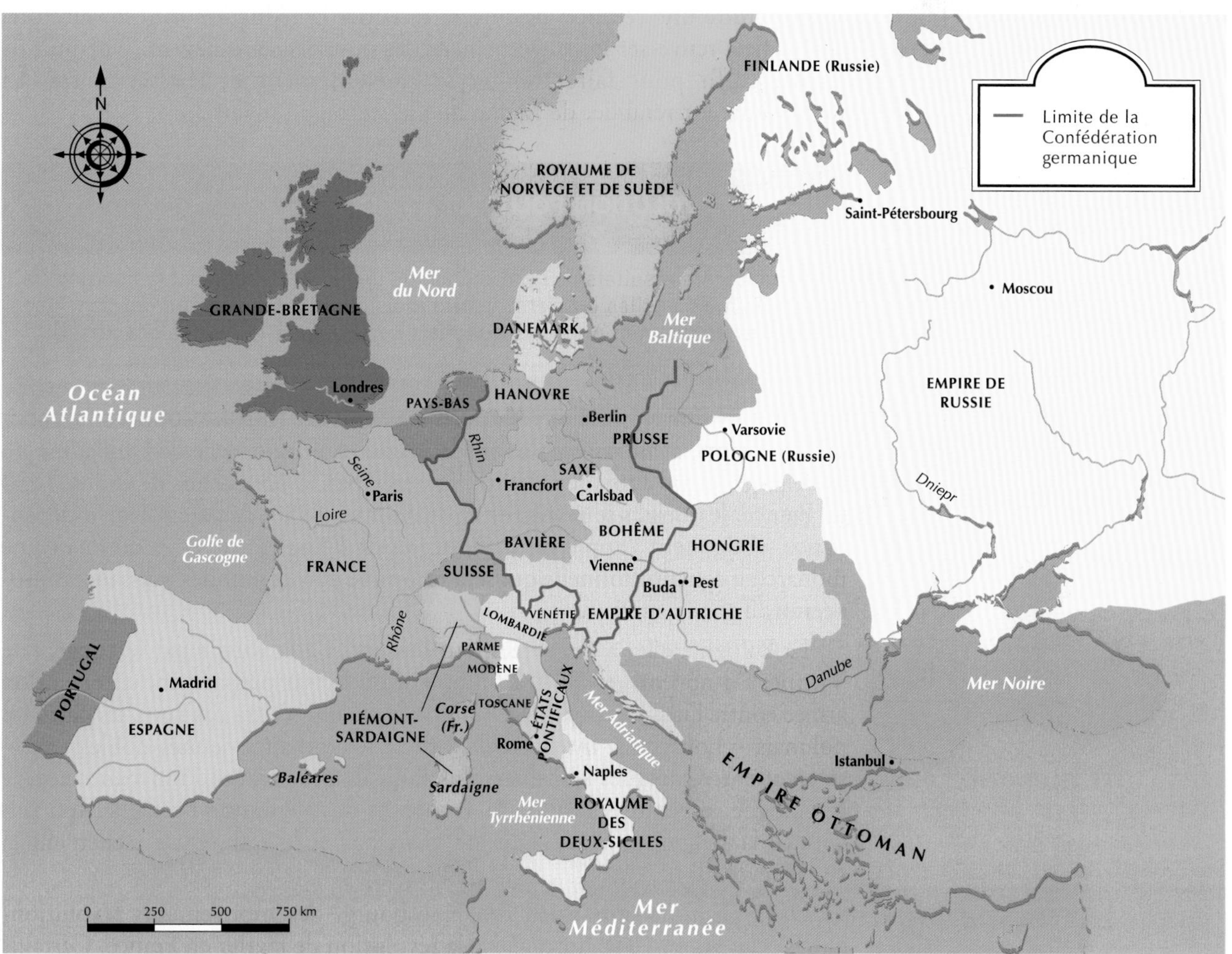

la bourgeoisie libérale et y gagne un règne qui s'écoule dans une relative sérénité. Cependant, son successeur, Charles X, promulgue toute une série de lois réactionnaires qui irritent profondément les bourgeois; ceux-ci, majoritaires à l'Assemblée, refusent de les entériner. Mais Charles X s'obstine. Quand, en juillet 1830, il dissout par ordonnance la Chambre à forte majorité libérale qui vient d'être élue, les bourgeois appellent donc à la révolution. Les étudiants les suivent, de même que les ouvriers, dont le mécontentement est attisé par la crise économique qui sévit depuis deux ans. Des barricades se dressent dans Paris et, après trois journées d'insurrection – les Trois Glorieuses –, Charles X s'enfuit en Angleterre.

Se méfiant du peuple, les bourgeois refusent de rétablir la République; une monarchie leur semble offrir plus de sécurité, à condition qu'elle soit libérale. Pour cela, ils offrent le trône à Louis-Philippe d'Orléans, un cousin du roi chassé qui, ancien soldat de la Révolution et de l'Empire, est entièrement acquis à leurs vues. Le roi-bourgeois, comme on le nomme, gouverne en effet le pays essentiellement au profit de la grande bourgeoisie, banquiers et gens d'affaires notamment. La moyenne bourgeoisie en est frustrée, entre autres parce que le droit de vote reste soumis à un **cens** électoral très élevé. D'autre part, un fort mécontentement règne chez les ouvriers, que l'industrialisation naissante a amenés dans les villes, où ils vivent misérablement de salaires insuffisants. Ce mécontentement culmine dans les années 1846 à 1848, alors que l'Europe occidentale est frappée par une grave crise économique: le chômage et le prix élevé des denrées alimentaires rendent la vie impossible aux ouvriers. En février 1848, quand la moyenne bourgeoisie se voit interdire une réunion destinée à réclamer la réduction du cens électoral et appelle à renverser le gouvernement, les ouvriers se soulèvent. Une nuit de révolte suffit pour faire tomber le gouvernement et chasser le roi. La République est rétablie, de même que le suffrage universel.

cens Dans la Rome antique, dénombrement des citoyens classés d'après leur richesse; au Moyen Âge, redevance fixe payée par le serf au seigneur; par la suite, possessions ou revenus minimaux nécessaires pour être électeur ou éligible.

1848: RÉVOLUTION POLITIQUE ET SOCIALE

En France, les résultats de la révolution de février 1848 satisfont la bourgeoisie libérale, mais pas les ouvriers: quatre mois plus tard, ils conduiront donc une autre révolution, non plus politique mais sociale celle-là (voir le chapitre 9).

AILLEURS EN EUROPE, LES RÉVOLUTIONS SONT AVANT TOUT NATIONALES. Le congrès de Vienne avait rassemblé sous la même couronne, celle de Guillaume Ier, la Belgique et les Provinces-Unies. Inspirés par la révolution de juillet 1830 en France, les Belges se révoltent en septembre 1830, déclarent leur indépendance, obtiennent l'appui de la France et de l'Angleterre, et se donnent une monarchie constitutionnelle qui sera reconnue par les grandes puissances européennes l'année suivante.

La Pologne, elle, a été livrée pour l'essentiel à la Russie par le congrès de Vienne. En novembre 1830, au moment où le tsar prépare une intervention armée contre l'insurrection belge (intervention qui n'aura pas lieu), les patriotes polonais – bourgeois, intellectuels, officiers, étudiants, jeunes nobles, etc. – se révoltent. Quelques semaines plus tard, ils proclament l'indépendance de la Pologne, espérant l'aide de la France et de la Grande-Bretagne, qui ont appuyé la Belgique. Mais l'aide ne vient pas et le tsar écrase facilement la jeune révolution.

Dans l'Empire autrichien des Habsbourg, des mouvements révolutionnaires éclatent en 1848, inspirés de la révolution de février en France. Certains sont libéraux, comme celui qui, à Vienne, revendique – et obtient – la fin du régime féodal et une constitution. Mais la plupart, essentiellement nationalistes, sont le fait de populations qui se révoltent contre un pouvoir étranger, comme ceux qui éclatent en Hongrie, en Bohême et dans le nord de l'Italie. Pendant quelques semaines, ces révolutions semblent réussir, puis les troupes autrichiennes reprennent le dessus, sauf en Hongrie, où les Magyars finissent par obtenir des libertés et une constitution pour leur pays. Mais les autres minorités de Hongrie – Croates, Serbes, Roumains, Allemands – se rebellent alors, et l'empereur d'Autriche en profite pour reprendre le pays avec l'aide militaire du tsar.

FIGURE 8.8

***La Liberté guidant le peuple* (1831)**

Pour Eugène Delacroix, peindre cette allégorie de la révolution de 1830 est un geste politique : je n'ai pas vaincu pour la révolution, au moins peindrais-je pour elle.

En 1867, la naissance de l'Autriche-Hongrie

Moins de 20 ans après la révolution ratée de 1848, la Hongrie s'associe, dans la paix, à l'Empire autrichien. Réunis sous une même couronne, celle de l'empereur, les deux États de ce qui s'appelle maintenant l'Autriche-Hongrie ont leur constitution et leur parlement propres, mais partagent les ministères des Finances, de la Guerre et des Affaires étrangères. Cependant, dans chacun des États, les revendications identitaires des minorités – Roumains, Tchèques, Polonais, Slovènes, Croates, Bosniaques, Slovaques, etc. – nourrissent une situation explosive, ce qui contribuera à l'éclatement de la Première Guerre mondiale.

Les Balkans entrent en ébullition et l'Empire ottoman se désagrège. Au XVIIIe siècle, l'Empire ottoman est solidement établi, couvrant tout le pourtour de la Méditerranée au nord-est et au sud, des Balkans au Maghreb. Mais au XIXe siècle, il s'affaiblit et des soulèvements nationalistes éclatent dans les Balkans. De son côté, la Russie menace les Turcs de l'Empire ottoman non seulement parce qu'elle veut s'étendre vers la Méditerranée, mais aussi parce qu'elle soutient les soulèvements des Slaves des Balkans, peuples frères.

Les Grecs sont les premiers à se révolter, en 1821. En 1830, avec l'aide de la Grande-Bretagne, de la France, de la Russie, et forts de l'appui d'un solide mouvement de sympathie pour leur cause chez les libéraux et les intellectuels européens (le mouvement philhellénique), la Grèce obtient son indépendance.

Durant le reste du siècle, les Balkans demeurent un creuset d'insurrections nationales, qu'encouragent la Russie, qui soutient les Slaves, et l'Autriche, qui n'exclut pas d'étendre son influence dans la région. Ainsi, au fil des révoltes, des guerres ouvertes, des interventions diverses de pays européens et des traités successifs, la Serbie, le Monténégro, la Roumanie et la Bulgarie obtiennent leur indépendance (carte 8.5). Néanmoins, à l'aube du XXe siècle, la région reste instable. Des historiens en ont parlé comme de la « poudrière balkanique ».

Par ailleurs, durant le XIXe siècle, la Russie ne cesse de chercher à s'étendre vers le sud, aux dépens de l'Empire ottoman. Mais la Grande-Bretagne et la France s'inquiètent des visées de la Russie sur les détroits du Bosphore et des

CARTE 8.5

Les Balkans vers 1878

Dardanelles. Quand en 1854 la Russie entre en guerre contre les Turcs pour prendre la Crimée, ouverture maritime au nord de la mer Noire, la France et la Grande-Bretagne se rangent du côté des Turcs pour repousser les Russes. Cette alliance ponctuelle n'empêche toutefois pas le déclin de l'Empire ottoman.

L'Italie retrouve son unité. Au lendemain du congrès de Vienne de 1815, l'Italie reste morcelée en une douzaine de petits États : ceux du Nord-Est dominés par l'Autriche ou sous son influence ; le Piémont-Sardaigne indépendant au nord-ouest ; le royaume de Naples et des Deux-Siciles entre les mains d'un souverain d'origine espagnole dans le sud ; et au centre les États pontificaux, qui appartiennent au pape et sont sous la protection de la France et de l'Autriche.

Les révoltes locales qui éclatent en 1820, puis en 1830 et en 1848, dans la foulée des autres révolutions de ces années, sont vite étouffées. Le désir de s'affranchir des puissances étrangères – notamment de l'Autriche –, puis de s'unir, n'en reste pas moins vif chez les nationalistes du nord au sud du pays. Il s'incarne dans le projet du *Risorgimento,* la résurrection du pays. Au lendemain des échecs de 1848, seul le Piémont-Sardaigne, État indépendant et constitutionnel, plus industrialisé que les autres, semble en position de poursuivre la lutte pour l'unification de l'Italie. Les rois du Piémont et le premier ministre Cavour favorisent chaudement l'unité italienne.

Par la guerre et par le ralliement au Piémont des États voisins, qui en décident par plébiscite, Cavour obtient d'unir le nord du pays. Au sud, Giuseppe Garibaldi, un leader charismatique qui a rassemblé une armée d'un millier de volontaires – les Chemises rouges –, réussit à libérer le royaume des Deux-Siciles. En 1860, sud et nord de la péninsule s'unissent pour former un royaume d'Italie, sous l'autorité du roi du Piémont Victor-Emmanuel. Reste la Vénétie, qui est acquise en 1866 après une courte guerre contre l'Autriche, et les États pontificaux, conquis en 1870 quand la France qui les protégeait en retire ses troupes pour se défendre contre la Prusse.

En 1870, l'unité italienne est achevée (carte 8.6), à l'exception des terres « irrédentes » du Nord-Est, encore en la possession de l'Autriche-Hongrie. Quant au pape, il s'enferme au Vatican où il se dit prisonnier… Le litige ne se réglera qu'en 1929, quand l'accord du Latran, signé avec le gouvernement de Mussolini, reconnaîtra le Vatican comme un État indépendant dont le pape est le souverain.

Les zouaves québécois au secours du pape

Pour défendre ses États pontificaux, le pape fait appel aux catholiques du monde entier. Il est entendu au Québec, où l'évêque de Montréal recrute environ 500 jeunes volontaires, les zouaves, qui doivent se joindre à l'armée papale. Mais l'apport des zouaves québécois fut en définitive très mineur ; d'ailleurs, le dernier et plus nombreux contingent est arrivé quand tout était fini.

La Prusse crée l'Allemagne. L'Allemagne, elle, est devenue une confédération de 39 États présidés par l'Autriche, parmi lesquels la Prusse apparaît comme une puissance montante.

Dans la Confédération germanique, les libéraux et les nationalistes fomentent quelques insurrections dans les années 1820, puis en 1830 et en 1848, mais sans succès, notamment à cause de la répression autrichienne. Au lendemain de 1848, la Prusse s'impose comme le chef de file de l'éventuelle unité: seul État allemand à avoir une constitution, elle est aussi le plus développé économiquement et bénéficie d'un accord de libre-échange, le *Zollverein*, conclu avec la plupart des États (sans l'Autriche). De plus, grâce à un service militaire long et obligatoire, elle dispose d'une armée nombreuse, puissante et bien équipée. À partir de 1861, son souverain Guillaume Ier est entièrement acquis à l'idée d'unité, tout comme son bras droit, Otto von Bismarck.

CARTE 8.6

L'unification de l'Italie

Habile diplomate, Bismarck est également partisan du recours à la force; ce n'est pas par des discours que les grandes questions du moment se régleront, déclare-t-il, «mais par le fer et le sang». Aussi provoque-t-il en 1866 une guerre avec l'Autriche, principal obstacle à l'hégémonie prussienne dans la Confédération, qu'il vainc facilement. Bismarck réunit alors les États du Nord en une nouvelle confédération; ceux du Sud restent à l'écart, mais il s'en rapproche en les invitant à adhérer au *Zollverein*, puis en signant avec eux une alliance défensive. Mais pour qu'il y ait matière à s'unir dans la défense, il faut être attaqué. Qu'à cela ne tienne: en 1870, prenant prétexte d'un problème de succession au trône d'Espagne – la France s'oppose à la candidature d'un prince allemand –, Bismarck amène la France à déclarer la guerre à la Prusse et l'écrase en une guerre éclair. L'Allemagne prend ainsi à la France l'Alsace et la Lorraine (ce qui restera un enjeu majeur dans les relations entre les deux puissances), en plus de lui imposer une indemnité de guerre considérable. Durant la guerre, les États allemands ont développé une conscience nationale; ils sont désormais unis en un seul État fédéré (carte 8.7), dont Guillaume Ier a été proclamé *Kaiser* (empereur) dans le château de Versailles en 1871, mais dont l'Autriche est exclue.

À l'aube du XXe siècle, l'Europe connaît une paix armée. Au crépuscule du XIXe siècle et à l'aube du XXe, il faut constater l'échec du projet adopté par les grandes puissances au congrès de Vienne de 1815: l'Europe n'est pas revenue à la situation d'avant la Révolution française. Les courants libéraux et nationalistes n'ont cessé de croître, et le principe d'intervention a échoué à les contrer. Dès les premières révolutions nationales – celles de la Grèce en 1821 et de la Belgique en 1830, par exemple –, les grandes puissances ont piétiné leur entente en les appuyant plutôt qu'en intervenant pour maintenir l'ordre établi. Le principe de l'équilibre européen lui-même ne tient plus, depuis que la Prusse a réussi à rassembler l'Allemagne, et que celle-ci fait figure de puissance dominante en Europe.

Réussite des libéraux, à l'aube du XXe siècle la plupart des pays d'Europe disposent d'une constitution, d'un régime parlementaire, même avec un

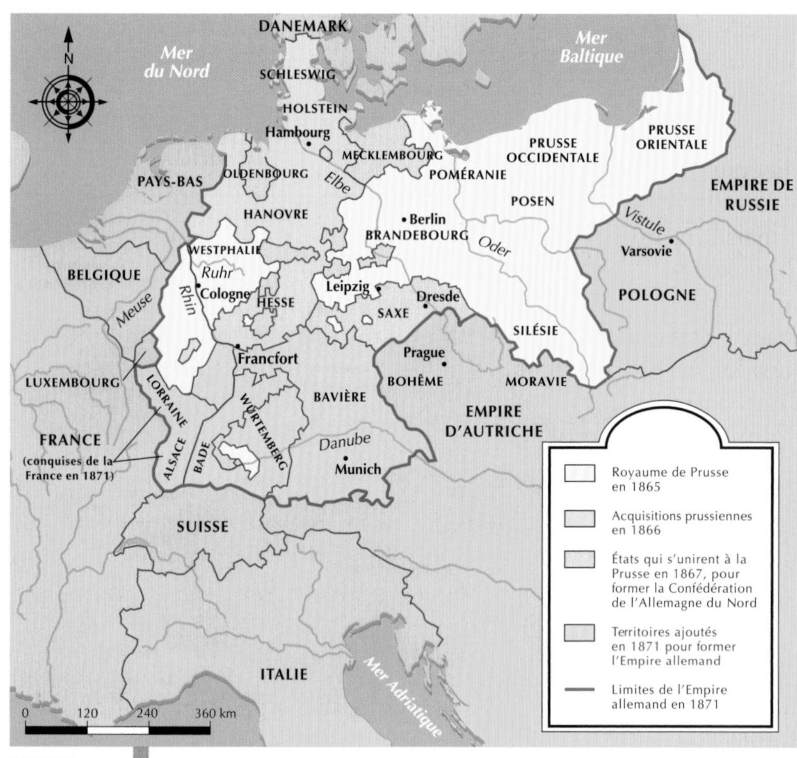

CARTE 8.7

L'unification de l'Allemagne

électorat restreint, et de protections des libertés fondamentales. Victoire des nationalistes, nombre de nations ont obtenu leur autonomie politique et la libération de leur territoire ; la forme de l'État-nation est devenue la norme en Europe. Mais les ambitions nationales ne sont pas toutes exaucées et, dans plusieurs États-nations, la brutalité de leur avènement et le poids du passé laissent diverses minorités insatisfaites. Ce sont autant de sources de tensions qui risquent d'éclater à tout moment. La paix que paraît connaître l'Europe à l'aube du XXe siècle est une paix armée.

FIGURE 8.9

La paix armée en Europe au tournant du XXe siècle

Le Québec, le Canada et les révolutions

Le Québec et le Canada n'échappent pas totalement aux idées libérales et nationalistes, ni à l'esprit des révolutions. En témoignent notamment les rébellions de 1837-1838 au Bas-Canada et au Haut-Canada : les rebelles ne revendiquent-ils pas le contrôle du budget par les élus, la démocratisation électorale, le gouvernement responsable ? Et le patriote Robert Nelson ne proclame-t-il pas la République du Bas-Canada ?

Mais, on le sait, ces rébellions échouent, en bonne partie parce que les élites, civiles et religieuses, effrayées par les Révolutions américaine et française, émettent et diffusent l'idée que le mode de changement graduel inscrit dans la nature du système parlementaire britannique est bien supérieur au changement brutal qui résulte d'un processus révolutionnaire. C'est donc par négociation et compromis, étape par étape, que le pays obtiendra la responsabilité ministérielle en 1848, puis en 1867 la Confédération, étape clé de la marche du Canada vers son indépendance de la Grande-Bretagne.

Apprentissages

Dégager l'idée principale

Donner un bon titre à un document, c'est-à-dire un titre qui traduit justement son idée principale, c'est faire œuvre de synthèse. Quel titre pourrait-on donner à chacune des citations des philosophes reproduites à la page 247 ?

Interpréter une caricature

En quelques traits de plume, un caricaturiste peut exprimer la nature essentielle d'une époque ou d'une situation.

a) Dans la caricature de la page 255 (figure 8.5), que représente chacun des personnages ? Comment interpréter leur position les uns par rapport aux autres ?

b) La caricature de la page 272 (figure 8.9) présente de façon figurée les pays d'Europe au tournant du XIXe siècle. Le contenu du reste du chapitre permet d'interpréter la représentation que l'auteur se fait de plusieurs d'entre eux. Que dire de la façon dont il voit la Prusse, la France, l'Autriche, l'Italie, la Russie, l'Empire ottoman ?

c) Toujours à la lumière du contenu de ce chapitre, en quoi le titre donné à la caricature – « La paix armée » – convient-il à la situation ?

Observer une évolution en comparant des cartes

Comme les caricatures, les cartes peuvent en quelques traits montrer une évolution que mille mots auraient peine à décrire.

a) La carte 8.1 (p. 251) montre des changements intervenus dans l'est de l'Amérique du Nord entre 1763 (traité de Paris) et 1783 (traité de Versailles), en passant par l'Acte de Québec de 1774. D'une étape à l'autre, quels sont les principaux changements territoriaux ? De quelle manière le territoire qui correspond au Québec actuel a-t-il changé ?

b) Que nous apprennent les cartes 8.2 et 8.4 (p. 261 et p. 267) sur les changements survenus en Europe entre 1812 et 1815 ?

Clarifier ses valeurs

Il est habituel de penser que la religion est du domaine privé, qu'elle doit pouvoir se pratiquer en toute liberté, sans influence indue. Napoléon Ier révèle sa conception de la religion dans les deux documents de la page 260 : cette conception de l'usage de la religion dans une société paraît-elle légitime ?

De façon générale, que penser de l'association possible entre la religion et l'État ? entre l'école et la religion ?

Analyser des documents écrits

Dans le document intitulé «Le rôle d'un souverain» (p. 249), Frédéric II de Prusse exprime sa vision de despote éclairé. Au chapitre 7, Louis XIV exprimait, lui, sa vision de monarque absolu (p. 227). Selon eux, de qui ces souverains tiennent-ils leur pouvoir? En faveur de qui doivent-ils l'exercer? À qui doivent-ils en rendre compte?

Le document intitulé «Petit catéchisme impérial» (p. 260) laisse deviner l'opinion de Napoléon Ier sur le même sujet. Est-elle plus proche de celle de Frédéric II ou de celle de Louis XIV? Sous cet angle, peut-on considérer que Napoléon est fils de la Révolution française?

Consultez le Compagnon Web pour des questions d'autoévaluation supplémentaires.

CHAPITRE 9

L'avènement de l'ère industrielle

DANS CE CHAPITRE, NOUS VERRONS…

- Comment la révolution industrielle commence vers 1750 en Grande-Bretagne et se répand dans le monde occidental au siècle suivant, amenant des transformations majeures dans tous les aspects de la vie.
- Comment la révolution industrielle entraîne une explosion urbaine, marquée à ses débuts par les conditions de vie misérables des ouvriers.
- Pourquoi la révolution industrielle amène le développement de deux idéologies antagonistes, le libéralisme économique, sur lequel elle s'appuie, et le socialisme, dont l'objectif est d'égaliser les conditions de vie.
- Comment, sous la pression populaire, la vie politique se démocratise progressivement en Grande-Bretagne, alors qu'en France des révolutions éclatent et échouent.
- Pourquoi et comment, dans le dernier quart du XIXe siècle, l'Europe occidentale, à l'apogée de sa puissance, se lance dans la course à l'appropriation de colonies.
- Que le XXe siècle s'ouvre sous des auspices souriants, grâce au progrès scientifique, à la croissance économique et aux mesures sociales ayant amélioré les conditions de vie.

LES PRINCIPAUX CONCEPTS UTILISÉS DANS CE CHAPITRE SONT LES SUIVANTS : **révolution industrielle, libéralisme économique, socialisme et colonie.**

NOUS VERRONS AUSSI CES AUTRES CONCEPTS : **compagnie par actions, cartel, monopole, prolétaire, laisser-faire, mode de production, communisme, darwinisme social, antisémitisme, impérialisme, protectionnisme.**

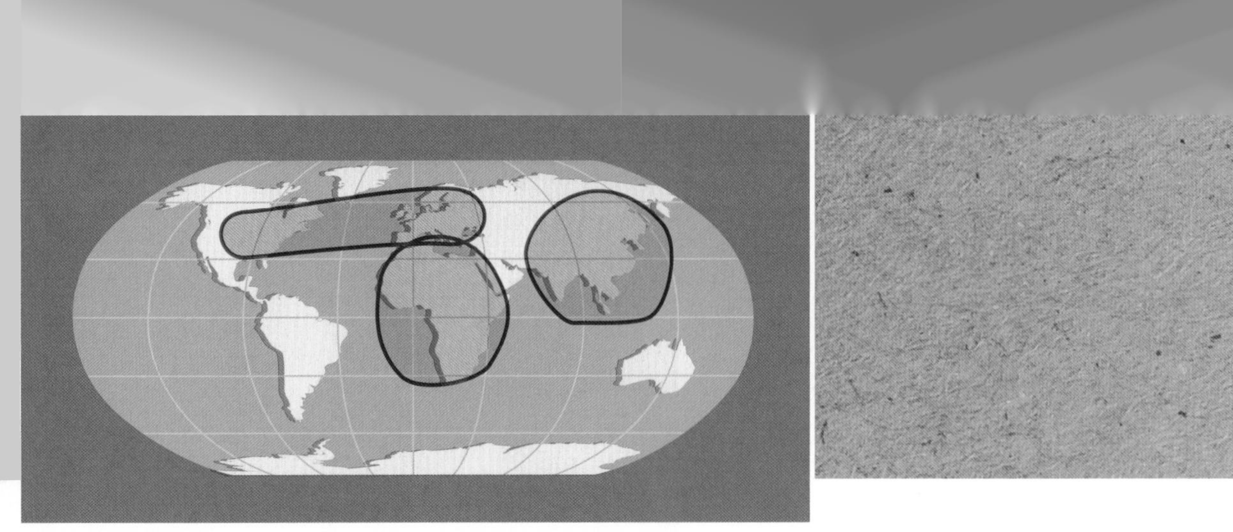

LIGNE du temps

1750	1775	1800	1825

Première révolution industrielle – textile, vapeur, charbon, fer (c. 1750 à 1850)

Watt : machine à vapeur (1769)

Métier à tisser mécanique (1785)

Navire à vapeur (1807)

Smith : *La Richesse des nations* (1776)

Locomotive à vapeur (1814)

Jenner : vaccination (1796)

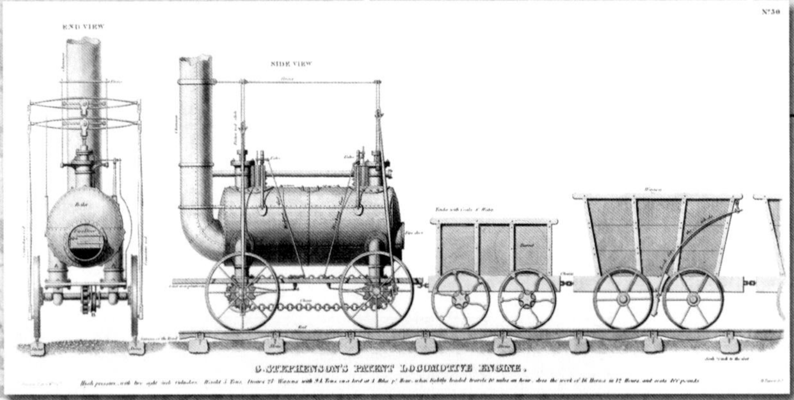

Le Romantisme (c. 1820 à 1850)

Lamartine : *Le Lac* (1820)

Delacroix : *La Liberté guidant le peuple* (1831)

L'Algérie française (1830)

Déclaration d'indépendance des États-Unis (1776)

Napoléon empereur (1804)

Congrès de Vienne (1815)

Au XIXe siècle, le monde occidental prend un tournant qui, autant que les révolutions politiques, sinon plus, modifiera profondément sa physionomie, avant d'avoir des répercussions dans le monde entier. À l'origine de ce virage, il y a de nouvelles façons de produire les biens : elles sont si innovatrices et ont de telles conséquences qu'on en a parlé comme d'une révolution : la révolution industrielle. Les conditions de vie en sont bouleversées. L'ordre social l'est également, tandis que s'esquisse celui que nous connaissons aujourd'hui. L'Europe et l'Amérique du Nord jouiront alors dans le monde d'une situation hégémonique inégalée.

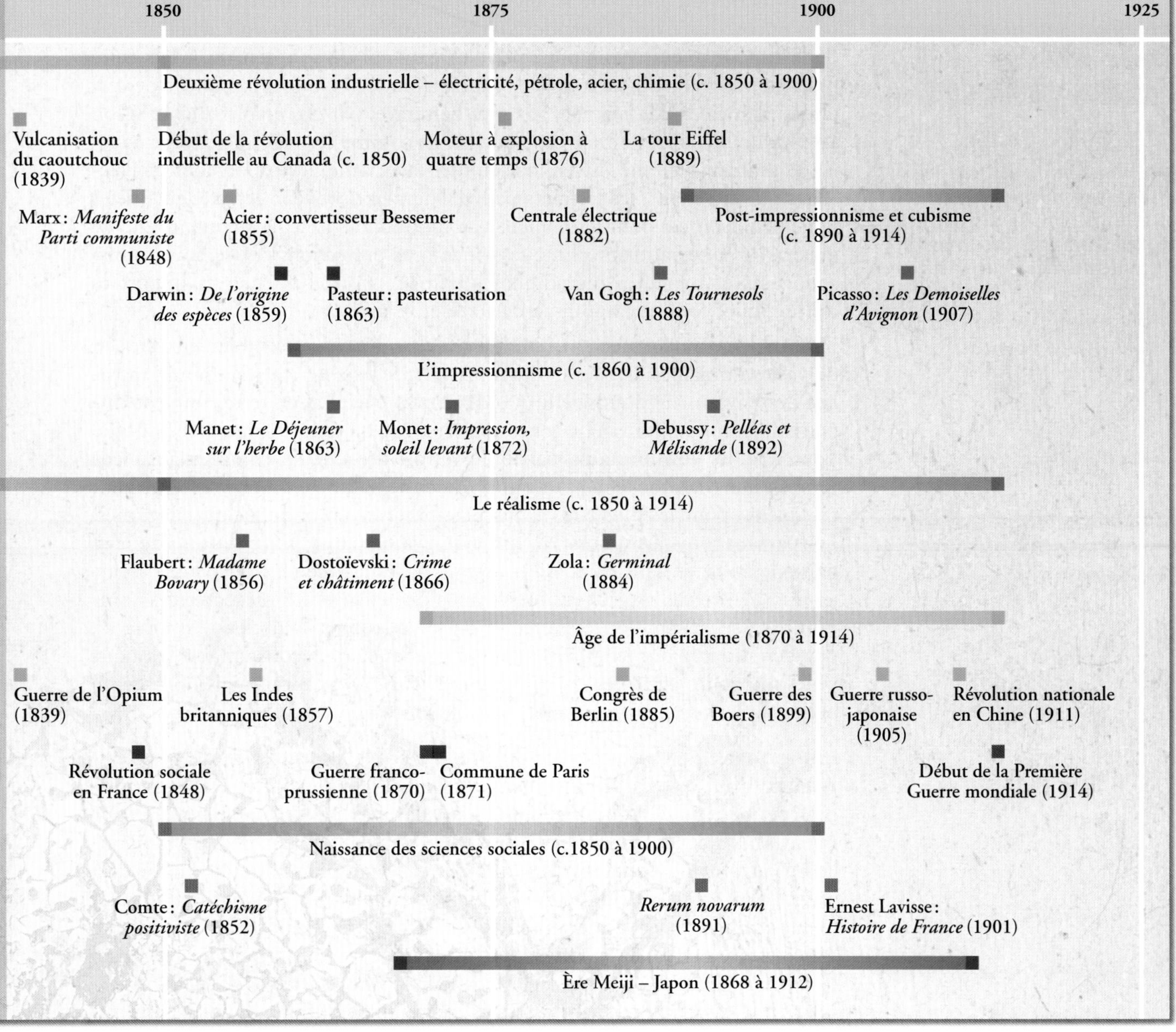

La révolution industrielle

révolution industrielle Phénomène de mutation rapide des méthodes et des rapports de production dans le secteur de la transformation des biens (secteur secondaire).

La **révolution industrielle** débute en Grande-Bretagne dans la seconde moitié du XVIIIe siècle. Au siècle suivant, elle se répand dans le reste du monde occidental, bien que de façon inégale.

NAISSANCE ET EXPANSION DE LA RÉVOLUTION INDUSTRIELLE

Avant la révolution industrielle, en Grande-Bretagne comme ailleurs, produire se limitait essentiellement à produire des aliments pour assurer la subsistance et des vêtements pour se protéger des intempéries. La production manufacturée se concentrait alors dans le secteur du textile. On tissait la laine et, de plus en plus, le coton rapporté des colonies (Inde et Treize Colonies).

L'AGRICULTURE SE TRANSFORME EN PROFONDEUR. Ce sont des innovations dans la production agricole – abandon de la jachère, améliorations techniques et mouvement des *enclosures* – qui permettent à la production textile de se transformer et à la révolution industrielle de démarrer.

Au début du XVIIIe siècle, en Europe, l'assolement triennal et la jachère sont encore largement répandus : chaque année, on laisse en friche un tiers de la superficie cultivable pour permettre au sol de se régénérer. Mais cette pratique est graduellement délaissée lorsqu'on découvre que la culture de certaines plantes (trèfle, luzerne, navet et betterave, par exemple) enrichit le sol. La production agricole s'accroît d'autant. Et comme ces plantes peuvent nourrir les animaux durant l'hiver, leur culture favorise le développement de l'élevage (l'hiver venant, les fermiers pauvres devaient souvent abattre leurs bêtes faute de ressources pour les nourrir). La production agricole augmente encore grâce à des innovations techniques – charrues perfectionnées, semoirs, moissonneuses et batteuses mécaniques – et à de nouvelles cultures importées d'Amérique, comme la pomme de terre et le maïs.

MÉCANISATION N'EST PAS MOTORISATION

Mécanique ne signifie pas nécessairement motorisé ; le terme renvoie ici à la force de traction (cheval, bœuf) et à la friction qui activent les rouages, leviers, courroies et couteaux des machines de l'époque.

Quant au mouvement des ***enclosures***, il consiste à rassembler les terres en de vastes domaines et à les clôturer. Depuis le Moyen Âge, la grande majorité des paysans ne disposaient que de petites parcelles de terre, souvent dispersées, dont ils pouvaient tout juste espérer qu'elles assurent leur survie. Toutefois, les **communaux**, partie du terroir détenue en communauté, leur fournissaient habituellement un supplément de pâturage, l'approvisionnement en bois et, pour les plus pauvres, la possibilité de cultiver quelques légumes. Les paysans jouissaient aussi du droit de « vaine pâture », c'est-à-dire de faire paître leurs bêtes dans les champs de tous après la récolte. Cependant, à partir du XVIIe siècle, de riches propriétaires ont entrepris d'accaparer ces communaux, de rassembler les terres et de les clôturer ; ils obtiennent ainsi de grandes surfaces qui leur permettent d'appliquer de façon rentable les nouvelles méthodes agricoles et de mécaniser leur exploitation, mais nombre de petits paysans se retrouvent alors sans ressources.

LES PROGRÈS DE L'AGRICULTURE SONT À L'ORIGINE DE LA RÉVOLUTION INDUSTRIELLE. Tout d'abord, les changements qui surviennent dans le secteur agricole permettent de produire plus et mieux. Les besoins alimentaires sont mieux satisfaits, les famines et les disettes se raréfient. Mieux nourrie, la population augmente, ajoutant à la croissance démographique qui se faisait déjà sentir : d'où une demande accrue de biens manufacturés, notamment de vêtements. Ensuite, avec la mécanisation de l'agriculture, nombre de travailleurs agricoles qui gagnaient leur vie en louant leurs bras se retrouvent au chômage, de même que les paysans qui perdent leur lopin de terre à cause des *enclosures*; une importante main-d'œuvre inemployée devient donc disponible.

Les *enclosures*

Deux témoins décrivent ci-dessous le mécanisme des *enclosures* et leurs conséquences.

■ ■ ■

Il n'est pas rare de voir quatre ou cinq riches éleveurs s'emparer de toute une paroisse, naguère divisée entre trente ou quarante fermiers, et autant de petits tenanciers ou petits propriétaires : tous ceux-ci se trouvent, du coup, jetés hors de chez eux, et, en même temps, nombre d'autres familles qui dépendent presque uniquement d'eux pour leur travail et leur subsistance : celles des forgerons, charpentiers et autres artisans et gens de métiers, sans compter les journaliers et les valets de ferme[1].

■ ■ ■

*Partout où l'*enclosure *a été réalisée, il s'est constitué des fermes beaucoup plus étendues qu'auparavant ; les terres arables converties en pâturage exigent bien moins de main-d'œuvre. Et, par la suite, la robuste «*yeomanry* » villageoise s'est vue contrainte d'aller chercher du travail à Birmingham, à Coventry*[2]...

* *Yeomanry*: classe des petits propriétaires terriens.
1. Addington, *Enquête pour ou contre l'*enclosure *des champs ouverts*, 1767.
2. John Wedge, *Vue d'ensemble de l'agriculture dans le comté de Warwick*, 1794.

Cités dans M. Arondel, J. Bouillon et J. Rudel, XVIe, XVIIe, XVIIIe *siècles*, Paris, Bordas, 1962, p. 456.

Enfin, les gros fermiers qui s'enrichissent ont des capitaux à faire fructifier, de même que les marchands qui s'activent dans le prospère commerce britannique. Se trouvent alors réunis les premiers facteurs – marché, main-d'œuvre, capital – qui vont permettre la révolution industrielle dans le secteur du textile.

La mécanisation révolutionne la production textile. Au début du XVIIIe siècle, la fabrication des textiles reste une production essentiellement domestique : un entrepreneur apporte la laine ou le coton aux familles paysannes ou villageoises qui le filent et le tissent à la maison, puis le lui retournent. La production est assurée par quelques ateliers qui réunissent plusieurs ouvriers devant des métiers à tisser manuels. Mais cette production devient insuffisante en raison de la croissance substantielle de la population, et donc de la demande. À partir des années 1730, l'arrivée de machines permet de l'augmenter grandement.

La mécanisation amène l'apparition des usines, avec leurs dizaines puis leurs centaines d'ouvriers. Comme les machines sont volumineuses, lourdes et coûteuses, les entrepreneurs doivent en exploiter plusieurs pour rentabiliser leurs investissements. Mues par l'énergie musculaire au début, ces machines fonctionnent bientôt à la force hydraulique dans des manufactures construites près des rivières. Puis, dans les années 1760, James Watt met au point des machines à vapeur efficaces et, dès lors, c'est la vapeur qui fournit l'énergie.

La machine à vapeur accélère le changement. Le passage à la vapeur entraîne le développement de deux autres activités industrielles : l'extraction du charbon minéral pour fournir en combustible les chaudières à vapeur (les forêts surexploitées ne donnent plus assez de charbon de bois) et la production du fer pour construire les machines. Il devient alors plus pratique de bâtir les usines, textiles ou autres (comme les fonderies), à proximité des ressources en fer et en charbon – abondantes en Grande-Bretagne – plutôt que des rivières.

Si les rivières gardent leur importance dans le transport des matières premières et des marchandises produites, s'y ajoute un important réseau de canaux creusés et de routes solides construites selon le procédé de revêtement mis au point par l'Écossais McAdam. Avec l'avènement de la locomotive à vapeur vers 1814 et, quelques années plus tard, du rail en fer puis en acier, le chemin de fer devient le roi des moyens de transport.

En un siècle à peine, les besoins en textile ont donc généré en Grande-Bretagne l'apparition de la machine et de l'usine, puis de nouvelles sources d'énergie et de nouveaux moyens de transport. La révolution industrielle est alors bien engagée. Le pays s'est couvert d'industries et d'exploitations minières. Dans le seul secteur du textile, il produit autant que tous les autres pays européens réunis; il fournit la moitié de la production mondiale en fer et vend à l'étranger une bonne partie de ses produits manufacturés. La Grande-Bretagne est alors le centre industriel du monde.

FIGURE 9.1

Le Crystal Palace

Construit en fer et habillé de verre, le pavillon de la Grande-Bretagne à l'exposition universelle de Londres en 1851 fut baptisé Crystal Palace; plus de 6 millions de visiteurs vinrent y admirer les réalisations technologiques du pays.

Pays	1840	1860	1880	1910
Allemagne	549	11 237	33 310	62 379
Belgique	365	1 728	4 110	9 187
Espagne		1 915	7 325	13 435
France	579	9 466	23 345	42 712
Grande-Bretagne	1 349	16 792	30 878	37 653
Italie	21	1 803	8 590	17 000
Russie	25	1 593	22 572	71 700
États-Unis	4 540	49 310	131 872	389 780

D'après Jean Lefèvre et Jean Georges, *Les temps contemporains vus par leurs témoins*, Bruxelles, Casterman, 1974, p. 132.

Le Canada, qui a déjà plus de 3 000 km de chemin de fer au moment de la Confédération, en compte environ 50 000 en 1910.

TABLEAU 9.1

Les chemins de fer, 1840-1910 (en kilomètres)

LA RÉVOLUTION INDUSTRIELLE S'ÉTEND AU RESTE DE L'EUROPE ET À L'AMÉRIQUE DU NORD. La révolution industrielle tarde dans les autres pays européens du continent, où elle est freinée par les révolutions et les guerres, d'autant plus que la Grande-Bretagne garde jalousement ses spécialistes et ses nouvelles techniques. Mais, dans la seconde moitié du XIXe siècle, elle finit tout de même par gagner l'Europe du Nord-Ouest (Belgique, France et Allemagne, surtout), bien dotées en minerai de fer et en charbon, ainsi que l'Amérique du Nord. Autrement dit, elle s'étend à des pays qui disposent déjà d'une tradition de production et de commerce, qui comptent beaucoup d'entrepreneurs et de capitaux, et dans certains cas, comme en France, qui jouissent de l'appui de l'État. Sur le continent, l'industrialisation suit le même schéma qu'en Grande-Bretagne: innovations

FIGURE 9.2

Les usines Krupp en Allemagne vers 1900

techniques, nouvelles sources d'énergie, vastes ateliers mécanisés, présence d'entrepreneurs et de capitaux, et développement des moyens de transport, notamment des chemins de fer.

La Grande-Bretagne affronte bientôt une forte concurrence. En 1914, l'**industrie lourde** allemande est devenue la première en Europe et la Grande-Bretagne a été dépassée pour l'ensemble de la production industrielle non seulement par l'Allemagne, mais aussi par son ancienne colonie américaine, dont la production représente plus du double de la sienne.

industrie lourde Secteur industriel dans lequel on opère la transformation des matières premières pondéreuses (fer, acier, etc.).

LA RÉVOLUTION INDUSTRIELLE ENTRE DANS UNE DEUXIÈME PHASE. Dans la seconde moitié du XIXe siècle et au début du XXe, la révolution industrielle connaît un deuxième élan grâce à d'autres innovations – résultats de la recherche scientifique – et à de nouvelles pratiques. Ainsi, dans le domaine de la chimie, on met au point des teintures synthétiques pour l'industrie textile et des procédés pour produire des aciers de plus en plus purs. Dans la seconde moitié du XIXe siècle, deux nouvelles sources d'énergie permettent d'activer les machines : l'électricité et le pétrole, qui alimente le moteur à explosion. Les transports s'améliorent : les locomotives gagnent en puissance et les navires à vapeur, à roue à aubes puis à hélice, déclassent les grands voiliers en traversant régulièrement l'Atlantique en cinq ou six jours avec une charge pouvant atteindre 13 000 tonnes. Les modes de production se perfectionnent. On passe bientôt à la production en série – toutes les pièces sont identiques et donc interchangeables – et, vers la fin du siècle, à la chaîne d'assemblage, où les ouvriers ne sont responsables que d'une ou deux opérations – un procédé dont Henry Ford devient le champion en construisant ainsi ses Ford T à partir de 1913. La production de masse est née.

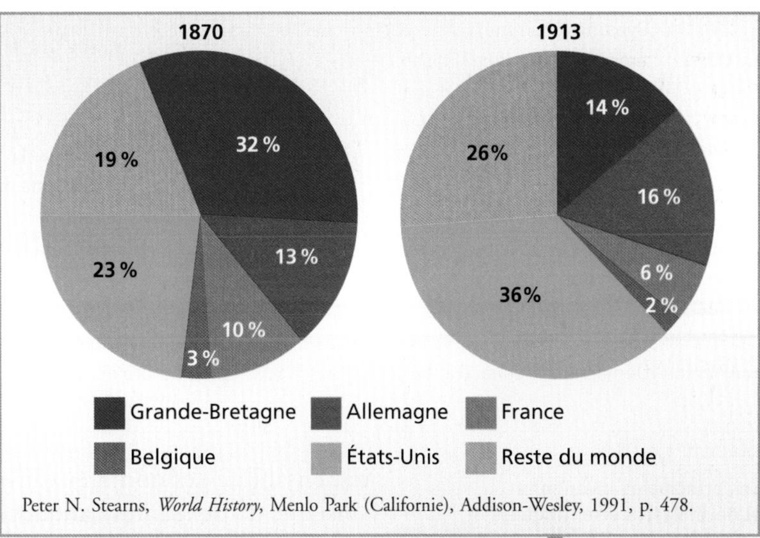

Peter N. Stearns, *World History*, Menlo Park (Californie), Addison-Wesley, 1991, p. 478.

FIGURE 9.3

Répartition par pays de la production industrielle mondiale en 1870 et en 1913

 questions – figures et tableaux

Ces modes industriels exigent des ressources financières importantes. On voit se développer de grandes **compagnies par actions**, dans lesquelles la

compagnie par actions Compagnie dont la valeur est divisée en parts, les actions, achetées par des investisseurs qui se partagent les dividendes au prorata.

Année	Invention technique	Découverte scientifique	Ouvrage marquant
1712	Machine à vapeur (Newcomen)		
1733	Navette volante (Kay)		
1764	*Spinning jenny* (Hargreaves)		
1769	Machine à vapeur moderne (Watt)		
1776			*Recherches sur la nature et les causes de la richesse des nations* (Adam Smith)
1784	Renvideur (*spinning mule*) (Crompton)		
1785	Métier à tisser mécanique (Cartwright)		
1793	Égreneuse à coton (Whitney)		
1807	Navire à vapeur (Fulton)	Théorie atomique de la matière (Dalton)	
1814	Locomotive (Stephenson)		
1831	Production du courant électrique dans un fil (Faraday)		
1837	Télégraphe (Morse)		
1839	Vulcanisation du caoutchouc (Goodyear)		
1848			*Le Manifeste du Parti communiste* (Karl Marx)
1855	Convertisseur Bessemer (acier)		
1859			*De l'origine des espèces* (Charles Darwin)
1865		Ondes électromagnétiques (Maxwell)	*Recherches sur les hybrides des plantes* (Mendel)
1866	Câble transatlantique		
1868		Tableau de classification des éléments (Mendeleïev)	
1876	Téléphone (Bell) Moteur à explosion à quatre temps (Otto et Langen) Dynamo (Gramme)		
1879	Ampoule électrique (Edison)		
1882	Centrale électrique (Edison)		
1885	Automobile (Daimler et Benz)		
1895	Moteur Diesel (Diesel)	Rayons X (Roentgen)	
1896		Principe de la radioactivité (Becquerel)	
1897	Télégraphie sans fil (Marconi)	Découverte de l'électron (Thomson)	
1900		Théorie des quanta (Planck)	
1903	Avion (frères Wright)		
1904	Tube à vide (Fleming)		
1905		Théorie de la relativité restreinte (Einstein)	
1911	Démarreur manuel (Kettering)	Structure du noyau atomique (Rutherford et Bohr)	

TABLEAU 9.2

Les principales inventions et découvertes scientifiques de l'ère industrielle (1712-1911)

cartel Entente entre des entreprises d'un même secteur économique visant à dominer ce secteur et à limiter la concurrence ou à la supprimer. Vecteur d'intégration horizontale.

monopole Situation dans laquelle une entreprise ou des entreprises associées contrôlent l'offre et la demande d'un bien, habituellement en assurant toutes les étapes de la production, de l'extraction des matières premières à la mise en marché. Vecteur d'intégration verticale.

responsabilité des nombreux investisseurs se limite à la valeur de leurs actions, ainsi que de puissantes banques d'affaires spécialisées dans les prêts aux entreprises. Dans le dernier quart du XIXe siècle, des compagnies d'un même secteur industriel s'associent en **cartel** pour dominer leur secteur et limiter la concurrence; d'autres forment de puissants **monopoles**, par lesquels elles assurent toutes les étapes de la production d'un bien, de l'extraction des matières premières à la mise en marché.

LES EFFETS DÉMOGRAPHIQUES ET SOCIAUX DE L'INDUSTRIALISATION

Avant la révolution industrielle, la majeure partie de la population de l'Europe et de l'Amérique du Nord vivait à la campagne ou dans de petites agglomérations; les gens se livraient à l'agriculture ou, plus rarement, à l'artisanat, la

La révolution industrielle au Canada et la Confédération

Au Canada, comme en Europe continentale et aux États-Unis, la révolution industrielle débute dans les années 1850. Ses premières manifestations apparaissent dans la région de Montréal, principalement sur la rive nord du canal Lachine, où l'énergie hydraulique est disponible en quantité : s'y établissent des entreprises des secteurs de l'alimentation, du vêtement, du fer et de l'acier, ces dernières surtout pour répondre aux besoins des chemins de fer qui, comme en Europe, sont en pleine expansion.

Cette industrialisation et la construction des chemins de fer comptent d'ailleurs parmi les causes de la Confédération de 1867. Après l'abrogation, en 1866, du traité de réciprocité (c'est-à-dire de « **libre-échange** ») avec les États-Unis, les industriels des deux Canada souhaitent en effet étendre leurs marchés à l'ensemble des colonies britanniques et espèrent en ouvrir de nouveaux vers l'ouest en y établissant des colons. Ils veulent également rentabiliser le Grand Tronc, ligne de chemin de fer qui va de Sarnia sur le lac Huron à Rivière-du-Loup, en le reliant aux lignes des Maritimes et en l'étendant vers l'ouest jusqu'à Vancouver pour servir les nouveaux territoires en développement. Dans une certaine mesure, on peut donc voir l'unification canadienne réalisée par l'*Acte de l'Amérique du Nord britannique* de 1867 comme une conséquence de la révolution industrielle.

En 1879, soit 12 ans après l'entrée en vigueur de l'*Acte*, le Canada adopte une politique économique protectionniste, la « Politique nationale », qui va donner un deuxième élan à l'industrialisation de Montréal et d'autres villes du Québec et du Canada.

plupart travaillant à leur compte. Avec la révolution industrielle, beaucoup migrent vers les grandes villes et deviennent ouvriers ; dorénavant, ils travaillent sur des machines qui ne leur appartiennent pas en échange d'un maigre salaire et dans des conditions souvent effroyables.

Le monde occidental connaît une explosion démographique. En 1750, à la veille de la révolution industrielle en Grande-Bretagne, l'Europe comptait environ 140 millions d'habitants ; en 1914, sa population atteint 460 millions, soit plus du triple, ce qui équivaut alors à 26 % de la population mondiale, contre 20 % en 1750. Cette explosion démographique est particulièrement sensible dans les pays qui se sont industrialisés : la Grande-Bretagne est passée de 10 à 45 millions d'habitants, et l'Allemagne, de 13 à 65 millions.

Cette croissance démographique s'explique par plusieurs facteurs. Le principal est peut-être l'augmentation substantielle de la production agricole, qui permet à tous et même aux défavorisés de s'alimenter mieux et plus régulièrement. On est en meilleure santé et on vit plus vieux. L'amélioration de l'hygiène personnelle et sociale (égouts, collecte des ordures) y contribue largement. Quelques progrès en médecine et en hygiène améliorent la santé générale : on découvre la vaccination (Jenner, 1796), la pasteurisation (Pasteur, 1863), l'antisepsie (Lister, 1867) et le bacille de la tuberculose (Koch, 1882). Le taux

Croissance démographique et immigration en Amérique du Nord

Comme l'Europe, l'Amérique du Nord connaît une explosion démographique. Le Canada passe de 350 000 habitants environ vers 1800 à 5 millions en 1900 et, durant la même période, les États-Unis passent de 6 à 81 millions d'habitants. Mais, contrairement à l'Europe, cette augmentation est due en grande partie à une immigration très importante.

	1750	1800	1850	1900
Allemagne	15,7	18,5	27,0	56,0
Belgique	2,2	3,0	4,4	6,5
Espagne	9,3	11,5	15,0	18,6
France	22,0	27,0	36,0	39,0
Grande-Bretagne	10,5	16,0	28,0	38,7
Italie	15,5	18,5	25,0	32,4
Russie	26,0	36,0	60,0	103,4

Les chiffres ont été homogénéisés et arrondis.

TABLEAU 9.3

La population de quelques pays européens, 1750-1900 (en millions)

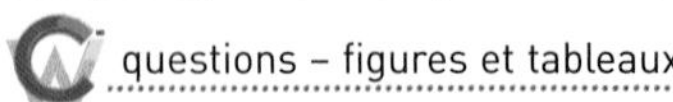

de mortalité décline rapidement : de 25 à 30 sur 1000 selon les pays, la moyenne descend entre 15 et 20 sur 1000. Comme le taux de natalité reste élevé jusque tard dans le siècle, la différence se traduit par une importante augmentation de la population. De plus, en raison de la conjonction de ces facteurs, l'espérance de vie dans les pays industrialisés gagne 10 ans en un demi-siècle, dépassant 50 ans en 1910.

DES MILLIONS D'EUROPÉENS ÉMIGRENT. Le poids démographique de l'Europe dans le monde aurait été encore plus élevé sans l'importante émigration que connaissent plusieurs de ses pays au XIXe siècle. La croissance démographique y est telle que l'économie ne peut faire place à tous, particulièrement dans les pays et régions en marge de l'industrialisation (Russie et Europe centrale, pays méditerranéens, Scandinavie, Irlande et Écosse). À la recherche d'emplois, de terres, sinon d'aventures ou de rêves, plus de 50 millions d'Européens émigrent vers d'autres continents entre 1850 et 1914 : 32 millions aux États-Unis, 6 millions en Argentine, 4,5 millions au Canada et autant au Brésil, le reste se répartissant entre les autres pays d'Amérique, l'Afrique du Nord et l'Océanie. Des dizaines de milliers d'autres Européens émigrent aussi pour faire carrière ou s'établir à demeure dans les régions moins développées d'Afrique ou d'Asie que les pays industrialisés entreprennent de coloniser dans le dernier quart du XIXe siècle.

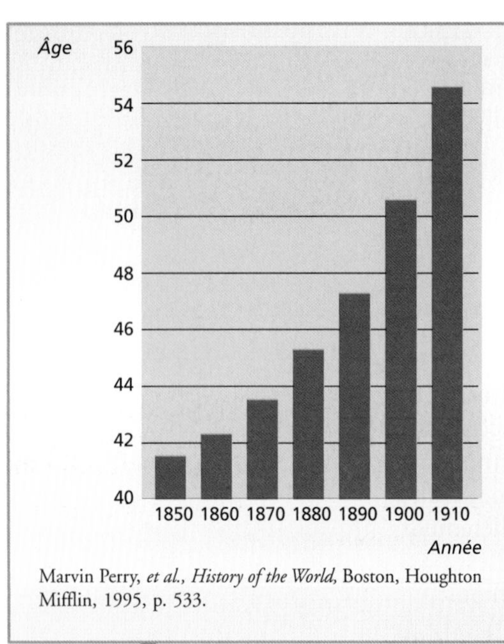

Marvin Perry, *et al.*, *History of the World*, Boston, Houghton Mifflin, 1995, p. 533.

FIGURE 9.4

Espérance de vie dans les pays industrialisés, 1850-1910

LE MONDE OCCIDENTAL S'URBANISE RAPIDEMENT. Au même rythme que l'explosion démographique, le monde occidental s'urbanise. Le record appartient à la Grande-Bretagne, où le taux d'urbanisation passe de 22 % en 1800 à 60 % un siècle plus tard. Durant la même période, la population urbaine passe de 15 à 50 % en Allemagne, de 12 à 30 % en France et de 4 à 40 % aux États-Unis. Évidemment, les pays dont l'industrialisation est lente ou tardive ne s'urbanisent pas aussi vite.

Le nombre et la taille des villes augmentent en conséquence. En 1800, l'Europe ne compte que 23 villes dépassant 100 000 habitants et une population urbaine totale de 5 millions et demi ; en 1900, on en dénombre 135 et leur population totale s'élève à 46 millions. En 1800, une seule ville, Londres, atteint 1 million d'habitants ; en 1900, c'est le cas d'une dizaine de villes, dont trois en Amérique du Nord (New York, Chicago, Philadelphie), et Londres abrite 4,5 millions de personnes.

FIGURE 9.5

Leeds vers 1840

Du début du siècle à 1850, la population de la ville anglaise de Leeds a quintuplé, atteignant 100 000 habitants. Les maisons ouvrières s'y serrent à l'ombre des cheminées d'usine.

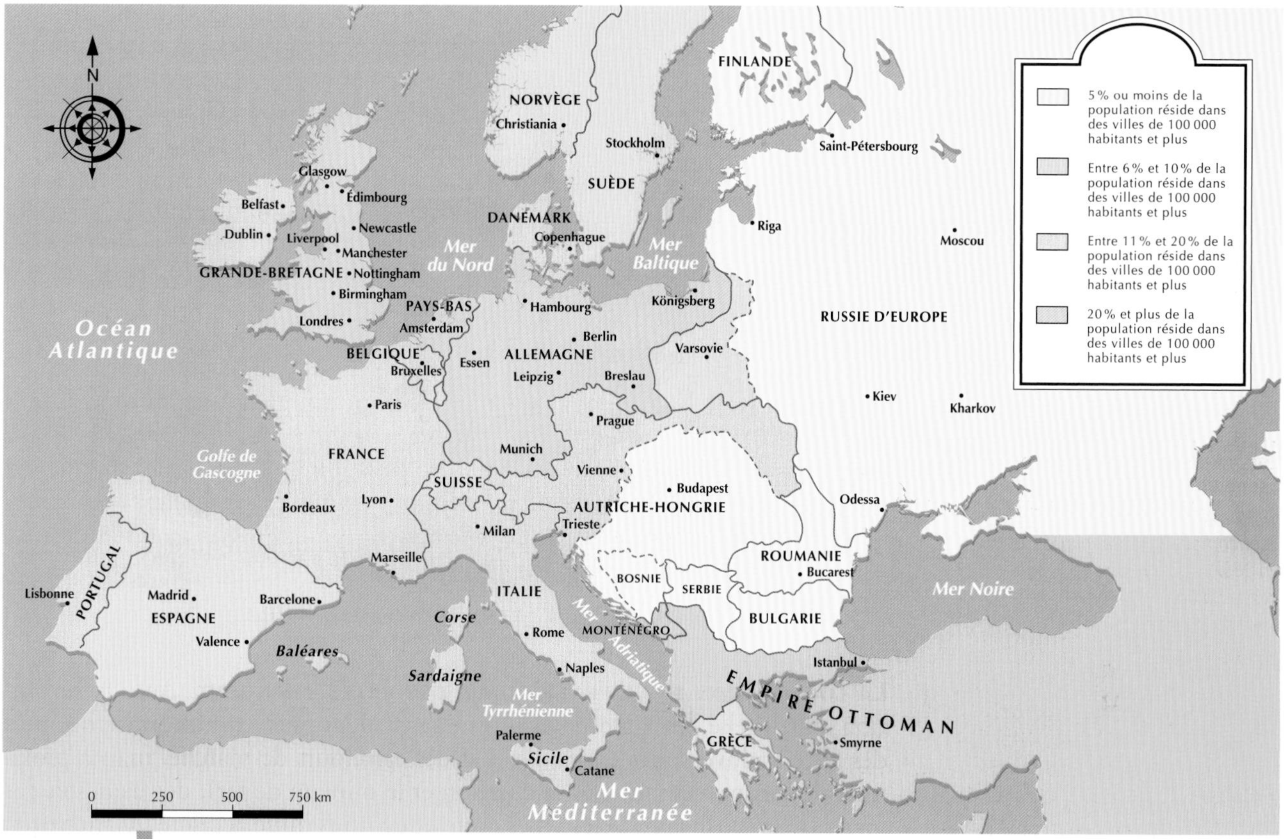

5 % ou moins de la population réside dans des villes de 100 000 habitants et plus

Entre 6 % et 10 % de la population réside dans des villes de 100 000 habitants et plus

Entre 11 % et 20 % de la population réside dans des villes de 100 000 habitants et plus

20 % et plus de la population réside dans des villes de 100 000 habitants et plus

CARTE 9.1

L'Europe des villes de 100 000 habitants et plus en 1910

LE CADRE DE VIE URBAIN : TÉMOIGNAGES

Les conditions de vie misérables dans les villes ne manquent pas d'inquiéter. De nombreuses enquêtes en témoignent, dont celles du médecin et sociologue Villermé et de l'économiste libéral Blanqui. En voici des extraits, qui datent des années 1840.

▪ ▪ ▪

Les plus pauvres habitent les caves et les greniers. Ces caves n'ont aucune communication avec l'intérieur des maisons : elles s'ouvrent sur les rues ou sur les cours, et l'on descend par un escalier qui en est très souvent à la fois la porte et la fenêtre. [...]

C'est dans ces sombres et tristes demeures que mangent, couchent et même travaillent un grand nombre d'ouvriers. Le jour arrive pour eux une heure plus tard que pour les autres, et la nuit une heure plus tôt. [...]

Eh bien ! les caves ne sont pas les plus mauvais logements : elles ne sont pas, à beaucoup près, aussi humides qu'on le prétend. Chaque fois qu'on y allume le réchaud, qui se place alors dans la cheminée, on détermine un courant d'air qui les sèche et les assainit. Les pires logements sont les greniers, où rien ne garantit des extrêmes de température ; car les locataires, tout aussi misérables que ceux des caves, manquent également des moyens d'y entretenir du feu pour se chauffer pendant l'hiver[1].

▪ ▪ ▪

On n'entre dans ces maisons que par des allées basses, étroites et obscures où un homme ne peut se tenir debout. Les allées servent de lit à un ruisseau fétide chargé des eaux grasses et des immondices de toute espèce qui pleuvent de tous les étages et qui séjournent dans de petites cours mal pavées, en flaques pestilentielles. On y monte par des escaliers en spirale sans garde-fous, sans lumière, hérissés d'aspérités produites par les ordures pétrifiées ; et on aborde ainsi de sinistres réduits bas, mal fermés, mal ouverts, et presque toujours dépourvus de meubles et d'ustensiles de ménage [...]. *[E]t ce n'est qu'aux plus fortunés qu'il est donné de posséder un poêle flamand, une chaise de bois et quelques ustensiles de ménage*[2].

1. Louis René Villermé, *Tableau de l'état physique et moral des ouvriers...*, (1840), Paris, 10-18, 1971, p. 73-74.
2. Jérôme Adolphe Blanqui, *Des classes ouvrières en France pendant l'année 1848*, Paris, Pagnerre, 1849, p. 70, 98.

FIGURE 9.6

Scène de vie urbaine en Angleterre

Ce dessin a été publié par l'hebdomadaire britannique Punch *en 1852. Que suggère sa légende des conditions sanitaires dans une ville anglaise au XIXe siècle ?*

La localisation et la physionomie des villes changent. Avec la révolution industrielle, les agglomérations ne s'installent plus, comme autrefois, près des terres cultivées, des cours d'eau et des carrefours de marché, mais à proximité des ressources (surtout le charbon et le minerai de fer), des usines et des grands axes ferroviaires. Ces villes croissent à un rythme accéléré. Manchester, qui n'était qu'un gros bourg d'Angleterre en 1750, est devenue en 1855 une ville de 455 000 habitants; entre 1800 et 1900, la population d'Essen, siège des aciéries Krupp en Allemagne, passe de 4000 à 300 000 habitants (carte 9.1, p. 285).

Avec une croissance aussi rapide, les villes se développent de façon anarchique, sans autorité pour planifier leur essor et administrer des services collectifs comme l'alimentation en eau potable, l'enlèvement des déchets ou l'ordre public. Les logements, construits n'importe comment, abritent plusieurs familles là où une seule serait à l'étroit; on y vit dans des conditions sanitaires inimaginables. Des maladies comme la tuberculose sont endémiques et des épidémies (choléra, typhoïde) éclatent fréquemment.

La masse ouvrière travaille dans des conditions misérables. Les conditions de travail des ouvriers sont aussi misérables que leurs conditions de vie urbaine. Dans les manufactures et les usines, la plupart font un travail non spécialisé: il ne s'agit généralement que d'approvisionner les machines et de surveiller leur fonctionnement. Les ouvriers sont donc facilement remplaçables et, comme ils sont disponibles en grand nombre, les employeurs savent que, même en réduisant les salaires à l'extrême, ils trouveront des gens prêts à travailler dans n'importe quelles conditions.

Et ces conditions de travail sont inhumaines. Au début de la révolution industrielle, le travail commence au lever du soleil et se termine à son coucher. Lorsque l'éclairage au gaz apparaît, dans les premières années du XIXe siècle, les journées passent à 12 heures ou même plus en toutes saisons, six jours sur sept, et ce, dans un environnement surpeuplé, assourdissant, enfumé, insalubre, glacial en hiver et torride en été… sans vacances, ni aucune protection contre les accidents, pourtant nombreux.

Comme les salaires sont très bas, le revenu du père est insuffisant pour faire vivre la famille. Femmes et enfants doivent donc eux aussi prendre le

Les conditions de travail dans l'industrie : témoignages

Aucun historien ne peut décrire les conditions de travail durant la révolution industrielle mieux que ceux qui en furent témoins.

▪ ▪ ▪

En France vers 1840

La journée est ordinairement, pour tous les ouvriers employés dans les ateliers des manufactures de coton et de laine, de quinze heures à quinze heures et demie sur lesquelles on en exige treize de travail effectif [...]. Il est des filatures en France qui retiennent leurs ouvriers pendant dix-sept heures par jour et les seuls moments de repos pendant ces dix-sept heures sont une demi-heure pour le déjeuner et une heure pour le dîner, ce qui laisse quinze heures et demie de travail effectif[1].

▪ ▪ ▪

En France en 1870

Des jeunes filles de dix à vingt ans sont forcées de travailler depuis quatre ou cinq heures du matin jusqu'à dix et onze heures du soir, même jusqu'à minuit ; très souvent, sous le prétexte que l'ouvrage presse, on leur fait passer la nuit entière. Quant à se plaindre, il ne faut pas que ces malheureuses victimes y songent, car pour réponse, ce sont des coups et des injures qui les attendent. Ajoutez à tout cela une nourriture mauvaise et insuffisante et vous aurez le tableau réel et sans exagération des trois quarts des ateliers de dévidage (textile) où l'on occupe des apprenties et des filles à gages[2].

▪ ▪ ▪

En Grande-Bretagne vers 1820

J'avais sept ans quand je commençai à travailler à la manufacture de Bradley près d'Huddersfield ; le travail était la filature de la laine ; les heures de travail étaient de cinq heures du matin à huit heures du soir, avec un intervalle de trente minutes à midi pour se reposer et manger ; il n'y avait pas de temps pour se reposer et manger dans l'après-midi ; nous devions prendre nos repas comme nous pouvions, debout ou autrement. J'avais quatorze heures et demie de travail effectif à sept ans [...] Dans cette manufacture, il y avait environ cinquante enfants à peu près de mon âge ; ces enfants étaient souvent indisposés et en pauvre santé. Il y en avait toujours une demi-douzaine qui étaient malades régulièrement, à cause du travail excessif... C'est à coups de lanières de cuir que les enfants étaient tenus au travail[3].

▪ ▪ ▪

Aux États-Unis vers 1850

Nos employeurs nous contraignent en cette saison à travailler de cinq heures du matin au coucher du soleil, ce qui fait quatorze heures avec une interruption d'une demi-heure pour le petit déjeuner et une heure pour le déjeuner ; il nous reste treize heures de dur travail, d'un service malsain où pas un brin d'air ne vient nous rafraîchir quand nous étouffons et suffoquons, pendant lequel jamais nous n'apercevons le soleil par une fenêtre, dans une atmosphère épaissie de poussière et de bourre de coton que nous respirons constamment, qui détruisent notre santé, notre appétit et notre résistance physique[4]*...*

▪ ▪ ▪

Au Canada dans les années 1880

Beaucoup de très jeunes enfants, quelques-uns n'ayant pas plus de neuf ans, travaillaient dans des fabriques de coton, de cigares, de verreries et autres places. Dans une localité, dans la province d'Ontario, des enfants, certainement au-dessous de onze ans, étaient employés près de machines dangereuses. Quelques-uns travaillaient de six heures du matin à six heures du soir, avec moins d'une heure pour le dîner, d'autres travaillaient de sept heures du soir à six heures du matin[5].

1. Louis René Villermé, *Tableau de l'état physique et moral des ouvriers...*, (1840), Paris, 10-18, 1971, p. 227.
2. Plainte collective au préfet du Rhône, France, citée dans *Documents d'histoire vivante, 5*, Paris, Éditions sociales, 1968, fiche 28.
3. Cité dans S. et P. Coquerelle et L. Genet, *La fin de l'Ancien Régime et les débuts du monde contemporain, 1715-1870*, Paris, Hatier, 1966, p. 314.
4. Enquête citée dans Jean Lefèvre et Jean Georges, *Les temps contemporains vus par leurs témoins*, Bruxelles, Casterman, 1974, p. 181.
5. *Rapport de la Commission royale sur les relations du travail avec le capital au Canada*, 1889, cité dans *Histoire du Québec d'aujourd'hui*, Québec, Téluq, 1982, doc. 5.28, p. 36.

chemin de l'usine ou de la mine. Dans l'industrie du textile ou du tabac, les enfants forment parfois l'essentiel de la main-d'œuvre ; dans les mines, on leur réserve des tâches aussi dures que pousser dans les galeries étroites et obscures des wagonnets remplis de 300 ou 400 kilos de charbon. Même avec plusieurs salaires, une famille arrive à peine à survivre.

Les grands perdants de la révolution industrielle sont les ouvriers. Ils forment une nouvelle classe sociale, celle des **prolétaires** ne possédant rien sinon leur force de travail et le maigre salaire que leur versent en échange les propriétaires des moyens de production (usines et machines). Les grands gagnants

prolétaire Personne qui ne dispose que du salaire reçu du propriétaire des moyens de production en échange de son travail ; dans la Rome ancienne, homme libre membre du groupe social inférieur qui ne paie pas d'impôts et n'est pas astreint au service militaire.

sont les entrepreneurs et les détenteurs de capitaux, qui s'enrichissent, gagnent en influence et deviennent la classe sociale dominante.

Mais capital et travail ne tarderont pas à s'affronter.

FIGURE 9.7

Travail des enfants dans la mine

Gravure extraite d'un rapport parlementaire sur le travail des enfants dans les mines en Grande-Bretagne vers 1830. L'enfant qui garde la porte peut avoir à peine 5 ou 6 ans ; celui qui pousse le chariot est probablement une fille d'une dizaine d'années.

FIGURE 9.8

Les jeunes mineurs, Grande-Bretagne,1895

« Où vont tous ces enfants dont pas un seul ne rit ? » Victor Hugo, *Les Contemplations. Melancholia.*

La dictature de l'horloge

Inventée depuis quatre siècles, l'horloge devra attendre la révolution industrielle pour prendre l'importance qu'on lui connaît aujourd'hui.

Jusque-là, paysans et artisans travaillaient au rythme des jours et des saisons – plus longtemps en été, moins longtemps en hiver – et de leurs besoins tels qu'ils les ressentaient : avaient-ils faim, ils s'arrêtaient pour manger ; étaient-ils fatigués, ils ralentissaient le travail ou prenaient un moment de repos.

Avec l'usine, c'est l'horloge qui rythme le travail : heure d'entrée, heure de sortie, heure (ou demi-heure) du repas quotidien, production et régularité de la production par heure, etc. – heures souvent signifiées par une sirène stridente. La révolution industrielle instaure une dictature de l'horloge qui s'étendra peu à peu à de multiples aspects de la vie.

Révolutions sociales et vie culturelle

La révolution industrielle change la façon de produire les biens, mais aussi les modes de vie et l'ordre social. C'est ainsi que se développe une théorie qui rationalise ces transformations: le libéralisme économique. Cependant, l'existence d'une classe ouvrière aussi nombreuse que miséreuse pousse d'autres penseurs à contester le libéralisme: la pensée socialiste s'échafaude. Le socialisme inspire les ouvriers, qui se regroupent en syndicats pour négocier avec les patrons leurs conditions de travail et revendiquer des droits sociaux; il donne également naissance à des mouvements politiques réclamant un ordre social plus juste. Le XIXe et le XXe siècle sont marqués par la lutte de tous les instants que se livrent les tenants de ces deux conceptions du monde: liberté individuelle et régulation sociale par les forces du marché d'un côté, égalité et intervention de l'État pour réduire les écarts socioéconomiques de l'autre.

LIBÉRALISME ET SOCIALISME FACE À FACE

Fondement théorique du capitalisme moderne, le **libéralisme économique** dérive de la pensée des philosophes des Lumières: il s'agit de transposer dans la vie économique l'idée de liberté individuelle, mais en l'appliquant aux entreprises et aux entrepreneurs. Dans une certaine mesure, le **socialisme** en est également l'héritier par son adhésion aux principes de justice et d'égalité.

ADAM SMITH DÉFINIT LE LIBÉRALISME ÉCONOMIQUE ET LE PRINCIPE DU LAISSER-FAIRE. Le principal artisan de la théorie du libéralisme économique est l'Écossais Adam Smith. En 1776, dans un livre intitulé *Recherches sur la nature et les causes de la richesse des nations*, Smith conteste la théorie mercantiliste: selon lui, la richesse des nations viendrait, non pas de la quantité de **numéraire** accumulée dans le pays grâce à des mesures protectionnistes, mais de la liberté laissée aux individus de poursuivre sans contrainte leurs intérêts économiques personnels. Celle-ci amènerait les entrepreneurs à produire de façon à satisfaire le marché, les consommateurs y trouveraient leur compte et l'expansion de l'économie s'ensuivrait. Ainsi, du simple effet du jeu naturel de l'offre et de la demande et de la concurrence entre entrepreneurs pour occuper le marché, l'économie se régulerait d'elle-même, naturellement, guidée par la «main invisible du marché». Le gouvernement ne doit donc pas intervenir – c'est le principe du «**laisser-faire**» –, sinon pour fournir ce qui ne peut venir des entrepreneurs: les lois nécessaires, un système judiciaire et des forces de l'ordre, et les infrastructures (routes, ports, écoles, etc.).

Au XIXe siècle, plusieurs successeurs de Smith s'inscrivent dans cette ligne de pensée. Thomas Malthus estime en outre que, comme la population croît plus vite que les ressources alimentaires, les salaires doivent rester assez bas pour ne pas inciter les pauvres à avoir plus d'enfants; de plus, le gouvernement ne doit pas les inviter à se multiplier en adoptant des mesures d'aide sociale, car l'économie en sera déstabilisée. David Ricardo, lui, énonce la «loi d'airain des salaires»: les salaires élevés poussent les ouvriers à avoir plus d'enfants, mais ce surplus d'enfants donnant un surplus d'ouvriers, il entraîne à son tour une baisse des salaires qui se traduit par une réduction du nombre d'enfants et, plus tard, par une pénurie de travailleurs… Les entrepreneurs devraient donc veiller à contrôler sévèrement les salaires.

Tous les économistes libéraux n'envisagent pas de façon aussi sombre l'avenir des ouvriers. John Stuart Mill, par exemple, bien que d'accord avec les principes de base du libéralisme économique, plaide pour une assistance gouvernementale aux démunis, à l'aide d'impôts prélevés sur les plus riches. Il

libéralisme économique Théorie économique selon laquelle les entreprises et les entrepreneurs doivent jouir de la liberté économique, sans entrave autre que celle des forces du marché; elle postule que l'enrichissement individuel amènera aussi l'enrichissement de la société, ce qui entraînera la réduction de la pauvreté et des inégalités sociales.

socialisme Théorie sociale, économique et politique hostile à la propriété privée des moyens de production et favorable à la régulation de la vie économique et sociale par l'État; elle postule que l'État est le mieux placé pour réduire les inégalités économiques et favoriser une répartition équitable de la richesse.

numéraire Toute monnaie de métal qui a cours légal.

laisser-faire Principe économique selon lequel l'activité économique doit s'exercer dans la plus totale liberté et l'État n'intervenir que pour voter les lois et les faire appliquer, et construire des infrastructures; voir *Libéralisme économique*.

L'ÉCONOMIE CLASSIQUE

Le libéralisme d'Adam Smith et de ses successeurs est aussi nommé «économie classique».

Smith et la division du travail

Adam Smith voit dans le travail la source de toute richesse : si l'entrepreneur s'enrichit, c'est en récompense de son travail et des initiatives personnelles qu'il a su prendre dans son travail. Mais voit-il le travail de l'ouvrier de la même manière ? Le texte suivant nous éclaire à ce sujet.

■ ■ ■

[Un] *ouvrier, quelque adroit qu'il fût, pourrait peut-être à peine faire une épingle dans toute sa journée, et certainement il n'en ferait pas une vingtaine. Mais de la manière dont cette industrie est maintenant conduite, l'ouvrage est divisé en un grand nombre de branches. Un ouvrier étire le fil, un autre le redresse, un troisième le coupe, un quatrième fait la pointe. J'ai vu une petite manufacture de ce genre : 10 ouvriers pouvaient faire plus de 48 000 épingles.*

Cette séparation est en général poussée plus loin dans les pays qui jouissent du plus haut degré de perfectionnement. L'ouvrage d'un seul homme devient, dans une société plus avancée, la besogne de plusieurs. Un homme qui passe sa vie à faire un petit nombre d'opérations simples n'a pas lieu de développer son intelligence ni d'exercer son imagination. Aussi on pourrait dire que la perfection à l'égard des manufactures consiste à se passer de l'esprit de manière que, sans effort de tête, l'atelier puisse être considéré comme une machine dont les parties sont des hommes.

Adam Smith, *Recherches sur la nature et les causes de la richesse des nations*, dans Jean Lefèvre et Jean Georges, *Les temps contemporains vus par leurs témoins*, Bruxelles, Casterman, 1974, p. 145.

suggère ainsi que l'État exerce une fonction régulatrice du système économique par le biais d'une fiscalité de redistribution, idée qui se matérialisera au XXe siècle.

La pensée socialiste critique le capitalisme. Dès le XIXe siècle, tous ne se contentent pas comme John Stuart Mill de chercher des moyens de maintenir le système économique en palliant ses défauts. Les socialistes, dont Karl Marx se révèle bientôt le penseur majeur, le condamnent et préconisent sa transformation radicale ou son renversement.

La pensée socialiste naît au début du XIXe siècle avec ce qu'on a appelé le socialisme utopique. Plusieurs des premiers socialistes pilotent, à petite échelle, des expériences pratiques de réformes sociales et économiques. Ainsi, en Angleterre, l'entrepreneur du textile Robert Owen offre à ses ouvriers des salaires convenables, des conditions de travail décentes, des logements salubres et des écoles pour leurs enfants ; son entreprise prospère, ce qui montre que les entrepreneurs gagnent à bien traiter leurs ouvriers. Il crée aussi une éphémère communauté utopique, New Harmony, dans l'Indiana (États-Unis).

En France, Pierre-Joseph Proudhon s'en prend violemment à la propriété capitaliste – « Qu'est-ce que la propriété ? C'est le vol », écrit-il – et estime que le travail est le seul vrai capital ; comme il est hostile à l'État et aux institutions, selon lui à la solde du capital, on peut aussi le considérer comme un

FIGURE 9.9

Ouvrier anglais portant la bourgeoisie (gravure publiée vers 1890)

des pères de l'anarchisme. De son côté, Louis Blanc ajoute le droit au travail à la liste des droits fondamentaux et prône le suffrage universel, afin que les ouvriers puissent s'emparer de l'État: l'État ouvrier, par des «ateliers nationaux», offrirait alors du travail à ceux qui n'en ont pas.

Karl Marx s'impose comme le penseur majeur du socialisme. Mais aucun de ces socialistes n'aura une influence aussi considérable que le journaliste et philosophe allemand Karl Marx. À partir de 1848, avec son ami Friedrich Engels, Marx élabore ce qu'il appelle le socialisme scientifique (par opposition au socialisme utopique qui, pour lui, n'a pas de fondements dans le réel). Ce socialisme est «scientifique» parce que l'histoire des sociétés procède, selon Marx, de lois semblables aux lois de la nature; il s'agit seulement de les dégager et de s'en inspirer pour agir.

Pour Marx, la base de toute société est l'ordre économique – le **mode de production** –, qui en détermine tous les autres aspects. Dans tout mode de production, des groupes sociaux sont en lutte les uns contre les autres: maîtres et esclaves dans l'Antiquité, seigneurs et serfs au Moyen Âge, bourgeois et prolétaires dans le monde contemporain. Fondamentalement, affirme Marx, l'histoire des sociétés est l'histoire de la lutte des classes.

Dans le mode de production capitaliste, sur lequel portent plus précisément ses études, il y a d'un côté la classe des propriétaires des moyens de production, nommée bourgeoisie, et de l'autre la classe des travailleurs (prolétaires) auxquels les premiers extorquent les bénéfices de leur travail, la **plus-value**. Pour lui, l'histoire aboutira inexorablement au renversement des bourgeois par le prolétariat. Comme la bourgeoisie tient à sa position dominante et détient le pouvoir, une révolution violente s'impose pour provoquer ce renversement. Dans cette perspective, les travailleurs doivent s'unir au sein d'un parti politique ouvrier. Une fois la classe bourgeoise anéantie au terme d'une phase de «dictature du prolétariat», il ne resterait plus qu'une classe, celle des travailleurs, et la lutte des classes n'aurait plus lieu d'être: on aurait atteint le stade ultime de l'histoire des sociétés, le **communisme**, c'est-à-dire une société sans classe où la coopération remplacerait la compétition et où, selon la formule de Marx, «chacun [contribuerait] selon ses capacités, et chacun [recevrait] selon ses besoins».

Le socialisme utopique

Le socialisme utopique est ainsi nommé en référence à *Utopia*, roman publié par l'humaniste Thomas More en 1516, dans lequel il décrit une île (imaginaire) où vit une communauté juste et égalitaire.

mode de production Dans la théorie marxiste, façon dont une économie est organisée et qui détermine la structure sociale.

plus-value Dans la théorie marxiste, supplément de valeur apporté à un objet fabriqué par le travail de l'ouvrier et dont le propriétaire des moyens de production fait son bénéfice.

communisme Dans la théorie socialiste, système où la propriété privée serait abolie, où les moyens de production appartiendraient au peuple et seraient gérés en son nom par l'État, et où chacun recevrait selon ses besoins.

Marxisme et matérialisme

La théorie du socialisme scientifique de Karl Marx a pris une telle importance qu'on a fini par l'appeler **marxisme**, pour la distinguer des autres socialismes. Comme le marxisme se centre sur les conditions matérielles de l'existence des sociétés dans une perspective historique, on l'a aussi qualifié de **matérialisme historique**; on en parle également comme du **matérialisme dialectique** pour souligner l'accent qu'il met sur le rapport contradictoire qu'entretiennent les classes.

Intellectuels et ouvriers créent des partis socialistes. À partir de 1848, le courant socialiste se propage rapidement, sous diverses formes, dans les pays industrialisés ou en voie d'industrialisation. La pensée de Marx reste alors une source d'inspiration importante, mais on ne l'accepte pas en bloc. Ainsi, l'hypothèse selon laquelle une révolution brutale devrait renverser le capitalisme ne fait pas l'unanimité: certains pensent que le système capitaliste et la situation des travailleurs peuvent être améliorés par la concertation et la participation sociale et politique des socialistes. Des partis politiques sont créés

Le Manifeste communiste de 1848

Réfugiés à Londres, Marx et Engels publient le *Manifeste du Parti communiste*. Dans les décennies qui suivent, des millions de travailleurs se laisseront séduire et mobiliser par ce discours. Pourrait-il avoir un effet semblable sur des travailleurs aujourd'hui?

■ ■ ■

L'histoire de toute société jusqu'à ce jour est l'histoire de la lutte des classes.

Homme libre et esclave, patricien et plébéien, baron et serf, maître de jurande et compagnon – en un mot, oppresseurs et opprimés [...].

Notre époque – l'époque de la bourgeoisie – se distingue cependant par la simplification des antagonismes de classes. La société tout entière se divise de plus en plus en deux vastes camps ennemis, en deux grandes classes diamétralement opposées: la bourgeoisie et le prolétariat [...].

Depuis des dizaines d'années, l'histoire de l'industrie et du commerce n'est autre que l'histoire de la révolte des forces productives modernes contre des rapports modernes de production, contre le régime de propriété qui conditionnent l'existence de la bourgeoisie et sa domination. [...]

À mesure que grandit la bourgeoisie, c'est-à-dire le capital, le prolétariat se développe aussi, classe des ouvriers modernes qui ne vivent qu'en trouvant du travail, et qui n'en trouvent que si le travail accroît le capital. [...]

On a accusé les communistes de vouloir abolir la patrie, la nationalité. Les ouvriers n'ont pas de patrie. On ne peut pas leur ôter ce qu'ils n'ont pas. Comme le prolétariat de chaque pays doit d'abord conquérir le pouvoir politique, s'ériger en classe dirigeante de la nation, devenir lui-même la nation, il est encore par là national; mais ce n'est pas au sens bourgeois du mot. [...] Abolissez l'exploitation de l'homme par l'homme, et vous abolirez l'exploitation d'une nation par une autre nation. Avec l'antagonisme des classes à l'intérieur de la nation tombe également l'hostilité des nations entre elles. [...]

La première étape de la révolution ouvrière est la constitution du prolétariat en classe dominante, la conquête de la démocratie. [...] Cela ne pourra naturellement se faire, au départ, que par une violation despotique du droit de propriété et du régime bourgeois de production [...]. À la place de l'ancienne société bourgeoise, avec ses classes et ses antagonismes de classes, surgit une association où le libre développement de chacun est la condition du libre développement de tous.

Les communistes appuient dans tous les pays tout mouvement révolutionnaire contre l'ordre social et politique existant. [...] Ils proclament ouvertement que leurs buts ne peuvent être atteints que par le renversement violent de tout l'ordre social passé. Puissent les classes dirigeantes trembler à l'idée d'une révolution communiste! Les prolétaires n'ont rien à perdre que leurs chaînes. Ils ont un monde à gagner.

Prolétaires de tous les pays, unissez-vous!

Karl Marx avec Friedrich Engels, *Manifeste du Parti communiste* (1848), Paris, 10-18, 1982, *passim*.

Origines du 1er mai

Le 1er mai 1886 avait eu lieu aux États-Unis une grève générale pour l'obtention de la journée de travail de huit heures. À Chicago, la répression fut sanglante et on pendit les meneurs de la grève.

dans cet esprit un peu partout en Europe: en Allemagne dès 1875, puis en Grande-Bretagne (*Labour Party* en 1893) et en France (Parti socialiste unifié en 1905).

Les partis socialistes des divers pays se rencontrent, s'entraident et se rassemblent bientôt en une vaste association: l'Internationale. Fortement inspirée par Marx, la Ire Internationale est formée en 1864. Dissoute en 1876, elle est remplacée en 1889 par la IIe Internationale, plus favorable à la conciliation entre travail et capital. Les socialistes se donnent un drapeau, le drapeau rouge, un hymne, l'*Internationale*, et un jour de fête, le 1er mai, en souvenir d'une grève importante aux États-Unis.

Les ouvriers créent des syndicats. Les ouvriers se regroupent également en syndicats afin de négocier collectivement les conditions de travail avec les patrons. Au début du XIXe siècle, les associations ouvrières restent interdites un peu partout en Europe, souvent en vertu du principe libéral de la liberté du commerce et du travail; ainsi, en France, la loi Le Chapelier adoptée durant les premières années de la Révolution française interdit tant les corporations d'artisans que les associations ouvrières. Mais avec la révolution industrielle, les conditions de travail imposées aux ouvriers les incitent à s'organiser. Des manifestations et même des grèves sauvages éclatent, déclenchant une violente répression qui provoque souvent la mort d'hommes. Progressivement, les ouvriers obtiennent toutefois le droit de s'associer. En Grande-Bretagne, les *Combination Acts* qui l'interdisaient sont annulés en 1824, et le droit de grève est acquis en 1871 ; il l'est en France en 1884. Au Canada, l'article du Code criminel qui faisait de l'appartenance à un syndicat un acte criminel est abrogé en 1872. Dans plusieurs pays européens, les syndicats tissent des liens étroits avec les partis socialistes.

L'Église catholique intervient dans la lutte entre travail et capital. Inquiète de la montée du socialisme, d'autant plus que Marx qualifiait la religion d'« opium du peuple », l'Église catholique se pose en médiateur entre le capital et le travail, condamnant les excès du premier et invitant le second à la modération. Ainsi, dans l'encyclique *Rerum novarum*, publiée en 1891, le pape Léon XIII condamne le socialisme, mais accepte les syndicats et incite les gouvernements à adopter des lois du travail.

Les ouvriers détruisent les machines

Au début de la révolution industrielle, les ouvriers qui sont remplacés par des machines se dressent parfois contre le nouvel ennemi, incendiant les ateliers et détruisant la machinerie, comme le rapporte ici un témoin.

■ ■ ■

En nous rendant ici [à Bolton, dans le Lancashire], *nous rencontrâmes sur la route une troupe de plusieurs centaines d'hommes. Je crois qu'ils étaient bien cinq cents ; et comme nous demandions à l'un d'entre eux à quelle occasion ils se trouvaient rassemblés en si grand nombre, ils me dirent qu'ils venaient de détruire quelques machines, et qu'ils entendaient en faire autant dans tout le pays. En conséquence on est prévenu ici qu'on doit s'attendre à leur visite pour demain : les ouvriers du voisinage ont déjà réuni toutes les armes qu'ils ont pu trouver, et sont en train de fondre des balles et de faire provision de poudre pour attaquer demain matin. Sir Richard Clayton vient d'en apporter la nouvelle : il est en ce moment dans la ville, afin de s'entendre avec les habitants sur les moyens à prendre pour les protéger. Je crois qu'ils ont décidé d'envoyer immédiatement à Liverpool demander une partie des troupes qui y sont casernées.* [...]

Deux jours après, les émeutiers étaient huit mille. « Ces huit mille hommes marchèrent au son du tambour et enseignes déployées sur la fabrique d'où ils avaient été repoussés samedi… Que pouvait faire une poignée d'hommes en face de ces milliers de forcenés ? Ils durent jouer le rôle de spectateurs, pendant que la foule détruisait de fond en comble un outillage évalué à plus de 10 000 livres. »

Dans S. et P. Coquerelle et L. Genet, *La fin de l'Ancien Régime et les débuts du monde contemporain, 1715-1870*, Paris, Hatier, 1966, p. 61.

Conquêtes sociales dans la seconde moitié du XIXe siècle

Dans la seconde moitié du XIXe siècle, les rapports entre le capital et le travail restent conflictuels et donnent parfois lieu à des flambées révolutionnaires, comme en France en 1848 et en 1871. Mais il arrive aussi, comme en Grande-Bretagne, que des revendications bourgeoises, ouvrières et socialistes convergent vers une démocratisation politique et des mesures de protection sociale.

En Grande-Bretagne, l'élargissement des droits politiques et sociaux s'obtient par étapes. Après la répression brutale d'une grande manifestation à Manchester en 1819, la Grande-Bretagne ne connaîtra plus de grandes manifestations ouvrières, et encore moins de révolution, jusqu'à la fin du siècle. Revendiquant la démocratie électorale, le vaste mouvement populaire des chartistes agite bien l'opinion dans les années 1840 par des rassemblements, des grèves et des pétitions, mais la police le réprime facilement et il se résorbe de lui-même.

C'est plutôt par une série d'étapes législatives que la plupart des adultes britanniques mâles obtiennent le droit de vote : les *Reform Bills* de 1832, 1867 et 1884 élargissent le droit de vote, tandis que le *Ballot Act* de 1872 institue le scrutin secret. La vie politique britannique est alors bien inscrite dans le bipartisme, avec une alternance entre gouvernements conservateurs et libéraux, même si les premiers députés socialistes du *Labour Party* (nommés travaillistes) font leur entrée au Parlement en 1900.

De même, c'est par la voie législative que le sort des travailleurs s'améliore : des lois régissent les conditions de travail, le nombre d'heures travaillées, le travail de nuit, celui des enfants et des femmes. Dans le dernier quart du siècle, la Grande-Bretagne s'est déjà engagée dans l'instauration de protections sociales – contre les accidents du travail, la maladie, la vieillesse, le chômage – et on a mis sur pied un programme de scolarisation primaire gratuite dans les municipalités.

Le vote des femmes et les suffragettes

Dans la seconde moitié du XIXe siècle, en Grande-Bretagne, des femmes qu'on appellera les suffragettes revendiquent le droit de vote. Le Parlement le leur refuse, nombre de Britanniques estimant que les femmes sont déjà bien représentées par leurs époux et leurs frères ! Loin de se le tenir pour dit, les suffragettes s'organisent en associations et mènent une véritable guérilla : lettres, tracts, pétitions, manifestations publiques, attentats contre des édifices publics... Emprisonnées, elles font des grèves de la faim ; on les gave de force ! Une suffragette va même jusqu'à se jeter sous les sabots d'un cheval de l'écurie royale lors d'une compétition hippique. L'opinion publique finit par être ébranlée et le Parlement se résout à céder : les femmes de plus de 30 ans obtiennent le droit de vote en 1918, et toutes l'obtiendront à l'égal des hommes en 1928.

De leur côté, les Néo-Zélandaises votent depuis 1893 ; les Australiennes depuis 1902 ; les Norvégiennes depuis 1913 ; les Russes depuis 1917 ; les Allemandes et les Canadiennes (au niveau fédéral) depuis 1918 ; et les Américaines depuis 1920. Les Québécoises ne pourront voter qu'en 1940 (au niveau provincial), les Françaises et les Italiennes, en 1945, et les Suissesses devront attendre jusqu'en 1971.

En France, des révolutions sociales éclatent en 1848 et 1871. En France durant la seconde moitié du XIXe siècle, la marche vers la démocratie politique et sociale est ponctuée par deux révolutions.

Après la révolution de février 1848, qui a entraîné la chute du roi Louis-Philippe et la proclamation de la IIe République, se forme un gouvernement provisoire dont font partie des socialistes. Afin de résorber la crise économique qui sévit et le fort chômage qu'elle engendre, le socialiste Louis Blanc obtient que le gouvernement ouvre à Paris des « ateliers nationaux » pour occuper les chômeurs à des travaux d'intérêt public ; près de 120 000 sans-travail s'y présentent. Mais ces ateliers nationaux coûtent cher et pèsent lourd sur les impôts des bourgeois et des paysans, sans compter que leur efficacité est douteuse. Lors des élections pour former la nouvelle Assemblée nationale, ceux-ci élisent donc des députés conservateurs qui, en juin 1848, ferment les ateliers nationaux, jetant à la rue des milliers de travailleurs. Les ouvriers parisiens se révoltent et dressent des barricades. Envoyée par le gouvernement, l'armée écrase les insurgés après trois jours de combat, laissant 10 000 morts et blessés sur le pavé. On adopte alors une nouvelle constitution qui renforce le gouvernement, mais accorde aussi le droit de vote à tous les hommes adultes.

En décembre 1848, l'élection porte à la présidence de la République Louis-Napoléon Bonaparte, un neveu de l'ex-empereur. De fait, Louis-Napoléon promeut une politique économique libérale et inspire confiance au grand nombre : en 1852, il est **plébiscité** empereur des Français, sous le nom de Napoléon III, ce qui donne naissance au Second Empire (1852-1871). Le régime est caractérisé par un impressionnant développement économique, mais aussi par l'autoritarisme politique.

plébisciter → plébiscite Mode collectif de prise de décision où l'on se prononce par un oui ou par un non généralement sur une question unique (équivalent de référendum) ; dans la Rome ancienne, décision de l'assemblée de la plèbe votée par un oui ou par un non.

C'est sous son règne qu'éclate la guerre franco-prussienne de 1870, durant laquelle l'Empire déchu est remplacé par la IIIe République. Rapidement vaincue, la France doit céder l'Alsace-Lorraine et accepter l'occupation par les troupes allemandes jusqu'à ce qu'elle ait entièrement versé une importante indemnité de guerre. Le peuple de Paris, qui a courageusement résisté durant le siège de la ville par les Prussiens, trouve inacceptable que le nouveau régime ait consenti à de telles conditions ; de plus, il réclame l'amélioration des conditions de vie et de travail, l'augmentation des salaires et la baisse des prix. En mars 1871, c'est la révolte armée : les Parisiens déclarent leur ville commune indépendante. En mai, l'Assemblée nationale, retirée à Versailles, envoie ses troupes pour écraser les Communards. La répression fera en une semaine une vingtaine de milliers de morts, sans compter ceux qui sont exécutés sans procès et les milliers de personnes déportées en Algérie ou en Nouvelle-Calédonie.

LE XIXe SIÈCLE VOIT UNE AMÉLIORATION DES CONDITIONS DE TRAVAIL ET DE VIE. Pour une grande partie des populations occidentales, la révolution industrielle du début du XIXe siècle a été une époque de misère et d'insécurité tant économique que sociale. Quelques décennies plus tard, la situation de ces populations s'est sensiblement améliorée, et le XIXe siècle s'achève sous des auspices plus heureux.

Les efforts des syndicalistes, des socialistes et des libéraux n'ont pas été vains. Dans les pays industrialisés, les salaires ont augmenté – entre 1850 et 1900, de deux tiers en Grande-Bretagne et d'un tiers en Allemagne (en valeur réelle) – et des législations encadrent les conditions de travail. Des mesures sociales protègent ou protégeront bientôt les ouvriers : protections contre les accidents du travail, le chômage et la maladie, pensions de vieillesse. On a également institué un enseignement primaire public généralement gratuit.

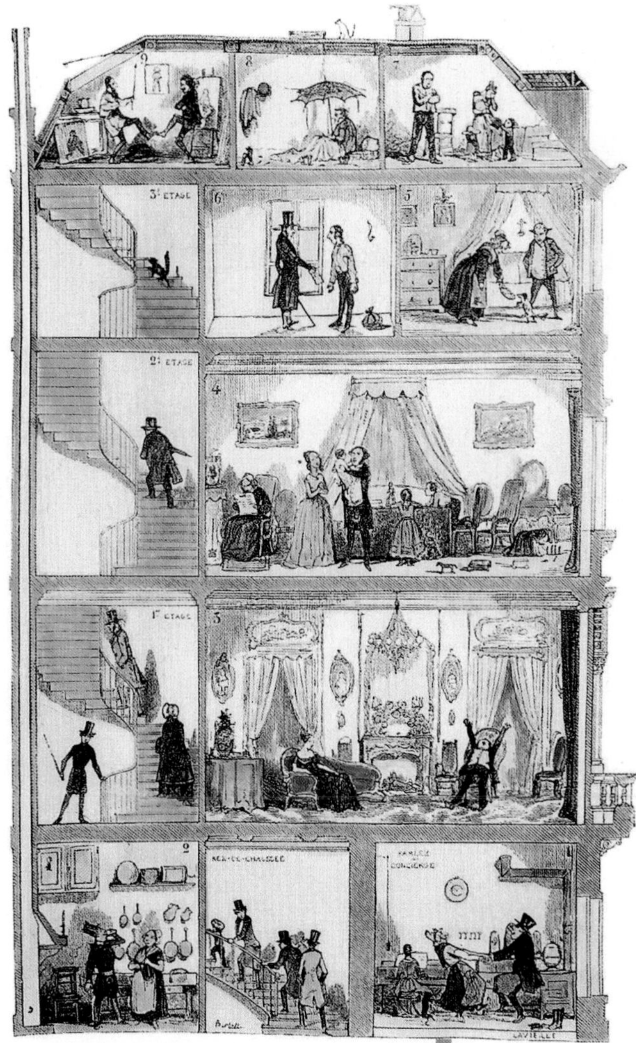

FIGURE 9.10

Coupe d'un immeuble parisien

Comment les habitants de cet immeuble sont-ils répartis sur le plan social ?

Le cadre de vie s'est également amélioré. On a commencé à planifier les villes. Des administrations municipales prévoient des réglementations sur l'habitat et l'hygiène, et forment des corps de services publics (police, pompiers, inspecteurs municipaux). Le nombre de logements insalubres diminue. Dans certaines villes, on rase entièrement des quartiers délabrés pour faire place à des constructions modernes ainsi qu'à des grands boulevards et parcs publics. On éclaire les rues, d'abord au gaz, puis à l'électricité ; on crée des

Haussmann et les grands boulevards

Le baron Haussmann fut l'artisan du réaménagement urbain de Paris sous le Second Empire : il est notamment responsable de la création des grands boulevards. Il s'agissait d'assainir la ville et de la moderniser, mais aussi de faciliter le déplacement des troupes si jamais une révolution comme celle de 1848 se reproduisait.

FIGURE 9.11

Le Bon Marché à Paris vers 1900

Dans le dernier tiers du XIXe siècle, d'immenses magasins à rayons se multiplient dans les grandes villes occidentales. En 1891, Paris en compte déjà 12, pour un total de 1700 employés ; dix ans plus tard, les mêmes magasins en comptent près de 10 000, et l'un d'eux en emploie 2000 à lui seul. Véritables temples de la consommation, ces grands magasins à rayons comme Le Bon Marché accueillent leurs clients et clientes avec tout le luxe que permet l'architecture de l'époque.

transports publics (des tramways, puis, dans des grandes villes comme Londres, Paris, Boston, New York, des métros souterrains) qui permettront le développement des banlieues.

Produits à grande échelle, les biens de consommation sont plus abondants, plus accessibles parce que moins chers et plus faciles à obtenir grâce aux progrès des transports. De grands magasins à rayons ouvrent dans les villes. Pour faire connaître leurs produits et attirer les clients, ils recourent à la publicité, dont une bonne partie est diffusée par les journaux, qui se multiplient alors. La fin du XIXe siècle voit naître la grande presse d'information telle que nous la connaissons aujourd'hui, avec son lot de publicité et sa culture du fait divers et du sensationnel. Le journal devient une présence quotidienne ; jamais auparavant tant d'information n'avait été aussi facilement accessible. Entre autres conséquences, l'intérêt pour la chose publique grandit, et avec lui la volonté de participation sociale.

La bourgeoisie et la classe moyenne tirent profit des changements. Les grands gagnants de ces progrès sont la bourgeoisie, bien sûr, et la classe moyenne, qui se développe. Au sortir du XIXe siècle, l'ordre social est en effet grandement modifié dans les pays industrialisés. L'aristocratie foncière a perdu des plumes. C'est maintenant la grande bourgeoisie industrielle et financière qui exerce l'influence prépondérante et qui domine les parlements. Dans son ombre croît une classe moyenne formée d'administrateurs, de commerçants, de techniciens spécialisés, de

Culture populaire

Les ouvriers se livrent aussi à quelques loisirs nouveaux, surtout sous la forme du spectacle sportif dominical : football, rugby, boxe, baseball aux États-Unis… On inaugure également les premières stations balnéaires destinées aux classes populaires, avec leurs parcs d'attractions, comme Blackpool au bord de la mer d'Irlande ou Coney Island près de New York. Pour les hommes, la fréquentation régulière des nombreux bistrots ou *pubs* reste la façon courante d'échapper à la monotonie de la longue semaine de travail, qui est encore de 55 ou 60 heures vers 1900.

scientifiques, de membres des professions libérales… Avec les grands bourgeois, les membres de la strate supérieure de cette classe moyenne sont ceux qui profitent le plus du progrès économique et social, qui jouissent le plus des bénéfices de la modernité : la consommation, les livres et journaux, les loisirs, en plein essor – théâtre et concerts, cafés huppés et salons dansants, voyages, vacances à la mer ou à la montagne, compétitions hippiques, etc. Leur mode de vie fait la mode. Il n'est pas étonnant qu'ils voient dans le début du XXe siècle « la Belle Époque », comme on dira en France, ou le *Gilded Age*, l'âge doré des Américains.

FIGURE 9.12

Le gaz, facteur de progrès (page d'un calendrier de 1892)

LA SCIENCE TRIOMPHANTE

On peut parler du XIXe siècle comme du siècle de la science triomphante. Non seulement les progrès scientifiques se multiplient, mais la science rencontre la technologie et nombre de ses avancées se traduisent en retombées pratiques qui changent considérablement la vie quotidienne. On s'en émerveille. La science devient synonyme de progrès en tout. Pourquoi, pensent plusieurs, ne pas appliquer à l'humain la méthode qui a fait le succès des sciences de la nature ? On invente alors les sciences sociales. Les arts et les lettres ne sont pas en reste : les tendances et les courants qui fleurissent témoignent de tout le foisonnement des idées et des innovations du siècle.

En sciences de la nature, les progrès du savoir se multiplient. On a vu comment des découvertes dans le domaine des sciences de la nature ont permis la révolution industrielle : mécanisation, utilisation de la vapeur puis de l'électricité, nouveaux modes de production, nouveaux modes de transport. On a vu aussi combien la vie des gens en a été transformée : nature et conditions du travail, urbanisation, consommation, mais aussi recul de la maladie et allongement de la vie grâce aux vaccins, à la pasteurisation, à l'antisepsie et à la meilleure alimentation que permettent, entre autres, des techniques agricoles améliorées et de nouveaux engrais.

FIGURE 9.13

Renoir, *Le Moulin de la Galette* (1876)

Dans ce bal de Montmartre, au cœur du Paris populaire, les membres des classes moyennes viennent se frotter au peuple des ouvriers et des employés.

Les découvertes du XIXe siècle ne s'arrêtent pas là. Dans le domaine de la médecine et de la biologie, l'Allemand August Weisman élargit la connaissance de la cellule et saisit le rôle des chromosomes dans la transmission des traits héréditaires. Le moine autrichien Gregor Mendel approfondit et précise la compréhension de ce rôle par des expérimentations sur des plantes et des animaux, jetant ainsi les bases de la génétique. Moment fort de la science, en 1859, dans un ouvrage intitulé *De l'origine des espèces*, l'Anglais Charles Darwin énonce sa fameuse théorie de l'évolution : toutes les espèces vivantes, y compris les humains, seraient le résultat de l'évolution de formes primitives de vie sur des millions d'années ; n'auraient survécu que celles qui avaient les capacités de s'adapter à leur environnement en se transformant, et dont les caractères se seraient transmis d'une génération à l'autre par ce que Darwin appelle un processus de « sélection naturelle ». Sa théorie lui vaut d'abondantes louanges, mais soulève également une âpre controverse : ceux qui en comprennent que « l'homme descend du singe » trouvent l'idée offensante et, surtout, des chrétiens s'offusquent de voir ainsi nié le récit biblique de la création du monde en six jours par Dieu.

En chimie et en physique, la connaissance de la matière progresse aussi considérablement. Dès le début du siècle, l'Anglais Dalton montre que la matière est le résultat de diverses combinaisons d'atomes. En 1867, le Russe Mendeleïev dresse un tableau classifiant les éléments selon leur poids atomique, où il prévoit même la place d'éléments encore inconnus. En 1895, l'Allemand Roentgen découvre les rayons X, qui prendront l'importance qu'on sait en médecine. Puis, le Français Pierre Curie et son épouse d'origine polonaise Marie (Sklodowska) Curie expliquent l'origine atomique du phénomène de la radioactivité et isolent le radium. Quelques années plus tard, le Britannique Rutherford approfondit la connaissance de la structure de l'atome ; il en produit un modèle qui s'imposera longtemps, celui d'électrons gravitant autour d'un noyau. Entre-temps, Albert Einstein énonce la théorie de la relativité restreinte qui va révolutionner la physique dans les décennies suivantes.

LES SAVOIRS NOUVEAUX EN SCIENCES DE LA NATURE SONT TRANSPOSÉS, PARFOIS ABUSIVEMENT, À L'HUMAIN. Les succès de la recherche en sciences de la nature et leurs applications portent les Occidentaux à croire que la science a réponse à tout, qu'elle est la clé universelle du progrès ; elle devient ainsi une sorte

L'ÉVOLUTION SELON DARWIN CONTRE LA CRÉATION SELON LA BIBLE

La controverse suscitée par la théorie de Darwin n'est toujours pas éteinte. Encore aujourd'hui, des groupes de chrétiens conservateurs – les *créationnistes* comme on les nomme aux États-Unis – exigent et obtiennent dans certains États américains qu'on enseigne dans les écoles le récit biblique de la création sur le même pied que la théorie de Darwin, ou même qu'il soit interdit d'enseigner cette dernière, comme c'est le cas au Kansas.

• 13 août 1999 •

leSoleil

ORIGINES CONTRÔLÉES. LE KANSAS SUPPRIME LA THÉORIE DARWINIENNE DE SES PROGRAMMES SCOLAIRES

Washington (AFP) – La décision du conseil de l'éducation du Kansas de supprimer toute référence à la théorie darwinienne sur l'évolution des espèces dans les futurs programmes d'examens scolaires constitue une nouvelle victoire pour les fondamentalistes chrétiens, tenants du créationnisme biblique.

Le nouveau programme adopté hier à une courte majorité touchera toutes les écoles publiques, de la maternelle jusqu'à la fin des études secondaires, dès la rentrée 2000. Il ne fait pratiquement plus aucune mention des concepts liés à la théorie de l'évolution de Charles Darwin (sélection naturelle, évolution des espèces) ni des origines ou de l'âge de l'univers. [...]

Depuis des années, les fondamentalistes chrétiens font pression pour que le créationnisme, théorie de l'origine du monde fondée sur une interprétation littérale de la Bible, soit enseigné dans les écoles.

La science, nouvelle religion

Pour certains, comme l'écrivain français Ernest Renan, la science est plus qu'une idéologie qui permettrait de résoudre tous les problèmes. Qu'en dit-il dans le texte qui suit ?

▪ ▪ ▪

Organiser scientifiquement l'humanité, tel est donc le dernier mot de la science moderne, telle est son audacieuse mais légitime prétention.

C'est surtout sous la forme religieuse que l'État a veillé jusqu'ici aux intérêts suprasensibles de l'humanité. Mais du moment où la religiosité de l'homme en sera venue à s'exercer sous la forme purement scientifique et rationnelle, tout ce que l'État accordait autrefois à l'exercice religieux reviendra de droit à la science, seule religion définitive. [...] L'État doit subvenir à la science comme à la religion, puisque la science, comme la religion, est de la nature humaine. Il le doit même à un titre plus élevé; car la religion, bien qu'éternelle dans sa base psychologique, a dans sa forme quelque chose de transitoire; elle n'est pas comme la science tout entière de la nature humaine.

Ernest Renan, *L'avenir de la science*, 1848, dans Jean Lefèvre et Jean Georges, *Les temps contemporains vus par leurs témoins*, Bruxelles, Casterman, 1974, p. 232.

d'idéologie, une représentation d'un état idéal et des moyens de l'atteindre. Certains transposent alors directement au domaine de l'humain les nouveaux savoirs et les nouvelles théories des sciences de la nature.

Ainsi, la théorie de l'évolution des espèces formulée par Darwin inspire un courant de pensée, le **darwinisme social**, qui, dans la seconde moitié du XIXe siècle et au début du XXe, influencera les politiques sociales en Occident, particulièrement dans les pays anglo-saxons. Pour ses tenants, le principe de la sélection naturelle s'applique aussi bien dans le domaine économique et social qu'en sciences de la nature. Selon eux, les plus faibles, ceux qui ne savent pas s'adapter, sont naturellement appelés à disparaître; tenter d'aller à l'encontre de ce principe, par exemple en assistant les pauvres ou les ouvriers sans emploi, serait aller à l'encontre de la nature. Au contraire, la réussite des entrepreneurs prospères, un autre effet de la sélection naturelle, prouverait leur capacité d'adaptation. En somme, les uns seraient les gagnants de la lutte pour la survie, principe même de l'évolution des sociétés, et les autres seraient des perdants qu'il n'y a pas lieu de protéger.

darwinisme social Philosophie inspirée de la théorie de la sélection naturelle de Charles Darwin ; elle suppose que la vie sociale est soumise aux mêmes lois de sélection naturelle que les espèces animales et végétales.

Ce principe est même étendu aux relations entre les nations et entre les communautés humaines (il est naturel que les moins puissantes, donc les moins capables d'adaptation, disparaissent au profit des plus puissantes ou soient placées sous leur tutelle), notamment lorsque l'Occident entreprend de coloniser les populations d'Afrique et d'Asie. La sélection naturelle sert aussi à justifier les rapports inégalitaires entre « races », comme on dit alors, ce qui favorise le développement du racisme en Occident. Le raisonnement est le même: les « races dominantes » sont les mieux adaptées et donc les meilleures; les autres sont appelées à disparaître, alors d'ici là pourquoi ne les dominerait-on pas? Dans plusieurs pays, le nationalisme ambiant renforce encore ces tendances racistes, et nombre de minorités sont soumises à la discrimination ou à l'exclusion. Les juifs, notamment, font les frais d'une forte recrudescence du sentiment **antisémite**.

antisémite → antisémitisme Doctrine d'hostilité systématique envers les juifs.

Sur le modèle des sciences de la nature naissent les sciences sociales. Au-delà des discours prétendument scientifiques tels que le darwinisme social,

Antisémitisme et sionisme

En réaction à l'antisémitisme qui sévit au XIXe siècle, notamment en Russie et dans les pays d'Europe centrale, le sionisme voit le jour sous la plume de l'écrivain austro-hongrois Theodor Herzl. Dans un ouvrage intitulé *L'État des Juifs* et publié en 1896, Herzl appelle les juifs à se donner une patrie, à se rassembler sur un territoire commun qui pourrait être la Palestine. Le mouvement, qui s'incarne dans l'Organisation sioniste mondiale en 1897, prendra de l'ampleur au XXe siècle et ne sera pas étranger à la formation de l'État d'Israël en 1948.

L'affaire Dreyfus et la propagande antisémite

À la fin du XIXe siècle, un cas d'antisémitisme agite la France : l'affaire Dreyfus. En 1894, Alfred Dreyfus, capitaine dans l'armée française mais issu d'une famille juive, est accusé d'avoir livré des secrets militaires à l'Allemagne. Bien qu'il clame son innocence, Dreyfus est jugé coupable par un tribunal militaire et condamné au bagne en Guyane. On ne tarde pas à découvrir que l'accusation a été forgée de toutes pièces, mais l'armée refuse de rouvrir le dossier. L'opinion publique s'empare de l'affaire. La France politique et intellectuelle se partage en deux : nationalistes, catholiques et monarchistes se rangent du côté des antisémites ; républicains et socialistes, dont l'écrivain Émile Zola alors au sommet de sa notoriété, du côté de Dreyfus. Il faudra cinq ans pour que la fraude soit reconnue et Dreyfus gracié ; il ne sera réhabilité qu'en 1906.

L'affaire Dreyfus a éclaté dans un contexte où la propagande antisémite était omniprésente. En voici un exemple, publié en 1892 dans le journal *La Libre Parole*. Que reproche-t-on aux juifs et que vise-t-on ?

■ ■ ■

La question juive [...] a fait un joli chemin depuis dix ans. En réalité elle est partout, elle est au fond de toutes les discussions, elle préoccupe tous les esprits, elle s'est imposée à des journaux qui, pour toutes sortes de raisons touchantes, avaient juré sur un carnet de chèques de n'en jamais dire un mot à leurs lecteurs. Elle est un épouvantail pour les fils d'Israël et même pour les conservateurs poltrons, un problème social du plus haut intérêt pour les observateurs, une anxiété pour les vrais patriotes qui savent que le Juif est notre seul ennemi ; les écrivains inféodés aux banques juives la traitent par une ironie qui sonne creux, tantôt par une indignation feinte, elle ne laisse personne indifférent. [...]

L'anarchie universelle au milieu de laquelle nous nous débattons, la disparition de tout sens moral, la dissolution de tous les liens sociaux, l'absence de toute justice et de toute pitié pour les faibles, l'adoration unique de l'Argent, la trépidation fiévreuse qui fait place tout à coup à des prostrations hébétées, à des torpeurs que rien ne peut secouer, sont les caractéristiques, toujours les mêmes, de la prédominance de l'esprit sémitique personnifié dans le Juif sur l'esprit aryen qui a trouvé dans le Christianisme sa plus sublime expression. [...]

Vous verrez comme il nous sera facile de nous arranger entre compatriotes lorsque nous serons débarrassés de cette horde de Juifs [...]. *Vous verrez combien tous les dissentiments s'apaiseront vite lorsqu'on aura compris la parole de Jeanne d'Arc : « Il faut que le sang de France soit maître », lorsqu'on aura adopté notre programme qui se résume en un mot : LA FRANCE AUX FRANÇAIS.*

Dans Odette Voilliard, *et al.*, *Documents d'histoire contemporaine. Tome II : 1851-1963*, Paris, Armand Colin, 1964, p. 54.

les succès obtenus en sciences de la nature incitent des penseurs à appliquer la méthode scientifique au domaine de l'humain. Ils espèrent ainsi dégager les lois qui le régissent et s'en servir éventuellement pour gérer scientifiquement les sociétés, et notamment pour résoudre les problèmes sociaux découlant de la révolution industrielle.

Dans la seconde partie du XIXe siècle, on fonde donc ces sciences appelées aujourd'hui sciences sociales : la sociologie, pour étudier les formations sociales et gérer la complexité des rapports sociaux ; l'économie pour encadrer les principes et l'activité de production et d'échange ; la science politique pour guider l'accès au pouvoir et son exercice ; l'histoire pour connaître les fondements de sa société et de son identité ; la géographie pour apprivoiser son territoire et le distinguer des autres ; l'anthropologie pour décrire les populations étrangères avec lesquelles on entre en contact ; et, sous certains angles, la psychologie, pour comprendre comment l'esprit humain influe sur les comportements des individus… Bientôt, les universités occidentales se dotent de chaires et de chercheurs dans tous ces domaines.

Chacune ayant son champ d'action, les sciences sociales se dotent aussi d'une méthode. Jusque-là, la connaissance de l'humain relevait principalement des philosophes, qui élaboraient leurs savoirs par simple spéculation. Désormais, on entend procéder scientifiquement, et comme la démarche employée en sciences de la nature paraît gage de succès, c'est d'elle qu'on s'inspire. La méthode positive (ou positivisme) devient ainsi la méthode par excellence en sciences sociales. Exposée par le Français Auguste Comte dans le deuxième tiers du siècle, elle consiste à : a) tenter de dégager du réel social les lois naturelles qui le régissent ; b) soumettre le réel à l'expérimentation pour que ces lois se dégagent, en raison des changements induits ; c) contrôler étroitement les facteurs de l'expérimentation et prendre des mesures précises et répétées des résultats, de sorte que les savoirs obtenus soient objectifs, c'est-à-dire libres de l'influence du chercheur. La méthode scientifique ainsi définie reste encore de nos jours une référence incontournable, bien qu'elle ait connu nombre d'assouplissements et que d'autres méthodes soient apparues.

Auguste Comte, père de la sociologie

Auguste Comte est souvent considéré comme un des pères des sciences sociales, et plus particulièrement de la sociologie ; avant d'inventer ce mot, il l'appelait la « physique sociale », pour souligner qu'elle s'inspirait des sciences de la nature.

Freud et la psychanalyse

Dans la seconde moitié du XIXe siècle, au moment même où la science paraît tout entière imbue d'ordre, de méthode et d'objectivité, émerge une discipline qui, centrée sur l'impondérable et le subjectif, peut sembler son exact contraire : la psychanalyse. Dans les années 1890, son fondateur, un médecin autrichien du nom de Sigmund Freud, élabore une théorie selon laquelle ce sont des facteurs enfouis dans l'inconscient, certains pouvant provenir de la petite enfance, qui dirigent le comportement humain. Posant qu'une fois ces facteurs ramenés à la conscience, les patients sauraient les maîtriser, il conçoit une méthode thérapeutique – l'analyse – par laquelle il amène ses patients à rechercher ces facteurs inconscients, à l'aide de longues entrevues ou par l'examen de leurs rêves.

Bien que la théorie de Freud ait été – et reste – très controversée, la psychanalyse a gagné de nombreux adeptes en Europe (beaucoup moins en Amérique du Nord) et peut être considérée comme une avancée marquante dans le mode de connaissance de l'humain.

La culture s'adapte à la société industrielle. Les arts et les lettres reflètent la rapidité et la variété des changements sociaux et économiques qui marquent le XIXe siècle. Artistes et écrivains ressentent le nationalisme, le progrès scientifique, les technologies nouvelles et les effets de la révolution industrielle ; leurs œuvres le manifestent. La culture est en effervescence. Ses conditions de production et de diffusion ont changé elles aussi. L'intérêt de la bourgeoisie et de la frange supérieure de la classe moyenne pour les arts et la littérature, la vie urbaine, la démocratisation des communications, par le livre notamment, sont autant de facteurs qui procurent aux artistes et aux écrivains un public autrement plus nombreux que dans les siècles passés : ils ne sont plus à la merci des princes, des aristocrates ou des autorités ecclésiastiques.

Le romantisme s'impose en peinture, en littérature et en musique. Au début du siècle, le romantisme s'impose. Dans une large mesure, il se définit en réaction au règne de la raison instauré par les philosophes des Lumières : les romantiques, eux, valorisent l'imaginaire et les émotions. Sensibles à la dégradation des paysages causée par la révolution industrielle, ils veulent ressusciter la nature dans sa virginité, sa force, son mystère, comme en témoignent les paysages peints par les Anglais Joseph Turner et John Constable, ou l'Allemand Caspar Friedrich (figure 9.14).

FIGURE 9.14

Caspar Friedrich, ***L'Arbre aux corbeaux*** **(1822)**

FIGURE 9.15

Eugène Delacroix, ***La Grèce expirant sur les ruines de Missolonghi*** **(1827)**

Qu'ils soient peintres, écrivains ou musiciens, les romantiques se préoccupent des luttes nationales et sociales de leur temps. Ainsi, Eugène Delacroix peint sa *Liberté guidant le peuple* (figure 8.8) à l'occasion de la révolution de 1830 en France, et sa *Grèce expirant sur les ruines de Missolonghi* (figure 9.15) en hommage aux combattants grecs assiégés par les Turcs. Dans ses poèmes, Lord George Byron exalte lui aussi la lutte des Grecs pour l'indépendance (s'étant porté volontaire aux côtés des insurgés, il y laisse d'ailleurs la vie). Les opéras de Giuseppe Verdi deviennent presque des cris de ralliement pour les nationalistes italiens. Dans une veine proche, d'autres célèbrent des faits glorieux du passé national, comme Petr Tchaïkovski avec son *Ouverture 1812* en l'honneur de la victoire russe sur Napoléon à Moscou, ou font revivre des caractères héroïques ou pittoresques des temps passés, comme les Français Victor Hugo (*Notre-Dame de Paris*) et Alexandre Dumas (*Les Trois Mousquetaires*), ou l'Écossais Walter Scott (*Ivanhoé, Rob Roy*).

VERS LE MILIEU DU XIXe SIÈCLE, ARTISTES ET ÉCRIVAINS SE TOURNENT VERS LE RÉALISME. À mesure que la révolution industrielle progresse, beaucoup s'inquiètent des conditions qu'elle engendre et entendent bien montrer le réel tel qu'il est. Un des précurseurs du mouvement réaliste, Honoré de Balzac, s'attache à décrire, dans *La Comédie humaine*, divers aspects de la vie urbaine, dans un milieu de classe moyenne principalement. Participent également de cet esprit les œuvres de Flaubert (*Madame Bovary*) et de Zola (*L'Assommoir, Germinal*) en France, de Dickens (*Oliver Twist, Les Temps difficiles*) en Angleterre, de Dostoïevski (*Crime et châtiment*) en Russie et de Ibsen (*Maison de poupée, Un ennemi du peuple*) en Norvège. Le même courant réaliste se retrouve en peinture, où les artistes brossent des scènes de la vie quotidienne: il s'agit de «faire de l'art vivant», comme l'explique le peintre Gustave Courbet.

À LA FIN DU XIXe SIÈCLE, LES FORMES ET LES TECHNIQUES PICTURALES SE TRANSFORMENT. Plus tard dans le siècle, d'autres artistes, tout en continuant de

FIGURE 9.16

Jean-François Millet, *Les Glaneuses* (1857)

représenter le réel dans sa quotidienneté, se lancent à la recherche de nouvelles formes et techniques picturales. Ils y sont poussés par les défis constants que leur lancent les avancées de la science, en particulier l'apparition de la photographie, qui se pose en rivale pour la représentation du réel.

Des peintres comme Claude Monet, Edgar Degas, Pierre-Auguste Renoir lancent alors un mouvement que, par dérision, ses détracteurs baptiseront l'impressionnisme – d'après le titre d'une toile de Monet, *Impression, soleil levant* (figure 9.17). Les impressionnistes cherchent, par la couleur et la façon de l'appliquer – juxtaposition plutôt que mélange –, à traduire l'impression qu'ils ressentent devant une scène, un paysage, une lumière, plutôt qu'à simplement représenter le réel.

Bientôt, des postimpressionnistes comme les Français Cézanne et Gauguin ou le Hollandais van Gogh poussent plus avant les recherches picturales en proposant sur la toile des réalités reconstituées par leurs soins. D'autres iront plus loin encore, commençant par déconstruire la réalité, pour la reconstruire ensuite sous des formes qui en offrent une perception renouvelée. Ainsi, l'Espagnol Pablo Picasso devient célèbre au début du XXe siècle en offrant du réel des versions décomposées en formes géométriques, considérées comme les premières œuvres du cubisme (figure 9.18). La peinture est alors engagée sur la voie de l'art abstrait, celle des représentations de la réalité telle que les artistes la conçoivent dans l'esprit.

L'ARCHITECTURE PASSE DU NÉOGOTHIQUE AU GRATTE-CIEL. En architecture, le siècle s'est ouvert dans l'esprit du romantisme, alors qu'on tentait de réinventer le gothique; le palais de Westminster (figure 9.19), siège du Parlement britannique, est un parfait exemple de ce néogothique. Mais la fin du XIXe siècle se caractérise par l'emploi des nouvelles technologies et des nouveaux matériaux: on est à l'âge des structures de fer comme la tour Eiffel ou le Grand Palais à Paris (figure 9.20). Ces structures, associées au béton, permettront de construire les premiers gratte-ciel à New York au début du XXe siècle.

FIGURE 9.17

Claude Monet,
***Impression, soleil levant* (1872)**

FIGURE 9.18

Pablo Picasso,
***Les Demoiselles d'Avignon* (1907)**

FIGURE 9.19

Le palais de Westminster (construit entre 1840 et 1867 dans le style néogothique)

FIGURE 9.20

Le Grand Palais (Paris)

Le Grand Palais est construit entre 1897 et 1900 ; il se compose d'une toiture de verre reposant sur une structure de fer.

1870-1914 : l'âge de l'impérialisme

Entre 1870 et 1914, le monde occidental est à son apogée. Aucune autre région ne peut égaler ses capacités économiques et militaires. Après les grandes explorations (du XVe au XVIIe siècle), les pays d'Europe se lancent dans une deuxième conquête du monde. La Grande-Bretagne et la France en sont les principaux artisans ; viennent ensuite l'Allemagne et l'Italie, qui ont fait leur unité politique en 1870, puis la Belgique, le Portugal et les Pays-Bas. Les États-Unis, qui sont eux-mêmes une ancienne colonie, y participent également, tout en pratiquant le néocolonialisme en Amérique du Sud (voir le chapitre 8). En Afrique et en Asie, on assiste à une ruée (*scramble*) des puissances occidentales pour établir de nouvelles colonies.

Cette colonisation s'effectue selon trois modes : la **colonie** proprement dite, que le pays impérialiste occupe et administre directement ; le **protectorat**, où le pays soumis conserve son dirigeant, à condition qu'il accepte de privilégier les intérêts du pays impérialiste ; et la **sphère d'influence**, où, par accord avec les autorités locales, les droits d'investir et de commercer sont réservés au pays impérialiste. Phénomène sans précédent dans l'histoire, l'**impérialisme** occidental s'explique par des facteurs d'ordre économique, politique, culturel et démographique.

colonie Territoire dominé et exploité par un pays étranger.

protectorat Type de régime colonial où le pays soumis conserve son dirigeant à condition de privilégier les intérêts du pays impérialiste.

sphère d'influence Forme d'impérialisme où un pays obtient des autorités d'un autre pays qu'elles lui réservent des droits d'investir et de commercer sur un territoire donné.

impérialisme Politique d'un État qui vise à mettre d'autres États sous sa dépendance politique ou économique.

LES FACTEURS DE L'IMPÉRIALISME OCCIDENTAL

LE PRINCIPAL FACTEUR DE L'IMPÉRIALISME OCCIDENTAL EST D'ORDRE ÉCONOMIQUE. « L'empire, c'est le commerce », aimait à dire Joseph Chamberlain, qui fut ministre britannique du Commerce puis des Colonies. Comme ils regorgent de marchandises que le marché européen ne peut toutes absorber, les pays industrialisés d'Europe cherchent des débouchés extérieurs. L'ère étant au **protectionnisme**, ils se créent donc des marchés fermés et protégés. Ils cherchent aussi à acquérir ailleurs des matières premières qu'ils ne trouvent pas chez eux, comme le caoutchouc, ou dont ils disposent en quantité insuffisante, comme le coton. En outre, leurs industriels et leurs financiers disposent de capitaux considérables à faire fructifier.

protectionnisme Politique économique qui cherche à protéger l'économie d'un pays contre la concurrence étrangère par divers moyens comme les tarifs douaniers, les prohibitions ou les contingentements à l'importation, les subventions aux entreprises nationales ou les formalités administratives. Se dit aussi de la doctrine qui préconise ces politiques.

LE DEUXIÈME FACTEUR EST D'ORDRE POLITIQUE ET MILITAIRE. Dans l'esprit nationaliste du temps, les États veulent accroître leur puissance et leur prestige, et ne laisser aucun autre État les surpasser. Il en résulte une concurrence où tous se lancent à la conquête de nouveaux territoires à coloniser et à exploiter, de relais maritimes et de postes stratégiques pour assurer leur présence et éventuellement leur défense.

DES FACTEURS D'ORDRE CULTUREL ET RELIGIEUX JOUENT ÉGALEMENT. Les Occidentaux des pays industrialisés sont convaincus de la supériorité de leur civilisation blanche et chrétienne. Certains se font un devoir d'y faire accéder ceux qui appartiennent à des civilisations jugées inférieures ; c'est là « le fardeau de l'homme blanc » (*The White Man's Burden*), explique Rudyard Kipling dans un poème devenu célèbre. Puisque, pour l'Occidental, civiliser ne va pas sans évangéliser, les missionnaires accompagnent les colonisateurs. De plus, imprégnés du darwinisme social, beaucoup ne voient aucun mal à assujettir des civilisations « inférieures », qui à leurs yeux sont de toute manière condamnées à l'échec dans la lutte pour la survie.

LES OCCIDENTAUX ONT LES MOYENS DE MENER UNE POLITIQUE IMPÉRIALISTE. Non seulement leur puissance économique n'a pas d'égal, mais ils disposent de transports rapides et efficaces (chemins de fer, navires à vapeur) et, depuis que Samuel Morse a inventé le télégraphe en 1837, ils savent communiquer sans délai à grande distance. Ils peuvent également faire appel à des forces militaires considérables équipées d'armes redoutables, comme la mitrailleuse. Surtout, ils ont une population jeune, abondante et dynamique. Effectivement, l'Europe a connu au XIXe siècle une croissance démographique sans précédent, et ce, malgré l'émigration de plus de 50 millions de personnes vers les pays neufs. Cette explosion démographique offre aux pays occidentaux une abondance d'hommes et de femmes pour coloniser de nouveaux territoires.

FIGURE 9.21

La bataille d'Omdurman

Les Britanniques, qui occupent l'Égypte, ont décidé de prendre le Soudan au sud. En 1898, une petite troupe britannique équipée de 20 mitrailleuses se heurte à une armée de 40 000 Soudanais armés de lances. À l'issue du combat, 10 000 Soudanais restent sur le terrain, mais seulement 38 Britanniques. L'absurdité de la situation frappe l'un des combattants, Winston Churchill, qui deviendra premier ministre de Grande-Bretagne en 1940; il écrira: «It was like a pantomime scene» (une scène complètement burlesque).

LE PARTAGE DE L'AFRIQUE

La colonisation de l'Afrique est l'exemple par excellence de la prise en main de territoires «libres» par les puissances impérialistes, et des rapports de concurrence qu'elles entretiennent dans la course aux colonies. Ainsi, l'Angleterre et la France, puis l'Italie, se disputeront les vestiges de l'Empire ottoman en Afrique du Nord. Et, pour éviter que leur concurrence en Afrique subsaharienne ne dégénère en conflits armés, les puissances impérialistes conviendront de se la partager devant une carte, sans prendre en considération la réalité des populations concernées.

En Afrique du Nord, les colonisateurs se disputent les vestiges de l'Empire ottoman. Au début du XIXe siècle, l'Empire ottoman domine encore toute l'Afrique du Nord, sauf le Maroc. Mais, en 1798, une armée française conduite par Napoléon Bonaparte a envahi l'Égypte: c'est la première d'une série d'interventions que les Européens mèneront en Afrique du Nord durant le siècle.

Après le départ des Français en 1805, le pacha Méhémet Ali, légataire des Turcs, obtient de se faire nommer vice-roi d'une Égypte à peu près indépendante. Pendant les 45 ans de son règne, Méhémet Ali s'emploie à moderniser l'Égypte sur les plans économique et social. Mais ses entreprises de modernisation coûtent cher et l'obligent à emprunter des sommes considérables en Europe, principalement en Grande-Bretagne et en France. Poursuivant la modernisation, ses successeurs contractent de nouveaux emprunts, de sorte que l'Égypte dépend de plus en plus de ces deux pays, et que ceux-ci sont amenés à intervenir de plus en plus dans les affaires de l'Égypte pour protéger leurs investissements. Avec la construction du canal de Suez (1859-1870)

La philosophie de la colonisation

Dans leurs entreprises de colonisation, les pays industrialisés d'Europe ont des motifs semblables. Que nous dit de ces motifs l'homme politique français Jules Ferry, alors ministre des Affaires extérieures et président du Conseil dans son pays ?

■ ■ ■

Je dis que cette politique coloniale est un système ainsi conçu, défini et limité qu'il repose sur une triple base économique, humanitaire et politique.

Au point de vue économique, pourquoi des colonies ? La forme première de la colonisation, c'est celle qui offre un asile et du travail au surcroît de population des pays pauvres ou de ceux qui renferment une population exubérante. Mais il y a une autre forme de colonisation : c'est celle qui s'adapte aux peuples qui ont, ou bien un superflu de capitaux, ou bien un excédent de produits. Et c'est là la forme moderne, actuelle, la plus répandue et la plus féconde. [...] Les colonies sont, pour les pays riches, un placement de capitaux des plus avantageux. [...]

Mais, messieurs, il y a un autre côté plus important de cette question, qui domine de beaucoup celui auquel je viens de toucher. La question coloniale, c'est, pour les pays voués par la nature même de leur industrie à une grande exportation, comme la nôtre, la question même des débouchés. [...] Au temps où nous sommes et dans la crise que traversent toutes les industries européennes, la fondation d'une colonie, c'est la création d'un débouché. [...]

Messieurs, il y a un second point, un second ordre d'idées que je dois également aborder, le plus rapidement possible, croyez-le bien : c'est le côté humanitaire et civilisateur de la question. [...] Il faut dire ouvertement qu'en effet les races supérieures ont un droit vis-à-vis des races inférieures, parce qu'il y a un devoir pour elles. Elles ont le devoir de civiliser les races inférieures. [...]

Je dis que la politique coloniale de la France, que la politique d'expansion coloniale [...] s'est inspirée d'une vérité sur laquelle il faut pourtant appeler un instant votre attention : à savoir qu'une marine comme la nôtre ne peut se passer, sur la surface des mers, d'abris solides, de défenses, de centres de ravitaillement. [...]

Messieurs, dans l'Europe telle qu'elle est faite, dans cette concurrence de tant de rivaux que nous voyons grandir autour de nous, les uns par les perfectionnements militaires ou maritimes, les autres par le développement prodigieux d'une population incessamment croissante ; dans une Europe, ou plutôt dans un univers ainsi fait, la politique de recueillement ou d'abstention, c'est tout simplement le grand chemin de la décadence ! Les nations, au temps où nous sommes, ne sont grandes que par l'activité qu'elles développent [...]

Rayonner sans agir, sans se mêler aux affaires du monde, en se tenant à l'écart de toutes les combinaisons européennes, en regardant comme un piège, comme une aventure toute expansion vers l'Afrique ou vers l'Orient, vivre de cette sorte, pour une grande nation, croyez-le bien, c'est abdiquer et, dans un temps plus court que vous ne pouvez le croire, c'est descendre du premier rang au troisième et au quatrième.

Jules Ferry, *Discours devant l'Assemblée nationale*, 1885, dans Michel Laran et Jacques Willequet, *L'époque contemporaine (1871-1945)*, Liège, H. Dessain, 1960, p. 189.

– commencée par les Français, elle est terminée par un consortium franco-britannique –, les intérêts de la Grande-Bretagne en Égypte augmentent encore : non seulement elle a investi beaucoup dans le canal, mais il est la voie royale de son commerce avec les Indes. Pour protéger ces intérêts, en 1882, les troupes britanniques débarquent en Égypte et prennent en charge l'administration du pays. Quelques années plus tard, l'Égypte devient officiellement un protectorat britannique.

La France a d'autres intérêts que l'Égypte en Afrique du Nord. En 1830, elle a forcé l'ouverture de ce qui allait devenir l'Algérie et entrepris d'y envoyer des colons (vers 1930, ils seront environ 1 million) ; malgré une vigoureuse résistance des populations locales, les Français y fondent leur première colonie dans cette région du monde. En 1881, inquiète des visées italiennes sur la Tunisie, la France impose un protectorat au **bey** de Tunis. Quant au Maroc, bien que les Espagnols aient pris la péninsule de Tétouan au nord et que les Européens l'aient forcé à s'ouvrir à leur commerce en 1864, il est encore indépendant dans les années 1870. Cependant, la Grande-Bretagne et la France, de même que l'Espagne et l'Allemagne, ont des visées sur ce pays qui occupe une position stratégique entre la Méditerranée et l'Atlantique. Toutefois, à partir des années 1880, la France prend l'avantage au Maroc, position qu'elle consolide en obtenant que son principal concurrent, la Grande-Bretagne, lui laisse les coudées franches en échange de l'Égypte. Malgré l'opposition de

bey Titre porté par les vassaux du sultan de l'Empire ottoman.

l'Allemagne, elle force ensuite le sultan du Maroc à signer un traité de protectorat en 1912.

Entre-temps, l'Italie est entrée dans la course aux colonies. Elle lorgne la Corne de l'Afrique, cette région en forme de corne de rhinocéros bordée au nord par la mer Rouge et à l'est par l'océan Indien. Elle réussit à y prendre l'Érythrée en 1885 et à établir un protectorat dans le sud de la Somalie (les Britanniques font de même au nord et les Français prennent Djibouti). Mais en 1896 les troupes italiennes subissent un échec en Éthiopie, où elles sont repoussées par l'armée du roi Ménélik II.

Dans le Maghreb, une seule région n'a pas encore subi les assauts européens: la Libye, pays de déserts. Mais les Turcs, qui y gardaient quelque influence, ne résistent pas longtemps lorsque les Italiens y débarquent en 1911. Le pays devient colonie italienne en 1912.

À ce moment, l'Éthiopie reste le seul pays indépendant dans le nord de l'Afrique.

En Afrique subsaharienne, on se partage le «gâteau». Vers 1800, au sud du Sahara, l'Afrique a très peu changé depuis l'époque des grandes explorations. À part quelques missionnaires et explorateurs qui s'aventurent vers l'intérieur, les Européens se contentent d'occuper des postes sur les côtes, d'où ils exploitent le continent, surtout pour en tirer des esclaves. Au fil du siècle, cependant, la traite des esclaves est interdite dans la plupart des pays européens (d'abord en Grande-Bretagne, en 1807, puis dans les autres pays à partir des années 1820). Désormais, ces pays attendent autre chose de l'Afrique: des matières premières (cuivre, or, diamants), des productions végétales (huile de palme, caoutchouc) et de vastes étendues de terres pour cultiver à moindre coût le coton, le café, le cacao... Voilà pourquoi, à partir de 1880, ils se ruent sur l'Afrique subsaharienne.

Les Africains tentent parfois de résister aux colonisateurs européens, mais leurs sociétés ont été déstructurées par l'esclavage, et les Européens disposent d'armes et de moyens techniques bien supérieurs aux leurs. Bientôt, les pays colonisateurs ont placé chacun leur jeton sur une partie de l'Afrique. Pour éviter que leur concurrence ne dégénère en conflits armés, ils choisissent de procéder pacifiquement au partage des territoires convoités. Tel est le but du

Le Canada intervient en Afrique: la guerre des Boers (1899-1902)

Le partage du continent africain effectué au congrès de Berlin de 1885 ne suffira pas à éviter tout conflit entre Européens en Afrique. À l'extrême sud du continent, sur la précieuse route qui conduit aux Indes, des Néerlandais ont implanté au XVIIe siècle la colonie du Cap. Mais, à la suite des guerres napoléoniennes, la colonie passe à la Grande-Bretagne, qui y impose son administration, sa langue, et y interdit l'esclavage. Estimant leur culture et leur mode de vie menacés, les Boers, descendants des colons néerlandais, émigrent vers le nord-est (c'est le Grand Trek) où, après en avoir chassé les tribus zouloues, ils fondent les républiques d'Orange et du Transvaal. Mais durant les années 1880, la découverte de mines d'or et de diamants dans ces républiques provoque un regain d'intérêt des Britanniques à leur endroit – sans compter que Cecil Rhodes, premier ministre du Cap, entend faire passer par le territoire boer le chemin de fer qu'il projette entre le Cap et Le Caire. En 1899, la guerre éclate entre les colons du Cap et les Boers. Les colons appellent à l'aide les forces de l'Empire britannique, et le Canada est donc sollicité. Mais les élites et la presse canadiennes-françaises s'opposent à une participation canadienne à cette guerre impériale et lointaine. Finalement, le premier ministre Laurier propose un compromis: le Canada n'enverra que des volontaires (7300 hommes seront recrutés) et la Grande-Bretagne absorbera les coûts de l'opération. La guerre des Boers dure trois ans et se termine par une victoire britannique. En 1910, les territoires d'Afrique du Sud sont rassemblés pour constituer l'Union sud-africaine, un État ségrégationniste où l'influence des Boers (ou Afrikaners), plus nombreux que les Britanniques, restera prépondérante.

congrès qui réunit les principales puissances coloniales à Berlin en 1885 : assis devant une carte, on se partage l'Afrique subsaharienne comme s'il s'agissait d'un gâteau. Lors du même congrès, on s'entend pour que ce partage ne reste pas sur papier : les « portions » attribuées devront réellement être occupées, exploitées et administrées par les pays à qui elles reviennent.

Cette entente amènera l'établissement de populations européennes en Afrique. En 1800, les pays européens occupaient moins de 10 % de l'Afrique ; en 1900, ils en contrôlent la quasi-totalité. La France occupe la majeure partie de l'Afrique de l'Ouest et une portion non négligeable de l'Afrique équatoriale, ainsi que Madagascar ; la Grande-Bretagne tente de créer un long couloir nord-sud depuis les bouches du Nil jusqu'au cap de Bonne-Espérance, et s'attribue ainsi l'Égypte, le Soudan, l'Ouganda, la Rhodésie et l'Union sud-africaine, en plus de s'approprier quelques colonies riches et peuplées en Afrique de l'Ouest (Nigeria et Côte-de-l'Or) ; la Belgique s'empare de l'immense bassin du fleuve Congo ; l'Allemagne se réserve le Togo, le Cameroun, le Sud-Ouest africain et la région des Grands Lacs (Est africain) ; enfin, le Portugal étend ses possessions de l'Angola et du Mozambique, dont il contrôlait déjà les côtes (carte 9.2).

FIGURE 9.22

Le monument commémoratif de la guerre des Boers (1899-1902) à Québec

L'Asie déchirée

Au lendemain des grandes explorations du XVIe siècle, si les Européens ont posé le pied en maints endroits de l'Asie, ils n'y ont pas implanté de vastes colonies, et pour cause : les populations nombreuses et les sociétés évoluées qu'ils y ont trouvées étaient en mesure de résister aux envahisseurs. Ainsi, la Chine s'est fermée au commerce avec le monde extérieur, ne laissant que le port de Canton (Guangzhou en chinois) ouvert aux Portugais (plus tard aux Britanniques et aux autres Européens). De même, après avoir toléré quelque temps des commerçants portugais, le Japon se refuse au commerce occidental, sauf avec les Néerlandais, qui ont droit à deux navires par an dans le port de Nagasaki. En Inde, Britanniques et Français doivent se contenter d'une douzaine de comptoirs côtiers. Des Espagnols, des Portugais et des Néerlandais sont installés dans les îles de l'océan Indien et du Pacifique, mais il s'agit de relais commerciaux et non de véritables postes de colonisation.

La situation reste inchangée jusqu'à la seconde moitié du XIXe siècle. Les puissances impérialistes d'Occident se ruent alors sur l'Asie et y multiplient colonies, protectorats et sphères d'influence (carte 9.3).

FIGURE 9.23

Le Taj Mahal

Sous les empereurs moghuls, l'art indien atteint des sommets dont témoigne notamment le Taj Mahal, ce somptueux mausolée érigé au milieu du XVIIe siècle par un empereur à la mémoire de son épouse ; son dôme et ses minarets révèlent l'influence de l'islam sur l'art indien.

Les Britanniques s'approprient les Indes. Aux XVIe et XVIIe siècles, l'administration des empereurs moghuls réussit assez facilement à maintenir la paix en Inde – notamment pour ce qui est de la cohabitation des hindous et des musulmans – et à étendre son territoire vers le sud. Mais, au milieu du XVIIIe siècle, le prestige et l'autorité des Moghuls se sont érodés : des princes indiens se rebellent ou se combattent entre eux. Les Européens en profitent pour accroître leur influence.

Ce sont surtout les Britanniques de la Compagnie des Indes orientales qui profitent de la situation, car le traité de Paris de 1763 a forcé les Français, leurs principaux rivaux, à se retirer du pays (ils n'y gardent que cinq comptoirs).

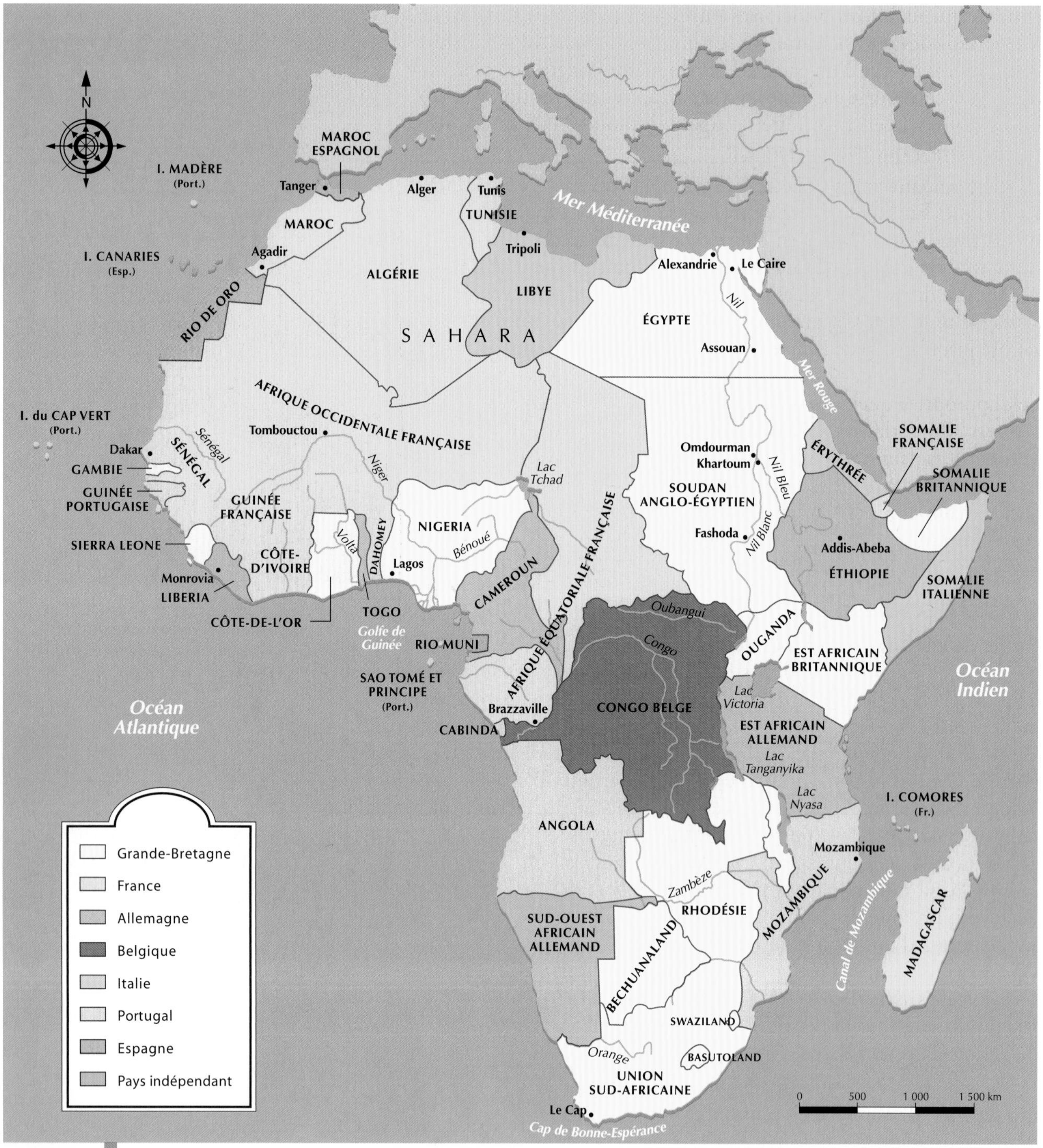

CARTE 9.2

L'Afrique en 1914

Outre l'Éthiopie, qui a su résister par les armes à la colonisation européenne, le seul pays qui reste indépendant en Afrique est le Liberia. Fondé par une société philanthropique américaine en 1822 pour accueillir les anciens esclaves africains d'Amérique, il deviendra la première république d'Afrique en 1847.

La compagnie anglaise dispose d'une véritable armée, qu'elle utilise pour devenir l'autorité la plus puissante du pays, assistant les princes qui lui sont favorables, démettant les autres. Bientôt, elle contrôle la totalité du commerce indien avec l'extérieur. Mais en 1857 un de ses régiments, formé de soldats indigènes, les Cipayes, se révolte contre elle et la Compagnie doit faire appel à l'armée régulière britannique: celle-ci intervient, écrase la révolte et chasse l'empereur moghul. Cela fait, le Parlement de Londres prend le contrôle de la colonie. On nomme un vice-roi des Indes et on affecte des gouverneurs de provinces ainsi qu'un millier de fonctionnaires pour administrer un territoire colonial de presque 300 millions d'habitants. En 1876, la reine Victoria ajoute à ses titres celui d'impératrice des Indes. Pendant presque un siècle, la

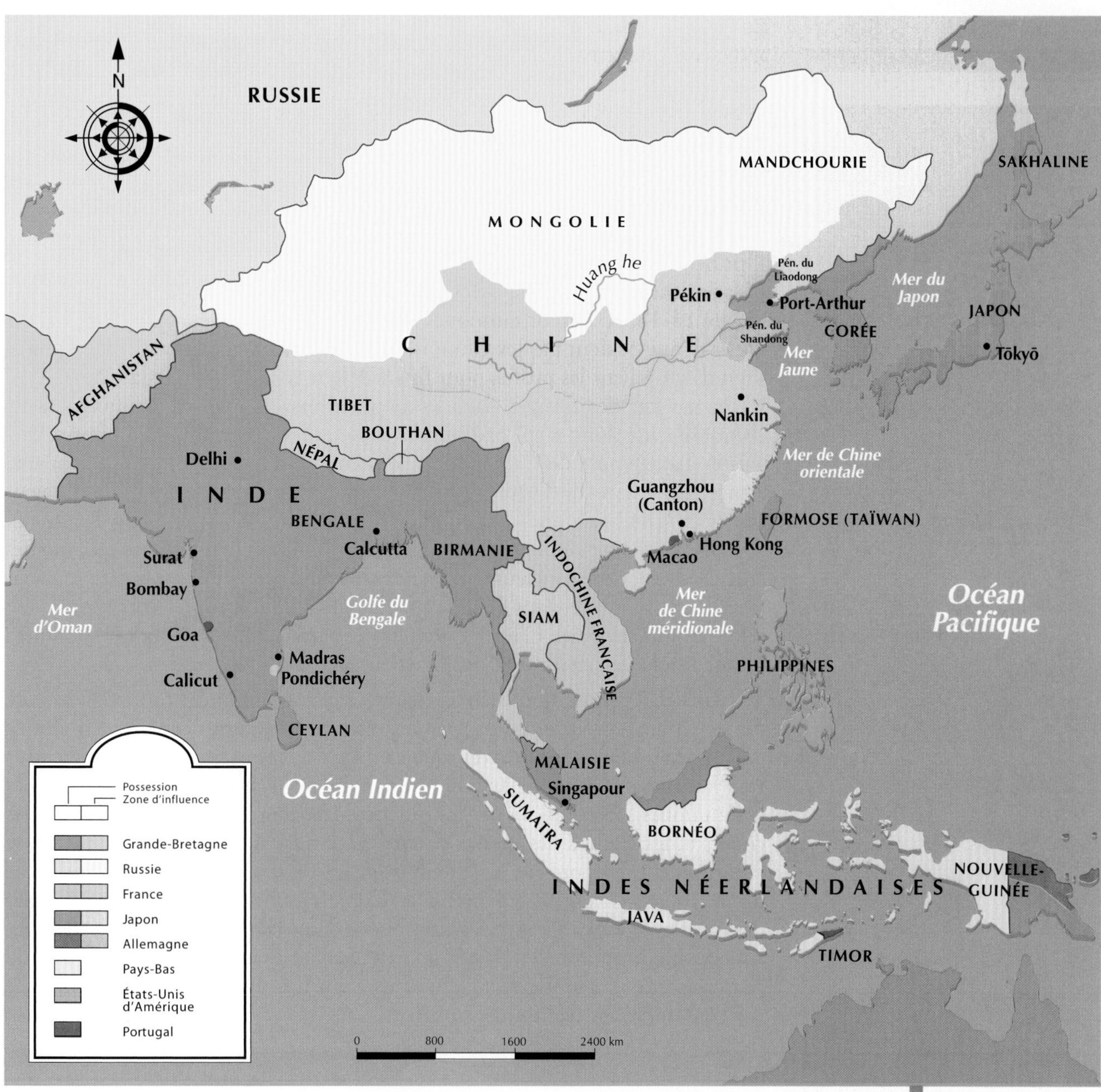

CARTE 9.3

L'Asie vers 1914

Grande-Bretagne exercera sa pleine domination sur son immense colonie, qui comprend les actuels Pakistan, Inde, Bangladesh, Sri Lanka et Myanmar, et étend son influence au Népal, au Bouthan et au Tibet. Seul l'Afghanistan lui résiste.

La révolte des Cipayes

La révolte des Cipayes aurait eu pour origine une rumeur selon laquelle les balles des fusils – que les soldats prenaient dans la bouche avant de les introduire dans le canon de leurs armes – étaient graissées avec du gras de porc, ce qui horrifiait les musulmans, ou de bœuf, ce qui choquait les hindous. Mais les efforts déployés par les Britanniques pour convertir les uns et les autres contribuèrent aussi à l'exaspération des Cipayes. Plus profondément encore, il y avait dans cette révolte un désir d'indépendance naissant, qui recueillit d'ailleurs l'appui des paysans et de plusieurs princes indiens.

Les Occidentaux humilient la Chine et la dépècent. Au milieu du XVIIe siècle, des envahisseurs venus du nord, les Mandchous, arrivent en Chine et profitent de l'anarchie qui y règne depuis que des rébellions ont renversé la dynastie des Ming qui, deux siècles plus tôt, avait fermé le pays aux étrangers. Les Mandchous fondent une nouvelle dynastie, les Qing, qui établit sa capitale à Pékin (Beijing) et gouverne la Chine jusqu'en 1911. C'est sous son règne que les puissances impérialistes se ruent sur la Chine.

Au début du XIXe siècle, seul le port de Canton est ouvert aux étrangers – principalement des Portugais et des Britanniques –, que la sévérité des restrictions commerciales imposées par les Chinois irrite vivement. Un conflit en résulte en 1838. Les Britanniques, dont les produits n'étaient pas compétitifs et n'intéressaient pas les Chinois, s'étaient lancés dans le trafic de l'opium, dont ils utilisaient les profits pour financer leur commerce avec la Chine. Mais la drogue fait des ravages dans les populations chinoises ; le gouvernement chinois décide donc d'en éradiquer le trafic et en détruit une importante cargaison dans le port de Canton. Les Britanniques répliquent en envoyant une armée. La guerre de l'Opium dure trois ans. Vaincus, les Chinois doivent signer en 1842 le traité de Nankin : ce traité livre l'île de Hong Kong aux Britanniques, leur ouvre de nouveaux ports, leur permet de fixer eux-mêmes les droits de douane et leur accorde l'**extraterritorialité**, c'est-à-dire le privilège de se conduire dans leurs enclaves selon leurs propres lois plutôt que selon les lois du pays. C'est le premier des « traités inégaux » que les Chinois seront forcés de signer avec les Occidentaux.

Dans la seconde moitié du siècle, en effet, on assiste à un quasi-dépeçage de la Chine : par la force ou par des traités, les puissances occidentales se taillent d'immenses sphères d'influence. Ainsi les Russes, qui se sont étendus vers la Sibérie, prennent la Chine du Nord et le port de Vladivostok. Les Britanniques, les Français et les Allemands occupent les principaux ports côtiers et les régions des grands fleuves. Une puissance asiatique, le Japon, se fait impérialiste et profite de l'affaiblissement de la Chine : en 1894, au terme d'une courte guerre, il lui prend la Corée et plusieurs îles dont Formose (aujourd'hui Taïwan). Arrivés trop tard dans la course aux colonies, les Américains proposent en 1899 une nouvelle politique, la « politique de la porte ouverte », et obtiennent que tous aient des droits égaux de commerce sur l'ensemble du territoire chinois.

FIGURE 9.24

La ruée sur la Chine

Cette caricature date de 1900. En observant bien, on peut reconnaître, notamment par les symboles qui les représentent, les puissances impérialistes qui se disputent alors la Chine. Quelles sont-elles ?

Si les puissances impérialistes occidentales arrivent à dépecer ainsi la Chine, ce n'est pas faute de résistance de la part des Chinois. Plusieurs empereurs tenteront de s'opposer à elles. Il y aura aussi des actions populaires, comme la révolte des Boxers – nom anglais de la société secrète *Yihequan*: «poings de justice et de concorde». Les Boxers sont des nationalistes chinois qui s'opposent à ce que des étrangers, y compris les Qing, qui sont Mandchous, dominent la Chine et l'exploitent. Pour sauver leur dynastie, les dirigeants mandchous encouragent les Boxers à s'en prendre aux Occidentaux. En 1899, les Boxers attaquent les missions européennes et les enclaves étrangères à Pékin, mais une armée internationale (20 000 hommes) les écrase l'année suivante; la Chine est condamnée à verser de lourdes indemnités aux étrangers. Quelques années plus tard, en 1911, éclate la révolution nationaliste du Guomindang, le «Parti populaire national», dirigé par le Chinois occidentalisé Sun Yat-Sen. Lui et ses partisans démettent le souverain Qing, qui n'a que 5 ans, et proclament la république.

Ouvert par la force, le Japon devient à son tour impérialiste. En 1615, un Tokugawa devient ***shogoun***; sa famille gouvernera le Japon jusqu'en 1867. En 1639, cette dynastie ferme le Japon à tout commerce étranger, à l'exception des deux navires néerlandais par année. Mais, en 1853, une escadre américaine conduite par le commodore Perry s'introduit dans la baie de Tōkyō, pointe ses canons vers la ville et somme les Japonais de s'ouvrir au commerce occidental. Comme la Chine, le Japon doit signer un traité de commerce.

shogoun Le seigneur qui, au nom de l'empereur, gouverne le Japon du XIIe au XIXe siècle.

Mais la réaction ne tarde pas. Un mouvement nationaliste se développe parmi les *daïmios* et les *samouraïs*, qui finissent par chasser le dernier *shogoun* en 1867. L'empereur, qui n'a que 15 ans, prend lui-même le pouvoir et instaure ce qu'on appellera l'ère du Meiji, le «gouvernement éclairé» (de 1868 à 1912). Le Japon se met alors à l'école de l'Occident, modernisant ses structures sociales (abolition de la féodalité), ses structures politiques (parlement et constitution) et ses structures économiques (acquisition des technologies et des savoirs occidentaux, industrialisation rapide, armée moderne).

Le Japon deviendra alors à son tour impérialiste. Il prend Formose, territoire chinois, et conduit en 1905 une guerre contre la Russie dont il sort gagnant et enrichi du sud de l'île de Sakhaline et de Port-Arthur (Lüshun), que les Russes avaient forcé les Chinois à leur louer à bail. En 1910, c'est au tour de la Corée d'être colonisée par le Japon.

FIGURE 9.25

Les derniers *samouraïs*

Avec la modernisation du Japon, les quelque 40 0000 samouraïs, *ces guerriers féodaux dont les valeurs étaient la loyauté, le courage et l'art de se battre, sont mis à l'écart. L'État leur versera une pension en les invitant à se convertir en propriétaires terriens. Mais beaucoup gardent la nostalgie d'une époque révolue, comme ceux de cette photo qui ont revêtu leur costume traditionnel pour se rencontrer.*

L'Asie du Sud-Est cède également sous le poids des impérialismes. Déjà au XVIe siècle, les États européens avaient établi des postes de commerce un peu partout dans les îles de l'océan Indien et l'est du Pacifique. Mais, la principale ressource convoitée étant alors les épices, des postes côtiers suffisaient pour en obtenir. Sauf dans les Philippines, qui servaient aux Espagnols de relais entre leurs colonies d'Asie et d'Amérique, aucune administration européenne majeure n'avait été implantée dans cette région du monde.

Au XIXe siècle, les terres et îles d'Asie du Sud-Est et du Pacifique prennent de l'importance aux yeux des puissances occidentales. Elles veulent y exploiter des ressources naturelles comme le caoutchouc, l'étain et le pétrole, s'en servir comme postes de défense de leurs routes de commerce et comme relais maritimes. À la fin du siècle, la Grande-Bretagne occupe la Birmanie (le Myanmar actuel), la Malaisie (l'actuelle Malaysia et Singapour) et une partie de la Nouvelle-Guinée. La France a pris le Viêt-nam, le Cambodge et le Laos (rassemblés sous le nom d'Indochine). Les Pays-Bas tiennent la majeure partie de l'Indonésie et la moitié orientale de la Nouvelle-Guinée; l'Allemagne, la portion nord-ouest de la Nouvelle-Guinée. Le Portugal a le Timor oriental. Quant aux États-Unis, à l'occasion de la guerre hispano-américaine de 1898, ils prennent aux Espagnols les Philippines et Guam, puis annexent Hawaï. Seul le Siam (la Thaïlande actuelle), qui a su se moderniser et se défendre, échappe à la colonisation occidentale en Asie du Sud-Est.

LES ÉTATS-UNIS ENTRENT DANS LA COURSE

La guerre de Sécession, la période de la reconstruction d'après-guerre, puis l'implication américaine dans les affaires d'Amérique latine ont retardé l'entrée des États-Unis dans la course aux colonies. Mais dans la dernière décennie du siècle, les Américains s'y lancent. Selon ce discours prononcé en 1898 par le sénateur Albert Beveridge de l'Indiana, quels sont leurs motifs pour ce faire?

▪ ▪ ▪

Les usines américaines produisent plus que le peuple américain ne peut utiliser; le sol américain produit plus qu'il ne peut consommer. La destinée nous a tracé notre politique: le commerce mondial doit être et sera nôtre. Et nous l'acquerrons comme notre mère [l'Angleterre] *nous l'a montré. Nous établirons des comptoirs commerciaux à la surface du monde comme centres de distribution des produits américains. Nous couvrirons les océans de nos vaisseaux de commerce. Nous bâtirons une marine à la mesure de notre grandeur. De nos comptoirs de commerce sortiront de grandes colonies déployant notre drapeau et trafiquant avec nous. Nos institutions suivront notre drapeau sur les ailes du commerce. Et la loi américaine, l'ordre américain, la civilisation américaine et le drapeau américain seront plantés sur des rivages jusqu'ici en proie à la violence et à l'obscurantisme, et ces auxiliaires de Dieu les feront dorénavant magnifiques et éclatants.*

Dans Edmond Préclin et Pierre Renouvin, *Textes et documents d'histoire, 4: L'époque contemporaine (1871-1919)*, Paris, Presses universitaires de France, 1957, p. 170.

Apprentissages

Synthétiser en dressant un réseau de concepts

Synthétiser un récit sous la forme d'un «réseau de concepts» est une bonne façon d'en assurer la compréhension. Un réseau de concepts est une représentation graphique d'un ensemble de données qui ont des rapports entre elles. Dans le cas d'un récit, on doit d'abord déterminer les éléments principaux, puis les inscrire dans des figures géométriques (des rectangles conviennent habituellement), en indiquant par un système de flèches les rapports entre ces éléments. Le récit de la naissance de la révolution industrielle (p. 278-282) se prête bien à une telle schématisation. Il faudrait veiller à souligner de façon particulière l'enchaînement des facteurs qui concourent à la révolution industrielle.

Relativiser des données statistiques

Un tableau de données numériques ne «parle» que si on le questionne, et ne «répond» bien que si on sait en interpréter les données.

1. D'après le tableau 9.1 (p. 280), la Grande-Bretagne semble développer ses chemins de fer moins vite que les autres pays après 1860. Comment expliquer ce phénomène?
2. Le tableau donne des données brutes (longueurs des lignes). Mais les pays sont dissemblables par la population et la superficie.
   - Les données de population pour ces pays en 1910 sont les suivantes (en millions): Grande-Bretagne, 45; France, 40; Allemagne, 65; Russie, 143; Canada, 8. Quel pays avait alors le plus de kilomètres de chemin de fer par habitant?
   - Les données de superficies pour ces pays sont les suivantes (en milliers de kilomètres carrés): Grande-Bretagne, 230; France, 550; Allemagne, 360; Russie, 17 000; Canada, 10 000. Lequel a le plus de kilomètres de chemin de fer par kilomètre carré?

Comparer et interpréter deux documents figurés

Le document de la figure 9.9 (p. 290) montre comment des ouvriers britanniques se représentent la société vers 1890. Au chapitre précédent, le document de la figure 8.5 (p. 255) montrait comment le tiers état se représentait la société dans la France de l'Ancien Régime. Quel changement dans la structure sociale semble être intervenu entre-temps? Comment appliquer à ces illustrations les concepts de société d'ordres et de société de classes?

Comparer et expliquer des points de vue

Dans le document intitulé «La philosophie de la colonisation» (p. 307), un homme politique français explique les motifs de la colonisation pour son pays. Dans le document intitulé «Les États-Unis entrent dans la course» (p. 314), un homme politique américain fait de même pour le sien. Plusieurs de ces motifs sont semblables. Lesquels?

Un des motifs, concernant la population, ne se retrouve que dans un des deux discours. Quel est ce motif? Quelle hypothèse permet d'expliquer cette absence?

 Consultez le Compagnon Web pour des questions d'autoévaluation supplémentaires.

CHAPITRE 10

L'Europe et le monde dans la tourmente (1914-1945)

DANS CE CHAPITRE, NOUS VERRONS…

- Comment et pour quelles raisons l'Europe se livre à elle-même une guerre totale dont elle sortira affaiblie et dévastée.
- Comment cette guerre provoque l'effondrement du tsarisme en Russie et la création du premier État communiste de l'histoire.
- Comment la guerre de 1914-1918 transforme le monde en mettant fin à la suprématie de l'Europe, en suscitant la démocratisation de nombreux pays, en modifiant les valeurs traditionnelles et en ébranlant les économies.
- Comment la crise de 1929 fait vaciller le capitalisme, amène une transformation des politiques économiques et profite aux extrémismes idéologiques.
- Comment des régimes fascistes naissent et croissent à la suite, d'une part, des humiliations subies par les pays vaincus de la Première Guerre mondiale et, d'autre part, des problèmes socioéconomiques de l'entre-deux-guerres.
- Comment, enfin, les régimes dictatoriaux remettent en cause l'ordre géopolitique et plongent l'Europe et la planète entière dans un deuxième conflit mondial en moins de 25 ans.

LES PRINCIPAUX CONCEPTS ÉTUDIÉS DANS CE CHAPITRE SONT **le fascisme et le totalitarisme.**

NOUS VERRONS AUSSI LES CONCEPTS SUIVANTS : **équilibre budgétaire, autocratie, libertés civiques, assemblée constituante, collectivisation, taux de natalité, infrastructures, gérontocratie, mandat, productivité, standardisation, autarcie, politique contracyclique, État-providence, anarchisme, responsabilité ministérielle, corporatisme et antisémitisme.**

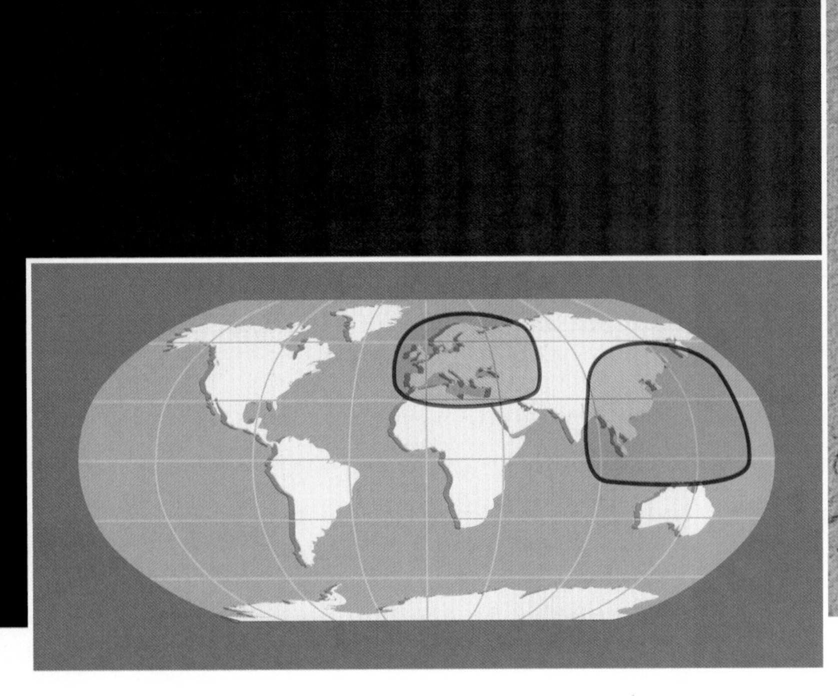

LIGNE du temps

1900 — 1910 — 1920

Triple-Entente (1907)

Première Guerre mondiale (1914-1918)

Guerres balkaniques (1912, 1913)

Traité de Versailles (1919)

Quatorze Points (1918)

Société des Nations (1919)

Crise inflationniste en Allemagne (1923)

Plan Dawes (1924)

Entrée en guerre de l'Italie (1915)

Faisceaux italiens de combat (1919)

Marche sur Rome (1922)

Révolution en Russie (1905)

Révolution soviétique (1917)

Guerre civile russe (1918-1921)

Mort de Lénine (1924)

Amendement Platt – Cuba (1901)

Entrée en guerre des États-Unis (1917)

La civilisation occidentale aborde le XXe siècle au faîte de sa puissance. Les pays d'Europe dominent l'économie mondiale. Un vaste réseau de colonies soutient leur industrie et leur commerce. Sur le plan politique, on voit graduellement s'imposer les démocraties libérales. La période de prospérité amorcée à la fin du XIXe siècle s'est traduite par l'amélioration des conditions de vie des populations : c'est la « Belle Époque ».

En arrière-plan, pourtant, l'Europe vit des tensions qui provoquent en 1914 l'éclatement d'une guerre mondiale. Celle-ci amène une transformation profonde et durable du monde : un régime communiste s'implante en Russie, l'Europe perd sa suprématie au profit des États-Unis, les économies sont ébranlées et les mentalités transformées. La Première Guerre mondiale génère aussi la naissance d'un nouveau mouvement sociopolitique : le fascisme. Le règne du fascisme en Allemagne et en Italie mènera en 1939 à la Deuxième Guerre mondiale, qui ensanglante le monde pendant plus de cinq ans et enfante le plus grand génocide de l'histoire, l'Holocauste.

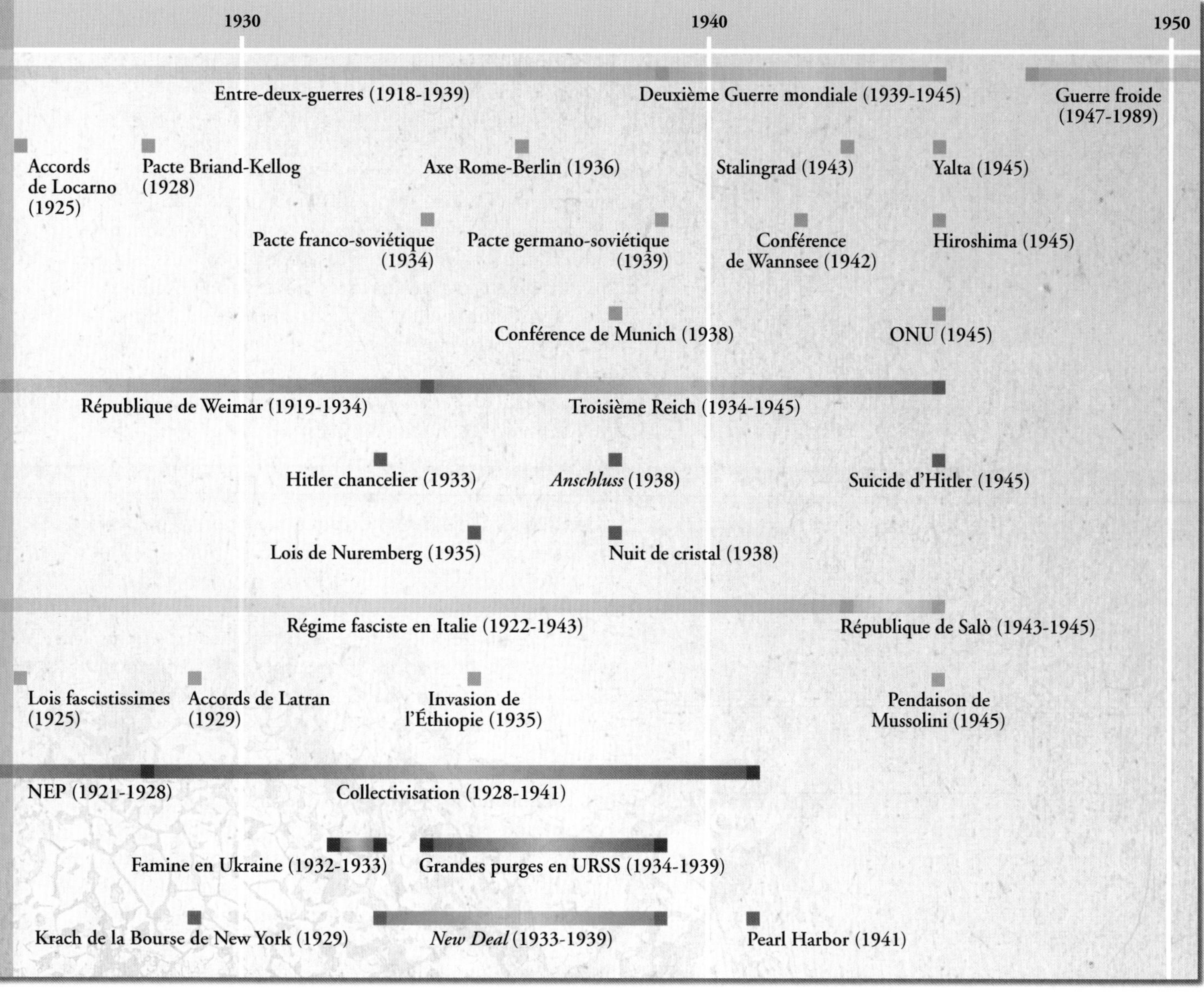

La Première Guerre mondiale et ses conséquences

Malgré les progrès stupéfiants que le monde occidental connaît dans la plupart des domaines au tournant du XXe siècle, l'Europe s'achemine inexorablement vers une guerre où elle va entraîner le reste du monde. Les rivalités entre nations provoquent en 1914 l'éclatement d'une guerre totale dont les conséquences vont marquer le XXe siècle : la Russie adopte l'idéologie communiste, l'Europe perd sa prééminence au profit des États-Unis, les règles de l'économie changent complètement et un nouveau mouvement politique de masse, le **fascisme**, émerge.

fascisme Mouvement politique fondé sur un nationalisme exacerbé et xénophobe, et dont l'objectif est de régénérer la nation en établissant un État totalitaire fondé sur une forme de socialisme national et en cherchant à créer un « homme nouveau ».

LES CAUSES DE LA GUERRE

L'événement déclencheur de la guerre de 1914-1918 est l'assassinat par un étudiant serbe de l'archiduc François-Ferdinand, prince héritier d'Autriche-Hongrie, le 28 juin 1914 à Sarajevo (Bosnie-Herzégovine). Mais l'affrontement des nationalismes, les rivalités entre grandes puissances et la course aux armements avaient créé un climat de tension propice aux hostilités depuis quelques décennies déjà.

CARTE 10.1

Les nationalités de l'Europe centrale au tournant du XXe siècle

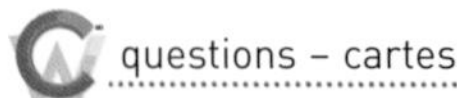
questions – cartes

LE PRINCIPE DE L'ÉTAT-NATION N'EST PAS RÉALISÉ PARTOUT. Au cours du XIXe siècle, le principe de l'État-nation s'est affirmé, particulièrement en Europe, avec l'unification et la création de l'Italie et de l'Allemagne. Ce modèle n'est toutefois pas réalisé dans tout le continent : l'Europe centrale et la région des Balkans, notamment, en sont loin. Au début du XXe siècle, les Finlandais, les Estoniens, les Lettons, les Lituaniens et les Ukrainiens vivent sous la souveraineté russe. Les Polonais se trouvent partagés entre trois États : la Russie, l'Allemagne et l'Autriche-Hongrie. La domination austro-hongroise s'étend sur les Tchèques, les Slovaques, des Italiens, les Slovènes, les Croates, les Bosniaques, des Serbes, des Moraves, des Ruthènes et des Roumains. Chez la plupart de ces peuples, des mouvements nationalistes revendiquent des droits et parfois même l'indépendance (carte 10.1).

Le déclin de l'Empire ottoman a notamment permis la création de la Roumanie, de la Bulgarie, du Monténégro et de la Serbie à la fin du XIXe siècle. Il n'a pas pour autant réglé la question des nationalités dans la péninsule balkanique. Le tracé des frontières est une source de disputes : les Serbes et les Bulgares, par exemple, exigent que leurs frontières nationales soient étendues afin de rassembler tous leurs « frères de sang ».

DES NATIONALISMES S'AFFRONTENT. Le principe de l'État-nation revendiqué par les populations « opprimées » n'est pas la seule source de tension en Europe. Dans la plupart des pays, des mouvements nationalistes agressifs et xénophobes apparaissent dans la seconde moitié du XIXe siècle, qui donnent le ton à la politique extérieure. En Allemagne se développe le pangermanisme, idéologie qui postule la supériorité du peuple allemand (le *Volk*) et réclame le rassemblement dans une

Un exemple de nationalisme agressif : le pangermanisme

Ces textes ont été écrits au début du XXe siècle par des membres de la Ligue pangermaniste, organisme fondé en 1891 qui réclamait l'expansion de l'Allemagne en Europe et l'accroissement de son domaine colonial. L'influence des pangermanistes sur les milieux dirigeants allemands croissait avec les années. En regard de la population actuelle de la Terre, en quoi l'argument des pangermanistes sur le besoin d'espace du peuple allemand peut-il être considéré comme discutable ?

■ ■ ■

Un peuple a besoin de terre pour son activité, de terre pour son alimentation. Et aucun peuple n'en a autant besoin que le peuple allemand qui se multiplie si rapidement et dont la vieille demeure est devenue si dangereusement étroite. Si nous n'acquérons pas bientôt de nouveaux territoires, nous allons inévitablement au-devant d'une épouvantable catastrophe[1].

■ ■ ■

Quelqu'un doit faire de la place : ou les Slaves de l'Ouest et du Sud, ou bien nous. Comme nous sommes les plus forts, le choix ne sera pas difficile. Il nous faut renoncer à notre attitude de modeste expectative. Un peuple ne peut se maintenir qu'en croissant. L'Angleterre a sa Plus Grande Bretagne, et l'Amérique son Amérique aux Américains [...] Il doit nous être possible de créer dans l'Europe centrale un état de chose qui, grâce à l'ordre et au calme qui y régneront, serve de base au développement ultérieur du peuple allemand. La population allemande augmente d'un million annuellement. Nous devons faire de la place pour ce million [...] Nous ne pouvons plus nous en tenir à ce que nous avons acquis en 1871. Nous avons atteint la limite de densité de population, et nous ne pouvons assister à un nouveau développement de notre industrie sans maintenir l'équilibre en étendant d'autant notre terre cultivable. [...]

L'Angleterre, avec ses 42 millions d'habitants, gouverne un empire colonial de 374 millions de sujets. [...] La France possède une partie de la surface de la terre, de la grandeur de l'Europe tout entière. [...] Si l'on se rappelle tous ces faits et si [...] l'on songe en outre que tout notre empire colonial ne s'élève qu'à 2 millions et demi de kilomètres carrés avec 12 millions d'habitants, un Allemand ne peut qu'être saisi de rage que les choses soient ce qu'elles sont. Si nous nous rappelons en outre que, de tous les peuples de la terre, c'est le peuple allemand qui a la plus haute culture générale et que son armée de terre est, au dire de chacun, la meilleure et la première au monde, cette maudite infériorité de notre puissance coloniale devient pour nous toujours plus énigmatique[2].

1. Albrecht Wirth, *Volkstum und Weltmacht in der Geschichte* (1904), cité dans E. Préclin et P. Renouvin, *Textes et documents d'histoire. Tome 4 : L'époque contemporaine (1871-1919)*, Paris, Presses universitaires de France, 1957, p. 76.
2. Otto Richard Tannenberg, *Gross-Deutschland* (1911), cité dans M. Laran et J. Willequet, *Recueil de textes d'histoire... Tome V : L'époque contemporaine (1871-1945)*, Paris, H. Dessain, 1960, p. 131-132.

grande Allemagne de tous les germanophones et leur droit à conquérir un espace vital. Le panslavisme russe, de son côté, attribue à la Russie deux missions : faire l'union de tous les peuples slaves et protéger les Slaves des Balkans, opprimés par l'Empire ottoman et par l'Autriche-Hongrie. Les tenants du nationalisme français réclament la revanche contre l'Allemagne, qui a humilié la France en 1870-1871, et cherchent à renverser la démocratie pour y substituer un régime autoritaire.

Les rivalités économiques attisent l'esprit belliqueux. Aux nationalismes qui aggravent les tensions politiques s'ajoutent les dures rivalités qui opposent les grandes puissances européennes sur le plan économique : chacune entend conquérir les marchés les plus lucratifs et accroître ainsi sa production industrielle.

La Grande-Bretagne détient la suprématie de la production manufacturière et industrielle, ainsi que du commerce international et de la finance (la *City* est alors la première place financière du monde et la livre sterling est l'étalon monétaire). Entre 1870 et 1914, la lutte pour les marchés se fait de plus en plus féroce. Pendant cette période, la France, l'Allemagne et les États-Unis réussissent d'ailleurs à combler partiellement l'écart qui les sépare de la Grande-Bretagne sur le plan de la production industrielle. Mais l'Allemagne cherche à la rattraper sinon à la dépasser.

L'Europe vit une paix armée. L'affrontement des nationalismes ainsi que les rivalités économiques deviennent plus inquiétants avec la course aux armements et la militarisation générale de l'Europe.

L'hégémonie de la Grande-Bretagne repose en partie sur ses marines marchande et militaire, ainsi que sur son réseau de ports répartis partout sur le globe. À la fin du XIXe siècle, l'empereur allemand Guillaume II entreprend de contester la suprématie britannique sur les mers et lance un vaste programme de construction navale. Piqués au vif, les Britanniques intensifient leur propre programme, dont l'objectif consiste à maintenir le total du tonnage de leur flotte de guerre au double de celui des deuxième et troisième flottes au monde combinées. Entre 1898 et 1913, la flotte anglaise s'accroît de plus de 3 millions de tonnes, la flotte allemande de 2 millions.

Au début du XXe siècle, les dépenses militaires ne cessent d'augmenter dans la plupart des pays européens, qui allongent en outre la durée du service militaire: en France et en Allemagne, elle est portée à trois ans à la veille de la guerre.

Les alliances militaires cristallisent les tensions. Des alliances militaires se nouent, qui placent bientôt face à face deux blocs antagonistes: d'un côté, la Triple-Alliance, ou Triplice, créée entre 1879 et 1882, regroupe l'Allemagne, l'Autriche-Hongrie et l'Italie; de l'autre, la Triple-Entente, ratifiée en 1907, rassemble la France, la Russie et la Grande-Bretagne (carte 10.2).

Cette fracture de l'Europe en deux camps accroît les tensions. Les petits peuples d'Europe qui se sentent menacés ou ont des griefs à faire valoir tentent de profiter de cette bipolarité. Ainsi, les Serbes désirent créer la Grande Serbie, qui rassemblerait tous les Serbes, et exercer leur hégémonie sur les autres Slaves

CARTE 10.2

L'Europe en 1914

des Balkans ; ils harcèlent l'Autriche-Hongrie, qui a annexé la Bosnie-Herzégovine en 1908, et comptent sur la Russie pour les protéger. Chacun des deux camps perçoit l'existence de l'autre comme une menace (l'Allemagne redoute notamment l'encerclement par la France et la Russie) et soupèse ses chances de briser l'unité du bloc adverse en utilisant n'importe quel prétexte pour déclencher une guerre que, naturellement, il imagine courte et victorieuse.

Entre 1905 et 1913, plusieurs crises se succèdent : chaque fois on frôle l'embrasement général. Les guerres balkaniques de 1912-1913 opposent d'abord les jeunes États balkaniques à l'Empire ottoman à propos des territoires encore sous domination turque à l'ouest du Bosphore ; dans un second temps, les vainqueurs s'entre-déchirent à propos des dépouilles du premier affrontement. Ces deux courtes guerres estivales achèvent de préparer les esprits à un affrontement généralisé.

LA PREMIÈRE GUERRE MONDIALE

En juillet 1914, les Européens ne savent pas encore qu'ils sont à la veille d'une guerre longue et désastreuse. Déclarée le 1er août, la guerre que chacun des deux camps rêvait de gagner rapidement se transforme en une guerre de tranchées qui durera plus de quatre ans et épuisera les combattants. L'entrée en guerre des États-Unis en 1917 fait finalement pencher la balance et donne la victoire à l'Entente. L'armistice, demandé par l'Allemagne, est signé le 11 novembre 1918.

FIGURE 10.1

La guerre dans les tranchées

Pendant près de quatre ans, les combattants vivent dans des tranchées qu'ils ont creusées eux-mêmes, où ils doivent subir le froid, la pluie et la boue. Ils ont constamment peur d'être les victimes des tireurs embusqués, des offensives ennemies et des gaz.

La guerre de mouvement s'enlise dans les tranchées.

Après l'assassinat de François-Ferdinand d'Autriche, les négociations entre les gouvernements austro-hongrois et serbe se trouvent dans une impasse à cause des exigences de l'Autriche-Hongrie, secrètement appuyée par l'Allemagne qui croit le moment venu de briser l'encerclement franco-russe. Malgré les efforts des pacifistes et de la diplomatie, l'Allemagne déclare la guerre à la Russie le 1er août 1914. Dans les jours qui suivent, les autres partenaires des alliances entrent à leur tour en guerre, sauf l'Italie qui attendra jusqu'en 1915 avant de choisir son camp.

Les Allemands appliquent le plan de guerre Schlieffen, qui prévoit une concentration de leurs troupes à l'ouest et une victoire rapide sur la France avant que la mobilisation russe ne soit effective. Mais quelques erreurs tactiques et **logistiques** et un sursaut désespéré des Français pour sauver Paris (la bataille de la Marne) en provoquent l'échec. À la mi-novembre 1914, le front s'est stabilisé sur plus de 300 kilomètres, de la mer du Nord à la frontière suisse, pour l'essentiel sur le territoire français. À l'est, après une courte offensive des troupes russes, les Allemands arrivent à les repousser de plus de 200 kilomètres, sans parvenir à faire une percée décisive. En mai 1915, là aussi, le front se stabilise (carte 10.3).

Après les efforts titanesques déployés pour remporter une victoire rapide, les deux camps s'efforcent dans les mois qui suivent de consolider leurs positions : chacun construit des centaines de kilomètres de tranchées défendues par des barbelés, des mines et des mitrailleuses. Les soldats des deux camps vont vivre pendant plus de trois ans dans un enfer de boue, à la merci des décisions souvent malheureuses des états-majors qui lancent de temps à autre des offensives coûteuses et inutiles pour briser le dispositif ennemi. Ainsi,

logistique Art de combiner tous les moyens de transport, de logement et de ravitaillement des troupes.

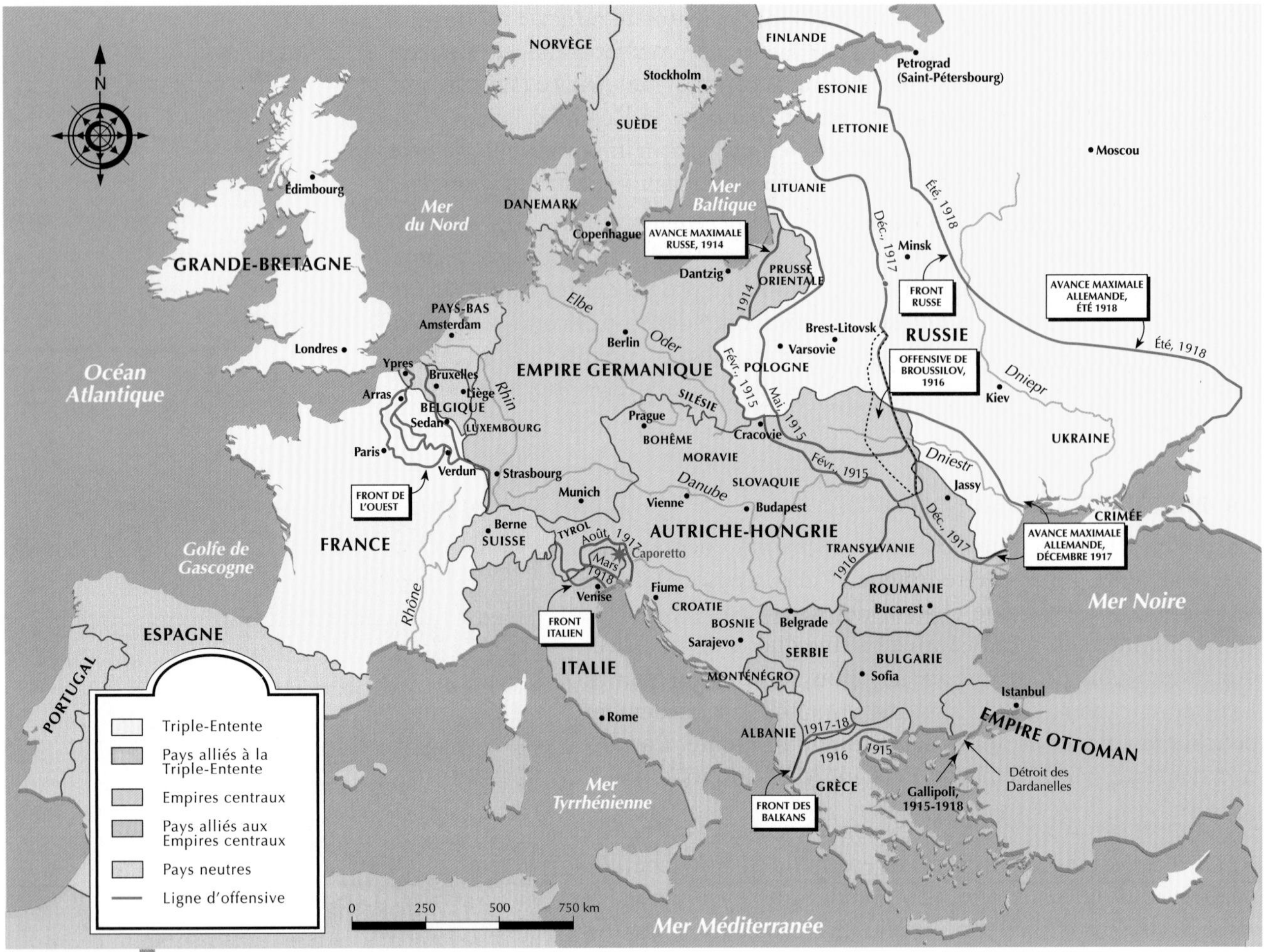

CARTE 10.3

La Première Guerre mondiale en Europe (1914-1918)

questions – cartes

l'offensive de Champagne de 1915 coûte 300 000 hommes à l'armée française, tandis que la bataille de Verdun de 1916 cause la mort de 500 000 soldats, autant d'Allemands que de Français. Le froid, l'humidité, la solitude, les bombardements d'artillerie et les gaz asphyxiants sont le lot quotidien du soldat.

La guerre devient totale. Les militaires ne sont pas les seuls à porter le poids de ce conflit. La population entière est mobilisée pour soutenir l'effort de guerre. Dans les campagnes, désertées par les hommes partis pour le front, les femmes, les personnes âgées et les enfants poursuivent tant bien que mal la production et supportent les réquisitions. La plupart des usines sont transformées en fabriques de matériel de guerre (armes, munitions, véhicules, etc.). Puisqu'on manque de main-d'œuvre masculine, on embauche massivement des femmes. La production est destinée en priorité à l'armée ; par conséquent, les civils subissent des rationnements. Ils sont aussi victimes de l'inflation provoquée par la rareté des produits et des denrées alimentaires et par l'impression massive de monnaie que les gouvernements effectuent pour financer la guerre. Leur liberté de mouvement et leur liberté professionnelle sont limitées, et ils sont soumis à la censure, à la surveillance policière et à la propagande.

Les gouvernements interviennent dans l'économie. Le laisser-faire et l'**équilibre budgétaire** cèdent la place au dirigisme d'État et à l'endettement. En effet, les gouvernements interviennent dans l'économie : ils créent des organismes chargés de superviser la production, veillent à une répartition

La guerre et ses nouveautés

La Première Guerre mondiale amène, comme la guerre de Sécession, sa panoplie de nouveautés. On y utilise notamment l'avion et l'automobile à des fins militaires et on y fait usage des gaz (principalement le gaz moutarde, qui produit des lésions neurologiques).

équilibre budgétaire Principe de gestion des finances publiques selon lequel les dépenses ne doivent pas excéder les recettes.

optimale de la main-d'œuvre, procurent le financement nécessaire aux industries de guerre et contrôlent le commerce et la consommation. Pour soutenir toutes ces dépenses, ils augmentent les prélèvements fiscaux; pour sa part, le Canada crée en 1917 un impôt sur le revenu.

Les pays de l'Entente font appel à leurs colonies. Engagées dans une épreuve de longue durée, les puissances de l'Entente font aussi appel aux ressources de leurs colonies (l'Allemagne et l'Autriche-Hongrie, encerclées, ne peuvent en faire autant). Elles en importent des matières premières (caoutchouc, plomb, zinc, phosphates, etc.) pour approvisionner leur industrie de guerre ainsi que des denrées (céréales, oléagineux, etc.) pour nourrir leurs armées. Elles y recrutent aussi des travailleurs et des soldats qui servent sur la plupart des fronts, souvent comme troupes de choc (l'Inde fournit à elle seule près de 2 millions de soldats à la Grande-Bretagne, tandis que la France en puise près d'un demi-million dans ses colonies d'Afrique).

D'autres pays d'Europe interviennent, de gré ou de force. Les belligérants comprennent très vite que la guerre sera plus longue qu'ils ne l'avaient prévu et cherchent alors à renforcer leur camp en s'associant à de nouveaux pays. L'Empire ottoman veut contrer les ambitions de la Russie sur son territoire, tandis que la Bulgarie, défaite lors de la guerre balkanique de 1913, désire prendre sa revanche sur la Serbie: ces deux pays se joignent donc à la Triple-Alliance dès l'automne 1914. L'Italie, quoique formellement membre de la Triplice, passe en mai 1915 du côté de l'Entente, qui lui promet des compensations territoriales aux dépens de l'Autriche-Hongrie. En 1916, la Roumanie adhère à l'Entente pour des motifs semblables; la Grèce y est contrainte en 1917 par un blocus naval.

Les États-Unis font pencher la balance. Les États-Unis, de leur côté, essaient de demeurer neutres en vertu de leur politique extérieure traditionnellement isolationniste (depuis la doctrine de Monroe de 1823). L'opinion publique est partagée entre les deux camps: une minorité de citoyens, principalement d'origine germanique, favorise la Triplice tandis que la majorité

FIGURE 10.2

Fabrication de munitions dans une usine anglaise

À l'arrière, la production industrielle est prioritairement transformée en production d'armement et de matériel destiné à l'armée. La main-d'œuvre y est majoritairement féminine (comme sur la photo), ce qui contribue à modifier l'image sociale des femmes et la perception qu'elles ont d'elles-mêmes.

soutient les pays de l'Entente, dont les régimes politiques (excepté celui de la Russie) lui apparaissent plus compatibles avec l'idéal américain. L'importance économique des exportations vers les pays de l'Entente (l'Allemagne et l'Autriche-Hongrie, encerclées, sont en outre soumises à un blocus naval) et les emprunts de guerre accroîtront graduellement l'appui en faveur de celle-ci. Les erreurs de l'Allemagne, qui tente d'amener le Mexique à déclarer la guerre aux États-Unis et qui s'attaque aux navires américains (elle lance la «guerre sous-marine à outrance» en février 1917), amèneront finalement les Américains à lui déclarer la guerre en avril 1917.

Dès 1915, le président américain Woodrow Wilson avait tenté d'agir comme médiateur entre les belligérants. Il présente en janvier 1918 ses «Quatorze Points», dont le contenu influera beaucoup sur les négociations de l'après-guerre. Il y propose une toute nouvelle vision des relations internationales, notamment une renonciation à la diplomatie secrète, la liberté des mers, la suppression des tarifs douaniers, la réduction des armements, le règlement des questions coloniales en tenant compte du vœu des populations ainsi que la création d'une Société des Nations chargée de garantir dans l'avenir l'indépendance politique et l'intégrité territoriale des États. Il y suggère aussi de régler les questions territoriales en Europe en se fondant sur le «principe des nationalités».

FIGURE 10.3

Cadavres de soldats allemands

Le poids de l'intervention américaine ne se fait sentir qu'au printemps 1918 avec l'arrivée sur les champs de bataille de près de 25 0000 «boys» chaque mois. Frais et dispos, équipés d'un armement ultramoderne, et appuyés par les chars, les avions et l'artillerie fabriqués en grande quantité dans leurs usines, les Américains imposent à l'Allemagne une pression qu'elle ne peut bientôt plus supporter.

L'Allemagne perd la guerre. Les dirigeants allemands sont conscients que l'entrée en guerre des États-Unis change radicalement la donne: entre janvier et juillet 1918, ils lancent successivement quatre offensives sur le front français, dont la dernière échoue de justesse. À partir de juillet, les forces de l'Entente contre-attaquent et atteignent les frontières allemandes en quelques semaines.

Au même moment, les partenaires de l'Allemagne dans la Triple-Alliance subissent de sérieux revers. Défaite en Macédoine, la Bulgarie demande l'armistice le 26 septembre. De son côté, la monarchie austro-hongroise, dont les armées sont repoussées par les troupes italiennes, est dissoute le 21 octobre. Le pays demande l'armistice quelques jours plus tard.

Par ailleurs, le climat sociopolitique se détériore sérieusement en Allemagne même. À partir du mois d'octobre, les grèves et les mutineries se multiplient, ce qui force le *Kaiser* à autoriser la transformation du régime en monarchie constitutionnelle et à lancer un vaste train de réformes. Mais c'est trop peu et trop tard: Guillaume II doit finalement abdiquer le 9 novembre.

Sur les recommandations de l'état-major, qui dès le mois d'août avait perdu tout espoir de gagner la guerre, les nouveaux dirigeants de l'Allemagne (un gouvernement de transition dirigé par le Parti social-démocrate) demandent le 11 novembre 1918 un armistice fondé sur les Quatorze Points. La Première Guerre mondiale prend ainsi fin.

Le monde transformé par la guerre

La Première Guerre mondiale change le monde de manière durable. Elle provoque la Révolution soviétique, dévaste et affaiblit l'Europe, modifie les valeurs et perturbe les économies.

FIGURE 10.4

L'église Saint-Basile

Sise sur la place Rouge, en plein cœur de Moscou, cette magnifique église, construite par le tsar Ivan le Terrible au XVIe siècle, comporte plusieurs dômes en forme d'oignon typiques de l'architecture religieuse russe.

LA RÉVOLUTION SOVIÉTIQUE

Une des plus importantes conséquences de la Première Guerre mondiale est probablement l'effondrement du tsarisme et la prise du pouvoir en Russie par un parti de révolutionnaires marxistes, les bolcheviks. La Révolution russe de 1917 découle de la misère causée par la guerre, mais également des transformations que connaît le pays depuis le milieu du XIXe siècle.

L'EMPIRE DES TSARS SE TRANSFORME. Malgré les réformes instaurées par Pierre le Grand au début du XVIIIe siècle pour occidentaliser le pays (voir le chapitre 7), la Russie est encore vers 1850 un pays semi-féodal où plus de 40 % de la population est réduite au servage. Après la défaite militaire subie lors de la guerre de Crimée (1853-1856), le tsar Alexandre II se rend compte que la puissance militaire d'un pays ne repose plus seulement sur le nombre de ses habitants (et donc de ses soldats), mais aussi et peut-être davantage sur la qualité de son armement, qui requiert l'existence d'industries modernes.

Le tsar entreprend alors une série de réformes destinées à moderniser son pays. La plus spectaculaire est l'abolition du servage en 1861. Cette réforme est toutefois mal accueillie par la paysannerie : les serfs sont obligés de racheter aux seigneurs les terres sur lesquelles ils vivaient. Cette mesure perpétue la pauvreté des masses paysannes russes et rend difficile la formation d'une paysannerie aisée, condition de l'enrichissement du pays. Par contre, l'abolition du servage libère la main-d'œuvre russe : une partie peut désormais se consacrer au travail dans les manufactures et les usines. Les tsars favorisent l'industrialisation de la Russie, en adoptant notamment une politique de construction ferroviaire financée par des emprunts à l'étranger. Ils créent également la Banque de Russie et fixent des tarifs douaniers pour protéger l'industrie naissante. La Russie connaît ainsi une industrialisation accélérée à partir des années 1880.

LA RUSSIE DEMEURE DIRIGÉE PAR UN AUTOCRATE. Malgré ces changements spectaculaires, la Russie demeure au début du XXe siècle un pays très largement agricole doté d'un régime politique **autocratique**. Les tsars y interdisent toute forme de vie politique. Les opposants sont surveillés et harcelés par la police secrète ou déportés dans la lointaine Sibérie. Quelques groupes et partis politiques clandestins sont néanmoins créés à la fin du XIXe siècle, dont

autocratique → autocratie Forme de gouvernement où le souverain exerce une autorité absolue.

un parti marxiste, le Parti ouvrier social-démocrate russe. La répression n'empêche pas non plus les révoltes paysannes ni les grèves ouvrières, qui se multiplient au début du XXe siècle.

UNE PREMIÈRE RÉVOLUTION (1905) FORCE LE TSAR À OCTROYER DES DROITS. En 1905, l'armée et la flotte russes subissent de cuisants revers lors de la guerre russo-japonaise en Extrême-Orient (voir le chapitre 9). L'humiliation de la défaite, les problèmes économiques liés à la guerre et les hausses de taxes provoquent un mouvement populaire qui se transforme en véritable révolution et dure plusieurs mois. On y assiste à la création d'institutions démocratiques spontanées, les **soviets**, conseils formés de délégués d'ouvriers, de paysans et de soldats. Incapable de faire écraser l'insurrection par l'armée, le tsar Nicolas II se voit forcé d'octroyer les **libertés civiques** à son peuple et d'instituer une assemblée législative, la Douma.

soviets À l'origine, conseils formés de délégués d'ouvriers, de paysans et de soldats, créés de manière spontanée pendant la révolution de 1905 ; par la suite, assemblée des députés en URSS.

libertés civiques Libertés du citoyen, comme la liberté de presse ou d'expression.

La paix avec les Japonais signée et le calme intérieur revenu, le tsar amoindrit toutefois les droits démocratiques octroyés et réduit progressivement les pouvoirs de la Douma. Il entreprend par ailleurs une réforme agraire avec l'intention de favoriser l'émergence d'une bourgeoisie rurale conservatrice et poursuit une politique de développement industriel. Le déclenchement de la guerre en août 1914 interrompt la transformation socioéconomique du pays.

LE TSARISME EST RENVERSÉ. À l'hiver 1916-1917, après plus de deux ans de guerre et de privations, le tsar a perdu la confiance de la population, de la cour et même de son armée, au sein de laquelle les désertions se multiplient. En février 1917, des manifestations pacifiques dégénèrent en émeutes. Les soldats refusent de les réprimer et se rebellent : le tsar se voit donc contraint d'abdiquer.

Le pouvoir échoit à la Douma. Un gouvernement provisoire, formé principalement de conservateurs, est chargé de diriger le pays dans l'attente de l'élection d'une **assemblée constituante**. Face à ce gouvernement qui hésite sur la voie à suivre, les soviets se multiplient : ils canalisent les revendications de la population et jouent le rôle de chien de garde de la révolution. Au Congrès des soviets, organe central où sont théoriquement représentés les milliers de soviets locaux, les socialistes de toutes tendances sont bientôt majoritaires.

assemblée constituante Assemblée chargée de rédiger une constitution.

UNE DOUMA CONSERVATRICE

La Douma de 1912 a été élue sur la base d'un collège électoral extrêmement restreint. Ainsi, les membres de la grande noblesse terrienne et de la haute bourgeoisie urbaine, qui constituaient moins de 1 % de la population, représentaient 64,4 % des électeurs. Les partis de droite et d'extrême droite y ont obtenu 251 des 438 sièges ; on y note tout de même la présence de 10 *trudoviki* (membres de l'aile « travailliste » du Parti socialiste-révolutionnaire, qui prône un socialisme agraire) et de 14 sociaux-démocrates, partisans de la doctrine marxiste.

Épuisée par la guerre et affamée, la population russe réclame du gouvernement provisoire des réformes immédiates, en premier lieu la conclusion de la paix avec l'Allemagne ainsi que la redistribution des terres. Toutefois, le gouvernement provisoire ne répond pas à ces demandes. Pire, il va d'erreur en catastrophe, promettant aux pays de l'Entente que la Russie va poursuivre la guerre à leurs côtés et lançant même une offensive militaire désastreuse. Malgré la présence croissante de socialistes en son sein, le gouvernement provisoire perd peu à peu la confiance de la population.

Les bolcheviks prennent le pouvoir. Face à ces tergiversations, un petit parti marxiste issu d'une scission du Parti ouvrier social-démocrate russe, le Parti bolchevique, s'attire de plus en plus les faveurs de l'opinion publique par la clarté de ses positions et par son infatigable volontarisme.

À partir d'août 1917, un mouvement révolutionnaire de fond balaie le pays: les soldats désertent massivement et rentrent chez eux; les ouvriers occupent des usines et les gèrent eux-mêmes; les paysans s'emparent des terres, du **cheptel**, ainsi que du matériel agricole appartenant aux nobles, et ils se les redistribuent. Conscient de la faiblesse du gouvernement provisoire, le Parti bolchevique organise un coup d'État les 24 et 25 octobre et s'empare ainsi du pouvoir. Dans les jours qui suivent, son chef Lénine publie une série de décrets qui accordent la propriété des terres aux soviets paysans, reconnaissent le pouvoir ouvrier dans les usines et admettent le droit des peuples à disposer d'eux-mêmes. Il invite aussi toutes les nations belligérantes et leurs gouvernements «à ouvrir sans délai les négociations d'une paix juste et démocratique». En quelques mois, la Révolution soviétique a mis fin au tsarisme et a fait naître le premier État communiste de l'histoire.

cheptel Ensemble des bestiaux d'une exploitation agricole.

Social-démocratie et communisme

Avant la Première Guerre mondiale, l'appellation «social-démocrate» désigne les socialistes en général, y compris les marxistes; à partir de la Révolution soviétique, les marxistes portent le nom de «communistes», l'appellation «social-démocrate» s'appliquant désormais aux socialistes qui acceptent les règles de la démocratie libérale.

Une guerre civile déchire le pays. Le gouvernement issu de la révolution d'Octobre est majoritairement formé de bolcheviks. Alors que la population espérait un gouvernement d'union qui rassemblerait tous les partis socialistes, les bolcheviks s'octroient la totalité des pouvoirs et abolissent la liberté de presse. Ils supprimeront aussi tous les autres partis politiques au cours des mois suivants.

Le gouvernement bolchevique met aussi un terme à la guerre avec l'Allemagne: en mars 1918, la Russie cède à la Triplice des territoires équivalant environ au quart de sa population et de ses ressources. Malgré cette douloureuse concession, les nouveaux dirigeants et la population russe ne jouissent pas longtemps de la paix. En effet, dès le printemps 1918, les adversaires des bolcheviks lèvent des armées contre-révolutionnaires et alimentent des foyers de guerre civile. Quand la Première Guerre mondiale prend fin (novembre 1918), des troupes de l'Entente viennent appuyer les adversaires des bolcheviks.

Octobre en novembre

La célèbre révolution d'Octobre en Russie a en réalité eu lieu en novembre. En effet, la réforme du calendrier faite par le pape Grégoire XIII au XVIe siècle n'y avait pas été appliquée (les Russes étant orthodoxes). La Russie de 1917 vivait donc encore sous le calendrier julien (créé par C. Julius Cæsar). Ce calendrier étant en retard de 13 jours sur celui des pays occidentaux, le 24 octobre correspondait donc à notre 6 novembre.

Le traité de Brest-Litovsk

Par le traité de Brest-Litovsk (mars 1918), la Russie cède aux empires centraux (Allemagne, Autriche-Hongrie et Empire ottoman) la partie de la Pologne qu'elle possédait, ainsi que l'Ukraine et la Biélorussie; elle doit aussi accepter de perdre des régions de l'Arménie et de la Géorgie et abandonner toute prétention sur les pays baltes et la Finlande. Elle récupérera une partie de ces territoires à l'issue de la guerre civile.

La résistance des bolcheviks aux contre-révolutionnaires et aux troupes étrangères repose sur trois piliers: une police politique, la Tchéka, qui met en place la «terreur rouge» contre leurs adversaires; une armée réorganisée et restructurée, l'Armée rouge; et un système autoritaire de régulation de l'économie, le «communisme de guerre». Malgré la misère, les restrictions et le régime de terreur qu'ils imposent aux populations, les bolcheviks finissent par remporter la guerre civile au début de 1921.

Les bolcheviks relancent l'économie par la NEP. La situation de la Russie en 1921 est effroyable. Le pays a perdu près de 13 millions d'habitants depuis 1914; la famine et les épidémies fauchent encore les vies humaines par milliers; la production industrielle atteint à peine 15% de celle de l'avant-guerre, la production agricole 60%; les infrastructures sont laminées. Les paysans, las de près de sept ans de guerre, résistent aux réquisitions de produits alimentaires.

Les dirigeants soviétiques réagissent en mettant de l'avant une nouvelle politique économique (la NEP) qui autorise le retour de la petite entreprise privée dans le commerce et l'industrie, accorde aux paysans la liberté de produire et de disposer du surplus de leurs récoltes à leur gré et restaure certains droits et libertés. Cette politique ressuscite le pays, qui dès 1925 retrouve son niveau de production de 1914. Au cours de cette période, les femmes obtiennent l'égalité juridique complète et les arts fleurissent grâce à une certaine liberté de création. Par contre, la pratique religieuse demeure brimée, la liberté de presse n'est pas rétablie et les bolcheviks conservent la totalité du pouvoir.

collectivisation En régime communiste de type soviétique, abolition de la propriété privée des terres et regroupement de celles-ci en coopératives (kolkhozes) ou en fermes d'État (sovkhozes).

Staline lance la collectivisation des terres et multiplie les purges. L'amélioration permise par la NEP sera de courte durée. En effet, à la suite d'un intense débat au sein du Parti, la NEP est abandonnée à la fin des années 1920 et remplacée par une politique d'industrialisation accélérée et de **collectivisation** des terres qui doit, aux dires de ses auteurs, permettre à l'URSS (voir encadré ci-contre) de passer plus rapidement au socialisme. Lénine meurt; Joseph Staline lui succède. Celui-ci établit une dictature en décrétant des purges au sein du Parti et de l'appareil d'État, en commandant l'élimination physique de certains membres de groupes sociaux soupçonnés de s'opposer au socialisme et en créant un gigantesque appareil pénitentiaire: des millions d'individus sont liquidés ou disparaissent.

L'URSS

La Russie change de nom en 1922. Elle devient l'Union des Républiques socialistes soviétiques (URSS; CCCP en alphabet cyrillique), république fédérale – plusieurs républiques et un gouvernement central – à caractère socialiste et soviétique.

Devenue la Mecque du communisme, la «Troisième Rome», l'URSS crée la IIIe Internationale, organisme dont l'objet est la propagation du communisme dans le monde entier (carte 10.4).

UNE EUROPE ÉBRANLÉE

Outre la Révolution soviétique, la Première Guerre mondiale a donné lieu à d'autres événements qui ont changé la face du monde. À la suite de

Staline appelle à la liquidation des paysans riches

Lors d'un discours prononcé en 1929, Staline explique pourquoi, à son avis, les fermes familiales doivent être remplacées par des entreprises agricoles collectives et pourquoi cette transformation appelle la liquidation des koulaks (paysans riches) en tant que classe. Le processus de collectivisation des terres en URSS, mis en branle en 1928, suscita la résistance d'un grand nombre de paysans qui préféraient souvent tuer leurs animaux plutôt que de les donner à la ferme collective. Tout résistant étant considéré comme un koulak, plusieurs millions de paysans russes furent assassinés entre 1928 et 1936. Quelle phrase de ce texte constitue une menace implicite à l'endroit des membres du Parti qui voudraient défendre ces paysans?

■ ■ ■

La méthode socialiste consiste à créer des fermes collectives et des fermes d'État en amalgamant des petites fermes en unités plus grandes qui emploieront de la machinerie et des méthodes scientifiques, ce qui amènera leur développement et stimulera le développement de la production. [...] Nous sommes désormais en mesure de lancer une offensive décisive contre les koulaks, de les éliminer en tant que classe et de substituer à la production agricole individuelle la production des fermes collectives et des fermes d'État. À l'heure actuelle, les koulaks sont expropriés par les paysans pauvres et moyens eux-mêmes, qui mettent la collectivisation en pratique. À l'heure actuelle, l'expropriation des koulaks dans les régions de collectivisation n'est plus seulement une mesure administrative. C'est une partie intégrale du processus de création et de développement des fermes collectives. En conséquence, il est ridicule et stupide de discuter du phénomène de l'expropriation des koulaks. On ne pleure pas la perte des cheveux de quelqu'un qui a été décapité.

Joseph Staline, *Problèmes du léninisme*, Moscou, Éditions du Progrès, 1936, p. 391, 412.

CARTE 10.4

L'Union soviétique en 1936

FIGURE 10.5

Affiche de propagande soviétique

La crainte de l'expansion du communisme sera un des facteurs politiques dominants pendant l'entre-deux-guerres et après la Deuxième Guerre mondiale. Les bolcheviks eux-mêmes alimentent cette peur en publiant des affiches de propagande comme celle-ci, qui invite les peuples du monde à renverser leurs institutions économiques et politiques.

taux de natalité Mesure obtenue en comparant le nombre de naissances pendant une année avec la population totale ; exprimée en *n* pour mille.

infrastructures Ensemble des installations matérielles d'une société, notamment les routes, les ports et les édifices publics.

l'effondrement des deux autres grands empires européens (Allemagne et Autriche-Hongrie) lors des derniers jours du conflit, la carte géopolitique de l'Europe se trouve redessinée. La suprématie de l'Europe elle-même, indiscutable avant 1914, est contestée. Les valeurs et les comportements sont profondément modifiés. L'économie mondiale en subit les contrecoups.

L'EUROPE EST DÉVASTÉE. Près de 9 millions de soldats ont trouvé la mort sur les champs de bataille; 20 millions d'autres ont été blessés ou sont devenus handicapés. À ce bilan s'ajoutent 3 ou 4 millions de civils tués. À elle seule, la France a perdu 1,4 million de citoyens (soit 10,5 % de sa population active), l'Allemagne 1,9 million. Les **taux de natalité** ont bien sûr diminué pendant la guerre. Cette baisse persistera plusieurs années encore à cause du manque d'hommes en âge de procréer.

Les régions qui ont été le théâtre des combats ont subi des destructions massives: des édifices sont rasés (300 000 en France seulement), les **infrastructures** détruites, la capacité de production, y compris celle des terres agricoles, réduite pour plusieurs années. Les économies des pays belligérants sont aussi durement éprouvées. Le potentiel agricole de l'Europe a chuté de 30 %, son potentiel industriel de 40 %.

LES FINANCES PUBLIQUES SONT BOULEVERSÉES. Les dépenses de guerre de la France ont dépassé 252 milliards de francs-or, celles de l'Allemagne 173 milliards. Malgré la création de nouveaux impôts, en particulier de l'impôt sur le revenu dans plusieurs pays, les dettes des gouvernements ont été considérablement alourdies (celle de l'Allemagne a été multipliée par 20). Le recours massif à l'impression de papier-monnaie pour financer les dépenses de guerre a engendré, d'une part, une importante inflation et, d'autre part, une dépréciation des monnaies européennes, qui cessent d'être convertibles en or.

LA STRUCTURE DÉMOGRAPHIQUE EST ÉBRANLÉE. En plus de ces dommages économiques et matériels, l'Europe a également perdu dans cette guerre des personnalités, écrivains, scientifiques et industriels de grande qualité. De plus, la disparition d'un grand nombre d'hommes jeunes se répercute sur le renouvellement des dirigeants: pendant l'entre-deux-guerres, dans plusieurs pays,

LE FRANC-OR

Le franc-or est une mesure fondée sur la valeur du franc en 1914 : 1 dollar américain s'échangeait alors contre 4 francs. En 1914, 252 milliards de francs-or valent donc 63 milliards de dollars américains, alors que l'ouvrier des usines Ford de Détroit gagnait 25 à 30 dollars bruts par semaine.

se met en place une véritable **gérontocratie**. Enfin, l'important traumatisme psychologique subi par les Européens contribuera entre autres à la montée des mouvements fascistes.

gérontocratie Gouvernement où le pouvoir est exercé par des personnes âgées.

LES TRAITÉS DE 1919-1920 SANCTIONNENT LES VAINCUS. Les traités de paix qui ont mis fin à la Première Guerre mondiale ont été négociés en l'absence des vaincus et de la Russie (alors en pleine guerre civile) et ont abouti à un nouvel ordre géopolitique, en principe fondé sur le droit des peuples à disposer d'eux-mêmes.

L'Empire austro-hongrois est le plus visiblement touché des vaincus : il est divisé en trois pays (l'Autriche, limitée aux régions germanophones, la Hongrie et la Tchécoslovaquie) ; de plus, certaines parties de son territoire sont cédées à la Pologne « ressuscitée », à la Roumanie, à l'Italie et au tout nouveau royaume des Serbes, des Croates et des Slovènes (qui sera nommé Yougoslavie en 1929).

L'Empire ottoman, devenu la Turquie et réduit aux dimensions de l'Asie mineure, doit reconnaître l'indépendance de l'Arménie et abandonner les derniers lambeaux de son empire à la Grèce, à l'Italie, ainsi qu'à la France et à la Grande-Bretagne (ces deux derniers pays reçoivent la responsabilité d'administrer, sous le **mandat** de la toute nouvelle Société des Nations, l'Irak, la Syrie, le Liban, la Palestine et la Transjordanie).

mandat Acte par lequel une personne (physique ou morale) est chargée d'en représenter une autre, de remplir à sa place certaines tâches.

En vertu du principe des nationalités, l'Allemagne doit céder certaines régions à la Pologne, au Danemark, à la Belgique et à la France (l'Alsace et la Lorraine, qu'elle lui avait prises en 1871). Elle doit aussi abandonner toutes ses colonies et accepter la démilitarisation de la Rhénanie. Elle est de plus déclarée responsable de la guerre et, pour cette raison, durement sanctionnée : elle est condamnée à verser aux vainqueurs, et plus particulièrement à la France, des réparations qui seront fixées à 132 milliards de marks-or (33 milliards de dollars américains) ; elle doit céder à la France le contrôle des mines de charbon de la Sarre pendant 15 ans ; elle voit aussi son armée limitée à 100 000 hommes. Le caractère vexatoire et humiliant de ces traités fera naître chez les Allemands un sourd sentiment de revanche dont se nourriront les forces de l'extrême droite nationaliste.

ON CRÉE LA SOCIÉTÉ DES NATIONS. À la suggestion du président des États-Unis, la Société des Nations (dont le siège est situé à Genève) est créée pour garantir l'inviolabilité territoriale ainsi que l'indépendance de tous les pays, et préserver la paix dans le monde. Cette organisation doit promouvoir le remplacement de la diplomatie secrète par des négociations ouvertes, et celui de la force brute par des sanctions votées par les pays membres. Elle souffrira toutefois de ce que les États-Unis n'en sont pas membres et de ne pas être dotée de forces armées capables de faire respecter ses décisions.

LA CARTE DE L'EUROPE EST REDESSINÉE. Une Europe fort différente de celle de 1914 ressort des traités de paix (carte 10.5, p. 335). De nouveaux pays sont créés : trois États baltes (Estonie, Lettonie, Lituanie), la Pologne, la Tchécoslovaquie, la Hongrie et l'Autriche. Quelques pays, dont la Russie et l'Allemagne, sont amputés de territoires plus ou moins vastes, tandis que d'autres, comme la France, sont agrandis.

Bien que dessinée en théorie à partir du principe des nationalités, la carte de l'Europe issue des traités de 1919-1920 laisse encore environ 25 millions d'Européens sous l'autorité d'une nationalité dominante (contre plus de 60 millions en 1914). La nouvelle carte politique de l'Europe centrale et balkanique ne coïncide pas avec sa carte ethnique, linguistique ou religieuse. Ces

Le préambule du pacte de la Société des Nations

Quels objectifs se donnent les membres contractants de la Société des Nations en 1919 ? Ces objectifs ont-ils été atteints d'une quelconque façon depuis lors ?

■ ■ ■

Les hautes parties contractantes, considérant que, pour développer la coopération entre les nations et pour leur garantir la paix et la sécurité, il importe :
- *d'accepter certaines obligations de ne pas recourir à la guerre ;*
- *d'entretenir au grand jour des relations internationales fondées sur la justice et l'honneur ;*
- *d'observer rigoureusement les prescriptions du droit international, reconnues désormais comme règle de conduite effective des gouvernements ;*
- *de faire régner la justice et de respecter scrupuleusement toutes les obligations des traités dans les rapports mutuels des peuples organisés ;*

adoptent le présent pacte qui institue la Société des Nations.

Dans Paul Reuter et André Gros, *Traités et documents diplomatiques*, Paris, Presses universitaires de France, 1963, p. 19.

entorses au principe des nationalités feront naître chez les insatisfaits une volonté de « réviser » les traités qui alimentera les nationalismes agressifs de l'entre-deux-guerres.

Des régimes démocratiques sont implantés. De plus, les principes énoncés par le président Wilson dans ses Quatorze Points conduisent à une démocratisation générale de l'Europe, principalement justifiée par la victoire des régimes démocratiques sur les régimes autocratiques. Ceux-ci sont donc remplacés par des démocraties en Allemagne et en Autriche, tandis que les pays nouvellement créés adoptent la forme de républiques parlementaires inspirées du modèle français. Plusieurs autres pays sont dotés de monarchies parlementaires ou continuent de vivre sous ce régime. Deux pays se démarquent par des régimes particuliers : l'Espagne demeure une monarchie traditionnelle jusqu'en 1933, où elle devient une république ; la Russie, devenue l'URSS, connaît un régime nouveau, la dictature d'un parti communiste.

La suprématie de l'Europe est contestée. L'Europe demeure au cœur du système économique et politique international, ses empires coloniaux résistent au conflit et sa vitalité culturelle n'est guère entamée. Cependant, la guerre a érodé son hégémonie sur la planète.

Puissance industrielle et financière en gestation dans la seconde moitié du XIXe siècle, les États-Unis ont tiré profit de la Première Guerre mondiale en vendant leurs produits aux pays de l'Entente et en leur prêtant de l'argent. Ils en ressortent donc **créanciers** du monde entier et détenteurs de plus de la moitié du stock d'or mondial. La capacité de production de l'industrie américaine a doublé entre 1914 et 1919, et le tonnage de sa flotte marchande a quadruplé. De plus, le dollar a remplacé la livre sterling comme monnaie de référence mondiale.

créancier Personne envers laquelle une autre est endettée.

D'autres pays, producteurs industriels ou fournisseurs de matières premières, ont accru leur production et ravi à l'Europe une part de ses marchés. Le Japon a vu sa production manufacturière multipliée par cinq et a remplacé l'Europe sur les marchés asiatiques pendant la guerre. Le commerce extérieur des grands pays d'Amérique latine (Argentine, Brésil, Chili, Mexique) a doublé. Leur production agricole et leur **secteur primaire** se sont développés.

secteur primaire Secteur d'activité économique caractérisé par la production de matières premières (agriculture, mines, etc.).

CARTE 10.5

L'Europe issue des traités de 1919-1920

Dans les *dominions* britanniques, notamment au Canada, jusque-là principalement producteurs de matières premières, le **secteur secondaire** a connu une forte croissance.

secteur secondaire Secteur d'activité économique qui regroupe les activités de transformation des matières premières en biens et en produits.

LES LIENS ENTRE LES PAYS EUROPÉENS ET LEURS COLONIES SE SONT AFFAIBLIS. Les empires coloniaux sont apparemment sortis indemnes du conflit, mais les liens qu'entretenaient les métropoles avec leurs colonies se sont en fait distendus. Tout d'abord, les marchés coloniaux se sont ouverts à d'autres producteurs pendant la guerre; ensuite, la contribution des peuples colonisés au carnage européen les a incités à revendiquer pour eux-mêmes les grands

La Révolution mexicaine

Lors de la Première Guerre mondiale, le Mexique connaît une révolution sociale et politique; il en restera marqué jusqu'à la fin du siècle. Cette révolution commence en 1910 par un soulèvement armé des forces d'opposition dirigé par le libéral Francisco Madero contre le dictateur Porfirio Díaz, qui avait modernisé le pays mais avait favorisé les capitalistes étrangers et les grands propriétaires terriens qui exploitaient les paysans sans merci. Élu président après le départ de Díaz, Madero établit un régime libéral et honnête, toutefois honni par la droite et ne satisfaisant pas la soif de justice sociale des masses populaires. Dès lors, commence une guerre civile de près de 10 ans où s'affrontent un grand nombre de belligérants, dont les partisans d'une réforme agraire dirigés par Emiliano Zapata, les *dorados* de Pancho Villa, les constitutionnalistes de Venustiano Carranza, les conservateurs menés par le général Huerta, des arrivistes et des bandits. Plusieurs des grandes puissances de l'époque, attirées par les ressources pétrolières du pays, interviennent, directement ou indirectement, dans ce conflit sociopolitique où près d'un million de Mexicains trouvent la mort. Tous les chefs révolutionnaires ayant été assassinés entre 1913 et 1923, le pouvoir échoit finalement à un nouveau parti, le Parti national révolutionnaire (PNR), ancêtre direct de l'actuel Parti révolutionnaire institutionnel (PRI), qui a gouverné le pays de cette date jusqu'en 2000. Le résultat le plus important de la Révolution mexicaine est l'adoption en 1917, sous le gouvernement Carranza, d'une nouvelle constitution qui institue le suffrage universel, prévoit une large réforme agraire, améliore le sort des travailleurs et impose des limites à l'achat des terres et des ressources naturelles par des étrangers. Les réformes sociales promises par la Constitution tardent toutefois à se matérialiser, sauf sous la présidence de Lázaro Cárdenas (1934-1940), qui redistribue de nombreuses terres aux paysans, crée pour eux des écoles et nationalise l'industrie des hydrocarbures.

Gandhi explique en 1921 ses espoirs déçus

Mohandas Gandhi, né en Inde en 1869, a étudié le droit à Londres, puis pratiqué sa profession en Afrique du Sud et en Inde. Revenu dans sa patrie après la Première Guerre mondiale, il y devient le leader du mouvement indépendantiste et prône l'action non violente. Ses compatriotes lui donneront le surnom de «Mahatma» – grande âme. Pour quelle raison participe-t-il à l'effort de guerre anglais avec enthousiasme?

■ ■ ■

Lorsqu'en 1914 la guerre éclata entre l'Angleterre et l'Allemagne, je formai un corps d'ambulanciers volontaires composé des Indiens qui se trouvaient à Londres, étudiants pour la plupart. [...] Enfin, lorsqu'en 1918 [...] lord Chelmford fit un pressant appel pour l'enrôlement de la jeunesse, je me donnai tant de mal pour former un corps sanitaire à Khedda que je compromis sérieusement ma santé. [...] Dans tous ces efforts, j'étais poussé par la conviction que des services de ce genre me permettraient d'obtenir pour mes compatriotes un rang égal à celui des autres parties de l'Empire.

Mohandas Gandhi, *Jeune Inde* (extraits du procès subi par Gandhi en 1921), cité dans M. Laran et J. Willequet, *Recueil de textes d'histoire... Tome V: L'époque contemporaine (1871-1945)*, Paris, H. Dessain, 1960, p. 299.

principes au nom desquels les Européens se sont fait la guerre, comme le droit des peuples à disposer d'eux-mêmes, la liberté et la démocratie; enfin, les élites des colonies – souvent formées dans les écoles des métropoles et initiées aux grandes idées émancipatrices de l'Occident – commencent pendant l'entre-deux-guerres à réclamer une plus grande autonomie ou même, dans certains cas comme en Inde, l'indépendance pure et simple.

De nouvelles valeurs émergent. Au sortir de la Première Guerre mondiale, les sociétés occidentales sont aussi globalement transformées sur le plan des valeurs. La vie et les mœurs des années 1920 diffèrent de celles d'avant 1914 à un point tel que des témoins de cette époque déclarent avoir l'impression de vivre dans un autre monde!

FIGURE 10.6

Plaisirs des années folles

Au cours des années 1930, alors que les États-Unis subissent une grave crise économique, des artistes comme Thomas Hart Benton se tournent avec nostalgie vers le passé et les valeurs qui ont, selon eux, fait la grandeur de leur pays. Ce tableau, qui fait partie d'une série de tableaux du même type, représente la ville aux États-Unis pendant les années folles. L'émancipation des femmes y est particulièrement visible.

Après plus de quatre années de guerre, les populations occidentales aspirent au plaisir et à la joie de vivre. À la suite des Américains, qui donnent le ton, les citadins des « années folles » boivent, fument, dansent (tango, charleston, fox-trot, two-step, etc.) et s'enivrent de plaisirs, tandis que de nouvelles technologies (radio, téléphone automatique, automobile, avions de passagers, etc.) transforment leur vie quotidienne. La jeunesse (c'est-à-dire les jeunes adultes non mariés), étroitement encadrée avant 1914, acquiert après la guerre une plus grande marge d'indépendance. Les tabous et les rites sociaux qui semblaient éternels, immuables, sont vite oubliés : ainsi, les relations sexuelles avant ou hors mariage ne sont plus l'objet d'une réprobation absolue, tandis que le nombre de divorces augmente.

Les femmes s'émancipent. Dans les sociétés occidentales, les femmes ont profité du conflit pour démontrer qu'elles pouvaient effectuer des travaux « masculins ». Bien qu'elles soient majoritairement retournées dans leurs foyers en 1918, elles connaissent une première émancipation pendant l'entre-deux-guerres. Leurs vêtements et leurs coiffures changent : elles cessent graduellement de porter la robe longue et le corset, au profit de robes plus courtes qui suivent la ligne du corps, et elles se font couper les cheveux. De même, elles peuvent désormais sortir de la maison familiale et fréquenter, sans accompagnement paternel ou masculin obligatoire, les lieux publics où elles se livrent aux mêmes activités que les hommes. Elles s'adonnent à la pratique des sports, où certaines d'entre elles commencent à s'illustrer. Généralement limités à la demande du droit de vote avant la guerre, les mouvements féministes commencent peu après à dénoncer la division sexuelle des tâches et des rôles sociaux.

Les arts sont transformés. Sur le plan artistique, la guerre a provoqué un ébranlement considérable. Des mouvements comme le dadaïsme et le surréalisme, qui en sont directement issus, dénoncent l'absurdité du monde et tournent les conventions sociales en dérision. Dans les grandes villes, la vie culturelle est en ébullition : le jazz des *big bands* envahit les « boîtes de nuit » ; le théâtre devient politique, voire absurde, et connaît une véritable révolution sur le plan de la mise en scène ; l'architecture devient sociale ; la peinture s'éloigne de la représentation figurative ; le roman est déstructuré ; quant au cinéma, parlant à partir de 1927, il navigue entre les grandes productions hollywoodiennes, l'expressionnisme allemand et le réalisme socialiste.

DES ÉCONOMIES PERTURBÉES

La Première Guerre mondiale produit un changement moins visible mais tout aussi important dans l'économie mondiale et dans les politiques économiques des gouvernements. Ses effets perturbent sérieusement les économies des pays occidentaux jusqu'au milieu des années 1920, où commence une période d'apparente stabilité. Mais le répit est de courte durée : après le krach de la Bourse de New York d'octobre 1929, une grande partie du monde est plongée dans une crise économique de grande amplitude et de longue durée. Pour s'en sortir, certains gouvernements choisiront de modifier leur politique économique, d'autres prendront la voie du militarisme.

Les effets de la guerre se font sentir pendant la première moitié des années 1920. Après une courte crise de reconversion et malgré une reprise de l'économie à partir de 1922, un certain nombre de problèmes minent les économies occidentales au début des années 1920. Premièrement, une poussée de nationalisme économique provoque la généralisation du protectionnisme qui, joint à la fragmentation des vastes ensembles économiques de l'avant-guerre, entraîne une diminution des échanges mondiaux. Deuxièmement, la poursuite de l'inflation, certes moins grave que pendant la guerre, fragilise les monnaies et les finances publiques, et suscite une tendance à la spéculation ainsi qu'à la recherche de valeurs refuges – comme les métaux précieux et les œuvres d'art –, sûres mais improductives. Troisièmement, il existe un chômage chronique relativement important, généré d'une part par les facteurs précédents et d'autre part par la hausse de la **productivité**. Enfin, l'agriculture et l'industrie des matières premières connaissent une crise des « ciseaux », c'est-à-dire une baisse des prix de leurs produits conjuguée avec une hausse des prix des produits manufacturés, qui aggrave l'endettement des producteurs et rend plus coûteux les investissements dans ces secteurs.

productivité Rapport d'un produit aux facteurs de production, comme la quantité d'énergie et de matières premières utilisées, les coûts fixes et le temps de travail.

À partir de 1925, les économies se stabilisent. La plupart des pays occidentaux connaissent toutefois la prospérité dans la seconde moitié des années 1920 : le plan Dawes, qui réduit à partir de 1924 les montants annuels que l'Allemagne doit verser à la France en guise de réparations, l'octroi de prêts américains à l'Allemagne et l'adoption par la plupart des pays de mesures de stabilisation de leur monnaie en sont les principaux facteurs.

L'augmentation de la production industrielle et manufacturière pendant cette période tient principalement à une formidable hausse de la productivité, elle-même attribuable à la concentration des entreprises, à l'implantation dans de nombreuses usines de la chaîne de montage, au développement de l'organisation scientifique du travail industriel, mieux connue sous le nom de **taylorisme**, et à la **standardisation**. Elle profite aussi de la croissance de la consommation, elle-même favorisée par la hausse du **salaire réel** et par l'extension de la vente à crédit.

L'utilisation grandissante, pour remplacer le charbon et la force hydraulique, de nouvelles sources d'énergie comme le pétrole (pour les transports) et l'électricité (pour la machinerie) accélère la croissance industrielle et conduit à l'essor de nouveaux secteurs comme l'électrométallurgie, l'industrie chimique et l'aéronautique.

Avec l'émergence de la consommation (automobile, radio, appareils électriques) et la pratique de plus en plus grande des loisirs de masse comme le cinéma et le sport-spectacle, les années 1920 ont laissé l'image d'une embellie entre deux périodes sombres.

taylorisme Méthode d'organisation scientifique du travail industriel qui vise l'utilisation optimale de la main-d'œuvre, notamment par la suppression des gestes inutiles et par la réduction des pertes de temps.

standardisation Uniformisation ou réduction du nombre de variétés d'un produit donné.

salaire réel Montant qui reste au salarié une fois déduits les impôts et autres frais liés à son emploi (assurances, caisse de retraite, etc.).

Malgré la prospérité apparente, la crise se prépare. Malgré l'illusion de la prospérité éternelle dans laquelle vivent un certain nombre d'Occidentaux à la fin des années 1920, plusieurs facteurs économiques se conjuguent pour provoquer la terrible crise des années 1930 : le marasme de l'agriculture et de

Le travail à la chaîne chez Ford

Henry Ford explique, dans son autobiographie, le travail à la chaîne et l'organisation scientifique du travail dans ses usines de Détroit où est fabriqué le modèle T. Quels grands principes de l'organisation du travail aborde-t-il dans ce texte ?

■ ■ ■

Notre première manière de faire l'assemblage consistait à monter notre voiture sur place, les ouvriers apportant les pièces au fur et à mesure qu'il en était besoin, comme quand on construit une maison. [...] Notre premier progrès dans l'assemblage consista à apporter le travail à l'ouvrier, au lieu d'amener l'ouvrier au travail. Aujourd'hui toutes nos opérations s'inspirent de ces deux principes : nul homme ne doit avoir plus d'un pas à faire ; autant que possible, nul homme ne doit avoir à se baisser. [...] Le résultat net de l'application de ces principes est de réduire pour l'ouvrier la nécessité de penser, et de réduire ses mouvements au minimum. Il doit parvenir autant que possible à faire une seule chose avec un seul mouvement. [...] L'homme ne doit pas être contraint à la précipitation : il ne doit pas avoir une seconde de moins qu'il ne lui faut, ni une seconde de plus. [...] Quelques ouvriers ne font qu'une ou deux petites opérations, d'autres en font davantage. L'homme qui place une pièce ne la fixe pas : la pièce peut n'être complètement fixée qu'après l'intervention de plusieurs ouvriers. L'homme qui place un boulon ne met pas l'écrou. L'homme qui place l'écrou ne le visse pas. [...] En octobre 1913, il fallait 9 heures 54 minutes pour assembler un moteur. Six mois plus tard, par l'assemblage mouvant, ce temps avait été réduit à 5 heures 56 minutes. [...]

Nous mesurons exactement pour chaque occupation l'espace dont l'ouvrier a besoin. Il ne faut pas qu'il soit gêné, il en résulterait une perte de temps. Mais si l'homme et sa machine occupent plus d'espace qu'il n'est nécessaire, il en résultera un autre genre de perte. Ce raisonnement nous a fait rapprocher nos machines probablement plus que dans aucune autre usine au monde. À un visiteur elles peuvent sembler être l'une sur l'autre, mais elles sont savamment arrangées, non seulement conformément à la succession des opérations, mais aussi en vue de donner à chaque homme et à sa machine, jusqu'au dernier pouce carré, l'espace nécessaire, mais pas un pouce, en tout cas pas un pied carré de plus : nos ateliers ne sont pas des jardins publics.

Henry Ford, *Ma vie et mon œuvre*, cité dans M. Laran et J. Willequet, *Recueil de textes d'histoire... Tome V: L'époque contemporaine (1871-1945)*, Paris, H. Dessain, 1960, p. 23-24.

l'industrie des matières premières; des taux de chômage trop élevés pour une période de prospérité; la surproduction manufacturière et industrielle, malgré le crédit; un phénomène de baisse générale des prix, qui s'amorce dès 1926 dans la plupart des pays; et, finalement, la spéculation boursière effrénée qui sévit aux États-Unis à partir de 1925, laquelle détache les cours boursiers des réalités économiques et comptables et détourne les capitaux des investissements productifs.

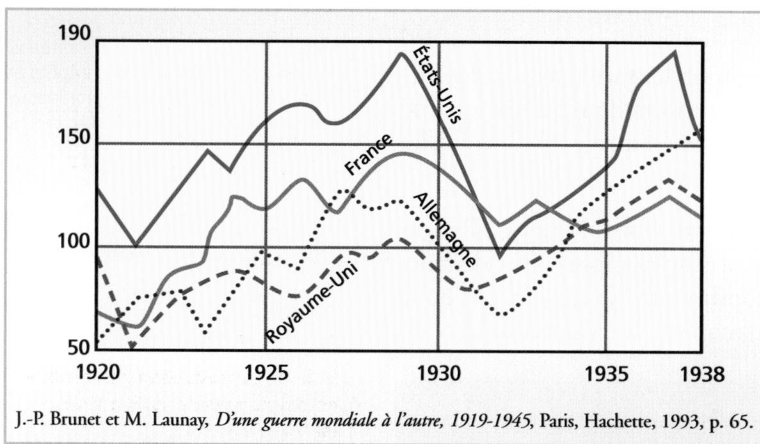

J.-P. Brunet et M. Launay, *D'une guerre mondiale à l'autre, 1919-1945*, Paris, Hachette, 1993, p. 65.

FIGURE 10.7

Indice de la production manufacturière dans quelques pays occidentaux entre 1920 et 1938 (base 100 en 1913)

LE KRACH DE 1929 PROVOQUE LA CRISE. Le krach de la Bourse de New York, amorcé le «jeudi noir» 24 octobre 1929, constitue l'élément déclencheur de la crise des années 1930. En quelques semaines, les actions perdent une grande partie de leur valeur, pour tomber à leur point le plus bas en juillet 1932. Les banques doivent rappeler leurs prêts à court terme – un grand nombre font faillite –, les usines et les manufactures doivent diminuer leur production, puisque la consommation chute. Les mines et les entreprises agricoles, dont les produits sont moins demandés, et les entreprises commerciales, qui voient les marchés se contracter, sont également touchées.

LA CRISE S'ÉTEND DANS LE MONDE. Amorcée aux États-Unis, la crise gagne ensuite les pays neufs (le Canada, l'Australie et les pays d'Amérique latine), producteurs de denrées et de matières premières dont la demande est en chute libre, avant de frapper en 1930 ou en 1931 la plupart des pays européens, privés des capitaux américains et désormais incapables d'exporter leurs produits. Elle touche aussi le monde colonial à cause de la baisse de la demande mondiale. Quelques pays y échappent toutefois: l'URSS, qui a adopté un plan d'industrialisation accéléré en 1928 et vit en **autarcie**, les pays peu intégrés à l'économie occidentale, comme la Roumanie, et ceux qui exercent leurs activités à la périphérie du système mondial, comme le Japon.

autarcie Système économique fermé d'une collectivité qui subvient entièrement à ses besoins sans apport extérieur.

Rapidement, le chômage se répand et dépasse 25 % à 30 % dans la plupart des pays industrialisés vers 1932-1933. Les salaires de ceux qui ont conservé un emploi baissent, les revenus des entreprises, des agriculteurs et des professionnels chutent. La misère montre son visage hideux: soupes populaires, longues files de chômeurs harassés à la recherche d'un emploi, retour au troc et à l'entraide familiale.

Les populations des pays touchés par la crise hésitent entre la résignation et la

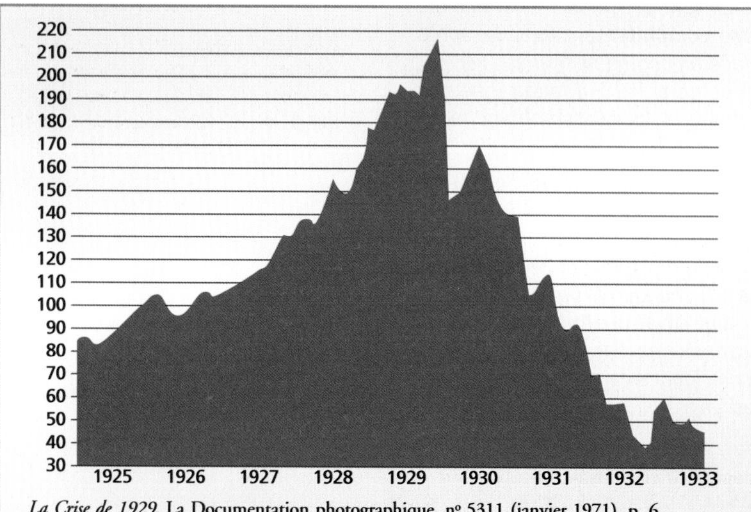

La Crise de 1929, La Documentation photographique, nº 5311 (janvier 1971), p. 6.

FIGURE 10.8

Indice des cours des valeurs boursières aux États-Unis entre 1925 et 1933 (base 100 en juillet 1926)

Deux phénomènes ressortent nettement de ce graphique: la forte hausse des indices boursiers entre 1926 et 1929, largement due à la spéculation, et leur effondrement en cascade à partir de 1929 jusqu'à leur point le plus bas en 1932.

révolte, la solidarité et le chacun-pour-soi. D'un côté, de nouvelles théories économiques, comme le crédit social, voient le jour; de l'autre, les idéologies d'extrême droite, comme le fascisme et le nazisme, de gauche, comme la social-démocratie, et d'extrême gauche, comme le communisme, gagnent des adhérents.

Pays	1930	1931	1932	1935	1937
Canada	85	71	58	81	100
États-Unis	81	68	54	76	92
Allemagne	88	72	58	95	116
France	100	89	77	76	83
Italie	92	78	67	94	100
Pays-Bas	102	96	84	90	103
Roumanie	97	102	89	122	132
Royaume-Uni	92	84	83	106	124
Tchécoslovaquie	89	81	64	70	96
URSS	131	161	183	293	424
Japon	95	92	98	142	171
Nouvelle-Zélande	106	104	109	121	126

D'après B. Gazier, *La Crise de 1929*, Paris, Presses universitaires de France, 1989 (c. 1983), coll. « Que sais-je? », n° 2126, p. 10.

TABLEAU 10.1

Indices de la production industrielle dans divers pays de 1930 à 1937 (base 100 en 1929)

 questions – figures et tableaux

Les gouvernements réagissent d'abord timidement. Surpris par la crise, les gouvernements répondent d'abord avec les faibles moyens dont ils disposent: fermeture des frontières aux produits étrangers et aux immigrants, travaux publics, secours directs aux individus et aux familles, soutien des secteurs clés de l'économie (chemins de fer, mines) par des subventions, politiques **déflationnistes** visant à réduire les prix et les salaires. Ces interventions se révèlent rapidement insuffisantes.

déflationniste → déflation Baisse générale et durable des prix.

Avec la prolongation de la dépression et devant le nombre et les protestations de ses victimes, les gouvernements occidentaux sont bientôt appelés à intervenir plus massivement dans l'économie. Le dirigisme dont ils font preuve s'exerce généralement dans le respect de la propriété privée et des grandes règles du capitalisme. Certains d'entre eux préfèrent signer des accords commerciaux préférentiels, comme c'est le cas pour les pays du Commonwealth (accords d'Ottawa de 1932). Quelques-uns commencent à établir une forme de planification économique nationale: règles de contrôle du marché financier; fixation de prix minimums pour certains produits; promotion ou interdiction de certaines cultures ou productions industrielles.

Certains pays passent au keynésianisme et développent l'État-providence. Dans quelques pays, la crise amène l'abandon progressif des analyses et des politiques économiques classiques dès les années 1930. La Suède refuse de pratiquer la déflation; ce pays est le premier à adopter, en s'inspirant des idées de l'économiste anglais John Maynard Keynes, une **politique contracyclique** rationnelle et cohérente. En Nouvelle-Zélande, le gouvernement travailliste, élu en 1925, met en œuvre une politique favorisant la hausse du pouvoir d'achat et instaure une ébauche d'**État-providence**. En France, le gouvernement de gauche élu en 1936 sous le nom de Front populaire hausse les salaires, limite la semaine de travail à 40 heures et institue les vacances annuelles payées.

politique contracyclique Politique économique visant à réduire les effets des cycles économiques par l'utilisation des ressources de l'État.

État-providence État qui, par des mesures visant à réduire les effets de la pauvreté, de la maladie, du chômage, de la vieillesse, etc., assume le rôle de régulateur social.

Aux États-Unis, le démocrate Franklin Delano Roosevelt, élu président en 1932, lance une série d'initiatives quelque peu improvisées mais relativement cohérentes auxquelles il donne le nom de *New Deal*. Il place les banques et les Bourses sous une réglementation stricte, institue des programmes

Le *New Deal* canadien

Au Canada, le conservateur Richard B. Bennett met en branle en 1935 son propre *New Deal* dont plusieurs mesures sont toutefois déclarées inconstitutionnelles par les tribunaux (elles empiètent sur les compétences provinciales). Une de ces mesures, rétablie sous forme d'amendement constitutionnel en 1940, joue aujourd'hui encore un rôle important dans la vie d'un grand nombre de Canadiens: l'assurance-chômage.

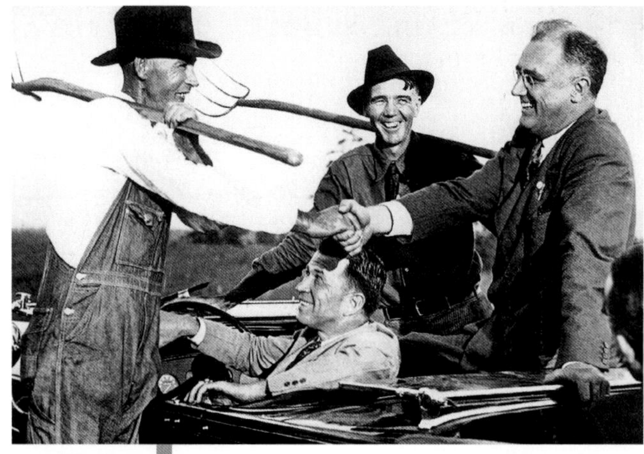

FIGURE 10.9

Roosevelt en campagne électorale

Le côté populiste de Franklin Delano Roosevelt transparaît ici, alors qu'on le voit s'adresser à des fermiers de Géorgie lors de la campagne présidentielle de 1932.

d'assurance-chômage et de pensions pour les personnes âgées, limite la semaine de travail à 40 heures et crée un salaire minimum. Il facilite également la création de syndicats ouvriers, aide les agriculteurs en les subventionnant pour développer de nouvelles cultures – ou même pour ne pas cultiver – et en soutenant les prix des denrées, crée d'immenses chantiers de travaux publics comme la *Tennessee Valley Authority* et soutient la réouverture des marchés mondiaux.

Malgré tous leurs mérites, ces programmes n'arrivent pas à relancer complètement les économies des pays touchés par la crise. Certains pays ont choisi la voie du militarisme, de l'agression et de l'autarcie. Ils vont provoquer la deuxième grande guerre.

ROOSEVELT DÉFEND SON *NEW DEAL*

En regard des grands systèmes idéologiques de l'ère contemporaine (libéralisme, socialisme, social-démocratie, etc.), dans quelle mouvance peut-on classer ce discours du président Roosevelt ? Quel qualificatif décrirait le mieux ce discours ?

■ ■ ■

Notre plus grande tâche, la première, est de remettre le peuple au travail. Ce n'est pas un problème insoluble si nous l'affrontons avec sagesse et courage. Elle peut s'accomplir en partie par une embauche directe par le gouvernement, en agissant comme en cas de guerre, mais en même temps en réalisant par cette embauche les travaux les plus nécessaires pour stimuler et réorganiser l'usage de nos ressources naturelles. Parallèlement à cette action, nous devons avouer franchement que nos centres industriels sont surpeuplés, et en engageant à l'échelon national une nouvelle répartition, nous efforcer de faire mieux utiliser la terre par ceux qui y sont le plus aptes. On peut travailler à cette tâche par des efforts précis pour élever les prix des produits agricoles, et avec eux le pouvoir d'achat qui absorbera la production de nos cités. On peut y travailler en mettant un terme réel à la tragédie de la disparition croissante [...] de nos petites entreprises et de nos fermes.

On peut y travailler en insistant pour amener les administrations fédérales, d'États et locales, à réduire énergiquement leurs dépenses. On peut y travailler en unifiant les activités de secours qui souffrent souvent aujourd'hui de dispersion, de gaspillage et d'inégalité. On peut y travailler en établissant un plan national et une surveillance de toutes les formes de transports et de communications et d'autres activités qui présentent un caractère de service public. On peut y travailler de bien des manières, mais jamais seulement en paroles. Il nous faut agir et agir vite.

Franklin Delano Roosevelt, « Adresse inaugurale, 4 mars 1933 », citée dans O. Voilliard, *et al.*, *Documents d'histoire contemporaine. Tome II: 1851-1963*, Paris, Armand Colin, 1964, p. 255-256.

La Deuxième Guerre mondiale : vers l'ère des Deux Grands

totalitaire → totalitarisme Régime politique à parti unique qui n'admet aucune opposition, gouverne tous les aspects de la société (y compris la vie privée de ses membres) et utilise l'éducation et la propagande pour changer les humains.

La façon dont la Première Guerre mondiale s'est terminée ainsi que les clauses des traités de paix de 1919 ont fait de nombreux mécontents en Europe, en particulier en Allemagne et en Italie. Des mouvements politiques de masse d'un type nouveau, dirigés par des leaders charismatiques, vont y établir des régimes politiques **totalitaires** qui remettront l'ordre international en question au milieu des années 1930. Une guerre encore plus monstrueuse que la première s'ensuivra; elle porte en elle la tentative d'anéantissement des juifs d'Europe, la Shoah. Grands vainqueurs de cette guerre, l'URSS et les États-Unis se partageront le monde, qu'ils domineront.

L'ÉMERGENCE DES FASCISMES

La Première Guerre mondiale, tant par sa nature que par ses conséquences, suscite l'émergence de partis fascistes de masse qui s'emparent du pouvoir en Italie, puis en Allemagne. Ces partis établiront des gouvernements totalitaires dont l'un des premiers objectifs consiste à faire réviser les traités de paix de 1919.

Les traités humilient l'Allemagne et l'Italie. Malgré les grands principes des Quatorze Points qui ont présidé à leur rédaction, les traités de 1919-1920 n'ont pas résolu tous les problèmes de l'Europe. Certains États vaincus, comme la Turquie et l'Allemagne, refusent même de signer ce qu'ils considèrent comme des diktats.

Les questions des nationalités et des frontières, notamment, soulèvent beaucoup de mécontentement. Des Allemands se retrouvent sous souverainetés française, lituanienne, polonaise et tchécoslovaque, tandis que l'Allemagne est amputée de nombreux territoires périphériques qu'elle estime lui appartenir. L'Italie, pourtant du côté des vainqueurs, se dit humiliée quand on lui refuse la possession de territoires situés sur la rive orientale de la mer Adriatique (Croatie et Dalmatie): on y parle de «victoire mutilée».

L'Italie sort de la guerre affaiblie et divisée. Malgré la victoire qu'elle a remportée sur les armées austro-hongroises, l'Italie ressort de la Première Guerre mondiale affaiblie et divisée. La guerre a amplifié ses faiblesses historiques (fracture entre le Nord et le Sud; émigration massive; analphabétisme; vie politique limitée aux élites), désarticulé son économie, intensifié ses inégalités sociales et appauvri ses classes moyennes.

Les gouvernements de coalition instables et éphémères qui se succèdent au cours des mois suivant la fin des hostilités n'arrivent pas à régler les immenses problèmes du pays: endettement public, inflation, faillites, chômage. Une vague d'agitation sociale sans précédent balaie le pays en 1919-1920: les grèves, les occupations d'usines et les saisies de terres par les paysans instillent chez les possédants et les classes moyennes la crainte d'une révolution socialiste d'inspiration bolchevique.

Mussolini s'empare du pouvoir. Dans ce climat de peur et d'incertitude, un ancien socialiste chassé du parti pour avoir préconisé l'intervention de l'Italie dans la guerre, Benito Mussolini, crée en 1919 une organisation politique d'un type nouveau à laquelle il donne le nom de Faisceaux italiens de combat. Ce parti regroupe des anciens combattants, des syndicalistes de tendance **anarchiste**, des petits bourgeois mécontents ainsi que des activistes. Ses membres se distingueront bientôt par le port de la chemise noire et du fez (chapeau cylindrique). Le programme du parti, assez hétéroclite, se réclame aussi bien du socialisme que du nationalisme et prône la création d'un ordre nouveau.

anarchiste → anarchisme Doctrine prônant la suppression de l'État, l'abolition du capitalisme et l'élimination de tout pouvoir de contrainte sur l'individu.

Les membres du parti deviennent bientôt le bras armé des industriels et des propriétaires terriens qui désirent briser par la violence les mouvements de gauche, les syndicats et les coopératives rurales. Malgré de modestes succès électoraux, les Faisceaux attirent de plus en plus de membres et profitent de la désorganisation de la classe politique pour tenter en octobre 1922 un coup d'État (la «marche sur Rome») qui aboutit à la désignation de Mussolini comme premier ministre.

L'Italie devient un État totalitaire. Pendant ses premières années au pouvoir, le parti de Mussolini respecte formellement les règles de la démocratie, tout en créant des institutions parallèles et en feignant d'ignorer les violences des fascistes à l'endroit des partisans de la gauche. En 1925, toutefois, Mussolini transforme le régime en dictature. Il supprime les règles de la démocratie parlementaire, dont la **responsabilité ministérielle** et le droit d'initiative des députés. Il abolit la liberté de presse, annule les passeports et crée une police politique ainsi que des tribunaux spéciaux. Enfin, il interdit les partis, journaux, organisations et syndicats antifascistes. Le tout dans un climat de terreur et de violence.

responsabilité ministérielle Principe fondamental de la démocratie parlementaire, en vertu duquel les tenants du pouvoir exécutif (les ministres) sont tenus de rendre des comptes aux électeurs représentés par les députés.

Dès lors, l'État italien se transforme en État totalitaire. La centralisation des pouvoirs entre les mains du *Duce* (le «chef») – qui peut légiférer par **décret** –, la mise à l'écart du principe de séparation des pouvoirs, la désignation du Parti national fasciste (son nouveau nom) comme parti unique ainsi que l'abolition des administrations locales lui enlèvent tout caractère démocratique. L'État devient aussi policier par la suppression des libertés (de parole, de presse, de réunion), l'interdiction des grèves et la disparition des garanties judiciaires devant la toute-puissance de la police politique.

décret Décision exécutoire à portée générale ou individuelle prise par une personne disposant de l'autorité, comme un roi ou un empereur; se distingue de la loi, votée par une assemblée.

Le régime fasciste est dirigiste, corporatiste et révisionniste. Sur le plan économique, le régime se veut **dirigiste**: la liberté syndicale est supprimée, les salaires et les normes de travail sont déterminés par le gouvernement, qui fixe aussi des objectifs nationaux et lance de grands programmes de travaux publics (autoroutes, réseau ferroviaire, assèchement des marais, etc.). Il institue également le **corporatisme**, qu'il présente comme une troisième voie entre le capitalisme libéral et le communisme. Le régime fasciste se veut en outre socialiste et promulgue une législation sociale sur la maladie, les accidents du travail, la vieillesse et la maternité. Il a aussi l'ambition de créer un «homme nouveau» par l'éducation, la propagande, les sports, l'encadrement de la jeunesse et la «mise à la raison» des récalcitrants. Le culte de la personnalité du *Duce* qui, dit la propagande, «a toujours raison», couronne le tout.

dirigiste → **dirigisme** Système économique dans lequel l'État assume la direction de l'économie.

corporatisme Doctrine qui s'inspire de la corporation médiévale et qui vise à réguler l'activité économique et à aplanir les divergences entre patrons et ouvriers par la mise en place d'institutions étatiques.

Pendant les premières années, le révisionnisme du régime fasciste italien en politique extérieure est tempéré par son désir de respectabilité internationale. Cependant, comme la crise des années 1930 provoque de graves difficultés économiques dans le pays, Mussolini est tenté de redonner du prestige

FIGURE 10.10

Les fils de la Louve

Le fascisme, qui vise à créer un homme nouveau, embrigade la jeunesse. Ici, des fils de la Louve (référence à la louve qui aurait recueilli et allaité Romulus et Remus) paradent en uniforme.

L'ÉTAT EST TOUT

À quel événement historique Mussolini oppose-t-il le fascisme? À quelles valeurs fait-il référence quand il parle des «immortels principes de 1789»? En quoi le fascisme et le libéralisme sont-ils irréconciliables?

■ ■ ■

Pour le fascisme l'État est l'absolu devant lequel l'individu et les groupes ne sont que le relatif. Tout dans l'État, rien hors de l'État, rien contre l'État. Le libéralisme niait l'État dans l'intérêt de l'individu, le fascisme réaffirme l'État comme la véritable réalité de l'individu. L'individu n'existe qu'en tant qu'il est dans l'État, il est subordonné aux nécessités de l'État et, au fur et à mesure que la civilisation prend des formes de plus en plus complexes, la liberté de l'individu se restreint toujours plus. Nous représentons un principe nouveau dans le monde, nous représentons l'antithèse nette, catégorique, définitive de la démocratie, de la ploutocratie, de la maçonnerie, en un mot de tout le monde des immortels principes de 1789.

Benito Mussolini, *Le fascisme*, cité dans P. Bonnoure, *et al. Documents d'histoire vivante de l'Antiquité à nos jours. Dossier 7: de 1917 à 1945*, Paris, Éditions sociales, 1970, fiche 13.

au régime par sa politique extérieure. L'Italie envahit alors l'Éthiopie, ce qui provoque sa condamnation par la Société des Nations. Mis au ban de la communauté internationale, le régime mussolinien est alors mûr pour l'aventure militaire que lui proposera le *Führer* allemand, Adolf Hitler.

L'ALLEMAGNE EST ÉBRANLÉE PAR SA DÉFAITE. Bien qu'aucun parti fasciste n'ait conquis le pouvoir dans un autre pays que l'Italie pendant les années 1920, la doctrine s'est cependant répandue un peu partout dans le monde occidental après la victoire de Mussolini. La crise des années 1930 portera certains de ces mouvements au pouvoir et elle ébranlera la démocratie dans la plupart des pays européens. Elle permettra aussi à un parti politique marginal, le Parti national-socialiste ouvrier allemand (NSDAP), d'accéder au pouvoir.

Vaincue en 1918, l'Allemagne est sortie de la Première Guerre mondiale affaiblie et meurtrie. Son économie et ses finances ont été gravement touchées, et son rétablissement a été rendu plus difficile du fait qu'elle a été condamnée à payer d'exorbitantes réparations aux pays vainqueurs et que certaines de ses régions les plus productives ont été coupées du territoire national ou occupées par la France. En outre, la légende du «coup de poignard dans le dos» s'est répandue, selon laquelle l'armée allemande n'aurait pas été vaincue, mais trahie de l'intérieur par les communistes et les socialistes – qui avaient affaibli le pays en déclenchant la révolution en octobre 1918 –, ainsi que par le Parti social-démocrate qui, après avoir obtenu le pouvoir lors de la démission du Kaiser en novembre 1918, avait signé l'armistice et le traité de Versailles. Ces deux groupes deviennent dès lors, pour la droite nationaliste, les «criminels de novembre».

LA RÉPUBLIQUE DE WEIMAR MANQUE DE STABILITÉ. Le régime politique qui succède à la monarchie est une république parlementaire (dite de Weimar), dont les députés sont élus au scrutin proportionnel. Elle est gouvernée, pendant les années 1920, par des coalitions de partis libéraux, centristes et sociaux-démocrates. Pendant la première moitié de la décennie, ses gouvernements doivent faire face à de graves difficultés économiques. En 1923, les Français occupent pendant quelques mois une des régions les plus riches de l'Allemagne, la Ruhr, à titre de représailles pour non-paiement des Réparations. Cette

FIGURE 10.11

La crise inflationniste de 1923 en Allemagne

L'inflation de 1923 en Allemagne est si forte et si soudaine que la monnaie se déprécie à grande vitesse. Une livre de beurre, qui se vendait quelques marks au début de l'année, se vend 210 milliards en novembre. On voit ici des enfants jouer avec des paquets de marks ficelés, désormais sans valeur ou presque.

antisémite → antisémitisme Doctrine d'hostilité systématique envers les juifs.

chancelier Titre donné au premier ministre dans les pays germaniques.

incursion provoque et nourrit une grave crise inflationniste qui ruine les salariés, les retraités ainsi que les classes moyennes, qui considèrent alors la République comme une ennemie. Grâce à un plan de rééchelonnement des Réparations (le plan Dawes), à des prêts américains et à la création d'une nouvelle monnaie, l'Allemagne connaît toutefois la prospérité et la paix sociale et politique pendant la seconde moitié de la décennie.

La crise des années 1930 propulse les nazis au pouvoir. La crise économique des années 1930 provoque une aggravation du chômage (l'Allemagne compte 6,3 millions de chômeurs en 1932) qui s'accompagne d'un regain de popularité des partis d'extrême gauche et d'extrême droite. Le parti qui profite le plus de la situation est le Parti national-socialiste ouvrier allemand – ou parti nazi –, dont le programme comporte pêle-mêle des éléments révisionnistes, nationalistes, racistes et **antisémites**, socialistes (mais anticommunistes), corporatistes et antiparlementaires. Dirigé depuis 1921 par Adolf Hitler, il fait figure de groupuscule extrémiste jusqu'à ce que la crise frappe l'Allemagne de plein fouet. Le NSDAP augmente son pourcentage de voix aux élections législatives, Hitler allant même jusqu'à briguer la présidence de la République en 1932. Devant l'agitation sociale et l'incapacité des partis traditionnels à constituer des gouvernements viables et efficaces, le président von Hindenburg doit se résoudre en janvier 1933 à appeler Hitler à former un gouvernement.

L'Allemagne devient un État totalitaire et dirigiste. En moins de 18 mois, le nouveau **chancelier** transforme la République en État totalitaire. Il élimine les autres partis politiques et impose le parti unique. Les intellectuels et les fonctionnaires antinazis sont congédiés ou poussés à l'exil ; certains sont même expédiés à Dachau, premier camp de concentration. En juin 1934, une première purge (la « Nuit des longs couteaux ») anéantit les ennemis de Hitler au sein du NSDAP comme à l'extérieur de cette formation. À la mort de von Hindenburg, en août 1934, les fonctions de chancelier et de président du Reich sont cumulées, et l'armée doit prêter un serment de fidélité personnel à celui qui se fait désormais appeler le *Führer* (« chef »).

La société allemande est militarisée. La jeunesse est enrôlée dans une organisation qui lui inculque les principes du national-socialisme, la Jeunesse hitlérienne. Les professions sont encadrées par des associations de type paramilitaire. La presse, le cinéma et la littérature sont censurés, les journaux d'opposition supprimés, les « mauvais livres » détruits ou brûlés, le cinéma utilisé comme outil de propagande. Les écoles sont purgées du personnel non nazi et le contenu des programmes est reformulé en accord avec les idées nazies, dont le racisme, l'antisémitisme et la supériorité de la race germanique sont les éléments centraux. Un rituel fondé sur le port de l'uniforme et d'insignes divers, la participation à des parades et à des cérémonies envoûtantes, la vénération du drapeau et de la croix gammée, la multiplication des saluts aux supérieurs et au *Führer* et l'omniprésence des slogans et des chants contribuent à la création d'une mystique nationale et même raciale.

Le SS et les animaux humains

Le racisme est une composante essentielle de la doctrine nazie. Dans un discours prononcé en 1943, Heinrich Himmler, alors ministre de l'Intérieur, en exprime toute la substance devant les SS (*SchutzStaffel*), formation de police militarisée du Parti nazi créée en 1928.

■ ■ ■

La règle absolue du SS doit être ce principe essentiel: nous devons être honnêtes, loyaux et bons camarades pour tous les membres de notre propre race, et pour personne d'autre. Ce qui arrive à un Russe ou à un Tchèque ne m'intéresse pas le moins du monde. Ce que les autres nations peuvent nous offrir comme bon sang de notre propre espèce, nous le prendrons au besoin en saisissant leurs enfants et en les élevant avec nous. Que des nations soient prospères ou meurent de faim, cela ne m'intéresse qu'autant que nous en avons besoin comme esclaves; autrement elles n'ont aucun intérêt pour moi. Si 10 000 femmes russes tombent d'épuisement en creusant une tranchée anti-char, cela ne m'intéresse qu'autant que la tranchée anti-char pour l'Allemagne est terminée. Nous, les Allemands qui sommes le seul peuple du monde à être bons pour les animaux, nous serons bons aussi pour ces animaux humains.

Dans P. Bonnoure, *et al.*, *Documents d'histoire vivante de l'Antiquité à nos jours. Dossier 7: de 1917 à 1945*, Paris, Éditions sociales, 1970, fiche 14.

FIGURE 10.12

Hitler lors d'un rassemblement nazi

Hitler, qui a étudié les principes de la communication de masse, aime parader en automobile devant les foules.

Pour faire redémarrer l'économie, le régime adopte un dirigisme strict inspiré du modèle italien. Une politique de grands travaux et de commandes d'armement relance la production et réduit le chômage. La volonté des dirigeants de dépendre le moins possible de l'extérieur, et de voir ainsi le pays se suffire à lui-même en temps de guerre, les amène à pratiquer une politique d'autarcie quasi totale. Une série de lois sociales favorisant les travailleurs allemands (assurances diverses, logements, vacances payées, etc.) est le contrepoids de la suppression des syndicats et de l'interdiction de la grève ainsi que des avantages économiques et fiscaux offerts au patronat dans le but de le rallier à la cause nazie.

Les nazis persécutent les juifs. Le régime adopte aussi dès 1933 ses premières mesures antisémites, en boycottant les commerces tenus par des juifs et en les excluant du système scolaire, des professions libérales et de la fonction publique. Les lois de Nuremberg de 1935 (sur la pureté du sang allemand) visent la ségrégation absolue des juifs, qui perdent en outre la citoyenneté allemande. Aux vexations, brimades et agressions physiques succède en 1938

pogrom Agression violente menée contre une communauté juive par un groupe de personnes ou par une organisation.

la violence systématique et organisée avec le premier véritable **pogrom**, la « Nuit de cristal », au cours duquel des bandes de nazis attaquent physiquement des juifs, pillent leurs magasins et brûlent leurs synagogues. En 1939, le port de l'étoile de David sur les vêtements devient obligatoire pour tous les juifs.

École, race et histoire

Hitler accorde une grande importance à la formation de la jeunesse et n'hésite pas à se faire pédagogue. Dans les extraits suivants, quels sont les principes fondamentaux de sa « pédagogie » ?

■ ■ ■

Ma pédagogie est dure. Je travaille au marteau et arrache tout ce qui est faible. Nous ferons croître une jeunesse devant laquelle le monde tremblera. Une jeunesse violente, impérieuse, intrépide, cruelle. C'est ainsi que je la veux. Elle saura supporter la douleur. Je ne veux en elle rien de faible ni de tendre. Je veux qu'elle ait la force et la beauté des jeunes fauves. Je la ferai dresser à tous les exercices physiques [...]. Je ne veux aucune éducation intellectuelle. Le savoir ne ferait que corrompre mes jeunesses[1].

■ ■ ■

L'État national doit, en première ligne, orienter son effort pédagogique non vers la simple absorption de connaissances, mais vers l'élevage de corps foncièrement sains. Ce n'est qu'en deuxième ligne que vient [...] l'éducation des facultés spirituelles. Et ici encore vient en premier lieu le développement du caractère, particulièrement la culture du caractère, de la force de volonté et de décision, alliée à une éducation qui façonne le disciple à accepter avec joie les responsabilités ; ce n'est qu'après, en dernier lieu, que vient l'enseignement scientifique. [...]

Le couronnement de tout le travail de formation et d'éducation de l'État national ne peut être que l'impression, au fer rouge, dans les cœurs et dans le cerveau de la jeunesse qui lui est confiée, de l'esprit de race et du sentiment de race en s'adressant à la fois à l'instinct et à l'intelligence. Aucun garçon, aucune jeune fille ne doit quitter l'école sans avoir été amené à reconnaître et à sentir la nécessité et la nature de la pureté de la race. [...]

On n'apprend pas l'histoire seulement pour savoir ce qui a été, mais on apprend l'histoire pour y trouver un enseignement pour l'avenir et pour assurer la permanence du caractère ethnique. [...] Du reste, la mission d'un État national est de faire écrire enfin une histoire mondiale où la question des races sera élevée au rang de facteur dominant. [...]

L'enseignement de l'histoire à tous les degrés doit être imprégné de la conception du héros tel que le comprenaient les Germains, relié au concept contemporain de Chef qui se rattache aux plus anciens modèles du passé allemand. [...] Mais l'idée du héros conduit immédiatement à la conception héroïque du monde, plus que toute autre conforme à notre nature, à nous, peuple germanique, et qui fait affluer à nous des forces toujours nouvelles dans notre lutte pour notre existence nationale au milieu d'un monde hostile[2].

1. Hermann Rauschning, *Hitler m'a dit*, Paris, LGF, 1979 (c. 1939), p. 333.
2. Adolf Hitler, *Mein Kampf* et *Südwestdeutsche Schullblätter*, cité dans Louis Gohier et Albert Troux (dir.), *Recueils de textes d'histoire. Tome V : L'époque contemporaine (1871-1945)*, Paris, H. Dessain, 1960, p. 328-330.

National-socialisme et non socialisme national

Ce n'est pas un hasard si les nazis parlent de national-socialisme et non de socialisme national. Selon Alfred Rosenberg, idéologue du parti nazi, lequel de ces termes est le plus important ?

■ ■ ■

Actuellement, le mot de « national-socialisme » a déjà pour des millions de gens une valeur symbolique. [...] Nous devrions donc employer ce nom en un mot, un seul terme, autant que possible sans le diviser, comme un tout. Car dans l'emploi du concept de « socialisme national », au lieu de « national-socialisme », il pourrait facilement s'exprimer l'idée que le socialisme est le principal, et que le national n'est qu'un adjectif exprimant en quelque sorte le mot principal. Alors qu'en réalité c'est plutôt le contraire : l'éternel, ce que nous voudrions maintenir à travers toutes ses formes changeantes, c'est le peuple. Tout, absolument tout, doit contribuer à renforcer les bases raciales qui garantissent l'essor de la nation. De ce point de vue, le socialisme, épuré du marxisme, apparaît comme un moyen politique au service de l'individu et de la communauté pour protéger l'unité du peuple des convoitises privées débridées. Et cela non pas pour réaliser une idée abstraite appelée « socialisme », mais pour servir ce qu'il y a de plus concret, la nation.

Alfred Rosenberg, « Nationaler Sozialismus », 1er février 1927, cité dans E. Léon et J.-P. Scot, *Le nazisme des origines à 1945*, Paris, A. Colin, 1997, p. 65.

Les sources de l'antisémitisme chez Hitler

Quels reproches Hitler adresse-t-il ici aux juifs?

■ ■ ■

Les faits à la charge de la juiverie s'accumulèrent à mes yeux quand j'observai son activité dans la presse, en art, en littérature et au théâtre. Il suffisait déjà de regarder une colonne de spectacles, d'étudier les noms des auteurs de ces épouvantables fabrications pour le cinéma et le théâtre en faveur desquelles les affiches faisaient de la réclame, et l'on se sentait pour longtemps devenir l'adversaire impitoyable des juifs. C'était une peste, une peste morale, pire que la peste noire de jadis qui, en ces endroits, infectait le peuple. [...] Lorsque je découvris que le juif était le chef de la social-démocratie, les écailles commencèrent à me tomber des yeux.

Adolf Hitler, *Mein Kampf*, ch. 2, p. 62-67, cité dans E. Léon et J.-P. Scot, *Le nazisme des origines à 1945*, Paris, A. Colin, 1997, p. 237.

Un journal nazi propose l'élimination des juifs dès 1938

Le programme est clair. Le voici: élimination totale, séparation complète. Qu'est-ce que cela signifie? Cela signifie non seulement l'élimination des juifs dans l'économie allemande – élimination qu'ils ont méritée par leurs meurtres et par leurs excitations à la guerre et à l'assassinat. Cela signifie beaucoup plus.

On ne peut pas s'attendre à ce qu'un Allemand vive sous le même toit que les juifs, race marquée d'assassins, de criminels, d'ennemis mortels du peuple allemand. Par conséquent, les juifs doivent être chassés de nos maisons et de nos quartiers et doivent être logés dans des rues et dans des maisons où ils seront entre eux et auront le moins de contacts possible avec les Allemands. Il faut les stigmatiser et leur enlever le droit de posséder en Allemagne des maisons et des immeubles, car il est inconcevable qu'un Allemand dépende d'un propriétaire juif et qu'il le nourrisse par le travail de ses mains.

Une fois qu'il vivra dans un isolement complet, ce peuple de parasites s'appauvrira, car il ne peut ni ne veut travailler lui-même. Ils tomberont tous dans la criminalité par suite des dispositions de leur race. [...]

Si une telle évolution devait se produire, nous nous trouverions en face de la dure nécessité d'exterminer les bas-fonds juifs de la même façon que nous avons l'habitude d'exterminer les criminels dans notre État: par le feu et par le glaive. Le résultat serait la disparition effective et définitive du judaïsme en Allemagne, sa destruction totale.

Das schwarze Korps, 1938, cité dans Louis Gohier et Albert Troux (dir.), *Recueils de textes d'histoire. Tome V: L'époque contemporaine (1871-1945)*, Paris, H. Dessain, 1960, p. 327-328.

Le révisionnisme et la marche à la guerre

Insatisfaits du règlement des questions territoriales résultant des traités de paix de 1919, plusieurs pays en réclament la révision dès leur mise en application. Ce n'est toutefois qu'avec l'arrivée au pouvoir de partis fascistes ou fascisants dans plusieurs pays, à la faveur de la crise des années 1930, que le mouvement révisionniste prend résolument une tournure agressive. Le milieu des années 1930 marque un point tournant: c'est à ce moment que l'Allemagne remet ouvertement en question le traité de Versailles et cherche à conclure une alliance militaire avec l'Italie fasciste et le Japon militariste.

La paix de l'entre-deux-guerres est largement illusoire. Malgré les dévastations provoquées par la Première Guerre mondiale et les iniquités du nouvel ordre international, les années 1920 témoignent d'un climat d'apaisement et d'une réelle volonté des Européens de garantir la paix et la sécurité des États.

La Société des Nations (SDN), organisation internationale créée en 1920, contribue à résoudre les conflits territoriaux. Elle devient le forum où on cherche à définir les règles de la sécurité collective à laquelle tous les pays semblent aspirer. Le traité de Locarno de 1925, par lequel la France et l'Allemagne reconnaissent leurs frontières mutuelles, ainsi que le pacte Briand-Kellogg de 1928, par lequel 72 pays renoncent à la guerre comme moyen de résoudre leurs différends, marquent l'apogée du courant pacifiste de l'entre-deux-guerres.

Interprétation	Principaux auteurs	Quelques limites
La thèse morale : Le fascisme est une « maladie morale » qui a affecté l'Europe ; il est un accident causé par des circonstances fortuites ; il ne s'inscrit pas dans le sens de l'histoire, dont il n'est qu'une parenthèse.	Benedetto Croce, *Scritti e discorsi politici (1943-1947)*, 1963. Friedrich Meinecke, *Die Deutsche Katastrophe*, 1946. Golo Mann, *Histoire d'Allemagne aux XIXe et XXe siècles*, 1958.	Vision linéaire de l'histoire, en marche vers le progrès et la démocratie. Ne tient pas compte des racines historiques du fascisme.
La thèse historiciste : Le fascisme est la conséquence logique et inévitable d'une série de tares propres au développement historique à long terme de certains pays, dont l'Italie et l'Allemagne.	Edmond Vermeil, *Doctrinaires de la révolution allemande*, 1939. W. M. Mac Govern, *From Luther to Hitler*, 1941. Pieter Viereck, *Metapolitics: From Romantics to Hitler*, 1941.	Présente le fascisme comme un phénomène inévitable. Amalgame plusieurs coïncidences et similitudes. Néglige les faits qui vont à l'encontre de l'explication. Oublie les phénomènes qui ont joué un rôle capital dans la naissance du fascisme, comme la guerre et la Révolution bolchevique.
La thèse radicale : Variante de la précédente, qui limite les précédents historiques du fascisme à la période de modernisation du pays, qui aurait été manquée.	Denis MacSmith, *Italy. A Modern History*, 1959. Karl Dietrich Bracher, *The German Dictatorship*, 1970.	Mêmes critiques qu'à l'encontre de la thèse historiciste.
La thèse marxiste : Le fascisme est une des formes que prend le capitalisme à son stade monopolistique et impérialiste dans sa lutte contre le mouvement révolutionnaire des travailleurs. En ce sens, les fascistes sont des « agents » de la bourgeoisie, qui n'arrive plus par les mécanismes de la démocratie formelle à empêcher la progression du mouvement ouvrier.	M. H. Dobb, *Économie politique et capitalisme*, 1937. P. A. Baran et P. M. Sweezy, *Le capitalisme monopoliste*, 1966. Daniel Guérin, *Fascisme et grand capital*, 1965.	N'a pas démontré l'existence de liens importants entre la bourgeoisie et les partis fascistes. Néglige les facteurs sociaux concrets, dont le rôle des classes moyennes et l'attrait du fascisme pour les ouvriers. Interprétation mécanique du lien entre capitalisme et fascisme. Néglige le fait que le fascisme a connu des succès dans des pays où le capitalisme n'est pas très développé. N'explique pas le côté violemment anticapitaliste du fascisme à ses débuts. Ne tient pas compte du parcours concret des partis fascistes, qui auraient pu échouer. Minimise l'action des hommes.
La thèse du totalitarisme : Le fascisme est un des visages adoptés par le totalitarisme moderne à l'ère de l'atomisation du corps social et des masses. Le communisme est une autre variante de ce phénomène (six grandes caractéristiques communes).	D. Lerner, *The Nazi Elite*, 1951. Hannah Arendt, *The Origins of Totalitarianism*, 1959. C. F. Dietrich et Z. K. Brzezinski, *Totalitarian Dictatorship and Autocracy*, 1965.	Arrière-pensées politiques : volonté de rapprocher communisme et fascisme. Ne prend pas suffisamment en compte la spécificité de chacun des phénomènes. Explique mal pourquoi le fascisme a réussi en Italie et en Allemagne et échoué ailleurs. Caractère flou du concept de « masses ».
La thèse sociologique : Le fascisme est un mouvement extrémiste de la classe moyenne, aiguillonnée par la peur, à la fois contre le collectivisme marxiste et contre la concentration capitaliste.	H. Laswell, *The Psychology of Hitlerism*, 1933. D. J. Saposs, *The Role of the Middle Class in Social Development*, 1935. S. M. Lipset, *Political Man. The Social Bases of Politics*, 1960. W. S. Allen, *The Nazi Seizure of Power*, 1965.	Ne tient pas suffisamment compte des bases sociologiques réelles du mouvement. Néglige les fondements historiques du mouvement. N'explique pas pourquoi le fascisme a réussi à certains endroits et pas ailleurs.

Interprétation	Principaux auteurs	Quelques limites
La thèse de l'école de Francfort (socioéconomique) : Le déphasage entre le développement des infrastructures et l'idéologie libérale constituant pour lui une menace, le capitalisme monopoliste revêt certains visages, dont celui du fascisme pendant l'entre-deux-guerres ; en d'autres mots, le fascisme et le capitalisme contemporain ne sont que deux aspects d'une même réalité socioéconomique.	H. Marcuse, *L'homme unidimensionnel*, 1968. H. C. F. Mansilia, *Faschismus und eindimensionale Gesellschaft*, 1971.	Mêmes critiques qu'à l'encontre de la thèse marxiste. L'amalgame entre les sociétés démocratiques contemporaines et le fascisme tient difficilement la route, sinon comme provocation.
La thèse psychosociale : Dans les sociétés déstructurées, l'homme est aliéné ; il cherche à se débarrasser de son insécurité par des mécanismes de fuite, dont l'autoritarisme et la passion de détruire. Le fascisme offre ces mécanismes aux individus.	E. Fromm, *Escape from Freedom*, 1941. T. W. Adorno, *The Authoritarian Personality*, 1950.	Ne tient pas compte des facteurs socioéconomiques. Ramène des motivations multiples et des conditions de base différentes à un seul dénominateur commun. Écarte les fondements politiques (dont le programme et son attrait) du fascisme. Noie la spécificité du fascisme dans le phénomène de la personnalité autoritaire, présente dans toutes les sociétés capitalistes.
La thèse psychanalytique : Le fascisme est une réaction déviée et sadomasochiste à l'aliénation de la société moderne et à la répression sexuelle et autoritaire.	W. Reich, *La psychologie de masse du fascisme*, 1933.	Mêmes critiques qu'à l'encontre de la thèse psychosociale. Fondements purement hypothétiques (les « couches concentriques » de la structure caractérielle de l'homme).
La thèse moderniste : Le fascisme est un modernisateur d'esprit antimoderne. Sa fonction historique a été de faire passer certaines sociétés qui éprouvaient des difficultés au stade de la modernité économique et politique. Cette révolution par le haut était nécessaire parce qu'il n'y avait pas eu de révolution populaire.	B. Moore, *Social Origins of Dictatorship and Democracy*, 1966. F. K. Organski, *The Stages of Political Development*, 1965.	Ne tient pas compte du facteur humain. Met l'accent sur le résultat, mais pas sur le processus. Déterminisme historique : la modernisation est présentée comme un élément inévitable qui empruntera des voies différentes.

Sources : Renzo de Felice, *Clefs pour comprendre le fascisme*, Paris, Seghers, 1975 (c. 1969), 299 p. ; Pierre Milza et Marianne Benteli, *Le fascisme au* XX*e siècle*, Paris, Richelieu, 1973, 413 p. ; Pierre Ayçoberry, *La question nazie. Les interprétations du national-socialisme, 1922-1975*, Paris, Seuil, 1979, 314 p. ; John Hidden et John Farquharson, *Explaining Hitler's Germany. Historians and the Third Reich*, New Jersey, Barnes and Noble, 1983, 237 p. ; Henri Michel, *Les fascismes*, Paris, Presses universitaires de France, 1977, 128 p.

TABLEAU 10.2

Les grandes interprétations du fascisme et leurs limites

Toutefois, cette aspiration à la paix n'est pas partagée par les nationalistes et les révisionnistes. De son côté, la SDN ne dispose pas des moyens (entre autres d'une armée) nécessaires pour faire respecter ses décisions. L'arrivée des nazis au pouvoir en Allemagne en 1933 démontrera bien vite son impuissance et jettera bas le château de cartes de la sécurité collective.

Les régimes fascistes remettent l'ordre international en question. Quelques mois après la nomination d'Hitler comme chancelier, l'Allemagne quitte la Société des Nations. Ce geste permet à Hitler d'amorcer en secret le réarmement du pays.

À partir de 1935, Hitler conteste ouvertement certaines clauses du traité de Versailles. Il rétablit notamment le service militaire obligatoire et remilitarise la Rhénanie (région frontalière avec la France, où il était interdit à l'Allemagne de déployer des soldats). L'agression de l'Éthiopie par l'Italie ayant été condamnée par la Société des Nations (sanctions économiques), Mussolini se rapproche d'Hitler et crée avec lui, à l'automne 1936, l'Axe Rome-Berlin. Ces coups de force n'ayant pas vraiment été sanctionnés, les dictateurs fascistes

CARTE 10.6

Les agressions menées par l'Allemagne et l'Italie entre 1936 et 1939

reprennent leurs politiques d'agression à partir de 1938. Hitler proclame le rattachement de l'Autriche à l'Allemagne (*Anschluss*), puis force les puissances occidentales à accepter le démembrement de la Tchécoslovaquie. Pour sa part, Mussolini s'empare de l'Albanie en avril 1939 (carte 10.6).

La remise en question de l'ordre international est renforcée par l'alliance des deux dictateurs fascistes avec le Japon militariste. Celui-ci mène lui-même depuis 1931 une guerre d'agression contre la jeune République chinoise en Mandchourie.

UNE GUERRE PLANÉTAIRE

Le 1er septembre 1939, l'Allemagne envahit la Pologne. C'est le début de la Deuxième Guerre mondiale, à peine plus de 20 ans après la fin de la première. Les pays agresseurs réussissent en quelques mois à conquérir de vastes territoires sur lesquels ils établissent leur domination (carte 10.7). Le régime nazi profite du fait qu'il occupe la majeure partie de l'Europe pour mettre en marche la « solution finale », c'est-à-dire l'extermination des juifs d'Europe. La Grande Alliance contre le fascisme, dirigée par l'URSS et les États-Unis, renverse toutefois la situation à partir de 1943 et entreprend la libération de l'Afrique du Nord, de l'Europe et de l'Asie. Un monde nouveau naît alors.

LES ALLEMANDS ENVAHISSENT UNE GRANDE PARTIE DE L'EUROPE. Sur leur lancée, les pays de l'Axe remportent pendant les premiers mois de la guerre d'éclatants succès qui laissent présager un nouvel ordre mondial dominé par les régimes totalitaires.

Après s'être assurée de la neutralité de l'URSS à son égard par la signature du pacte germano-soviétique d'août 1939, qui comprend un protocole secret de partage des pays baltes et de la Pologne, l'Allemagne hitlérienne envahit cette dernière le 1er septembre 1939. Comme la Pologne est l'alliée de la France et de la Grande-Bretagne, ces pays déclarent la guerre à l'Allemagne.

Après la rapide reddition de la Pologne, l'Europe vit pendant plusieurs mois la « drôle de guerre », pendant laquelle les protagonistes demeurent sur leurs positions. Au printemps 1940, toutefois, les hostilités reprennent. L'Allemagne s'empare d'abord du Danemark et de la Norvège, ce qui lui assure le contrôle de la « route du fer » et lui procure de nombreux ports qui serviront de bases à ses sous-marins. En mai et en juin, les blindés allemands enfoncent les lignes françaises et forcent la France à demander l'armistice.

L'Allemagne échoue toutefois dans sa tentative d'envahir la Grande-Bretagne pendant l'été 1940 (c'est la « bataille d'Angleterre ») : le pays demeure libre, et il disposera bientôt des ressources de tout le Commonwealth pour poursuivre la lutte. Arrêtée dans sa progression vers l'Ouest, l'Allemagne se tourne vers l'Est. En juin 1941, elle attaque par surprise l'URSS, qu'elle

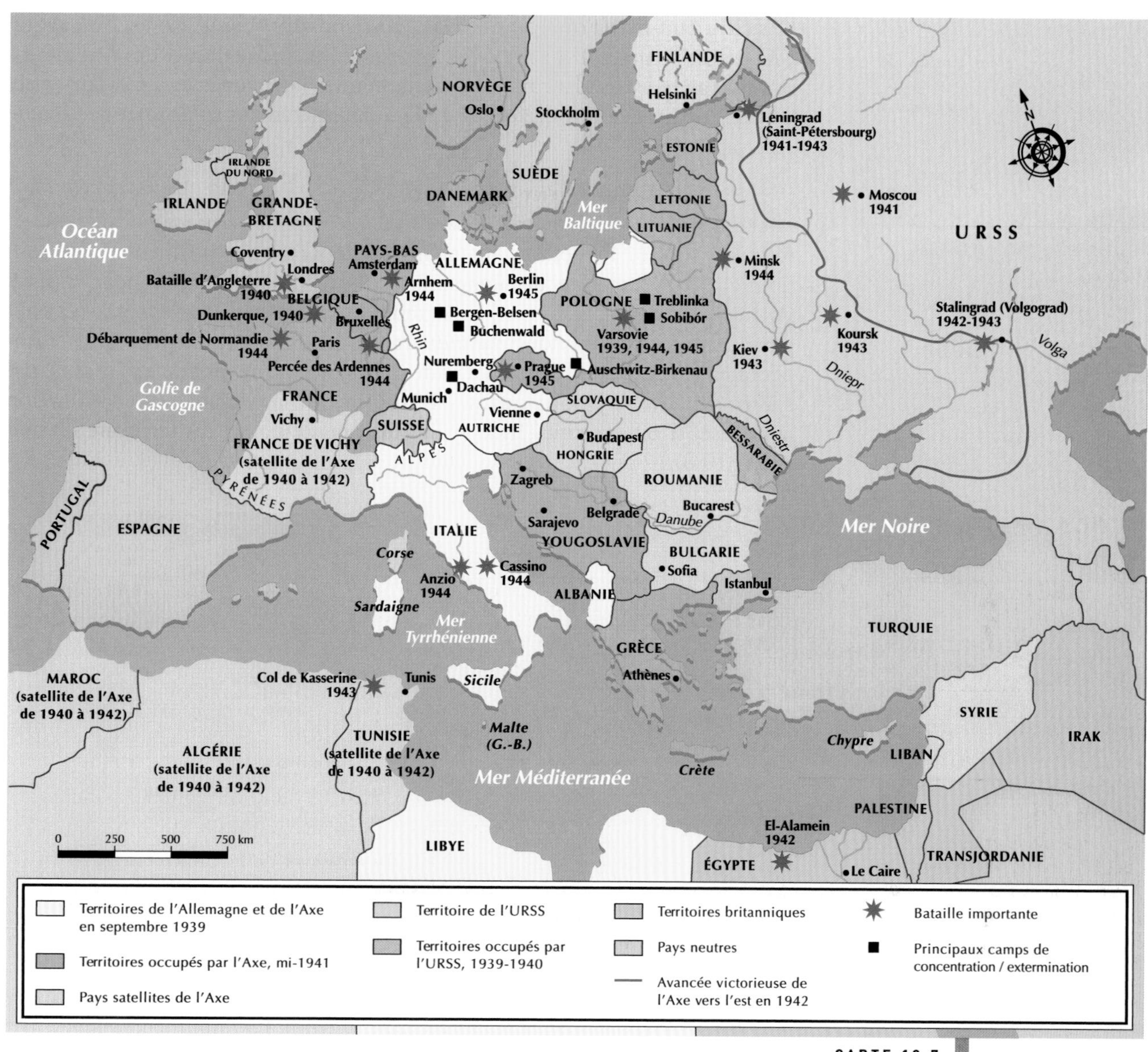

CARTE 10.7

La Deuxième Guerre mondiale en Europe (1939-1945)

veut transformer en vaste terre à blé à son profit : après quelques mois de progression, les troupes allemandes sont stoppées devant Leningrad, Moscou et Stalingrad.

Dans la zone méditerranéenne, les Italiens remportent moins de succès. Repoussés par les Britanniques en Afrique du Nord et incapables de conquérir la Grèce, les Italiens doivent demander l'aide des Allemands : pendant le premier semestre de 1941, Hitler dépêche le général Rommel et son *Afrikakorps* en Afrique du Nord. L'armée allemande s'empare de la Grèce et de la Yougoslavie.

Le Japon occupe l'Asie du Sud-Est. En Asie, la guerre est commencée dans les faits depuis 1931 (année de l'occupation de la Mandchourie par les Japonais) et elle s'est accélérée à partir de 1937 (guerre sino-japonaise). Dans le but de couper le ravitaillement des Chinois et de s'assurer de sources de matières premières, le Japon profite de la défaite militaire de la France au printemps 1940 pour occuper l'Indochine française et la Thaïlande. Puis il attaque les États-Unis par surprise en bombardant la base militaire de Pearl Harbor en décembre 1941, ce qui lui permet de conquérir l'ensemble de l'Asie du Sud-Est (Philippines, Indes néerlandaises, Hong Kong, Singapour, Malaisie et Birmanie) ainsi que la plupart des îles du Pacifique. Les Américains (à Midway et à Guadalcanal), les Britanniques (aux Indes et à Ceylan) et les Chinois l'empêchent toutefois de réaliser complètement son projet de Grande Asie japonaise.

L'EUROPE ET L'ASIE VIVENT SOUS L'OCCUPATION. En 1942, les forces de l'Axe atteignent l'apogée de leur puissance et une grande partie de la planète vit sous leur botte : l'ensemble du territoire de l'Europe continentale est sous domination allemande ou italienne, sauf les pays neutres (Suède, Suisse, Portugal, Espagne et Turquie) ; l'Afrique du Nord, sauf l'Égypte, est occupée par les troupes allemandes ; la plupart des colonies des ex-puissances européennes, sauf celles de la Grande-Bretagne, sont prises en mains par l'Allemagne ou le Japon ; quant à l'Asie, elle est largement sous domination japonaise, si on excepte l'Inde et la plus grande partie du territoire chinois (carte 10.8).

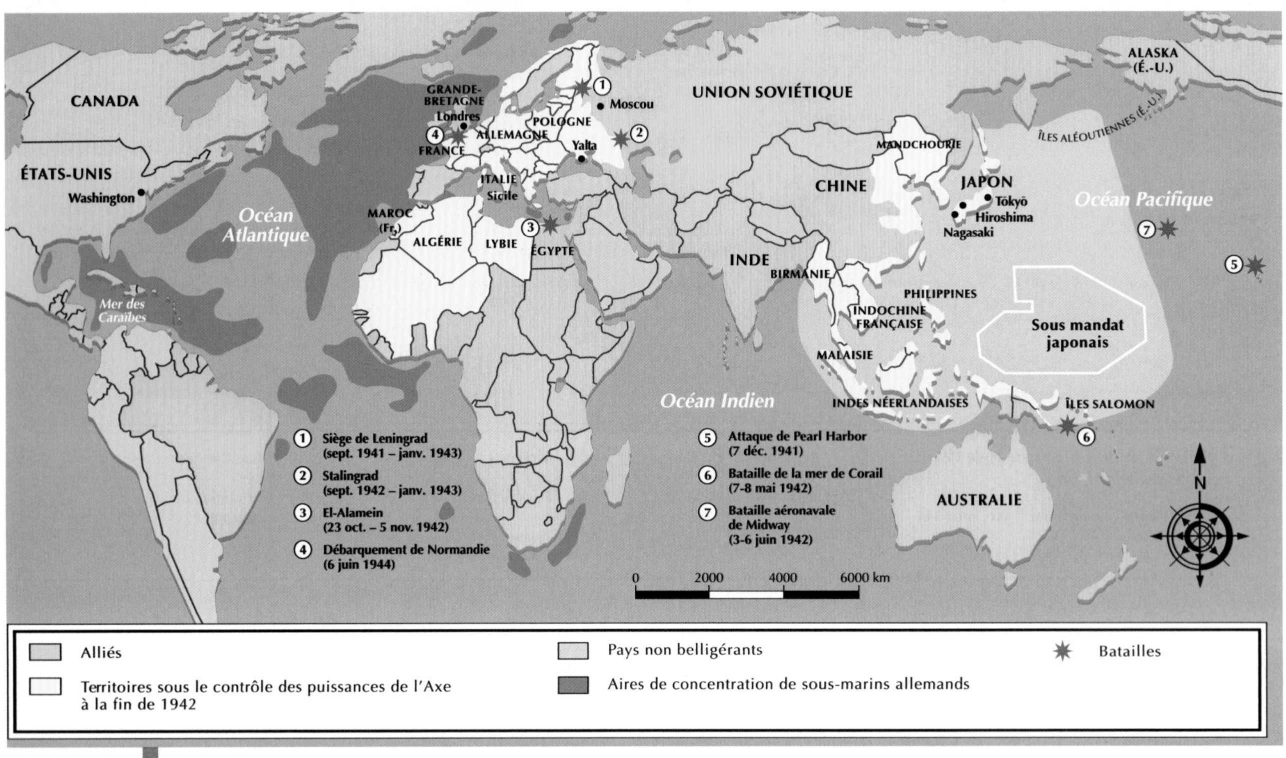

CARTE 10.8

L'Axe au sommet de sa puissance (1942)

collaboration Aide apportée par les résidents d'un pays aux autorités et aux troupes étrangères qui l'occupent.

Les vainqueurs tentent d'instaurer dans les régions et les pays conquis un ordre nouveau, avec la **collaboration** de certains de leurs habitants. Les pays conquis sont soumis aux réquisitions des vainqueurs qui s'approvisionnent en machines, en matières premières, en vivres et même en main-d'œuvre. Ce pillage s'accompagne d'accords commerciaux frauduleux, d'impôts pour entretenir les troupes d'occupation ainsi que de confiscations de biens et de terres. Les populations locales sont en outre soumises à une répression sans pitié que l'occupant justifie par l'état de guerre. Elles sont aussi privées des droits et libertés civiles et martelées par la propagande. Les arrestations et les détentions arbitraires, les exécutions sommaires ainsi que la déportation des opposants ou des « indésirables » dans des camps de concentration ou d'extermination sont monnaie courante. En Asie, les populations locales sont en outre obligées d'apprendre le japonais et de s'initier aux coutumes nippones, jugées plus raffinées par l'occupant.

La résistance à l'occupant se développe. Devant l'extension de la barbarie apparaît progressivement dans les pays et régions occupés d'Europe une résistance à l'occupant. Dès les premiers mois de l'occupation, des groupes formés spontanément diffusent des tracts et cherchent à créer des réseaux. Ils sont encouragés par les dirigeants qui ont fui en Grande-Bretagne et qui, comme le général de Gaulle, refusent la capitulation et créent des gouvernements en exil. Ils réussissent bientôt, malgré la répression féroce dont ils sont l'objet, à pratiquer des actes de sabotage contre l'armée d'occupation et même à multiplier les maquis, endroits peu accessibles où ils mettent sur pied des corps armés. Ils contribueront à affaiblir les troupes d'occupation et aideront les armées étrangères à libérer leurs pays. En Asie, seuls les communistes vietnamiens rejettent aussi bien l'occupant japonais que le colonisateur européen.

FIGURE 10.13

La barbarie en action

Pour asseoir leur domination et mater les populations occupées, les Allemands procèdent souvent à des exécutions sommaires de résistants, de communistes, de juifs, etc. Ici, des habitants d'un pays occupé (Pologne) sont témoins de la pendaison de marchands juifs.

Les juifs d'Europe sont exterminés. La conquête par l'Allemagne nazie de la plus grande partie de l'Europe et d'une partie importante de l'URSS place sous son emprise les millions de juifs d'Europe de l'Est – plus traditionalistes, moins riches et moins scolarisés que les juifs allemands – ainsi que les juifs d'Europe de l'Ouest.

L'état de guerre et la censure permettent aux dirigeants nazis d'entreprendre une politique de spoliation et de regroupement des juifs dans des ghettos où ils sont entassés, privés de nourriture et parfois utilisés comme force brute de travail ou comme main-d'œuvre à bon marché par des entrepreneurs allemands. De leur côté, les juifs d'Europe de l'Ouest sont forcés de s'enregistrer dans

FIGURE 10.14

Le «nettoyage» du ghetto de Varsovie

En 1943, les Allemands décident de vider les ghettos et de déporter leurs habitants juifs dans les camps d'extermination. Sur cette photo, des soldats allemands escortent un groupe de juifs de Varsovie qu'ils font sortir du ghetto; d'autres soldats fouillent les immeubles à la recherche de fuyards.

FIGURE 10.15

Fosse commune au camp de Bergen-Belsen

Cette photographie, comme des dizaines d'autres prises dans les camps libérés par les Alliés en 1945, oppose un cinglant démenti aux «révisionnistes» qui nient la réalité de l'Holocauste.

les commissariats de police et astreints au couvre-feu et au port de l'étoile de David. On commencera à les déporter vers les camps de l'Est dans le courant de l'année 1942.

Les juifs d'Europe sont également l'objet d'une politique d'extermination consciente et systématique dont les grandes lignes ont été tracées par les dirigeants nazis à la conférence de Wannsee en janvier 1942. Pour réaliser cette opération, les nazis mettent en place six camps d'extermination (Chelmno, Treblinka, Madjanek, Sobibor, Belzec et Auschwitz-Birkenau), dont la fonction est la mise à mort dans des chambres à gaz du plus grand nombre possible d'êtres humains, dont les cadavres sont ensuite brûlés dans des fours crématoires ou à l'air libre, ou encore enterrés dans des fosses communes. Ces camps de la mort s'ajoutent aux nombreux camps de concentration déjà existants. À côté des Tziganes, des homosexuels, des handicapés et des communistes, eux aussi visés par cette politique d'annihilation, plus de 3 millions de juifs trouveront la mort dans les camps, ce qui portera le nombre total de victimes juives de l'Holocauste à près de 6 millions.

Un témoignage sur la vie dans les camps

Manca Svalboda, médecin tchèque internée à Auschwitz, raconte ici un moment de la vie dans ce camp de la mort. Quels liens peut-on faire entre ce témoignage et les textes écrits par Hitler, Himmler, Rosenberg et Rauschning que nous avons cités plus haut?

■ ■ ■

On ne pouvait dire: des êtres humains. C'étaient des corps, gonflés, recroquevillés, à demi vêtus de chiffons en lambeaux, sales, avec des yeux sans regard ou empreints de cette expression démente qu'impose la typhoïde. Les orteils, les doigts étaient nécrosés de froid. Des plaies ouvertes suppuraient sur les mollets, sur les pieds; les lèvres étaient noirâtres. Durement, les coups de matraques pleuvaient sur les têtes, sur les dos.

À terre, quelque chose [autrefois une femme] *avançait en se traînant sur le ventre. Ses cheveux étaient gris, ses yeux enfoncés, noirs. Une SS qui passait donna un coup de pied à ce déchet, puis s'arrêta, se retourna, et revint poser sa botte sur le cou de la femme.* [...] *Un râle, enfin, sortit de la gorge de la victime. Alors, avec un grand rire, elle claqua son fouet et s'en alla.* [...]

Soudain, on entendit l'aboiement des chiens, le «Los... los...» des SS. Le «Generalappell» était fini, la sélection commençait. Après être restées debout pendant plus de dix heures, les prisonnières, en sabots pour la plupart, durent entrer au camp en courant et sautant par-dessus un fossé. Des deux côtés de la porte, des surveillantes, massues en main, les guettaient. Tu butes, tu tombes, tu ne peux sauter, tu hésites ou tu retournes en arrière: ce ne sont que quelques-unes des possibilités qui te mèneront aux gaz.

Dans P. Bonnoure, *et al.*, *Documents d'histoire vivante de l'Antiquité à nos jours. Dossier 7: de 1917 à 1945*, Paris, Éditions sociales, 1970, fiche 38.

L'URSS et les États-Unis renversent la situation. Au moment même où les pays de l'Axe sont au faîte de leur puissance, ils subissent leurs premiers revers. En 1942, les Américains commencent à repousser les Japonais dans le Pacifique, les Britanniques lancent une contre-attaque victorieuse en Afrique du Nord, où les troupes américaines débarquent quelques mois plus tard, et les Soviétiques résistent à Stalingrad où toute une armée allemande sera encerclée et mise hors de combat au cours de l'hiver suivant.

La Grande Alliance contre le fascisme est née en 1941 avec l'invasion de l'URSS par l'Allemagne et le bombardement des installations américaines à Pearl Harbor par les Japonais. Ces agressions ont mis fin à l'**attentisme** des deux futurs géants de la seconde moitié du siècle: l'URSS et les États-Unis. Malgré quelques divergences, les nations en guerre contre l'Axe (elles sont au nombre de 26 en 1942) définissent dans la Charte de l'Atlantique (1941) leurs raisons d'entrer en guerre, établissent des stratégies communes et préparent l'après-guerre.

attentisme Attitude ou politique consistant à repousser l'action à plus tard, par calcul, dans l'attente d'un moment plus favorable.

L'offensive alliée amène la reddition des pays membres de l'Axe. À partir de 1943, l'offensive contre les forces de l'Axe devient victorieuse sur tous les fronts. Sur mer, les Alliés reprennent la maîtrise de l'Atlantique grâce à la construction massive de bateaux dans les chantiers américains et à la destruction progressive de la flotte de sous-marins allemands. Dans le Pacifique, ils réussissent à anéantir la flotte japonaise. Dans les airs, le bombardement des villes et des installations militaires allemandes, commencé dès 1941, devient de plus en plus intense.

En Europe, le premier pays de l'Axe à subir l'offensive alliée est l'Italie. Elle capitule en septembre 1943, après le débarquement en Sicile des troupes américano-britanniques qui avaient auparavant reconquis l'Afrique du Nord (Mussolini sera exécuté en 1945). À l'Est, les Soviétiques lancent une gigantesque contre-offensive et libèrent ainsi le territoire national en quelques mois après les victoires de Stalingrad (janvier 1943) et de Koursk (juillet 1943). À l'Ouest, enfin, les débarquements de Normandie (juin 1944) et de Provence (août 1944) permettent aux troupes alliées de libérer la France, la Belgique et les Pays-Bas. Au cours des années 1944 et 1945, les armées de la Grande Alliance grignotent systématiquement les territoires occupés par l'Allemagne, jusqu'à leur entrée dans Berlin qui provoque le suicide d'Hitler et la reddition de l'Allemagne au début du mois de mai 1945.

Dans le Pacifique, les Américains reconquièrent les îles une à une et parviennent à proximité de l'archipel nippon au printemps 1945. Devant le refus de se rendre de la caste militaire qui dirige le pays, et probablement aussi dans le but d'impressionner les Soviétiques, le président américain Truman décide d'utiliser la toute nouvelle bombe atomique contre deux villes japonaises, Hiroshima et Nagasaki, le 6 et le 9 août 1945. Quelques jours plus tard, l'empereur ordonne la fin des combats et soumet la reddition du Japon.

La fin de la guerre voit la naissance d'un monde radicalement différent. La Deuxième Guerre mondiale a été encore plus dévastatrice que la première: 50 millions de morts (dont 35 millions en Europe seulement), des régions entières (comme l'Ukraine) dévastées, des villes réduites à néant. La production industrielle de l'Europe a diminué de 50 %, sa production agricole de plus du tiers. L'Allemagne, grande responsable de la guerre, n'est plus qu'un champ de ruines.

La victoire remportée contre les régimes nazi (en Allemagne), fasciste (en Italie) et militariste (au Japon) a permis à l'URSS et aux États-Unis d'émerger en tant que puissances mondiales dominantes. Ces deux puissances ont d'ailleurs commencé à préparer l'après-guerre lors des conférences de Téhéran (octobre 1943), de Yalta (février 1945) et de Potsdam (août 1945). Elles s'y sont partagé le monde : l'Europe de l'Est et balkanique (sauf la Grèce) ainsi qu'une partie de l'Allemagne constituent désormais la zone d'influence soviétique. Les vainqueurs ont aussi créé un nouvel organisme international, l'Organisation des Nations unies (ONU), chargé notamment de maintenir la paix et la sécurité internationales et doté pour ce faire du pouvoir de mettre sur pied une force militaire. Mais les bons sentiments s'estomperont bientôt devant une nouvelle forme de guerre, qui opposera le bloc occidental au bloc soviétique, la Guerre froide.

FIGURE 10.16

Rosie la riveteuse

Pendant la Deuxième Guerre mondiale, la contribution des femmes à l'effort de guerre est considérable ; il s'agit d'ailleurs d'un phénomène déterminant de l'émancipation des femmes au XXe siècle. Cette affiche, produite par le comité de coordination de la production de guerre aux États-Unis, montre Rosie la riveteuse, symbole des femmes américaines au travail dans les usines. Nul doute que ce type de représentation, qui met l'accent sur la force physique des femmes et sur leur détermination (« Nous pouvons le faire », dit-elle), a contribué à modifier l'image des femmes.

Apprentissages

Déterminer la valeur d'une affirmation

Dans son discours de 1929 portant sur la liquidation des koulaks en tant que classe (p. 331), Staline prétend que la création de fermes collectives et de fermes d'État en URSS accroîtra la production agricole. Ce type d'affirmation suppose qu'un phénomène quelconque (ici la création de fermes collectives) provoquera automatiquement dans l'avenir un autre phénomène (l'accroissement de la production agricole). En quoi un tel type de raisonnement est-il critiquable ?

Comparer

Hitler définit les principes de la pédagogie nazie et la vision qu'il a de la jeunesse allemande (« École, race et histoire », p. 348). Quels éléments de ces deux documents se recoupent ?

Interpréter une illustration

Le tableau de Thomas Hart Benton (« Plaisirs des années folles », figure 10.6, p. 337) présente une version idéalisée de la ville aux États-Unis pendant les années folles. Plusieurs des images qu'il contient constituent néanmoins des indices de l'émancipation des femmes après la Première Guerre mondiale, surtout sur les plans du comportement et du vêtement. Est-il possible de déceler quelques-uns de ces indices et de les interpréter ?

Transformer un tableau en graphique

Le tableau 10.1 (p. 341) présente l'évolution de la production industrielle pendant la crise pour certains pays sélectionnés. Les chiffres qu'il contient sont révélateurs mais pourraient sans doute être plus « parlants » s'ils étaient reproduits sous forme graphique. Ici, des courbes conviendraient. Il s'agirait de placer en abscisse les années (1930 à 1937) et en ordonnée les indices (54 à 424).

Ainsi transformées sous forme graphique, les données du tableau deviennent plus parlantes, et on peut leur poser les questions suivantes. Quels pays apparaissent les plus touchés par la crise des années 1930 ? Ces pays ont-ils des caractéristiques communes ? Quels pays paraissent peu ou pas affectés par la crise ? Quel facteur pourrait expliquer ce phénomène pour chacun d'entre eux ? Comment expliquer que l'indice de la production industrielle en URSS soit en progression constante pendant ces années de crise ?

Consultez le Compagnon Web pour des questions d'autoévaluation supplémentaires.

CHAPITRE 11

Guerre froide, décolonisation et mondialisation

DANS CE CHAPITRE, NOUS VERRONS...

- Comment se met en place, au lendemain de la Deuxième Guerre mondiale, un ordre mondial caractérisé par la création de nouvelles organisations internationales et par la Guerre froide que se livrent l'URSS et les États-Unis.
- Comment cette Guerre froide amène le monde au bord de l'autodestruction.
- Comment et dans quelles conditions les grandes puissances du monde occidental, soit les États-Unis, l'URSS et l'Europe, se développent dans la seconde moitié du XXe siècle.
- Comment et dans quelles circonstances les peuples colonisés se libèrent de la tutelle occidentale.
- Comment et pourquoi certaines régions occidentales, comme l'Amérique latine, connaissent un développement inégal.
- Dans quelle mesure le monde occidental se transforme dans la seconde moitié du siècle.
- Comment, à travers les étapes de la mondialisation, certaines caractéristiques de la civilisation occidentale s'étendent à l'ensemble de la planète.
- Comment la mondialisation affecte les pays occidentaux et la planète entière, et comment elle est reçue par les citoyens.

LES PRINCIPAUX CONCEPTS ÉTUDIÉS DANS CE CHAPITRE SONT LES SUIVANTS : **guerre froide, décolonisation et mondialisation.**

NOUS VERRONS AUSSI CES AUTRES CONCEPTS : **géopolitique, néolibéralisme, productivité, balance des paiements, étalon monétaire, stagflation, *latifundia, minifundia*, accommodement raisonnable, sécularisation, fondamentalisme, altermondialisme, délocalisation et cols bleus.**

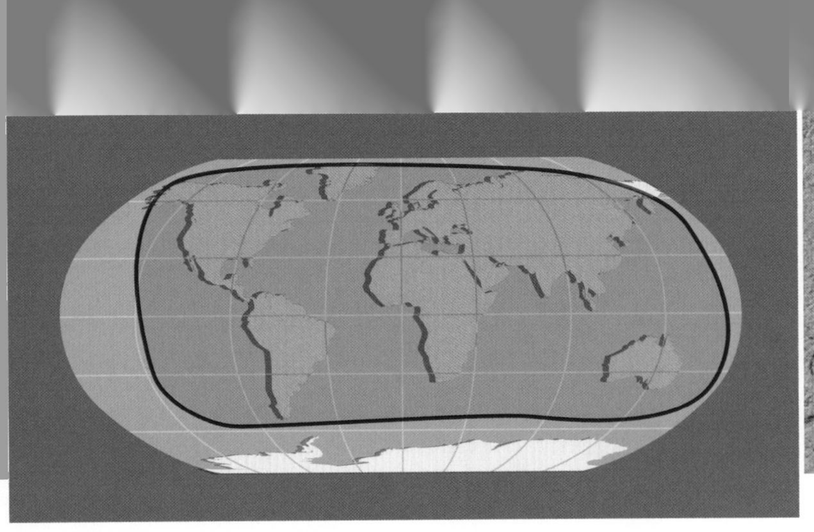

LIGNE du temps

1940 — 1950 — 1960 — 1970

Yalta (1945)

Guerre froide (1947-1989)

Doctrine Truman (1947)

OTAN (1949)

Guerre de Corée (1950-1953)

Mur de Berlin (1961-1989)

ONU (1945)

Plan Marshall (1947)

Communistes en Chine (1949)

Crise des missiles de Cuba (1962)

Printemps de Prague (1968)

SALT 1 (1972)

Nixon en Chine (1972)

Coup de Prague (1948)

Bombe A soviétique (1949)

Mort de Staline (1953)

Rapport Khrouchtchev (1956)

Armstrong sur la Lune (1969)

Allende renversé – Chili (1973)

Deuxième Guerre du Viêt-nam (1954-1975)

Hiroshima (1945)

Création d'Israël (1948)

6 membres (1957)

9 membres (1973)

CECA (1951-1957)

Communauté économique européenne (1957-1992)

Conseil de l'Europe (1949)

Traité de Rome (1957)

Mai 68 (1968)

Indépendance des Indes (1947)

Conférence de Bandung (1955)

Déclaration sur l'octroi de l'indépendance aux peuples colonisés de l'AGONU (1960)

Décolonisation (1946-2000)

Indépendance des Philippines (1946)

L'Indonésie indépendante (1949)

Accords de Genève – Indochine (1954)

Indépendance de quinze ex-colonies françaises en Afrique (1960)

Guerre d'Algérie (1954-1962)

Les Trente Glorieuses (1945-1974)

Le baby-boom (1946-1964)

I have a dream (1963)

Premier choc pétrolier (1973)

Accords de Bretton-Woods (1944)

« Chasse aux sorcières » (1947-1954)

Arrêt « Brown v. Topeka » (1954)

Commercialisation de la pilule anticonceptionnelle (1960)

Civil Rights Act (1964)

Arrêt « Roe v. Wade » (1973)

L'ère numérique (1946-)

ENIAC (1946)

Transistor (1948)

La télévision au Canada (1952)

Telstar 1 – satellite (1962)

Réseau ARPANET (1968)

Microprocesseur (1972)

Au lendemain de la Deuxième Guerre mondiale, le monde est une fois de plus chambardé. De nouvelles organisations internationales sont créées pour présider à l'ordre mondial qui émerge. Un « rideau de fer » partage l'Europe en deux zones d'influence, soviétique à l'Est et américaine à l'Ouest : ce partage marque le début d'une **guerre froide**, qui durera jusqu'à la fin des années 1980. Dévastées et affaiblies par la guerre, les anciennes puissances européennes perdent rapidement leurs empires coloniaux et mettent en place la Communauté européenne.

Pour le monde occidental, la deuxième moitié du XXe siècle est aussi une période de transformations profondes, de la généralisation de l'État-providence à l'accélération du progrès scientifique, en passant par la révolte de la jeunesse et l'émancipation des femmes. Avec le développement des communications et des moyens de transport, la planète rapetisse, tandis que le phénomène appelé mondialisation s'accélère. À l'aube du XXIe siècle, migrations et protection de l'écosystème apparaissent comme les grands défis de l'humanité.

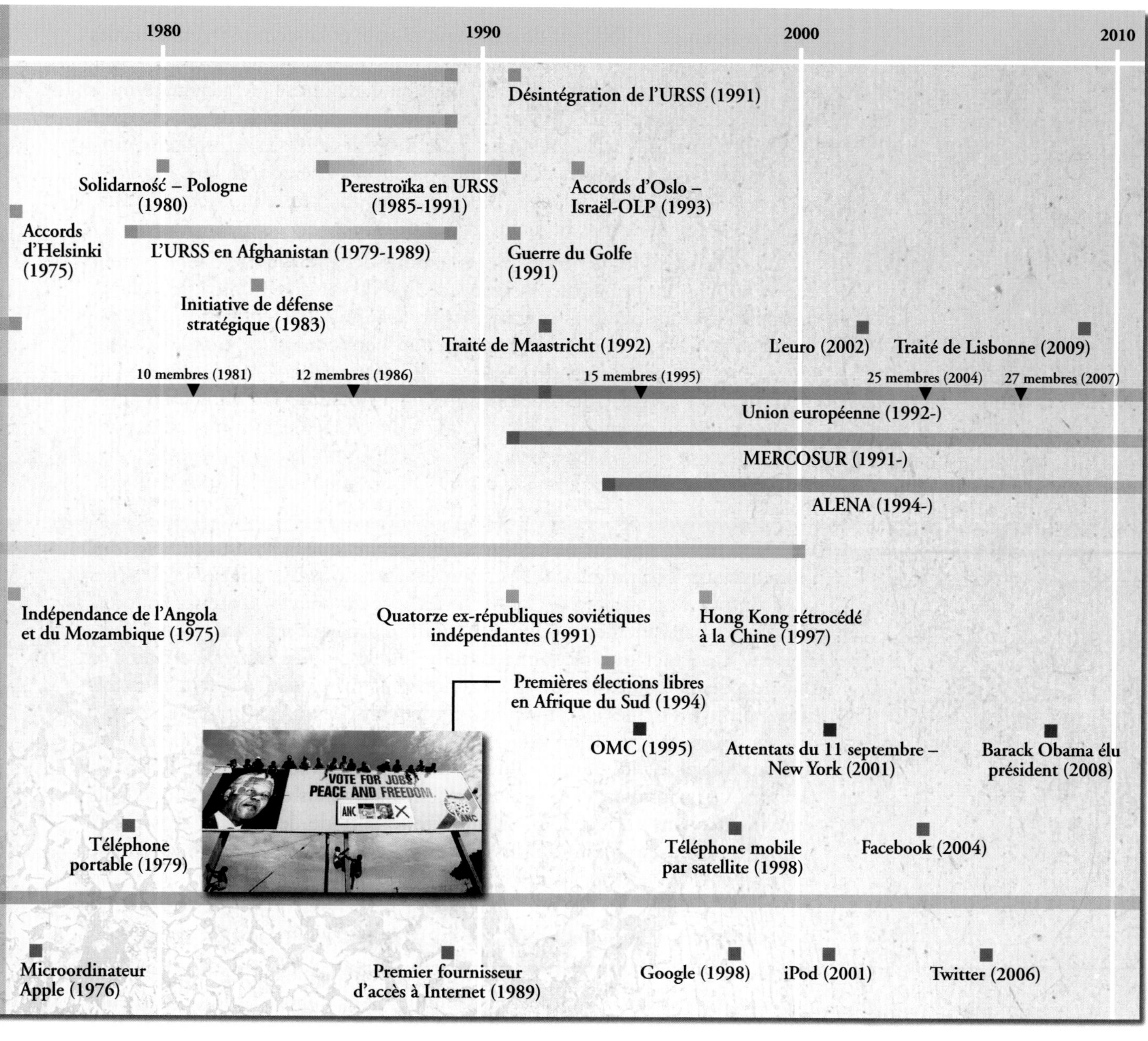

Un nouvel ordre mondial

guerre froide État de guerre sans affrontement militaire direct entre les pays impliqués.

Avant même la fin de la Deuxième Guerre mondiale, les membres de la Grande Alliance contre le fascisme ont entrepris de régénérer l'ordre mondial en jetant les bases d'une nouvelle organisation internationale, l'ONU, théoriquement mieux outillée que la SDN. Mais l'ONU sera vite réduite à l'impuissance par la Guerre froide, qui naît du partage de l'Europe au lendemain de la guerre entre les deux grands vainqueurs, l'URSS et les États-Unis.

L'ORGANISATION DES NATIONS UNIES (ONU)

Conçue dès 1942, l'ONU est mise en place en 1944 et 1945. Son organe exécutif, le Conseil de sécurité, peut recourir à la force pour rétablir la paix. Mais la logique de la Guerre froide réduira considérablement son efficacité.

LES ALLIÉS CONÇOIVENT ET CRÉENT L'ONU. Dès 1941, dans la Charte de l'Atlantique, les Alliés prévoient d'instaurer un nouveau système de sécurité générale sur des bases plus larges que celles de la SDN. En 1942, ils signent la Déclaration des Nations unies, qui sera adoptée en 1945.

La mission de l'ONU est de maintenir la paix et la sécurité internationales par des mesures collectives efficaces. Les pays membres s'engagent à régler leurs différends « par des voies pacifiques » et à renoncer « à la menace ou à l'emploi de la force ». L'ONU se donne aussi pour objectifs de promouvoir les droits humains, l'égalité des nations, le droit des peuples à disposer d'eux-mêmes ainsi que le progrès économique et social. Elle adopte la *Déclaration universelle des droits de l'homme* (1948) et patronne plusieurs pactes internationaux sur les droits des humains et des peuples.

Outre l'Assemblée générale, où les nations débattent entre elles et votent des résolutions, les principales instances de l'ONU sont: le Conseil de sécurité, composé de cinq membres permanents (États-Unis, URSS, France, Grande-Bretagne et Chine) et de dix membres non permanents; le Conseil économique et social; le Conseil de tutelle; le Secrétariat et la Cour internationale de justice. S'y greffent des organes subsidiaires comme le Fonds international de secours à l'enfance (UNICEF) et la Conférence des Nations unies pour le commerce et le développement (CNUCED). Enfin, bien qu'indépendantes, certaines institutions spécialisées comme l'Organisation mondiale du commerce (OMC) ou le Fonds monétaire international (FMI) sont affiliées à l'ONU.

L'ONU SE RÉVÈLE BIENTÔT IMPUISSANTE. Pour éviter que l'ONU ne sombre dans l'impuissance – comme la SDN devant les agressions des années 1930 –, les pays contractants ont doté le Conseil de sécurité du pouvoir d'utiliser les forces armées des États membres pour contraindre un pays à renoncer à une agression ou à accepter une recommandation de l'Assemblée générale. Prises à la majorité des membres (8 sur 15), les décisions du Conseil doivent toutefois être approuvées par les cinq membres permanents, ce qui, en pratique, confère à chacun d'eux un droit de veto. Cet organe qui devait assurer la paix mondiale sera donc ligoté durant toute la Guerre froide (1945-1989), l'URSS et les États-Unis opposant leur veto dès que leurs intérêts ou ceux d'un de leurs États clients sont en jeu. Durant toute cette période, le Conseil de sécurité n'aura recours à des mesures militaires qu'en une seule occasion, la guerre de Corée (1950-1953), alors que l'URSS boycotte ses séances.

DIVISION DE L'ALLEMAGNE ET DÉBUT DE LA GUERRE FROIDE

Les États-Unis et l'URSS s'entendent pour combattre les régimes fascistes, mais la situation devient rapidement tendue entre eux dès la fin de la guerre.

La *Déclaration universelle des droits de l'homme*

Conçue comme un modèle, un objectif à atteindre, la *Déclaration universelle des droits de l'homme* des Nations unies n'a pas force de loi. Cependant, elle est devenue avec les années un outil qu'emploie la communauté internationale pour faire pression sur les régimes politiques qui bafouent les droits humains. Depuis son adoption, plusieurs pays se sont dotés d'une charte des droits – ainsi, la *Charte canadienne des droits et libertés*, adoptée en 1982 et enchâssée dans la Constitution, lie tous les gouvernements du pays. Divers ONG (organismes non gouvernementaux), notamment Amnistie internationale et *Human's Rights Watch*, dénoncent depuis plusieurs années les violations des droits humains partout dans le monde. Voici quelques articles de la *Déclaration universelle*.

▪ ▪ ▪

Article 1
Tous les êtres humains naissent libres et égaux en dignité et en droits. Ils sont doués de raison et de conscience et doivent agir les uns envers les autres dans un esprit de fraternité.

Article 3
Tout individu a droit à la vie, à la liberté et à la sûreté de sa personne.

Article 5
Nul ne sera soumis à la torture, ni à des peines ou traitements cruels, inhumains ou dégradants.

Article 7
Tous sont égaux devant la loi et ont droit sans distinction à une égale protection de la loi. Tous ont droit à une protection égale contre toute discrimination qui violerait la présente Déclaration et contre toute provocation à une telle discrimination.

Article 10
Toute personne a droit, en pleine égalité, à ce que sa cause soit entendue équitablement et publiquement par un tribunal indépendant et impartial, qui décidera soit de ses droits et obligations, soit du bien-fondé de toute accusation en matière pénale dirigée contre elle.

Article 13

1. *Toute personne a le droit de circuler librement et de choisir sa résidence à l'intérieur d'un État.*
2. *Toute personne a le droit de quitter tout pays, y compris le sien, et de revenir dans son pays.*

Article 18
Toute personne a droit à la liberté de pensée, de conscience et de religion; ce droit implique la liberté de changer de religion ou de conviction ainsi que la liberté de manifester sa religion ou sa conviction seule ou en commun, tant en public qu'en privé, par l'enseignement, les pratiques, le culte et l'accomplissement des rites.

Article 22
Toute personne, en tant que membre de la société, a droit à la sécurité sociale; elle est fondée à obtenir la satisfaction des droits économiques, sociaux et culturels indispensables à sa dignité et au libre développement de sa personnalité grâce à l'effort national et à la coopération internationale, compte tenu de l'organisation et des ressources de chaque pays.

Article 26

1. *Toute personne a droit à l'éducation. L'éducation doit être gratuite, au moins en ce qui concerne l'enseignement élémentaire et fondamental. L'enseignement technique et professionnel doit être généralisé; l'accès aux études supérieures doit être ouvert en pleine égalité à tous en fonction de leur mérite.*
2. *L'éducation doit viser au plein épanouissement de la personnalité humaine et au renforcement du respect des droits de l'homme et des libertés fondamentales. Elle doit favoriser la compréhension, la tolérance et l'amitié entre toutes les nations et tous les groupes raciaux ou religieux, ainsi que le développement des activités des Nations unies pour le maintien de la paix.*

Nations unies, Département de l'information.

Le premier motif de cette tension naissante est le partage de l'Allemagne; s'y ajoute bientôt la situation en Turquie, dans les Balkans et en Europe de l'Est.

À Yalta et à Potsdam, les vainqueurs préparent l'après-guerre. En février 1945, les dirigeants des trois plus grandes puissances en guerre contre l'Axe – Churchill, Roosevelt et Staline – se rencontrent à Yalta (en Crimée), où ils décident du sort de l'Allemagne: elle sera démilitarisée et divisée en quatre zones d'occupation. Ils y règlent aussi la question de l'Europe de l'Est: les États-Unis et la Grande-Bretagne acceptent grosso modo la résurrection des pays d'avant-guerre et reconnaissent à l'URSS une zone d'influence dans cette région du monde, en échange de quoi Staline s'engage solennellement à respecter la souveraineté des peuples libérés et leur droit de constituer des gouvernements représentatifs. Quelques mois plus tard, à Potsdam, les chefs d'État décrètent la dissolution du Parti national-socialiste allemand ainsi que l'abrogation des lois nazies. Ils ordonnent également le jugement des criminels de guerre : sur les 200 inculpés du procès de Nuremberg (1945-1946), 12 seront condamnés à mort.

Les Alliés occupent l'Allemagne et se la partagent. Dans les premiers mois de 1945, les armées soviétiques et alliées pénètrent en territoire allemand ; début mai, elles prennent Berlin, et l'Allemagne signe une reddition sans condition. Les décisions de Yalta et de Potsdam peuvent se concrétiser. On divise l'Allemagne en quatre zones d'occupation (américaine, britannique, française et soviétique) ; Berlin, située en plein cœur de la zone soviétique, est partagée de la même façon.

FIGURE 11.1

Le plan Marshall (1947)

Sur cette affiche allemande, on demande de libérer la route pour le plan Marshall (du nom du secrétaire d'État américain), qui offre une aide économique aux pays européens dévastés par la guerre.

Un « rideau de fer » s'abat sur l'Europe. Dès la fin de 1945, les relations entre les vainqueurs de la guerre commencent à se détériorer. Les Américains et les Britanniques reprochent à Staline de ne pas respecter ses promesses dans les pays d'Europe de l'Est libérés par l'URSS. En effet, les communistes, soutenus par l'Armée rouge qui occupe toujours ces pays, prennent de plus en plus de place dans les gouvernements d'« union nationale » créés après la guerre, et, sous couvert de dénazification, malmènent les anciens dirigeants et, plus largement, leurs adversaires politiques. Par ailleurs, les Soviétiques eux-mêmes accusent les États-Unis et la Grande-Bretagne de mollesse dans la chasse aux anciens nazis ; de plus, ils les soupçonnent de préparer une nouvelle guerre pour détruire la « patrie du socialisme ».

Les événements de l'année 1947 conduiront à la rupture définitive entre les anciens alliés, et au début de la Guerre froide. En effet, le président américain proclame la doctrine Truman, divisant ainsi le monde en deux camps, celui de l'oppression (le communisme) et celui de la liberté (le capitalisme et la démocratie), que les Américains s'engagent à soutenir. Puis, les États-Unis mettent en place le plan Marshall, offrant à tous les pays d'Europe – y compris ceux d'Europe de l'Est, pourtant dans la sphère d'influence soviétique – une aide économique pour leur reconstruction. Les Soviétiques dénoncent ce plan comme une manifestation de l'impérialisme américain et une machination destinée à encercler l'URSS. Moscou riposte par la création du *Kominform* (Bureau d'information communiste), qui a pour fonction de propager la doctrine communiste dans le monde (carte 11.1).

Le début d'un temps nouveau ?

Les effets des accords de Yalta ont pris fin en 1999.

• 12 mars 1999 •

leSoleil

LES ACCORDS DE YALTA OFFICIELLEMENT ENTERRÉS

Hongrie, Pologne et République tchèque enfin membres de l'OTAN

Washington – L'OTAN s'élargit aujourd'hui à la Pologne, la Hongrie et la République tchèque, tirant définitivement un trait sur les divisions de l'Europe imposées par Staline à Yalta, il y a plus de 50 ans.

À Prague et à Berlin, l'URSS et les États-Unis s'affrontent. Les premiers véritables affrontements entre les deux blocs surviennent dans les mois qui suivent. En 1948, la Tchécoslovaquie – seul pays d'Europe de l'Est où les communistes n'ont pas encore conquis la totalité du pouvoir – est victime du « coup de Prague », téléguidé depuis Moscou, et tombe ainsi dans le camp soviétique. Quelques semaines plus tard, après la décision des Occidentaux de fusionner leurs zones d'occupation en Allemagne pour recréer un État allemand (la future République fédérale allemande, ou Allemagne de l'Ouest), les Soviétiques organisent un blocus de Berlin en contrôlant militairement toutes les voies d'accès à la ville, sans doute pour forcer ses adversaires à l'abandonner. Les Américains répliquent par la création d'un pont aérien qui ravitaillera la ville durant les 11 mois du blocus. La tension culmine en 1949 avec la prise du pouvoir en Chine par les communistes de Mao Zedong, l'explosion de la première bombe atomique soviétique et la création par les Américains et leurs alliés de l'Organisation du traité de l'Atlantique Nord (OTAN).

CARTE 11.1

Les changements en Europe au lendemain de la Deuxième Guerre mondiale

Quel pays réalise les annexions les plus importantes au lendemain de la Deuxième Guerre mondiale ? Aux dépens de quels pays ou ex-pays ?

La doctrine Truman

En 1947, le président américain Harry Truman proclame devant le comité du Sénat sur les relations étrangères la doctrine qui porte son nom et par laquelle les États-Unis s'engagent à soutenir les peuples menacés par le communisme.

■ ■ ■

Un des objectifs primordiaux de la politique extérieure des États-Unis est la mise en place de conditions qui leur permettront, ainsi qu'aux autres nations, de se doter d'un mode de vie libre de coercition. [...] À l'heure actuelle, pratiquement toutes les nations doivent choisir entre des modes de vie opposés. Trop souvent, ce choix n'est pas libre.

Le premier de ces modes de vie repose sur la volonté de la majorité et se caractérise par des institutions et des élections libres, un gouvernement représentatif, des garanties protégeant les libertés individuelles, de religion et d'opinion, et l'absence d'oppression politique.

Le second est basé sur la volonté d'une minorité imposée par la force à la majorité. Il repose sur la terreur et l'oppression, le contrôle des médias, le trucage des élections et la suppression des libertés individuelles.

Je crois que la politique des États-Unis doit être de soutenir les peuples libres qui résistent à leur assujettissement par des minorités armées ou des pressions extérieures.

A Decade of American Foreign Policy: Basic Documents 1941-1949, 1950, p. 1235-1237. (Notre traduction.)

Les nouvelles puissances mondiales

géopolitique Rapports entre les données de la géographie et la politique des États.

Après la Deuxième Guerre mondiale, une nouvelle **géopolitique** mondiale se dessine, caractérisée par la domination des États-Unis et de l'URSS sur leurs empires respectifs. Détruite et affaiblie par la guerre, l'Europe entame néanmoins à partir des années 1950 sa reconstruction économique, ainsi qu'une restructuration politique qui donnera naissance à la Communauté européenne. L'Amérique latine, pourtant pleine de promesses au début du siècle, sombre dans le mal-développement et vit de graves convulsions politiques.

LES ÉTATS-UNIS ET LE MONDE LIBRE

À l'issue de la Deuxième Guerre mondiale, les États-Unis s'imposent comme la nation la plus riche et la plus puissante. Durant près de 30 ans, la croissance soutenue de leur économie fait oublier la Crise et permet d'envisager l'avenir avec optimisme. Grâce à sa puissance militaire, le pays peut limiter l'expansion du communisme et jouer le rôle de gendarme du monde. D'importantes crises sociales et morales le transforment passablement, sans toutefois ébranler ses valeurs profondes.

productivité Rapport d'un produit aux facteurs de production, comme la quantité d'énergie et de matières premières utilisées, les coûts fixes et le temps de travail.

complexe militaro-industriel Conjonction d'intérêts entre l'armée et les entreprises engagées dans la production d'armements ou de produits connexes.

L'ÉCONOMIE AMÉRICAINE ENREGISTRE UNE CROISSANCE FORTE ET PROLONGÉE. La guerre a relancé pour de bon l'économie américaine: en 1945, les États-Unis réalisent la moitié de la production manufacturière mondiale et les deux tiers des exportations de la planète. À partir de 1947, le pays entre dans une ère de prospérité qui durera près de 30 années: les « Trente Glorieuses ». Cette croissance spectaculaire repose en grande partie sur la **productivité** accrue des entreprises et sur l'essor du **complexe militaro-industriel**. En 1970, le produit national brut du pays est cinq fois plus élevé qu'en 1945. Cette formidable prospérité, qui permet une augmentation des revenus des ménages et stimule l'appareil productif, débouche sur la société de consommation.

balance des paiements Solde des échanges d'un pays (achats et ventes, transferts de fonds) avec le reste du monde.

étalon monétaire Monnaie sur laquelle est basée la valeur des autres monnaies.

stagflation Contraction des termes *stagnation* et *inflation*; période de récession économique accompagnée d'une hausse des prix.

À PARTIR DES ANNÉES 1960, DE GRAVES PROBLÈMES STRUCTURELS AFFECTENT L'ÉCONOMIE DES ÉTATS-UNIS. Bien que l'économie américaine atteigne des sommets dans les années 1960, la **balance des paiements** devient déficitaire, tandis que le dollar américain, qui sert d'**étalon monétaire** depuis les accords de Bretton-Woods (1944) , subit de fortes pressions à mesure qu'il s'accumule dans les coffres des pays étrangers. Ces problèmes, auxquels s'ajoutent l'augmentation des dépenses de l'État (programmes sociaux et guerre du Viêt-nam) et la crise du pétrole de 1973 – son prix quadruple brusquement –, provoquent une crise inflationniste qui se mue bientôt en récession économique – en **stagflation**, diront les économistes.

Élu en 1980, le président Reagan abandonne les politiques économiques inspirées de Keynes pour adopter un programme **néolibéral** axé sur la recherche de l'équilibre budgétaire par la réduction des charges sociales, la baisse des impôts et une politique monétaire stricte. La croissance reprend au début des années 1990.

néolibéral → néolibéralisme Doctrine qui prône le retour aux normes du libéralisme économique (laisser-faire, régulation par le marché, équilibre budgétaire).

LES AMÉRICAINS COMBATTENT LE COMMUNISME ET DOMINENT LE « MONDE LIBRE ». Avec leur intervention dans la Deuxième Guerre mondiale et l'adoption de la doctrine Truman en 1947, les États-Unis ont définitivement rompu avec leur isolationnisme traditionnel.

Seuls détenteurs de la bombe atomique en 1945, les Américains reçoivent une série de douches froides entre cette date et 1949: « soviétisation » de l'Europe de l'Est, explosion d'une bombe atomique soviétique, prise du pouvoir par le Parti communiste chinois. Sous la direction des présidents Truman (1945-1953) et Eisenhower (1953-1961), ils entreprennent résolument de limiter l'expansion du communisme (doctrine de l'endiguement). Ils interviennent en Corée (1950-1953), où, sous le parapluie du Conseil de sécurité de l'ONU, ils repoussent l'invasion du Nord communiste, et au Viêt-nam (1964-1973), où ils n'arrivent pas à empêcher la victoire des communistes en 1975.

La lutte contre le communisme passe aussi par le soutien économique et militaire que les Américains accordent un peu partout dans le monde à leurs alliés et aux régimes anticommunistes. Ainsi deviennent-ils à partir des années 1960 le plus ferme soutien de l'État d'Israël. De même, ils procurent des armes et dispensent une aide économique aux régimes conservateurs qui sont des bastions anticommunistes, comme ceux du shah d'Iran et du dictateur Suharto en Indonésie ou comme la dynastie saoudite qui gouverne l'Arabie. Ils interviennent même – directement ou indirectement – pour soutenir des dictateurs ou fomenter des coups d'État, particulièrement en Amérique latine, qu'ils considèrent comme leur chasse gardée.

Cependant, au cours des années 1970, la diplomatie américaine est entachée par quelques scandales (notamment l'aide de la **CIA** aux putschistes qui ont renversé Allende, le président socialiste élu du Chili en 1973) et essuie un certain nombre de revers : évacuation du Viêt-nam, renversement du shah d'Iran et du dictateur pro-américain Somoza au Nicaragua, etc. Ces difficultés amènent les États-Unis à redéfinir leur politique étrangère : sous les présidents Carter (1977-1981) et Clinton (1993-2001), elle se fait plus soucieuse de promouvoir la démocratie et le respect des droits humains.

CIA (Central Intelligence Agency) Agence d'espionnage et de contre-espionnage des États-Unis.

Le conservatisme triomphe. Entre 1945 et 1960, une vague de conformisme et de conservatisme déferle sur le pays. Le credo de la libre entreprise et de la réussite à la force du poignet triomphe. L'anticommunisme quasi unanime engendre une « chasse aux sorcières » qui culmine avec l'enquête du Congrès américain sur la subversion communiste aux États-Unis, confiée au sénateur McCarthy. Au cœur du modèle américain se trouve l'image idyllique

FIGURE 11.2

Enfants victimes de la guerre

En 1972, des enfants vietnamiens fuient leur village bombardé au napalm. La jeune Phan Thi Kim Phuc hurle de douleur après s'être défaite de ses vêtements enflammés.

Le maccarthysme

Amorcée après la guerre, la chasse aux communistes se radicalise en 1950, quand le sénateur républicain Joseph McCarthy prend en charge la Commission sénatoriale sur les activités antiaméricaines: l'ère du «maccarthysme» sera caractérisée par la suspension des droits des accusés, la diffamation (plusieurs sont dénoncés ou accusés sans preuve de communisme ou de sympathies communistes) et un climat d'hystérie.

de la famille unie, rangée et prospère: un père pourvoyeur qui exerce l'autorité avec sagesse, une femme aimante, soumise et laborieuse, et des enfants obéissants et studieux.

La pauvreté et la discrimination ternissent l'image des États-Unis. Toutefois, malgré les progrès importants de l'économie, la pauvreté subsiste, particulièrement dans le Sud et dans les ghettos urbains habités par des Noirs; les programmes sociaux plus généreux (la *Nouvelle Frontière* et la *Grande Société*) promus par les présidents Kennedy (1961-1963) et Johnson (1963-1969) n'arrivent pas à soulager vraiment cette misère.

De plus, même après la Deuxième Guerre mondiale, les Noirs sont toujours victimes de ségrégation – institutionnelle dans le Sud, économique et sociale dans le Nord. À partir des années 1950, le *Mouvement pour les droits civiques* lutte contre la discrimination; il remporte sa première victoire importante en 1954, quand la Cour suprême déclare que la ségrégation dans les écoles publiques est inconstitutionnelle (*Brown et al. v. Board of Education of Topeka et al.*). Sous la direction de Martin Luther King, un pasteur baptiste prônant la non-violence, le mouvement antiségrégationniste obtient du Congrès qu'il prohibe la discrimination dans les services publics et la fonction publique (*Civil Rights Act*, 1964) et qu'il réaffirme le droit de vote des Noirs. Malgré la fin de la ségrégation, la promotion des Noirs par le sport professionnel et les arts, et le développement d'une bourgeoisie noire, la situation de la majorité des Noirs américains reste difficile.

FIGURE 11.3

La reine du foyer

En 1947, une ménagère américaine pose au milieu d'objets qui représentent une semaine de son travail habituel. À partir des années 1960, le mouvement féministe contestera la division sexuelle des tâches.

Les étudiants, les hippies et les femmes contestent le modèle américain. À partir du milieu des années 1960, le *Mouvement pour les droits civiques* et le refus de l'engagement américain au Viêt-nam trouvent une large audience dans les universités. Le courant hippie dénonce le matérialisme et prône la paix et l'amour universels. Le mouvement féministe américain prend de l'ampleur: il lutte contre la division sexuelle des rôles et des tâches; il dénonce la discrimination que subissent les femmes, à la fois sur le plan de l'emploi (accès, conditions et salaires) et sur celui de l'accès à l'éducation et aux leviers de commande politiques et économiques; et il réclame le droit à la contraception et à l'avortement.

Pourtant, à la fin du XXe siècle, malgré les crises et les contestations qu'elles ont essuyées depuis la Deuxième Guerre mondiale, les valeurs américaines traditionnelles (individualisme, primauté de la libre entreprise, libertés et droits individuels, etc.) ont encore raffermi leur emprise sur le peuple américain.

L'URSS, ses satellites et sa nébuleuse

De son côté, après avoir subi d'importantes pertes humaines et matérielles pendant la Deuxième Guerre mondiale, l'URSS sort de ce conflit auréolée d'un nouveau prestige. Vainqueur du nazisme, elle est de surcroît le fer de lance d'une idéologie que bien des gens croient capable d'enrayer les guerres et l'injustice. Au lendemain de la guerre, le communisme gagne de nouveaux adeptes et menace sérieusement le monde occidental. L'URSS établit en Europe de l'Est des régimes calqués sur le sien, et accroît sa puissance militaire et son prestige diplomatique.

La discrimination raciale aux États-Unis

Dans un discours télévisé prononcé en 1963, le président américain John Kennedy aborde de front la question de la discrimination raciale aux États-Unis. De quels types de discrimination traite-t-il dans ce discours ? À quels faits historiques fait-il référence dans son dernier paragraphe ?

▪ ▪ ▪

Le bébé noir qui naît aujourd'hui en Amérique, quelle que soit la région du pays dans laquelle il voit le jour, a environ la moitié des chances de terminer ses études secondaires dont bénéficie un bébé blanc, né au même endroit le même jour ; le tiers de ses chances de terminer ses études universitaires ; le tiers de ses chances d'exercer une profession libérale ; deux fois plus de chances de se trouver en chômage ; un septième environ de ses chances de gagner 10 000 dollars par an. Son espérance de vie est plus courte de sept ans et il doit envisager la perspective de gagner deux fois moins.

C'est essentiellement à un problème moral que nous avons à faire face. Il est aussi ancien que les Écritures et aussi clair que la Constitution des États-Unis. Le cœur du sujet est de savoir si tous les Américains doivent se voir octroyer des droits égaux et des chances égales, si nous voulons traiter nos concitoyens comme nous voulons être traités. Si un Américain, parce que sa peau est sombre, ne peut déjeuner dans un restaurant ouvert au public, s'il ne peut envoyer ses enfants dans la meilleure école publique, s'il ne peut voter pour élire les hommes qui le représentent, si, en bref, il ne peut jouir de la vie pleine et libre que nous voulons tous, alors qui donc, parmi nous, accepterait de changer de couleur de peau et de prendre sa place ? Qui donc, parmi nous, accepterait les conseils de patience et de temporisation ? Cent ans se sont écoulés depuis que le président Lincoln a affranchi les esclaves ; pourtant, leurs descendants, leurs petits-fils, ne sont pas totalement libres. Ils ne sont pas encore libérés des entraves de l'injustice. Ils ne sont pas encore libérés de l'oppression économique et sociale, et notre pays, en dépit de tout ce qu'il espère et de tout ce dont il se targue, ne sera pas complètement libre tant que tous ses citoyens ne seront pas libres.

Nous prêchons la liberté dans le monde entier, et nous sommes sincères, et nous chérissons la liberté dont nous jouissons ici, mais dirons-nous au monde, et, ce qui est beaucoup plus important, nous dirons-nous les uns aux autres que ce pays est celui des hommes libres à l'exception des Noirs ? Que nous n'avons pas de citoyens de seconde classe à l'exception des Noirs ? Que nous n'avons pas de système de classes ou de castes, que nous n'avons pas de ghettos, pas de race supérieure, excepté en ce qui concerne les Noirs ?

John Kennedy (12 juin 1963), dans M. Chaulanges, *et al.*, *Textes historiques. Le monde contemporain depuis 1945*, Paris, Delagrave, 1968, p. 26-27.

Un rêve : la fin de la discrimination

Quelques mois après le président Kennedy, le pasteur noir Martin Luther King prononce un discours à l'occasion d'une marche pour les droits civiques à Washington. « *I have a dream* » est un point tournant de la longue lutte des Noirs américains pour la liberté et l'égalité.

▪ ▪ ▪

Je vous le dis ici et maintenant, mes amis : même si nous devons affronter des difficultés aujourd'hui et demain, je fais pourtant un rêve. C'est un rêve profondément ancré dans le rêve américain.

Je rêve que, un jour, notre pays se lèvera et vivra pleinement la véritable réalité de son credo : « Nous tenons ces vérités pour évidentes par elles-mêmes que tous les hommes sont créés égaux. »

Je rêve que, un jour, sur les rouges collines de Géorgie, les fils des anciens esclaves pourront s'asseoir ensemble à la table de la fraternité.

Je rêve que, un jour, l'État du Mississippi lui-même, tout brûlant des feux de l'injustice, tout brûlant des feux de l'oppression, se transformera en oasis de liberté et de justice.

Je rêve que mes quatre petits enfants vivront un jour dans un pays où on ne les jugera pas à la couleur de leur peau mais à la nature de leur caractère. Je fais aujourd'hui un rêve ! [...]

Et si l'Amérique doit être une grande nation, il faut qu'il en soit ainsi.

Martin Luther King, « Je fais un rêve », dans Bruce Bernard, *Siècle*, Phaidon, 1999, p. 470.

Toutefois, dans les décennies qui suivent, l'économie du bloc soviétique éprouve des difficultés croissantes qui, conjuguées au poids financier de sa politique extérieure et aux contestations qu'il subit, amèneront son effondrement à la fin des années 1980.

Le communisme devient un modèle. Faisant l'objet d'un culte de la part des communistes du monde entier avant la guerre, l'URSS a encore rehaussé son image en stoppant la progression des armées allemandes et en triomphant du nazisme. Par ailleurs, la résistance contre les nazis a fait germer un désir de changement dans les pays occupés, où nombre de personnes croient que l'après-guerre devra être nettement différent de l'entre-deux-guerres, qui a permis l'éclosion du fascisme. Plusieurs voient dans le communisme l'avenir de l'humanité.

Dès la fin de la guerre, des mouvements communistes de guérilla tentent de s'emparer du pouvoir dans plusieurs pays. Si la politique américaine d'endiguement parvient à arrêter la progression du communisme en Europe occidentale et en Grèce, elle a moins de succès ailleurs. Les communistes prennent le pouvoir en Chine (1949). La République démocratique du Viêt-nam, créée en 1954 après le départ des colonisateurs français, se réclame elle aussi du modèle soviétique. À Cuba, à moins de 150 kilomètres du territoire américain, le guérillero Fidel Castro instaure à partir de 1959 un régime communiste allié à Moscou. L'URSS profite aussi de la vague de décolonisation qui balaie le monde à partir de 1947 pour accroître son influence dans le tiers monde et y soutenir les mouvements et les régimes dits progressistes.

Violemment combattue aux États-Unis, l'idéologie communiste gagne du terrain dans les milieux culturels et intellectuels occidentaux. Les communistes et leurs « compagnons de route » critiquent l'impérialisme américain et le système capitaliste, chantant les mérites de la « patrie du socialisme » et du modèle soviétique ou même chinois. Bon nombre déchanteront bientôt.

L'URSS revient à l'orthodoxie stalinienne et soviétise l'Europe médiane. Après la guerre, l'État soviétique se fixe des priorités économiques (on favorise l'industrie lourde), impose les objectifs des **plans quinquennaux** et édicte même des règles pour la production artistique. Le culte de la personnalité de Staline atteint de nouveaux sommets. L'URSS vit sous un régime de terreur : les purges et les procès ont repris, des millions de Soviétiques sont éliminés ou expédiés dans des camps de concentration.

plan quinquennal Plan qui fixe des objectifs à atteindre sur une période de cinq ans.

Sur le plan extérieur, entre 1945 et 1948, l'URSS de Staline établit en Europe de l'Est des régimes politiques et économiques calqués sur le sien.

L'écrivain soviétique, soldat de l'idéologie

Andreï Jdanov, troisième secrétaire du Parti communiste de l'Union soviétique (PCUS) et théoricien du « réalisme socialiste », assigne ici une tâche aux écrivains soviétiques. Selon cet extrait, de quelle sorte de liberté l'écrivain soviétique de cette époque dispose-t-il ? L'art doit-il être au service d'une cause ?

■ ■ ■

Le peuple attend des écrivains soviétiques une véritable arme idéologique, une nourriture spirituelle qui l'aide à réaliser les plans de la grandiose édification socialiste, du relèvement et du développement de l'économie nationale de notre pays. [...] Se guidant sur la méthode du réalisme socialiste, étudiant consciencieusement et attentivement notre réalité, s'efforçant de pénétrer plus profondément la nature de notre évolution, l'écrivain doit éduquer le peuple et l'armer idéologiquement. Tout en choisissant les meilleurs sentiments, les vertus de l'homme soviétique, en lui montrant son avenir, nous devons montrer en même temps à nos gens ce qu'ils ne doivent pas être, nous devons fustiger les survivances du passé, les survivances qui empêchent les hommes soviétiques d'aller de l'avant. Les écrivains soviétiques doivent aider le peuple, l'État, le parti à éduquer notre jeunesse.

Andreï Jdanov, *Sur la littérature, la philosophie et la musique*, Paris, La Nouvelle Critique, 1950, p. 161.

Baptisées «démocraties populaires», la Pologne, la Tchécoslovaquie, la République démocratique allemande, la Hongrie, la Roumanie et la Bulgarie sont alignées sur Moscou tant en politique intérieure et extérieure que sur le plan économique (carte 11.2). Intégrés au pacte de Varsovie (1955) – le pendant soviétique de l'OTAN –, leurs régimes dirigés par le parti communiste instaurent la propriété étatique ou collective des moyens de production et font régner la terreur et la censure.

CARTE 11.2

L'Europe des alliances en 1955

questions – cartes

KHROUCHTCHEV CRITIQUE STALINE, MAIS POURSUIT SES POLITIQUES. Après la mort de Staline en 1953, son successeur Nikita Khrouchtchev dénonce dans un rapport «secret» publié en 1956 ses crimes et le culte de la personnalité; des millions de victimes du stalinisme sont réhabilitées ou reviennent de l'enfer du *Goulag*. Khrouchtchev entreprend aussi des réformes économiques afin de relancer la production agricole et industrielle; il obtient toutefois des résultats médiocres.

Sur le plan des relations extérieures, la satellisation soviétique rencontre des résistances, mais Khrouchtchev se montre inflexible face aux démocraties populaires. Dès la mort de Staline (1953), des manifestations dénonçant la collectivisation des terres et l'industrialisation forcée ont lieu à Berlin et dans d'autres villes d'Europe de l'Est: elles sont durement réprimées. En 1956, la révélation par Khrouchtchev des crimes de Staline provoque de nouveaux mouvements qui culminent en Hongrie: une véritable révolte armée antisoviétique y est écrasée. Pour mettre fin à l'exode des Allemands de l'Est vers l'Ouest, en 1961, Khrouchtchev fait construire le mur de Berlin. En 1968, les dirigeants de la Tchécoslovaquie tentent de rétablir les libertés et de démocratiser le parti communiste, mais ce *Printemps de Prague* sera à son tour étouffé par une intervention militaire.

Dégoûtés par le non-respect des droits humains, l'absence de libertés et l'écrasement des révoltes en Europe de l'Est par l'URSS et les troupes du pacte de Varsovie, de plus en plus d'anciens sympathisants s'éloignent du communisme.

FIGURE 11.4

À mains nues contre les chars

À Prague, en août 1968, les Tchèques résistent pacifiquement aux troupes du pacte de Varsovie qui ont envahi leur pays pour le «normaliser». Sur la photo, un homme soutenu par une foule calme mais résolue grimpe sur un tank pour expliquer son point de vue à un soldat qui semble médusé.

Des Hongrois au Canada

Après l'invasion de la Hongrie par les troupes du pacte de Varsovie en 1956, plus de 250 000 Hongrois quittent leur pays pour émigrer, principalement en Europe de l'Ouest et en Amérique. Le Canada en a accueilli quelques milliers.

Avec les États-Unis, Khrouchtchev instaure une politique de coexistence pacifique, ce qui ne va pas sans heurts; à preuve, la crise diplomatique que déclenche en 1962 sa tentative de faire installer à Cuba des rampes de lancement de missiles nucléaires.

Le monde échappe à la guerre nucléaire

En octobre 1962, pendant près de 13 jours, la crise des missiles de Cuba fait peser sur la planète le spectre de la guerre nucléaire. Informé que les rampes de lancement cubaines seraient opérationnelles dans quelques jours et que des navires soviétiques transportant des missiles à tête nucléaire se dirigeaient vers l'île, le président Kennedy menace de déclarer la guerre à l'URSS. Khrouchtchev recule, mais obtient une garantie de sécurité pour Cuba. Les dirigeants des deux superpuissances établissent alors entre eux une ligne directe, le fameux «téléphone rouge».

Sous Brejnev, l'URSS se fossilise. Succédant à Khrouchtchev, Leonid Brejnev dirigera les destinées de l'Empire soviétique pendant près de 20 ans (1964-1982). Sous son règne, le système se fossilise. Divers privilèges sont réservés aux membres du parti communiste: possession d'une automobile, accès à une résidence secondaire, à des magasins privés et même à des soins de santé particuliers. Malgré l'introduction de nouvelles méthodes de gestion et une certaine ouverture au marché mondial, les politiques économiques restent les mêmes: on favorise l'industrie aux dépens de l'agriculture et on limite la production de biens de consommation.

En politique extérieure, l'URSS demeure expansionniste tout en évitant un affrontement direct avec l'Ouest. Elle poursuit sa politique séculaire de progression vers les «mers chaudes», comme le montre son intervention militaire en Afghanistan en 1979, maintient fermement son emprise sur les démocraties populaires et soutient les régimes «progressistes» et les mouvements «anti-impérialistes» partout dans le monde.

FIGURE 11.5

Le mur de la honte (1961-1989)

Érigé en quelques jours en 1961, le mur de Berlin était fait de blocs de béton scellés. Par la suite, il sera consolidé, rehaussé et garni de barbelés, sans parler des miradors, des champs de mines et des chiens policiers.

Minée par de graves problèmes, l'Union soviétique s'effondre. À partir des années 1970, le système se grippe. En URSS comme dans les démocraties populaires, l'absence d'incitatifs à produire et la pénurie de produits de consommation entraînent la démotivation et l'apparition d'un important marché noir. La structure industrielle vieillissante n'arrive plus à suivre l'économie occidentale. Une politique extérieure ambitieuse et coûteuse – les dépenses militaires et l'aide au tiers monde – gruge plus de 30 % des ressources de l'État.

En Union soviétique même, des dissidents se réclamant de la *Déclaration universelle des droits de l'homme* dénoncent les violations des droits civiques ainsi que la censure. Dans les démocraties populaires, et plus particulièrement en Pologne, la révolte gronde.

En 1991, le régime communiste s'écroule et la fédération soviétique se désagrège, à la surprise quasi générale. Les démocraties populaires se libèrent de l'emprise soviétique et, en novembre 1989, le mur de Berlin tombe.

La lutte pour le droit à la vérité historique

À partir des années 1970, en Europe de l'Est et en URSS, un courant de dissidence se manifeste dans les régimes communistes. Les dissidents se réclament des accords d'Helsinki (1975), dont les signataires (33 pays incluant l'URSS et les démocraties populaires) s'engageaient à respecter les droits humains, et témoignent des violations des droits dont ils sont victimes. G. M. Tamás, dissident hongrois, explique ici en quoi la vérité historique a joué un rôle fondamental dans l'effondrement du communisme. À quoi fait-il référence quand il parle des « idées de la Révolution américaine » ?

▪ ▪ ▪

Le premier et le plus important droit pour les intellectuels dissidents est la liberté d'expression. Elle permet de dire la vérité, en particulier au sujet du système communiste et du martyre des peuples d'Europe de l'Est sous le régime du Goulag. L'attitude morale qui émerge de cette simple idée, dire la vérité sans censure, est celle du témoignage : ainsi, le genre littéraire dominant chez les dissidents n'est ni la philosophie ni la poésie, mais le témoignage. Les martyrs sont des témoins. [...]

La force irrésistible de ce déferlement de témoignages était fatale pour le système parce que malgré les démentis, malgré le refus quasi psychotique de savoir, chacun savait plus ou moins consciemment que c'était la vérité. [...]

Dans la lutte pour le droit à la vérité historique, pour le droit à rendre témoignage (où l'histoire et la morale, étrangement, fusionnent), les dissidents étaient harcelés, persécutés et punis. Ils ont alors écrit sur ces nouveaux abus. [...] Au départ, ils ne réclamaient pas les droits humains fondamentaux usuels : ils mettaient l'accent sur la parole. Ils ne créaient pas de partis politiques ni n'organisaient de conspirations. Ils voulaient simplement exposer ces indicibles et inimaginables crimes et montrer la continuité de la terreur. [...] Ils rappelaient à leurs dirigeants que les pactes qu'ils avaient signés garantissaient entre autres les libertés de parole et de rassemblement pacifique. [...]

À l'Ouest, on ne comprenait pas très bien cette passion pour la vérité historico-morale. Ainsi, la croyance ébranlée de l'Ouest en l'universalité des droits civiques et humains fut-elle mise au défi par la dissidence est-européenne : des gens qui couraient des risques pour les lieux communs et les vœux pieux des accords d'Helsinki. Cet appui non réclamé aux principes constitutionnels occidentaux de la part de personnes crédibles prêtes à souffrir pour ceux-ci donna une nouvelle distinction à l'idée de droits naturels ; le comportement de ces dissidents ramena les idées de la Révolution américaine à l'avant-scène après 200 ans.

G. M. Tamás, « The Legacy of Dissent: How Civil Society Has Been Seduced by the Cult of Privacy », *The Times Literary Supplement*, 14 mai 1993, p. 15. (Notre traduction.)

L'Europe occidentale reconstruite et restructurée

L'Europe occidentale met environ 10 ans à se remettre de la guerre, mais redevient par la suite une puissance économique de premier plan. Forts de leurs ressources naturelles et de leurs richesses importantes, et pouvant compter sur des populations instruites et une main-d'œuvre qualifiée, ses principaux pays connaissent un développement impressionnant. À partir des années 1950, malgré les réticences de certains, ils se dotent de structures communes qui semblent mener vers la création d'une Europe unifiée au XXIe siècle.

FIGURE 11.6

La joie des Berlinois

Le 9 novembre 1989, après quelques jours de manifestations en Allemagne de l'Est, les points de passage entre les deux Allemagnes sont ouverts. C'est la fin du mur de Berlin, qui sera démoli à la main par des citoyens euphoriques dans les journées et les semaines qui suivent, puis rasé par de la machinerie lourde.

En dépit des dévastations de la guerre et des tensions politiques qui les affaiblissent par moments, les pays d'Europe occidentale se relèvent brillamment de la guerre.

L'Europe occidentale connaît la croissance et profite des libertés civiques. Dans la seconde moitié du XXe siècle, l'ensemble des pays d'Europe de l'Ouest connaît le développement économique, le pluralisme politique et les libertés civiques. La vie politique, très dynamique, s'y caractérise par un affrontement perpétuel entre les partisans d'un État au rôle accru, intervenant dans l'économie et assurant une justice sociale (la gauche), et les partisans d'un allègement des contrôles et des charges étatiques au profit de l'initiative individuelle et de la réduction de la misère par l'enrichissement collectif (la droite). Le terrorisme, de droite comme de gauche, frappe de temps à autre sans toutefois menacer vraiment les institutions démocratiques; les dictatures sont rares et mal vues.

Dès la fin de la guerre, la Grande-Bretagne et la France se dotent d'imposants programmes sociaux et démocratisent leurs systèmes d'éducation. Elles deviennent ensuite des acteurs majeurs dans le concert européen et mondial. Créée en 1949, la République fédérale allemande (Allemagne de l'Ouest) se remet brillamment de la guerre grâce à la mise en place d'une nouvelle structure industrielle (le pays avait été complètement dévasté par la guerre), à la création d'une monnaie stable (le mark), au sens de l'innovation technologique de ses industriels ainsi qu'au souci de la qualité et à la discipline de sa main-d'œuvre. Dans les années 1970, l'Espagne et le Portugal se défont de leurs vieilles dictatures fascisantes et accèdent au développement économique à la suite de leur adhésion à la CEE en 1986. De son côté, l'Italie connaît une certaine instabilité politique, mais enregistre une importante croissance économique qui repose en partie sur le tourisme et les produits de luxe. Quant aux pays scandinaves, ils deviennent les phares de la social-démocratie.

Les pays d'Europe de l'Ouest créent la CEE. Après 1945, l'opinion selon laquelle l'avenir de l'Europe passe par son unification se répand. Les besoins de la reconstruction économique, la puissance économique des États-Unis et la menace soviétique attisent ce désir d'unité. Dès 1949, dans un premier effort d'unification politique du continent, on crée le Conseil de l'Europe.

La première véritable forme d'union est toutefois économique: elle se concrétise en 1951, avec la création de la Communauté européenne du charbon et de l'acier (CECA). En 1957, six pays d'Europe (France, RFA, Italie, Belgique, Pays-Bas et Luxembourg) fondent la Communauté économique européenne (CEE), qui instaure entre eux la libre circulation des personnes, des biens et des capitaux (carte 11.3). Certains pays, dont la Grande-Bretagne, voient néanmoins d'un mauvais œil ce premier pas vers la fusion des économies européennes, l'harmonisation des politiques sociales et la mise en place d'institutions politiques communes.

Malgré ces réticences, au milieu des années 1990 l'Union européenne (UE, renommée ainsi en 1992) regroupe la quasi-totalité des pays d'Europe de l'Ouest (15 en 1995). Les ex-démocraties populaires, libérées du carcan soviétique autour de 1990, frappent à sa porte: en janvier 2007, l'UE compte 27 membres. D'autres pays font acte de candidature: la Croatie, la Macédoine et la Turquie, pays musulman situé aux marges de l'Europe.

Des institutions communes se développent: système monétaire commun en 1972, Parlement européen dont les députés sont élus au suffrage universel à partir de 1979, Conseil européen. Le traité de Maastricht de 1992 prévoit pour le début du IIIe millénaire la création d'une banque centrale commune, le remplacement des monnaies nationales par une monnaie commune, l'euro (implanté dans 11 pays en 2002), et même une citoyenneté européenne. En décembre 2007, les 27 États membres signent le traité de Lisbonne, qui doit renforcer l'efficacité et la transparence de l'UE et l'aider à affronter des défis tels que les changements climatiques et la sécurité. Ce traité est entré en vigueur en décembre 2009, après avoir été ratifié par les 27 États membres.

CARTE 11.3

Les associations économiques en Europe en 1989

questions – cartes

LES CONVULSIONS DE L'AMÉRIQUE LATINE

L'Amérique latine, dont la plupart des pays se sont libérés du colonialisme européen au XIXe siècle, n'a pas pour autant suivi les autres pays occidentaux dans leur développement. Malgré d'immenses possibilités et des ressources naturelles importantes, elle demeure au XXe siècle le continent du développement inégal et des luttes politiques violentes.

LA POPULATION CONTINUE DE CROÎTRE À UN RYTHME RAPIDE. Fortement marquée par le catholicisme, l'Amérique latine demeure, au lendemain de la Deuxième Guerre mondiale, une société traditionnelle où la famille joue encore un rôle de premier plan et où les taux de natalité restent élevés. Le continent enregistre alors une spectaculaire baisse des taux de mortalité, d'où une explosion démographique : sa population passe de 126 millions en 1940 à 420 millions en 1993 – en 2000, la population du Brésil dépasse les 160 millions ; celle du Mexique, les 90 millions.

La distribution des terres est très inégale : d'immenses ***latifundia***, détenus par l'aristocratie foncière ou de grandes sociétés étrangères, côtoient des millions de ***minifundia***, où les paysans pratiquent une agriculture de subsistance. Cette situation force des millions de gens à quitter les campagnes pour les villes, dotées de meilleurs services sociaux, où ils espèrent trouver un emploi. Cette urbanisation massive représente un défi quasi insurmontable pour les administrations municipales, notamment en matière de transport et de logement. Souvent incapables de se trouver du travail, les nouveaux arrivants s'entassent dans des bidonvilles insalubres, ce qui occasionne de graves problèmes de santé publique et de sécurité.

latifundia (pluriel de *latifundium*) Grands domaines agricoles privés.

minifundia (pluriel de *minifundium*) Parcelles de terre.

LE CONTINENT SE MODERNISE. La guerre avait donné l'occasion aux pays d'Amérique latine de vendre denrées et matières premières aux Alliés. Leur reconversion se révèle difficile : les exportations ne suffisent plus à générer les revenus nécessaires pour stimuler le développement économique et fournir à une population croissante la nourriture et les services qu'elle réclame.

À partir des années 1950, les leaders des pays latino-américains lancent donc des projets de développement en faisant appel aux emprunts étrangers

FIGURE 11.7

Richesse et pauvreté

À Rio de Janeiro, comme dans la plupart des villes d'Amérique latine, les bidonvilles côtoient les gratte-ciel.

FIGURE 11.8

Contre la dictature

Au Chili, en 1990, des jeunes manifestent pour dénoncer les massacres commis par les militaires sous le régime de Pinochet.

et aux investissements des sociétés transnationales. Les gouvernements favorisent l'implantation d'usines qui produisent des biens pour satisfaire la demande locale, laquelle autrement requerrait des produits étrangers. Durant les années 1950 et 1960, cette stratégie produit de bons résultats dans les grands pays (Argentine, Brésil, Mexique), mais ne réussit pas à stimuler le développement partout. En outre, elle se heurte rapidement à la faiblesse de la demande intérieure: il n'y a pas assez de gens en mesure de consommer.

Pendant les années 1970, la hausse des prix du pétrole, la chute du cours des matières premières (qui demeurent le premier produit d'exportation) et l'endettement des gouvernements déclenchent dans la plupart des pays du continent de graves crises économiques – baisse de la production et inflation galopante – qui fragilisent leurs monnaies et réduisent à la misère les ouvriers et les classes moyennes.

LES RATÉS DU DÉVELOPPEMENT ENTRAÎNENT L'INSTABILITÉ POLITIQUE. À partir des années 1960, des partis de gauche s'appuyant sur les syndicats ouvriers et sur les populations urbaines et rurales laissées-pour-compte augmentent leurs scores électoraux et prennent même le pouvoir dans certains pays (au Chili en 1970). Cette poussée de la gauche, qui sème la peur chez les classes dirigeantes, suscite l'instauration, souvent avec la complicité des États-Unis, de régimes militaires ou dictatoriaux qui ne reculent ni devant la répression ni devant la torture. Entre 1964 et 1994, pas moins de 11 pays latino-américains vivent pendant des périodes plus ou moins longues sous une dictature de droite (carte 11.4).

Ces crises économiques et politiques conduisent à de grands changements au cours des années 1980. La plupart des pays remplacent les stratégies de développement adoptées dans les années 1950 par des mesures néolibérales (privatisations, déréglementation, compression des dépenses publiques, etc.), souvent imposées par les institutions internationales comme le Fonds monétaire international; celles-ci exigent en outre une réduction radicale de leurs dettes extérieures colossales. Sur le plan politique, on assiste à un retour à la démocratie, les régimes militaires cédant progressivement la place à des régimes parlementaires qui rétablissent les droits civiques. Le début des années 2000 est marqué par l'élection de dirigeants ou de gouvernements de gauche dans plusieurs pays (Brésil, Chili, Bolivie, Venezuela, Nicaragua, Paraguay).

Les ratés du nouvel ordre mondial

L'ordre issu de la Deuxième Guerre mondiale – division du monde en deux blocs, occidental et soviétique – n'apporte pas la paix. La menace nucléaire qu'engendre la Guerre froide fait même craindre pour l'avenir de la planète. La Deuxième Guerre profite indirectement aux peuples colonisés, qui partent à la conquête de leur indépendance politique.

ÉTAPES ET MODULATIONS DE LA GUERRE FROIDE

Amorcée dès la fin de la guerre et véritablement enclenchée avec la proclamation de la doctrine Truman, la Guerre froide prend une tournure menaçante en 1949 avec la victoire des communistes en Chine et l'explosion de la première bombe atomique soviétique. Dès lors et pour près de 40 ans, les deux superpuissances (les États-Unis et l'URSS) s'affrontent par clients interposés et se livrent à une course aux armements qui fait craindre le pire.

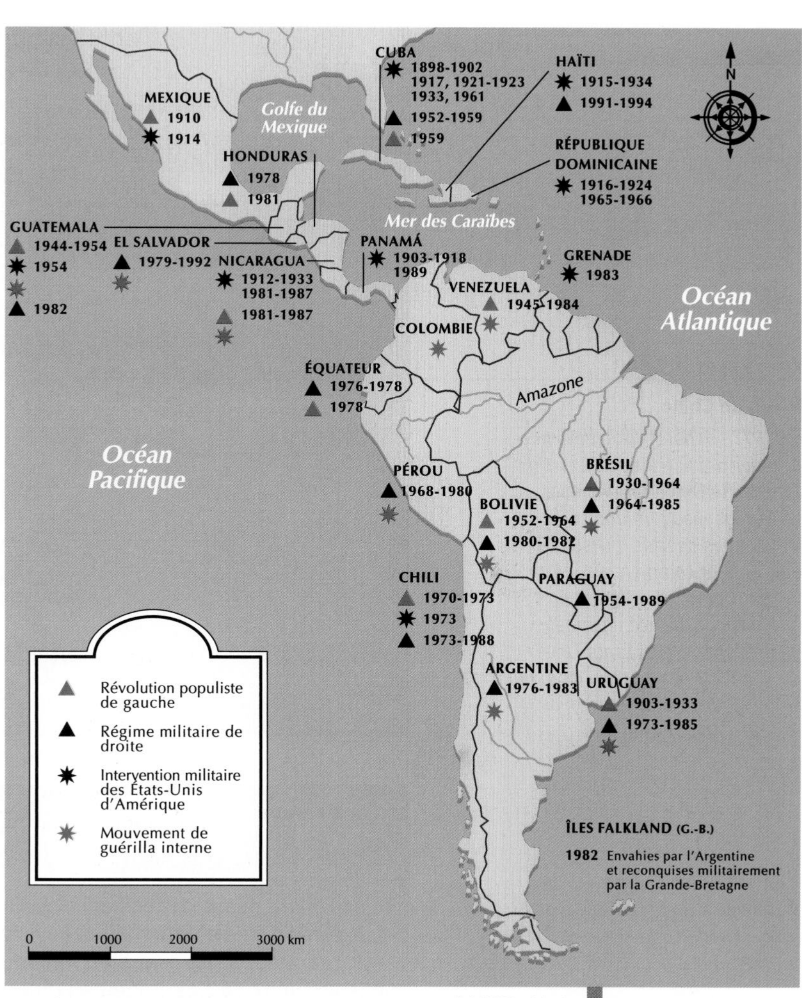

CARTE 11.4

La vie politique en Amérique latine au XXe siècle

LA TENSION ENTRE LES DEUX BLOCS FLUCTUE. Les événements de l'année 1949 alimentent la rivalité entre le bloc occidental et le bloc soviétique. La tension monte et un premier affrontement armé éclate en 1950, quand les troupes de la Corée du Nord (communiste) envahissent la Corée du Sud. Condamnée par l'ONU, cette invasion est repoussée par des forces armées constituées par le Conseil de sécurité; celles-ci sont à leur tour refoulées quand la Chine entre en jeu. Le conflit se termine sans réel vainqueur et par un retour aux frontières de 1950.

Après ces années périlleuses, l'intensité de la Guerre froide fluctue, penchant tantôt du côté de la « coexistence pacifique », tantôt du côté de l'embrasement généralisé. Ainsi, l'arrivée au pouvoir de Khrouchtchev (1956) est suivie d'une première période d'apaisement, qui prend fin avec la construction du mur de Berlin et la crise des missiles de Cuba. Ce regain de tension dure jusqu'au début des années 1970.

En 1972, les États-Unis et l'URSS signent un premier traité de limitation des armements nucléaires (SALT 1). La Guerre froide entre dans une nouvelle phase: la « détente », qui se concrétise notamment par la reconnaissance diplomatique de la Chine communiste par les États-Unis et la signature des accords d'Helsinki (1975), dans lesquels tous les pays d'Europe – y compris l'URSS – ainsi que le Canada et les États-Unis conviennent de respecter les frontières européennes issues de la guerre de même que, on l'a vu, les droits humains. L'intervention militaire soviétique en Afghanistan (1979) engendre une dernière période de tension, et même le déploiement de missiles à têtes nucléaires à moyenne portée des deux côtés du rideau de fer en Europe.

LES DEUX GÉANTS S'AFFRONTENT PAR CLIENTS INTERPOSÉS. Durant toute la Guerre froide, à cause du danger de guerre nucléaire, les deux superpuissances ne s'affronteront jamais directement. Des conflits se produisent donc un peu partout dans le monde, opposant des pays qui sont leurs clients respectifs. Ainsi, le bloc capitaliste et le bloc communiste s'affronteront pendant plus de 20 ans dans la guerre du Viêt-nam (1954-1975), qui oppose le Nord communiste et le Sud capitaliste. Au Proche-Orient, les Américains soutiennent l'État d'Israël, créé au lendemain de la Deuxième Guerre mondiale, tandis que l'URSS appuie les Palestiniens, chassés de leurs foyers en 1947-1948, et les États arabes ennemis d'Israël (Syrie, Jordanie, Irak et Égypte). Les deux

FIGURE 11.9

Nixon en Chine

En 1972, Richard Nixon devient le premier président des États-Unis à visiter la Chine communiste. Ce voyage inaugure une série d'échanges sportifs, artistiques, éducatifs et commerciaux entre les deux pays, aboutissant en 1979 à la reconnaissance diplomatique de la Chine par les États-Unis. On voit ici Nixon en train de manger (à la chinoise) avec le premier ministre Zhou En-lai.

Guerre froide et esprit olympique

La dernière phase de tension de la Guerre froide affaiblit aussi l'esprit olympique. Les Américains et leurs alliés boycottent les Jeux olympiques de Moscou (1980) ; comme mesure de rétorsion, les membres du bloc soviétique ne se présentent pas aux jeux de Los Angeles (1984).

superpuissances y testent leurs armes, y déploient leurs techniciens militaires et leurs agents secrets, et y assènent leur propagande.

La course aux armements menace la sécurité du monde. Malgré l'horreur de ces dizaines d'affrontements armés qui ensanglantent le monde, la véritable menace que la Guerre froide fait courir à la planète et au genre humain réside dans la course aux armements – et plus particulièrement à l'arme nucléaire – que se livrent ses protagonistes.

Seuls détenteurs de la bombe atomique en 1945, les Américains perdent ce monopole dès 1949, l'URSS devenant à son tour une puissance nucléaire. Pire, la puissance de l'arme nucléaire augmente encore en 1952, avec la découverte par les Américains du secret de la bombe H (fusion de l'atome), 10 fois plus puissante que la bombe A (fission de l'atome). Les scientifiques travaillent sans relâche à augmenter la puissance explosive des engins nucléaires : la bombe atomique larguée sur Hiroshima équivalait à 13 000 tonnes de TNT, alors que la puissance moyenne d'une bombe des années 1960 est de 1 million de tonnes de TNT. Avec l'augmentation du nombre de têtes nucléaires disponibles (les Américains en possèdent 18 000 en 1961) et la multiplication des vecteurs (bombardiers, sous-marins, missiles, etc.), la Terre semble au bord de la destruction.

	États-Unis	URSS
1930	0,699	0,722
1938	1,13	5,43
1950	14,5	15,5
1970	77,8	72,0
1987	293,2	274,7

Howard Spodek, *The World's History*, New Jersey, Prentice Hall, 1998, p. 595.

TABLEAU 11.1

Les dépenses militaires des États-Unis et de l'URSS de 1930 à 1987 (en milliards de dollars courants)

Très intense pendant les années 1950 et 1960, la course aux armements se calme quelque peu dans les années 1970 avec la signature du traité SALT 1, qui prévoit un ralentissement de la croissance de l'arsenal nucléaire. Dans les années 1980, l'escalade reprend : les Américains mettent au point le missile de croisière et le président Reagan lance un programme d'armement dans l'espace – l'Initiative de défense stratégique (IDS) – qu'on baptisera la « guerre des étoiles ». Paradoxalement, l'augmentation des budgets militaires est l'une des causes de l'écroulement de l'Union soviétique et, par conséquent, de la fin de la Guerre froide. Depuis la disparition de l'URSS, les programmes de réduction du nombre de têtes nucléaires mis en place par les États-Unis et les ex-républiques soviétiques semblent accorder un nouveau répit à la planète.

Le club nucléaire

Après les États-Unis et l'URSS, peu à peu des pays comme la Chine, la Grande-Bretagne, la France, l'Inde et, récemment, le Pakistan entreront ouvertement dans le club des puissances nucléaires (on soupçonne aussi Israël, qui ne l'a jamais admis, de détenir l'arme nucléaire). En 1968, toutefois, plus de 40 pays, dont la Corée du Nord et l'Iran, ont signé le Traité de non-prolifération nucléaire.

La menace nucléaire

Durant les années 1950 et 1960, la peur d'une guerre nucléaire atteint des sommets. Certains se construisent des abris antinucléaires personnels où ils stockent des piles, des aliments, des armes, etc. D'autres, comme l'Anglais Philip Toynbee, envisagent des mesures extrêmes.

▪ ▪ ▪

Il y a un test très simple pour savoir si vous avez vraiment envisagé la terrible réalité d'une guerre nucléaire : seriez-vous prêt à tuer les membres de votre propre famille s'ils étaient blessés plus grièvement que vous après une attaque ? Voilà qui paraîtra sans doute morbide et mélodramatique à la majorité des Anglais, mais en réalité nous devrions tous nous préparer à le faire. Si une guerre nucléaire se déclenche, un grand nombre de missiles s'abattront en même temps sur notre pays. Ceux qui ont la chance de vivre dans les endroits les plus « sûrs » - Londres, l'Est, etc. - peuvent raisonnablement espérer mourir sur-le-champ. Mais dans la plus grande partie du pays, ce sera probablement le chaos ; les gens mourront seuls et dans d'atroces souffrances. La plupart des régions risquent d'être privées de toute espèce de secours. Beaucoup d'angoisse inutile peut être évitée si nous avons envisagé l'euthanasie.

Philip Toynbee, *The Fearful Choice*, Detroit, Wayne State University Press, 1959, p. 10. (Notre traduction.)

LA FIN DES EMPIRES COLONIAUX ET LA NAISSANCE DU TIERS MONDE

La Deuxième Guerre mondiale marque aussi le début de la fin pour les empires coloniaux, qui commencent à se lézarder. Les principaux facteurs de la **décolonisation** sont le reflux des puissances coloniales pendant la guerre, les pressions diplomatiques exercées en ce sens par les superpuissances ainsi que le mûrissement des mouvements indépendantistes (carte 11.5). Enclenché au Proche-Orient et en Asie, ce mouvement s'accélère à partir de 1955 avec la conférence de Bandung. Il embrase bientôt l'Afrique, qui se libère de la tutelle

décolonisation Ensemble des faits et des événements qui permettent à un territoire colonisé d'accéder à la pleine souveraineté politique ; désigne aussi le phénomène historique qui a vu les colonies asiatiques, africaines, sud-américaines et soviétiques obtenir leur indépendance dans la seconde moitié du XXe siècle.

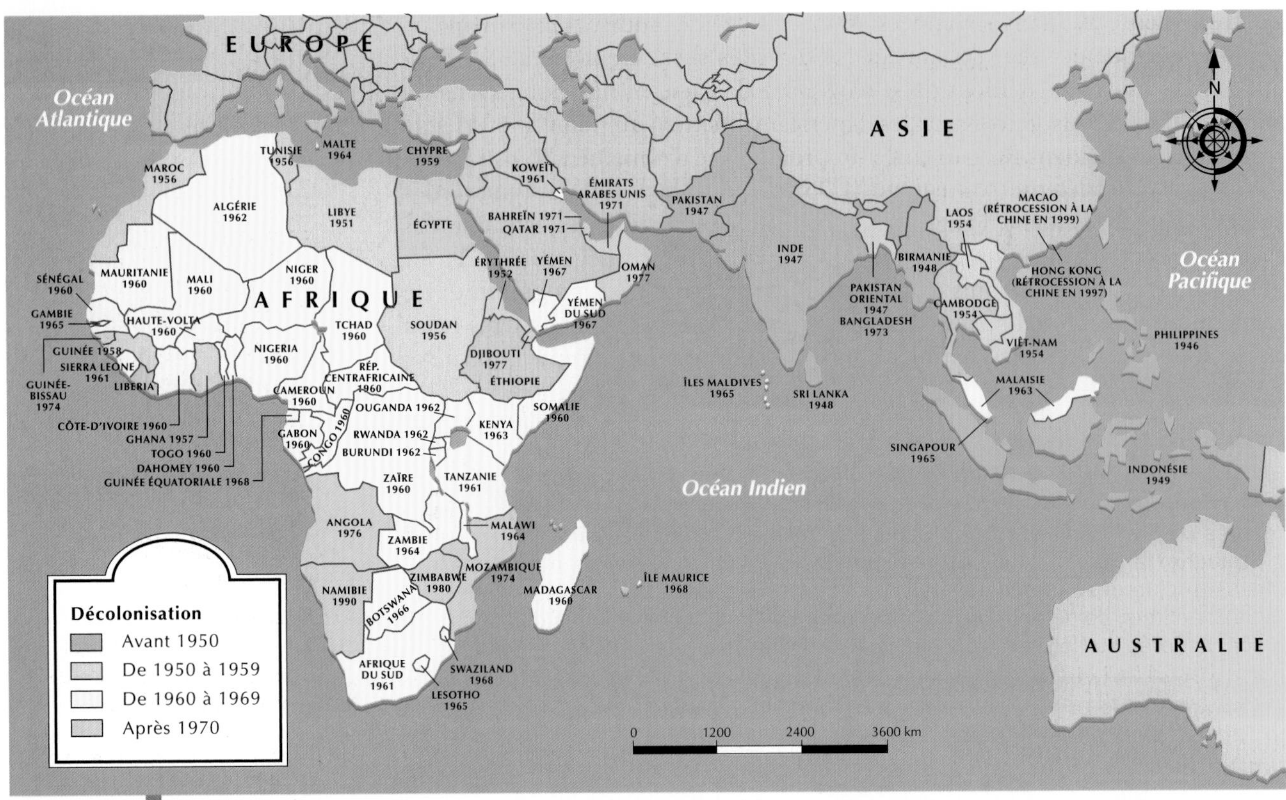

CARTE 11.5

La décolonisation en Afrique et en Asie

coloniale en 20 ans, et gagne enfin l'Union soviétique, où les républiques périphériques s'affranchissent de la tutelle russe au début des années 1990.

LES PAYS DU PROCHE-ORIENT OBTIENNENT L'INDÉPENDANCE. Au Proche-Orient, les nécessités de la guerre ont amené les pays occidentaux à promettre leur indépendance aux colonies qu'ils gouvernaient depuis 1920 en vertu de mandats de la Société des Nations (Syrie, Liban et Transjordanie) en échange de leur aide contre les Allemands (l'Irak avait obtenu la sienne dès 1931). En 1946, tous ces pays sont devenus indépendants. La Grande-Bretagne renonce à son mandat sur la Palestine en 1947, ce qui amène la création de l'État d'Israël.

L'ASIE SE RÉVOLTE CONTRE LA DOMINATION OCCIDENTALE. La Deuxième Guerre mondiale a joué un rôle déterminant en Asie. Durant la guerre, le Japon a en effet chassé les colonisateurs européens de la plupart de leurs colonies (à part le sous-continent indien). Leur retour en 1945 y sera difficile, d'autant plus que les mouvements anticolonialistes y sont plus anciens et mieux organisés qu'ailleurs, et que l'influence du marxisme y est plus forte.

Les Philippines, colonie américaine arrachée aux Espagnols en 1898, avaient obtenu du Congrès américain une loi leur accordant l'indépendance dès 1934, mais elle ne prend effet qu'en 1946.

Dans la colonie britannique des Indes, la naissance d'un mouvement nationaliste, le Congrès national indien, remonte au XIXe siècle. Dès la fin de la Première Guerre mondiale, les nationalistes dirigés par Mohandas Gandhi réclament l'indépendance, mais ils se heurtent à la répression britannique. Pendant la Deuxième Guerre mondiale, le gouvernement anglais promet aux Indiens leur indépendance en échange de leur contribution à l'effort de guerre britannique. En 1947, il tient sa promesse, mais comme il n'arrive pas à concilier les vues des leaders hindous et musulmans, la colonie est divisée en deux pays: l'Inde, où la majorité de la population est de religion hindoue, et le

Pakistan, peuplé de musulmans. La partition s'accompagne hélas de déplacements de populations et de massacres entre les deux communautés. Par la même occasion, la Grande-Bretagne accorde aussi l'indépendance à Ceylan (aujourd'hui le Sri Lanka). Un an plus tard, elle reconnaît l'indépendance de la Birmanie (aujourd'hui le Myanmar).

FIGURE 11.10

Gandhi et Nehru

De retour en Inde après la Première Guerre mondiale, Mohandas Gandhi abandonne toutes ses habitudes occidentales pour montrer à ses compatriotes qu'il est possible de se passer des Britanniques : dès lors, il ne se vêt plus que d'un pagne traditionnel, ne se nourrit que du lait de sa chèvre et extrait lui-même le sel de l'eau de mer. Sur cette photo prise en 1946, on le voit en conversation avec l'autre grande figure charismatique du parti du Congrès, Jawaharlal Nehru.

En Indochine, les Japonais ont réduit les autorités françaises au rôle de figurant pendant la guerre. Le Viêt-minh, parti de résistance à la colonisation dominé par les communistes, s'oppose fermement à leur retour et, en 1945, proclame l'indépendance de la colonie. Le refus des Français de la reconnaître déclenche une longue guérilla. Le conflit se termine par la défaite des Français et la reconnaissance de l'indépendance du Viêt-nam par les accords de Genève de 1954. Le Laos et le Cambodge, qui faisaient partie de l'Indochine française, profitent des troubles au Viêt-nam pour obtenir leur indépendance.

Durant la guerre, les Japonais occupent l'archipel indonésien, colonie néerlandaise depuis le XVIIe siècle. Quand ils reprennent la colonie, les Néerlandais font face à une rébellion armée dirigée par Ahmed Sukarno, leader du Parti national indonésien qui s'est emparé des armes laissées par les Japonais. Après trois ans d'une guerre cruelle et sanglante, l'ONU intervient et force les Pays-Bas à accorder l'indépendance à leur ancienne colonie.

Les autres possessions occidentales en Asie (Melaka, Singapour, Sarawak et Sabah) obtiennent leur indépendance de la Grande-Bretagne entre 1957 et 1963, et forment la Grande-Malaisie, ou Malaysia, dont Singapour se retire en 1965. Hong Kong, possession britannique, et Macao, possession portugaise, sont rétrocédées à la Chine en 1997 et 1999.

La conférence de Bandung transporte le mouvement en Afrique. En 1955 et 1960, deux événements accélèrent le mouvement de décolonisation et, surtout, provoquent son extension à l'Afrique : la conférence de Bandung, où plusieurs États d'Asie, d'Afrique et du Proche-Orient proclament le droit des peuples à disposer d'eux-mêmes, et la Déclaration sur l'octroi de l'indépendance aux pays et aux peuples coloniaux, adoptée par l'Assemblée générale de l'ONU.

En Afrique du Nord, où l'Égypte a obtenu son indépendance dès 1936 et la Libye en 1951, le Maroc et la Tunisie s'émancipent de la tutelle française en 1956 au terme d'affrontements de faible ampleur. En Algérie, la situation se corse : non seulement 1 million de colons européens (les pieds-noirs) vivent sur ce territoire, mais les colonisateurs considèrent le pays comme un territoire français. En 1954, le Front de libération nationale (FLN) déclenche une insurrection armée. Après une guerre cruelle, qui se transporte même sur le territoire français par le terrorisme, le général de Gaulle reconnaît finalement l'indépendance de l'Algérie en 1962, non sans avoir affronté une véritable rébellion armée de la part des colons.

En Afrique subsaharienne, les mouvements nationalistes sont moins anciens et moins puissants que dans le reste du monde colonial. Les élites traditionnelles, formées et instruites par les colonisateurs, réclament divers droits dans l'entre-deux-guerres, mais admettent elles-mêmes que l'indépendance n'est pas envisageable dans un avenir proche. Toutefois, après la Deuxième Guerre mondiale, une nouvelle génération de nationalistes, plus radicale celle-là, arrive à l'avant-scène et réclame l'indépendance immédiate des pays de la région.

Dès le début des années 1950, les Britanniques, qui possèdent les colonies les plus importantes en Afrique, sont en faveur d'une souveraineté limitée pour les Africains. Leurs affrontements avec les mouvements nationalistes, notamment au Ghana et au Kenya, les amènent toutefois à réviser leurs positions et à reconnaître l'indépendance de toutes leurs colonies avant 1966. La France, qui en 1946 a accordé aux habitants de ses colonies une représentation politique à l'Assemblée nationale française, hésite sur la voie à suivre avec ses colonies d'Afrique noire. En 1958, elle leur offre finalement le choix entre l'indépendance pure et simple et une autonomie limitée au sein de la Communauté française. Sur le moment, seule la Guinée choisit l'indépendance, mais deux ans plus tard, 15 autres colonies font de même. La Belgique, qui possède d'importantes colonies en Afrique centrale (dont le Congo), les abandonne purement et simplement après la vague d'indépendances de 1958-1960, se refusant à jouer au gendarme face à l'agitation nationaliste grandissante. Ainsi naissent le Congo, puis le Rwanda et le Burundi. Le Portugal résiste longtemps aux mouvements armés de libération nationale qui cherchent à obtenir l'indépendance de la Guinée-Bissau, de l'Angola et du Mozambique ; il ne lâche prise qu'au lendemain de la révolution des Œillets de 1974, coup d'État qui met fin à la dictature portugaise.

Au début des années 1960, l'importante minorité blanche qui vit dans les colonies du sud de l'Afrique (l'Union sud-africaine et la Rhodésie) prend les autorités britanniques de court en y proclamant l'indépendance pour s'emparer du pouvoir. En République d'Afrique du Sud, la minorité blanche renforce l'***apartheid***, politique de ségrégation raciale systématique à l'endroit des gens de couleur. Condamnés par la communauté internationale, qui applique bientôt des sanctions, les dirigeants blancs doivent finalement reconnaître des droits civiques et politiques à la majorité. C'est ainsi que naît le Zimbabwe en 1980. Les premières élections multiraciales en Afrique du Sud ont lieu en 1994.

FIGURE 11.11

La fin de l'apartheid

Chef historique du Congrès national africain (ANC), Nelson Mandela a passé plus de 25 ans en prison. Libéré en 1990, il négocie avec Frederick de Klerk, président de l'Afrique du Sud, la fin de l'apartheid (1991) et la tenue des premières élections multiraciales. On voit ici les deux leaders, qui ont reçu conjointement le prix Nobel de la paix en 1993.

L'Empire russe se désagrège avec l'implosion de l'URSS. Après ces indépendances en Asie puis en Afrique, l'écroulement du système communiste soviétique et la désagrégation de l'Empire russe (que les tsars avaient commencé à constituer au XVIe siècle) entraînent une dernière vague de décolonisation. Les difficultés de l'URSS dans les années 1980 redonnent de la vigueur aux mouvements autonomistes de résistance au centralisme russe qui existaient déjà dans les républiques de la fédération soviétique – mouvements où la religion tenait souvent un rôle important, particulièrement dans les républiques musulmanes. En 1990-1991, après l'effondrement du communisme en URSS, 14 républiques soviétiques proclament leur indépendance (carte 11.6).

CARTE 11.6

L'effondrement de l'URSS

Le tiers monde vit une naissance difficile. La grande majorité des colonies qui accèdent à l'indépendance vivent des lendemains difficiles. Faisant partie de ce qu'on appelle désormais le « tiers monde », elles souffrent souvent des séquelles de la colonisation, aggravées par une kyrielle de problèmes internes. Comme leurs frontières issues de la colonisation ont été tracées à seule fin de satisfaire les besoins administratifs ou commerciaux du colonisateur, sans cohérence économique ou ethnique, ces pays connaissent souvent, surtout en Afrique, des conflits frontaliers et des problèmes de cohésion interne. De plus, pour toutes sortes de raisons – manque de cadres et de personnel scolarisé, absence de traditions démocratiques, liens ethniques ou claniques, analphabétisme, inexistence de classes moyennes, bref, impossibilité de réunir les conditions qui ont amené la démocratie dans les pays occidentaux –, ces pays sont dirigés par des gouvernements soit faibles ou instables, soit dictatoriaux, et les coups d'État y sont fréquents.

Mais leur problème le plus grave est le sous-développement économique découlant de la colonisation, celle-ci ayant entraîné la juxtaposition de deux secteurs économiques : un secteur de production agricole ou industrielle destinée à l'exportation et un secteur traditionnel axé sur l'autosuffisance. En manque de capitaux, de techniciens et de main-d'œuvre qualifiée, obligés pour obtenir les devises étrangères nécessaires à leur survie de poursuivre la production de matières premières ou de produits agricoles destinés aux pays riches, ces pays n'ont d'autre choix que de se plier aux conditions draconiennes que leur imposent les grandes compagnies transnationales pour consentir à s'y établir ou à y poursuivre leurs activités. Cette situation rend leur développement économique difficile, voire impossible dans certains cas.

Comportements et valeurs en Occident

Depuis la fin de la Deuxième Guerre mondiale, le monde occidental s'est transformé plus rapidement et plus profondément que pendant toute autre période de son histoire. Baisse de la natalité, société de consommation, État-providence, évolution des mœurs, contestation des valeurs et des élites traditionnelles, crise religieuse et spirituelle ne sont que les aspects les plus visibles de cette profonde mutation. À cela s'ajoutent les fulgurants progrès de la science et de la technologie, qui ont aussi permis l'éradication de certaines maladies et la communication instantanée partout sur la planète.

DÉMOGRAPHIE, ÉCONOMIE, CONSOMMATION, ÉTAT-PROVIDENCE

Les trois décennies qui suivent la Deuxième Guerre mondiale sont une période de croissance démographique et de vaches grasses pour les sociétés occidentales. Une forte hausse du revenu familial et un enrichissement généralisé font de la consommation la nouvelle religion des classes moyennes. L'État se transforme : ses interventions dans l'économie et sa prise en charge des services sociaux paraissent désormais naturelles. Toutefois, la crise des années 1970, amorcée au moment du choc pétrolier de 1973, ralentit fortement la croissance, remet en question plusieurs « acquis » et entraîne une redéfinition de la taille de l'État et de son rôle.

Le baby-boom module l'évolution des sociétés occidentales. La hausse des taux de natalité qu'enregistrent la plupart des pays occidentaux de la fin de la Deuxième Guerre mondiale jusqu'aux années 1960 laissera son empreinte sur le reste du siècle, produisant un renflement dans la **pyramide des âges**. En effet, beaucoup plus nombreux que leurs géniteurs, les baby-boomers – sans doute la génération qui a le moins procréé dans toute l'histoire de la civilisation occidentale – dépasseront aussi largement en nombre leur propre progéniture. Ainsi, le baby-boom de l'après-guerre engendre une masse critique d'individus qui marqueront fortement leur époque par leur nombre et par leur influence sur la société et sur ses valeurs.

pyramide des âges Représentation graphique de la population d'un pays ou d'une région par tranches d'âge, sous forme de pyramide.

Les Trente Glorieuses amènent la prospérité. Dès la fin de la guerre, le monde occidental entre dans une phase de croissance et de prospérité qui durera jusqu'au milieu des années 1970 : les « Trente Glorieuses ». Les industries liées à la consommation et les industries de pointe (aéronautique, électronique) se développent à toute allure, tandis que les rendements et la productivité de l'agriculture s'améliorent considérablement. Et, grâce à l'abaissement des tarifs douaniers, les échanges internationaux progressent en moyenne de 8 % par an (en volume).

Cette prospérité s'explique par la conjonction de nombreux facteurs de natures diverses. Des facteurs sociaux : main-d'œuvre plus nombreuse grâce au baby-boom et à l'exode rural, et plus qualifiée grâce aux progrès de la scolarisation. Des facteurs économiques : augmentation de la masse monétaire, générée notamment par l'essor du crédit et la hausse des salaires ; capitalisme plus efficace grâce aux entreprises transnationales, aux progrès des communications et à de meilleures techniques de gestion ; intervention accrue de l'État dans l'économie (nationalisations, politiques monétaires et fiscales, création de programmes sociaux). Des facteurs scientifiques et techniques : énergie abondante et peu coûteuse (pétrole, gaz naturel, électricité) ; progrès de la standardisation et meilleures méthodes de fabrication ; développement des transports, des communications et de la recherche.

Je consomme, donc je suis. La prospérité de l'après-guerre permet l'essor de la société de consommation, favorisé notamment par la croissance du salaire réel et la généralisation du crédit (les cartes de crédit apparaissent dès les années 1950). Comme l'appareil productif produit plus de biens que le marché ne peut en absorber, la publicité devient omniprésente, stimulant la consommation jusqu'à l'endettement. Bien de luxe avant la guerre, l'automobile se généralise: dès les années 1950, la plupart des foyers en possèdent une, puis bientôt deux. Le téléviseur, rare objet d'émerveillement pendant les années 1950, fait désormais partie du décor habituel de chaque maison sinon de chaque pièce. Les appareils électroménagers sont devenus banals. L'eau chaude, luxe des classes aisées avant la guerre, ne surprend plus personne. L'ordinateur, devenu personnel en 1976 (invention du microordinateur d'Apple), se miniaturise et se transforme en portable dans les années 1990.

L'État intervient massivement dans l'économie. Échaudés par la crise des années 1930, les gouvernements adoptent des politiques économiques plus interventionnistes et cherchent à agir sur les cycles économiques. La croissance de la production et des revenus leur donne aussi les moyens de politiques sociales plus généreuses.

Aiguillonnés par les expériences des années 1930, les gouvernements de l'après-guerre adoptent des politiques économiques contra-cycliques inspirées de l'économiste britannique John Maynard Keynes: dépenser davantage en période de crise économique pour favoriser la reprise et profiter de la croissance pour renflouer ses coffres. Ils interviennent aussi plus directement dans l'économie par la nationalisation d'entreprises clés, des politiques de subventions et la manipulation des taux d'intérêt pour stimuler la relance ou juguler l'inflation.

Les gouvernements mettent en place l'État-providence. Les gouvernements des pays occidentaux (même les États-Unis) mettent aussi en place, à des degrés et selon des modèles divers, des politiques sociales et économiques que les analystes ont regroupées sous le vocable d'État-providence: gratuité de l'éducation; soins de santé financés par l'État; soutien du revenu (pensions de vieillesse, allocations familiales, aide sociale); politiques fiscales progressives et favorisant les citoyens à faibles revenus; programmes d'aide et de réinsertion sociale. L'optimisme qui caractérise les Trente Glorieuses donne à penser que ces programmes se financeront d'eux-mêmes dans l'avenir, ce qui amène les gouvernements à s'endetter pour les réaliser.

La stagflation marque les années 1970. Cette longue période de croissance se termine pour tous les pays industrialisés vers 1974-1975, deux années de crise qui seront suivies d'une reprise beaucoup plus lente et entrecoupée de brèves mais sévères récessions (1979-1982; 1987-1990). Fait inusité, ce ralentissement économique s'accompagne d'une importante hausse des prix (8 à 10% par année jusqu'à la fin des années 1970). Cette crise ou stagflation procède de trois grandes causes: la crise du système monétaire international instauré après la Deuxième Guerre mondiale (les monnaies flottent depuis 1976); la fin de l'énergie à bon marché avec les chocs pétroliers de 1973 (le baril de pétrole passe de 3 à 12$) et de 1979 (il grimpe à 34$); et l'essoufflement de l'appareil productif occidental (affaibli par une baisse de la productivité, une contraction de la consommation et la concurrence des nouveaux pays industrialisés, principalement asiatiques).

Les années 1980 voient la mise en place de politiques néolibérales. Des tentatives de relance de type keynésien – caractérisées par l'augmentation des dépenses gouvernementales et un accès plus facile au crédit – entraînent une inflation accrue et une crise monétaire sans pour autant parvenir à relancer l'économie. À l'instar des États-Unis de Ronald Reagan et de la Grande-Bretagne de Margaret Thatcher, la plupart des pays occidentaux adoptent donc au cours des années 1980 des politiques néolibérales: désengagement de l'État, libéralisation des mécanismes du marché, soutien à la modernisation des entreprises, congédiements et mises à la retraite pour réduire les coûts de main-d'œuvre, généralisation du **libre-échange**. Malgré la persistance d'un important taux de chômage dans de nombreux pays et l'aggravation du sort des plus démunis, ces politiques semblent porter leurs fruits au cours des années 1990 avec la reprise de l'économie dans le monde occidental, et en particulier aux États-Unis.

L'ENDETTEMENT PUBLIC PROVOQUE UNE REMISE EN QUESTION. Les récessions des années 1974-1990, les taux d'intérêt exorbitants des années 1980 (jusqu'à 18 et 20 %) et la baisse de la natalité provoquent toutefois une hausse spectaculaire de l'endettement public et la généralisation de la pratique du déficit. Cette situation ligote les gouvernements et fait peser sur les générations futures la menace d'une dette gigantesque. Les dirigeants des pays occidentaux adoptent donc à partir des années 1980 ou 1990 des politiques de diminution des dépenses publiques, ce qui se traduit par un « dégraissage » de l'appareil d'État et des réductions des programmes sociaux. Aidés par une conjoncture économique plus favorable, la plupart des gouvernements arrivent assez rapidement à effacer les déficits et à réduire leur dette, principalement en augmentant les impôts.

MOUVEMENTS DE CONTESTATION ET CRISE DES VALEURS

La seconde moitié du XXe siècle est aussi une intense période de contestation. Les jeunes remettent en question les valeurs dominantes, la guerre, le capitalisme. Les minorités ethniques, sexuelles ou religieuses réclament la reconnaissance de leurs droits. Les femmes, qui ont entrepris la lutte pour leur émancipation au XIXe siècle, font des progrès significatifs sur les plans du travail, des lois et de la présence politique. Les valeurs traditionnelles de l'Occident sont remises en question, les Églises ébranlées.

FIGURE 11.12

Fleurs contre fusils

En 1967, lors d'une marche de protestation contre la guerre au Viêt-nam, un jeune manifestant dépose des fleurs dans les canons des fusils des soldats qui gardent l'entrée du Pentagone.

LES JEUNES CRITIQUENT LES VALEURS DOMINANTES. Plus scolarisée et mieux informée que la génération précédente, vivant dans une ère de prospérité économique et de changements rapides, la jeunesse des années 1950 et 1960 ne se contente plus de la traditionnelle révolte contre les parents : elle veut aussi changer le monde.

Dans les années 1950, les jeunes adoptent pour idoles les nouveaux rebelles de la littérature, de la musique et du cinéma – les Jack Kerouac, Elvis Presley et James Dean. La plupart se contentent de revendiquer plus de liberté, y compris sexuelle, mais quelques Nord-Américains adoptent le mode de vie *beatnik*, qui comporte une critique des valeurs dominantes.

Celle-ci se généralise pendant les années 1960 sur les campus universitaires et au sein du mouvement *hippie*, qui rejette la société capitaliste industrielle et le primat de la réussite individuelle, pour prôner le retour à la nature et la non-violence. Elle atteint des sommets aux États-Unis entre 1965 et 1970 avec la dénonciation de l'engagement militaire au Viêt-nam, en France avec les événements de mai 68 qui font vaciller le pouvoir politique et en Tchécoslovaquie avec le *Printemps de Prague* (1968).

Mai 68 : une révolte mythique

Au printemps de 1968, des troubles sociaux d'une grande ampleur surviennent en France. Le mouvement s'amorce à l'université, où les étudiants remettent en question le rôle et les finalités de l'enseignement. L'agitation croissante entraîne la fermeture de plusieurs universités au début de mai. Les rues de Paris deviennent le théâtre d'affrontements violents entre les forces de l'ordre et les étudiants, qui dressent des barricades. Quelques jours plus tard, les grands syndicats appellent à la grève générale. Durant les deux dernières semaines de mai, le pays est paralysé, le gouvernement ébranlé : une révolution semble alors possible. Mais la signature à la fin de mai des accords de Grenelle entre le gouvernement et les représentants syndicaux, le soutien des classes moyennes au général de Gaulle et un remaniement ministériel marginalisent les étudiants et les « gauchistes ». En juin, le travail reprend progressivement et les barricades sont démantelées.

Les événements de mai 68 marquent un point tournant dans l'évolution de la société française contemporaine, notamment par la remise en cause des valeurs traditionnelles qu'ils entraînent. Plusieurs slogans des manifestants de mai 68 sont d'ailleurs restés gravés dans la mémoire collective des Français. Parmi les plus notoires : « Sous les pavés, la plage ! », « Consommez plus, vous vivrez moins ! », « Soyez réaliste, demandez l'impossible ! », « Il est interdit d'interdire » et « L'imagination au pouvoir ! »

La critique de l'ordre établi s'essouffle toutefois pendant les années 1970 et 1980 avec l'arrivée à l'âge adulte des *boomers* et le ralentissement de la croissance économique.

Les minorités se font visibles. À partir du milieu du siècle, les minorités de toutes sortes émergent au grand jour et revendiquent la reconnaissance de leurs droits.

Le combat des minorités ethniques commence dès les années 1950 aux États-Unis avec le *Mouvement pour les droits civiques*, qui réclame l'égalité pour les Noirs. Au Canada, les Canadiens français du Québec et de l'Acadie arrachent des droits scolaires et linguistiques à partir des années 1960, et les peuples autochtones obtiennent la reconnaissance de leurs droits ancestraux par la *Charte canadienne des droits et libertés* de 1982. En Europe occidentale, diverses minorités ethniques (Irlandais, Basques, Catalans, Bretons) réclament, parfois en recourant à la violence, une reconnaissance de leur spécificité politique et culturelle, ou même leur autodétermination. Dans plusieurs pays d'Amérique latine, les Amérindiens, souvent traités en citoyens de seconde zone, participent à des mouvements de lutte et même de guérilla contre les pouvoirs politiques.

À la faveur du climat de tolérance qui se répand en Occident à partir des années 1960, d'autres minorités – sexuelles, religieuses ou autres – se réclament des déclarations et chartes des droits dont se dotent les pays et les organisations internationales. Couverts d'opprobre avant la Deuxième Guerre mondiale, les homosexuels et les lesbiennes vivent au grand jour, réclament l'égalité juridique et même symbolique (le mariage gai) avec les couples hétérosexuels et revendiquent le droit à la différence (la *Gay Pride*). Les minorités religieuses exigent le droit d'afficher les signes extérieurs de leur appartenance (le foulard musulman ou le poignard rituel sikh) ainsi que le respect de leurs jours de fête (le vendredi pour les musulmans, le sabbat pour les juifs). Les années 2000 sont marquées, dans la plupart des pays occidentaux, par la crise des **accommodements raisonnables**.

accommodement raisonnable Compromis établi entre un employeur ou une institution et un individu ou un groupe de personnes pour alléger ou modifier, dans le but d'accommoder ceux-ci, des normes ou des pratiques ayant un impact discriminatoire fondé sur la race, l'origine nationale ou ethnique, la couleur, la religion, le sexe, l'âge ou les déficiences.

Les femmes battent en brèche la suprématie masculine. Fortes des droits politiques qu'elles ont obtenus pendant la première moitié du siècle, les femmes occidentales réclament après la Deuxième Guerre mondiale l'égalité dans tous les domaines. Elles arrivent à faire voter par les parlements (où elles se font élire plus nombreuses) des lois qui les débarrassent de leur séculaire statut de mineures et leur accordent le droit à la contraception et à l'avortement. La commercialisation de la pilule anticonceptionnelle dans les années 1960 deviendra d'ailleurs l'un des facteurs clés de leur libération, leur permettant de dissocier sexualité et maternité, de choisir si elles veulent procréer et à quel moment. Des lois et des chartes interdisent la discrimination sexuelle. Désormais, aucune profession ne leur est fermée d'emblée.

Mais le mouvement féministe, qui culmine dans les années 1960 et 1970, ne se contente pas de l'égalité des droits; il exige aussi la fin du machisme dans le monde du travail (haro sur le harcèlement sexuel), dans la vie quotidienne (dénonciation des comportements sexistes) et dans la vie domestique (partage des tâches). Après l'égalité salariale, pas encore atteinte partout, il recherche désormais l'équité.

LES VALEURS TRADITIONNELLES SONT ÉBRANLÉES. La seconde moitié du XXe siècle voit aussi une remise en question des valeurs traditionnelles de l'Occident. L'ordre, la discipline et le respect des hiérarchies, ces piliers des sociétés bourgeoises de la seconde moitié du XIXe siècle, n'existent plus que dans la mémoire nostalgique des anciens. Les structures sociales sont moins rigides: la mobilité est plus facile et plus fréquente, vers le haut comme vers le bas. Fondement de l'ordre traditionnel, la famille patriarcale éclate pour faire place à divers types familiaux, comme la famille monoparentale et même la famille avec deux parents du même sexe. L'autorité parentale, encore absolue il n'y a pas si longtemps, s'érode au profit de la complicité, voire de l'amitié parents-enfants, laissant souvent ces derniers sans cadre de référence. La politesse, l'esprit civique et le respect des aînés se délitent.

DIEU N'EST PAS MORT, MAIS LES ÉGLISES AGONISENT. Le sentiment religieux lui-même se transforme profondément. Bien qu'une forte majorité d'Occidentaux (entre 60 et 95 % selon les pays) croie en une quelconque divinité, rares sont ceux qui continuent à accepter la totalité du dogme d'une Église: beaucoup deviennent indifférents ou rejettent ce qui ne leur convient pas; d'autres se créent « à la carte » une religion syncrétique où se côtoient le Dieu des chrétiens, les anges gardiens, la réincarnation, le voyage astral, etc. Profitant de cette confusion et du désespoir que suscite chez certains la société « postmoderne », les sectes se multiplient: certaines drainent les ressources financières de leurs membres tandis que d'autres les amènent à commettre des actes criminels ou même les poussent au suicide.

Athéisme, indifférence, néopaganisme et croissance des sectes ébranlent les Églises traditionnelles, également affaiblies par la **sécularisation** des sociétés occidentales au XXe siècle. Les Églises catholique et protestante enregistrent une importante diminution de la pratique de leurs fidèles et éprouvent de graves difficultés de recrutement. Tentant de s'adapter, certaines acceptent l'ordination des femmes ou même le mariage de conjoints de même sexe, mais d'autres maintiennent des positions rigides sur ces questions et sur le divorce, la contraception ou l'avortement. Devant ce déclin, certains chrétiens prônent un retour à la tradition et même au **fondamentalisme**, particulièrement aux États-Unis.

sécularisation Passage d'un bien de l'Église dans le domaine public; passage de l'état religieux à l'état civil.

fondamentalisme Vision du monde découlant de préceptes religieux, qui interdit toute évolution ou toute déviation par rapport à ceux-ci.

LES FULGURANTS PROGRÈS DE LA SCIENCE ET DE LA TECHNOLOGIE

Grâce aux progrès de la science et de la technologie, le monde entier, et plus particulièrement les nations industrialisées, connaît d'immenses transformations dans la dernière moitié du siècle. Les transports, les communications et la médecine, notamment, progressent comme jamais auparavant.

La planète rapetisse. Dans la seconde moitié du siècle, le transport des passagers devient à la fois plus rapide et plus confortable. Encore objet de curiosité et d'effroi avant la Deuxième Guerre mondiale, l'avion devient un mode de transport plus courant, surtout grâce au procédé de pressurisation de la cabine. L'apparition des gros porteurs à réaction à partir des années 1960 rend les déplacements d'un continent à l'autre plus aisés, moins longs et surtout moins chers: désormais, le paquebot ne sert plus qu'à la croisière. La régulation du trafic aérien se complexifie: l'aéroport O'Hare de Chicago, le plus occupé du monde, traite 2000 décollages et atterrissages par jour et accueille 55 millions de passagers par an! Dans les années 1970, le chemin de fer est aussi révolutionné par la venue des trains à grande vitesse (TGV): le trajet Paris-Lyon, qui prenait plus de cinq heures, en prend désormais à peine plus de deux. Plus rapides, plus silencieuses, plus confortables (avec l'air climatisé), les automobiles parcourent aussi de plus grandes distances.

Les humains explorent l'espace. L'essor de l'astronautique à partir des années 1950 constitue l'une des plus spectaculaires réalisations humaines à ce jour. Les Soviétiques mettent en orbite autour de la Terre le premier satellite artificiel (Spoutnik 1) en 1957 et le premier humain (Youri Gagarine) en 1961. Piqués dans leur orgueil, les Américains répliquent en faisant débarquer sur la Lune deux astronautes de la mission Apollo 11 le 20 juillet 1969. Par la suite, malgré quelques accidents tragiques, les voyages dans l'espace à bord de capsules ou même de stations spatiales deviennent presque banals. Dans les quatre dernières décennies du siècle, des centaines de satellites servant aux communications, à la surveillance de la Terre, à la navigation ou à des fins militaires sont mis en orbite ou placés en position géostationnaire. À partir de la fin des années 1970, on lance des sondes spatiales qui explorent le système solaire et vont même au-delà (*Voyager*, *Magellan*), ainsi qu'un télescope géant (*Hubble*). Compétitive à l'origine, la conquête de l'espace est à la fin du siècle l'un des plus beaux exemples de coopération internationale.

FIGURE 11.13

Seul dans l'espace

En 1984, un astronaute américain expérimente pour la première fois la combinaison spatiale autonome et sans attache. Seul dans l'espace au-dessus de la planète bleue (la Terre), il goûte une liberté à la fois enivrante et angoissante.

La communication devient instantanée. Le XIXe siècle et la première moitié du XXe siècle avaient produit un nombre impressionnant d'inventions dans le domaine des communications: téléphone, télégraphe, radio et télévision. Avec la sophistication des médias, la miniaturisation des appareils de communication et l'invention de l'ordinateur, tout événement important est désormais retransmis quasi instantanément dans les foyers, et l'information fait le tour du monde en quelques minutes.

Bien que la télévision ait été inventée dès les années 1930, ce n'est qu'à partir de 1947 qu'elle devient véhicule de communication. Lourde à manier à ses débuts, transmettant des images de piètre qualité jusqu'aux années 1970, elle se transforme avec la couleur, la transmission par câble ou par satellite, la création de chaînes spécialisées et la numérisation.

Une des grandes caractéristiques de la deuxième moitié du XXe siècle est la miniaturisation des machines et des équipements de communication. Le moment décisif de ce processus est l'invention en 1948 du transistor (contraction de *transfer* et *resistor*). Constitué de matériaux semi-conducteurs et permettant de redresser les courants électriques ou de les amplifier, ce dispositif électronique miniature relègue au rang d'antiquité le volumineux et fragile tube à vide. Inséré graduellement dans les postes de radio, les calculatrices, les montres, les magnétophones, les caméras, etc., le transistor permet de réduire considérablement leur taille et leur poids. Sans lui, ni l'exploration de l'espace ni la généralisation de l'ordinateur n'auraient été possibles.

Lancée en 1946 avec la première calculatrice électronique (*ENIAC*), la première génération d'ordinateurs était constituée d'appareils à lampes et à câbles énormes et peu performants. Mais la mise au point du circuit intégré à un seul transistor, puis du microprocesseur – plaquette comprenant des millions de transistors –, rend bientôt les ordinateurs beaucoup plus efficaces et moins coûteux, et permet l'invention en 1976 du microordinateur (*Apple*). L'ordinateur devient dès lors partie intégrante de nos vies. La mise en place de l'infrastructure du réseau ARPANET dans les années 1970 et 1980 prépare l'expansion fulgurante que connaîtra Internet dans la dernière décennie du siècle, avec l'invention de la Toile. L'apparition du téléphone cellulaire dans les années 1990, sa miniaturisation et sa transformation en outil multimédia dans les années 2000 repoussent à nouveau les frontières des communications.

L'ÈRE DE L'INFORMATIQUE (OU ÈRE DU NUMÉRIQUE)

De la même façon que l'invention de l'imprimerie a révolutionné le monde occidental au XVe siècle – on pourrait parler des cinq siècles qui suivent comme de l'ère de l'imprimé –, l'ordinateur et Internet ont commencé à changer le monde : l'ère de l'informatique a débuté.

L'ACCÉLÉRATION DES COMMUNICATIONS

À l'époque de l'Empire romain et à l'intérieur de ses frontières, un message écrit mettait près de deux semaines à franchir 300 kilomètres, à une vitesse moyenne de 1 km/h ; au XVIIIe siècle, en Angleterre, il le faisait en quatre jours ; avec la mise en place de câbles sous-marins et terrestres entre Londres et Bombay en 1865, ces 300 kilomètres sont franchis en moins d'une heure ; aujourd'hui, enfin, avec Internet, un message écrit se rend n'importe où sur la planète en moins de cinq minutes !

LA MÉDECINE, LA BIOCHIMIE ET LA GÉNÉTIQUE REPOUSSENT LES LIMITES DE LA MORT. Encore engluée dans des traditions millénaires au début du XXe siècle, la médecine se transforme fondamentalement grâce aux avancées considérables de la chirurgie, de la biochimie et de la génétique.

La chirurgie fait d'immenses progrès avec les antibiotiques, la chimiothérapie anti-infectieuse et les transfusions sanguines. Dans les années 1960, l'invention du laser lui ouvre de nouvelles possibilités, améliorant la précision et réduisant les dommages collatéraux.

Si l'espérance de vie double quasiment au XXe siècle, c'est d'abord grâce à une meilleure alimentation et aux progrès de l'hygiène. Mais la biochimie, qui naît avec le siècle, y contribue sensiblement, tout en améliorant la qualité des soins médicaux. En plus de faciliter et de préciser le diagnostic médical (analyses de sang ou d'urine), cette nouvelle science apporte une **pharmacopée** qui soulage et même guérit les malades, tout en amenant plus de rigueur et d'efficacité dans les pratiques hospitalières. Enfin, par la mise au point des vaccins, elle réduit considérablement la mortalité et fait virtuellement disparaître des maladies comme la variole ou la poliomyélite, du moins dans le monde occidental.

Le point tournant de la génétique est la découverte en 1953 de la structure de la molécule de l'acide désoxyribonucléique (ADN), clé du patrimoine génétique humain, de son génome. Le génome humain est constitué de la totalité de la molécule d'ADN, l'élément constituant des 23 paires de chromosomes qui contiennent les gènes porteurs des caractères héréditaires (taille, couleur, maladies héréditaires, etc.). On estime que, sur cette longue molécule d'ADN humain, le nombre total de gènes est de l'ordre de 20 000 à 25 000. Déroulée, elle s'étire en un très long enchaînement de trois milliards de bases – les nucléotides – dans une séquence précise qui constitue le code génétique, soit l'ensemble des instructions permettant à la cellule de fonctionner selon le programme de l'espèce. En 1989 est lancé le Projet sur le génome humain, qui a pour objet de déchiffrer – séquencer – tout notre patrimoine génétique. Désormais, les scientifiques disposent des plans à partir desquels est construit et fonctionne l'organisme humain. Les progrès de la médecine dans les prochaines décennies pourraient être fulgurants.

L'espérance de vie

Selon des études récentes, l'espérance de vie d'un enfant né en 1999 pourrait atteindre 120 ans !

Le séquençage de l'ADN

Le séquençage consiste à introduire des fragments minuscules d'ADN dans une machine, le séquenceur, et à lire une à une les lettres biologiques (acides aminés) qui composent les barreaux de l'échelle d'ADN. Puisque les 3 milliards de barreaux ont été lus, triés puis remis en ordre par des ordinateurs (séquence complète réalisée en 2004), nous possédons désormais un portrait exact du génome humain.

La mondialisation

La mondialisation, ses conséquences et ses adversaires

Dans le dernier quart du XXe siècle, le monde est entré dans la troisième phase d'un phénomène auquel on a donné le nom de **mondialisation**. Son premier acte a été la conquête de l'Amérique par les explorateurs et conquistadors européens à partir du XVe siècle et la création de l'économie-monde (voir le chapitre 7). Sa deuxième étape a été marquée par le développement du commerce mondial et la colonisation de plusieurs régions d'Asie et de l'intérieur du continent africain, qui furent en quelque sorte les prolongements de l'industrialisation du monde occidental au XIXe siècle (voir le chapitre 9). La troisième et actuelle phase a amené l'expansion du mode de vie et de la culture des Occidentaux sur une large portion du globe, malgré certaines résistances,

mondialisation Phénomène d'interconnexion des diverses régions de la planète qui a pris naissance avec les grandes explorations et qui a connu une nette accélération dans le dernier quart du XXe siècle. Sa dimension économique est la plus connue, mais il touche aussi le domaine culturel, la politique, la démographie, les communications et même la vie familiale.

par le développement des transports et des communications notamment. Sa dimension économique est actuellement au cœur de débats cruciaux. Mais la question du vieillissement de la population occidentale, celle des migrations entre pays pauvres et pays développés, et celle de la préservation de l'écosystème constituent sans conteste les problèmes les plus urgents auxquels l'humanité fait face au début du XXIe siècle.

LES PAYS VAINQUEURS DE LA GUERRE CRÉENT DE NOUVELLES ORGANISATIONS INTERNATIONALES. Au lendemain de la Deuxième Guerre mondiale, les pays vainqueurs ont mis sur pied une nouvelle génération d'institutions internationales. Un de leurs principaux objectifs était de développer la coopération internationale afin de mettre fin à la compétition et à la culture d'affrontement qui avaient plongé le monde dans deux guerres mondiales et une crise économique d'envergure mondiale pendant la première moitié du siècle. Ces institutions sont notamment le Fonds monétaire international (FMI, 1944), chargé de régir les changes et la convertibilité des monnaies afin d'assurer la stabilité monétaire, et le *General Agreement on Tariffs and Trade* (GATT, 1948), forum de discussion et de négociations sur les échanges commerciaux.

Ces deux organismes ont contribué dans une certaine mesure à uniformiser les pratiques financières et commerciales dans le monde. Toutefois, quelques phénomènes ont nui à la réalisation des objectifs de leurs concepteurs: la division du monde en deux entités antagonistes pendant la Guerre froide (1947-1989), qui place en autarcie tout le bloc communiste et oppose au libéralisme un concurrent idéologique crédible; le choix, par une majorité de pays créés à la suite de la décolonisation, du marxisme ou du nationalisme anti-occidental comme voie; et les réticences de l'Europe – qui choisit le libre-échange intérieur mais continue de maintenir des barrières douanières vis-à-vis de l'extérieur – à s'engager dans la communauté atlantique. Néanmoins, ce nouvel ordre a permis le développement sans précédent du commerce international (les échanges mondiaux ont triplé entre 1960 et 1973 seulement), la forte croissance économique de l'ensemble des pays de l'Ouest et le décollage de certains pays du Sud, dont les Dragons asiatiques (Corée du Sud, Singapour, Hong Kong, Taïwan).

DANS LES ANNÉES 1990, LA MONDIALISATION S'ACCÉLÈRE. Dans le dernier quart du XXe siècle, la mondialisation s'accélère, particulièrement à compter des années 1990. Plusieurs facteurs expliquent cette accélération: la fin de la Guerre froide, qui marque la victoire du libéralisme sur le communisme et l'ouverture au capitalisme de tout l'ex-Empire soviétique; la conversion de plusieurs pays jadis fermés ou réfractaires à l'économie de marché, comme la Chine et l'Inde, à la libre entreprise et à l'ouverture économique; le développement des nouvelles technologies de la communication et de l'information, dont Internet et la Toile, qui ont permis la transmission instantanée et universelle de l'information; le développement d'une culture mondiale, largement influencée par le modèle américain, mais aussi de plus en plus métissée; la croissance des entreprises multinationales, de plus en plus gigantesques et capables de faire des affaires n'importe où sur la planète; et les négociations menées sous l'égide du GATT/**OMC**, qui provoquent la réduction ou même l'abolition des barrières douanières, ainsi que la multiplication des accords de libre-échange. La création de l'Union européenne (1992) et la mise en place de l'**ALENA** (1994) et du **MERCOSUR** (1991) sont parmi les jalons les plus spectaculaires de ce mouvement.

OMC (Organisation mondiale du commerce) Organisme qui a succédé au GATT en 1994; il s'en distingue notamment parce qu'il est doté d'un tribunal d'arbitrage investi d'un pouvoir de sanction en matière commerciale.

ALENA Accord de libre-échange nord-américain (Canada, États-Unis, Mexique), entré en vigueur en 1994.

MERCOSUR Marché commun du Sud de l'Amérique regroupant l'Argentine, le Brésil, le Paraguay et l'Uruguay et établi en 1991.

LE MODE DE VIE OCCIDENTAL SE RÉPAND SUR LA PLANÈTE. Dans la seconde moitié du XXe siècle, le mode de vie à l'occidentale s'est répandu sur une large

FIGURE 11.14

L'Inde instruite et moderne

*Des étudiants de l'*Amity School of Technology & Management, *à Delhi, travaillent pendant l'heure du repas. Ordinateur portable et cellulaire en mains, ils représentent l'Inde nouvelle, qui tire profit de la mondialisation.*

partie de la planète à la faveur du développement des moyens de transport (l'avion de tourisme à cabine pressurisée, en particulier) et des communications (téléphone, radio, télévision, Internet).

Les valeurs occidentales, fondées sur la liberté individuelle et l'accomplissement personnel, exercent un fort attrait sur la plupart des sociétés, qu'elles soient ouvertes ou fermées. Ainsi, au sein même de l'Empire soviétique, en théorie voué au développement de l'idéologie communiste, des dissidents réclament les libertés et rejettent l'État tentaculaire et la pensée unique à partir des années 1970. Dans les pays nouvellement créés à la suite de la décolonisation, le libéralisme gagne du terrain après une première étape où le modèle soviétique avait paru être la voie à suivre. En terre d'islam même, où la religion favorise un certain communautarisme, les élites urbaines semblent déchirées entre le mode de vie traditionnel et les comportements occidentalisés. À quoi s'ajoute la diffusion chez les femmes de toute la planète du modèle culturel occidental, qui les amène à remettre en cause les traditions, y compris en matière de procréation : cela explique sans doute pourquoi le nombre d'enfants par femme baisse en moyenne de un par décennie à l'échelle du globe.

La fin des idéologies ?

Avec l'éclatement de l'ex-URSS et la fin du communisme soviétique en 1991, un économiste nommé Fukuyama a écrit un livre célèbre où il affirmait qu'avec la victoire du libéralisme on entrait désormais dans un monde sans idéologies. Le développement du courant altermondialiste et du fondamentalisme islamiste semble toutefois lui donner tort !

En outre, les comportements s'occidentalisent. La culture populaire américaine, musique rock et cinéma à la clé, gagne d'abord l'Europe de l'Ouest (années 1960), avant de séduire les jeunes du bloc soviétique et de se répandre sur les cinq continents, en Asie même et jusqu'au cœur de l'Afrique. Par leurs comportements, le genre de musique qu'ils écoutent, les valeurs qui les touchent, les jeunes, d'où qu'ils soient, font partie d'un univers de plus en plus homogène. L'anglais est devenu la langue internationale malgré les progrès de l'espagnol ou l'importance croissante du mandarin.

FIGURE 11.15

McDonald's sur les Champs-Élysées

La chaîne de restauration rapide McDonald's, symbole de l'américanisation de la planète, s'installe partout dans le dernier quart du XXe siècle.

MAIS IL RENCONTRE DES RÉSISTANCES. Souvent perçue comme une américanisation, cette uniformisation culturelle n'est pas acceptée par tous. Les partisans de la gauche la rejettent comme une des manifestations du capitalisme multinational; les nationalistes contestent cet impérialisme culturel nord-américain et réclament la préservation des cultures et des modes de vie locaux et régionaux; les écologistes lui reprochent de contribuer à la dégradation de l'environnement par l'accent qu'elle met sur la consommation; certains la dénoncent comme un avilissement, un nivellement par le bas, comme ceux qui protestent contre la généralisation de la malbouffe; d'autres lui reprochent son côté matérialiste et lui opposent un retour à la spiritualité ou la simplicité volontaire.

Mais un des plus puissants vecteurs de la résistance à l'occidentalisation de la planète est actuellement le fondamentalisme islamiste, qui refuse la modernisation et la proximité publique entre les femmes et les hommes au nom d'une lecture rigide du Coran. Issu du **wahhabisme** et incarné actuellement dans le **salafisme**, l'intégrisme islamiste est né en Égypte pendant l'entre-deux-guerres. L'incapacité des régimes issus de la décolonisation à moderniser leurs pays et à générer un développement économique soutenu a fait des laissés-pour-compte de ce fiasco (couches populaires; jeunes scolarisés mais sans emploi) un public de choix pour ceux qui prônent le refus de l'Occident et le retour à la tradition. Les islamistes s'affairent, avec le soutien financier de leurs partisans à travers le monde, à aider les démunis, les veuves, les chômeurs et les orphelins tout en les convertissant à l'islam radical.

Mais c'est la guerre d'Afghanistan (1979-1989), au cours de laquelle des *moudjahidines* sont venus de tout le monde musulman pour combattre les Soviétiques avec l'aide matérielle et financière des États-Unis, qui a produit le nouveau type de militant islamiste qui lutte actuellement contre l'Occident: le **djihadiste** salafiste, qui prône le retour à la ***chari'a*** et combat les «infidèles» occidentaux et leurs alliés du monde musulman les armes à la main. L'objectif ultime de ces combattants est l'expansion de l'islam à l'échelle de la planète et la création d'une communauté unique des croyants guidés par la tradition musulmane. Pour arriver à leurs fins, ils cherchent à susciter un conflit d'envergure planétaire entre l'Occident et le monde musulman par tous les moyens. Jusqu'ici, les fondamentalistes n'ont réussi à s'emparer du pouvoir qu'en Iran, mais ils exercent de fortes pressions en Égypte, au Maroc, en Algérie, en Irak et en Turquie. Par le terrorisme, ils cherchent à déstabiliser l'Occident, à le forcer à s'en prendre au monde musulman: leurs attentats visent les touristes occidentaux (Bali et Jakarta), les travailleurs étrangers dans

wahhabisme Courant religieux et politique apparu au sein de la religion musulmane en Arabie au XVIIIe siècle. Au nom d'une lecture rigoriste du Coran, il rejette la mixité publique ainsi que toute nouveauté (musique, cinéma) ou stimulant (alcool, tabac); il prône le port du *hidjab* (voile) par les femmes et celui de la barbe par les hommes; il est à la base du courant intégriste actuel et est notamment influent au sein de la dynastie régnante en Arabie saoudite.

salafisme Courant fondamentaliste musulman issu du wahhabisme et prônant à la fois une interprétation restrictive des textes sacrés de l'islam et la lutte armée contre les «infidèles».

djihadiste Musulman qui pratique le *djihad*, soit la guerre sainte contre les «infidèles» (les non-musulmans).

chari'a Loi islamique issue du Coran et de la tradition du prophète Mahomet, comprise comme l'expression de la volonté divine et non comme le produit de la volonté humaine.

L'islam traditionnel et les femmes

Dans un texte publié en 1952, le cheikh Hasanam Makhluf énonce la position traditionnelle de l'islam à l'égard des femmes.

■ ■ ■

Parmi les aspects de l'intérêt que l'islam porte à la femme, figure le fait que son honneur et sa dignité sont entourés du rideau protecteur d'un sage enseignement. La pureté de la femme est préservée par le fait qu'il est interdit à un homme étranger de rester seul avec une musulmane, ou de la regarder d'une manière éhontée. L'islam lui interdit de se mêler aux hommes dans leurs réunions, ou de s'assimiler à eux dans leurs activités spéciales. Il l'a exemptée de la prière du vendredi et des fêtes. [...] La femme a été exemptée de certains rites du pèlerinage. L'islam lui interdit de faire l'appel à la prière dans les minarets, ou de servir d'imam pour la prière. Il lui interdit de se placer à la tête des musulmans, et lui ferme l'accès de la magistrature. L'islam interdit à la femme de guerroyer ou de diriger les armées. Seule l'assistance aux armées lui est permise, ce qui est en accord avec le caractère sacré de sa féminité. [...]

Il est inutile de citer ici le grand nombre de passages du Coran et de paroles du Prophète qui viennent renforcer cette idée. Il existe des preuves catégoriques que la législation musulmane interdit à la femme ce que celle-ci revendique aujourd'hui et qu'elle appelle ses droits, et qui ne constitue qu'une agression contre les droits qui ont été conférés aux hommes seuls. Tout ce qui a été permis à la femme, comme ce qui lui a été interdit, l'a été pour son bien et pour sa protection et aussi pour protéger la société contre la décomposition et l'effondrement. [...] La protection de la femme a atteint un tel degré que Dieu a ordonné aux femmes de son prophète de porter le voile, étant les mères des croyants. [...]

Tel est le rôle de la femme dans l'islam. La femme désire-t-elle aujourd'hui traverser les dernières grilles et pénétrer dans les salles du parlement ? Désire-t-elle participer aux élections, à la propagande électorale, aux réunions politiques, aux commissions, aux cérémonies ? Désire-t-elle se rendre dans les ministères, assister aux congrès, discuter, etc. ? [...] C'est ce que personne ne saurait approuver. C'est ce que l'islam n'approuve pas, en tout cas.

Dans M. Chaulanges, *et al.*, *Textes historiques. Le monde contemporain depuis 1945*, Paris, Delagrave, 1968, p. 133-134.

les pays musulmans (Riyad), les pays alliés des États-Unis dans la guerre en Irak (Madrid) et les symboles de la civilisation occidentale comme le World Trade Center de New York.

Le GATT/OMC travaille à réduire les entraves au libre commerce. Depuis sa création en 1948, le GATT a largement contribué à réduire les entraves au libre commerce. Deux principes ont guidé ses membres depuis sa création : la non-discrimination (une concession accordée à un État doit l'être aux autres signataires) et la restriction des contingentements et des tarifs douaniers. À travers une série de négociations (dont le *Kennedy Round*, de 1964 à 1967, et l'*Uruguay Round*, de 1986 à 1994), les pays membres ont notamment réussi à réduire les droits de douane moyens sur les produits industriels de 40 % en 1947 à 4 % en 1994. En 1995, le GATT se transforme en Organisation mondiale du commerce (OMC), et on y ouvre le cycle de Doha, qui porte notamment sur les contingentements au

FIGURE 11.16

Les attentats contre le World Trade Center (New York, 11-09-01)

L'utilisation d'avions de ligne pour détruire les tours jumelles de New York marque le passage à une nouvelle forme de terrorisme, mondial et sans pitié, et met au-devant de la scène le fondamentalisme islamique et son refus des valeurs occidentales.

commerce des produits agricoles et sur les subventions aux producteurs agricoles dans les pays occidentaux, que les pays pauvres souhaitent voir réduits ou même annulés. Sur ce point, on peine à s'entendre, comme l'a montré le sommet de Cancún (2003).

LES ACCORDS DE LIBRE-ÉCHANGE SE MULTIPLIENT. Parallèlement à ces discussions regroupant la majorité des pays de la planète (l'OMC comptait 146 membres, dont la Chine, en 2003), des accords régionaux de libre-échange ont été conclus un peu partout dans le monde. En Europe, la Communauté économique européenne, formée de six pays à sa fondation en 1957, regroupe désormais sous sa nouvelle appellation (Union européenne) 27 pays d'Europe. Cette union douanière a montré la voie aux autres continents. En 1989, le Canada et les États-Unis se sont associés par un accord de libre-échange nord-américain, devenu l'ALENA en 1994 avec l'inclusion du Mexique. En Amérique du Sud, l'Argentine, le Brésil, le Paraguay et l'Uruguay se sont intégrés en 1991 dans un marché commun (MERCOSUR) qui vise à démanteler les barrières douanières internes, tout en maintenant des droits extérieurs communs.

Partout où des accords de libre-échange ou des unions douanières sont entrés en vigueur, les pays qui en sont devenus membres ont connu une nette croissance économique. Ainsi, l'Espagne et le Portugal, admis en 1986 dans la Communauté européenne, sont passés de l'état de pays semi-développés à celui de pays avancés: en 2001, ils se classaient respectivement 21e et 26e au regard de l'indice de développement humain (IDH) des Nations unies. Grâce à l'ouverture du marché américain (et malgré les entraves élevées par les milieux protectionnistes aux États-Unis) depuis 1989, le Québec a connu une croissance économique spectaculaire. Le Mexique, qui jouit des fruits de l'ALENA depuis 1994, commence à s'extirper du sous-développement et on y assiste même au développement d'une classe moyenne. Les pays nouvellement admis dans l'Union européenne et ceux qui frappent à sa porte (comme la Turquie) espèrent que leur adhésion leur apportera le développement économique dont leurs prédécesseurs ont bénéficié.

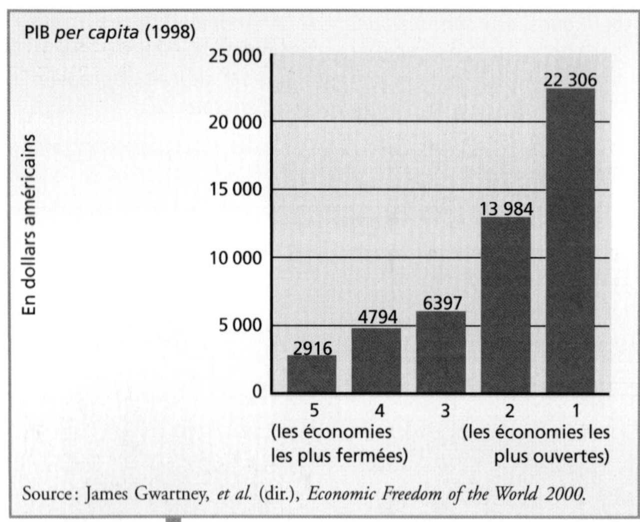

Source: James Gwartney, *et al.* (dir.), *Economic Freedom of the World 2000.*

FIGURE 11.17

Le libre-échange entraîne la prospérité

L'ESSOR DES TRANSPORTS ET DES COMMUNICATIONS ET LA RÉDUCTION DES TARIFS DOUANIERS BOULEVERSENT L'ÉCONOMIE MONDIALE. Ces phénomènes accélèrent en effet la **délocalisation**. Celle-ci repose d'abord sur la loi des bas salaires, selon laquelle les entrepreneurs, toutes choses étant égales par ailleurs, créent des entreprises là où les coûts de production – dont les salaires sont souvent un élément essentiel – sont les plus bas. Comme les travailleurs occidentaux se sont dotés, depuis un siècle et demi, de syndicats ouvriers qui leur ont permis d'améliorer considérablement leur rémunération et leurs conditions de travail, ils ne sont plus compétitifs face à la main-d'œuvre des pays où le niveau de la vie est sensiblement plus bas. Il ne faut toutefois pas oublier que les salaires ne sont pas le seul critère qui détermine le choix d'un lieu d'investissement: la qualité des infrastructures (y compris la fiabilité de l'approvisionnement énergétique), les facilités de financement, les politiques fiscales et monétaires, l'intégrité du système judiciaire, le niveau de corruption, la qualité de la vie pour les cadres et les employés ainsi que les prix à la consommation sont quelques-uns des facteurs à considérer, outre le coût de la main-d'œuvre.

délocalisation Déplacement des emplois, et particulièrement de la production industrielle, des pays développés vers les pays à bas salaires.

La délocalisation frappe les pays occidentaux. Le maintien de tarifs douaniers très élevés par les pays développés pendant de nombreuses années a permis de retarder le choc. Leur réduction actuelle, par le biais d'accords successifs de plus en plus contraignants, amène les entrepreneurs soit à transférer leur production dans des pays en développement, soit à acheter leur matière première ou des produits semi-finis à des sous-traitants établis dans ces pays. En outre, de nombreux pays en développement, comme l'Inde, se sont dotés de systèmes d'éducation fort efficaces qui produisent des diplômés capables de concurrencer les Occidentaux dans de nombreux domaines, comme l'informatique et le génie.

Les pays occidentaux sont donc aux prises, depuis quelques années, avec la fermeture d'usines dont la production est déplacée dans des pays où les coûts de production sont plus bas. Ce phénomène, qui a commencé principalement dans le domaine du textile, s'accélère et se généralise depuis quelques années. Après le textile, les domaines du vêtement, de la sidérurgie, des pièces de machinerie, du plastique, de l'électronique, de l'informatique et même de l'analyse de données, pour ne nommer que ceux-là, sont de plus en plus touchés. Alors qu'il affectait autrefois quasi exclusivement des emplois de travailleurs d'usines ou de **cols bleus**, ce phénomène s'étend désormais aux emplois qualifiés.

cols bleus Ouvriers manuels chargés de la production ou de l'entretien.

Éducation et développement en Inde

Le système d'éducation de l'Inde forme plus de 300 000 ingénieurs par année, ce qui y attire un nombre croissant d'entreprises en informatique, en électronique, en sidérurgie ou en fabrication de pièces de machinerie.

Les pays en développement deviennent la manufacture du monde. La délocalisation permet donc aux pays en développement d'obtenir des emplois autrefois inaccessibles, ce qui les aide entre autres bénéfices à garder leurs diplômés chez eux. Ceux-ci forment l'embryon d'une classe moyenne qui contribue au développement du marché intérieur et, par là, stimule à son tour la croissance de l'économie. En Europe, depuis 1990, les emplois se sont déplacés inexorablement vers l'Est : d'abord vers des pays moyennement développés comme la Slovaquie et la Hongrie, puis vers la Roumanie et maintenant vers l'Ukraine. La Chine, pays encore largement agricole il y a 20 ans, est devenue la manufacture du monde, et la croissance de son PIB (entre 8 et 16 % annuellement depuis le début des années 2000) équivaut au triple ou même au quadruple de celle des pays occidentaux.

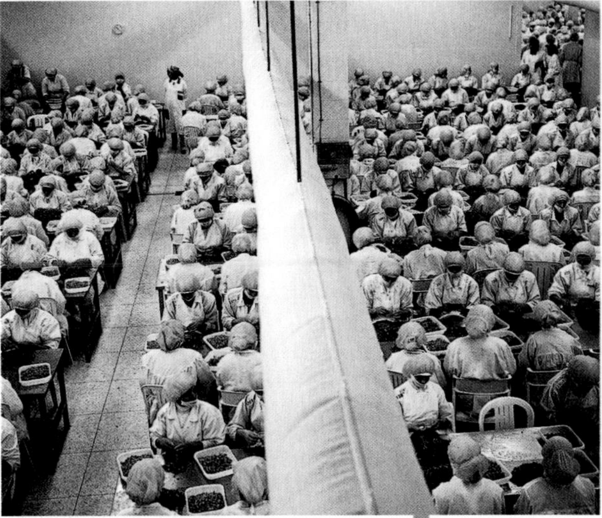

FIGURE 11.18

Usine de décorticage de crevettes au Maroc

La mondialisation à l'œuvre : des crevettes pêchées aux Pays-Bas, transportées le jour même par avion au Maroc, décortiquées dans ce pays où la main-d'œuvre est bon marché, puis ramenées immédiatement aux Pays-Bas pour y être consommées.

Mais la délocalisation n'apporte pas que la croissance économique aux pays qui en profitent. Elle amène aussi avec elle les tares du capitalisme : inégalités sociales ou régionales, salaires de famine, conditions de travail pénibles ou même dangereuses, exploitation des enfants. Les *maquiladoras* mexicaines, installées près de la frontière des États-Unis, après l'entrée en vigueur de l'ALENA, pour y écouler leurs produits, constituent un des exemples les plus décriés de bas salaires et de conditions de travail exécrables. Un des effets pervers de la délocalisation est que ces *maquiladoras* sont désormais menacées par la concurrence de la Chine, où les salaires sont encore plus bas. L'exploitation par certaines grandes compagnies multinationales du travail des enfants aux Philippines ou en Thaïlande constitue un autre des abus flagrants de la mondialisation capitaliste sauvage.

L'agriculture devient un enjeu majeur entre pays pauvres et pays développés. Un des secteurs économiques où les enjeux sont les plus cruciaux est celui de l'agriculture. En effet, depuis la Crise des années 1930 et la Deuxième Guerre mondiale, les pays occidentaux ont développé des systèmes d'aide aux agriculteurs (tarifs douaniers protecteurs, subventions et systèmes de gestion de l'offre), qui ont stimulé la production et avantagé les producteurs. Ces derniers, devenus de véritables entreprises, se sont ainsi retrouvés dans une bulle protectrice que les négociations à l'OMC risquent de dégonfler. Ces systèmes d'aide ont aussi permis aux agriculteurs des pays développés (Europe occidentale et États-Unis au premier rang) de surproduire et d'écouler leurs surplus sur les marchés des pays les plus pauvres. Ceux-ci réclament donc la réduction de ces protections ou même leur abolition, ce qui leur permettrait de vendre tous leurs produits dans les pays riches, et non plus seulement les produits exotiques comme le café et les bananes. Leur victoire pourrait signifier, dans les pays développés, la perte de milliers d'emplois dans le domaine agroalimentaire et la désertion des campagnes. L'affrontement entre pays avancés et pays pauvres qui a eu lieu sur cette question au mini-sommet de l'OMC à Cancún en 2003 risque donc de n'être que le prélude à une longue série de batailles.

Le mouvement altermondialiste dénonce la mondialisation néolibérale. Malgré le développement économique dont elles sont porteuses, et bien que les gouvernements y soient souvent favorables, la mondialisation en général et l'abolition des barrières douanières en particulier suscitent de fortes réticences. Dans les pays développés comme dans le reste du monde, nombreux sont ceux qui s'inquiètent des retombées de ces accords : salariés de l'industrie manufacturière et du secteur des services qui craignent la concurrence des travailleurs du tiers monde ; agriculteurs qui jouissent de subventions et d'aides à la production menacées ; écologistes qui redoutent les dégâts à l'environnement causés par l'extension de la production manufacturière à d'autres pays ; partisans de la diversité culturelle qui dénoncent l'uniformisation à la sauce américaine ; citoyens qui redoutent une égalisation par le bas des conditions de vie et de la qualité des services sociaux ; pourfendeurs des États-Unis qui voient l'impérialisme américain derrière toutes les rencontres et négociations internationales ; ennemis du capitalisme qui condamnent le règne des multinationales et du profit.

altermondialisme Mouvement de contestation de la mondialisation libérale apparu dans les années 1990 qui propose une autre mondialisation, non capitaliste, équitable et écologiste, entre autres caractéristiques.

Cette coalition de groupes d'intérêt et de pression est passée de l'antimondialisation dans les années 1990 à l'**altermondialisme** au début du XXIe siècle. Cela signifie que les ennemis de la mondialisation libérale ne se contentent plus de la critiquer, mais proposent une autre mondialisation. Contestataires actifs lors des grandes rencontres des institutions internationales (FMI, OMC, Banque mondiale) ou des dirigeants des pays les plus développés (G8 et G20), leur grand fait d'armes est d'avoir fait échouer une rencontre de l'OMC à Seattle en 1999. Mais ils tiennent aussi des contre-forums, comme leur rencontre annuelle à Porto Alegre (Brésil), où ils développent leur propre message : défense des services publics et de l'impôt comme outil d'égalité, annulation de la dette des pays pauvres et développement durable (manifeste 2002 de l'ATTAC). Par ailleurs, les dirigeants de certains pays, tel le Brésil, préfèrent œuvrer au développement des organismes régionaux (comme le MERCOSUR) ou de ceux qui reproupent des pays émergents comme le BRIC (Brésil, Russie, Inde, Chine), plutôt qu'adhérer aux grandes ententes internationales où ils contestent les positions des pays développés.

DES PROBLÈMES CRUCIAUX : LA DÉMOGRAPHIE ET L'ENVIRONNEMENT

LA POPULATION OCCIDENTALE STAGNE. En ce début du XXIe siècle, la population totale de la planète approche les 7 milliards d'habitants. De ce nombre, 21 % – environ 1,65 milliard – vivent dans des régions de civilisation occidentale (l'Europe, l'Amérique et la majeure partie de l'Océanie). Au début du XXe siècle, ce pourcentage était de 34 % pour une population mondiale totale de 1,6 milliard. Cette baisse du poids relatif de la population des pays de civilisation occidentale s'explique ainsi : la transition démographique y est à peu près achevée (les taux de natalité et les taux de mortalité sont tous deux faibles), tandis qu'elle est toujours en cours dans le reste du monde. Et bien que les pays occidentaux reçoivent par l'immigration une partie des surplus de population des pays où la croissance démographique continue, cet apport ne suffit pas à freiner entièrement leur propre resserrement démographique. Pour qu'une population maintienne son nombre, il faut que son **taux de fécondité** soit de 2,1 ; or, il est inférieur à ce chiffre dans une soixantaine de pays occidentaux (chiffres de 2005). Celui du Québec est passé de 1,5 à 1,7 ces dernières années, de sorte qu'il dépasse actuellement celui de 35 pays d'Occident environ. Il y a bien quelques pays occidentaux moins développés, en Amérique latine par exemple, qui se maintiennent au seuil de remplacement ou au-delà, mais ce n'est évidemment pas suffisant pour assurer l'équilibre de l'ensemble.

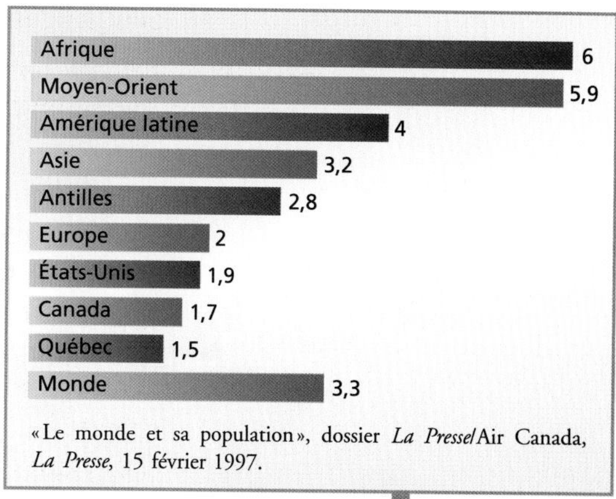

FIGURE 11.19

Taux de fécondité dans le monde (décennie 1990)

taux de fécondité Nombre moyen d'enfants par femme en âge de procréer.

LA POPULATION DU RESTE DU MONDE EXPLOSE. Dans les pays les moins développés économiquement, les taux de fécondité restent généralement élevés – 6 en Afrique ; 5,9 au Moyen-Orient ; 4 en Amérique latine –, quoiqu'on y note aussi une tendance à la baisse. Mais comme les taux de mortalité de ces pays diminuent aussi grâce à une alimentation plus régulière, à des soins médicaux plus accessibles et à des mesures sanitaires accrues, leur population continue à croître : de 2 % par année en Afrique et au Moyen-Orient et de 0,8 à 2 % en Inde et en Chine, contre moins de 0,8 % en Europe et au Japon.

L'ESPÉRANCE DE VIE AUGMENTE. À l'échelle mondiale, l'espérance de vie à la naissance enregistre des progrès sensibles : hommes et femmes confondus, la moyenne est maintenant de 63 ans. Mais ce chiffre cache des disparités considérables. Dans les pays les plus développés (des pays d'Occident pour la plupart, ainsi que le Japon), elle frôle les 80 ans – et les dépasse même légèrement pour les femmes dans certains pays. Ailleurs, elle n'atteint que difficilement les 60 ans, avec quelques écarts tantôt pour le mieux – comme à Cuba, environ 70 ans – tantôt pour le pire – dans certains pays particulièrement pauvres d'Afrique subsaharienne, elle dépasse à peine 50 ans.

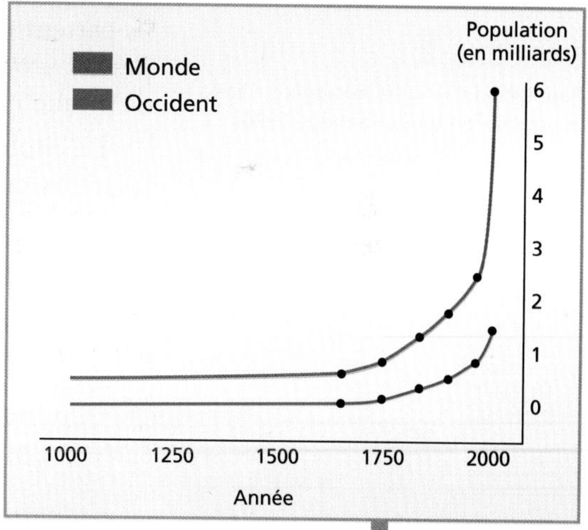

FIGURE 11.20

Croissance de la population depuis 1000 ans

À l'échelle mondiale, « il a fallu 123 ans pour passer de 1 à 2 milliards d'habitants, de 1804 à 1927 ; puis seulement 33 ans pour ajouter le 3e milliard ; 14 ans pour le 4e ; 13 ans pour le 5e (atteint en 1987) ; et seulement 12 ans pour le 6e milliard ». (Jean-Marc Fleury, « On est 6 milliards », Québec-Science, *vol. 32, n° 2, octobre 1999, p. 5.)*

L'effet conjugué de la baisse de la natalité, de la diminution de la mortalité et de l'allongement de l'espérance de vie entraîne inévitablement le vieillissement des populations, particulièrement dans les pays développés d'Occident. On voit apparaître des situations comme celle du Québec, où les plus de 60 ans sont presque aussi nombreux que les moins de 15 ans, alors que les moins de 15 ans représentent la moitié de la population totale dans certains pays africains. Les pays d'Occident font face au problème du soutien et des services à assurer à une population vieillissante ; les pays du tiers monde, au problème de l'intégration sociale de tous ces jeunes, notamment par l'école et le travail.

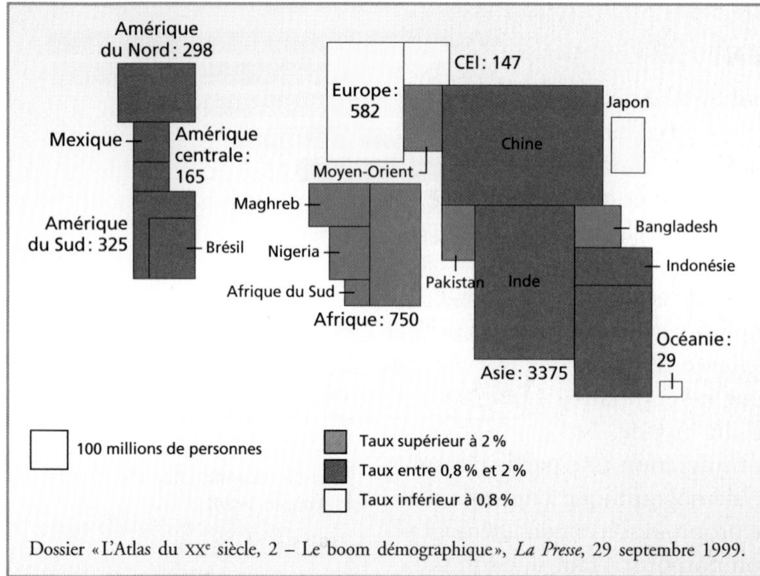

Dossier « L'Atlas du XXe siècle, 2 – Le boom démographique », *La Presse*, 29 septembre 1999.

FIGURE 11.21

Taux annuels de croissance des populations (1995-2000)

LES MIGRATIONS AUGMENTENT EN NOMBRE ET EN DIVERSITÉ. Les pays occidentaux qui, avec un taux de fécondité inférieur à 2,1, sont sous le seuil de remplacement démographique, réussissent tant bien que mal à maintenir leur population grâce à un taux de mortalité lui aussi en recul – l'augmentation de la strate âgée de la population pallie le déficit de population jeune –, mais surtout par l'immigration, qui permet même à certains, comme les États-Unis et le Canada, de connaître une certaine croissance démographique.

Jusque dans les années 1950, les principales migrations partaient d'Europe vers l'Amérique ou vers des colonies européennes. Entre 1880 et 1940, près de 65 millions d'Européens traversent l'Atlantique; plusieurs autres millions gagnent d'autres parties du globe, généralement des colonies. Au tournant du XXIe siècle, les migrations s'intensifient encore, non seulement en nombre (on compte en moyenne 10,3 millions de migrants par année durant la dernière décennie du XXe siècle, contre 5 millions par année en moyenne durant les trois décennies précédentes), mais aussi en diversité. En effet, si la majorité des migrants se dirigent toujours vers les pays les plus développés d'Occident, ils partent maintenant de partout sur la planète: des pays les moins développés d'Europe encore, mais aussi d'Asie et d'autres régions sous-développées d'Afrique et d'Amérique latine (carte 11.7).

Le moteur de ces migrations reste principalement économique: les migrants qui partent de pays économiquement défavorisés espèrent trouver

CARTE 11.7

Population d'origine étrangère dans la population totale (années 1990)

Dossier « L'Atlas du siècle, 3 – 400 millions de migrants », La Presse, *29 septembre 1999.*

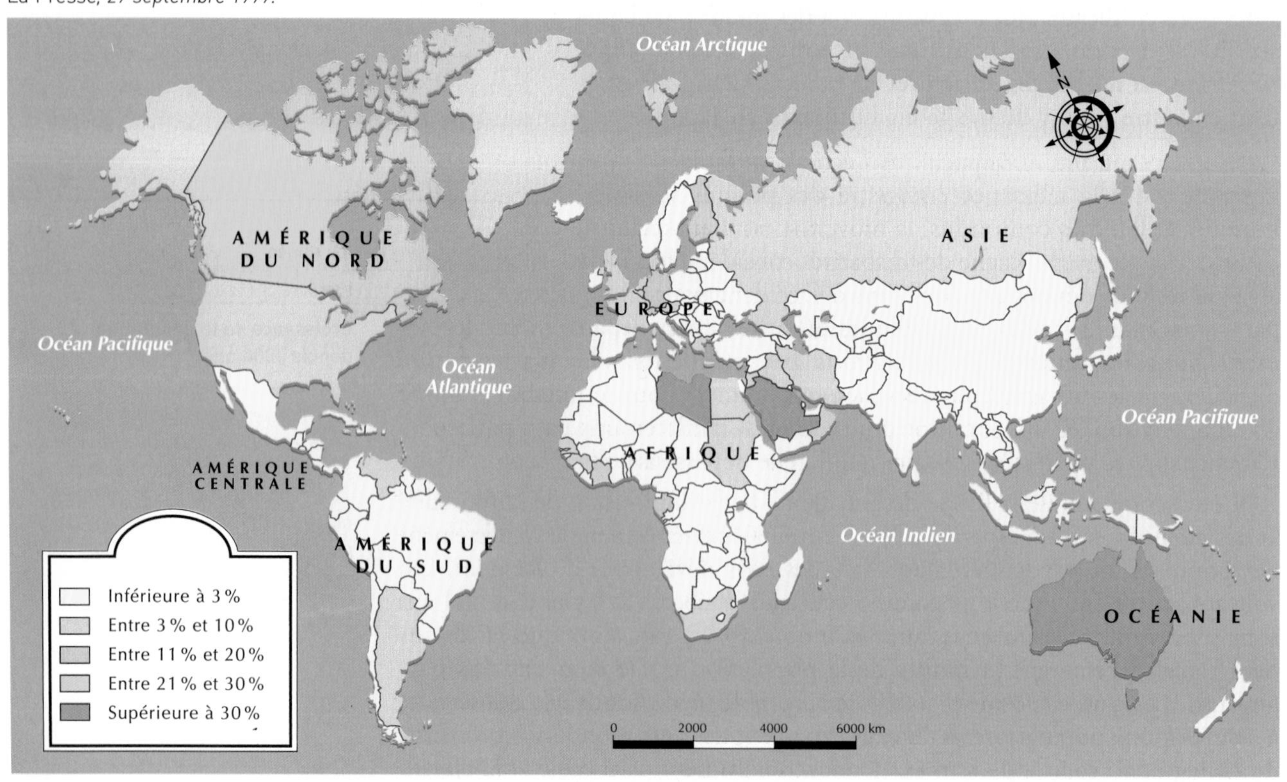

FIGURE 11.22

Immigrants haïtiens clandestins cherchant à atteindre les côtes des États-Unis (1981)

de meilleures conditions de vie. Cependant, en quittant des pays où leurs droits et parfois leur vie sont menacés, nombre d'entre eux, des réfugiés, sont aussi en quête d'une plus grande sécurité, voire d'une plus grande liberté.

Les populations sont de plus en plus métissées. Dans les pays occidentaux, ces migrations nombreuses et plus diversifiées que jamais contribuent sensiblement au métissage des populations. Dans un pays comme le Canada, qui fut de tout temps un pays d'immigration, la population très majoritairement d'origine européenne jusqu'à récemment a grandement gagné en diversité ces deux dernières décennies : un peu plus de 20 % de sa population actuelle (2006) est d'origine non européenne. Cette diversité se perçoit particulièrement dans les grandes villes : à Montréal, 21 % de la population n'est pas née au pays ; ce pourcentage grimpe à 39 % à Vancouver et atteint 46 % à Toronto.

La croissance de la population, l'industrialisation et la consommation menacent l'environnement. L'autre grand problème du début du XXIe siècle est la protection de l'environnement, qui paraît atteindre rapidement un point de rupture. Avec l'industrialisation et la croissance économique que connaissent certains pays comme l'Inde et la Chine depuis quelques années, la consommation d'énergies fossiles augmente si rapidement que l'équilibre de la planète est menacé. Les scientifiques redoutent que l'effet de serre provoqué par le rejet de gaz usés dans l'atmosphère entraîne un réchauffement catastrophique du climat. Celui-ci a vraisemblablement déjà commencé, comme le montre la fonte des glaciers et des banquises polaires, laquelle entraînera à son tour la hausse du niveau des océans et l'inondation de nombreuses régions. Le réchauffement climatique risque aussi de provoquer des dérèglements météorologiques et des phénomènes extrêmes comme la multiplication des ouragans et des tornades, des pluies diluviennes, des vagues de canicule prolongées, etc.

Le Sommet de la Terre, tenu à Rio de Janeiro en 1992, a marqué une prise de conscience internationale du problème des changements climatiques. En 1997, quelque 180 pays ont signé un traité international, le protocole de Kyōto, qui prévoyait, à l'horizon 2008-2012, une réduction significative (moyenne de 5,5 %) des émissions de gaz à effet de serre (gaz carbonique, méthane, halocarbures, protoxyde d'azote, hexafluorure de soufre) par rapport aux chiffres de 1990. Mais, outre le fait que l'atteinte concrète des objectifs déterminés dans cet accord est très ardue, certains pays hésitent à s'y engager ou refusent carrément: les États-Unis, qui l'ont refusé en 2001 parce qu'ils redoutent qu'il ne porte atteinte à leur compétitivité, et les pays en voie d'industrialisation comme la Chine, qui réclament le droit à la croissance économique au même titre que les pays occidentaux. Néanmoins, avec la ratification du protocole de Kyōto par la Russie en novembre 2004, celui-ci est entré en vigueur en février 2005. En 2009, la conférence de Copenhague a accouché d'un accord qui ne comprend pas d'objectif sur la réduction des gaz à effets de serre, mais donne un objectif à atteindre pour 2050: limiter à moins de 2 degrés Celsius la hausse moyenne des températures depuis le début de l'ère industrielle.

Toutefois, de nombreuses voix s'élèvent pour dire que Kyōto et Copenhague seront insuffisants et qu'il faudra faire plus. Déjà, les gouvernements de plusieurs pays occidentaux ont lancé des campagnes de sensibilisation publique dans lesquelles ils demandent à leurs citoyens un effort individuel pour limiter leur consommation énergétique. Les fabricants automobiles, qui sont pointés du doigt, ont commencé à réagir en mettant sur le marché des voitures à faible consommation comme la Smart ou des modèles hybrides, qui consomment alternativement du pétrole ou de l'électricité, et en travaillant à la réalisation du moteur à hydrogène, propre mais encore au stade du prototype fort coûteux. Un peu partout, des entreprises, malheureusement encore trop peu nombreuses, adoptent des mesures de réduction des émissions de gaz et de polluants atmosphériques.

Quoi qu'il en soit, une course contre la montre est engagée pour préserver l'écosystème au nom des générations futures. Prises de conscience individuelles et collectives, modification des habitudes de vie et des façons de produire et progrès de la science et des techniques devront se conjuguer pour sauver la planète bleue.

Apprentissages

Évaluer l'application d'un principe

La *Déclaration universelle des droits de l'homme* propose aux pays membres de l'ONU un modèle, des objectifs. Dans quelle mesure les objectifs visés par les articles 22 et 26 de cette déclaration (p. 365) paraissent-ils atteints au Canada et au Québec?

Déterminer la valeur d'une affirmation

Dans la doctrine qu'il élabore en 1947 (p. 367), le président américain Harry Truman divise le monde en deux camps, celui de l'oppression (le communisme) et celui de la liberté (le capitalisme et la démocratie). Quels faits ou phénomènes existant aux États-Unis à l'époque où il proclame cette doctrine permettent de nuancer ou de remettre en question les affirmations qu'il y fait au sujet du monde libre?

Situer dans le temps et dans l'espace

Le document intitulé «La reine du foyer» (figure 11.3, p. 370) est une photographie prise en 1947 aux États-Unis. De plus en plus, les praticiens des sciences humaines travaillent non seulement avec des documents écrits mais aussi avec des photographies, des films, des dessins, etc. Ces documents ne sont pas toujours situés dans le temps et dans l'espace. L'historien qui trouve un tel document (dans des archives, par exemple) doit donc chercher des indices pour déterminer avec le plus de précision possible où et quand il a été produit. Dans cette photographie, quels indices pourraient permettre d'affirmer avec une certitude raisonnable qu'elle a été prise aux États-Unis à la fin des années 1940?

Comparer des opinions

Le fondamentalisme islamique attribue aux femmes une situation inférieure à celle des hommes dans la société. Le texte du cheikh Makhluf donne les grandes lignes de la position de l'islam à l'endroit des femmes (p. 397). Le fondamentalisme n'est toutefois pas l'apanage du monde musulman; ainsi, aux États-Unis, des chrétiens fondamentalistes s'opposent à ce qu'on enseigne la théorie de l'évolution dans les écoles.

Dans le Québec d'avant la Deuxième Guerre mondiale, l'Église catholique et la majorité des élites civiles s'opposaient au suffrage féminin. Le texte ci-dessous, d'Olivar Asselin, contient leurs principaux arguments. À quoi s'opposent formellement les auteurs de ces deux textes? Lesquels de leurs arguments sont de même nature? Lesquels sont comparables? Quelle hypothèse peut-on formuler pour expliquer de telles similitudes issues de deux univers culturels et sociaux passablement différents?

L'infériorité des femmes

Sur les 500 000 électeurs mâles de la province de Québec, il y en a bien 400 000 qui votent les yeux fermés parce qu'ils n'ont pas de moyens suffisants pour se renseigner. Quand l'imbécillité (imbecillitas) *des démocraties éclate dans le monde entier, ce n'est pas le temps de compliquer davantage le problème du gouvernement populaire chez nous en ajoutant au corps électoral 600 000 grands enfants du sexe féminin, très charmants sans doute, mais dont 599 500 sont, en politique, encore plus ignorants que nous. Non seulement plus ignorants, mais pour les neuf dixièmes, encore plus inaptes à s'instruire.*

À supposer en effet qu'elle consacre le même temps que nous à la politique ou qu'elle cherche hors de son foyer les occasions de s'instruire qui viennent au-devant de nous dans la rue, à l'atelier, au comptoir, au bureau, la femme négligera forcément le rôle que la nature lui avait assigné; sauf exception, elle sera mère d'autant plus distraite, épouse d'autant moins attentive, qu'elle sera citoyen plus consciencieux. [...]

En outre, quelque temps qu'elle consacre à la politique, la femme n'y apportera jamais qu'une intelligence relativement inférieure. La femme nous est supérieure par les qualités du cœur et par certaines qualités de l'esprit; elle nous est inférieure sous d'autres rapports. Son absence radicale, absolue, dans la composition musicale, quand rien ne l'a jamais empêchée de cultiver la musique; dans la critique littéraire, quand tant de journaux et de revues en quête de curiosité paieraient si cher de bonnes critiques féminines; dans le théâtre en prose et en vers, genres poétiques dont l'homme n'eut jamais le monopole; ce phénomène, disons-nous, s'explique uniquement par certaines infériorités congénitales identiques à l'inégalité de taille dont souffre la femelle du haut en bas du règne animal. Poser qu'elle s'y entend moins que nous en politique, c'est peut-être se tromper, ce n'est pas l'insulter. [...] L'erreur de la femme est de voir dans l'action politique un privilège, quand c'est une charge, comme la police, le service militaire, la navigation en haute mer.

Olivar Asselin (1922), dans Marcel-Aimé Gagnon, *Olivar Asselin toujours vivant,* Montréal, Presses de l'Université du Québec, 1974, p. 157-159.

Consultez le Compagnon Web pour des questions d'autoévaluation supplémentaires.

Glossaire

ABBÉ Moine qui exerce la direction d'une abbaye (monastère).

ACCOMMODEMENT RAISONNABLE Compromis établi entre un employeur ou une institution et un individu ou un groupe de personnes pour alléger ou modifier, dans le but d'accommoder ceux-ci, des normes ou des pratiques ayant un impact discriminatoire fondé sur la race, l'origine nationale ou ethnique, la couleur, la religion, le sexe, l'âge ou les déficiences.

AFFERMAGE (À FERME) Système fiscal dans lequel l'État cède à quelqu'un la perception des impôts dans une région donnée et l'autorise à percevoir pour son propre usage des sommes en surplus de celles qu'il lui remet.

AFFERMER Céder par affermage.

AFFRANCHISSEMENT Action de libérer un serf ou un esclave.

ALCHIMIE Pratique occulte basée sur des recettes et des procédés secrets, dont l'objet était de transformer les métaux «vils» en or et, plus encore, de découvrir la «pierre philosophale», source de la vie éternelle.

ALENA Accord de libre-échange nord-américain (Canada, États-Unis, Mexique), entré en vigueur en 1994.

ALTERMONDIALISME Mouvement de contestation de la mondialisation libérale apparu dans les années 1990 qui propose une autre mondialisation, non capitaliste, équitable et écologiste, entre autres caractéristiques.

AMOUR COURTOIS Au Moyen Âge, amour aimable et gracieux que le chevalier porte à sa dame; idéal chevaleresque exalté par la poésie médiévale et chanté par les troubadours.

ANARCHISME Doctrine prônant la suppression de l'État, l'abolition du capitalisme et l'élimination de tout pouvoir de contrainte sur l'individu.

ANCIEN RÉGIME Au sens strict, régime social et politique en France avant la Révolution de 1789; s'applique aussi aux autres États dominés par la noblesse et dirigés par un monarque.

ANTICLÉRICALISME Attitude ou doctrine qui critique le clergé et les Églises et leur dénie le droit d'intervenir dans la vie publique.

ANTISÉMITISME Doctrine d'hostilité systématique envers les juifs.

APARTHEID En Afrique du Sud, politique de ségrégation envers les non-Blancs (en vigueur de 1948 à 1994).

APHORISME Courte phrase qui résume une règle juridique, un point de morale ou une loi scientifique.

ARCHONTE À Athènes, pendant l'époque aristocratique, magistrat chargé de désigner les autres magistrats et de faire les lois; à l'époque démocratique, ses fonctions deviennent essentiellement judiciaires, religieuses et protocolaires.

ARISTOCRATIE TERRIENNE Élite sociale et politique dont le pouvoir repose sur la possession de grandes étendues de terres; en gros, équivalent de la NOBLESSE.

ARISTOTÉLISME Tradition philosophique se réclamant de la pensée d'Aristote et privilégiant le rationalisme et l'empirisme.

ARTÉFACT Toute trace matérielle laissée par les humains.

ASSEMBLÉE CONSTITUANTE Assemblée chargée de rédiger une constitution.

ASSOLEMENT TRIENNAL Technique agricole consistant à diviser la terre en tiers et à faire une rotation des cultures sur trois ans.

ATTENTISME Attitude ou politique consistant à repousser l'action à plus tard, par calcul, dans l'attente d'un moment plus favorable.

AUTARCIE Système économique fermé d'une collectivité qui subvient entièrement à ses besoins sans apport extérieur.

AUTOCRATIE Forme de gouvernement où le souverain exerce une autorité absolue.

BAILLI Sous l'Ancien Régime, officier royal ou seigneurial chargé de rendre la justice.

BALANCE COMMERCIALE Différence entre la valeur des importations et des exportations d'un pays; quand les importations l'emportent sur les exportations, elle est dite négative.

BALANCE DES PAIEMENTS Solde des échanges d'un pays (achats et ventes, transferts de fonds) avec le reste du monde.

BÉNÉFICE Au Moyen Âge, propriété ou revenu attaché à une fonction ecclésiastique.

BEY Titre porté par les vassaux du sultan de l'Empire ottoman.

BOUDDHISME Doctrine religieuse née en Inde et dérivant de l'hindouisme, dont elle conserve l'idée de réincarnation; elle s'en distingue parce qu'elle estime les chances de salut égales pour tous et rejette le système des castes.

BOURGEOIS À l'origine, désigne l'habitant du bourg marchand, le citadin; au fil des siècles, désigne de plus en plus les citadins aisés qui possèdent des droits et des biens, et peut être utilisé comme synonyme de marchand; devient péjoratif aux XVIIIe et XIXe siècles, par opposition à l'ouvrier; depuis Karl Marx, le bourgeois est l'entrepreneur qui possède les moyens de production.

BOURGEOISIE D'AFFAIRES Partie de la bourgeoisie qui se distingue par le fait que ses intérêts sont concentrés dans le grand commerce.

BOYARDS Les nobles, en Russie.

BULLE PONTIFICALE Lettre apostolique d'intérêt général portant le sceau du pape.

BUREAUCRATIE Ensemble des fonctionnaires de l'État ou d'une institution; utilisé de manière péjorative, renvoie à l'influence abusive de la fonction publique et, plus largement, de l'administration.

CAMISARD Paysans et artisans huguenots des Cévennes qui mènent de 1702 à 1704 une révolte armée (de type guérilla) pour obtenir la liberté de célébrer leur culte interdit par l'édit de Fontainebleau de 1685. Le mot *camisard* vient à la fois de la nature de leurs actions (la «camisade» est une attaque nocturne par surprise) et de l'habillement des combattants (le «camiso» est une chemise qu'ils portent au combat).

CAPITAL Ensemble des biens possédés par une personne ou somme qu'une personne investit dans une entreprise; peut être constitué de biens immeubles (terres, édifices, etc.) ou meubles (argent, outils, droits, etc.).

CAPITALISME Régime économique caractérisé par la liberté d'entreprise et la propriété privée des moyens de production; les capitaux n'appartiennent généralement pas à ceux qui font le travail, mais à des investisseurs qui se partagent les profits et les pertes en fonction de leur investissement.

CAPITALISTE Personne qui investit des capitaux dans une entreprise en vue d'en retirer des bénéfices.

CAPITULAIRE Ordonnance royale chez les Francs.

CARTEL Entente entre des entreprises d'un même secteur économique visant à dominer ce secteur et à limiter la concurrence ou à la supprimer. Vecteur d'intégration horizontale.

CATACOMBES Cavités souterraines servant à la sépulture, chez les Romains et les premiers chrétiens en particulier.

CAUDILLO En Amérique latine, chef de guerre ou de parti qui s'empare du pouvoir par la force.

CAUDILLISME En Amérique latine, depuis le XIXe siècle, tradition de la prise du pouvoir par un homme fort qui peut se réclamer aussi bien de la gauche que de la droite.

CAUTÉRISATION Destruction d'un tissu par le feu ou par un agent chimique; méthode employée pour arrêter les hémorragies avant l'invention de la ligature.

CENS Dans la Rome antique, dénombrement des citoyens classés selon leur richesse; au Moyen Âge, redevance fixe payée par le serf au seigneur; par la suite, possessions ou revenus minimaux nécessaires pour être électeur ou éligible.

CENSITAIRE Qui a rapport au cens.

CHANCELIER Titre donné au premier ministre dans les pays germaniques.

CHARI'A Loi islamique issue du Coran et de la tradition du prophète Mahomet, comprise comme l'expression de la volonté divine et non comme le produit de la volonté humaine.

CHARISME Dans l'Antiquité, don particulier conféré à un individu par la grâce divine; par extension, autorité, ascendant naturel, magnétisme.

CHEPTEL Ensemble des bestiaux d'une exploitation agricole.

CHRONOLOGIE Au sens premier, science de la fixation des dates des événements historiques; par extension, procédé d'organisation d'un certain nombre d'événements suivant une progression ordonnée dans le temps.

CIA (CENTRAL INTELLIGENCE AGENCY) Agence d'espionnage et de contre-espionnage des États-Unis.

CIRCONCISION Excision totale ou partielle du prépuce; peut être rituelle (notamment chez les juifs et les musulmans) ou médicale.

CITÉ-ÉTAT Ville jouissant de l'autonomie politique et administrative; elle est formée de l'ensemble des citoyens, de la ville et du territoire rural qui l'entoure, et des institutions et lois créées par le corps civique.

CITOYEN Membre d'un État considéré du point de vue de ses devoirs et de ses droits civils et politiques; dans l'Antiquité, désigne celui qui jouit du droit de cité.

CIVILISATION Ensemble de phénomènes sociaux (religieux, moraux, esthétiques, scientifiques, techniques) communs à une société ou à un groupe de sociétés (*Le Petit Robert*).

CLERC Personne qui occupe une fonction au sein d'une Église.

CODIFICATION Entreprise de rassemblement de dispositions juridiques et leur organisation en un système cohérent dans un code.

COLLABORATION Aide apportée par les résidents d'un pays aux autorités et aux troupes étrangères qui l'occupent.

COLLÈGE ÉLECTORAL Ensemble des électeurs d'une circonscription, dont la composition et la représentativité sont déterminées par les lois électorales.

COLLECTIVISATION En régime communiste de type soviétique, abolition de la propriété privée des terres et regroupement de celles-ci en coopératives (kolkhozes) ou en fermes d'État (sovkhozes).

COLONAT Mode d'exploitation de la terre: attachés à perpétuité à la terre qu'ils cultivent, le colon et sa famille donnent à son propriétaire une partie de la récolte.

COLONIE Territoire dominé et exploité par un pays étranger.

COLS BLEUS Ouvriers manuels chargés de la production ou de l'entretien.

COMMERCE TRIANGULAIRE Pratique commerciale multilatérale où une métropole échange ses produits manufacturés contre les ressources naturelles de ses colonies.

COMMUNAUX Au Moyen Âge, partie du terroir détenue en communauté, permettant habituellement au paysan de disposer d'un supplément de pâturage, de s'approvisionner en bois et, pour les plus pauvres, de cultiver quelques légumes.

COMMUNE Au Moyen Âge, association de citadins dont l'objet est l'affranchissement de l'autorité seigneuriale et la constitution d'une agglomération urbaine dont les habitants jouissent de la liberté et du pouvoir de s'administrer eux-mêmes; désigne aussi la ville médiévale affranchie; ne pas confondre avec la Chambre des communes, une des chambres d'un parlement de type britannique.

COMMUNISME Dans la théorie socialiste, système où la propriété privée serait abolie, où les moyens de production appartiendraient au peuple et seraient gérés en son nom par l'État, et où chacun recevrait selon ses besoins.

COMPAGNIE PAR ACTIONS Compagnie dont la valeur est divisée en parts, les actions, achetées par des investisseurs qui se partagent les dividendes au prorata.

COMPLEXE MILITARO-INDUSTRIEL Conjonction d'intérêts entre l'armée et les entreprises engagées dans la production d'armements ou de produits connexes.

CONCILE Dans l'Église catholique, assemblée des évêques qui statuent sur des questions de dogme, de morale ou de discipline.

CONCUPISCENCE Fort penchant pour les plaisirs des sens et la possession de biens matériels.

CONDOTTIERI Au Moyen Âge, nom donné aux mercenaires en Italie.

CONJONCTURE Ensemble de faits de moyenne durée qui marquent une époque, comme la Renaissance en Europe.

CONQUISTADORES Conquérant en espagnol ; Espagnols qui soumettent et colonisent l'Amérique latine au XVIe siècle.

CONTRAT SOCIAL Selon des philosophes du siècle des Lumières, convention entre des gouvernés, qui cèdent une partie de leurs libertés, et un gouvernant, qui s'engage à administrer l'État dans le respect de leurs droits.

CONTRE-RÉFORME Mouvement religieux du XVIe siècle, aussi appelé Réforme catholique, par lequel l'Église catholique réplique aux succès du protestantisme et s'efforce de ramener dans son giron des chrétiens ayant opté pour celui-ci ; il comprend notamment le recours à la répression (Inquisition et Saint-Office), la création de nouveaux ordres religieux imprégnés de mysticisme, la réaffirmation des dogmes, une réforme disciplinaire et le recours à l'art baroque comme moyen de stimuler la foi.

CORPORATION *Voir* GUILDE.

CORPORATISME Doctrine qui s'inspire de la corporation médiévale et qui vise à réguler l'activité économique et à aplanir les divergences entre patrons et ouvriers par la mise en place d'institutions étatiques.

CORVÉE Prestation de travail qu'une personne doit fournir gratuitement à une autre en vertu de lois ou d'un contrat. Au Moyen Âge, travail gratuit que les serfs devaient fournir à leur seigneur un certain nombre de jours par mois.

COUTUME *Voir* DROIT COUTUMIER.

CRÉANCIER Personne envers laquelle une autre est endettée.

CRITIQUE HISTORIQUE Méthode de l'histoire scientifique qui consiste à soumettre un document écrit à la critique externe, pour s'assurer de son authenticité, puis à la critique interne, par laquelle on recueille les informations contenues dans le document.

CROISADE Pèlerinage en armes dont l'objet est la délivrance du tombeau du Christ à Jérusalem, sous contrôle musulman ; le mot désigne aussi les expéditions contre les hérétiques (par exemple, les cathares) et les ennemis de la papauté.

CULTUEL Qui a rapport au culte, aux pratiques religieuses.

DAÏMIO Seigneur, dans le Japon féodal.

DARWINISME SOCIAL Philosophie inspirée de la théorie de la sélection naturelle de Charles Darwin ; elle suppose que la vie sociale est soumise aux mêmes lois de sélection naturelle que les espèces animales et végétales.

DÉBITEUR Personne qui doit quelque chose à une autre ; antonyme de créancier.

DÉCOLONISATION Ensemble des faits et des événements qui permettent à un territoire colonisé d'accéder à la pleine souveraineté politique ; désigne aussi le phénomène historique qui a vu les colonies asiatiques, africaines, sud-américaines et soviétiques obtenir leur indépendance dans la seconde moitié du XXe siècle.

DÉCRET Décision exécutoire à portée générale ou individuelle prise par une personne disposant de l'autorité, comme un roi ou un empereur ; se distingue de la loi, votée par une assemblée.

DÉFLATION Baisse générale et durable des prix.

DÉLIQUESCENCE Perte de la force et de la cohésion ; synonyme de décomposition, ruine, décadence.

DÉLOCALISATION Déplacement des emplois, et particulièrement de la production industrielle, des pays développés vers les pays à bas salaires.

DESPOTE ÉCLAIRÉ Monarque absolu qui instaure dans son État des réformes libérales inspirées des philosophes des Lumières.

DESPOTISME Mode de gouvernement absolu, arbitraire et oppressif.

DIALECTIQUE Perception du réel reposant sur les contradictions qui lui sont inhérentes.

DIÈTE Assemblée politique dans certains pays d'Europe.

DIOCÈSE Dans la Rome impériale, circonscription administrative placée sous la responsabilité d'un vicaire de l'empereur ; dans l'Église catholique, circonscription ecclésiastique dirigée par un évêque ou un archevêque.

DIRIGISME Système économique dans lequel l'État assume la direction de l'économie.

DJIHADISTE Musulman qui pratique le *djihad*, soit la guerre sainte contre les « infidèles » (les non-musulmans).

DOGMATISME Tendance à se rattacher à un dogme, c'est-à-dire un ensemble de croyances considérées comme une vérité indiscutable, et à rejeter le doute et la critique.

DOLÉANCES Plaintes ou griefs à fondement social ou individuel.

DROIT CANON Droit de l'Église, principalement fondé sur les décisions des conciles.

DROIT CIVIL Ensemble des règles régissant le droit privé ; il encadre notamment l'état civil, le mariage, la propriété, les successions, les obligations et les hypothèques.

DROIT COUTUMIER Ensemble des règles non écrites gouvernant la vie des humains et qui sont issues de leur usage général et prolongé, ainsi que de la croyance en l'existence d'une sanction en cas d'infraction.

DROITS NATURELS Selon les philosophes des Lumières, droits inaliénables appartenant à tout individu, notamment le droit à la vie, à la liberté et à la propriété.

DROITS RÉGALIENS Ensemble des droits et prérogatives appartenant en principe à l'État ou au souverain, comme lever une armée, faire la police, rendre la justice, battre monnaie.

DYNASTIE Suite de gouvernants issus d'une même famille.

ECCLÉSIAL Qui a rapport à une Église, à sa hiérarchie.

ECCLÉSIASTIQUE Qui appartient à une Église ; qui fait partie de celle-ci.

ÉCHIQUIER Bureau de perception des impôts créé en Angleterre au XIIe siècle. Il a été ainsi nommé parce qu'on y tenait les comptes sur une table recouverte d'une nappe à damier. Le ministère des Finances en Grande-Bretagne porte encore ce nom.

ÉCONOMIE-MONDE Concept d'historien évoquant cette période consécutive aux grandes explorations du XVIe siècle où les Européens tissent un réseau commercial à l'échelle du monde; sa forme achevée est la mondialisation économique actuellement en cours.

ÉLITE Ensemble des personnes qui occupent les premières places dans la société, par leur richesse ou par leurs fonctions.

EMPIRE Système politique dans lequel le pouvoir est entre les mains d'un empereur, qui l'exerce en totalité ou en délègue une partie à des corps intermédiaires; désigne aussi l'ensemble des régions ou des pays contrôlés directement ou indirectement par un État central qui les domine.

EMPIRIQUE Qui s'appuie sur l'expérience.

EMPIRISME Doctrine selon laquelle toute connaissance vient de l'expérience (opposé à RATIONALISME et à IDÉALISME).

ÉMULATION Attitude d'une personne qui cherche à égaler ou à surpasser les autres.

ENCLOSURES En Angleterre, à partir du XVIIe siècle, mouvement par lequel les grands propriétaires réunissent des parcelles de terres (achetées aux paysans pauvres ou soustraites aux terres communes) en de grands ensembles qu'ils clôturent.

ENLUMINER Orner un manuscrit de lettres peintes ou d'illustrations.

ENLUMINURE Art d'enluminer.

ÉPICURISME Philosophie, née en Grèce à l'époque hellénistique, qui propose une explication matérialiste de l'univers, refuse toute transcendance et suggère de tirer pleinement profit de la vie sur Terre (*carpe diem*).

ÉQUILIBRE BUDGÉTAIRE Principe de gestion des finances publiques selon lequel les dépenses ne doivent pas excéder les recettes.

ÉQUILIBRE EUROPÉEN Principe de géopolitique apparu après la guerre de Trente Ans et selon lequel aucune des nations d'Europe ne peut prétendre à la prééminence, ce qui met fin à l'idée d'une Europe catholique unie sous l'égide du Saint Empire romain germanique.

ÉRÉMITISME État de l'ermite, de celui qui vit en solitaire à l'écart des autres humains.

ÉTALON MONÉTAIRE Monnaie sur laquelle est basée la valeur des autres monnaies.

ÉTAT Entité politique constituée d'un territoire, d'une population et d'un pouvoir institutionnalisé; peut aussi désigner l'ensemble des pouvoirs publics.

ÉTAT DE DROIT État dans lequel toutes les personnes, y compris les dirigeants, sont soumises à la loi.

ÉTAT-NATION État qui coïncide avec une nation; population dont les membres partagent un sentiment d'appartenance et qui a la faculté de s'administrer elle-même.

ÉTAT-PROVIDENCE État qui, par des mesures visant à réduire les effets de la pauvreté, de la maladie, du chômage, de la vieillesse, etc., assume le rôle de régulateur social.

ÉTATS GÉNÉRAUX En France, sous l'Ancien Régime, assemblée de représentants des trois ordres – clergé, noblesse, tiers état – qui est censée conseiller le roi, mais que celui-ci ne convoque que très rarement; *voir* ORDRE.

ÉTHIQUE Science de la morale; art de diriger sa conduite.

ÉVÉNEMENT Fait ponctuel de courte durée, comme l'arrivée de Christophe Colomb en Amérique.

EXACTION Action d'exiger quelque chose qui n'est pas dû ou de réclamer plus qu'il n'est dû.

EXCOMMUNICATION Mesure ecclésiastique qui exclut de l'Église un chrétien, partiellement (interdiction de recevoir les sacrements) ou entièrement (interdiction de contact avec d'autres chrétiens et de sépulture en terre consacrée).

EXTRATERRITORIALITÉ Privilège de se conduire selon les lois de son propre pays sur le territoire d'un pays étranger.

FAMILLE ÉTENDUE Unité familiale composée des descendants de plus d'une génération du même aïeul rassemblés sous l'autorité d'un chef de famille.

FASCISME Mouvement politique fondé sur un nationalisme exacerbé et xénophobe, et dont l'objectif est de régénérer la nation en établissant un État totalitaire fondé sur une forme de socialisme national et en cherchant à créer un « homme nouveau ».

FÉDÉRATION Rassemblement de plusieurs États au sein d'une entité politique où les compétences sont partagées entre un gouvernement fédéral et des gouvernements locaux ou provinciaux; dans la Grèce ancienne et en Étrurie, association de plusieurs cités pour des fins communes, comme la guerre ou le commerce.

FÉODALITÉ Système social basé sur des relations d'homme à homme (le suzerain et le vassal au Moyen Âge), ceux-ci étant liés par des obligations mutuelles.

FIEF Partie du domaine d'un suzerain que le vassal reçoit pour l'exploiter à son profit.

FISCALITÉ Ensemble des lois et des mesures relatives à la perception des impôts.

FOIRE Rencontre de commerçants de plusieurs régions en un lieu déterminé à une période précise de l'année (à l'origine, souvent un lieu de pèlerinage ou de fête religieuse).

FONCIER Relatif à un fonds de terre et à son exploitation.

FONDAMENTALISME Vision du monde découlant de préceptes religieux, qui interdit toute évolution ou toute déviation par rapport à ceux-ci.

GENS DE ROBE Sous l'Ancien Régime, nom donné aux officiers de justice (avocats, juges, etc.), qui possèdent leur charge.

GÉOCENTRISME Ancienne croyance selon laquelle la Terre était au centre de l'Univers.

GÉOPOLITIQUE Rapports entre les données de la géographie et la politique des États.

GÉRONTOCRATIE Gouvernement où le pouvoir est exercé par des personnes âgées.

GUERRE FROIDE État de guerre sans affrontement militaire direct entre les pays impliqués.

GUILDE Association d'artisans ou de marchands visant à défendre leurs intérêts et à réglementer leur art ou leur pratique.

GYNÉCÉE Appartement réservé aux femmes dans la Grèce ancienne.

HABEAS CORPUS Principe juridique de type britannique qui protège la liberté individuelle en interdisant l'arrestation et l'emprisonnement arbitraires.

HANSE Au Moyen Âge, groupements de marchands en Europe du nord ; au XIVe siècle, la Hanse germanique qui regroupe les marchands de la Baltique, puis de la mer du Nord, est une des premières puissances économiques d'Europe.

HÉGÉMONIE Suprématie ou pouvoir prépondérant d'un État ou d'un groupe social sur d'autres.

HÉLIOCENTRISME Théorie qui place le Soleil au centre de notre système solaire.

HÉRÉSIE Croyance ou doctrine religieuse contraire au dogme de l'Église.

HÉRÉTIQUE Qui soutient une hérésie.

HERMÉTISME Doctrine ésotérique, à la fois religieuse et philosophique, née en Égypte au IIe siècle sous le patronage d'Hermès Trismégiste ; ses conceptions unitaires et optimistes ont influencé l'astrologie et l'alchimie médiévales.

HUMANISME Mouvement intellectuel de la Renaissance, caractérisé par une volonté de situer l'homme au centre de la Création et par un effort pour relever la dignité de l'esprit humain et mettre en valeur ses réalisations.

HYPOTHÈSE Énoncé d'une explication plausible, mais provisoire dans la mesure où elle reste à vérifier dans les faits, d'un problème ou d'un phénomène.

ICÔNE Peinture sur bois, parfois sur métal ou sur ivoire, représentant une image religieuse.

ICONOCLASTE Dans l'Empire byzantin, personne qui refuse la représentation de Dieu et des saints en images.

ICONODOULE Dans l'Empire byzantin, personne qui vénère les images représentant des divinités ou des saints.

IDÉALISME Système philosophique qui ramène l'être à la pensée, et les choses à l'esprit.

IDÉOLOGIE Ensemble d'idées et de croyances constituant un corpus plus ou moins organisé et cohérent, et prétendant à une interprétation globale de l'histoire, de la société, de la politique et de la culture, ainsi qu'à l'universalité.

IMPÉRIALISME Politique d'un État qui vise à mettre d'autres États sous sa dépendance politique ou économique.

INDUCTION Opération mentale qui consiste à remonter des faits à la règle ou à la loi, de cas particuliers à une proposition générale.

INDULGENCE Rémission par l'Église de la peine encourue par le pécheur pour ses fautes ; peut réduire le temps qu'il devrait éventuellement passer au purgatoire ; se compte en « jours ».

INDUSTRIE LOURDE Secteur industriel dans lequel on opère la transformation des matières premières pondéreuses (fer, acier, etc.).

INFLATION Hausse générale et durable des prix.

INFRASTRUCTURES Ensemble des installations matérielles d'une société, notamment les routes, les ports et les édifices publics.

INQUISITION Procédure et tribunal formé par l'Église au Moyen Âge dans le but d'amener ceux qui sont soupçonnés d'hérésie à y renoncer et, sinon, à les châtier.

INTERDIT Sanction de l'Église qui prive un individu ou une communauté de chrétiens de tout office et rite religieux.

INVESTITURE Acte par lequel une autorité ecclésiastique reçoit son titre et sa charge.

JACHÈRE Technique agricole qui consiste à laisser le sol sans culture, habituellement une année sur deux, pour lui permettre de se reconstituer.

JACQUERIE Nom donné en France aux révoltes des paysans (surnommés les « Jacques ») contre les seigneurs et l'ordre féodal à partir du XIVe siècle.

JURISPRUDENCE Ensemble des décisions rendues par la justice d'un pays ou d'une région sur une matière et constituant une source du droit.

LAISSER-FAIRE Principe économique selon lequel l'activité économique doit s'exercer dans la plus totale liberté et l'État n'intervenir que pour voter les lois et les faire appliquer, et construire des infrastructures ; *voir* LIBÉRALISME ÉCONOMIQUE.

LATIFUNDIA (pluriel de *latifundium*) Grands domaines agricoles privés.

LÉGISLATEUR Personne physique ou morale qui fait les lois, qui est responsable de leur élaboration.

LETTRE DE CHANGE Effet de commerce par lequel une personne (le tireur) donne l'ordre à l'un de ses débiteurs (le tiré) de payer une certaine somme à une certaine date à une troisième personne (le bénéficiaire ou porteur) ; apparue au XIVe siècle en Italie, la lettre de change est l'ancêtre des effets de commerce dont font partie le chèque et le billet à ordre.

LIBÉRALISME Philosophie politique qui réclame des libertés individuelles, dont celles de religion et de pensée, et l'égalité juridique.

LIBÉRALISME ÉCONOMIQUE Théorie économique selon laquelle les entreprises et les entrepreneurs doivent jouir de la liberté économique, sans entrave autre que celle des forces du marché ; elle postule que l'enrichissement individuel amènera aussi l'enrichissement de la société, ce qui entraînera la réduction de la pauvreté et des inégalités sociales.

LIBERTÉS CIVIQUES Libertés du citoyen, comme la liberté de presse ou d'expression.

LIBRE-ÉCHANGE Principe voulant que les échanges commerciaux entre États soient libres de toute contrainte, notamment de droits de douane.

LIGATURE Opération consistant à fermer ou à resserrer un vaisseau ou un organe au moyen d'un lien quelconque.

LOGISTIQUE Art de combiner tous les moyens de transport, de logement et de ravitaillement des troupes.

MAGISTRATURE Fonction du magistrat, du fonctionnaire public ou de l'officier civil investi d'une autorité juridictionnelle, administrative ou politique ; le magistrat peut être nommé ou élu.

MANDAT Acte par lequel une personne (physique ou morale) est chargée d'en représenter une autre, de remplir à sa place certaines tâches.

MARXISME Version du socialisme élaborée par le philosophe allemand Karl Marx; son stade ultime serait la disparition des classes sociales; *voir* COMMUNISME.

MATÉRIALISME DIALECTIQUE Dimension méthodologique et philosophique du marxisme qui postule l'opposition de forces ou de principes au sein de chaque mode de production; par exemple, entre la bourgeoisie et le prolétariat.

MATÉRIALISME HISTORIQUE Interprétation de l'histoire selon laquelle les conditions matérielles de l'existence d'une société – les modes de production – déterminent les formes sociales, politiques et culturelles.

MÉCÉNAT Pratique consistant à soutenir le développement des arts et de la culture en aidant les artistes et les institutions culturelles.

MÉDIÉVAL Relatif au Moyen Âge occidental (du Ve au XVe siècle apr. J.-C.).

MERCANTILISME Théorie économique selon laquelle la richesse d'un État est proportionnelle à la quantité d'or et d'argent qu'il détient.

MERCOSUR Marché commun du Sud de l'Amérique regroupant l'Argentine, le Brésil, le Paraguay et l'Uruguay et établi en 1991.

MÉTAPHYSIQUE Partie de la réflexion philosophique qui a pour objet la connaissance absolue de l'être en tant qu'être, ainsi que la recherche et l'étude des causes premières.

MÉTAYER Personne qui loue un domaine agricole (bail) sous condition d'en partager les récoltes avec le propriétaire.

MÉTROPOLE Dans la Grèce ancienne, ville ou État central, considéré dans ses rapports avec des territoires qu'il domine ou avec lesquels il entretient des liens historiques.

MINIFUNDIA (pluriel de *minifundium*) Parcelles de terre.

MODE DE PRODUCTION Dans la théorie marxiste, façon dont une économie est organisée et qui détermine la structure sociale.

MONACHISME État de la vie des moines; institution monastique.

MONARCHIE ABSOLUE Régime politique dans lequel le souverain, qui se réclame généralement du droit divin, dispose de la totalité du pouvoir politique.

MONARCHIE CONSTITUTIONNELLE Régime politique dans lequel le souverain partage le pouvoir avec une assemblée élue (généralement, le souverain règne sans gouverner); les prérogatives de l'un et de l'autre sont habituellement définies dans une constitution.

MONDIALISATION Phénomène d'interconnexion des diverses régions de la planète qui a pris naissance avec les grandes explorations et qui a connu une nette accélération dans le dernier quart du XXe siècle. Sa dimension économique est la plus connue, mais il touche aussi le domaine culturel, la politique, la démographie, les communications et même la vie familiale.

MONOPOLE Situation dans laquelle une entreprise ou des entreprises associées contrôlent l'offre et la demande d'un bien, habituellement en assurant toutes les étapes de la production, de l'extraction des matières premières à la mise en marché. Vecteur d'intégration verticale.

MONOTHÉISME Croyance en un Dieu unique.

MUNIFICENCE Qualité de celui qui fait des présents avec largesse et générosité.

MYTHOLOGIE Ensemble des mythes et des légendes propres à un peuple, à une civilisation ou à une région.

NATIONALISME Courant de pensée qui valorise la sauvegarde, l'essor ou même la prédominance de la nation et qui peut aller jusqu'à subordonner toute politique au développement de la puissance nationale.

NATURALISME En art, représentation réaliste de la nature.

NÉOCOLONIALISME Domination économique d'une ancienne colonie devenue indépendante.

NÉOLIBÉRALISME Doctrine qui prône le retour aux normes du libéralisme économique (laisser-faire, régulation par le marché, équilibre budgétaire).

NÉPOTISME Abus par un personnage important de son pouvoir et de son influence pour favoriser ses amis ou les membres de sa famille.

NIVELEURS Mouvement social de l'Angleterre du XIVe siècle, dirigé par le prêtre John Ball et l'ouvrier Walt Tyler, et réclamant le partage des biens de l'Église et un allègement général des charges et des taxes pesant sur les paysans et les artisans.

NOBILITAS Dans la Rome républicaine, groupe social formé de patriciens et de plébéiens qui exercent les fonctions politiques, mais n'ont pas accès au monde du commerce et des affaires.

NOBLESSE Groupe social qui se distingue par la possession d'une grande quantité de terres qu'il fait exploiter par d'autres, et qui tire de cette richesse statut social, postes, charges et privilèges; la noblesse est souvent associée aux fonctions de guerrier et de prêtre; on l'appelle aussi ARISTOCRATIE TERRIENNE.

NOBLESSE DE ROBE Noblesse conférée par la possession de certains offices, contrairement à la véritable noblesse, conférée par le sang.

NUMÉRAIRE Toute monnaie de métal qui a cours légal.

OFFICE Fonction permanente dont le titulaire, qui possède sa charge, a des devoirs déterminés par les coutumes et les ordonnances du souverain; souvent obtenu du souverain moyennant paiement.

OLIGARCHIE Régime politique où le pouvoir est détenu par un petit nombre de personnes.

OMC (Organisation mondiale du commerce) Organisme qui a succédé au GATT en 1994; il s'en distingue notamment parce qu'il est doté d'un tribunal d'arbitrage investi d'un pouvoir de sanction en matière commerciale.

ORACLE Réponse d'une divinité au fidèle qui la consulte; personne qui rend cet oracle; sanctuaire où il est rendu.

ORDRE Catégorie d'appartenance sociale préétablie et généralement figée; au nombre de trois dans la société féodale (les seigneurs, les clercs et tous les autres, dont les paysans), comme dans la société française de l'Ancien Régime (la noblesse, le clergé, le tiers état).

OSTRACISME Bannissement de 10 ans prononcé par le peuple contre un citoyen dans les cités grecques.

PAIX DE DIEU Ordonnance de l'Église qui défend aux seigneurs de s'en prendre en temps de guerre aux non-combattants (femmes, enfants, marchands, pèlerins, clercs). *Voir* TRÊVE DE DIEU.

PANTHÉON Ensemble des divinités d'une mythologie ou d'une religion polythéiste.

PAMPHLET Court écrit dans lequel l'auteur exprime son point de vue, généralement tranché, sur les institutions, les lois, le gouvernement ou une personnalité publique.

PARABOLE Récit allégorique sous lequel se cache un enseignement.

PARADIGME Interprétation, méthodologie ou théorie dominante dans un champ de connaissance ou de recherche.

PARLEMENT En Angleterre, le Parlement est une assemblée, formée de deux chambres (celle des lords et celle des communes), qui à sa naissance a pour fonction de conseiller le roi, mais qui obtient au fil des siècles l'essentiel du pouvoir législatif. En France, sous l'Ancien Régime, le Parlement est une cour de justice.

PATRIARCAL Organisé selon les principes du patriarcat.

PATRIARCAT Forme de famille ou de société fondée sur la parenté par les mâles et la puissance paternelle.

PATRICIEN Nom donné à ceux qui appartiennent à la classe des grands propriétaires terriens (nobles) à Rome.

PENINSULARES Nom donné par les créoles d'Amérique latine aux personnes nées en Espagne ou au Portugal, dans la péninsule ibérique.

PÉRENNITÉ Qualité de ce qui est durable, de ce qui résiste à l'usure du temps.

PHARMACOPÉE Ensemble des médicaments dont dispose une société.

PHILANTHROPE Personne qui travaille à améliorer la condition humaine sur le plan matériel ou sur le plan moral.

PHILOLOGIE Étude minutieuse et formelle des textes des manuscrits en leurs différentes versions, s'attachant à restituer leur signification originelle et à débusquer les erreurs de transmission, de copie ou de traduction.

PLAN QUINQUENNAL Plan qui fixe des objectifs à atteindre sur une période de cinq ans.

PLÉBÉIEN À Rome, habitants de la cité qui ne sont ni nobles ni d'origine noble ; sous la monarchie, ils n'ont aucun droit et ne participent pas à la vie publique ; sous la République, ils acquièrent les mêmes droits que les patriciens.

PLÉBISCITE Mode collectif de prise de décision où l'on se prononce par un oui ou par un non généralement sur une question unique (équivalent de référendum) ; dans la Rome ancienne, décision de l'assemblée de la plèbe votée par un oui ou par un non.

PLOUTOCRATIE Gouvernement par les riches.

PLUS-VALUE Dans la théorie marxiste, supplément de valeur apporté à un objet fabriqué par le travail de l'ouvrier et dont le propriétaire des moyens de production fait son bénéfice.

POGROM Agression violente menée contre une communauté juive par un groupe de personnes ou par une organisation.

POLIS Terme grec qui désigne la ville envisagée sous l'angle de sa personnalité morale.

POLITIQUE CONTRACYCLIQUE Politique économique visant à réduire les effets des cycles économiques par l'utilisation des ressources de l'État.

POLYTHÉISTE Personne qui croit en l'existence de plusieurs dieux.

PONDÉREUX Pesant ; qui pèse beaucoup.

POPE Prêtre de l'Église orthodoxe.

PORTION CONGRUE Dans l'Ancien Régime, mince portion du revenu d'une paroisse laissée au prêtre par les autorités ecclésiastiques supérieures.

POUVOIR EXÉCUTIF Branche du pouvoir chargée de l'exécution des lois, de leur mise en application ; dans les démocraties parlementaires, le pouvoir exécutif est exercé par le conseil des ministres.

PRAGMATISME Attitude qui consiste à adapter l'action au réel, à percevoir d'abord et avant tout l'aspect pratique des choses.

PROBLÉMATIQUE Perspective particulière, influencée par ses savoirs et ses valeurs, que l'historien applique à la considération d'un problème.

PRODUCTIVITÉ Rapport d'un produit aux facteurs de production, comme la quantité d'énergie et de matières premières utilisées, les coûts fixes et le temps de travail.

PROLÉTAIRE Personne qui ne dispose que du salaire reçu du propriétaire des moyens de production en échange de son travail ; dans la Rome ancienne, homme libre membre du groupe social inférieur qui ne paie pas d'impôts et n'est pas astreint au service militaire.

PROSÉLYTE Personne nouvellement convertie à une religion.

PROTECTIONNISME Politique économique qui cherche à protéger l'économie d'un pays contre la concurrence étrangère par divers moyens comme les tarifs douaniers, les prohibitions ou les contingentements à l'importation, les subventions aux entreprises nationales ou les formalités administratives. Se dit aussi de la doctrine qui préconise ces politiques.

PROTECTORAT Type de régime colonial où le pays soumis conserve son dirigeant à condition qu'il accepte de privilégier les intérêts du pays impérialiste.

PURITAIN Personne de confession calviniste en Angleterre.

PYRAMIDE DES ÂGES Représentation graphique de la population d'un pays ou d'une région par tranches d'âge, sous forme de pyramide.

RABBIN Ministre du culte d'une communauté judaïque.

RATIONALISME Doctrine selon laquelle toute connaissance vient de la raison (opposé à EMPIRISME).

RATIONNEL Qui appartient à la raison ; fondé sur l'usage de la raison et non sur l'expérience.

RECONQUISTA Nom espagnol donné par les historiens à la reconquête par les souverains chrétiens de la péninsule ibérique à partir du XIe siècle et à l'expulsion des musulmans qui s'y étaient établis.

RÉFORME Mouvement religieux et social, né en Europe du Nord au XVIe siècle, dont l'objectif initial était de réformer l'Église catholique, et qui a abouti au schisme d'une partie des chrétiens et à la constitution de nouvelles Églises ou confessions, dites protestantes.

RÉGIME POLITIQUE PAR CONTRAT Régime politique convenu de plein gré entre le souverain et les représentants du peuple, une constitution faisant habituellement état des termes du contrat.

RÈGLE Ensemble des préceptes disciplinaires auxquels sont soumis les membres d'un ordre religieux.

RÉGULIER Membre du clergé soumis à la règle d'un ordre ou d'une communauté religieuse.

RELATIVISME Doctrine selon laquelle les valeurs morales ou autres sont relatives aux circonstances historiques ou sociales et ne sauraient être érigées en normes universelles.

RENAISSANCE Mouvement culturel né en Italie au XVe siècle (*quattrocento*) et reposant sur une réappropriation par les artistes et les intellectuels des valeurs et des canons artistiques de l'Antiquité gréco-romaine, ainsi que sur un rejet global du Moyen Âge.

RESPONSABILITÉ MINISTÉRIELLE Principe fondamental de la démocratie parlementaire, en vertu duquel les tenants du pouvoir exécutif (les ministres) sont tenus de rendre des comptes aux électeurs représentés par les députés.

RÉVOLUTION Bouleversement rapide ou même violent de l'état des choses dans le domaine politique, économique, social, culturel ou scientifique.

RÉVOLUTION AGRICOLE Époque de la préhistoire durant laquelle les humains apprennent à domestiquer les plantes et les animaux sauvages, et qui marque le passage du nomadisme à la sédentarité; on parle aussi d'une seconde révolution agricole qui eut lieu au Moyen Âge (vers l'an mille) et on peut en voir une troisième au XIXe siècle, mécanisation et emploi d'énergies nouvelles accroissant chaque fois la production alimentaire de façon considérable.

RÉVOLUTION INDUSTRIELLE Phénomène de mutation rapide des méthodes et des rapports de production dans le secteur de la transformation des biens (secteur secondaire). La première révolution industrielle commence au XVIIIe siècle en Angleterre; ses sources d'énergie sont le charbon et la vapeur et elle touche les domaines des mines, du fer et du textile. La seconde se déroule dans la seconde moitié du XIXe siècle dans plusieurs autres pays occidentaux, repose sur le développement de l'énergie électrique et du pétrole, et voit le développement de l'acier et de l'industrie chimique.

RHÉTORIQUE Art de bien parler; ensemble des procédés et techniques mettant en œuvre des moyens d'expression verbale.

RONIN Samouraï errant, faute d'avoir trouvé à s'engager auprès d'un seigneur.

ROTURIER Dans les sociétés d'Ancien Régime, personne qui ne fait pas partie de la noblesse et qui, de ce fait, est considérée par les membres de cette dernière comme inférieure.

ROYAUME Principauté, pays ou État gouverné par un roi.

SACERDOCE Dignité et fonction du prêtre.

SALAFISME Courant fondamentaliste musulman issu du wahhabisme et prônant à la fois une interprétation restrictive des textes sacrés de l'islam et la lutte armée contre les « infidèles ».

SALAIRE RÉEL Montant qui reste au salarié une fois déduits les impôts et autres frais liés à son emploi (assurances, caisse de retraite, etc.).

SAMOURAÏ Dans le Japon féodal, guerrier.

SCHISME Division d'une religion en religions distinctes.

SCOLASTIQUE École de pensée développée au Moyen Âge et cherchant à concilier le dogme chrétien et la raison; philosophie scolastique: philosophie dominante dans l'université médiévale.

SECTEUR PRIMAIRE Secteur d'activité économique caractérisé par la production de matières premières (agriculture, mines, etc.).

SECTEUR SECONDAIRE Secteur d'activité économique qui regroupe les activités de transformation des matières premières en biens et en produits.

SÉCULARISATION Passage d'un bien de l'Église dans le domaine public; passage de l'état religieux à l'état civil.

SÉCULARISER Faire passer un bien de l'Église dans le domaine public; faire passer de l'état religieux à l'état civil.

SÉCULIER Membre du clergé qui vit dans le monde, habituellement dans une paroisse.

SEIGNEURIE Domaine rural; possession d'un noble, qui exerce des droits sur les terres et les personnes qui y vivent.

SÉNÉCHAL (SÉNÉCHAUX) Officier royal exerçant des fonctions liées à la justice et aux finances.

SÉPARATION DE L'ÉGLISE ET DE L'ÉTAT Situation de fait où les affaires temporelles et spirituelles sont distinctes et gérées exclusivement par l'État pour les premières, par l'Église pour les secondes, aucune Église n'obtenant de faveur ou de privilèges particuliers de l'État.

SÉPARATION DES POUVOIRS Dans un régime politique, principe voulant que soient distincts et indépendants le pouvoir législatif qui fait les lois, l'exécutif qui les applique et le judiciaire qui veille à leur juste application.

SERF Personne qui, par son statut héréditaire, est attachée à une terre, frappée d'incapacités juridiques et assujettie à certaines obligations et redevances envers un seigneur.

SHOGOUN Le seigneur qui, au nom de l'empereur, gouverne le Japon du XIIe au XIXe siècle.

SIÈCLE DES LUMIÈRES Le XVIIIe siècle, marqué par les philosophes qui appellent le règne de la raison en toute chose.

SIMONIE Commerce d'objets sacrés, de biens spirituels ou de charges ecclésiastiques.

SOCIALISME Théorie sociale, économique et politique hostile à la propriété privée des moyens de production et favorable à la régulation de la vie économique et sociale par l'État; elle postule que l'État est le mieux placé pour réduire les inégalités économiques et favoriser une répartition équitable de la richesse.

SOVIETS À l'origine, conseils formés de délégués d'ouvriers, de paysans et de soldats, créés de manière spontanée pendant la révolution de 1905; par la suite, assemblée des députés en URSS.

SPHÈRE D'INFLUENCE Forme d'impérialisme où un pays obtient des autorités d'un autre pays qu'elles lui réservent des droits d'investir et de commercer sur un territoire donné.

STAGFLATION Contraction des termes *stagnation* et *inflation* ; période de récession économique accompagnée d'une hausse des prix.

STANDARDISATION Uniformisation ou réduction du nombre de variétés d'un produit donné.

STATHOUDER Gouverneur de province dans les Pays-Bas espagnols ; dans les Provinces-Unies, titre porté par le chef de l'exécutif.

STOÏCISME Philosophie, née en Grèce à l'époque hellénistique, qui prône la maîtrise de soi et l'acceptation de l'imperfection du monde et des malheurs terrestres ; cette vision du monde a grandement influencé le christianisme médiéval.

STRUCTURE Fait de longue durée, comme la féodalité, sur lequel se greffent des faits de plus courte durée.

SUBJECTIVISME Doctrine selon laquelle tout ce qui existe n'a de réalité qu'en fonction du sujet pensant ; dans la langue vulgaire, attitude de quelqu'un qui ramène tout à ses propres valeurs et ne juge que d'après ses opinions personnelles.

SUFFRAGE UNIVERSEL Système de vote ouvert à tous sans restriction sinon celle d'un âge minimum.

SUZERAIN Dans le régime féodal, celui qui concède un fief et accorde sa protection au vassal en échange de sa fidélité et de son assistance en cas de guerre.

SYNCRÉTISME Capacité d'assimiler plusieurs doctrines ou croyances sur les plans philosophique ou religieux.

SYNODE Dans les confessions protestantes, réunion de pasteurs ; dans l'Église catholique, assemblée d'ecclésiastiques convoqués pour délibérer sur les affaires du diocèse.

TAILLE Prélèvement imposé par le seigneur à ses serfs et aux paysans de son domaine ou, plus tard, par les autorités communales et royales à leurs ressortissants.

TAUX DE FÉCONDITÉ Nombre moyen d'enfants par femme en âge de procréer.

TAUX DE NATALITÉ Mesure obtenue en comparant le nombre de naissances pendant une année avec la population totale (exprimée en *n* pour mille).

TAYLORISME Méthode d'organisation scientifique du travail industriel qui vise l'utilisation optimale de la main-d'œuvre, notamment par la suppression des gestes inutiles et par la réduction des pertes de temps.

TERRITORIALITÉ Principe juridique selon lequel tous les habitants d'un territoire sont soumis à ses lois.

TERROIR Étendue de terre considérée du point de vue agricole.

TESTER Acte de léguer ses biens par testament.

TÉTRARCHIE Sous l'empereur Dioclétien, système de gouvernement de l'Empire par division entre quatre dirigeants, deux Augustes et deux Césars.

THALASSOCRATIE État dont la puissance réside principalement dans la maîtrise des mers.

THÉOCRATIE Mode de gouvernement dans lequel l'autorité, d'émanation divine, est exercée par une caste sacerdotale ou par un souverain considéré comme un représentant de Dieu sur terre ou même comme son incarnation.

THÉSAURISATION Fait d'amasser de l'argent ou des valeurs sans les faire circuler ni les investir.

TIERS ÉTAT Un des trois ordres qui composent la société française dans l'Ancien Régime. Le tiers état comprend les bourgeois, les paysans, les artisans, soit tous ceux qui ne sont ni nobles ni membres du clergé.

TOTALITARISME Régime politique à parti unique qui n'admet aucune opposition, gouverne tous les aspects de la société (y compris la vie privée de ses membres) et utilise l'éducation et la propagande pour changer les humains.

TRADITION JUDÉOCHRÉTIENNE Courant de pensée qui conjugue les valeurs et les croyances communes au judaïsme et au christianisme ; tradition dominante en Occident.

TRANSCENDANCE Caractère de ce qui est hors d'atteinte de l'expérience et de la pensée humaines, de ce qui se rapporte à un principe extérieur et supérieur.

TRANSSUBSTANTIATION Mystère accepté par l'Église catholique et certaines confessions protestantes, selon lequel le pain de l'hostie devient le corps et le sang de Jésus-Christ lors de l'eucharistie.

TRÊVE DE DIEU Ordonnance de l'Église qui interdit de faire la guerre pendant certains jours de la semaine et les jours de fêtes religieuses. *Voir* PAIX DE DIEU.

TRIBUT Contribution imposée au vaincu par son vainqueur ; constitue un symbole de dépendance, de soumission.

TRIUMVIRAT Association de trois personnes pour exercer le pouvoir.

TYRAN Chez les Grecs, celui qui s'emparait du pouvoir par la force ou en ne respectant pas les règles, par opposition au monarque à qui il revenait de droit. (La connotation péjorative qui s'attache aujourd'hui à ce mot est apparue au Moyen Âge.)

VASSAL Dans le régime féodal, homme lié personnellement à un suzerain qui lui concède la possession d'un fief en retour de sa fidélité et de son assistance en cas de guerre.

VASSALITÉ Condition de dépendance du vassal envers son suzerain.

VERNACULAIRE Propre à un pays et à ses habitants.

VIAGER Qui est accordé pour la durée de la vie.

WAHHABISME Courant religieux et politique apparu au sein de la religion musulmane en Arabie au XVIIIe siècle. Au nom d'une lecture rigoriste du Coran, il rejette la mixité publique ainsi que toute nouveauté (musique, cinéma) ou stimulant (alcool, tabac) ; il prône le port du *hidjab* (voile) par les femmes et celui de la barbe par les hommes ; il est à la base du courant intégriste actuel et est notamment influent au sein de la dynastie régnante en Arabie saoudite.

Sources des illustrations

Page couverture: François van Bast/Shutterstock; Sean Gladwell/Shutterstock; Bondar Tetyana/Shutterstock; gary yim/Shutterstock.

CHAPITRE 1

Ouverture du chapitre et 1.6: Turnley/Corbis. **Ligne du temps**: Tablette provenant de Jamdat Nasr, Irak (début de l'écriture cunéiforme), c. 3200-3000 av. J.-C. (argile) (recto), © Ashmolean Museum, University of Oxford, Royaume-Uni/The Bridgeman Art Library; Natalia Pavlova/iStockphoto.com; *La traversée de la mer Rouge* (huile sur toile), Jacob Willemsz de Wet ou Wett (c.1610-1672), Collection privée/The Bridgeman Art Library; *Alexandre le Grand chevauchant Bucéphale*, James Edwin McConnell (1903-1995), Collection privée/© Look and Learn/The Bridgeman Art Library; Lionel Cironneau/AP Photo/CP Images. 1.2: Caricature d'André-Philippe Côté © Le Soleil, août 1999. 1.3: Peanuts © UFS, Reproduction autorisée. 1.5: Jacques Nadeau/Le Devoir.

CHAPITRE 2

Ouverture du chapitre et 2.10: Explorer/Publiphoto. **Ligne du temps**: Lame de hache avec quatre pointes provenant de Lorestan, Iran, fin du IIe ou début du Ier millénaire av. J.-C. (bronze), Élamites (4000-650 av. J.-C.), Musée national d'Iran, Téhéran, Iran/The Bridgeman Art Library; Sculpies/Shutterstock; Paul Cowan/Shutterstock; *Le cheval de Troie* (tempera sur panneau), Niccolo dell' Abate (c. 1509-1571), Galleria e Museo Estense, Modène, Italie/The Bridgeman Art Library. 2.1: The British Museum, Londres/Publiphoto 2.2: en haut: Fiore/Publiphoto; en bas: © Les administrateurs du British Museum. 2.3: Line Arsenault © 2000. 2.4: Willi Peter/Explorer/Publiphoto. 2.5: Éditions Albert René. 2.6: Paul Cowan/Shutterstock. 2.7: iStockphoto.com. 2.9: S. Borisov/Shutterstock. 2.11: Explorer/Publiphoto. 2.12: Martin D. Vonka/Shutterstock. 2.13: Peter Willi/SuperStock.

CHAPITRE 3

Ouverture du chapitre et 3.5: Elena Elisseeva/Shutterstock. **Ligne du temps**: Wikipedia; Simon Phipps/iStockphoto.com; *La sécession de la plèbe au mont Sacré*, gravure de B. Barloccini, 1849 (gravure), C. C. Perkins (19e siècle) (d'après), Collection privée/The Bridgeman Art Library; Vacclav/Shutterstock; André Nantel/Shutterstock. 3.1: *Musiciens étrusques*, copie d'une fresque du Ve siècle av. J.-C., tombe des Léopards, Tarquinia (fresque), Étrusques, Collection privée/The Bridgeman Art Library. 3.2: Alinari/Art Resource, N. Y. 3.4: Elena Elisseeva/Shutterstock. 3.6: Autel domestique, Casa dei Vetti (fresque sur pierre), Romains (1er siècle av. J.-C.), Pompéi, Italie/Alinari/The Bridgeman Art Library. 3.8: *Les dix commandements* (huile sur panneau), Lucas Cranach l'Ancien (1472-1553), Lutherhalle, Wittenberg, Allemagne/The Bridgeman Art Library. 3.9: *Jésus en route vers le calvaire, Scènes de la vie du Christ* (mosaïque), École byzantine (6e siècle), Sant'Apollinare Nuovo, Ravenne, Italie/Giraudon/The Bridgeman Art Library. 3.10: L. Y. Loirat/Explorer/Publiphoto. 3.11: Peter Wollinga/Shutterstock. 3.12: SuperStock. 3.13: Württembergisches Landesmuseum Stuttgart, P. Frankenstein, H. Zwietasch.

CHAPITRE 4

Ouverture du chapitre et 4.5: Werner Forman/Art Resource, N. Y. **Ligne du temps**: Xavier de Tarade/iStockphoto.com; Patricia Hofmeester/iStockphoto.com. 4.1: Matt Trommer/Shutterstock. 4.2: Erich Lessing/Art Resource, N. Y. 4.3: Ella/Shutterstock. 4.4: Le Coran, Sourate Première, *Fatihat Al-Kitab*, «Qui ouvre le livre» (papier velin), École islamique (17e siècle), Musée Condé, Chantilly, France/Giraudon/The Bridgeman Art Library. 4.6: Bibliothèque nationale de France, Paris (Latin 9428 f. 71v/RC A 39420).

CHAPITRE 5

Ouverture du chapitre et 5.1: Avec l'autorisation de la British Library, Sloane. 2435 f85 min. **Ligne du temps**: Détail de la tapisserie de Bayeux, avant 1082 (broderie de laine sur toile), École française (11e siècle), Musée de la Tapisserie, Bayeux, France/Avec l'autorisation spéciale de la ville de Bayeux/Giraudon/The Bridgeman Art Library; Gregor Inkret/iStockphoto.com; *Le débarquement du roi Louis IX* (1215-1270) *durant les Croisades*, c. 1930 (lithographie couleur), J. L. Beuzon, Collection privée/Archives Charmet/The Bridgeman Art Library; iStockphoto.com. 5.2: Charles Ciccione/Rapho. 5.3: Détail de la tapisserie de Bayeux, avant 1082 (broderie de laine sur toile), École française (11e siècle), Musée de la Tapisserie, Bayeux, France/Avec l'autorisation spéciale de la ville de Bayeux/The Bridgeman Art Library. 5.4: Joyce Parker. 5.5: Brykaylo Yuriy/Shutterstock. 5.6: Freer Gallery of Art, Smithsonian Institution, Washington, D. C.: donation de Charles Lang Freer, F1918.52. 5.7: Johnny Greig/iStockphoto.com. 5.8: Edimedia/Publiphoto. 5.10: Regien Paassen/Shutterstock. 5.11: Explorer/Publiphoto. 5.12: a) Lagui/Shutterstock; b) Wysocki/Explorer/Publiphoto; c) Joyce Parker; d) Publiphoto. 5.13: FotoMarburg/Art Resource, N. Y. 5.14: Bridgeman-Giraudon/Art Resource, N. Y. 5.15: Bridgeman-Giraudon/Art Resource, N. Y. 5.16: Mizio 70/Shutterstock.

CHAPITRE 6

Ouverture du chapitre et 6.7: SuperStock. **Ligne du temps**: *Jan Hus sur le bûcher le 6 juillet 1415*, illustration tirée de «History of Germany», de H. E. Marshall, 1913 (lithographie couleur), Arthur C. Michael, Collection privée/The Stapleton Collection/The Bridgeman Art Library; Constance McGuire/iStockphoto.com; Duncan Walker/iStockphoto.com. 6.1: Eldin/Shutterstock. 6.2: Thomas M. Perkins/Shutterstock. 6.3: Edimedia/Publiphoto. 6.4: Edimedia/Publiphoto. 6.5: Newphotoservice/Shutterstock. 6.6: Asier Villafranca/Shutterstock. 6.7: SuperStock. 6.8: Edimedia/Publiphoto. 6.9: Document réalisé par la *Documentation française* d'après les indications de J. Rudel. 6.10: Publiphoto. 6.11: Chapelle Sixtine, Vatican, Rome/SuperStock. 6.12: *Le Jardin des Délices* (détail de l'*Enfer*, volet de droite du triptyque), c. 1500 (huile sur panneau), Hieronymus Bosch (c. 1450-1516), Museo Nacional del Prado, Madrid, Espagne/The Bridgeman Art Library. 6.13: Musée du Louvre, Paris/SuperStock. 6.14: Musée des Beaux-Arts de Lausanne/The Picture Desk. 6.15: *Le massacre des innocents*, 1565-1566 (huile sur panneau), Pieter Bruegel l'Ancien (c. 1525-1569), Kunsthistorisches Museum,

Vienne, Autriche/Giraudon/The Bridgeman Art Library. 6.16: Rachel Dewis/iStockphoto.com. 6.17: *L'extase de sainte Thérèse* (marbre), Giovanni Lorenzo Bernini (1598-1680), Santa Maria della Vittoria, Rome, Italie/The Bridgeman Art Library. 6.18: *L'Assomption de la Vierge* (coupole de la cathédrale), 1526-1530 (fresque), Le Corrège (c. 1489/1494-1534), Cathédrale de Parme, Italie/Alinari/The Bridgeman Art Library. 6.19: Martijn Smeets/Shutterstock. 6.20: Mirek Hejnicki/Shutterstock. 6.21: Galleria Borghese, Rome/Canali PhotoBank, Milan/ SuperStock.

CHAPITRE 7

Ouverture du chapitre et 7.5: © D. Donne Bryant. **Ligne du temps**: *Kublai Khan* (1214-1294) *à la chasse* (détail), Dynastie Yuan (encre et couleur sur soie), Liu Kuan-tao (attribué à)/Musée du palais national, Taipei, Taiwan/The Bridgeman Art Library; Temis/Dreamstime.com; Miamiamia/Dreamstime.com; *Signature de la déclaration d'Indépendance, 4 juillet 1776* (détail) (huile sur toile), John Trumbull (1756-1843)/Capitol Collection, Washington, États-Unis/The Bridgeman Art Library. 7.1: Scala/Art Resource, N. Y. 7.2: Collection privée/Photo: © Christie's Images/The Bridgeman Art Library. 7.3: G. Boutin/Explorer/Publiphoto. 7.4: Bildagentur Schuster/Hoffmann-Burchard/Publiphoto. 7.6: Newberry Library, Chicago/SuperStock. 7.7: National Maritime Museum, Londres. 7.12: Álvaro Germán Vilela/Dreamstime.com. 7.13: *La Résurrection*, 1584-1594 (huile sur toile), El Greco (Domenico Theotocopuli) (1541-1614)/Museo Nacional del Prado, Madrid, Espagne/Giraudon/The Bridgeman Art Library. 7.14: Richard Short/Bibliothèque et archives Canada/C-000357. 7.15: Peter Willi/Explorer/Publiphoto. 7.16: Bibliothèque nationale de France, Paris (Hennin 5535 (62)/RC-B-09109). 7.17: Edimedia/Publiphoto.

CHAPITRE 8

Ouverture du chapitre et 8.8: *La liberté guidant le peuple*, 28 juillet 1830 (huile sur toile), Ferdinand Victor Eugène Delacroix (1798-1863), Musée du Louvre, Paris, France/The Bridgeman Art Library. **Ligne du temps**: *Procès de Galilée*, 1633 (détail) (huile sur toile), École italienne (17e siècle)/Collection privée/The Bridgeman Art Library; *Portrait d'Isaac Newton* (1642-1727), 1702 (huile sur toile), Sir Godfrey Kneller (1646-1723)/National Portrait Gallery, Londres, Royaume-Uni/The Bridgeman Art Library; *Déclaration des droits de l'homme et du citoyen, 1789* (huile sur toile), École française (18e siècle)/Musée de la Ville de Paris, Musée Carnavalet, Paris, France/Giraudon/The Bridgeman Art Library. 8.1: *La leçon d'anatomie du Dr. Nicolaes Tulp*, 1632 (huile sur toile), Rembrandt Harmensz van Rijn (1606-1669), Mauritshuis, La Haye, Pays-Bas/The Bridgeman Art Library. 8.2: © Les administrateurs du British Museum. 8.3: Bibliothèque nationale de France, Paris (AA-3 Prévost, Bonaventure-Louis/RC-B-14779). 8.4: Newsweek. 8.5: *1789* (gravure colorée), École française (18e siècle), Musée de la Ville de Paris, Musée Carnavalet, Paris, France/The Bridgeman Art Library. 8.7: Library of Congress. 8.9: Time Life Pictures/Getty Images.

CHAPITRE 9

Ouverture du chapitre et 9.20: hsinli wang/iStockphoto.com. **Ligne du temps**: Library of Congress – digital ve/Science Faction/Corbis. 9.1: Edimedia/Publiphoto. 9.2: Edimedia/Publiphoto. 9.5: Edimedia/Publiphoto. 9.6: Avec l'autorisation de la British Library, P.P.5270 VOL 23 pg 139. 9.8: Edimedia/Publiphoto. 9.7: Mary Evans Picture Library. 9.10: Explorer/Publiphoto. 9.11: Mary Evans/Explorer/Publiphoto. 9.12: J. L. Charmet/Explorer/Publiphoto. 9.13: *Le moulin de la Galette*, 1876 (huile sur toile), Pierre Auguste Renoir (1841-1919), Collection privée/The Bridgeman Art Library. 9.14: *L'arbre aux corbeaux*, 1822 (huile sur toile), Caspar David Friedrich (1774-1840), Musée du Louvre, Paris, France/Lauros/Giraudon/The Bridgeman Art Library. 9.15: *La Grèce expirant à Missolonghi*, 1826 (huile sur toile), Ferdinand Victor Eugène Delacroix (1798-1863), Musée des Beaux-Arts, Bordeaux, France/Giraudon/The Bridgeman Art Library. 9.16: *Les Glaneuses*, 1857 (huile sur toile), Jean-Francois Millet (1814-1875), Musée d'Orsay, Paris, France/Giraudon/The Bridgeman Art Library. 9.17: *Impression, soleil levant*, 1872 (huile sur toile), Claude Monet (1840-1926), Musée Marmottan, Paris, France/Giraudon/The Bridgeman Art Library. 9.18: *Les Demoiselles d'Avignon*, 1907 (huile sur toile), Pablo Picasso (1881-1973), Museum of Modern Art, New York, USA/© Succession Pablo Picasso/SODRAC (Montréal) 2010/Lauros/Giraudon/The Bridgeman Art Library. 9.19: Elena Elisseeva/Shutterstock. 9.21: *La charge du 21e régiment de lanciers à Omdurman*, 2 septembre 1898 (lithographie couleur), Richard Caton II Woodville (1856-1927), Collection privée/The Bridgeman Art Library. 9.22: Joyce Parker. 9.23: Yiq/Shutterstock.

CHAPITRE 10

Ouverture du chapitre et 10.6: *Scènes de la ville*, Panneaux de la Nouvelle École, 1930 (détail), Thomas Hart Benton/AXA Financial, Inc. **Ligne du temps**: *L'assaut du Palais d'Hiver*, 7 novembre 1917 (détail) (huile sur toile), École russe (20e siècle)/Collection privée/RIA Novosti/The Bridgeman Art Library. 10.1: The Print Collector/HIP/TopFoto. 10.2: Topical Press Agency/Getty Images. 10.3: Avec l'autorisation du Imperial Museum of War, Londres (nég. no Q5733). 10.4: Kokhanchikov/Shutterstock. 10.5: Affiche de propagande soviétique à l'occasion du 1er mai (lithographie couleur), École russe (20e siècle), Musée de la Révolution, Moscou, Russie/The Bridgeman Art Library. 10.9: H. William Tetlow/Getty Images. 10.10: Corbis. 10.11: Three Lions/Getty Images. 10.12: Topical Press Agency/Getty Images. 10.13: Imperial War Museum, Londres (coll. 146794, 7810). 10.14: Edimedia/Publiphoto. 10.15: Keystone/Getty Images. 10.16: « Rosie la riveteuse », affiche américaine produite par le Comité de coordination de la production de guerre (lithographie couleur), École américaine (20e siècle)/Collection privée/Peter Newark American Pictures/The Bridgeman Art Library.

CHAPITRE 11

Ouverture du chapitre et 11.14: Joseph Koudelka/Magnum. **Ligne du temps**: Joe Alexander/AFP Photo Files/Newscom. 11.1: The Image Works. 11.2: Nick Ut/AP Photo/CP Images. 11.3: Nina Leen/Getty Images. 11.5: Central Press/Getty Images. 11.6: Michael Probst/Reuters/Newscom.com. 11.7: Felipe Dana/AP Photos/CP Images. 11.8: Thomas Martin/Gamma/Eyedea Presse. 11.9: AP Photo. 11.10: Central Press/Getty Images. 11.11: Norsk Press Service/Gamma/Eyedea Presse. 11.12: Bernie Boston. 11.13: NASA /Science Photo Library. 11.14: Alain Roberge/*La Presse*. 11.15: Todd A. Gipstein/Corbis. 11.16: Todd Hollis/AP Photo/CP Images. 11.18: Yto Barrada. 11.22: Nathan Denn/Corbis.

Index

Note : Les renvois aux documents visuels (cartes, graphiques, etc.) sont en *italique*.

A

B

C

D

E

N

O

S

U

V